# Java:
# Algorithmen und Datenstrukturen

D1689992

# Informatik

Helmut Balzert
Java: Der Einstieg in die Programmierung,
3. Auflage
Strukturiert & prozedural programmieren

Helmut Balzert
Java: Objektorientiert programmieren,
2. Auflage
Vom objektorientierten Analysemodell bis zum objektorientierten Programm

Helmut Balzert, Jürgen Priemer
Java: Anwendungen programmieren,
2. Auflage
Von der GUI-Programmierung bis zur Datenbank-Anbindung

Sandra Krüger, Helmut Balzert
HTML5, XHTML & CSS, 2. Auflage
Websites systematisch & barrierefrei entwickeln

Heide Balzert
Basiswissen Web-Programmierung,
2. Auflage
XHTML, CSS, JavaScript, XML, PHP, JSP, ASP.NET, Ajax

Ergänzend zu diesen Bänden gibt es »Quick Reference Maps« zum Nachschlagen und Wiederholen: JSP, SQL, UML 2 sowie »E-Learning-Zertifikatskurse« unter www.W3L.de.

Manfred Meyer

# Java: Algorithmen und Datenstrukturen

Mit einer Einführung in die funktionale Programmiersprache Clojure

Unter Mitwirkung von
Burkhard Neppert

W3L-Verlag | Herdecke | Witten

*Autoren:*
Prof. Dr. Manfred Meyer
E-Mail: manfred.meyer@w-hs.de
Burkhard Neppert
E-Mail: burkhard.neppert@innoq.com

*Bibliografische Information Der Deutschen Nationalbibliothek:*
Die Deutsche Nationalbibliothek verzeichnet diese Publikation in der Deutschen Nationalbibliografie. Detaillierte bibliografische Daten sind im Internet über Bezeichnerhttp://dnb.ddb.de/ abrufbar.

Der Verlag und der Autor haben alle Sorgfalt walten lassen, um vollständige und akkurate Informationen in diesem Buch und den Programmen zu publizieren. Der Verlag übernimmt weder Garantie noch die juristische Verantwortung oder irgendeine Haftung für die Nutzung dieser Informationen, für deren Wirtschaftlichkeit oder fehlerfreie Funktion für einen bestimmten Zweck. Ferner kann der Verlag für Schäden, die auf einer Fehlfunktion von Programmen oder Ähnliches zurückzuführen sind, nicht haftbar gemacht werden. Auch nicht für die Verletzung von Patent- und anderen Rechten Dritter, die daraus resultieren. Eine telefonische oder schriftliche Beratung durch den Verlag über den Einsatz der Programme ist nicht möglich. Der Verlag übernimmt keine Gewähr dafür, dass die beschriebenen Verfahren, Programme usw. frei von Schutzrechten Dritter sind. Die Wiedergabe von Gebrauchsnamen, Handelsnamen, Warenbezeichnungen usw. in diesem Buch berechtigt auch ohne besondere Kennzeichnung nicht zu der Annahme, dass solche Namen im Sinne der Warenzeichen- und Markenschutz-Gesetzgebung als frei zu betrachten wären und daher von jedermann benutzt werden dürften.

© 2012 W3L GmbH | Herdecke | Witten | ISBN 978-3-937137-17-9

Alle Rechte, insbesondere die der Übersetzung in fremde Sprachen, sind vorbehalten. Kein Teil des Buches darf ohne schriftliche Genehmigung des Verlages fotokopiert oder in irgendeiner anderen Form reproduziert oder in eine von Maschinen verwendbare Form übertragen oder übersetzt werden. Es konnten nicht sämtliche Rechteinhaber von Abbildungen ermittelt werden. Wird gegenüber dem Verlag die Rechtsinhaberschaft nachgewiesen, dann wird nachträglich das branchenübliche Honorar gezahlt.

*Gesamtgestaltung:* Prof. Dr. Heide Balzert, Herdecke

*Herstellung:* Miriam Platte, Witten

*Satz:* Das Buch wurde aus der E-Learning-Plattform W3L automatisch generiert. Der Satz erfolgte aus der Lucida, Lucida sans und Lucida casual.

*Druck und Verarbeitung:* CPI buchbücher.de GmbH, Birkach

# Vorwort

Herzlichen Dank, dass Sie sich für dieses Buch entschieden haben. Es hilft Ihnen, auch komplexe Programmieraufgaben systematisch und professionell anzugehen und durch die Auswahl oder den Entwurf eigener Algorithmen und Datenstrukturen effiziente und flexible Lösungen zu entwickeln.

Dieses Buch ist beides: Ein Informatik- und auch Programmierbuch.

*Informatik- & Programmierbuch zugleich*

- Es ist ein Informatikbuch, weil Sie sich beim Lesen und Durcharbeiten mit grundlegenden Themen der Informatik auseinandersetzen werden: vom Begriff des Algorithmus, Komplexitätsbetrachtungen, dem Prinzip der Rekursion über den Entwurf grundlegender Datenstrukturen, wie Listen, Mengen und Bäumen, bis hin zu verschiedenen Lösungen für Standardprobleme der Informatik, wie Suchen, Sortieren, Textverarbeitung und kombinatorische Probleme von Sudoku bis zum Rucksackproblem.
- Zugleich werden aber die behandelten Algorithmen und Datenstrukturen nicht nur einfach in Java implementiert, sondern Sie lernen darüber hinaus auch, das reichhaltige Angebot an Datenstrukturen, das Ihnen in Java bereits mit einer Vielzahl an Klassen, Schnittstellen und Methoden zur Verfügung steht, richtig zu verstehen und für die Lösung Ihrer eigenen Programmieraufgaben bestmöglich einzusetzen.

Dieses Buch schlägt die Brücke zwischen allgemeinen Konzepten der Informatik und ihren ganz praktischen Implementierungen in Java.

Warum ist das wichtig? Ein reines Informatikbuch vermittelt Ihnen zum Beispiel den Aufbau und die Funktionsweise einer »Hashtabelle« zur effizienten Speicherung von Objekten; ein reines Programmierbuch für Java dagegen stellt Ihnen die Klasse HashMap vor und welche Methoden Sie auf ihren Objekten ausführen können.

Dass Sie aber eine HashMap in einer ernsthaften Anwendung nur dann sinnvoll einsetzen können, wenn Sie für die darin zu speichernden Objekte auch eine eigene Hash-Funktion hashCode() implementieren, erfahren Sie in einem Java-Buch vielleicht noch als Fußnote.

Warum das aber so ist, welche Probleme Sie sonst bekommen und was eine gute Hash-Funktion ausmacht, das sind die Informatik-Themen, die dahinter stehen und die in diesem Buch ebenso behandelt werden.

**Einladung zum weiteren Selbststudium**

Natürlich bedeutet diese Positionierung auf der anderen Seite auch, dass es auch nach dem Durcharbeiten dieses Buches noch weitere, hier nicht behandelte wichtige und interessante Aspekte von Algorithmen und Datenstrukturen gibt, die Sie sich bei Interesse über die Literaturhinweise in den einzelnen Kapiteln erschließen können.

Ebensowenig können in diesem Buch alle bereits in Java verfügbaren Implementierungen aus dem *Collection Framework* im Detail beschrieben werden. Mit dem hier vermittelten Grundverständnis werden Sie aber in der Lage sein, sich über die Java-API-Spezifikation ohne große Schwierigkeiten auch in die konkreten Details weiterer spezieller Datenstrukturen einzuarbeiten.

**Algorithmen & Datenstrukturen**

Der Titel dieses Buchs lässt zwei Themen erahnen, mit denen Sie sich beschäftigen werden: Algorithmen *und* Datenstrukturen. Tatsächlich gehört beides so eng zusammen, dass Sie bei der Mehrzahl der zu behandelnden Themen immer beide Aspekte betrachten werden. Jeder halbwegs komplexe Algorithmus benötigt passende Datenstrukturen zur Speicherung seiner Daten und für deren effizienten Zugriff und Verarbeitung.

Und der Wert einer Datenstruktur und ihrer Implementierung – zum Beispiel in Java – bemisst sich vor allem daran, wie effizient die wichtigsten Zugriffs- und Verarbeitungsmethoden, also die auf der Datenstruktur arbeitenden Algorithmen, realisiert werden können.

**Voraussetzungen**

Alle Datenstrukturen werden nicht für eine konkrete Anwendung entworfen, sondern als abstrakte Datentypen in Form von Java-Schnittstellen und -Klassen beschrieben. Ebenso setzt die Behandlung der Algorithmen die Kenntnis grundlegender Kontrollstrukturen und Konzepte von Java voraus.

Kenntnisse der objektorientierten Programmierung in Java sind also für das Verständnis und die erfolgreiche Bearbeitung dieses Buches unverzichtbar. Wenn Sie noch Nachholbedarf in diesem Bereich haben, können Sie das fehlende Wissen zum Beispiel über folgende W3L-Bücher nachholen oder auffrischen:

- Java: Der Einstieg in die Programmierung – Strukturiert und prozedural programmieren und
- Java: Objektorientiert programmieren – Vom objektorientierten Analysemodell bis zum objektorientierten Programm.

Zu beiden Büchern gibt es Online-E-Learning-Kurse mit qualifizierten Zertifikaten.

**Algorithmen**

In diesem Buch werden Sie sich nach einer kurzen Einführung, die Ihnen, neben dem Zusammenhang von Algorithmen und Datenstrukturen, auch bereits typische Fragestellungen und wichtige Aspekte veranschaulicht, zunächst mit dem Begriff des Algorithmus und wichtigen Eigenschaften beschäftigen. Dazu gehören neben Fragen der Korrektheit und Terminierung vor allem die Frage der Komplexität.

Damit ist der Verbrauch der wichtigsten Ressourcen, nämlich Speicherplatz und Laufzeit, gemeint und vor allem die Art und Weise, wie sich der Ressourcenbedarf entwickelt, wenn die Größe der zu bearbeitenden Aufgaben immer mehr wächst.

Dieses Thema erscheint zunächst recht abstrakt und wenig praktisch. Viele Programmierer machen sich um die Komplexität ihrer Algorithmen wenig Gedanken. Das geht solange gut, bis die von ihnen entwickelten Programme später oder von anderen Nutzern für die Bearbeitung wesentlich größerer Aufgaben eingesetzt werden als ursprünglich vorgesehen. Dann zeigt sich, wie gut ein Algorithmus darauf vorbereitet ist (wie gut er *skaliert*) – und genau das drückt sich in seiner Komplexitätsklasse aus.

*Komplexität: ein wichtiges Thema ...*

Am Beispiel der Such- und insbesondere bei den Sortierverfahren werden Sie unterschiedliche Algorithmen kennenlernen, die jeweils dieselbe Aufgabe lösen, allerdings unterschiedlich effizient.

*... auch in der Praxis!*

Auch wenn für ein normales, mittelgroßes Problem alle Verfahren anwendbar sein mögen, einige davon sogar sehr einfach und intuitiv zu verstehen sind, so bedarf es für die Anwendung auf richtig große Probleme doch einiger Verbesserungen und Modifikationen, wollen Sie nicht Stunden, Tage oder noch länger auf die Ergebnisse warten.

Und um genau dieses Verhalten bei richtig großen Problemen allgemein abschätzen zu können, hilft die Analyse der Speicher- und vor allem der Laufzeitkomplexität Ihrer Algorithmen – ein sehr praktisches Thema also!

Obwohl Such- und Sortierprobleme zwar allgegenwärtig sind, werden Sie in der Praxis aber kaum ein eigenes Sortierverfahren implementieren, sondern sich eher einer der fertigen Implementierungen in Java (Arrays.sort() oder Collections.sort()) bedienen.

*Sortierverfahren als Übungsbeispiele*

Die ausführliche Behandlung der verschiedenen Sortierverfahren dient deshalb vorrangig dazu, elementare Algorithmen der Informatik kennenzulernen, diese gezielt zu analysieren und schrittweise zu verbessern – Fähigkeiten, die Sie später beim Entwurf eigener Algorithmen gut gebrauchen können, vor allem dann wenn Ihre Algorithmen auch für große Probleme noch gut skalieren sollen.

Dabei hilft auch der Entwurf passender eigener Datenstrukturen oder die richtige Verwendung schon vorhandener Klassen aus dem *Java Collection Framework*. Auch hier ist es wichtig, Auf-

*Datenstrukturen*

bau und Funktionsweise der verschiedenen Datenstrukturen von Listen, Schlangen, Stapeln über Hashtabellen bis zu Bäumen zu kennen und zu verstehen.

Dazu werden Sie sowohl für Listen- wie auch für Baumstrukturen schrittweise eine vollständige eigene Implementierung entwickeln, die sich exakt an die Schnittstelle aus dem *Java Collection Framework* hält und damit ein tieferes Verständnis der Implementierung abstrakter Datentypen vermittelt, auf dem Sie später aufbauen können, um jeweils die richtigen Datenstrukturen auszuwählen, bei Bedarf anzupassen oder eigene zu entwerfen und so verwenden zu können, dass sie die zu realisierende Anwendung bestmöglich unterstützen.

*Noch mehr Algorithmen*

Für viele andere Problemstellungen – wie das Finden des kürzesten Weges in einem Netzwerk – gibt es in Java keine fertigen Algorithmen. Seit Jahrzehnten haben sich hierzu aber schon viele kluge Köpfe aus Mathematik, Informatik und anderen Wissenschaften ihre Gedanken gemacht und ausgefeilte Algorithmen entworfen, die Sie ebenfalls kennenlernen werden und bei Bedarf für Ihre eigenen Aufgaben anwenden können.

*Code*

In diesem Buch finden Sie zu den meisten Themen auch den zugehörigen Java-Programmcode abgedruckt, teils auch über mehrere Seiten. Sie sollten sich beim Durcharbeiten der entsprechenden Kapitel auf jeden Fall die Mühe machen, die Erläuterungen und Hinweise im Text auch im Programmcode nachzuvollziehen und diesen zu verstehen. Im E-Learning-Kurs zu diesem Buch (siehe unten) können Sie zu den jeweiligen Kapiteln auch den vollständigen Programmcode für eigene Tests und Anwendungen herunterladen.

*Javadoc*

Jedes Java-Programm sollte ausführlich und systematisch dokumentiert werden. Üblich ist die Javadoc-Systematik, die speziell ausgezeichnete Kommentare in Java-Programmen verwendet, siehe Javadoc Tool Home Page (http://java.sun.com/j2se/javadoc/). Aus diesen Kommentaren wird automatisch eine HTML-Dokumentation erzeugt. Aus Platzgründen sind die in diesem Buch abgedruckten Quelltexte nicht durchgehend mit Javadoc-Kommentaren ausgezeichnet.

Außerdem wird die Funktionsweise des jeweiligen Programms ausführlich im Text erklärt. Sie sollten beim Erstellen Ihrer Programme aber die Möglichkeiten von Javadoc auf jeden Fall nutzen.

*Clojure*

Damit Sie Erfahrungen mit anderen Programmierparadigmen sammeln können, finden Sie am Ende des Buches eine Einführung in die Programmiersprache Clojure. Diese Programmiersprache unterstützt einen funktionalen Programmierstil, der zum ersten Mal in der berühmten Programmiersprache Lisp von 1958 realisiert wurde. Clojure läuft in der JVM *(Java Virtual Machine)*. Burkhard Neppert hat als Autor diesen Buchteil verfasst.

Um Ihnen das Lernen zu erleichtern, wurde für die W3L-Lehrbücher eine neue Didaktik entwickelt. Der Buchaufbau und die didaktischen Elemente sind auf der vorderen Buchinnenseite beschrieben.

Neue Didaktik

Zu diesem Buch gibt es den kostenlosen E-Learning-Kurs »Eigenschaften von Algorithmen« sowie Installationsanleitungen für die verwendete Entwicklungsumgebung, die eingesetzten Softwarewerkzeuge und alle Programme zum herunterladen. Sie finden den Kurs auf der Website http://Akademie.W3L.de. Unter Startseite & Aktuelles finden Sie in der Box E-Learning-Kurs zum Buch den Link zum Registrieren. Nach der Registrierung und dem Einloggen geben Sie bitte die folgende Transaktionsnummer (TAN) ein: 5631506130.

Kostenloser E-Learning-Kurs

Wenn Sie Ihren Lernerfolg überprüfen wollen, dann sollten Sie den kostenpflichtigen, gleichnamigen E-Learning-Kurs auf http://Akademie.W3L.de buchen. Eine Vielzahl von Tests, Selbsttest- und Einsendeaufgaben (Hochladen auf den Server) sowie Animationen helfen Ihnen, Ihr Wissen zu vertiefen und zu festigen. Mentoren und Tutoren betreuen Sie dabei. Bei erfolgreichem Abschluss erhalten Sie ein Test- und ein Klausurzertifikat, mit dem Sie Ihren Erfolg dokumentieren können.

Vom Lesen zum Zertifikat

Für die Durchsicht des Buches und wertvolle Hinweise danke ich Prof. Dr. Helmut Balzert, M.Sc. Hendrik Neumann, Dipl.-Inform. Mutlu Özdemir, M.Sc. Jakob Pyttlik, M.Sc. Michael Goll und M.Sc. Zheng Zhang. Auch viele Diskussionen mit Jens Fendler zu Struktur und Inhalten waren sehr hilfreich.

Dank

Mark Winkelmann hat die Illustrationen zur intuitiven Einführung und den Suchverfahren erstellt. Die Animationen dazu stammen von Max Kurenz, zu den Sortierverfahren hat Sebastian Marquardt die Animationen beigetragen. Einen Großteil der Grafiken verdanke ich Arlo O'Keeffe (Sortierverfahren) und Jens Fendler (Datenstrukturen).

Der Inhalt dieses Buches geht auf Lehrveranstaltungen zurück, die ich an der Fachhochschule Gelsenkirchen, dem IT-Center Dortmund, an der Verwaltungs- und Wirtschaftsakademie Emscher-Lippe und der Polytechnic of Namibia in Windhoek gehalten habe. Hier gilt mein besonderer Dank den Studierenden, die in Diskussionen und Praktika wertvolle Rückmeldungen zu Beispielen, Übungsaufgaben und zur Präsentation des Themas gegeben haben.

## Vorwort

Ein besonderer Dank gilt meiner Familie und Freunden ebenso wie dem Verlag in Person von Prof. Dr. Helmut Balzert für ihre Geduld und ihr Verständnis für die sehr unterschiedliche Intensität, mit der dieses Buch entstanden ist.

*Auf geht's!* Nun wird es aber Zeit. Ich wünsche Ihnen beim Studium dieses Buches viel Erfolg, auch Spaß daran, die Themen zu durchdringen und Überlegungen nachzuvollziehen!

Viel Erfolg!

Ihr Manfred Meyer

# Inhalt

| | | |
|---|---|---|
| 1 | Aufbau und Gliederung * | 1 |
| 2 | Intuitive Einführung * | 5 |
| 3 | **Algorithmen *** | 11 |
| 3.1 | Einführung und Eigenschaften * | 11 |
| 3.2 | Korrektheit von Algorithmen * | 17 |
| 3.3 | Komplexität von Algorithmen * | 24 |
| 4 | **Rekursion *** | 33 |
| 4.1 | Rekursion: Einführung & Überblick * | 33 |
| 4.2 | Entwurf rekursiver Algorithmen * | 42 |
| 4.3 | Rekursion und Iteration * | 53 |
| 5 | **Suchalgorithmen *** | 65 |
| 5.1 | Anwendungsgebiete und Anforderungen für Suchverfahren * | 66 |
| 5.2 | Sequenzielle Suche * | 70 |
| 5.3 | Binäre Suche * | 76 |
| 5.4 | Hashing-basierte Suche * | 86 |
| 6 | **Sortieralgorithmen *** | 101 |
| 6.1 | Anwendungsgebiete und Anforderungen an Sortierverfahren * | 102 |
| 6.2 | Sortieren durch direkte Auswahl * | 105 |
| 6.3 | Sortieren durch direktes Einfügen * | 110 |
| 6.4 | Sortieren durch direktes Austauschen * | 118 |
| 6.5 | Vergleich der direkten (quadratischen) Sortierverfahren * | 130 |
| 6.6 | Der Name ist Programm: QuickSort * | 137 |
| 6.7 | Vom SelectionSort zum HeapSort * | 148 |
| 6.8 | Gut vorbereitet ist schnell sortiert: ShellSort * | 159 |
| 6.9 | Felder schnell sortieren durch Mischen: MergeSort * | 167 |
| 6.10 | Vergleich und weitere Sortierverfahren * | 174 |
| 7 | **Datenstrukturen *** | 181 |
| 7.1 | Einführung und Überblick * | 182 |
| 7.2 | *Collections* * | 186 |
| 7.3 | Listen * | 193 |
| 7.4 | Felder werden dynamisch: Feldlisten * | 199 |
| 7.5 | Box: Feldlisten (ArrayList) * | 218 |
| 7.6 | Verkettete Listen *(Linked List)* * | 222 |
| 7.7 | Box: Verkettete Listen (LinkedList) * | 239 |
| 7.8 | Stapel und Schlangen * | 243 |
| 7.9 | Mengen und Abbildungen * | 252 |
| 7.10 | Bäume * | 262 |
| 7.11 | Ausgeglichene Bäume ** | 276 |
| 7.12 | Vergleich und Auswahl ** | 296 |
| 8 | **Algorithmen auf Texten *** | 301 |
| 8.1 | Einführung und elementare Operationen auf Texten * | 301 |

Inhalt

| | | |
|---|---|---|
| 8.2 | Mustersuche nach Knuth, Morris und Pratt (KMP) * | 311 |
| 8.3 | Mustersuche nach Boyer und Moore ** | 321 |
| **9** | **Kombinatorische Algorithmen *** | **333** |
| 9.1 | Einführung und Überblick * | 334 |
| 9.2 | *Backtracking* * | 342 |
| 9.3 | *Constraint Solving* ** | 363 |
| 9.4 | Branch-and-Bound-Verfahren ** | 402 |
| **10** | **Einführung in die funktionale Programmierung mit Clojure **** | **423** |
| 10.1 | Kurze Einführung in Clojure ** | 426 |
| 10.2 | Datenstrukturen in Clojure ** | 432 |
| 10.3 | Algorithmen auf Listen ** | 443 |
| 10.4 | Listen als Baumrepräsentation ** | 447 |
| 10.5 | Sortieren ** | 451 |
| 10.6 | Einsatzbereiche der funktionalen Programmierung * | 453 |
| **Glossar** | | **455** |
| **Literatur** | | **465** |
| **Namens- und Organisationsindex** | | **468** |
| **Sachindex** | | **469** |

# 1 Aufbau und Gliederung *

Die Beschäftigung mit Algorithmen und Datenstrukturen rundet die Kenntnisse und Fertigkeiten eines Programmierers ab. Algorithmen beschreiben den Kern oder die *Seele* eines Programms. Sie sind untrennbar mit den Datenstrukturen verbunden, auf denen sie arbeiten: Algorithmen und Datenstrukturen bedingen sich gegenseitig.

Mit der Kenntnis der Basiskonzepte einer Programmiersprache – wie Java – und einem Überblick über ihre vielfältigen bereits mitgelieferten Klassen sind Sie in der Lage, Java-Programme für eine Vielzahl von Aufgabenstellungen zu entwickeln. Komplexere Aufgabenstellungen oder die Verarbeitung großer Datenmengen erfordern jedoch die Kenntnis grundlegender Algorithmen, ihrer jeweiligen Eigenschaften, Vor- und Nachteile sowie der passenden Datenstrukturen. Nur so können Sie das »Werkzeug« Java mit seinen vielfältigen und universellen Möglichkeiten und seiner mächtigen Klassenbibliothek effektiv und auch effizient nutzen.

Hauptziel dieses Buches ist es, Ihnen einen schrittweisen und systematischen Einstieg in die Welt der Algorithmen und Datenstrukturen zu vermitteln. Wenn Sie die Grundkonzepte verstanden haben, sind Sie auch in der Lage, für eine konkrete Aufgabenstellung die Eignung verschiedener Algorithmen und Datenstrukturen zu beurteilen, die passenden auszuwählen, anzupassen, zu ergänzen oder ebenso neue Algorithmen mit ihren zugehörigen Datenstrukturen systematisch zu entwerfen.

*Ziele*

Damit wird es Ihnen gelingen, ein gegebenes Problem nicht nur »irgendwie« mit einem Java-Programm zu lösen, sondern

1 eine für die konkrete Aufgabenstellung möglichst *effiziente* Lösung zu entwickeln und dies
2 durch Rückgriff auf bekannte und teils in Java schon verfügbare Algorithmen und Datenstrukturen auch schneller, sicherer und *effektiver* zu tun.

Die Basiskonzepte – die Beschreibung von Algorithmen, ihre wichtigsten Eigenschaften und der Zusammenhang zu den benötigten Datenstrukturen – können Sie bereits an einem einführenden intuitiven Beispiel, dem »Problem der falschen Münze«, erleben. Dieses gibt Ihnen einen ersten Einblick in die Welt der Algorithmen und Datenstrukturen:

*Einführendes Beispiel*

- »Intuitive Einführung«, S. 5

Nach diesem einführenden Beispiel ist es notwendig, Aufbau und Beschreibung von Algorithmen sowie ihre wichtigsten Eigenschaften im Detail zu betrachten. Eine der wichtigsten Eigen-

*Algorithmen und Komplexität*

schaften von Algorithmen ist ihre Komplexität: Probleme können oft durch ganz unterschiedliche Algorithmen gelöst werden. Auch wenn das Ergebnis der Algorithmen dasselbe ist, so können sie sich doch hinsichtlich ihrer Laufzeit oder ihres Speicherverbrauchs stark unterscheiden – sogar so sehr, dass zur Bearbeitung umfangreicherer Probleme bzw. Datenmengen bestimmte Algorithmen praktisch *nicht* mehr einsetzbar sind. Deshalb ist es wichtig, beim Entwurf oder der Auswahl von Algorithmen auch immer die Komplexität im Auge zu haben:

- »Algorithmen«, S. 11

*Rekursive Algorithmen* Eine elegante, leistungsfähige und im Zusammenhang mit induktiv definierten Datenstrukturen auch sehr natürliche Form der Beschreibung stellen rekursive Algorithmen dar. Obwohl letztlich jede Rekursion auch durch eine Iteration darstellbar ist, bieten rekursive Algorithmen oft eine wesentlich kompaktere, natürlichere Formulierung:

- »Rekursion«, S. 33

*Suchalgorithmen* Die unterschiedliche Komplexität und den Zusammenhang von Algorithmen und Datenstrukturen können Sie schon am Beispiel des eigentlich sehr einfachen aber allgemeinen und immer wieder auftretenden Problems der Suche nach einem Element in einer Datenstruktur beobachten:

- »Suchalgorithmen«, S. 65

*Sortieralgorithmen* Die gleiche Beobachtung setzt sich fort bei der Untersuchung verschiedener Algorithmen für ein anderes Standardproblem: das Sortieren großer Mengen von Daten. Dabei werden Sie feststellen, dass für unterschiedliche Aufgabenstellungen die verschiedenen Sortieralgorithmen unterschiedlich gut geeignet sind:

- »Sortieralgorithmen«, S. 101

*Datenstrukturen* Algorithmen arbeiten auf Daten. Während einige Algorithmen aus der Mathematik Funktionen auf einzelnen Eingabedaten (meist Zahlen) berechnen, erfordern andere Probleme die Modellierung und Strukturierung umfangreicher Daten. Hierzu dienen Datenstrukturen und abstrakte Datentypen. Mit dem *Collection Framework* steht Ihnen in Java bereits ein Grundstock dynamischer Datenstrukturen – und Algorithmen auf ihnen – zur Verfügung, auf dem aufbauend bei Bedarf weitere spezielle Datenstrukturen realisiert werden können:

- »Datenstrukturen«, S. 181

*Algorithmen auf Texten* Ein weiteres Feld, das – da immer wieder und auf oftmals sehr großen Textmengen angewendet – nach effizienten Algorithmen verlangt, bietet die Textverarbeitung, dabei besonders die Suche oder das Ersetzen in Texten:

- »Algorithmen auf Texten«, S. 301

Standardprobleme, wie Suchen und Sortieren, bieten zwar ein schönes Untersuchungsfeld zum Studium verschiedener Algorithmen und ihrer Komplexität, sie stellen die Algorithmen aber vor keine allzu großen Herausforderungen: Auch ein Feld mit einer Million Datensätzen lässt sich *sehr schnell* sortieren.

Anders sieht es dagegen bei vielen kombinatorischen Problemen aus, zum Beispiel aus den Bereichen Planung und Optimierung, für die oftmals sogar bereits bewiesen wurde, dass es für sie im Allgemeinen gar keinen *schnellen* Algorithmus geben kann. Gerade deshalb aber sind *möglichst schnelle* Algorithmen für die Lösung solcher kombinatorischen Probleme so wichtig: Kombinatorische Algorithmen

- »Kombinatorische Algorithmen«, S. 333

Im Jahre 1958 entstand die Programmiersprache Lisp, die einen so genannten funktionalen Programmierstil in die Programmierwelt einführte. Eine moderne Fassung dieser Sprache, die die JVM *(Java Virtual Machine)* als Zielsystem benutzt, ist die Sprache Clojure. Sie ermöglicht die Umsetzung vieler Algorithmen und Datenstrukturen in einem anderen Programmierparadigma: Clojure

- »Einführung in die funktionale Programmierung mit Clojure«, S. 423

Wenn Ihr Berufsziel Programmierer(in) ist, dann können Sie sich dieses Wissen und die zugehörigen Fertigkeiten mit Hilfe von vier E-Learning-Kursen aneignen. Wenn Sie alle diese vier Online-Kurse erfolgreich absolviert haben, dann erhalten Sie das Zertifikat »Senior-Programmierer(in)«. Denn dann sind Sie in der Lage, professionell effiziente Algorithmen und Programme problemgerecht zu entwickeln, zu analysieren, zu überprüfen, adäquat in der UML zu beschreiben und in Java zu transformieren, zu übersetzen, zu testen und auszuführen. Berufsziel Programmierer(in)

Den vier Online-Kursen liegt ein didaktisches Schichtenmodell zugrunde, das die Abb. 1.0-1 zeigt. Zu jedem Kurs gibt es ein gleichnamiges Lehrbuch. Didaktisches Schichtenmodell

Und nun legen Sie los mit dem zweiten Baustein auf dem Weg zum Senior-Programmierer bzw. zur Senior-Programmiererin. An den Start

# 1 Aufbau und Gliederung *

**Senior-Programmierer(in)**
- Java: Algorithmen & Datenstrukturen
- Java: Anwendungen programmieren

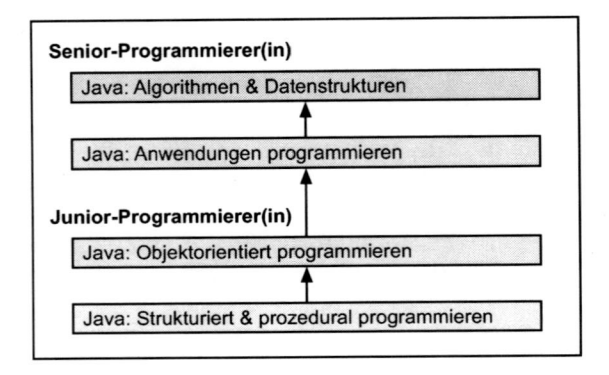

**Junior-Programmierer(in)**
- Java: Objektorientiert programmieren
- Java: Strukturiert & prozedural programmieren

Abb. 1.0-1: Der Weg zum Junior- und Senior-Programmierer(in).

# 2 Intuitive Einführung *

Bereits die nähere Betrachtung eines kleinen, »fast alltäglichen« *Problems der falschen Münze* eröffnet den Blick auf die verschiedensten Fragestellungen, die im Zusammenhang mit Algorithmen und Datenstrukturen zu untersuchen sind: Terminierung, Korrektheit und Laufzeitverhalten im besten, durchschnittlichen und ungünstigsten Fall sind ebenso bereits Themen wie der Zusammenhang zu den Datenstrukturen, auf denen Algorithmen operieren.

Zum Einstieg in das Thema Algorithmen und Datenstrukturen betrachten Sie das »Problem der falschen Münze« und beobachten, wie drei Personen dieses auf unterschiedliche Arten zu lösen versuchen. Jeder Ansatz stellt dabei einen anderen Algorithmus zur Lösung desselben Problems dar, und auch die zugrundeliegende Datenstruktur unterscheidet sich – wenn auch nur geringfügig.

> Stellen Sie sich vor, Sie hätten das folgende Problem zu lösen:
>
> Vor Ihnen liegt eine große Menge von Goldmünzen. Darunter befindet sich *genau eine* falsche Münze, die sich nur in ihrem Gewicht von den anderen unterscheidet, da sie leichter ist. Wie finden Sie die falsche Münze, wenn Ihnen nur eine Balkenwaage mit beliebig großen Waagschalen zur Verfügung steht?
>
> Während Sie noch überlegen, können Sie die drei Herrschaften Norbert Naiv, Stefan Schlau und Christian Clever bei ihren Überlegungen begleiten. Norbert Naiv geht die ganze Sache ganz entspannt an:
>
> Er nimmt jeweils zwei Münzen vom Stapel, legt in jede Waagschale eine und wartet, was passiert: Geht eine Waagschale nach oben (ist also leichter), dann hat er die falsche Münze gefunden. Ansonsten macht er mit den restlichen Münzen genauso weiter. Spätestens dann, wenn nur noch eine Münze übrig ist, hat er die falsche gefunden (Abb. 2.0-1).
>
> Und dass er damit garantiert die falsche Münze findet, da ist er sich ganz sicher: Die von ihm präsentierte Münze war nämlich entweder leichter als eine andere, oder sie ist die letzte verbliebene, nachdem alle anderen Münzen als Fälschung ausgeschlossen werden konnten (da ja nur genau eine falsche Münze dabei ist). Sein Verfahren ist also offensichtlich auch korrekt, verkündet er stolz.

*Beispiel*
Problem der falschen Münze

»Naives« Verfahren

## 2 Intuitive Einführung *

Abb. 2.0-1: Skizze zum naiven Verfahren zum Auffinden der falschen Münze.

Stefan Schlau betrachtet das alles und schüttelt nur den Kopf: Bei geschätzten 1000 Münzen und etwa fünfzehn Sekunden für eine Wägung braucht Norbert im schlimmsten Fall 500 Wägungen und somit über zwei Stunden! Dieser entgegnet ihm zwar, dass er ja vielleicht die falsche Münze auch schon nach der ersten Wägung gefunden habe. Nach kurzer Diskussion sind sich beide aber einig, dass im Durchschnitt aller möglichen Fälle immer noch halb so viele, also 250 Wägungen, notwendig bleiben, das Verfahren also immer noch über eine Stunde dauern wird.

Das ist Stefan Schlau viel zu lang – und er hat eine Idee: Zum Glück sind die Waagschalen groß genug, um auch gleich mehrere Münzen gegeneinander auszuwiegen. Das führt ihn zu folgendem Verfahren:

»Schlaues« Verfahren

In jedem Schritt halbiert er den Stapel Münzen so gut es geht: Bei einer ungeraden Anzahl bleibt eine Münze übrig, die er zur Seite legt. Dann wiegt er beide »Hälften« gegeneinander ab. Senkt sich die Waage zu einer Seite, dann muss die falsche Münze in der Waagschale auf der anderen Seite liegen. Also setzt er das Verfahren genauso, aber nur noch mit den Münzen aus der anderen Waagschale fort. Und wenn sich keine Waagschale absenkt? Dann befindet sich die falsche Münze gar nicht auf der Waage. Sie muss also vorher übrig geblieben sein – und ist somit schon gefunden (Abb. 2.0-2)!

Abb. 2.0-2: Skizze zum schlauen Verfahren für das Problem der falschen Münze.

Norbert findet dieses Verfahren zwar sehr kompliziert, als Stefan ihm aber vorrechnet, dass er damit für die geschätzten 1000 Münzen niemals mehr als zehn Wägungen brauchen wird, wird er ganz still. Mit jeder Wägung gelingt es Stefan nämlich, die Anzahl der noch zu untersuchenden Münzen zu halbieren – oder die falsche Münze ist schon bei der Halbierung übrig geblieben und wird bei der Wägung erkannt, dann nämlich, wenn sich keine Waagschale absenkt. Angenommen, das gleichzeitige Auswiegen mehrerer Münzen dauert gleich lange wie das einzelner Münzen, dann hat Stefan die falsche Münze also schon nach weniger als drei Minuten gefunden. Und, zu Norbert lächelnd, fügt er hinzu, dass auch er eventuell schon nach der ersten Wägung die falsche Münze präsentieren kann.

In diesem Moment kommt Christian Clever dazu, denkt einen Moment nach und meint dann, dass sich auch dieses Verfahren noch verbessern lässt. Haben Sie auch eine Idee?

Als Norbert und Stefan ihn ungläubig anschauen, meint er schließlich, dass man doch besser ausnutzen solle, dass jede Wägung drei mögliche Ergebnisse liefert: eine Waagschale steigt, sinkt, oder beide bleiben gleich. Das macht er sich in seinem Verfahren zunutze:

Anders als Stefan teilt er den Haufen in jedem Schritt in drei nahezu gleich große Teile. Dabei gibt es immer zwei Haufen mit gleich vielen Münzen – auf dem anderen können dann

»Optimales« Verfahren

gleich viele, eine mehr oder eine Münze weniger sein. Somit kann er in jedem Schritt zwei Haufen mit gleicher Anzahl Münzen gegeneinander auswiegen. Auch er macht daraufhin mit dem Inhalt der Waagschale weiter, die sich nach oben bewegt hat. Und wenn beide Waagschalen gleich schwer waren, dann geht es mit dem dritten Haufen weiter – das ganze so lange, bis der verdächtige Haufen nur noch aus einer Münze besteht. Das muss dann die falsche sein (Abb. 2.0-3)!

Abb. 2.0-3: Skizze zum optimalen Verfahren für das Problem der falschen Münze.

Stolz rechnet Christian den anderen vor, dass sein Verfahren noch weniger Wägungen braucht, weil er die Anzahl noch verdächtiger Münzen in jedem Schritt sogar in etwa drittelt und somit schon nach höchstens sieben Wägungen die falsche Münze gefunden hat.

Nach einer kurzen Phase der staunenden Sprachlosigkeit zeigt sich schließlich bei den anderen beiden doch noch ein Schmunzeln, als sie Christian unisono entgegenhalten, dass er aber – anders als sie – auch in jedem Fall sieben Wägungen brauche; schon nach der ersten Wägung die falsche Münze zu kennen, das kann sein Verfahren nämlich nicht.

*Was lernen Sie aus dem Beispiel?*

Zurück aus der Welt der Münzfälscher und derer, die möglichst schnell die falsche Münze finden wollen, bleibt die Frage nach der »Moral von der Geschichte«?

Etwas allgemeiner formuliert zeigt dieses Beispiel bereits einiges:

## 2 Intuitive Einführung *

- Ein Lösungsverfahren (Algorithmus) kann durchaus auch natürlichsprachlich formuliert werden. Wichtig ist nur, dass jeweils eindeutig klar ist, welche Anweisungen in welcher Reihenfolge und auf welchen Daten ausgeführt werden sollen.[1]
  
  *Eindeutigkeit*

- Für ein bestimmtes Problem (hier: die falsche Münze zu finden) kann es durchaus verschiedene Lösungsverfahren (Algorithmen) geben, die sich auch in dem für ihre Durchführung benötigten Aufwand deutlich unterscheiden können.
  
  *Verschiedene Algorithmen*

- Einfache – und leicht zu verstehende – Verfahren sind oftmals noch weit entfernt von einer optimalen Lösung. Für kleinere Probleme (etwa bei nur 20 Münzen) sind sie aber aufgrund ihrer Überschaubarkeit und Verständlichkeit oftmals durchaus praktikabel.
  
  *Einfache Verfahren auch praktikabel*

- Einfache Verfahren haben oft auch den Vorteil, dass man ihre Terminierung (dass sie tatsächlich irgendwann überhaupt ein Ergebnis liefern, was hier aber offensichtlich ist, da der Kreis der verdächtigen Münzen schrittweise immer kleiner wird) und Korrektheit (dass auch das »richtige« Ergebnis geliefert wird) leicht einsehen oder nachweisen kann.
  
  *Terminierung & Korrektheit*

- Einfache Verfahren können im *günstigsten* Fall aufwendigeren Verfahren auch überlegen sein. In der Praxis interessiert aber in der Regel nur der *durchschnittliche*, manchmal auch der *maximale* Aufwand.
  
  *»Best Case« nicht wichtig*

- Will man beschreiben, wie sich der Aufwand eines Verfahrens allgemein bei wachsender Problemgröße (Anzahl der Münzen) verändert, so kann man dies durch Angabe einer »repräsentativen« mathematischen Funktion tun: Für das naive Verfahren erhält man dann eine lineare Funktion (die Anzahl der benötigten Wägungen wächst linear mit der Anzahl der Münzen), für die anderen beiden Verfahren jeweils logarithmische Funktionen[2] zur Basis 2 bzw. 3, wobei diese aber letztlich beide ein logarithmisches Laufzeitverhalten darstellen.
  
  *Aufwandsfunktionen*

---

[1] Um ein Lösungsverfahren allerdings von einem Computer ausführen lassen zu können, muss man auf absehbare Zeit aber noch etwas formaler sein und präzise Notationen bzw. Programmiersprachen verwenden.

[2] Genau genommen gilt dies aber nur, wenn das Wachstum des Aufwands für das Teilen der Haufen in zwei bzw. drei annähernd gleich große Teile gegenüber dem Aufwand einer weiteren Wägung nicht ins Gewicht fällt. Hier kommt dann wiederum der Wahl einer geeigneten Datenstruktur große Bedeutung zu: Unterstützt die Datenstruktur die Aufteilung in jeweils zwei bzw. drei Teile sehr gut (wie beispielsweise ein möglichst vollständiger 2- bzw. 3-ärer Baum), so erhält man tatsächlich auch formal ein logarithmisches Laufzeitverhalten des Verfahrens. Muss allerdings mit jeder einzelnen Münze im Laufe des Verfahrens etwas gemacht werden, dann resultiert daraus notwendigerweise auch mindestens ein lineares Laufzeitverhalten.

## 2 Intuitive Einführung *

**Passende Datenstrukturen**

▪ Zu jedem Verfahren (Algorithmus) gehören auch die passenden Datenstrukturen. Zwar ist hier durchgehend nur von »Haufen von Münzen« die Rede, anders als im naiven Verfahren benötigen die beiden anderen jeweils Zugriff auf die Gesamtheit der Münzen, um diese in zwei bzw. drei Haufen zu teilen.[3]

---

[3] Bei der Implementierung des naiven Verfahrens wäre deshalb auch die Verwendung eines Stapels *(Stack)* für die Speicherung der Münzen denkbar – für die anderen Verfahren wäre diese Datenstruktur denkbar ungeeignet, da sie nur einen sequenziellen Zugriff auf die Elemente (Münzen) erlaubt.

# 3 Algorithmen *

Jedem Programm liegt ein Algorithmus zugrunde, der die grundsätzliche Herangehensweise an ein Problem beschreibt. Algorithmen haben eine Vielzahl von Eigenschaften, deren Betrachtung für die Auswahl und ihren Einsatz von Bedeutung sind.

Eine genauere Definition des Begriffs Algorithmus, seine Herkunft sowie wichtige formale Eigenschaften von Algorithmen lernen Sie in folgendem Kapitel kennen:

- »Einführung und Eigenschaften«, S. 11

Eine in der Praxis besonders wichtige Eigenschaft von Algorithmen ist die Korrektheit bezüglich einer Spezifikation, also die Feststellung, ob der Algorithmus auch das Richtige berechnet:

- »Korrektheit von Algorithmen«, S. 17

So wichtig die Korrektheit eines Algorithmus auch ist, so reicht diese Eigenschaft bei komplexen Problemstellungen mit umfangreichen Daten allein nicht aus. Viel mehr spielt für den praktischen Einsatz auch eine Rolle, wie effizient ein Algorithmus mit den kritischen Ressourcen, in der Regel Zeit und Speicherplatz, umgeht:

- »Komplexität von Algorithmen«, S. 24

## 3.1 Einführung und Eigenschaften *

Algorithmen können als abstrakte Programme verstanden werden: Sie sind eindeutig, müssen aber nicht so exakt und formal, wie beispielsweise ein Java-Programm, beschrieben werden. Nicht für alle Problemstellungen können Algorithmen angegeben werden. Somit führt der Begriff des Algorithmus auch zur Frage, was überhaupt berechenbar ist. Weitere praktisch relevante Eigenschaften von Algorithmen sind ihre Finitheit, Ausführbarkeit, Determiniertheit und Terminierung.

Ein **Algorithmus** stellt das abstrakte Gegenstück zu einem konkret auf eine Maschine bzw. eine Programmiersprache zugeschnittenen Programm dar. Die Abstraktion erfolgt dabei durch den Verzicht auf die konkreten Details und Vorgaben der realen Maschine oder der Programmiersprache. Umgekehrt ist das Programm also eine konkrete Form eines Algorithmus, die an die Möglichkeiten und Vorgaben der realen Maschine bzw. der von ihr »verstandenen« Programmiersprache angepasst ist.

Algorithmus = abstraktes Programm

Ein Algorithmus beschreibt also unabhängig von den konkreten programmiersprachlichen Details, zum Beispiel ob eine Schleife mittels while, do-while oder for notiert wird, dennoch aber ein-

## 3 Algorithmen *

deutig, auf welche Art und Weise, also durch welche Abfolge von Schritten ein gegebenes Problem gelöst werden soll.

*Semiformale Beschreibung*

Die Beschreibung eines Algorithmus kann dabei auch semiformal sein. Sie bewegt sich hinsichtlich des Formalisierungsgrades zwischen der allgemeinsprachlichen, oftmals aber nicht eindeutigen Beschreibungsebene und der konkreten Ebene einer Programmiersprache, deren einzelne Elemente jeweils eine exakte Bedeutung haben.

Zur Veranschaulichung dieser Abstraktionsebenen betrachten Sie folgendes Beispiel.

*Beispiel*

Zu einer gegebenen Zahl x soll ermittelt werden, wie oft diese durch fünf teilbar ist. Eine allgemeinsprachliche Formulierung eines Lösungsansatzes könnte so aussehen:

*Allgemeinsprachliche Lösung*

Zähle, wie oft x durch 5 geteilt werden kann.

Diese Formulierung enthält bereits die Aussage, dass hier x wiederholt durch fünf dividiert und das ganze mitgezählt werden soll. Die exakte Reihenfolge der einzelnen durchzuführenden Schritte bleibt aber noch offen. Eine semiformale Beschreibung im Sinne eines Algorithmus müsste das konkretisieren und könnte dann so aussehen:

*Algorithmus*

1. Setze einen Zähler auf Null.
2. Solange x durch 5 teilbar ist, teile x durch 5 und erhöhe den Zähler um 1.
3. Gib den Wert des Zählers aus.

Hier sind die einzelnen Schritte sowie ihre Reihenfolge eindeutig geklärt. Jeder Mensch mit etwas mathematischem Grundwissen ist sofort in der Lage, diesen Algorithmus auszuführen und das gewünschte Ergebnis zu berechnen. Um die Aufgabe aber von einem Java-Programm lösen zu lassen, reicht diese Beschreibung noch nicht aus:

○ Der Algorithmus lässt immer noch offen, wie genau festgestellt werden soll, ob »x durch 5 teilbar« ist. Dies muss mit den Ausdrucksmitteln von Java formuliert werden, also zum Beispiel mittels des Modulo-Operators % durch den Test (x % 5 == 0). Es könnte aber in diesem besonderen Fall auch ohne echte Division auf der Ebene der Zeichenketten durch den Test (((Integer) x).toString().endsWith("0") || ((Integer) x).toString().endsWith("5")) formuliert werden.

○ Die Formulierung der Schleife in Schritt 2 legt in Java zwar die Verwendung einer while-Schleife nahe, könnte aber ebenso gut mithilfe des universellen Schleifenkonstrukts der for-Schleife realisiert werden.

○ Außerdem gibt es in Java auch für die Division von x durch 5 und das Inkrementieren des Zählers verschiedene Formulierungen (x /= 5 oder x = x / 5 bzw. zaehler++ oder zaehler = zaehler + 1), die zwar gleichwertig sind, aber von denen eine konkrete gewählt werden muss, damit das Programm übersetzt werden kann.

Letztendlich müssen Sie bei der Formulierung in Java also noch etwas konkreter werden, so dass eines der möglichen Java-Programme für das gegebene Problem schließlich so aussehen könnte:

```
int zaehler = 0;
while (x % 5 == 0)
{
    x /= 5;
    zaehler++;
}
return zaehler;
```

Allgemein ist festzustellen, dass es zu einem gegebenen Algorithmus beliebig viele verschiedene Programme geben kann, die diesen Algorithmus in Java realisieren.

Geben Sie mindestens ein Dutzend andere Java-Programme für die Realisierung des vorgegebenen Algorithmus an. Oder beschreiben Sie, wie Sie diese Programme generieren können! — Frage

Sie können zunächst andere Kombinationen der Varianten für die Schleife (while- oder for-Schleife), für den Teilbarkeitstest, die Division und das Inkrementieren bilden. Oder Sie variieren die Bezeichner für Variablen und erhalten sofort beliebig viele verschiedene Java-Programme, die alle den vorgegebenen Algorithmus realisieren. — Antwort

## Wortherkunft und Historie

Das Wort *Algorithmus* hat sich im Laufe der Zeit als Abwandlung des Namens von Muhammed Ibn Musa al-Chwarizmi (etwa 783–850) ergeben, dessen arabisches Lehrbuch »Über das Rechnen mit indischen Ziffern« (um 825) [ChVo63] in der lateinischen Übersetzung mit den Worten »Dixit Algorismi« (»Algorismi hat gesagt«) beginnt. Später wurde daraus der lateinische Begriff *algorismus* für die Kunst des Rechnens mit arabischen Ziffern. Durch Adaption des griechischen Wortbestandteiles *rismus* hat sich dann in der lateinischen Wissenschaftssprache *algorithmus* ergeben, was sich schließlich als Fachbegriff für die Beschreibung von Prozeduren zur Lösung definierter Probleme eingebürgert hat. — Wortherkunft

## 3 Algorithmen *

Der Begriff des Algorithmus ist also viel älter als die Informatik und alle programmierbaren Rechenmaschinen! Algorithmen dienten zunächst als formalisierte Berechnungsvorschriften, die jedoch von Menschen ausgeführt wurden.

*Ada Lovelace*

Der erste tatsächlich für die Ausführung durch einen Computer vorgesehene Algorithmus taucht erst 1843 in den Notizen von Ada Lovelace (eigentlich Ada King, Countess of Lovelace und Tochter von Lord Byron) zu dem vom britischen Mathematiker Charles Babbage 1837 veröffentlichten Entwurf einer sogenannten *Analytical Engine* auf, einer mechanischen Rechenmaschine für beliebige Anwendungen. Ihr Algorithmus beschreibt die Berechnung von Bernoulli-Zahlen, wurde aber nie auf der Analytical Engine implementiert, da diese von Babbage nicht mehr vollendet werden konnte. Dennoch kann mit einigem Recht Ada Lovelace als erste Programmiererin bezeichnet werden.

*Berechnungsmodelle*

Die bisherige Definition eines Algorithmus als Abstraktion eines konkreten (zum Beispiel in Java formulierten) Programms ist sehr schwach und allgemein. Deshalb wurden in den 1930er Jahren verschiedene Ansätze entwickelt, um zu einer präziseren Definition zu kommen. Zentrale Bedeutung nimmt dabei die von dem britischen Mathematiker Alan Turing 1936 entworfene Turingmaschine ein. Sie liefert ein theoretisches Modell zur Beschreibung der Klasse der berechenbaren Funktionen [Turi36].[1]

*Turingmaschine*

Eine **Turingmaschine** besteht aus einem unendlich langen[2] Speicherband mit unendlich vielen sequenziell angeordneten Feldern. Die Zeichen in diesen Feldern können über einen programmgesteuerten Schreib-Lese-Kopf verändert werden, der sich feldweise über das Speicherband bewegt.

Die Besonderheit einer Turingmaschine besteht darin, dass sie mit ihren nur drei Grundoperationen (Lesen, Schreiben und Bewegen des Schreib-Lese-Kopf) in der Lage ist, alle Probleme zu lösen, die auch ein Computer lösen kann. Alle elementaren Operationen eines Computers, wie Addition, Multiplikation und Sprünge, können mit diesen drei Operationen simuliert werden. Auf ihnen aufbauend lassen sich dann auch weitere und komplexe Operationen der üblichen Computerprogramme simulieren.

*Grenzen der Berechenbarkeit*

Alonzo Church und Alan Turing haben mit ihrer sogenannten Church-Turing-These die Behauptung aufgestellt, dass sich mit einer Turingmaschine alle auch von Menschen berechenbaren mathematischen Funktionen berechnen lassen. Diese werden

---

[1] Neben der Turingmaschine wurden zwar eine Reihe weiterer Formalisierungen des Berechenbarkeitsbegriffs entwickelt, wie Registermaschinen, rekursive Funktionen, Lambda-Kalkül, Chomsky-Grammatiken und Markow-Algorithmen. Es hat sich aber herausgestellt, dass diese Methoden sich letztlich in ihrer Leistungsfähigkeit nicht unterscheiden, sie alle gleich *mächtig* sind. Sie können alle auf eine Turingmaschine abgebildet und von ihr »emuliert«, also in Hinblick auf die aus denselben Daten berechneten

auch als »intuitiv berechenbare Probleme« bezeichnet. Daraus dürfen Sie aber leider nicht folgern, dass Sie mit einer Turingmaschine alle mathematischen Funktionen berechnen können.

Sie kennen sicher die Situation: Sie sitzen vor dem Computer und fragen sich: »Ist der Computer abgestürzt oder rechnet er noch?« oder etwas anders formuliert: »Wird der Computer für mein Programm und meine Eingabedaten jemals zum Ende kommen und ein Ergebnis liefern?«. Nun mögen Sie hier vielleicht eine Marktchance wittern und für diese gewiss häufig gestellte Frage ein Java-Programm entwickeln wollen, das für ein beliebiges Programm und beliebige Eingabedaten berechnet, ob das Programm für diese Eingabe terminiert. Doch Vorsicht – diese Mühe ist vergebens!

*Beispiel: Halteproblem*

Für dieses sogenannte **Halteproblem** kann gezeigt werden, dass es zu den mathematischen Funktionen gehört, die nicht von einer Turingmaschine (und nach der Church-Turing-These daher auch nicht von einem Menschen) berechnet werden können: Die Aufgabe, zu einem beliebigen Programm und einer beliebigen Eingabe festzustellen, ob das Programm für diese Eingabe irgendwann anhält, ist nicht lösbar. Die entsprechende Funktion, die als Ergebnis nur Ja oder Nein liefern soll, ist schlicht *nicht berechenbar*, nicht von einer Turingmaschine und deshalb auch nicht durch ein Java- oder sonstiges Programm. Schade, aber dank dieser Erkenntnis aus der theoretischen Informatik brauchen Sie sich gar nicht erst mit dieser Aufgabe abzumühen und können sich gleich auf eine erfolgversprechendere, weil berechenbare Funktion konzentrieren.

Etwas formaler als die anfängliche Definition des Algorithmus als abstraktes Programm kann für einen **Algorithmus** seine Implementierbarkeit in einem beliebigen anderen, zu einer Turingmaschine äquivalenten Formalismus herangezogen werden, also zum Beispiel die Implementierbarkeit in einer Programmiersprache. Einer der zentralen Begriffe der theoretischen Informatik, die **Berechenbarkeit**, ist deshalb so definiert, dass ein Problem dann als *berechenbar* gilt, wenn dazu ein terminierender Algorithmus existiert, eine dafür programmierte Turingmaschine (oder ein entsprechendes Java-Programm) irgendwann mit Ausgabe einer Lösung anhalten würde, das Problem also »in endlicher Zeit« lösen könnte.

*Formale Definitionen*

---

Ergebnisse nachgebildet, werden. Und sie können umgekehrt auch alle Eigenschaften einer Turingmaschine abbilden, also diese emulieren.
[2] Sie können sich dieses unendlich lange Band auch mit endlicher Länge vorstellen, es muss jedoch ausreichend lang sein, um die jeweilige Berechnung ausführen zu können, ohne dass der Lese- und Schreibkopf an das Ende des Bandes stößt.

## Eigenschaften

Aus der Definition sind schließlich folgende Eigenschaften eines Algorithmus ableitbar:

- **Finitheit**: Die Beschreibung des Algorithmus hat eine endliche Länge, sie darf also nur eine begrenzte Anzahl von Zeilen umfassen (Statische Finitheit). Darüber hinaus darf das Verfahren jederzeit auch nur endlich viel Speicherplatz benötigen (Dynamische Finitheit).[3]
- **Ausführbarkeit/Effektivität**: Jeder Schritt eines Algorithmus muss von seinem Bearbeiter, egal ob Mensch oder Maschine, auch tatsächlich ausführbar sein, und der Effekt jeder Anweisung muss eindeutig festgelegt sein.

Dazu kommen weitere Eigenschaften, die aber nicht zwingend für jeden Algorithmus erfüllt sein müssen:

- **Terminierung**: Die Ausführung des Algorithmus kommt nach endlich vielen Schritten zu einem Ende, und zwar für jede nur mögliche Eingabe. Würde ein Algorithmus für eine bestimmte Eingabe nicht terminieren, dann kann er auch kein abschließendes Ergebnis liefern. Er beschreibt dann eine sogenannte Endlosschleife. Für diese Eigenschaft gibt es aber auch Ausnahmen: ein Programm etwa, das fortlaufend weitere Primzahlen ausgibt, beliebige Steuerungs- oder Betriebssysteme (von denen Sie ja gerade erwarten, dass sie nicht irgendwann terminieren und ihren Dienst einstellen) sowie viele weitere Programme, die interaktiv mit dem Benutzer kommunizieren. Solange der Benutzer keine Anweisung zum Beenden eingibt, läuft ein solches Programm beabsichtigt endlos weiter.[4]
- **Determiniertheit**: Der Algorithmus muss bei jeder Ausführung mit gleichen Anfangsbedingungen und Eingaben auch gleiche Ergebnisse liefern.
- **Determinismus**: Zu jedem Zeitpunkt der Algorithmusausführung ist der nächste Handlungsschritt eindeutig definiert. Beispiele für deterministische Algorithmen sind »BubbleSort«, S. 118, zum Sortieren eines Feldes oder der »Algorithmus von Euklid«, S. 17, zur Bestimmung des größten gemeinsamen Teilers zweier natürlicher Zahlen. Jeder deterministische Algorithmus ist auch determiniert, aber nicht jeder determinierte Algorithmus muss auch deterministisch sein. So ist der Algorithmus »QuickSort«, S. 137, mit zufälliger Wahl des Vergleichselements ein Beispiel für einen Algorith-

---

[3] Statische Eigenschaften beziehen sich immer auf den Programmtext oder die Beschreibung eines Algorithmus selbst. Dynamische Eigenschaften beziehen sich dagegen immer auf die Ausführung des Algorithmus oder Programms, also seine Laufzeit.

[4] Donald Knuth hat für solche beabsichtigt nicht terminierenden Algorithmen den Begriff rechnergestützte Methoden (*computational methods*) vorgeschlagen.

mus, der zwar determiniert, aber nicht deterministisch ist, da er bei gleicher Eingabe und einer eindeutigen Sortierung immer dasselbe Ergebnis liefert, auch wenn der Weg dorthin zufällig erfolgt. Ebenfalls nicht deterministisch sind solche Algorithmen, bei denen einzelne Schritte unabhängig voneinander in beliebiger Reihenfolge (*nebenläufig*) oder tatsächlich gleichzeitig (*parallel*) ausgeführt werden können bzw. sollen.

Betrachten Sie folgenden bereits in Java formulierten Algorithmus und untersuchen Sie seine Terminierung: — Frage

```
public int f(int x)
{
  while (x > 0)
  {
    if (x % 5 == 0)
      x = x + 6;
    else
      x = x - 3;
  }
  return x;
}
```

Der Algorithmus terminiert *nicht* für alle Eingabewerte. Zum Beweis betrachten Sie einen beliebigen durch 5 teilbaren Wert für x. Der Aufruf von f(x) führt im ersten Durchlauf der while-Schleife dazu, dass x um 6 erhöht wird. Damit ist im zweiten Durchlauf x nicht mehr durch 5 teilbar (es bleibt ein Rest von 1) und wird entsprechend um 3 verringert. Im nächsten Durchlauf ist x auch nicht durch 5 teilbar (es bleibt ein Rest von 3), also wird x erneut um 3 verringert. Damit hat x wieder seinen Ausgangswert und ist wieder durch 5 teilbar, so dass sich das Verfahren endlos fortsetzt. Interessanterweise terminiert dieser Algorithmus nur für negative Zahlen und die Zahlen 1 bis 4, 6, 7, 9 und 12. Alle anderen Werte für x führen in eine Endlosschleife. — Antwort

## 3.2 Korrektheit von Algorithmen *

Die Korrektheit von Algorithmen bezieht sich immer auf eine Spezifikation dessen, was vom Algorithmus erwartet wird. Stimmen tatsächliches Verhalten und Ergebnisse mit der Spezifikation überein, dann ist der Algorithmus korrekt. Auch umfangreiche und klug gewählte Testfälle, die exemplarisch das korrekte Verhalten eines Algorithmus bzw. Programms zeigen, können nur das Vertrauen in die Korrektheit stärken. Sicherheit kann nur ein formaler Beweis liefern, der aber, wenn überhaupt, nur sehr aufwändig geführt werden kann.

Die Korrektheit eines Algorithmus ist eine weitere zentrale Eigenschaft von Algorithmen. Natürlich sind Sie nur an Algorithmen interessiert, die ein Problem korrekt lösen. Aber wie können Sie die Korrektheit eines Algorithmus garantieren oder gar beweisen, dass ein Algorithmus korrekt ist? Sie werden im Folgenden sehen, dass das schon für ein kleines Beispiel gar nicht so leicht und für große und komplexe Systeme außerordentlich aufwändig und schwierig, wenn nicht gar unmöglich, ist.

*Beispiel*

Auf dem Tisch liegen zwei Reihen von Streichhölzern. Von der jeweils längeren Reihe sollen so viele weggenommen werden, wie in der kürzeren vorkommen. Aufgehört wird, wenn beide Streichholzreihen gleich lang sind. Wenn man die Streichholzreihen durch Zahlen darstellt, so lässt sich das gerade beschriebene Verfahren durch den folgenden Algorithmus in Java darstellen:

*wegnehmen()*

```
public int wegnehmen(int x, int y)
{
  while (x != y)
  {
    if (x > y)
      x = x - y; //kleinere Zahl von größerer abziehen
    else
      y = y - x; //größere Zahl von kleinerer abziehen
  }
  return x;
}
```

Dabei sind x und y die Längen der jeweiligen Streichholzreihen. Das Ergebnis der Operation wegnehmen() ist die Länge der Streichholzreihen, wenn der Algorithmus zum Ende kommt.

Was leistet der Algorithmus eigentlich genau? Welche mathematische Funktion steckt dahinter?

*Frage*

Führen Sie den Algorithmus mit verschiedenen Ausgangszahlen (Streichholzreihen) durch und notieren Sie die jeweiligen Ergebnisse:

○ Fall 1: x = 15; y = 7
○ Fall 2: x = 10; y = 21
○ Fall 3: x = 3; y = 20
○ Fall 4: x = 8; y = 8
○ Fall 5: x = 24; y = 15

Wie hängen die Ausgaben von den Eingaben ab?

*Antwort*

Wenn Sie den Algorithmus schrittweise für den ersten Fall mit x = 15 und y = 7 ausführen, dann haben am Ende x und y beide den Wert 1, der anschließend als Ergebnis zurückgegeben wird. Diese Erkenntnis können Sie abgekürzt notieren als:

vorher:   x = 15;  y = 7
nachher:  x = 1;   y = 1

## 3.2 Korrektheit von Algorithmen *

Mit vorher bzw. nachher sollen hier der Zustand nach dem Aufruf bzw. vor der Rückgabe benannt werden. Für die nächsten vorgeschlagenen Zahlenwerte erhalten Sie:

```
vorher:  x = 10;  y = 21
nachher: x = 1;   y = 1

vorher:  x = 3;   y = 20
nachher: x = 1;   y = 1
```

Es drängt sich also die Vermutung auf, dass bei Eingabe beliebiger natürlicher Zahlen a und b für x und y diese am Ende immer gleich 1 sind:

```
vorher:  x = a;  y = b;
(wobei a, b beliebige natürliche Zahlen sind)
nachher: x = 1;  y = 1
```

Diese Vermutung stimmt aber nicht, wie schon das nächste Beispiel zeigt:

```
vorher:  x = 8;  y = 8
nachher: x = 8;  y = 8
```

Wenn die beiden eingegebenen Zahlen gleich sind, dann wird die while-Schleife gar nicht durchlaufen und die eingegebenen Zahlen bleiben unverändert. Man könnte jetzt vermuten, dass der Wert 1 also nur immer dann ausgegeben wird, wenn die eingegebenen Zahlen verschieden waren. Aber auch das stimmt nicht:

```
vorher:  x = 24; y = 15
nachher: x = 3;  y = 3
```

Die Sache ist also nicht ganz so leicht, wie es auf den ersten Blick erscheint. Weitere Beispiele lassen aber schließlich vermuten, dass der Algorithmus den größten gemeinsamen Teiler der beiden eingegebenen Zahlen x und y, auch abgekürzt als ggT(x,y), berechnet. Also:

```
vorher:  x = a;  y = b;
(wobei a, b beliebige natürliche Zahlen sind)
nachher: x = y = ggT(a, b)
```

Das gewünschte Verhalten eines Algorithmus lässt sich formal mit einer **Spezifikation** beschreiben. Die Spezifikation besteht aus einer Vorbedingung, die den Ausgangszustand beschreibt, also mit welchen Werten der Algorithmus aufgerufen wird, sowie einer Nachbedingung, die den Endzustand beschreibt, der gelten soll, wenn der Algorithmus zum Ende gekommen ist.

*Spezifikation*

Tatsächlich handelt es sich bei dem Algorithmus, den Sie unter dem Namen wegnehmen() kennengelernt haben, um den sogenannten **Algorithmus von Euklid**, mit dem der griechische Mathematiker Euklid von Alexandria bereits um 325 v. Chr. ein Verfahren zur Berechnung des größten gemeinsamen Teilers zweier Zahlen beschrieben hat. Es ist die erste Beschreibung eines

*Algorithmus von Euklid*

# 3 Algorithmen *

Berechnungsverfahrens, die aus heutiger Sicht als Algorithmus bezeichnet werden kann.

**Spezifikation für wegnehmen()**

Für den Algorithmus wegnehmen() gilt also die folgende Spezifikation:

```
vorher:  x = a;  y = b;
(wobei a, b beliebige natürliche Zahlen sind)
nachher: x = y = ggT(a, b)
```

Eine Spezifikation wird oftmals auch als Kommentar in die Darstellung des Algorithmus integriert, so dass direkt sichtbar ist, an welcher Stelle welche Bedingungen gelten müssen:

```
public int wegnehmen(int x, int y)
{
  // Hier gilt:  x = a;  y = b;
  // (wobei a, b beliebige natürliche Zahlen sind)
  while (x != y)
  {
    if (x > y)
      x = x - y; //kleinere Zahl von größerer abziehen
    else
      y = y - x; //größere Zahl von kleinerer abziehen
  }
  // Hier gilt:  x = y = ggT(a, b)
  return x;
}
```

**Gewünschtes & tatsächliches Verhalten**

Stellen Sie sich folgende Situation vor: Sie möchten einen Algorithmus entwickeln, der ein gegebenes Problem lösen, also ein ganz bestimmtes Verhalten haben soll. Das Verhalten lässt sich, wie gesehen, mit einer Spezifikation genau beschreiben. Nachdem Sie nun einen Algorithmus gefunden oder entwickelt haben, stellt sich die Frage, ob er auch tatsächlich das gewünschte Verhalten zeigt.

Beispielsweise könnte das Problem ja darin bestehen, einen Algorithmus zur Berechnung des größten gemeinsamen Teilers zweier natürlicher Zahlen zu entwickeln. Die Spezifikation würde hier also wie bekannt aussehen:

```
vorher:  x = a;  y = b;
(wobei a, b beliebige natürliche Zahlen sind)
nachher: x = y = ggT(a, b)
```

Nehmen Sie weiter an, Sie hätten den folgenden Algorithmus ggT() zur Lösung des Problems zur Verfügung:

**Algorithmus ggT()**

```
public int ggT(int x, int y)
{
  do
  {
    if (x > y)
      x = x - y;
    else
      y = y - x;
```

```
    }
    while (x != y);
    return x;
}
```

Nun stellt sich die Frage, ob der gegebene Algorithmus ggT() sich auch tatsächlich so verhält, wie es die Spezifikation fordert. Genau diese Anforderung wird mit der **Korrektheit** eines Algorithmus erfasst.

*Korrektheit*

> Ein Algorithmus heißt (total) **korrekt bezüglich einer Spezifikation**, wenn er für alle in der Spezifikation (Vorbedingung) vorgesehenen Eingabewerte terminiert und ein Ergebnis liefert, das die Nachbedingung der Spezifikation erfüllt. Terminiert der Algorithmus nur für einen Teil der möglichen Eingabewerte, erfüllt für diese aber die Spezifikation, berechnet also die richtigen Ergebnisse, dann wird er immer noch als **partiell korrekt** bezeichnet.

*Definition*

Wie steht es nun um die Korrektheit des Algorithmus ggT()? Dieser Algorithmus zeigt tatsächlich in sehr vielen Fällen das gewünschte Verhalten und erfüllt die Spezifikation. Nur wenn die beiden eingegebenen Zahlen x und y gleich sind, gerät er in eine Endlosschleife und erzeugt keine Ausgabe. Der Algorithmus terminiert also *nicht* immer, ist in dieser Form also nicht ganz korrekt – oder eben nur *partiell korrekt*.

*Korrektheit von ggT() und wegnehmen()*

Auch der Algorithmus wegnehmen() lieferte ja für alle Testfälle die richtigen Ergebnisse. Und im Fall gleicher Eingabewerte für x und y wird die while-Schleife gar nicht erst betreten, damit dürfte wenigstens wegnehmen() *wohl korrekt sein*.

Aber worauf stützt sich die Aussage der Korrektheit genau? Und wie sicher ist sie? Letztlich bleibt also die Frage, wie Sie die Korrektheit eines Algorithmus überprüfen können.

Grundsätzlich gibt es zwei Möglichkeiten, eine Aussage zur Korrektheit eines Algorithmus zu gewinnen:

*Überprüfen der Korrektheit*

- Beim **Testen** wird der Algorithmus mit vorgegebenen Testdaten ausgeführt und dabei überprüft, ob er in diesen Fällen das gewünschte Verhalten zeigt. Damit können Sie zwar das Vorhandensein von Fehlern entdecken, in der Regel aber nicht nachweisen, dass der Algorithmus tatsächlich korrekt in Bezug auf eine gegebene Spezifikation ist. Da Sie die in der Regel unendlich vielen denkbaren Fälle und Kombinationen von Eingabewerten *nicht* alle durchspielen und mit Testdaten abdecken können, bleibt immer die Ungewissheit, dass einzelne, möglicherweise kritische, Sonderfälle übersehen wurden.

▬ Bei der **Verifikation** dagegen wird versucht, einen mathematischen Beweis dafür zu finden, dass aus dem Erfülltsein der Vorbedingung für bestimmte Eingabedaten streng logisch auch das Erfülltsein der Nachbedingung für das Ergebnis folgt.

*Hoare-Kalkül*

Korrektheitsbeweise sind in der Regel sehr aufwändig. Der britische Informatiker C. A. R. Hoare hat 1969 ein formales System beschrieben, den nach ihm benannten **Hoare-Kalkül** [Hoar69]. Dieser besteht im Wesentlichen aus fünf logischen Ableitungsregeln, mit denen sich für die elementaren Konstrukte einer prozeduralen Programmiersprache aus der logischen Aussage, die vor der Ausführung gilt, eine logische Aussage ableiten lässt, die nach der Ausführung dieses Konstruktes gelten muss. Auf diese Weise kann im Erfolgsfall die Nachbedingung einer Spezifikation als logische Folgerung aus der Vorbedingung gezeigt und somit die Korrektheit des Algorithmus bewiesen werden.

*Beispiel*

Für den Algorithmus wegnehmen() lässt sich ein Korrektheitsbeweis noch recht kompakt führen:

*Formaler Beweis der Korrektheit von wegnehmen()*

○ Schritt 1: Zunächst kann man zeigen, dass vor dem ersten und nach jedem Schleifendurchlauf gilt: ggT(x, y) = ggT(a, b). Vor dem ersten Schleifendurchlauf gilt diese Bedingung offensichtlich, da hier x = a und y = b gelten. Sie gilt auch nach einem Schleifendurchlauf noch, sofern sie vorher bereits erfüllt war: Wenn x' und y' die Werte der Variablen x und y nach Ausführung der Schleife bezeichnen, dann gilt am Ende eines Schleifendurchlaufs entweder x' = x − y und y' = y oder x' = x und y' = y − x. Jetzt kann man eine allgemeine Eigenschaft des ggT ausnutzen, denn für beliebige natürliche Zahlen m und n mit m > n gilt: ggT(m, n) = ggT(m-n, n). Daraus folgt, dass in jedem Fall ggT(x', y') = ggT(x, y) gelten muss. Und da ggT(x, y) = ggT(a, b) vorausgesetzt war, folgt also weiter, dass ggT(x', y') = ggT(a, b) gilt. Also gilt die Bedingung ggT(x, y) = ggT(a, b) auch nach Ausführung der Anweisungen in der Schleife. Ergebnis: Die Gültigkeit der Bedingung ggT(x, y) = ggT(a, b) bleibt durch die Schleife also unberührt. Sie wird deshalb auch als *Schleifeninvariante* bezeichnet.

○ Schritt 2: Wenn die Schleife schließlich verlassen wird, dann gilt einerseits ggT(x, y) = ggT(a, b), die Schleifeninvariante. Andererseits gilt auch x = y, da nur bei dieser Bedingung die Schleife beendet wird. Da der ggT bei zwei gleichen Zahlen mit diesen übereinstimmt, muss also ggT(a, b) = ggT(x, y) = x = y gelten. Ergebnis: Damit ist nachgewiesen, dass die Spezifikation erfüllt ist, also die Nachbedingung erfüllt ist, sofern die Vorbedingung erfüllt war.

- Schritt 3: Es bleibt noch nachzuweisen, dass der Algorithmus bei sämtlichen möglichen Eingabedaten tatsächlich terminiert. Auch das kann man sich schnell klar machen. Beginnend mit zwei natürlichen Zahlen x = a und y = b wird in jedem Schleifendurchlauf eine der beiden Zahlen verkleinert, bleibt aber immer größer als Null. Spätestens beim Wert 1 müssen beide Zahlen also den gleichen Wert haben. Jetzt ist der Beweis vollständig erbracht: Der Algorithmus wegnehmen() ist tatsächlich korrekt bzgl. der angegebenen Spezifikation.

Ein solcher Verifikationsbeweis ist zwar recht formal. Aber er hinterlässt keine Argumentationslücke mehr. Sie können also sicher sein, dass der Algorithmus tatsächlich das gewünschte Verhalten hat. Je nachdem, wie gravierend die Folgen einer Fehlfunktion eines Algorithmus wären, beispielsweise in Überwachungs- oder Steuerungssystemen, um so eher wird man bereit sein, einen solchen Aufwand zu treiben. Allerdings soll auch nicht verschwiegen werden, dass bereits für halbwegs komplexe Systeme solche formalen Beweise kaum mehr zu führen sind. Daher kommt entsprechenden Testverfahren immer mehr Bedeutung zu, die möglichst alle denkbaren Anwendungsfälle sowie alle vorgesehenen Teilbereiche des Algorithmus abdecken.

**Frage** Untersuchen Sie die Terminierung und Korrektheit des folgenden Algorithmus, der genau dann true zurückgeben soll, wenn es sich bei der Eingabe x um eine Quadratzahl handelt, also beispielsweise 1, 4, 9, 16 usw., sonst false:

```
static boolean istquadratzahl(int x)
{
   for(int i = 1; i <= x; i++)
     if (x / i == i)
       return true;
   return false;
}
```

**Antwort** Der Algorithmus terminiert für alle Eingaben, ist aber *nicht* korrekt, da er nicht nur für Quadratzahlen das Ergebnis true liefert. Das liegt daran, dass x/i das Ergebnis der ganzzahligen Division berechnet, so dass es zum Beispiel auch für x=10 einen Wert i=3 gibt, für den (x/i == i) gilt, obwohl 10 gar keine Quadratzahl ist.

Zur Korrektur müsste der Test (x/i == i) so geändert werden, dass er nur erfüllt ist, wenn x wirklich eine Quadratzahl ist, also (x == i*i) gilt. Dazu ist es notwendig, dass x auch durch i teilbar ist. Das kann zum Beispiel durch folgende Änderung berücksichtigt werden: if ((x%i == 0) & (x/i == i))

# 3 Algorithmen *

## 3.3 Komplexität von Algorithmen *

Probleme können oft durch ganz unterschiedliche Algorithmen gelöst werden. Auch wenn das Ergebnis der Algorithmen dasselbe ist, so können sie sich doch hinsichtlich ihrer Laufzeit oder ihres Speicherverbrauchs stark unterscheiden – sogar so sehr, dass zur Bearbeitung umfangreicher Probleme bzw. Datenmengen bestimmte Algorithmen praktisch nicht mehr einsetzbar sind. Deshalb ist es wichtig, beim Entwurf oder der Auswahl von Algorithmen auch immer die Komplexität im Auge zu haben.

*Komplexität eines Algorithmus*

Unter der **Komplexität** (*complexity*, auch Aufwand oder Kosten) **eines Algorithmus** versteht man seinen maximalen Ressourcenbedarf, der in der Regel in Abhängigkeit von der Größe n der Eingabe angegeben wird. Für große n wird er dabei **asymptotisch abgeschätzt**, also unter der Annahme, dass n beliebig groß wird. Dabei wird natürlich vorausgesetzt, dass der Ressourcenbedarf des Algorithmus – wenn überhaupt – von der Größe der Eingabe abhängt. Dies kann beim Sortieren die Anzahl der zu sortierenden Elemente, beim Suchen die Größe des Datenbestandes, in dem gesucht werden soll, oder bei der Berechnung der Fakultätsfunktion n! schlicht der Parameter n sein.

*Problemkomplexität*

Analog ist die **Komplexität eines Problems** definiert als der Ressourcenverbrauch eines optimalen Algorithmus, der dieses Problem löst. Das Problem kann also *nicht* mit geringerem Ressourcenverbrauch gelöst werden. Die Schwierigkeit liegt dabei darin, dass man alle möglichen Algorithmen für ein Problem untersuchen müsste, um so dessen Komplexität zu bestimmen. Häufig kann man aber zeigen, dass für die Lösung eines Problems immer ein bestimmter Mindestaufwand erforderlich ist. Kennt man dann einen Algorithmus, der mit genau diesem Mindestaufwand auskommt, dann ist der Algorithmus optimal und damit hat man auch die Problemkomplexität ermittelt.

*Ressourcen*

Die dabei betrachteten Ressourcen sind in der Regel die Anzahl der benötigten Rechenschritte (**Zeitkomplexität**) oder der Speicherplatzbedarf (**Platzkomplexität**). Sie können die Komplexität aber auch bezüglich einer anderen Ressource bestimmen. Dabei interessiert nicht der genaue Aufwand, den ein konkretes Programm auf einem bestimmten Computer verursacht. Es kommt viel mehr darauf an, wie der Ressourcenbedarf wächst, wenn das Problem komplexer wird, die Problemgröße n zunimmt, also beispielsweise mehr Daten zu verarbeiten sind: Verdoppelt er sich zum Beispiel für die doppelte Datenmenge oder vervierfacht er sich sogar? Dies gibt Aufschluss über die Skalierbarkeit eines Algorithmus, also wie gut er sich auch für wachsende Probleme eignet.

Algorithmen und Probleme werden entsprechend ihrer so bestimmten Komplexität in sogenannte **Komplexitätsklassen** eingeteilt. Diese sind hilfreich, um Aussagen darüber machen zu können, welche Probleme »gleich schwierig« beziehungsweise welche Algorithmen »gleich mächtig« sind. Dabei ist allerdings die Frage, ob zwei Komplexitätsklassen wirklich gleichwertig sind, häufig nicht einfach zu entscheiden oder sogar noch immer offen wie das P-NP-Problem[5].

Komplexitätsklassen

Die Komplexität eines Problems ist unter anderem von grundlegender Bedeutung für die Kryptografie und hier besonders für die asymmetrische Verschlüsselung: So basiert beispielsweise das RSA-Verfahren ganz wesentlich darauf, dass für große Zahlen die Primfaktorzerlegung nur mit unverhältnismäßig großem Aufwand zu berechnen ist – andernfalls könnte leicht der private Schlüssel leicht aus dem öffentlichen Schlüssel errechnet werden.

Praktische Bedeutung

## Algorithmische Effizienz

Die **Effizienz** eines Algorithmus beschreibt, wie sparsam er mit den Ressourcen, Zeit und Speicherplatz, umgeht, die er zur Lösung eines gegebenen Problems beansprucht. Effizienz und Komplexität sind dabei zwei Seiten der gleichen Medaille: je größer die Effizienz eines Algorithmus, desto geringer seine Komplexität. Allerdings sind effiziente Algorithmen oft schwerer zu verstehen, da sie meist auf ausgeklügelten Ideen beruhen, die manchmal auch erst bei großen Problemen ihre volle Wirkung entfalten. So ist der Vierzeiler einer einfachen BubbleSort-Implementierung sehr viel einfacher zu verstehen als die deutlich aufwändigeren Verfahren HeapSort oder QuickSort, deren Effizienz aber um soviel besser ist, dass Sie damit in Sekunden Datenmengen sortieren können, für die ein BubbleSort Stunden benötigt.

Laufzeit- und Speichereffizienz hängen aber nicht alleine vom Algorithmus selbst ab. Sie werden auch durch die konkrete Implementierung in der jeweiligen Programmiersprache, durch die zugrundeliegende Hardware, auf der das Programm schließlich ausgeführt wird, sowie auch durch die Beschaffenheit der Eingabedaten beeinflusst. Deshalb werden für die Bewertung der Effizienz eines Algorithmus unabhängige Faktoren verwendet, die diese Einflüsse ausblenden:

[5] Das P-NP-Problem ist ein seit Beginn der 1970er-Jahre bekanntes, aber immer noch ungelöstes Problem der Komplexitätstheorie. Kern ist dabei die Frage, ob es Probleme gibt, für die eine vorhandene Lösung leicht überprüft werden kann, für das Finden einer solchen Lösung jedoch extrem aufwändig ist. Formal betrachtet ist dies äquivalent zu der Frage nach der Beziehung der beiden Komplexitätsklassen P und NP.

## 3 Algorithmen *

- Laufzeit des Algorithmus auf Basis der Anzahl der benötigten Rechenschritte,
- Speicherverbrauch durch die im Algorithmus benutzten Variablen.

Ob ein gegebener Algorithmus nun tatsächlich als effizient gelten kann, hängt insbesondere davon ab, aus welcher Perspektive Sie den Algorithmus analysieren, und was über die Komplexität des Problems bekannt ist, das vom Algorithmus bearbeitet wird.

*Varianten der Laufzeitabschätzung*

Für die Laufzeitabschätzung existieren folgende Varianten:

- Die **best-case-Laufzeit** (bester Fall) gibt an, wie lange ein Algorithmus im günstigsten Fall braucht, also selbst für solche Eingaben, auf die er ideal vorbereitet. Diese Laufzeit definiert eine untere Schranke zur Lösung des Problems. Da sie aber nur für wenige Fälle zutrifft, wird sie nur selten angegeben und ist auch nur von geringer praktischer Bedeutung.
- Die **worst-case-Laufzeit** (schlechtester Fall) gibt an, wie lange ein Algorithmus im schlimmsten Fall, also maximal, braucht. Für viele Algorithmen tritt diese worst-case-Laufzeit nur bei wenigen Eingaben auf, weshalb diese nur bedingt eine realistische Abschätzung liefert. Handelt es sich aber um kritische Anwendungen oder Echtzeitsysteme, so müssen Sie diese worst-case-Laufzeit natürlich berücksichtigen.
- Die **average-case-Laufzeit** (durchschnittlicher Fall) gibt die erwartete Laufzeit für eine bestimmte angenommene Verteilung der Eingaben an. Da diese allerdings häufig nicht genau bekannt ist, ist die Berechnung sehr aufwändig und nur unter einschränkenden Annahmen, zum Beispiel einer Gleichverteilung der Eingabedaten, möglich: In diesem Fall entspricht sie dem Durchschnitt der Laufzeiten für alle denkbaren Eingabedaten.

*Amortisierte Analyse*

Liegen allerdings Informationen über die Wahrscheinlichkeit der einzelnen Eingabedaten vor, beispielsweise aus dem konkreten Anwendungsumfeld, dann kann mit Hilfe der sogenannten **amortisierten Analyse** eine realistische Abschätzung zur Laufzeit eines Algorithmus vorgenommen werden. Dabei wird der durchschnittliche Aufwand für alle möglichen Eingaben bei Berücksichtigung ihrer jeweiligen Wahrscheinlichkeit betrachtet, statt nur vereinfachend für den besten, den schlechtesten oder den gleichverteilten Fall.

*Beispiel*

Stellen Sie sich folgende Situation vor: In einer Liste werden Daten zu zehn Namen gespeichert. Es sollen nun ein vorhandener Name eingegeben, mit den gespeicherten verglichen und die zugehörigen Daten ausgegeben werden. Die Liste wird dazu von vorne beginnend durchlaufen, bis der gesuchte Name gefunden ist.

- Bester Fall *(best case)*: Der gesuchte Name steht als erstes in der Liste. Dann ist die Suchzeit 1, weil nur ein Vergleich notwendig ist.
- Schlechtester Fall *(worst case)*: Der gesuchte Name steht am Ende der Liste. Die Suchzeit ist 10. Diese Suchzeit würde sich auch ergeben, wenn der Name gar nicht in der Liste vorkäme.
- Durchschnittlicher Fall *(average case)*: Ist der Name garantiert in der Liste vorhanden, dann ist die durchschnittliche Suchzeit $(1+2+3+4+5+6+7+8+9+10)/10 = 5{,}5$.
- Amortisierte Analyse: Wenn Sie nun aber zusätzlich wissen, dass die erste Hälfte der Namen viermal so häufig gesucht werden wie der Rest, und berücksichtigen diese Wahrscheinlichkeiten, dann ist die durchschnittliche Suchzeit nur noch $(4 \cdot (1+2+3+4+5)+6+7+8+9+10)/25 = 4$.

Betrachtet man die Zeitkomplexität eines konkreten Algorithmus, dann geht es dabei um die Anzahl der Schritte, die dieser für die Bearbeitung einer Eingabe der Länge n benötigt, unterschieden nach dem besten, schlechtesten sowie durchschnittlichen Fall. Während es in der Komplexitätstheorie vor allem um die Komplexität eines allgemeinen Problems, die sogenannte Problemkomplexität geht, ist die Komplexität eines einzelnen Algorithmus in der Praxis häufig interessant, so zum Beispiel dann, wenn es um die Auswahl eines geeigneten Algorithmus für eine konkrete Aufgabenstellung geht. So ist das Verfahren BubbleSort zwar für die Sortierung großer Datenmengen recht langsam, eignet sich aber wegen des geringen Verwaltungsaufwands gut für kleine Datenmengen.

*Unterschiedliche Aspekte für Theorie & Praxis*

In der theoretischen Informatik wird der Begriff eines **effizienten Algorithmus** häufig recht schwammig benutzt. Meist ist damit ein Algorithmus gemeint, dessen Laufzeit *polynomiell* mit der Größe der Eingabe wächst. Allerdings können auch solche Algorithmen in der Praxis unbrauchbar sein, wenn beispielsweise der feste Exponent k des zugehörigen Polynoms $n \cdot k$ zu groß ist. Es existieren sogar Algorithmen mit linearem Laufzeitverhalten, die in der Praxis unbrauchbar sind, weil der konstante Faktor c im Ausdruck $c \cdot n$ zu groß ist. Deshalb kann es vorkommen, dass ein Algorithmus A theoretisch deutlich effizienter ist als ein anderer Algorithmus B, stattdessen in der Praxis aber immer nur Algorithmus B verwendet wird, weil die normalerweise zu bearbeitenden Eingabegrößen einfach nicht groß genug sind, dass Algorithmus A seine Vorteile ausspielen kann.

*Effiziente Algorithmen*

## Komplexitätsmaße und -klassen

**Asymptotische Betrachtung**

Die Anzahl der für die Ausführung einer elementaren Operation benötigten Prozessortakte ist zwar von Rechnerarchitektur zu Rechnerarchitektur verschieden, unterscheidet sich aber in der Regel nur um einen konstanten Faktor. Außerdem ist der Laufzeit- und Speicherplatzbedarf für kleine Problemstellungen (kleine Eingabewerte) in der Regel unerheblich, so dass man sich bei der Analyse auf das sogenannte **asymptotische Verhalten** beschränkt, also der Frage nachgeht, wie sich Laufzeit- bzw. Speicherplatzbedarf für immer größer werdende Eingaben verändern.

**Landau-Notation**

Dazu nutzt man die sogenannte **Landau-Notation**, die auf den deutschen Zahlentheoretiker Edmund Landau zurückgeht: Sie gibt ein qualitatives Maß für die Anzahl der elementaren Schritte eines Algorithmus in Abhängigkeit von der Größe der Eingangswerte an. Man betrachtet also, im Rahmen welcher Schranken sich der Aufwand (der Bedarf an Speicher bzw. Rechenzeit) hält, wenn die Eingabe immer weiter vergrößert wird. Durch diese asymptotische Betrachtung sind das Laufzeitverhalten und der Speicherplatzbedarf unter Vernachlässigung eines konstanten Faktors auch für große Eingabegrößen darstellbar. Über die Praxistauglichkeit des Algorithmus ist damit allerdings noch nichts ausgesagt, da in der Praxis häufig kleinere Eingabegrößen vorkommen, die Landau-Notation dagegen aber sehr große Eingabegrößen betrachtet.

**O-Notation**

Die wichtigste Landau-Notation ist die **O-Notation**, die eine Angabe oberer Schranken ermöglicht. Untere Schranken sind dagegen in der Regel viel schwieriger zu finden.

**Definition**

Wenn f und g Funktionen der Eingabegröße n sind, dann bedeutet $f \in O(g)$, dass eine Konstante $c > 0$ und ein $n_0 \in \mathbb{N}$ existieren, sodass für alle $n > n_0$ gilt: $f(n) \leq c \cdot g(n)$.

Oder anders formuliert: Für alle Eingabelängen n ist der Aufwand f(n) nicht wesentlich größer (höchstens um einen konstanten Faktor c) als die beschränkende Funktion g(n).

**Abschätzung für f**

Dabei muss die Funktion f gar nicht genau bekannt sein: Die Landau-Notation dient gerade dazu, den Rechenaufwand bzw. Platzbedarf abzuschätzen, wenn es zu aufwändig wäre, die genaue Funktion anzugeben, oder wenn diese zu kompliziert ist. Dadurch lassen sich Probleme und Algorithmen entsprechend ihrer Komplexität bestimmten Komplexitätsklassen zuordnen und darin zusammenfassen. Die Tab. 3.3-1 zeigt eine Übersicht über die wichtigsten Komplexitätsklassen und typische Probleme bzw. Algorithmen.

## 3.3 Komplexität von Algorithmen *

| Notation | Bedeutung | Beschreibung | Beispiele |
|---|---|---|---|
| $f \in O(1)$ | f ist **beschränkt** | f überschreitet einen (nicht näher benannten) konstanten Wert nicht, unabhängig von der Größe n der Eingabe. | Zugriff auf das i-te Element in einem Feld; »Hashing-basierte Suche«, S. 86, bei nicht zu hohem Ladefaktor |
| $f \in O(\log n)$ | f wächst **logarithmisch** | f wächst jedes Mal um einen in etwa konstanten Betrag, wenn sich n verdoppelt. Dabei ist die Basis des Logarithmus egal! | »Binäre Suche«, S. 76, in einem sortierten Feld der Länge n |
| $f \in O(\sqrt{n})$ | f wächst wie die **Wurzelfunktion** | f wächst in etwa auf das Doppelte, wenn sich n vervierfacht. | |
| $f \in O(n)$ | f wächst **linear** | f wächst in etwa auf das Doppelte, wenn sich n verdoppelt. | »Lineare Suche«, S. 70, in einem unsortierten Feld der Länge n |
| $f \in O(n \log n)$ | f wächst super-linear oder **log-linear** | | Fortgeschrittene Sortierverfahren auf einem Feld der Länge n (»MergeSort«, S. 167, »HeapSort«, S. 148) |
| $f \in O(n^2)$ | f wächst **quadratisch** | f wächst in etwa auf das Vierfache, wenn sich n verdoppelt. | Einfache Sortierverfahren auf einem Feld der Länge n (»BubbleSort«, S. 118, »SelectionSort«, S. 105, »InsertionSort«, S. 110) |
| $f \in O(2^n)$ | f wächst **exponentiell** | f wächst in etwa auf das Doppelte, wenn sich n um eins erhöht. | Naiv-rekursive Berechnung der Fibonacci-Zahlen |
| $f \in O(n!)$ | f wächst **faktoriell** | f wächst in etwa um das (x+1)-fache, wenn sich n um eins erhöht. | Problem des Handlungsreisenden (TSP) |

Tab. 3.3-1: Wichtige Komplexitätsklassen.

Mittels dieser Komplexitätsklassen können Probleme danach verglichen werden, wie »schwierig« oder aufwändig sie zu lösen sind. »Schwere Probleme« wachsen exponentiell oder noch schneller, während für »leichte Probleme« ein Algorithmus existiert, dessen Laufzeitverhalten sich durch eine polynomielle Funktion beschränken lässt. Sie werden deshalb auch als *polynomiell lösbar* bzeichnet – oder eben als *nicht polynomiell lösbar*.

»Schwierige« & »leichte« Probleme

Die Tab. 3.3-2 illustriert das Wachstum der repräsentativen Funktionen für die jeweiligen Komplexitätsklassen. Dabei lassen sich deutlich vier Bereiche unterschiedlichen Wachstums erkennen:

Komplexitätsfunktionen

- Die Komplexitätsklassen O(1), O(log n) und auch noch O($\sqrt{n}$) stehen für sub-lineares Wachstum. Der Aufwand wächst also langsamer als die Problemgröße.

- Die Klassen O(n) und auch noch O(n·log n) repräsentieren »ungefähr« lineares Wachstum. Der Aufwand wächst »ungefähr« mit der Problemgröße.
- In den Komplexitätsklassen $O(n^2)$, $O(n^3)$ und weiteren $O(n^i)$ wächst der Aufwand schon sehr deutlich (polynomiell) mit der Problemgröße – aber immer noch sehr viel langsamer als in der
- exponentiellen oder gar faktoriellen Komplexitätsklasse $O(2^n)$ bzw. O(n!), wo bereits kleine Probleme praktisch nicht mehr zu bearbeiten sind.

### Tausche Speicher gegen Zeit

Bei der Analyse des Ressourcenbedarfs eines Algorithmus werden im wesentlichen Laufzeit- und Speicherbedarf betrachtet, sodass erst beide Maße zusammen eine Aussage über die Gesamtkomplexität eines Algorithmus erlauben.

*Tausche Speicher gegen Zeit*

Dabei ist es in Grenzen sogar oftmals möglich, die eine Ressource auf Kosten eines höheren Verbrauchs der anderen zu schonen – oder etwas plakativer: **Speicher gegen Zeit** zu tauschen (oder umgekehrt).

Während in den 1960er- und 1970er-Jahren Speicherplatz sehr knapp und teuer war, was unter anderem eine Ursache für das Jahr 2000-Problem war, steht er heute selbst für anspruchsvolle Aufgaben meist in ausreichender Menge zur Verfügung. Demgegenüber sind jedoch die Aufgaben und Anforderungen an jede Art von Computerprogrammen viel schneller gewachsen als die ebenfalls beachtliche Steigerung der bloßen Rechenleistung und -geschwindigkeit durch neue Prozessoren und Rechnerarchitekturen.

Somit ist heute der Laufzeitbedarf eines Algorithmus eher die kritische Größe, und »Tauschangebote« der Form »Speicher gegen Zeit« werden daher gern angenommen.

- Dazu gehören beispielsweise Ansätze zum Caching von Informationen, die einmal berechnet wurden und anschließend zwischengespeichert werden, damit sie beim nächsten Mal nicht erneut eventuell aufwändig berechnet werden müssen, sondern einfach nachgeschlagen werden können. Ein anschauliches Beispiel liefert das *Domain Name System* (DNS), mit dem symbolische Internet-Adressen auf echte IP-Adressen abgebildet werden.
- Aber auch das Speichern und Wiederverwenden von mehrfach benötigten Teilergebnissen einer Berechnung bis hin zum Vorabberechnen von Funktionen für eine Vielzahl oder alle möglichen Wertekombinationen und die Speicherung in

## 3.3 Komplexität von Algorithmen *

| n | 1 | log n | $\sqrt{n}$ | n | n·log n | $n^2$ | $n^3$ | $2^n$ | n! |
|---|---|---|---|---|---|---|---|---|---|
| 1 | 1 | 0,0 | 1,0 | 1 | 0,0 | 1 | 1 | 2 | 1 |
| 2 | 1 | 1,0 | 1,4 | 2 | 2,0 | 4 | 8 | 4 | 2 |
| 3 | 1 | 1,6 | 1,7 | 3 | 4,8 | 9 | 27 | 8 | 6 |
| 4 | 1 | 2,0 | 2,0 | 4 | 8,0 | 16 | 64 | 16 | 24 |
| 5 | 1 | 2,3 | 2,2 | 5 | 11,6 | 25 | 125 | 32 | 120 |
| 6 | 1 | 2,6 | 2,4 | 6 | 15,5 | 36 | 216 | 64 | 720 |
| 7 | 1 | 2,8 | 2,6 | 7 | 19,7 | 49 | 343 | 128 | 5040 |
| 8 | 1 | 3,0 | 2,8 | 8 | 24,0 | 64 | 512 | 256 | 40320 |
| 9 | 1 | 3,2 | 3,0 | 9 | 28,5 | 81 | 729 | 512 | 362880 |
| 10 | 1 | 3,3 | 3,2 | 10 | 33 | 100 | 1000 | 1024 | $3,6 \cdot 10^6$ |
| 20 | 1 | 4,3 | 4,5 | 20 | 86 | 400 | 8000 | $10^6$ | $10^{18}$ |
| 30 | 1 | 4,9 | 5,5 | 30 | 147 | 900 | 27000 | $10^9$ | $10^{32}$ |
| 40 | 1 | 5,3 | 6,3 | 40 | 213 | 1600 | 64000 | $10^{12}$ | $10^{48}$ |
| 50 | 1 | 5,6 | 7,1 | 50 | 282 | 2500 | 125000 | $10^{15}$ | $10^{64}$ |
| 100 | 1 | 6,6 | 10,0 | 100 | 664 | 10000 | $10^6$ | $10^{30}$ | $10^{158}$ |
| 200 | 1 | 7,6 | 14,1 | 200 | 1529 | 40000 | $8 \cdot 10^6$ | $10^{60}$ | zg |
| 500 | 1 | 9,0 | 22,4 | 500 | 4483 | 250000 | $10^8$ | $10^{150}$ | zg |
| 1000 | 1 | 10,0 | 31,6 | 1000 | 9966 | $10^6$ | $10^9$ | $10^{300}$ | zg |
| 2000 | 1 | 11,0 | 44,7 | 2000 | 21932 | $4 \cdot 10^6$ | $10^{10}$ | zg | zg |
| 5000 | 1 | 12,3 | 70,7 | 5000 | 61439 | $2,5 \cdot 10^7$ | $10^{11}$ | zg | zg |
| 10000 | 1 | 13,3 | 100 | 10000 | 132877 | $10^8$ | $10^{12}$ | zg | zg |
| 20000 | 1 | 14,3 | 141 | 20000 | 285754 | $4 \cdot 10^8$ | $10^{13}$ | zg | zg |
| 50000 | 1 | 15,6 | 224 | 50000 | 780482 | $10^9$ | $10^{14}$ | zg | zg |
| 100000 | 1 | 16,6 | 316 | 100000 | $1,6 \cdot 10^6$ | $10^{10}$ | $10^{15}$ | zg | zg |
| 200000 | 1 | 17,6 | 447 | 200000 | $3,5 \cdot 10^6$ | $4 \cdot 10^{10}$ | $10^{16}$ | zg | zg |
| 500000 | 1 | 18,9 | 707 | 500000 | $10^7$ | $10^{11}$ | $10^{17}$ | zg | zg |
| 1000000 | 1 | 19,9 | 1000 | $10^6$ | $2 \cdot 10^7$ | $10^{12}$ | $10^{18}$ | zg | zg |

Tab. 3.3-2: Komplexitätsfunktionen, zg = zu groß.

einer Wertetabelle für den späteren schnellen Zugriff gehören dazu.

- Schließlich macht auch die »Hashing-basierte Suche«, S. 86, Gebrauch von einer derartigen Tauschmöglichkeit: Es wird ganz bewusst ein doppelter oder dreifacher Speicherverbrauch in Kauf genommen, um dadurch auf der anderen Seite einen nahezu direkten Zugriff auf das gesuchte Element zu erreichen.

# 4 Rekursion *

Eine elegante, leistungsfähige und im Zusammenhang mit induktiv definierten Datenstrukturen auch sehr natürliche Form der Beschreibung stellen rekursive Algorithmen dar. Auch wenn letztlich jede Rekursion auch durch eine Iteration darstellbar ist, bieten rekursive Algorithmen oft eine wesentlich kompaktere, natürlichere Formulierung.

Die Möglichkeit, Algorithmen rekursiv zu beschreiben, ist nicht nur ein Merkmal moderner Programmiersprachen wie Java. Rekursion ist vielmehr ein Grundkonzept der Informatik, das bei der Formulierung von Algorithmen ebenso wie beim Entwurf von Datenstrukturen zum Einsatz kommt.

Bevor Sie sich also mit dem Einsatz von Rekursion in der Java-Programmierung auseinandersetzen, ist es sinnvoll sich zunächst grundlegend mit dem allgemeinen Prinzip der Rekursion und der rekursiven Denkweise zu beschäftigen:

*Rekursives Denken*

- »Rekursion: Einführung & Überblick«, S. 33

Diese neue und oftmals ungewohnte Herangehensweise können Sie dann auf den Entwurf verschiedener Algorithmen in Java anwenden und dabei neben der Faszination der natürlichen rekursiven Formulierung auch bereits einige Einschränkungen und Probleme dieses Ansatzes kennen lernen:

*Rekursive Algorithmen in Java*

- »Entwurf rekursiver Algorithmen«, S. 42

Dass Rekursion ein wichtiges, oftmals unverzichtbares und mächtiges Konzept ist, macht es aber noch nicht zum Allheilmittel der Programmierung. Vielmehr können Sie als Java-Programmierer froh sein, dass Ihnen sowohl Iteration wie Rekursion zur Verfügung stehen: Beide Konzepte haben ihre Stärken, sie hängen eng zusammen und lassen sich sogar ineinander überführen:

*Rekursion und Iteration*

- »Rekursion und Iteration«, S. 53

So gerüstet werden Sie Rekursion als eine elegante Erweiterung im Werkzeugkasten des Java-Programmierers erfahren und bei passender Gelegenheit (und die kommt öfter als Sie jetzt vielleicht noch glauben) gerne einsetzen.

## 4.1 Rekursion: Einführung & Überblick *

Rekursion ist ein allgemeines Konzept, das sowohl bei der Formulierung von Algorithmen wie auch dem Entwurf von Datenstrukturen zum Einsatz kommt. Sie erfordert zwar eine zunächst vielleicht ungewohnte Sichtweise auf eine Aufgabe, erlaubt aber in vielen Fällen eine sehr natürliche und kompakte Formulierung, wie verschiedene Beispiele illustrieren.

# 4 Rekursion *

**Motivation**  Viele, auch erfahrene Programmierer zucken beim Begriff Rekursion mit den Schultern. Sie wissen nichts mit dem Begriff anzufangen, kamen auch bisher sehr gut ohne Rekursion zurecht. Warum also dieses Kapitel? Geht es nicht auch ohne Rekursion?

Um es vorweg zu nehmen: Es geht auch ohne. Es muss auch ohne gehen, denn der Prozessor in Ihrem PC oder Notebook kennt gar keine Rekursion. Und doch ist das Konzept der Rekursion wichtig und äußerst nützlich. Denn es erlaubt Ihnen einen ganz anderen Blick auf die Organisation von Algorithmen und die Definition von Datenstrukturen.

**Kein Allheilmittel**  Wenn Sie einmal das Prinzip und die Mächtigkeit rekursiver Formulierungen verstanden haben, werden Sie diese Möglichkeiten nicht mehr missen wollen – was natürlich nicht bedeuten soll, dass sich fortan alle Aufgaben rekursiv lösen lassen! In vielen Fällen aber erlauben rekursive Formulierungen eine sehr natürliche, kompakte und zuweilen sehr elegante Lösung einer Aufgabe, die Sie sonst nur mit größerem programmiertechnischen Aufwand hätten bewältigen können. In anderen Fällen mag sich eine rekursive Herangehensweise auch einmal als wenig vorteilhaft erweisen. Der Einsatz von Rekursion ist also kein Allheilmittel für alle Programmierprobleme, sondern verlangt ein tieferes Verständnis zur Abschätzung der Möglichkeiten wie auch der Grenzen – und genau deshalb gibt es dieses Kapitel.

## Der Begriff der Rekursion

**Re|kur|si|on, die <lat.>:** *siehe* **Rekursion**  Was genau ist aber **Rekursion**? Dem Wort nach (lat. *recurrere* = »zurücklaufen«) beschreibt sie die Idee, sich auf sich selbst zu beziehen, also in einer Definition (egal ob eines Algorithmus oder einer Datenstruktur) auf genau diese Definition selbst zurückzugreifen.

**Beispiele**
- Ein Algorithmus für den Countdown eines Raketenstarts oder zur Begrüßung des Neuen Jahres kann sehr einfach rekursiv formuliert werden: Wenn die Anzahl s der Sekunden noch größer als Null ist, dann rufe die Anzahl s aus, warte eine Sekunde und führe einen Countdown mit s-1 Sekunden aus.
- Und die Datenstruktur eines Stapels, die Sie später noch kennenlernen werden, kann rekursiv so definiert werden, dass ein Stapel entweder leer ist oder aus einem Element besteht, das auf einem Stapel liegt.

Das Konzept der Rekursion ist also nicht nur auf Algorithmen beschränkt, sondern lässt sich genauso auch auf Datenstrukturen anwenden. Mehr noch: Rekursiv definierte Datenstrukturen lassen sich sehr elegant mit rekursiven Algorithmen verarbeiten; es besteht also auch hier ein enger Zusammenhang zwischen Datenstrukturen und den Algorithmen, die auf ihnen operieren.

Haben Sie beim Algorithmus für den Countdown auch zuerst an eine Zählschleife gedacht? Und kam Ihnen beim Thema Stapel auch zunächst ein einfaches Feld (Array) in den Sinn? Wenn Ihnen die beiden Beispiele zunächst etwas konstruiert und ungewohnt vorkommen, seien Sie beruhigt: Erst mit einiger Erfahrung werden Sie beginnen, neben der klassischen iterativen Sichtweise auch eine rekursive Struktur zu erkennen oder gar zu entwerfen. Und dies um so eher, wenn die Beispiele nicht wie hier eigentlich nach einer iterativen Formulierung rufen, so dass eine Rekursion hier zugegebenermaßen etwas künstlich wirken muss. *Rekursive Denkweise*

Dennoch können Sie auch an diesen beiden Beispielen bereits das Grund-Schema einer Rekursion erkennen, das darin besteht, *Rekursions-Schema*

- einfache (sofort lösbare oder definierbare) Fälle direkt zu behandeln und
- die Lösung der anderen (schwierigeren oder größeren) Fälle aus der Lösung etwas einfacherer bzw. kleinerer Fälle herzuleiten, die mit genau dem gleichen Verfahren behandelt werden.

Der erste Teil wird dabei als **Rekursionsanker** bezeichnet, der zweite als **Rekursionsschritt**. Von besonderer Bedeutung ist hierbei, dass die zu behandelnden Fälle irgendwann klein bzw. einfach genug werden müssen, so dass sie schließlich im Rekursionsanker direkt behandelt werden können, da sonst die Rekursion nicht terminiert. In obigem Beispiel ist das beim Countdown mit 0 Sekunden bzw. beim leeren Stapel der Fall, so dass die Terminierung in beiden Fällen sichergestellt ist. *Rekursionsanker und Rekursionsschritt*

Mit etwas Übung werden Sie bei überraschend vielen Aufgabenstellungen schnell auch eine rekursive Formulierung entwickeln können, indem Sie das Problem zunächst analysieren, Rekursionsanker und -schritt identifizieren und beides schließlich zu einer rekursiven Lösung zusammenfügen. Auch viele Standardprobleme der Informatik, die Sie später noch ausführlich studieren werden, lassen sich rekursiv lösen. *Rekursive Sicht auf ein Problem*

## Rekursive Suche

Die Suche nach einem bestimmten Element in einem Feld (Array) kann rekursiv erfolgen: *Beispiel: Suche in einem Feld*

- In einem leeren Feld ist gar kein Element enthalten, also auch nicht das gesuchte. Die Suche muss also erfolglos beendet werden (Rekursionsanker).

- Wenn das erste Element das gesuchte ist, kann die Suche mit Erfolgsmeldung abgeschlossen werden (ein weiterer Rekursionsanker!)
- Wenn beide einfachen Fälle nicht zutreffen, dann muss im restlichen Feld nach dem gleichen Verfahren weitergesucht werden (Rekursionsschritt).

Programmiertechnisch erfordert diese Formulierung die Einführung eines Parameters für die aktuelle Position im Feld, da eine Entnahme des ersten Elements oder eine Verkürzung des Feldes technisch nicht machbar ist. Der erste Rekursionsanker ist dann erreicht, sobald dieser Parameter größer als die Position des letzten Elements geworden ist:

```
public static boolean lineareSuche(int gesucht, int position,
                                   int[] zahlen)
{
  if (position > zahlen.length - 1) // verbliebenes Feld leer!
    return false;   // Element wurde nicht gefunden!
  else if (zahlen[position] == gesucht)
    return true;    // Element wurde gefunden!
  else   // weitersuchen im restlichen Feld
    return lineareSuche(gesucht, position + 1, zahlen);
}

public static boolean lineareSuche(int gesucht, int[] zahlen)
{
  return lineareSuche(gesucht, 0, zahlen);
}
```

*Beispiel: Suche in einem Stapel*

Erfolgt die Suche dagegen in einem Stapel statt in einem Feld, dann wirkt eine rekursive Formulierung sogar viel natürlicher, da der Stapel selbst rekursiv definiert ist:

- Wenn der Stapel nicht leer ist (1. Rekursionsanker) und
- das oberste Element nicht das gesuchte ist (2. Rekursionsanker),
- dann suche im darunterliegenden Stapel weiter.

Hier sehen Sie bereits, dass Algorithmen auf rekursiv definierten Datenstrukturen, von denen Sie mit Listen und Bäumen noch die wichtigsten Vertreter kennenlernen werden, oft auf sehr natürliche und kompakte Weise rekursiv formuliert werden können:

```
class Stapel
{
  int oberstesElement;
  Stapel darunterliegenderStapel;
}

public static boolean sucheImStapel(int gesucht, Stapel stapel)
{
```

```
    if (stapel == null)   // leerer Stapel
      return false;       // Element wurde nicht gefunden!
    else if (stapel.oberstesElement == gesucht)
      return true;        // Element wurde gefunden!
    else  // weitersuchen im restlichen Stapel
      return sucheImStape(gesucht,
                          stapel.darunterliegenderStapel);
}
```

Beide Beispiele haben eine einfache, lineare Struktur. Die Elemente im Feld bzw. auf dem Stapel werden der Reihe nach bearbeitet, wofür sich grundsätzlich auch eine Iteration (Schleife) sehr gut eignet. Die wahre Mächtigkeit der Rekursion wird daher auch erst bei komplexeren Aufgaben ersichtlich.

*Auch iterativ gut lösbar*

Im Kapitel »Binäre Suche«, S. 76, lernen Sie nach der linearen Suche das Verfahren der binären Suche kennen. Dabei wird das sortierte Feld (gedanklich) so lange halbiert, bis das Feld leer ist oder das gesuchte Element gefunden wurde.

*Beispiel: Binäre Suche*

Diese Beschreibung ruft bereits nach einer rekursiven Formulierung, liefert sie doch die beiden Rekursionsanker bereits »auf dem Silbertablett« gleich mit:

*... rekursiv!*

- Wenn das Feld leer ist, ist das gesuchte Element offensichtlich nicht enthalten.
- Wenn das mittlere Element das gesuchte ist, kann die Suche mit Erfolgsmeldung beendet werden.
- Ansonsten wird das mittlere Element mit dem gesuchten verglichen und entweder im linken oder rechten Teil des Feldes weiter gesucht, je nachdem ob das gesuchte Element kleiner oder größer ist.

In Java können Sie diese rekursive Formulierung direkt übernehmen:

```
public static boolean binaereSuche(int gesucht,
   int untereGrenze, int obereGrenze, int[] zahlen)
{
  if (untereGrenze > obereGrenze)
              // zu untersuchendes Feld ist leer...
    return false;  // also: Element wurde nicht gefunden!
  else
  {
    int mitte = (untereGrenze + obereGrenze) / 2;
       // Halbierung des Feldes
    if (zahlen[mitte] == gesucht)
      return true;   // Element wurde gefunden!
    else if (zahlen[mitte] > gesucht)
       // -> links von der Mitte weitersuchen
      return binaereSuche(gesucht, untereGrenze, mitte - 1,
                          zahlen);
    else
```

## 4 Rekursion *

```
            // -> rechts von der Mitte weitersuchen
            return binaereSuche(gesucht, mitte + 1, obereGrenze,
                                                      zahlen);
      }
}

public static boolean binaereSuche(int gesucht, int[] zahlen)
{
      return binaereSuche(gesucht, 0, zahlen.length - 1, zahlen);
}
```

*... oder doch iterativ?*

Aber auch dieser Algorithmus lässt sich ebenso kompakt mittels einer Schleife (Iteration) formulieren, die terminiert sobald das Element in der Mitte zwischen unterer und oberer Grenze des zu untersuchenden Feldes gleich dem gesuchten ist (Erfolgsfall) oder die obere Grenze kleiner als die untere Grenze geworden ist, es also keine zu untersuchenden Elemente mehr gibt:

```
public static boolean binaereSuche(int gesucht, int[] zahlen)
{
   int untereGrenze = 0;
   int obereGrenze = zahlen.length - 1;
   while (untereGrenze <= obereGrenze)
   {
      int mitte = (untereGrenze + obereGrenze) / 2;
      if (zahlen[mitte] == gesucht)
         return true;    // Element wurde gefunden!
      else if (zahlen[mitte] > gesucht)
         // links von der Mitte weitersuchen
         obereGrenze = mitte - 1;
      else
         // rechts von der Mitte weitersuchen
         untereGrenze = mitte + 1;
   }
   // obereGrenze < untereGrenze: Element wurde nicht gefunden!
   return false;
}
```

### Rekursives Sortieren

*Prinzip »Teile und Herrsche«*

Etwas anders sieht es da schon aus, wenn der Algorithmus eine Aufgabe nach dem Prinzip des »Teile und Herrsche« (lat. *divide et impera*) bearbeitet, wie Sie es in Kapitel »QuickSort«, S. 137, am Beispiel des Sortierverfahrens QuickSort kennenlernen werden. Dabei werden, grob vereinfacht, die Elemente im Feld so vertauscht, dass alle Elemente im linken Teil des Feldes kleiner sind als die Elemente im rechten Teil des Feldes. Die beiden Teile des Feldes müssen dabei nicht notwendigerweise gleich groß sein (auch wenn das wünschenswert ist, wie Sie später sehen werden), auf jeden Fall aber können nach dieser Vorverarbeitung linker und rechter Teil des Feldes jeweils für sich aber nach dem gleichen Verfahren weiter sortiert werden – und zwar solange bis Teil nur noch aus einem Element besteht. Ein Feld mit nur einem Element ist automatisch sortiert!

Dieses Verfahren lässt sich sehr elegant rekursiv formulieren:  *Beispiel: QuickSort*

○ Wenn das Feld noch mehr als ein Element enthält, dann führe die hier nicht näher zu beschreibende Vorverarbeitung (sog. Partitionierung) durch und wende das gleiche Verfahren sowohl auf den linken wie auch auf den rechten Teil an.

Einen ausdrücklichen Rekursionsanker gibt es hier nicht; der steckt implizit in der Bedingung für den Rekursionsschritt, dass das Feld noch mindestens zwei Elemente enthalten muss, ansonsten braucht gar nichts mehr getan werden, der Rekursionsschritt erübrigt sich also:

```java
public static void quickSort(int untereGrenze, int obereGrenze,
                              int[] zahlen)
{
  int links = untereGrenze;
  int rechts = obereGrenze;

  // ...
  // Partitionierung (hier nicht ausgeführt):
  // Hier erfolgt die Aufteilung des Feldes durch Vertauschun-
  // gen, so dass alle Werte im vorderen Teil bis einschließ-
  // lich der Position "rechts" kleiner sind als alle Werte
  // im hinteren Teil ab der Position "links"
  // ...

  if (untereGrenze < rechts)
    // linkes Teilfeld hat mindestens 2 Elemente
    quickSort(untereGrenze, rechts, zahlen);
  if (links < obereGrenze)
    // rechtes Teilfeld hat mindestens 2 Elemente
    quickSort(links, obereGrenze, zahlen);
}
```

*... in Java*

Spätestens dieses Beispiel sollte Sie von der Mächtigkeit der Rekursion überzeugen, denn anders als bei der binären Suche wird es Ihnen hier nicht so leicht gelingen, eine Formulierung ohne Rekursion zu erstellen.

## Eleganz rekursiver Formulierungen

Für den Fall, dass Sie immer noch der Meinung sind, auf die Möglichkeiten rekursiver Formulierungen auch gut verzichten zu können, dann sollten Sie sich in einer ruhigen Minute mal daran machen, einen nicht-rekursiven Algorithmus für die Lösung des folgenden Problems der »Türme von Hanoi« zu entwickeln:

## 4 Rekursion *

**Beispiel: Türme von Hanoi**

Gegeben sind drei Säulen: A, B und C. Die Säulen B und C sind leer, auf der Säule A liegen n unterschiedlich große Scheiben der Größe nach sortiert, so dass die größte ganz unten und die kleinste ganz oben liegt. Die Abb. 4.1-1 zeigt die Situation für n = 3 Scheiben.

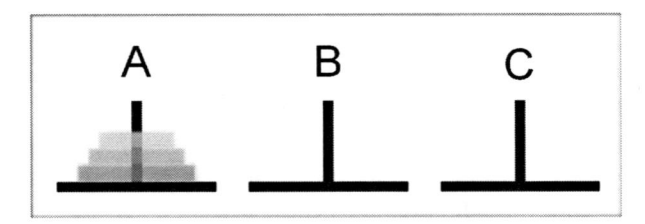

Abb. 4.1-1: Schematische Darstellung zum Problem der Türme von Hanoi.

Die Aufgabe besteht nun darin, den Turm aus n Scheiben von einem Ausgangsstapel (hier A) zu einem Zielstapel (hier B) zu transportieren, wobei aber folgende Bedingungen eingehalten werden müssen:

1  Es darf in jedem Schritt jeweils nur die oberste Scheibe von einem Stapel genommen und auf einem anderen Stapel wieder abgelegt werden.
2  Es darf niemals eine größere Scheibe auf einer kleineren liegen.

Falls Sie sich bis hierher schon ein bisschen mit der rekursiven Denkweise haben anfreunden können oder sogar Geschmack an rekursiven Formulierungen gefunden haben, so werden Sie sicher sehr schnell zu einer kompakten und sehr eleganten Lösung kommen.

**Rekursive Lösung**

Der Schlüssel zur rekursiven Formulierung ist auch hier die Frage nach Rekursionsanker und Rekursionsschritt.

○ Rekursionsanker: Was ist der einfache Fall, der ohne weitere Rekursion gelöst werden kann? Dies kann an der Größe des zu bewegenden Turmes festgemacht werden. Besteht der nämlich aus nur einer Scheibe, ist also n = 1, dann darf diese Scheibe nach den Regeln direkt vom Ausgangsstapel zum Zielstapel transportiert werden und das Problem ist gelöst!

○ Rekursionsschritt: Und was ist zu tun, wenn ein Turm mit mehr als einer Scheibe (n > 1) vom Ausgangsstapel zum Zielstapel zu bewegen ist?
Dann ist (1) zunächst die unterste (größte) Scheibe freizulegen, was durch Transport des darüberliegenden Turms

aus n-1 Scheiben vom Ausgangsstapel zum dritten Stapel (als Hilfsstapel) erfolgen kann.
(2) Dann liegt die unterste Scheibe auf dem Ausgangsstapel frei und kann wie im Fall n = 1 direkt zum Zielstapel transportiert werden.
(3) Anschließend können die in Schritt (1) auf dem Hilfsstapel zwischengelagerten n-1 Scheiben nach dem gleichen Verfahren von dort zum Zielstapel transportiert werden – jetzt unter Zuhilfenahme des inzwischen leeren Ausgangsstapels als Zwischenlager.

Damit ist das Problem der Türme von Hanoi bereits vollständig gelöst. Und das schönste daran: Genauso einfach und kompakt lässt sich diese Lösung auch in Java formulieren:

```java
public static void bewege(char Ausgangsstapel, char Hilfsstapel,
                         char Zielstapel, int n)
{
  if (n == 1)
  {
    System.out.println("Bewege eine Scheibe von" +
                      Ausgangsstapel + " nach " + Zielstapel);
  }
  else
  {
    bewege(Ausgangsstapel, Zielstapel, Hilfsstapel, n-1);
    System.out.println("Bewege eine Scheibe von" +
                      Ausgangsstapel + " nach " + Zielstapel);
    bewege(Hilfsstapel, Ausgangsstapel, Zielstapel, n-1);
  }
}

public static void tuermeVonHanoi(int n)
{
  bewege('A','B','C',n);
}
```

Wie Sie an den hier behandelten Beispielen gesehen haben, besteht jede rekursive Formulierung aus einem oder mehreren Rekursionsankern (für die einfachen Fälle) und dem Rekursionsschritt, durch den der nicht so einfache Fall auf einen oder mehrere einfachere Fälle zurückgeführt und die Lösung aus deren (Teil)Lösungen zusammengesetzt wird. Die Tab. 4.1-1 liefert nochmal einen Überblick für die hier behandelten Beispiele.

Überblick: Rekursionsanker und -schritte

| Algorith-mus | Rekursionsanker | rekursive Aufrufe im Rekursionsschritt |
|---|---|---|
| Countdown | 1 Anker: s = 0 | 1 Aufruf: Countdown für s-1 |
| Lineare Suche | 2 Anker: Ende erreicht (Position außerhalb des Feldes) oder Element gefunden | 1 Aufruf: Weitersuchen ab nächster Position |
| Suche im Stapel | 2 Anker: Ende erreicht (leerer Stapel) oder Element gefunden | 1 Aufruf: Weitersuchen im darunterliegenden Stapel |
| Binäre Suche | 2 Anker: Ende erreicht (leeres Feld) oder Element gefunden | 1 Aufruf: entweder im linken oder im rechten Teil weitersuchen |
| QuickSort | 1 Anker: Feld hat weniger als 2 Elemente | 2 Aufrufe: jeweils für das linke und das rechte Teilfeld |
| Türme von Hanoi | 1 Anker: n = 1 | 2 Aufrufe: Transport von n-1 Scheiben zum Hilfsstapel und später von dort zum Zielstapel |

Tab. 4.1-1: Überblick über die Beispiele.

## 4.2 Entwurf rekursiver Algorithmen *

Jeder rekursive Algorithmus besteht aus einem oder mehreren Rekursionsankern und dem Rekursionsschritt, der wiederum einen oder mehrere rekursive Aufrufe enthält. Zur Laufzeit bewirkt jeder rekursive Aufruf die Ablage eines Aktivierungsblocks auf dem Laufzeit-Stapel, was bei der Analyse der Speicherplatzkomplexität zu berücksichtigen ist. Ebenso können vermeintlich elegante rekursive Formulierungen aufgrund von unnötigen Mehrfachberechnungen zu katastrophalem Laufzeitverhalten führen, was mit der Technik der Memoisierung vermieden werden kann, ohne auf die kompakte rekursive Formulierung zu verzichten.

### Eigenschaften rekursiver Algorithmen

Um das Konzept der Rekursion sinnvoll einsetzen zu können, ist es notwendig, sich auch mit der Abarbeitung rekursiver Algorithmen in Java zu beschäftigen. Nur so erkennen Sie besondere Aspekte und auch die Grenzen der (naiven) rekursiven Formulierung. Betrachten Sie dazu die wohl bekannteste rekursiv definierbare Funktion, die in keinem Lehrbuch zu diesem Thema fehlen dürfte: die Berechnung der Fakultätsfunktion aus der Mathematik:

Die Fakultät einer natürlichen Zahl *n*, auch geschrieben als *n!*, ist das Produkt der Zahlen von 1 bis n, wobei außerdem 0! = 1 gilt.

Definition: Fakultätsfunktion n!

Diese kann sehr einfach mittels des bereits bekannten Rekursionsschemas beschrieben werden und findet sich so auch oft in Lehrbüchern der Mathematik:

$$n! = \begin{cases} 1 & \text{falls } n = 0 \\ n \cdot (n-1)! & \text{falls } n > 0 \end{cases}$$

- Falls n = 0 gilt, dann ist das Ergebnis für n! sofort und ohne weitere Berechnung klar: es gilt 0! = 1, der Rekursionsanker.
- Falls aber n > 0 gilt, dann kann das Problem der Berechnung von n! sehr einfach auf die Lösung des etwas kleineren Problems der Berechnung von (n-1)! zurückgeführt werden: Aus dem Ergebnis für (n-1)! kann durch Multiplikation mit n schließlich das Ergebnis für n! berechnet werden. Dies ist der Rekursionsschritt.

Diese Definition können Sie unmittelbar in eine entsprechende Java-Funktion überführen. Die rekursive Definition erlaubt also eine sehr kompakte und oftmals auch sehr natürliche Formulierung für einen Algorithmus:

```
static long fakultaet (int n)
{
   if (n == 0)    // Rekursionsanker
      return 1;
   else           // Rekursionsschritt
      return n * fakultaet(n-1);
}
```

Fakultätsfunktion rekursiv

In Kapitel »Algorithmen«, S. 11, haben Sie die Bedeutung bestimmter formaler Eigenschaften von Algorithmen, wie Terminierung, Korrektheit und Komplexität, kennengelernt, die selbstverständlich auch für rekursive Algorithmen von Bedeutung sind. Wie ist es also hier um diese Eigenschaften bestellt?

Um die Terminierung eines rekursiven Algorithmus nachzuweisen, muss gezeigt werden, dass jeder Aufruf entweder direkt oder über endlich viele Rekursionsschritte auf einen Rekursionsanker trifft. Dazu reicht es in der Regel zu zeigen, dass der Algorithmus sich mit jedem Rekursionsschritt »dem Anker nähert«. Formal erreichen Sie das, indem Sie ein *Abstandsmaß* definieren, das, wie der Name nahelegt, den Abstand zum Rekursionsanker ausdrückt. Wenn Sie dann zeigen können, dass dieses Maß mit jedem Rekursionsschritt kleiner wird, dann muss nach endlich vielen Schritten der Rekursionsanker erreicht werden und die Terminierung ist sichergestellt.

Terminierung

Der Algorithmus zur Berechnung der Fakultätsfunktion n! ist für jede beliebige natürliche Zahl n definiert. Die Rekursion wird über den Parameter n organisiert, der im Rekursionsschritt immer um 1 verringert wird bis schließlich beim Wert 0 der Rekursionsanker ausgelöst wird und die Rekursion endet. Als Abstandsmaß können Sie hier also direkt den Parameter n verwenden. Somit ist die Terminierung für alle natürlichen Zahlen sichergestellt.

*Korrektheit* Auch der Nachweis der Korrektheit eines rekursiven Algorithmus folgt dem Rekursionsschritt: Wenn das Ergebnis für den einfachen Fall (Rekursionsanker) korrekt ist, bleibt noch nachzuweisen, dass auch über den Rekursionsschritt jedenfalls dann ein korrektes Ergebnis berechnet wird, wenn die darin eingehenden rekursiv berechneten Teilergebnisse ihrerseits korrekt sind.

Im Fall der Fakultätsfunktion n! ist auch dieser Nachweis recht einfach: Für den Fall n = 0 (Rekursionsanker) ist der Algorithmus offensichtlich korrekt, er liefert das richtige Ergebnis für 0! = 1. Und unter der Annahme, dass der Wert des rekursiven Aufrufs für (n-1)! korrekt ist, ist naheliegender Weise auch das daraus errechnete Gesamtergebnis der Form n * (n-1)! = n! korrekt.

*Komplexität* Zur Analyse der Komplexität, insbesondere im Hinblick auf den Speicherbedarf, ist es notwendig zu verstehen, wie die Ausführung rekursiver Algorithmen in der Java-Laufzeitumgebung, dem JRE *(Java Runtime Environment)*, vonstatten geht.

## Abarbeitung rekursiver Algorithmen in Java

*Heap & Stack* Die Java-Laufzeitumgebung verwaltet intern zwei Speicherbereiche: die **Halde**, oder auch *Heap Space* genannt, auf der alle Referenztypen (Objekte, Felder) abgelegt werden, und den **Laufzeit-Stapel**, oder auch *Runtime Stack* genannt, auf dem beispielsweise lokale Variablen abgelegt werden.

*Aktivierungsblock* Bei jedem Aufruf einer Operation, egal ob rekursiv oder nicht, wird auf dem Laufzeit-Stapel ein **Aktivierungsblock** *(activation frame)* angelegt, der im wesentlichen die lokalen Variablen der aufgerufenen Operation (dazu gehören auch die formalen Parameter) und die Rücksprungadresse enthält, von wo die Operation aufgerufen wurde und wo die Verarbeitung nach Abschluss der Operation fortgesetzt werden soll.

*Beispiel* Die Abb. 4.2-1 zeigt stark vereinfacht einen Blick auf den Laufzeit-Stapel nach dem zweiten rekursiven Aufruf der Operation fakultaet() bei der Berechnung von 4!, also dem Aufruf für n = 2. Zu diesem Zeitpunkt befinden sich dort schon die Aktivierungsblöcke für alle umgebenden (aktiven) Aufrufe beginnend

## 4.2 Entwurf rekursiver Algorithmen *

mit der Operation main() und den beiden umgebenden Aufrufen für fakultaet(4), fakultaet(3) und jetzt noch fakultaet(2).

```
static long fak(int n)
{
  if (n == 0)
    return 1;
  else
    return n * fak(n-1);
}

public static void main(String[] args)
{
  ...
  long fak4 = fak(4);
  ...
}
```

**Laufzeit-Stapel**

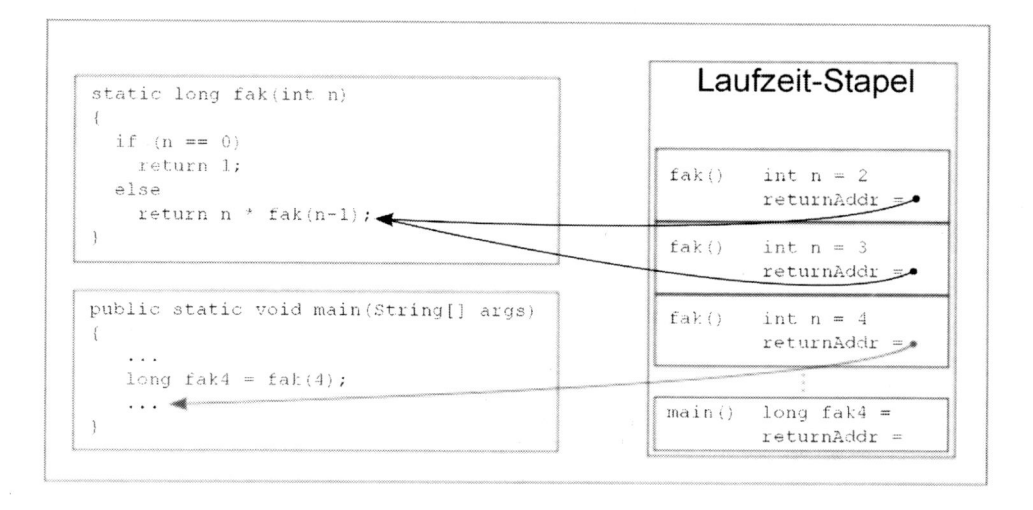

```
fak()    int n = 2
         returnAddr =

fak()    int n = 3
         returnAddr =

fak()    int n = 4
         returnAddr =

main()   long fak4 =
         returnAddr =
```

Abb. 4.2-1: Aktivierungsblöcke auf dem Laufzeit-Stapel am Beispiel der Fakultätsfunktion.

In der weiteren Abarbeitung werden dann zunächst noch weitere Aktivierungsblöcke für den Aufruf von fakultaet(1) und fakultaet(0) auf dem Laufzeit-Stapel abgelegt, bevor diese dann in umgekehrter Reihenfolge (»auf dem Rückweg aus der Rekursion«) wieder abgebaut werden.

Jetzt sind Sie auch in der Lage, Aussagen zur Komplexität der rekursiven Fakultätsfunktion zu machen: Wenig überraschend wächst die Anzahl der rekursiven Aufrufe und damit auch die Laufzeit linear mit der Problemgröße *n*, also dem Parameter, zu dem der Wert der Fakultätsfunktion berechnet werden soll. — Laufzeit-Komplexität

Etwas überraschender und vielleicht erst durch den Blick auf die internen Geschehnisse bei der Ausführung des Algorithmus wird klar, dass auch der Speicherbedarf des Algorithmus linear mit der Problemgröße *n* wächst, da für die Berechnung von fakultaet(n) genau n+1 Aktivierungsblöcke auf dem Laufzeit-Stapel abgelegt werden müssen. — Speicher-Komplexität

Daraus können Sie auch sofort schließen, dass es im Gegensatz zu einer echten Endlos-Schleife, die zum Beispiel durch eine Anweisung der Form while (true); ausgelöst wird und tatsächlich endlos läuft (weil sie keinen Speicher verbraucht), keine echte Endlos-Rekursion in Java geben kann: Bei einem nicht terminierenden rekursiven Algorithmus wird bei jedem Rekursions- — Keine Endlos-Rekursion in Java schritt ein neuer Aktivierungsblock auf dem Laufzeit-Stapel angelegt, so dass dieser irgendwann (in der Regel sehr schnell!) überläuft und das Laufzeitsystem die Abarbeitung mit einem `StackOverflowError` abbricht.

Das würde übrigens auch passieren, wenn Sie die hier vorgestellte Implementierung der Fakultätsfunktion entgegen der Spezifikation (nur für natürliche Zahlen definiert) für eine negative Zahl aufrufen. Da es in Java keinen entsprechenden Datentyp für natürliche Zahlen (analog unsigned in C oder C++) gibt, müsste als Typ für den Parameter n int gewählt werden, der bezogen auf die Spezifikation zu groß ist, so dass die Fakultätsfunktion streng genommen als erstes sicherstellen müsste, dass sie auch tatsächlich nur für eine natürliche Zahl aufgerufen wird:

*Fakultäts-funktion typsicher*

```
static long fakultaet (int n)
{
  if (n < 0)       // Prüfung auf natürliche Zahl
    throw new IllegalArgumentException();
  if (n == 0)      // Rekursionsanker
    return 1;
  else             // Rekursionsschritt
    return n * fakultaet(n-1);
}
```

*Lineare Rekursion*

Bei dem hier vorgestellten rekursiven Algorithmus zur Berechnung der Fakultätsfunktion erfolgt in jedem Rekursionsschritt genau ein rekursiver Aufruf, woraus sich auch die jeweils lineare Laufzeit- und Speicherkomplexität ergeben. Diese Form der Rekursion wird deshalb auch als **lineare Rekursion** *(linear recursion)* bezeichnet.

## Baumrekursion

Selbstverständlich sind Sie bei der Definition rekursiver Algorithmen nicht darauf beschränkt, im Rekursionsschritt auf die Lösung für nur einen einfacheren Fall zurückzugreifen. Stattdessen kann es wie bei den Beispielen QuickSort und den Türmen von Hanoi durchaus sinnvoll und notwendig sein, auf mehrere (hier: zwei) nach dem gleichen Verfahren berechnete Teillösungen zurückzugreifen, um daraus die Gesamtlösung zu konstruieren. Einen weiteren sehr prominenten Vertreter dieses Rekursionstyps erhalten Sie, wenn Sie das Wachstum einer Kaninchenpopulation nach folgenden Regeln modellieren:

*Beispiel: Vermehrung von Kaninchen*

1 Am Anfang (im ersten Monat) wird ein Kaninchenpaar in einen Raum gesetzt.
2 Jedes Paar Kaninchen bekommt pro Monat ein neues Paar Kaninchen.

3  Ein neugeborenes Paar hat erst im zweiten Lebensmonat den ersten Nachwuchs.
4  Die Kaninchen bilden eine abgeschlossene Population: Es kommen keine von außen dazu und es kann auch kein Kaninchen die Population verlassen, auch nicht durch Tod: die Kaninchen sind also unsterblich.

Dieses Beispiel hat im Jahr 1202 einen der bedeutendsten Mathematiker des Mittelalters, Leonardo Fibonacci, dazu inspiriert, die Anzahl der jeweils vorhandenen Kaninchenpaare zu untersuchen:

- Zu Beginn ist die Population leer, die Anzahl der Kaninchen also Null.
- Dann wird im ersten Monat ein Kaninchenpaar $K_1$ in den Raum gesetzt: die Population umfasst ein Kaninchenpaar.
- Im zweiten Monat bekommt das Kaninchenpaar $K_1$ Nachwuchs: ein weiteres Paar $K_2$. Die Population wächst somit auf zwei Kaninchen.
- Im dritten Monat bekommt $K_1$ wieder Nachwuchs: ein weiteres Paar $K_3$.
- Im vierten Monat wieder ($K_4$), jetzt bekommt aber auch das Kaninchenpaar $K_2$ seinen ersten Nachwuchs: $K_5$.
- Im fünften Monat bekommen $K_1$, $K_2$ und $K_3$ Nachwuchs, die Population steigt auf acht Kaninchen an.
- Und da keine Kaninchen sterben oder den Raum verlassen können, wächst die Population von Monat zu Monat immer weiter an...

Die Anzahl der vorhandenen Kaninchenpaare in einem bestimmten Monat bildet den Hintergrund für die heute nach Leonardo Fibonacci benannten Fibonacci-Folge:

> Die **Fibonacci-Folge** ist eine unendliche Folge, bei der die jeweils folgende sogenannte »Fibonacci-Zahl« durch Addition ihrer beiden Vorgänger gebildet wird: 0, 1, 1, 2, 3, 5, 8, 13, 21, 34 usw.

Definition: Fibonacci-Folge

Auch für die **Fibonacci-Funktion** *fibonacci(n)*, die das n-te Glied der Fibonacci-Folge berechnet, können Sie aus dem Bildungsgesetz der Fibonacci-Folge unmittelbar eine rekursive Formulierung zur Berechnung des n-ten Glieds ableiten:

- Die ersten beiden Folgenglieder (für n = 0 bzw. n = 1) sind genau diese Werte 0 und 1, also $fib_0 = 0$ und $fib_1 = 1$ (Rekursionsanker).
- Alle weiteren Folgenglieder (für n => 1) können aus früheren Folgegliedern berechnet werden: $fib_n = fib_{n-1} + fib_{n-2}$ (Rekursionsschritt).

## 4 Rekursion *

Das können Sie auch fast direkt als Formulierung in Java übernehmen:

**Fibonacci-Funktion rekursiv**

```
static long fibonacci(int n)
{
   if (n <= 1)      // Rekursionsanker für n = 0 und n = 1
      return n;
   else             // Rekursionsschritt
      return fibonacci(n-1) + fibonacci(n-2);
}
```

Übernehmen Sie diese Implementierung in Ihre Java-Entwicklungsumgebung und rufen Sie die Fibonacci-Funktion mit aufsteigenden Werten für n, zum Beispiel n = 10, 20, 30, 35, 38, 40, 42, 44, 46, 48, 50, auf. Was stellen Sie fest?

Für kleine Werte für n bis etwa n = 38 erhalten Sie das Ergebnis (je nach Geschwindigkeit des Rechners, auf dem Sie das Programm ausführen) quasi sofort[1], danach werden die Antwortzeiten wahrnehmbar länger, so dass Sie für n = 48 schon eine Minute[2] warten müssen. Die Laufzeit für diese Implementierung der Fibonacci-Funktion steigt also »plötzlich« sehr stark an, wie die Messungen in Abb. 4.2-2 zeigen.

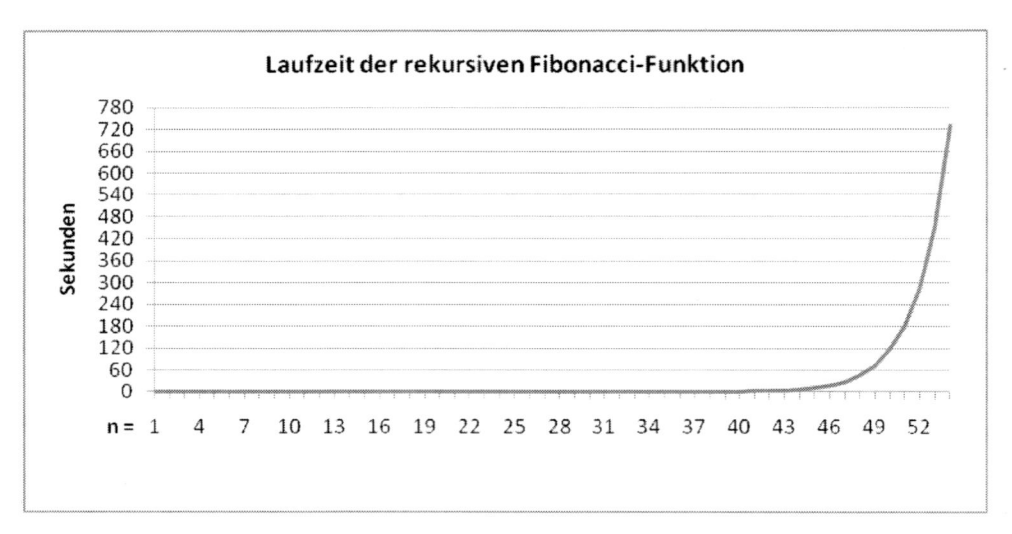

Abb. 4.2-2: Ergebnisse der Messungen zur Laufzeit der rekursiven Implementierung der Fibonacci-Funktion.

**Aufrufstruktur der Fibonacci-Funktion**

Woran liegt das? Um dieser Frage nachzugehen, brauchen Sie sich nur einmal anzuschauen, was zum Beispiel beim Aufruf von `fibonacci(40)` genau passiert:

---

[1] Gemessene Laufzeit 0,5 Sekunden auf einer Intel Core 2 Duo CPU T9600 mit je 2,8 GHz.
[2] Gemessene Laufzeit 67 Sekunden auf einer Intel Core 2 Duo CPU T9600 mit je 2,8 GHz.

## 4.2 Entwurf rekursiver Algorithmen *

Zur Berechnung von fibonacci(40) wird im Rekursionsschritt zunächst der Wert für fibonacci(39) berechnet, wofür die Werte für fibonacci(38) und fibonacci(37) ermittelt werden müssen.

Nachdem dann der Wert für fibonacci(39) vorliegt, wird nochmals fibonacci(38) berechnet, um schließlich das Ergebnis für den ursprünglichen Aufruf von fibonacci(40) ermitteln zu können (siehe Abb. 4.2-3).

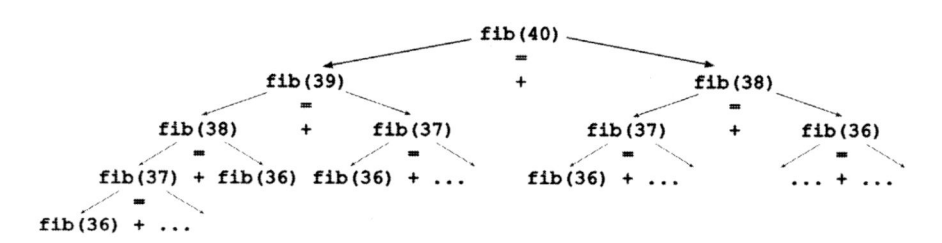

```
                          fib(40)
                             =
              fib(39)        +        fib(38)
                 =                       =
       fib(38)  +  fib(37)      fib(37)  +  fib(36)
          =          =             =            =
   fib(37) + fib(36) fib(36) + ...  fib(36) + ...   ... + ...
      =
fib(36) + ...
```

Abb. 4.2-3: Aufrufstruktur für die rekursive Fibonacci-Funktion.

Da hier keine lineare, sondern eher eine verzweigte, an einen Baum erinnernde, Aufrufstruktur entsteht, wird diese Form der Rekursion auch als **Baumrekursion** bezeichnet.

Die Baumstruktur bei den Aufrufen erklärt jetzt auch den scheinbar plötzlichen Anstieg der Laufzeiten: Tatsächlich beschreibt die Entwicklung der Laufzeiten für fibonacci(n) eine gewöhnliche exponentielle Funktion abhängig von *n*. Die Laufzeitkomplexität liegt also in $O(2^n)$. Der scheinbar konstante Verlauf im unteren Bereich ergibt sich lediglich aus der Skalierung der grafischen Darstellung; tatsächlich wachsen die gemessenen Laufzeiten auch dort schon exponentiell, die Zeiten sind aber für Sie als Benutzer und in der auf Sekunden bzw. Minuten skalierten Grafik nicht wahrnehmbar.

Laufzeitkomplexität

Mit dem Verständnis der internen Abläufe bei der Ausführung rekursiver Algorithmen können Sie auch die Entwicklung des Speicherbedarfs für die Fibonacci-Funktion abschätzen: Diese hängt im Gegensatz zur Laufzeitkomplexität nicht von der Gesamtzahl der rekursiven Aufrufe (und dabei auf dem Laufzeit-Stapel angelegten Aktivierungsblöcken) ab, sondern von der maximalen Anzahl der zu einem Zeitpunkt aktiven Aktivierungsblöcke, der sog. Rekursionstiefe, ab, da nach Abschluss eines rekursiven Aufrufs der zugehörige Aktivierungsblock nicht mehr benötigt und vom Laufzeit-Stapel entfernt wird, so dass dieser Speicherplatz wieder für neue Aktivierungsblöcke zur Verfügung steht. Und da zu jedem Zeitpunkt maximal je ein Aktivierungsblock für fibonacci(n), fibonacci(n-1), fibonacci(n-2) usw.

Speicherkomplexität

## 4 Rekursion *

auf dem Laufzeit-Stapel existieren, ist der Speicherbedarf der Fibonacci-Funktion nur linear von n abhängig, liegt also in O(n).

*Problem: Mehrfachberechnungen*

Bei näherer Analyse des Beispiel-Aufrufs `fibonacci(40)` wird schnell klar, dass der zweite Aufruf von `fibonacci(38)` unnötig ist. Dieser Wert wurde vorher schon bei der Berechnung von `fibonacci(39)` ermittelt, bräuchte also eigentlich nicht erneut berechnet werden.[3] Tatsächlich führt die Berechnung von `fibonacci(40)` zu einem Aufruf von `fibonacci(40)`, zwei Aufrufen von `fibonacci(39)`, drei Aufrufen von `fibonacci(38)`, fünf Aufrufen von `fibonacci(37)`, acht Aufrufen von `fibonacci(36)`, 15 Aufrufen von `fibonacci(35)` usw. – also auch hier wieder die Fibonacci-Folge bei der Anzahl der Aufrufe für dieselbe Funktion.

### Memoisierung

*Lösung: Memoisierung*

In diesem Fall ist das katastrophale, exponentielle Laufzeitverhalten also nicht der Komplexität des Problems an sich geschuldet, sondern durch die Art der rekursiven Implementierung sozusagen »hausgemacht«. Aber da die Ursache jetzt bekannt ist, ist auch die Lösung nicht weit: Sie müssen »nur« sicherstellen, dass keine unnötigen wiederholten Aufrufe mehr erfolgen, deren Ergebnis eigentlich schon bekannt ist. Das können Sie dadurch erreichen, dass Ergebnisse früherer Aufrufe in geeigneter Weise zwischengespeichert werden und bei jedem rekursiven Aufruf zunächst nachgeschaut wird, ob das Ergebnis nicht schon bekannt ist, so dass die aufwändige erneute Berechnung unterbleiben kann. Dazu wird die Operation `fibonacci(int n)` um einen Parameter `memo` für ein Feld der Länge *n+1* (für die Werte von n bis 0) erweitert, in dem die berechneten Ergebnisse der Fibonacci-Funktion vor der Rückgabe (`return`) zwischengespeichert werden.

*Fibonacci-Funktion mit Memoisierung*

```
static long fib_memo_rekursiv (int n, long[] memo)
{
  if (memo == null) // Memo erzeugen falls notwendig
    memo = new long[n+1];
  if (memo[n] != 0) // Nachschauen, ob Ergebnis schon bekannt?
    return memo[n];
  if (n <= 1)       // Rekursionsbasis für n = 0 und n = 1
    return memo[n] = n;
  else              // Rekursionsschritt
    return memo[n] = fib_memo_rekursiv(n-1, memo)
                   + fib_memo_rekursiv(n-2, memo);
}
```

Dieses Prinzip der Zwischenspeicherung einmal berechneter Werte zur Beschleunigung späterer Zugriffe wird in der Programmierung auch als **Memoisierung** bezeichnet und ist allgemein

---

[3]Voraussetzung ist natürlich, dass der Wert der Fibonacci-Funktion im strengen mathematischen Sinn auch nur vom Parameter n abhängt und nicht von Aufruf zu Aufruf variieren kann. Das ist hier aber sichergestellt.

auch als *Caching* bekannt. Diese Modifikation der ursprünglichen (naiven) rekursiven Implementierung lässt die eigentliche rekursive Struktur (mit Rekursionsanker und -schritt) unverändert. Da jeder Zwischenwert jetzt nur noch einmal berechnet wird und der Aufruf von fib_memo_rekursiv(n-2, memo) im Rekursionsschritt jetzt immer direkt aus dem Feld memo bedient werden kann, reduziert sich die Laufzeitkomplexität schlagartig von exponentiell auf linear, liegt jetzt also in O(n), so dass sich auch für große Werte[4] von n das Warten auf das Ergebnis erledigt hat.

Der Einsatz der Memoisierung gibt also ein weiteres Beispiel für das Prinzip »Tausche Speicher gegen Zeit«, wobei in diesem Fall der Einsatz an Speicherplatz (ein Feld mit n+1 long-Elementen) bei der ohnehin unverändert linearen Speicherkomplexität gar nicht ins Gewicht fällt. Im Gegenzug erhalten Sie aber eine enorme Verbesserung der Laufzeitkomplexität von exponentiell (»schon für mittelgroße Werte praktisch unbrauchbar«) zu linear (»auch für große Werte ist das Ergebnis sofort da«) erhalten, ein sehr guter Tausch!

»Wieder einmal: Tausche Speicher gegen Zeit«

Während es bei der Fibonacci-Funktion also gelungen ist, die Baumrekursion durch Memoisierung in eine lineare Rekursion mit entsprechender Laufzeitverbesserung zu überführen, ist das in vielen anderen Fällen nicht möglich:

Problem-immanente Baumrekursion

- Beim Sortierverfahren »QuickSort«, S. 137, müssen sowohl linkes als auch rechtes Teilfeld sortiert werden und es ist äußerst unwahrscheinlich, dass beim Sortieren des rechten Teilfeldes auf Ergebnisse zurückgegriffen werden kann, die beim Sortieren des linken Teilfeldes gewonnen wurden. Hier ist die Struktur der Baumrekursion durch das Problem vorgegeben.[5]
- Genauso verhält es sich mit dem Problem der Türme von Hanoi: Auch dort wird es schon aufgrund der Problemstellung immer auf eine Baumrekursion und damit verbundenen exponentiellen Aufwand herauslaufen. Denn schließlich müssen für n Scheiben insgesamt $2^n-1$ Transportanweisungen ausgegeben werden, wodurch bereits die Anzahl der Ausgabeanweisungen exponentiell mit der Anzahl der Scheiben wächst.

---

[4] Die Grenze stellt jetzt der Wertebereich des Datentyps long dar, der sehr schnell erreicht wird.
[5] Mehr noch: Wie Sie dort sehen werden, können Sie sogar froh sein, wenn sich tatsächlich eine schöne, also gleichmäßige, Baumstruktur ergibt und die Rekursion nicht zu einer linearen Struktur entartet. Dies hängt allerdings mit der daraus resultierenden Rekursionstiefe zusammen, die beim QuickSort wegen der jeweils durchzuführenden Partitionierung des Feldes maßgeblichen Einfluss auf den Aufwand hat.

## Verschachtelte Rekursion

Während bei der Fibonacci-Funktion die beiden rekursiven Aufrufe für n-1 und n-2 getrennt voneinander stehen, können diese (oder auch mehrere davon) auch ineinander geschachtelt auftreten. Ein Beispiel für eine solche **verschachtelte Rekursion** *(nested recursion)* liefert die sogenannte Ackermann-Funktion, eine 1926 von dem deutschen Mathematiker Wilhelm Ackermann gefundene extrem schnell wachsende mathematische Funktion, die vor allem für die Berechenbarkeitstheorie in der theoretischen Informatik von Bedeutung ist und aufgrund ihres hohen Berechnungsaufwands auch oft als Benchmark verwendet wird, um die Leistungsfähigkeit von Computern und Laufzeiteigenschaften von Programmiersprachen und ihren Compilern zu untersuchen und zu vergleichen.

*Definition: Ackermann-Funktion*

Die Ackermann-Funktion wird in der heute gebräuchlichen Variante, die 1955 von dem ungarischen Mathematiker Rozsa Peter beschrieben wurde, als Ackermann-Peter-Funktion wie folgt definiert:

Ackermann(0,y) = y + 1,
Ackermann(x,0) = Ackermann(x − 1, 1) und
Ackermann(x,y) = Ackermann(x − 1, Ackermann(x, y − 1)).

Die direkte Übertragung dieser rekursiven Definition in Java führt zu folgender, sehr kompakten und scheinbar »harmlosen« Formulierung:

*Ackermann-Funktion rekursiv*

```
static long ackermann (int x, int y)
{
  if (x <= 0)
    return y + 1;    // Rekursionsanker für x
  else
    if (y <= 0)
      return ackermann(x-1,1);   // Rekursionsschritt bzw.
                                 // Rekursionsanker für y
    else  // x > 0 und y > 0
      return ackermann(x-1,ackermann(x,y-1));
                                 // eigentl. Rekursionsschritt
}
```

Hier ist der zweite Parameter im zweiten rekursiven Aufruf selbst ein rekursiver Aufruf der Ackermann-Funktion. Zur Berechnung dieser Funktion erfolgen nur rekursive Aufrufe und im Rekursionsanker eine schlichte Addition mit dem Wert 1. Die Konstruktion der geschachtelten rekursiven Aufrufe sorgt aber dafür, dass diese Funktion extrem schnell anwächst, was gleichzeitig extrem viele rekursive Aufrufe bedeutet, da der letztendliche Funktionswert sich aus einer Vielzahl von Additionen mit 1 ergeben muss!

Sie können diese Funktion gerne in Ihre Java-Entwicklungsumgebung übernehmen und für einige Beispiele testen. Die Funktion ist durch die Berücksichtigung auch negativer Werte in der Java-Formulierung auch tatsächlich für alle Werte für x und y definiert und würde auch terminieren – wenn nicht zuvor der Laufzeit-Stapel überläuft, was spätestens für x = 4 unvermeidbar ist.

## Indirekte Rekursion

Nicht immer ist in einem gegebenen Programm eine rekursive Struktur auf Anhieb einfach daran erkennbar, dass im Rumpf einer Operation ein Aufruf derselben Operation stattfindet. Manchmal ruft eine Operation f() auch zunächst eine Operation g() auf, die ihrerseits dann vielleicht einen Aufruf von f() enthält.

Auch wenn beide Operationen für sich betrachtet nicht direkt rekursiv sind (sie enthalten ja keinen direkten Aufruf ihrer selbst), so bilden beide zusammen dennoch indirekt eine rekursive Struktur. Diese Situation wird deshalb auch als indirekte Rekursion bezeichnet. Sie tritt gelegentlich durchaus sinnvoll in der Form auf, dass zwei Operationen sich wechselseitig aufrufen, so dass man in diesem Fall auch von einer ko-rekursiven Struktur, oder einfach Korekursion, spricht.

## 4.3 Rekursion und Iteration *

Rekursiv formulierte Algorithmen können sehr kompakt und elegant sein. Mit Techniken wie der Memoisierung lässt sich auch die Mehrfachberechnung gleicher Teilaufgaben vermeiden, die sich aus der betont natürlichen Formulierung ergeben kann. Allerdings verursacht die interne Ausführungslogik auch im günstigsten Fall zusätzlichen Speicherbedarf auf dem Laufzeit-Stapel, der sich in der Regel auch in etwas längeren Laufzeiten niederschlägt, so dass im Allgemeinen aus reinen Komplexitätsbetrachtungen ein iterativer Algorithmus gegenüber einer rekursiven Formulierung im Vorteil ist.

Rekursion ist ein mächtiges und vielseitiges Konzept, um Algorithmen für eine Vielzahl von Problemstellungen in sehr natürlicher Weise kompakt zu beschreiben. Während die rekursiven Lösungen für das Problem der »Türme von Hanoi« oder das Sortieren eines Feldes (QuickSort) zugleich kompakt und auch effizient sind (in dem Sinne, dass sich ihr Laufzeitverhalten nicht mehr grundsätzlich verbessern lässt, da es bereits der Problemkomplexität entspricht), muss das bei anderen rekursiven Algorithmen nicht unbedingt der Fall sein.

Hier haben dann iterative Lösungen (unter Verwendung von Wiederholungsschleifen statt rekursiven Aufrufen) einen Vorteil – oft allerdings um den Preis einer nicht mehr ganz so natürlichen und kompakten Formulierung.

## Rekursion vs. Iteration

Es stellt sich deshalb die Frage, wie sich verschiedene Arten von Rekursion unterscheiden und wie sich Algorithmen eines bestimmten Rekursionstyps in effizientere iterative Formulierungen überführen lassen.

*Arten der Rekursion*

Im Kapitel »Entwurf rekursiver Algorithmen«, S. 42, haben Sie mit der linearen und der Baumrekursion bereits zwei der wichtigsten Arten von Rekursion kennengelernt, die auch zu unterschiedlichem Laufzeitverhalten führen. Die Übersicht in Tab. 4.3-1 ergänzt diese um weitere spezielle Formen der Rekursion, die für die Ableitung effizienter iterativer Formulierungen von Bedeutung sind.

*Hinweis zur Baumrekursion*

Beim Beispiel der »Türme von Hanoi« ist die Rekursionstiefe $d$ gleich der Anzahl der Scheiben $n$, somit entsteht eine Laufzeitkomplexität in $O(2^n)$. Im Fall des QuickSort ist die Rekursionstiefe im Normalfall aber nur $\log_2(n)$ bei einem zu sortierenden Feld der Länge $n$, so dass sich für die Anzahl der rekursiven Aufrufe wiederum eine Größenordnung von $O(2^{\log(n)})$, also $O(n)$, ergibt. Zusammen mit der Partitionierung, die auf jeder Ebene einen Aufwand in $O(n)$ verursacht (alle Elemente des Feldes müssen einmal untersucht werden), entsteht schließlich bei $\log_2(n)$ Ebenen (Rekursionstiefe) ein Gesamtaufwand in $O(n \log n)$.

## Unwandlung von Rekursion in Iteration (»Entrekursivierung«)

*Fibonacci-Funktion als durchgehendes Beispiel*

Die schrittweise Überführung eines rekursiven, nicht effizienten Algorithmus in eine effiziente iterative Variante können Sie sehr gut am Beispiel der schon bekannten Fibonacci-Funktion studieren. Die zugegebenermaßen elegante, aber ebenso auch naive direkte rekursive Formulierung hat sich bereits als nicht effizient erwiesen. Sie bietet also reichlich Potenzial zur Verbesserung.

*Ansatz 1: Simulation des Laufzeit-Stapels*

Der erste Ansatz zur Entrekursivierung basiert auf der Erkenntnis, dass sich jeder rekursive Algorithmus unter Verwendung eines eigenen Stapels in eine Variante umwandeln lässt, die keine rekursiven Aufrufe mehr enthält, formal also einen iterativen Algorithmus darstellt:

## 4.3 Rekursion und Iteration *

| Bezeichnung | Definition | Beispiele | Kommentar |
|---|---|---|---|
| lineare Rekursion *(linear recursion)* | Jeder Rekursionsschritt enthält nur einen rekursiven Aufruf. | Countdown, Fakultät, lineare Suche | Die Ausführung liefert eine lineare Aufruffolge bis zum Erreichen des Rekursionsankers, also lineare Laufzeitkomplexität. |
| Baumrekursion *(tree recursion)* | Mindestens ein Rekursionsschritt enthält mindestens zwei rekursive Aufrufe. | Fibonacci, QuickSort, Türme von Hanoi (nicht: Binäre Suche!) | Wird der Rekursionsschritt mit den mindestens zwei rekursiven Aufrufen in der Regel $d$-mal durchlaufen, wobei $d$ die Rekursionstiefe ist, dann entsteht eine Aufrufstruktur mit $O(2^d)$ Knoten und somit eine exponentielle Laufzeitkomplexität (siehe Hinweis). |
| Werteverlaufs- rekursion *(course-of-values recursion)* | Das Ergebnis eines rekursiven Aufrufes hängt nur von den Ergebnissen der $p$ nächst kleineren Werte ab. | Fibonacci (mit $p = 2$) | Das Ergebnis eines rekursiven Aufrufs für einen Wert $n$ hängt also nur von den Ergebnissen der Aufrufe für n-1, n-2, ..., n-p ab (wobei $p$ eine Konstante ist). |
| primitive Rekursion *(primitive recursion)* | Spezialfall der Werteverlaufsrekursion mit $p = 1$ | Countdown, Fakultät, lineare Suche, binäre Suche | Das ist zugleich auch eine spezielle Form der linearen Rekursion: Wenn das Ergebnis jeweils nur von einem weiteren rekursiven Aufruf abhängt, dann kann kein Rekursionsbaum entstehen. |
| Endrekursion *(tail recursion)* | In jedem Rekursionsschritt ist der rekursive Aufruf die letzte Anweisung vor der Wertrückgabe mit return. | Countdown, lineare Suche, binäre Suche | Das ist ein Spezialfall der linearen Rekursion, da es nur eine letzte Anweisung vor der Wertrückgabe geben kann. |

Tab. 4.3-1: Übersicht: Arten der Rekursion.

```
static long fib_iterativ_mit_Stapel (int n)
{
  Stack<Integer> s = new Stack<Integer>();
  s.push(n);    // Initialisierung: Aufruf für n
  long ergebnis = 0;
  while (!s.empty())   // Iteration bis Stapel leer
  {
    int m = s.pop();   // obersten "Aufruf" entnehmen
    if (m <= 1)
      ergebnis += m;   // ehem. Rekursionsanker
    else
    {
      s.push(m-2);     // Rekursionsschritt:
      s.push(m-1);     // 2 neue "Aufrufe" für n-1 und n-2
    }
```

Fibonacci-Funktion iterativ mit Stapel

```
        }
        return ergebnis;
}
```

**Laufzeit- und Speicherkomplexität unverändert**

Tatsächlich simuliert aber der im Algorithmus selbst verwaltete Stapel nur den Laufzeit-Stapel der Java-Laufzeitumgebung, so dass sich am Laufzeitverhalten nichts ändert – oder doch: Durch die Verwaltung eines eigenen Stapels verlängern sich die tatsächlichen Laufzeiten merklich, aber eben nur um einen bestimmten Faktor. Die Laufzeitkomplexität dieser Variante ist weiterhin in $O(2^n)$, der Speicherbedarf auf dem Stapel wächst weiterhin linear, ist also in $O(n)$.

**Gleichmächtig wie Turingmaschinen**

Immerhin ist es auf diese Art möglich, jeden rekursiven Algorithmus auf einer iterativen Maschine auszuführen, also einer, die keine rekursiven Aufrufe mehr zulässt. Das bedeutet auch, dass rekursive Algorithmen gleichmächtig sind wie iterative Algorithmen, also auch gleichmächtig wie Turingmaschinen (siehe Abschnitt »Einführung und Eigenschaften«, S. 11). Auch die Laufzeitkomplexität des Algorithmus wird durch die Umwandlung nicht verändert.

**Ansatz 2: Werteverlaufsrekursion mit p=2**

Wie Sie unmittelbar aus der Definition der Fibonacci-Folge erkennen können, erfolgt die Berechnung der Fibonacci-Zahlen werteverlaufsrekursiv mit p = 2. Das heißt, dass das Ergebnis der Fibonacci-Funktion für den Parameter n nur von den Ergebnissen für n-1 und n-2 (deshalb p = 2) abhängt.

**Mehrere Rückgabewerte**

Eine Implementation werteverlaufsrekursiver Funktionen verwendet eine Hilfsfunktion, die immer die Ergebnisse der letzten *p* Aufrufe zurückgibt. Für p = 2 erfordert dies die Möglichkeit, als Ergebnis einer Operation gleich zwei Rückgabewerte an den Aufrufer zurückzuliefern. Solche mehrwertigen Operationen *(multivalued methods)* sind in Java derzeit (noch?) nicht verfügbar, so dass hierfür der Umweg über eine entsprechende Wrapper-Klasse TwoReturnValues<R,S> gemacht werden muss:

**Klasse TwoReturnValues<R,S>**

```
public final class TwoReturnValues<R,S>
{
    public final R first;
    public final S second;

    public TwoReturnValues(R first, S second)
    {
        this.first = first;
        this.second = second;
    }
}
```

Eine Operation in Java, die zwei Rückgabewerte mit den Typen *R* und *S* zurückliefern soll, packt diese Werte in ein Objekt vom Typ TwoReturnValues<R,S> ein und liefert dieses an den Aufrufer, der mittels der Selektoren (get-Methoden) daraus die beiden Werte entnehmen kann.

```
static long fib_mit_werteverlaufsrekursion (int n)
{
  if (n == 0)
    return 0;
  else
  {
    TwoReturnValues<Long,Long> f1f2 = fib_p2(n);
    return f1f2.first;
  }
}
```

*Fibonacci-Funktion mit Werteverlaufs-rekursion*

Die Hilfsfunktion `fib_p2()` enthält jetzt die eigentliche Rekursion. Sie berechnet aus den Zahlen $fib_{k-1}$ und $fib_{k-2}$ die Fibonacci-Zahlen $fib_k$ und $fib_{k-1}$:

```
static TwoReturnValues<Long,Long> fib_p2 (int n)
{
  if (n == 1)
    return new TwoReturnValues<Long,Long>(1l,0l);
  else
  {
    TwoReturnValues<Long,Long> f1f2 = fib_p2(n-1);
    return new TwoReturnValues<Long,Long>
            (f1f2.first+f1f2.second, f1f2.first);
  }
}
```

Diese Implementierung ist jetzt linear-rekursiv, aber noch nicht endrekursiv. Immerhin ist ihre Laufzeitkomplexität damit aber nur noch linear und nicht mehr exponentiell, wie bei den beiden vorherigen Versionen. Der Speicherbedarf ist weiterhin linear.

*Laufzeit nur noch linear!*

Jede werteverlaufsrekursive Funktion kann grundsätzlich auch in eine endrekursive Funktion überführt werden. Dazu müssen Sie lediglich die Berechnungsreihenfolge umkehren: Statt rückwärts von $fib_n$ nach $fib_0$ zu arbeiten, arbeiten Sie jetzt vorwärts von $fib_0$ nach $fib_n$. Dazu muss der Hilfsfunktion, die nach wie vor die eigentliche Rekursion erledigt, nur eine Zählvariable counter übergeben werden, die jeweils angibt, wie viele Schritte noch bis zum Ziel $fib_n$ verbleiben. Außerdem werden der Hilfsfunktion noch die beiden vorherigen Fibonacci-Zahlen übergeben:

*Ansatz 3: Endrekursion*

```
static long fib_endrekursiv (int n)
{
  if (n == 0)
    return 0;
  else
    return fib_endrekursiv(0, 1, n);
}

static long fib_endrekursiv (long f1, long f2, int counter)
{
  if (counter == 1)
```

*Fibonacci-Funktion endrekursiv*

```
        return f2;
    else
        return fib_endrekursiv(f2, f1 + f2, counter-1);
}
```

Diese Umwandlung hat zwar weder Laufzeit- noch Speicherkomplexität verändert, schafft aber die Voraussetzung für den nächsten und letzten Schritt:

*Ansatz 4: Iteration ohne Stapel*

Jede endrekursive Funktion kann nämlich auch in eine iterative Funktion ohne Stapel umgewandelt werden. Bei einigen Programmiersprachen, wie etwa Lisp oder Scheme, wird das zur Programmoptimierung vom Compiler sogar automatisch erledigt, um den Laufzeit-Stapel zu entlasten. In diesen funktionalen Programmiersprachen sind rekursive Algorithmen allerdings auch von wesentlich größerer Bedeutung – es gibt dort nämlich gar keine Schleifenkonstrukte im iterativen Sinne!

```
static long fib_iterativ_ohne_Stapel (int n)
{
    long f1 = 0;
    long f2 = 1;
    while (n > 0)
    {
        long f3 = f2;
        f2 = f1 + f2;
        f1 = f3;
    }
    return f1;
}
```

Das ist genau das gleiche Vorgehen wie in der Hilfsfunktion zu `fib_endrekursiv()`, mit dem Unterschied, dass anstelle eines rekursiven Aufrufes einfach die Variablen f1 und f2 wiederverwendet werden, also mit den neuen Werten überschrieben werden. Das ist möglich, weil die vorherigen Werte nicht mehr benötigt werden, da der rekursive Aufruf bei `fib_endrekursiv()` wegen der Endrekursion die letzte Aktion vor der Wertrückgabe mit `return` ist.

*Speicherkomplexität nun in O(1)*

Mit dieser Umwandlung ist es schließlich gelungen, auch die Speicherkomplexität zu reduzieren: Statt des bisher linearen Speicherbedarfs werden nur noch vier Variablen benötigt. Die Speicherkomplexität ist also unabhängig von *n*, also konstant und somit in O(1).

## Grenzen der Entrekursivierung

Dass es am Ende möglich war, die anfängliche naiv-rekursive Formulierung (mit exponentiellem Laufzeitverhalten!) in einen auch wieder kompakten, effizienten iterativen Algorithmus zu überführen, liegt daran, dass das zugrundeliegende Problem diese Optimierung zulässt. Das Problem der Berechnung der

Fibonacci-Zahlen hat eben keine exponentielle Komplexität, deshalb war klar, dass es hier Raum für Verbesserungen gibt.

Anders sieht es bei rekursiven Algorithmen für Probleme aus, die ihrerseits schon eine exponentielle Problemkomplexität haben. Diese können natürlich auch durch Einsatz eigener Datenstrukturen, zum Beispiel zur Simulation des Laufzeit-Stapels, entrekursiviert werden; eine Verbesserung der Laufzeitkomplexität durch weitere Maßnahmen ist aber nicht möglich. Beispiele dafür sind das Problem der »Türme von Hanoi« wie auch eine Vielzahl kombinatorischer Algorithmen, die Sie noch im Kapitel »Kombinatorische Algorithmen«, S. 333, kennenlernen werden. Für die »Türme von Hanoi« gibt es zwar auch einen komplexen iterativen Algorithmus (ohne Stapel), die Laufzeitkomplexität ist aber unverändert $O(2^n)$. Der Vorteil des iterativen Algorithmus liegt nur in seiner konstanten Speicherkomplexität gegenüber der linearen Speicherkomplexität der rekursiven Formulierung.

<small>Problemkomplexität maßgebend</small>

Wenn sich also die Laufzeitkomplexität gegenüber der rekursiven Formulierung (bzw. der gleichwertigen iterativen Formulierung mit Stapel) nicht mehr verbessern lässt, bleibt noch der Fokus auf den Speicherverbrauch. Hier geht es dann um die Minimierung oder Beschränkung des Speicherbedarfs für den Stapel (egal ob Java-Laufzeit-Stapel oder eigener Stapel in einer iterativen Lösung), der sich aus der Rekursionstiefe ergibt. Betrachten Sie dazu nochmal das Beispiel des rekursiven Sortierverfahrens QuickSort – weiterhin ohne hier schon auf die Details der Partitionierung einzugehen, mit denen Sie sich im Kapitel »QuickSort«, S. 137, noch im Detail beschäftigen werden.

<small>Speicherbedarf beschränken</small>

```
public static void quickSort(int untereGrenze, int obereGrenze,
                             int[] zahlen)
{
  int links = untereGrenze;
  int rechts = obereGrenze;

  // ... Partitionierung (hier nicht ausgeführt) ...

  if (untereGrenze < rechts)
    // linkes Teilfeld hat mindestens 2 Elemente
    quickSort(untereGrenze, rechts, zahlen);
  if (links < obereGrenze)
    // rechtes Teilfeld hat mindestens 2 Elemente
    quickSort(links, obereGrenze, zahlen);
}
```

Auch wenn Sie den Typ der Rekursion (hier eine Baumrekursion) und die damit verbundene Laufzeitkomplexität in diesem Fall nicht reduzieren können, kann es durchaus Sinn machen, ein Augenmerk auf den Speicherbedarf zu legen, der bei der Ausführung entsteht.

## 4 Rekursion *

Dazu wird die baumrekursive Formulierung nach dem Verfahren, das Sie am Beispiel der Fibonacci-Funktion bereits kennengelernt haben, zunächst in eine iterative Variante mit Stapel transformiert:

*QuickSort iterativ mit Stapel*

```
public static void quickSort_iterativ_mit_Stapel(int[] zahlen)
{
  class Sortierauftrag
  {
    int von;
    int bis;

    public Sortierauftrag(int von, int bis)
    {
      this.von = von;
      this.bis = bis;
    }
  }

  Stack<Sortierauftrag> todo = new Stack<Sortierauftrag>();
  todo.push(new Sortierauftrag(0, zahlen.length-1));
  while (!todo.isEmpty())
  {
    Sortierauftrag auftrag = todo.pop();
    int untereGrenze = auftrag.von;
    int obereGrenze = auftrag.bis;
    int links = untereGrenze;
    int rechts = obereGrenze;

    // ... Partitionierung (hier nicht ausgeführt) ...

    if (links < obereGrenze)
      // rechtes Teilfeld hat mindestens 2 Elemente
      todo.push(new Sortierauftrag(links, obereGrenze));
      // vorher: quickSort(links, obereGrenze, zahlen);
    if (untereGrenze < rechts)
      // linkes Teilfeld hat mindestens 2 Elemente
      todo.push(new Sortierauftrag(untereGrenze, rechts));
      // vorher: quickSort(untereGrenze, rechts, zahlen);
  }
}
```

Hier wird in jedem Durchlauf sowohl für den linken wie auch den rechten Teil des Feldes ein Auftrag auf den Stapel gelegt, von denen einer (der letzte) beim nächsten Schleifendurchlauf gleich wieder entnommen und weiterverarbeitet wird. Stattdessen könnte natürlich in diesem Fall auch direkt die Variable obereGrenze für den nächsten Schleifendurchlauf auf den Wert von rechts gesetzt werden. Das reduziert aber noch nicht wirklich den Speicherbedarf für den Stapel der noch abzuarbeitenden Sortieraufträge.

*Im schlimmsten Fall linearer Speicherbedarf*

Der Schlüssel dazu liegt in der Erkenntnis, dass bei stark ungleicher Aufteilung des Feldes, wenn sich also die Größen der separat weiter zu sortierenden linken und rechten Teilfelder stark unterscheiden, der Stapel im ungünstigsten Fall sogar n/2 Aufträge enthalten kann. Das passiert, wenn die Partitionierung das Feld in jedem Schritt in einen rechten Teil mit zwei Elementen und einen linken Teil mit dem verbleibenden Rest aufteilt. Dann wird ein Auftrag für den rechten Teil (mit den zwei Elementen) auf den Stapel gelegt, und der linke Teil wird im nächsten Durchlauf weiter bearbeitet.

Diesen im ungünstigen Fall linearen Speicherbedarf, dessen Umfang beim Sortieren eines sehr großen Feldes kritisch werden kann, können Sie aber auf eine logarithmische Abhängigkeit von der Feldgröße *n* beschränken, indem immer der Auftrag für das größere Teilfeld auf dem Stapel abgelegt und mit dem kleineren Teil direkt fortgefahren wird:

*Lösung: Analyse der Aufteilung*

```java
public static void quickSort_optimiert_mit_Stapel(int[] zahlen)
{
  class Sortierauftrag
  {
    int von;
    int bis;

    public Sortierauftrag(int von, int bis)
    {
      this.von = von;
      this.bis = bis;
    }
  }

  Stack<Sortierauftrag> todo = new Stack<Sortierauftrag>();
  todo.push(new Sortierauftrag(0, zahlen.length-1));
  while (!todo.isEmpty())
  {
    Sortierauftrag auftrag = todo.pop();
    int untereGrenze = auftrag.von;
    int obereGrenze = auftrag.bis;
    while (untereGrenze < obereGrenze)
    {
      int links = untereGrenze;
      int rechts = obereGrenze;

      // ... Partitionierung (hier nicht ausgeführt) ...

      if ((rechts - untereGrenze) > (obereGrenze - links))
      { // linkes Teilfeld ist größer
        if (untereGrenze < rechts)
        // linkes Teilfeld hat mindestens 2 Elemente
          todo.push(new Sortierauftrag(untereGrenze, rechts));
        untereGrenze = links;
      }
      else
      { // rechtes Teilfeld ist größer
        if (links < obereGrenze)
```

```
            // rechtes Teilfeld hat mindestens 2 Elemente
            todo.push(new Sortierauftrag(links, obereGrenze));
            obereGrenze = rechts;
          }
        }
      }
    }
```

*Tiefenbeschränkte Rekursion*

Der hier beschriebene Ansatz ermöglicht also durch Analyse der konkreten Aufrufsituationen, die Belastung des Stapels (der ja letztlich der Rekursionstiefe entspricht) auf ein unkritisches Maß zu beschränken, weshalb man in diesem Fall auch von einer **tiefenbeschränkten Rekursion**[6] spricht.

## Rekursivierung

Auch wenn von praktisch geringerer Bedeutung, zumindest für Sie als Java-Programmierer, so sollte klar sein, dass es analog zur Umwandlung von Rekursion in Iteration auch Verfahren gibt, ein iteratives Programm zu »rekursivieren«. Darauf könnten Sie dann zurückgreifen wollen, wenn Sie einen gewöhnlichen Algorithmus, der auch Schleifen enthält, in einer Programmiersprache, wie Lisp oder Prolog, implementieren wollen, die keine Schleifen unterstützt, so dass Sie wiederholte Ausführungen von Anweisungen, also Iteration, nur durch wiederholte, also rekursive Aufrufe entsprechender Funktionen realisieren können.

*Schema für Iteration*

Betrachten Sie dazu eine gewöhnliche Wiederholungsschleife in Java:

```
while ( test(var) )
{
  op(var);
}
```

Die Operation `op(var)` wird solange ausgeführt, solange der Test `test(var)` true liefert. Dabei wird natürlich vorausgesetzt, dass die Ausführung von `op(var)` Einfluss auf das Ergebnis von `test(var)` hat; ansonsten würde die Schleife nicht mehr enden, sobald sie einmal betreten wurde.

*Rekursivierung*

Die Ableitung einer entsprechenden rekursiven Formulierung folgt dem schon bekannten Vorgehen:

- Der einfache, ohne rekursiven Aufruf zu lösende Fall (Rekursionsanker) liegt vor, wenn die Bedingung `test(var)` den Wert `false` liefert.
- Andernfalls erfolgt im Rekursionsschritt zunächst die Ausführung von `op(var)` und anschließend ein weiterer rekursiver Aufruf.

---

[6] Im Programmcode sind zwar keine rekursiven Aufrufe mehr enthalten, aber der eigens eingeführte Stapel simuliert ja gerade die Rekursion, die jetzt in ihrer Tiefe beschränkt wird.

## 4.3 Rekursion und Iteration *

Das führt zu folgendem Schema für eine rekursive Formulierung, die exakt der Schleife von oben entspricht, wobei

```
static void rekursion (... var)
{
  if ( test(var) )
  {
    op(var);
    rekursion(var);
  }
}
```

Schema für Rekursion

Betrachten Sie als Beispiel zur Veranschaulichung dieses Schemas eine Iteration (while-Schleife) zur Ausgabe der Zahlen von 1 bis 10:

Beispiel

```
int i = 1;
while ( i <= 10 )
  System.out.println(i++);
```

Nach dem »Rekursivierungsschema« von oben erhalten Sie dazu die folgende rekursive Formulierung mit dem zugehörigen Aufruf:

```
static void rekursion (int i)
{
  if ( i <= 10 )
  {
    System.out.println(i++);
    rekursion(i);
  }
}

rekursion(1);
```

# 5 Suchalgorithmen *

Die unterschiedliche Komplexität und den Zusammenhang von Algorithmen und Datenstrukturen können Sie schon am Beispiel des eigentlich sehr einfachen, aber allgemeinen und immer wieder auftretenden Problems der Suche nach einem Element in einer Datenstruktur beobachten.

Sinn und Zweck der Speicherung von Datenbeständen ist es, später auf sie als Ganzes oder auf Teile davon zugreifen zu können. Dabei stellt sich meist die Aufgabe, nach jenen Datenobjekten im Datenbestand zu suchen, die ein bestimmtes Kriterium erfüllen. Diese Suche ist ein zentraler Bestandteil nahezu jedes Softwaresystems. Es besteht also ein besonderes Interesse an möglichst effizienten Suchverfahren.

*Motivation*

Ausgehend von typischen Aufgabenstellungen, die Suchalgorithmen *(searching algorithms)* erfordern, werden zunächst allgemeine Anforderungen an Suchverfahren diskutiert:

*Anforderungen*

- »Anwendungsgebiete und Anforderungen für Suchverfahren«, S. 66

Danach werden Sie, jeweils motiviert durch ein kleines Anwendungsbeispiel, drei elementare Suchverfahren kennenlernen, die sich sowohl hinsichtlich ihrer Anforderungen an die konkrete Ausprägung der Datenstruktur und die Anordnung der Elemente darin sowie im Hinblick auf die resultierende Laufzeitkomplexität deutlich unterscheiden.

Den Anfang macht das einfachste Suchverfahren, die sequenzielle Suche *(sequential search)*, das auf allen Datenstrukturen ohne besondere Anforderungen an die Reihenfolge der Elemente anwendbar ist, das aber eine nur unbefriedigende Laufzeitkomplexität aufweist:

*Sequenzielle Suche*

- »Sequenzielle Suche«, S. 70

Um zu zeigen, wie man unter geeigneten Umständen, nämlich dass die Elemente im Datenbestand sortiert sind, die Laufzeiteffizienz deutlich verbessern kann, wird danach ein weiteres elementares Suchverfahren, die binäre Suche *(binary search)*, vorgestellt und bei der Gelegenheit auch gezeigt, dass dafür auf einfache Weise sowohl iterative wie auch rekursive Algorithmen entworfen werden können:

*Binäre Suche*

- »Binäre Suche«, S. 76

Abschließend wird noch die Idee des *Hashings* besprochen, wobei es im Wesentlichen um die Abbildung von Schlüsselwerten auf ganze Zahlen mittels sogenannter Hash-Funktionen geht. Diese können bei der Hashing-basierten Suche *(hash search)*

*Hashing-basierte Suche*

# 5 Suchalgorithmen *

als Indizes in Feldern, den sogenannten Hash-Tabellen, genutzt werden, um ein besonders effizientes Suchen in Datenbeständen zu ermöglichen:

- »Hashing-basierte Suche«, S. 86

Dabei wird auch auf die im Zusammenhang mit der Anwendung der Hashing-basierten Suche auftretenden Probleme eingegangen, nämlich die Wahl einer geeigneten Hash-Funktion und die Behandlung von Kollisionen.

## 5.1 Anwendungsgebiete und Anforderungen für Suchverfahren *

Die Suche nach Elementen mit bestimmten Eigenschaften ist eine immer wiederkehrende Aufgabe in vielen Anwendungsgebieten, die auch eine Reihe von allgemeinen Anforderungen an Verfahren zur Lösung dieser Aufgabe stellen.

Algorithmen werden im Allgemeinen primär dazu benutzt, Datenobjekte zu manipulieren. Dies trifft ganz sicher auf kaufmännische Anwendungen zu. Aber auch wenn Algorithmen in technischen Anwendungen oder auch als eingebettete Systeme in Geräten jeder Art vom Geschirrspüler bis zum Auto eingesetzt werden, spielen Datenobjekte und damit der Zugriff auf ihren Inhalt eine zentrale Rolle.

In der Praxis hat man es daher mit mehr oder weniger komplexen Datenstrukturen zu tun, und oft geht es darum, festzustellen, ob ein bestimmtes Element oder ein bestimmter Wert darin enthalten ist oder nicht. Deshalb ist es notwendig, sich damit zu beschäftigen, wie man in (komplexen) Datenstrukturen gezielt und effizient auf die Inhalte ihrer Komponenten zugreifen kann. Die dafür benötigten Verfahren werden als **Suchalgorithmen** *(searching algorithms)* bezeichnet.

*Anwendungsbereiche*

Die folgenden Beispiele sind willkürlich ausgewählt und illustrieren verschiedene Anwendungsbereiche von Suchalgorithmen.

*Beispiele*

○ Kundenverwaltung: Für die Verwaltung und die eindeutige Identifikation ihrer Kunden verwenden Unternehmen in der Regel numerische Identifikationsschlüssel, die dann Kundennummern genannt werden. Möchte ein Kunde nun beispielsweise eine Bestellung vornehmen, so müssen seine Kundendaten mit Informationen über eingeräumte Rabatte, Stammkundenstatus oder noch offene Rechnungen mithilfe seiner Kundennummer in einer meist sehr umfangreichen Sammlung aller Kundendaten auf effiziente Art und Weise gesucht, überprüft und später für die Ab-

## 5.1 Anwendungsgebiete und Anforderungen für Suchverfahren *

wicklung der Bestellung (Versand und Fakturierung) verwendet werden können.
- Compilerbau: Bei der Übersetzung eines Programmtextes muss ein Compiler alle darin vorkommenden Namen oder Bezeichner mit ihrer jeweiligen Klassifikation, also ob es sich um eine Variable, eine Operation oder eine Klasse handelt, sowie weitere Angaben, zum Beispiel den Typ bei einer Variablen, so speichern, dass beim Auftreten eines Bezeichners im Zuge des Übersetzungsprozesses effizient festgestellt werden kann, ob dieser bereits bekannt ist und wofür er steht. Die vom Compiler dafür verwendete Datenstruktur wird als **Symboltabelle** bezeichnet, obwohl nicht notwendigerweise immer Tabellen, also Felder, für ihre Realisierung verwendet werden.

Beiden angeführten Aufgabenstellungen ist gemeinsam, dass Suchoperationen auf umfangreichen Datenbeständen, die komplexe Datenobjekte enthalten, durchgeführt werden müssen. Diese haben im Allgemeinen mehrere, teils charakteristische Merkmale, auch Attribute genannt. Im Kontext einer bestimmten Suchaufgabe kommt einem dieser Attribute, manchmal aber auch einer Kombination mehrerer Attribute die Schlüsselrolle zu: Das ist jenes Merkmal oder jene Merkmalskombination, nach dessen/deren Ausprägung (Wert) gesucht werden soll. Dieses Merkmal oder diese Merkmalskombination wird deshalb auch einfach **Schlüssel** *(key)* genannt, nach ihm/ihr wird der Datenbestand durchsucht.

*Rolle des Schlüssels*

In der Regel sollen Schlüsselwerte ein Datenelement eindeutig identifizieren. Sie dürfen also im Datenbestand jeweils nur höchstens einmal auftreten. Nur dann spricht man im engeren Sinne tatsächlich von Schlüsselattributen.

*Eindeutige Schlüssel*

Untersuchen Sie, ob in den Beispielen der Kundenverwaltung und der Symboltabelle diese strenge Schlüsseleigenschaft für Kundennummer und Bezeichner tatsächlich gegeben ist.

*Frage*

- Die Kundennummer im Beispiel der *Kundenverwaltung* erfüllt offensichtlich die Anforderung an ein Schlüsselattribut. Sie wurde ja genau zu diesem Zweck als »künstliches« Merkmal eines Kunden eingeführt, indem jedem Kunden bei der Neuanlage in der Kundenverwaltung eine individuelle Kundennummer zugeordnet wird.
- Anders sieht es bei dem Bezeichner in der *Symboltabelle* aus. In modernen Programmiersprachen ist es durchaus möglich, den gleichen Namen (Bezeichner) sowohl für eine Variable als auch für eine Operation oder als Klassenname zu verwenden. Hier muss der Bezeichner selbst also nicht eindeutig sein.

*Antwort*

Außerdem können im Programmtext auch gleiche Bezeichner in unterschiedlichen **Sichtbarkeitsbereichen** *(scope)* verschiedene Variablen repräsentieren, so dass auch noch nicht einmal die Kombination aus Bezeichner und Klassifikation (hier: Variable) eindeutig sein muss. Vielmehr wird der zu einem solchen Schlüssel zuerst gefundene Eintrag als die aktuell sichtbare Bedeutung des Bezeichners interpretiert; weitere Vorkommen zum gleichen Schlüsselwert sind durchaus zulässig, gelten aber dann zum betreffenden Zeitpunkt, also innerhalb eines bestimmten Sichtbarkeits- oder Gültigkeitsbereichs *(scope)*, als nicht sichtbar.

*Test auf Schlüsselwertgleichheit*

Um also in einem Datenbestand nach einem Element suchen zu können, muss jedes darin gespeicherte Element ein (bei Bedarf auch aus mehreren Attributen zusammengesetztes) Schlüsselattribut besitzen. Der Typ dieses Schlüsselattributs muss zumindest eine Operation zum Test auf Gleichheit unterstützen, damit bei der Suche entschieden werden kann, ob das gesuchte Element (mit passendem Schlüssel) gefunden ist.

*Operation equals()*

Wird also als Typ des Schlüsselattributs eine beliebige Java-Klasse verwendet, so ist diese Vergleichsoperation durch die Operation `equals()` bereits vorhanden. Sie erinnern sich: Die Operation `equals()` wird entweder von der Klasse `Object` geerbt oder im Zuge der Vererbung mit einer spezifischeren Definition überschrieben.

*Operation compareTo() für effizientes Suchen*

Für die effiziente Suche in sortierten Datenbeständen muss darüber hinaus auch die Vergleichsoperation »kleiner« (oder »größer«) möglich sein. Dies ist in Java zum Beispiel dadurch zu gewährleisten, dass die Klasse des Schlüsselattributs das *Interface* `Comparable` implementiert, somit also zwei Schlüsselwerte jeweils mittels der Operation `compareTo()` *comparable*, also vergleichbar sind.

*Realisierung in Java*

Für eine saubere Realisierung in Java ist es notwendig, entweder

- die Schlüsselattribute in einem eigenen Typ, also mittels einer eigenen Klasse, zum Beispiel `Key`, zusammenzufassen, die dann ihrerseits die Operationen `equals()` sowie gegebenenfalls auch `compareTo()` zum Schlüsselwertvergleich zur Verfügung stellt, oder
- für die Klasse der Datenelemente eigene Operationen für den Test auf Gleichheit und gegebenenfalls auch für »kleiner« zu realisieren, welche nur die Schlüsselattribute berücksichtigen.

*Pragmatische Lösung*

Eine pragmatische Lösung wäre sicherlich auch, die Klasse der Datenelemente grundsätzlich mit einer Operation `compareTo()` auszustatten, welche nur die Schlüsselattribute zum Ver-

## 5.1 Anwendungsgebiete und Anforderungen für Suchverfahren *

gleich heranzieht. Für den Test auf Schlüsselwertgleichheit würde `compareTo()` genau dann als Ergebnis den Wert 0 liefern, wenn beide Datenelemente den gleichen Schlüsselwert haben.

Diese Lösung hat allerdings einen Nachteil. Denn entweder geht die Konsistenz der Operationen `compareTo()` und `equals()` verloren, weil nicht mehr erfüllt ist, dass `a.equals(b) == true` genau dann gilt, wenn auch `a.compareTo(b) == 0` zutrifft, oder die Operation `equals()` müsste auf den Vergleich der Schlüsselattribute beschränkt werden und würde daher keinen vollständigen Test auf Inhaltsgleichheit mehr liefern.

*Konsistenz von `compareTo()` und `equals()`*

Dieser Test auf Inhaltsgleichheit funktioniert allerdings auch nur, wenn die aus `Object` geerbte Operation `equals()` klassenspezifisch konkretisiert wird, ansonsten liefert `equals()` nur dann `true`, wenn es sich um dieselben Objekte, also gleiche Referenzen handelt.

Die sauberste Lösung ist daher, strikt zwischen dem Vergleich ganzer Datenelemente und dem reinen Schlüsselwertvergleich zu unterscheiden. Deshalb soll für die Beispiele in diesem Buch angenommen werden, dass die Klasse der Datenelemente über ein Attribut `key` verfügt, das eine Referenz auf ein Objekt einer Klasse enthält, die ihrerseits eine Operation `equals()` sowie gegebenenfalls auch `compareTo()` zum Schlüsselwertvergleich zur Verfügung stellt. Diese Klasse kann zwar für jeden konkreten Typ von Datenelementen, nach denen in einer Datensammlung zu suchen ist, individuell verschieden sein und müsste dann in Java auch entsprechend ausprogrammiert werden.

*Saubere Lösung*

Wenn es sich aber, wie in vielen konkreten Anwendungen üblich, bei dem Schlüssel lediglich um ein einziges numerisches Identifikationsmerkmal (Kundennummer, Matrikelnummer, Auftragsnummer o.ä.) handelt, dann kann hierfür auch die entsprechende Java-Systemklasse, zum Beispiel `Integer`, verwendet werden, die ihrerseits bereits über die Operationen `equals()` und `compareTo()` verfügt.

*Einfach bei numerischen Schlüsseln*

Sollen beispielsweise Kundendaten gespeichert und darin ausschließlich über die Kundennummer nach Informationen zu einem bestimmten Kunden gesucht werden, dann könnte die zugrundeliegende Klasse `Customer` wie folgt direkt in Java modelliert werden:

*Beispiel 1a: Customer*

```
class Customer
{
    Integer  key;    // Kundennummer
    String   name;
    ...      // weitere Attribute und Operationen
}
```

# 5 Suchalgorithmen *

> Diese Modellierung hat allerdings noch den Nachteil, dass keine allgemeinen, vom konkreten Typ der Datenelemente unabhängigen (*generischen*) Algorithmen formuliert werden können, weil für den Zugriff auf das Schlüsselattribut key der konkrete Typ, also hier die Klasse Customer, bekannt sein muss.

*Generische Typen notwendig*

Dieser Nachteil kann vermieden werden, indem zunächst ein generischer Typ ElementType<KeyType> für die Datenelemente definiert und mit dem Typ des Schlüsselattributs parametrisiert wird. Er umfasst ein Attribut key vom Typ KeyType, der als Parameter angegeben wird:

```
class ElementType<KeyType>
{
    KeyType key;
}
```

*Beispiel 1b: Customer*

Unter Verwendung dieses generischen Typs ElementType kann die Klasse Customer nun gleichwertig zu oben wie folgt definiert werden:

```
class Customer extends ElementType<Integer>
{
    String   name;
    ...  // weitere Attribute und Operationen
}
```

*Anforderungen für die Auswahl*

Für die Auswahl eines effizienten Suchverfahrens sind aber weniger die Modellierung der Datenobjekte selbst, als vielmehr zwei andere Aspekte von Bedeutung:

- Die Art der Datensammlung (insbesondere, ob mittels Indizierung ein direkter Zugriff auf seine Elemente möglich ist) sowie
- die Anordnung der Datenobjekte in Bezug auf das Schlüsselattribut (ob sie sortiert sind oder nicht).

## 5.2 Sequenzielle Suche *

Bei der sequenziellen Suche wird die Datensammlung sequenziell durchsucht, also ein Element nach dem anderen, bis das gesuchte Element gefunden wird.

Die sequenzielle oder auch **lineare Suche** (*sequential* oder *linear search*) ist das einfachste, aber leider auch ineffizienteste Suchverfahren. Es hat aber den Vorteil, dass es bei jeder Art von Datensammlungen unabhängig von der verwendeten Datenstruktur und der Anordnung der Elemente (also insbesondere auch auf unsortierten Datenbeständen) anwendbar ist.

## 5.2 Sequenzielle Suche *

Beispiel 1a

Betrachten Sie zur Veranschaulichung das Geschehen an einem Morgen im Büro der Spedition Schnell & Sicher.

Montagmorgen, 7:30 Uhr, im Büro der Firma Schnell & Sicher: Immer mehr Fahrer schauen durch die Tür, manche noch in Ruhe einen Kaffee in der Hand, die meisten aber etwas hektisch und merkwürdige Nummern rufend. Sie warten auf ihre Auftragspapiere, und die Nummer, die sie dem Disponenten im aufkommenden Durcheinander am Schreibtisch zurufen, ist die Auftragsnummer. Der Disponent versucht die Ruhe zu bewahren, schaut den kopfhohen Stapel an Aufträgen durch, legt einen nach dem anderen von links nach rechts, schaut auf die Auftragsnummern – da, endlich hat er den gesuchten Auftrag gefunden, und der Fahrer kann sich auf den Weg machen. Einige Zeit später hat auch der nächste seine Papiere. Bei einem anderen hilft alles nichts. Nachdem alle Aufträge mühsam der Reihe nach durchgeschaut sind, steht fest: Die Papiere zu seiner Auftragsnummer sind noch nicht da, er kann noch nicht losfahren. Immerhin, nach gut zwei Stunden kehrt wieder etwas Ruhe ein. Jetzt hat auch der letzte Fahrer seine Papiere bekommen – oder weiß, dass sie noch nicht da sind.

Ganz offensichtlich verwendet der Disponent in diesem Beispiel das Verfahren der sequenziellen Suche: Alle Aufträge (Datenobjekte) werden der Reihe nach, also sequenziell, daraufhin überprüft, ob sie der gesuchte Auftrag sind. Die Datenstruktur ist ein einfacher Stapel an Aufträgen, der systematisch (ein Auftrag nach dem anderen) durchforstet werden kann.

Grundidee

Bei der sequenziellen Suche werden die Elemente der Datensammlung konzeptuell (unabhängig von der tatsächlichen Realisierung) als eine lineare Anordnung (Sequenz) betrachtet und elementweise durchsucht, also ein Element nach dem anderen, bis das gesuchte Element gefunden oder kein weiteres zu untersuchendes Element mehr vorhanden ist.

## Funktionsweise

Die Funktionsweise der sequenziellen Suche wird in Abb. 5.2-1 nochmals am Beispiel der Suche nach den Aufträgen in der Firma Schnell & Sicher veranschaulicht.

```
  1        2        3        4
(123456)(456132)(451245)(525212)
  5        6        7        8
(234515)(452125)(445166)(456215)
  9       10       11       12
(561423)(526541)(424215)(652415)
 13       14       15       16
(145615)(565656)(652142)(452166)
 17       18       19       20
(654223)(666666)(525214)(662255)
```

Abb. 5.2-1: Grafik zur linearen Suche.

**Beispiel 1b**  Hier wird in einer Sammlung von Auftragspapieren, die jeweils nur durch ihre Auftragsnummer (als Schlüsselattribut) dargestellt sind, sequenziell nach dem Auftrag mit Nummer 666666 gesucht. Die Aufträge werden systematisch »der Reihe nach« (in Abb. 5.2-1 angedeutet durch die kleinen Nummerierungen über den Aufträgen) überprüft, bis schließlich im 18. Schritt die richtigen Auftragspapiere zur Auftragsnummer 666666 gefunden werden.

## Sequenzielle Suche in Feldern

Wenn die Datensammlung, in der nach einen bestimmten Element gesucht werden soll, als Feld gespeichert ist, dann lässt sich die sequenzielle Suche in Java durch folgende Operation firstIndexOf() realisieren:

Operation firstIndexOf()

```java
public static int firstIndexOf(ElementType<?>[] data,
                               Object search_key)
{
  for(int i = 0; i < data.length; i++)
  {
    if (data[i].key.equals(search_key))
      return i;
  }
  return -1;
}
```

## 5.2 Sequenzielle Suche *

Die Operation `firstIndexOf()` erhält zwei Parameter:

- Ein Feld `data`, das als Elemente Objekte vom Typ `ElementType<?>` enthält, womit letztlich sichergestellt ist, dass diese über ein Schlüsselattribut `key` von einem *beliebigen Typ*, ausgedrückt durch den *Wildcardtyp* `?`, verfügen, und
- ein beliebiges Objekt `key`, das den Schlüsselwert enthält, nach dem gesucht werden soll.

Der Algorithmus `firstIndexOf()` sucht in dem Feld `data` sequenziell von »vorne weg« nach dem Index des ersten Elements, das in seinem Attribut `key` den gesuchten Schlüsselwert `search_key` enthält. Falls kein solches Element gefunden werden kann, wird als Ergebnis der Wert -1 zurückgeliefert. Da `firstIndexOf()` im Erfolgsfall einen Index `i` liefert und nicht nur die Information, ob ein entsprechendes Element enthalten ist oder nicht, kann über diesen Index mit `data[i]` auf den gesamten Inhalt des gefundenen Elements zugegriffen werden. Es können also alle Attribute (einschließlich der Schlüsselattribute) verwendet oder auch manipuliert werden.

Angenommen, dass die Operation `firstIndexOf()` in einer Variante `firstIndexOf(data,from,to,search_key)` zur Verfügung steht, die nur im Teilfeld von `from` bis `to` sucht, dann kann auch die Suche nach allen Elementen im Feld `data` mit einem bestimmten Schlüsselwert `search_key` durch wiederholten Aufruf von `firstIndexOf()` realisiert werden:

*Suche nach allen passenden Elementen*

```
public static void findAllElementsWith(ElementType<?>[] data,
                                        Object search_key)
{
  int i = firstIndexOf(data, 0, data.length-1, search_key);
  while (i > -1)
  {
    // bearbeite aktuelles Element data[i]
    // ...
    i = firstIndexOf(data, ++i, data.length-1, search_key);
  }
}
```

*Operation findAllElementsWith()*

### Sequenzielle Suche in verketteten Listen

Zur Speicherung der Datenelemente in einer verketteten Liste (siehe »Verkettete Listen (LinkedList)«, S. 222) ist es am einfachsten, den bisher verwendeten Typ `ElementType<KeyType>` um eine Referenz `next` auf das nächste (und bei doppelt-verketteten Listen zusätzlich noch um eine Referenz `prev` auf das vorhergehende) Element zu erweitern.

Da Elemente in verketteten Listen allgemein als Knoten *(node)* bezeichnet werden, soll der resultierende Typ auch entsprechend `ListNode<KeyType>` genannt werden:

*Neuer Typ bzw. Klasse ListNode<KeyType>*

## 5 Suchalgorithmen *

```
class ListNode<KeyType>
{
    KeyType key;
    ListNode<KeyType> next;
}
```

Der folgende iterative Algorithmus `firstNodeWith()` sucht in einer einfach oder doppelt verketteten Liste `list` sequenziell nach dem ersten Element (Knoten), dessen Schlüsselattribut `key` dem gesuchten Wert `search_key` entspricht.

*Operation firstNodeWith()*
```
public static ListNode<?> firstNodeWith(ListNode<?> list,
                                        Object search_key)
{
    ListNode<?> node = list;
    while ((node != null) && !(node.key.equals(search_key)))
    {
        node = node.next;
    }
    return node;
}
```

Der Algorithmus liefert im Erfolgsfall die Referenz auf den gefundenen Knoten. Wurde kein passender Knoten gefunden, wird der Wert `null` zurückgegeben. Dabei muss die als Parameter übergebene Referenz `list` nicht unbedingt auf das erste Element der verketteten Liste verweisen. Mit dem Algorithmus kann auch die verkettete Liste ab einem bestimmten Element, auf das `list` verweist, bis zum Ende durchsucht werden. Die im Erfolgsfall von `firstNodeWith()` gelieferte Referenz ermöglicht den Zugriff auf den gesamten Inhalt des gefundenen Knotens vom Typ `ListNode<?>`. Es können also alle Attribute einschließlich der Schlüsselattribute verarbeitet und auch manipuliert werden. Analog zu `findAllElementsWith()` ermöglicht auch hier der wiederholte Aufruf von `firstNodeWith()` die Suche und Bearbeitung aller Knoten einer verketteten Liste, deren Schlüsselattribut `key` einem bestimmten Wert entspricht.

### Sequenzielle Suche in Binärbäumen

Auch in beliebigen Bäumen, zum Beispiel Binärbäumen (siehe »Bäume«, S. 262) kann sequenziell nach Elementen zu einem bestimmten Schlüssel gesucht werden, obwohl dies in der Praxis eher selten vorkommt.

*Traversierungsreihenfolge wichtig*
Dabei ist die Reihenfolge, in der die Elemente durchsucht werden, von der Art der für die Suche verwendeten **Traversierung** (*In-Order*, *Pre-Order* oder *Post-Order*) abhängig. Für die Modellierung der Baumstruktur kann die Klasse `ListNode<KeyType>` entsprechend zu `TreeNode<KeyType>` erweitert werden, indem statt der Referenz `next` auf den nächsten Knoten einer verketteten Liste

## 5.2 Sequenzielle Suche *

hier zwei Attribute `left` und `right` mit Referenzen auf den linken bzw. rechten Unterbaum aufgenommen werden:

```
class TreeNode<KeyType>
{
  KeyType key;
  TreeNode<KeyType> left;
  TreeNode<KeyType> right;
}
```

Der rekursive Algorithmus `firstInOrderNodeWith()` sucht in einem Binärbaum `tree` in der durch die In-Order-Traversierung gegebenen Reihenfolge sequenziell nach dem ersten Knoten, dessen Schlüsselattribut `key` dem Suchschlüssel `search_key` entspricht.

```
public static TreeNode<?> firstInOrderNodeWith
   (TreeNode<?> tree, Object search_key)
{
  if (tree == null)      // Rekursionsanker: leerer Baum
    return null;
  TreeNode<?> node =
    firstInOrderNodeWith(tree.left, search_key);
    // zuerst im linken Teilbaum suchen
  if (node != null)
    return node;
  if (tree.key.equals(search_key))   // dann im Knoten selbst
    return tree;
  else   // und dann im rechten Teilbaum suchen
    return firstInOrderNodeWith(tree.right, search_key);
}
```

Operation firstInOrderNodeWith()

### Laufzeitkomplexität

Die mit der sequenziellen Suche verbundene Laufzeitkomplexität ist maßgeblich durch die Anzahl der Suchschritte bestimmt.

Dabei umfasst ein Suchschritt im Wesentlichen den Vergleich des gesuchten Schlüsselwertes (`search_key`) mit dem Schlüsselattribut (`key`) eines Elements der Datensammlung, also einen Aufruf der Operation `equals()`. Unabhängig von der Art der Datenstruktur, in der sequenziell gesucht wird, gilt für die Anzahl der Suchschritte s(n) in Abhängigkeit von der Anzahl n der gespeicherten Elemente:

Suchschritte entscheidend

- Im *günstigsten Fall* wird der gesuchte Schlüsselwert gleich im ersten untersuchten Datenelement gefunden. Die minimale Anzahl von Suchschritten ist $s_{min}(n) = 1$.
- Im *ungünstigsten Fall* wird der gesuchte Schlüsselwert in keinem oder erst im letzten untersuchten Datenelement gefunden. Die maximale Anzahl von Suchschritten ist $s_{max}(n) = n$.
- Für den *durchschnittlichen Fall* kann zur Vereinfachung davon ausgegangen werden, dass alle n zu durchsuchenden Elemente unterschiedliche Schlüsselwerte enthalten und nach jedem Schlüsselwert mit der gleichen Wahrscheinlichkeit von

1/n gesucht wird. Da für die Suche nach dem Element an Position i genau i Suchschritte notwendig sind, ergibt sich als durchschnittliche Anzahl von Suchschritten über alle vorkommenden Elemente:
$s_{avg}(n) = (1 + 2 + ... + n) / n = (n \cdot (n + 1) / 2) / n = (n + 1) / 2$.
Für große n gilt also $s_{avg}(n) \approx n/2$.

*Sequenzielle Suche in O(n)*

Die asymptotische Laufzeitkomplexität der sequenziellen Suche ist also O(n). Sie ist also linear, weshalb die sequenzielle Suche oft auch als lineare Suche *(linear search)* bezeichnet wird. Konkret bedeutet dies, dass die sequenzielle Suche in einer doppelt so großen Datensammlung etwa doppelt so viele Suchschritte erfordert wie ursprünglich.

*Nur für kleine Sammlungen geeignet*

Für Datensammlungen mit einer kleinen Anzahl Elementen (etwa n < 10) ist die sequenzielle Suche in der Praxis auch bei häufiger Anwendung effizient genug. Für größere Datensammlungen, welcher Art auch immer, scheidet die sequenzielle Suche normalerweise aus, da es hinsichtlich des Laufzeitverhaltens wesentlich bessere Suchverfahren gibt:

- »Binäre Suche«, S. 76
- »Hashing-basierte Suche«, S. 86

## 5.3 Binäre Suche *

Eine deutliche Verbesserung des Laufzeitverhaltens gegenüber dem der sequenziellen Suche kann durch ein Suchverfahren erreicht werden, das nach dem Prinzip des »Teile und herrsche« *(divide and conquer)* arbeitet: der binären Suche *(binary search)*. Dafür muss die Datensammlung zwar sortiert sein, dann ist aber die Suche nach einem bestimmten Element immer mit nur logarithmischem Aufwand möglich.

*Voraussetzungen für binäre Suche*

Während die sequenzielle Suche zwar langsam, dafür aber auch universell einsetzbar ist, müssen für den Einsatz der **binären Suche** *(binary search)* allerdings erst die notwendigen Voraussetzungen sichergestellt bzw. geschaffen werden. Diese Voraussetzungen sind

- die sortierte Anordnung der Elemente in der Datensammlung sowie
- die Möglichkeit, direkt, zum Beispiel über einen Index, auf das jeweils mittlere Element zugreifen zu können.

*Beispiel 1a*

Betrachten Sie zur Veranschaulichung nochmal das Geschehen im Büro der Firma Schnell & Sicher (siehe »Sequenzielle Suche«, S. 70):

Nach dem letzten »Chaos-Montag«, als wieder einmal einige Fahrer über eine Stunde auf ihre Auftragspapiere warten mussten, wurde es dem Disponenten zuviel. So konnte es nicht weitergehen, und er beschloss, professionelle Hilfe in Anspruch zu nehmen. Diese kam auch schon am nächsten Tag in Person eines erfahrenen Beraters. Nach kurzer Analyse des Problems machte dieser einen Vorschlag, der sich zunächst aber nach viel Arbeit anhörte: »Sie müssen sich einmal die Mühe machen und alle Auftragspapiere nach ihrer Auftragsnummer sortieren und so ablegen, dass man an alle Aufträge direkt herankommt, sonst wir das nichts«, forderte er. Kaum hatte er ausgesprochen, sah er sich ungläubigen bis abweisenden Mienen gegenüber und legte schnell nach: »Danach geht aber alles viel schneller!«.

Die Mienen der Kollegen hellten sich wie erwartet auf, und die Frage nach dem »Aber wie denn?« ließ nicht lange auf sich warten. »Ganz einfach«, so der Berater, der sich jetzt in seinem Element fühlte. »Wann immer ein bestimmter Auftrag gesucht wird, schaut erstmal in der Mitte nach. Ist das schon die richtige Auftragsnummer, dann habt ihr den Auftrag schon gefunden. Und wenn nicht, dann macht einfach in gleicher Weise links oder rechts von der Mitte weiter – je nachdem, ob die Auftragsnummer dort kleiner oder größer als die gesuchte Nummer ist. Ist sie kleiner, dann müssen die Auftragspapiere irgendwo rechts davon sein, ist sie größer, dann irgendwo links davon. Das geht ratz-fatz, ihr werdet sehen! Und wenn nur noch ein Auftrag übrig ist, und der hat die falsche Nummer, dann könnt ihr auch sicher sein, dass zu der gesuchten Nummer kein Auftrag da ist.«

Das klang vielversprechend, und schon wurde ein großes Ablageregister ausgeräumt, und der Disponent machte sich daran, alle Auftragsmappen nach Auftragsnummer sortiert darin abzulegen. Der Berater verschwand ebenso schnell, wie er gekommen war, hinterließ dieses Mal aber einen sichtlich zufriedenen Kunden.

## Funktionsweise

Die Funktionsweise der binären Suche wird nochmals am Beispiel der Suche nach den Aufträgen in der Firma Schnell & Sicher veranschaulicht.

Wieder wird nach dem Auftrag mit Nummer 666666 gesucht (Abb. 5.3-1):

Beispiel 1b

## 5 Suchalgorithmen *

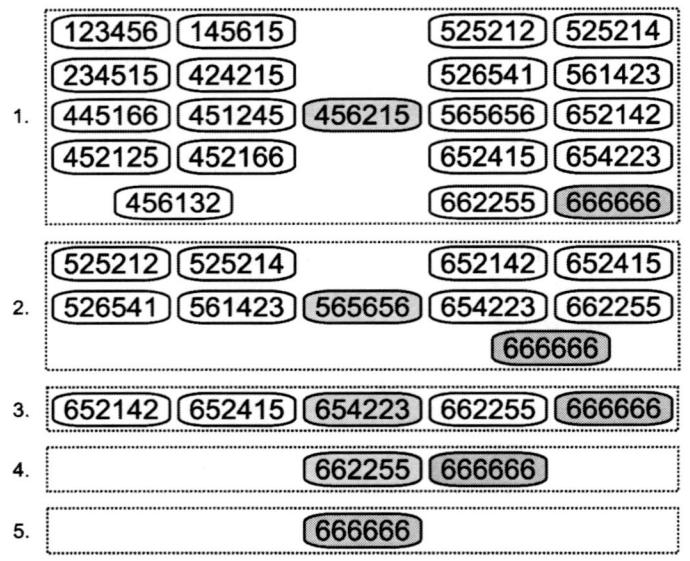

|   | |
|---|---|
| 1. | 123456  145615    525212  525214<br>234515  424215    526541  561423<br>445166  451245  **456215**  565656  652142<br>452125  452166    652415  654223<br>456132    662255  **666666** |
| 2. | 525212  525214    652142  652415<br>526541  561423  **565656**  654223  662255<br>**666666** |
| 3. | 652142  652415  **654223**  662255  **666666** |
| 4. | 662255  **666666** |
| 5. | **666666** |

Abb. 5.3-1: Grafik zur binären Suche.

○ Dazu wird dieses Mal aber zunächst in der Mitte der sortierten Ansammlung von Aufträgen nachgeschaut. Hier findet sich der Auftrag mit Nummer 456215. Gesucht ist aber die Nummer 666666, diese ist größer als 456215, und deshalb muss sich der gesuchte Auftrag, wenn er denn überhaupt vorhanden ist, rechts vom gerade betrachteten Auftrag 456215 befinden.

# 5.3 Binäre Suche *

○ Im nächsten Schritt wird auch im verbliebenen Bereich wieder in der Mitte nachgeschaut. Hier findet sich der Auftrag mit Nummer 565656. Also geht es wiederum weiter mit dem Teil rechts davon.
○ Hier fördert der Griff in die Mitte den Auftrag 654223 zu Tage, also geht es wiederum rechts davon weiter.
○ Dort befinden sich noch zwei Aufträge, wovon recht willkürlich der linke Auftrag als der mittlere gelten soll. Dieser hat die Nummer 662255, also immer noch eine kleinere Nummer als der gesuchte Auftrag. Wenn der gesuchte Auftrag überhaupt vorhanden ist, dann muss er auch hier rechts davon stehen.
○ Und tatsächlich: Der einzig verbliebene Auftrag trägt die Nummer 666666, die Suche war erfolgreich.

Insgesamt wurden also nur fünf Suchschritte benötigt, deutlich weniger als die 18 Schritte der sequenziellen Suche für das gleiche Beispiel.

Betrachten Sie nochmal die Grundidee der binären Suche. Auf welchen Datenstrukturen ist die binäre Suche sinnvoll anwendbar: auf sortierten Feldern, sortierten verketteten Listen und/oder sortierten Binärbäumen, den sogenannten binären Suchbäumen? — *Frage*

Aus der Grundidee der binären Suche, nämlich jeweils das mittlere Element in der sortierten Sammlung zu betrachten und abhängig davon zu entscheiden, mit welchen Elementen die Suche fortgesetzt werden soll, folgt schon, dass die binäre Suche sinnvoll sowohl auf sortierten Feldern wie auch auf binären Suchbäumen (der Name verrät es ja bereits!) anwendbar ist, *nicht* jedoch auf sortierten verketteten Listen, weil dort das mittlere Element nicht direkt zugreifbar ist. — *Antwort*

## Voraussetzungen der binären Suche

Für die binäre Suche reicht es im Gegensatz zur sequenziellen Suche nicht mehr aus, Schlüsselwerte nur auf Gleichheit prüfen zu können. Für die Entscheidung darüber, in welchem Teil der Datensammlung weitergesucht werden soll, muss auch festgestellt werden können, ob ein Schlüsselwert kleiner (oder größer) als ein Vergleichswert ist.

Es reicht also nicht mehr aus, wenn der Typ bzw. die Klasse des Schlüsselattributs eine Vergleichsoperation `equals()` bereitstellt, was im Grunde jede Klasse in Java erfüllt. Vielmehr müssen jetzt Schlüsselwerte auch hinsichtlich einer wie auch immer definierten Ordnung auf den gespeicherten Elementen verglichen wer- — *Neben `equals()` jetzt auch `compareTo()` benötigt* den können. Diese Anforderung muss mit in die Definition des ElementType aufgenommen werden, der also als Typ (KeyType) des Schlüsselattributs keinen beliebigen Typ (Object) mehr erlaubt, sondern nur noch Typen zulässt, die mindestens auch Comparable sind und damit über eine Vergleichsoperation compareTo() verfügen.

*Neue Definition für den Typ ElementType<KeyType>*

```
class ElementType<KeyType extends Comparable>
{
    KeyType key;
}
```

*Datensammlung muss sortiert sein*

Außerdem muss die Datensammlung natürlich bereits in sortierter Form vorliegen. Wie Sie eine Datensammlung nach bestimmten Schlüsselattributen sortieren können, lernen Sie im Kapitel »Sortieralgorithmen«, S. 101.

*Direkter Zugriff auf »mittleres« Element*

Und schließlich muss noch auf das jeweils mittlere Element im noch zu durchsuchenden Teil direkt zugegriffen werden können. Dies ist bei Feldern über den Index möglich. Bei Binärbäumen wird der jeweilige Knoten als mittleres Element zwischen den Knoten im linken Teilbaum und denen im rechten Teilbaum betrachtet, unabhängig davon, ob linker und rechter Teilbaum auch tatsächlich annähernd gleich viele Elemente enthalten.

## Binäre Suche in sortierten Feldern

Die folgende Operation getIndexOf() sucht in einem nach Schlüsselwert aufsteigend sortierten Feld data basierend auf dem Prinzip der binären Suche nach dem Index eines Elements, dessen Schlüsselwert mit dem gesuchten Schlüssel search_key übereinstimmt. Falls kein solches Element gefunden werden konnte, wird als Ergebnis der Wert -1 zurückgeliefert.

*Operation getIndexOf()*

```
public static int getIndexOf
    (ElementType<? extends Comparable>[] data,
     Comparable search_key)
{
    int first = 0;
    int last = data.length - 1;
    while (first <= last)
    {
        int mid = (first + last) / 2;
        int cmp = data[mid].key.compareTo(search_key);
        if (cmp == 0)
            return mid;
        if (cmp > 0)
            last = mid - 1;
        else
            first = mid + 1;
    }
    return -1;
}
```

Der iterative Algorithmus getIndexOf() geht entsprechend dem Prinzip der binären Suche so vor, dass zunächst der jeweils noch zu durchsuchende Bereich durch die Variablen first und last definiert wird. Solange dieser Bereich nicht leer ist, also first ≤ last gilt, wird innerhalb der while-Schleife der Index mid des mittleren Elements berechnet. Dann wird der Schlüsselwert key mittels seiner compareTo()-Operation mit dem gesuchten Schlüssel search_key verglichen. Ist das Ergebnis 0, sind beide also gleich, dann ist das gesuchte Element bereits gefunden, und der Index mid wird als Ergebnis von getIndexOf() zurückgegeben. Andernfalls wird abhängig vom Ergebnis cmp des Vergleichs mit der linken bzw. rechten Hälfte des aktuellen Bereichs (jeweils ohne das mittlere Element) fortgesetzt. Dazu werden die obere (last) bzw. untere Grenze (first) des zu untersuchenden Bereichs entsprechend angepasst und die while-Schleife fortgesetzt.

## Eigenschaften der binären Suche in sortierten Feldern

Der Name der vorgestellten Operation zur binären Suche, getIndexOf(), enthält bewusst kein »First« wie bei der linearen Suche. Mit der binären Suche ist es nämlich nicht möglich, gezielt das erste Element einer Sammlung zu finden, das den gesuchten Schlüsselwert besitzt. — Keine Suche nach erstem Element möglich

Warum liefert die binäre Suche nicht immer das erste Element, das den gesuchten Schlüsselwert hat? — Frage

Sind mehrere Elemente mit gleichem Schlüsselwert vorhanden, dann sind diese wegen der Sortierung unmittelbar hintereinander angeordnet, bilden also einen zusammenhängenden Bereich. Bei der binären Suche kommt es dann darauf an, wo sich dieser Bereich in der Sammlung befindet. Befinden sich beispielsweise vier schlüsselwertgleiche Elemente an den Positionen 10, 11, 12 und 13 in einer Sammlung mit 100 Elementen, dann wird der Algorithmus getIndexOf() der Reihe nach die Elemente an Position (0+99)/2 = 49, danach an Position (0+48)/2 = 24 und schließlich mit Index (0+23)/2 = 11 untersuchen, hier ein Element mit dem gesuchten Schlüsselwert finden und somit den Index 11 als Ergebnis liefern. Offensichtlich ist dieses Element aber nicht das erste mit dem gesuchten Schlüsselwert. — Antwort

Auch die mit der binären Suche verbundene Laufzeitkomplexität ist maßgeblich durch die Anzahl der Suchschritte bestimmt, wobei ein Suchschritt wiederum im Wesentlichen den Vergleich des gesuchten Schlüsselwertes (search_key) mit dem Schlüsselattribut (key) eines Elements der Datensammlung umfasst, im Gegensatz zur sequenziellen Suche nun aber durch einen Aufruf der Operation compareTo(). Dabei gilt für die Anzahl der Such- — Laufzeitkomplexität

# 5 Suchalgorithmen *

schritte s(n) in Abhängigkeit von der Anzahl n der gespeicherten Elemente:

**Im günstigsten Fall O(1)**

- Im *günstigsten Fall* wird der gesuchte Schlüsselwert gleich beim ersten Vergleich gefunden. Das passiert, wenn sich der gesuchte Wert genau in der Mitte des sortierten Feldes befindet. Die minimale Anzahl von Suchschritten ist also $s_{min}(n) = 1$, somit unabhängig von n. Die Laufzeitkomplexität ist also O(1).

**Im ungünstigsten Fall in O(log n)**

- Im *ungünstigsten Fall* wird der gesuchte Schlüsselwert erst gefunden, wenn es schon gar keine Alternative mehr gibt, das noch zu untersuchende Feld also nur noch das gesuchte Element enthält. Oder aber es ist gar kein Element zum gesuchten Schlüsselwert vorhanden; dann schlägt auch dieser letzte Vergleich fehl. Wie viele Vergleiche sind aber durchzuführen? Da mit jedem Vergleich bzw. Suchschritt die Länge des noch zu untersuchenden Teilbereichs in etwa halbiert wird, kann dies nur höchstens $\log_2(n)$-mal erfolgen, danach kann das Feld nicht mehr geteilt werden, es wird aber noch ein letzter Vergleich notwendig, um festzustellen, ob das letzte verbliebene Element den gesuchten Schlüsselwert hat oder nicht. In beiden Fällen ergibt sich also als maximale Anzahl von Suchschritten $s_{max}(n) = 1 + \log_2(n)$. Die asymptotische Laufzeitkomplexität beträgt also im ungünstigsten Fall $O(\log_2 n)$ = $O(\log n)$. Die Tab. 5.3-1 zeigt zur Veranschaulichung die maximale Anzahl der Suchschritte in Abhängigkeit von der Größe des Feldes.

| Anzahl Knoten n | Suchschritte $s_{max}(n)$ |
|---|---|
| $1 (= 2^0)$ | 1 |
| $2 (= 2^1)$, 3 | 2 |
| $4 (= 2^2)$, 5, 6, 7 | 3 |
| $8 (= 2^3)$, 9, 10, ..., 15 | 4 |
| ... | ... |
| $2^k$, ..., $2^{k+1}$-1 | k+1 (für k>1) |

Tab. 5.3-1: Maximale Anzahl der Suchschritte in Abhängigkeit von der Größe des Feldes.

**Auch im durchschnittlichen Fall in O(log n)**

- Für den *durchschnittlichen Fall* kann zur Vereinfachung wiederum davon ausgegangen werden, dass alle n zu durchsuchenden Elemente unterschiedliche Schlüsselwerte enthalten und dass das Feld eine Größe $n = 2^k-1$ hat. Die Tab. 5.3-2 zeigt zur Veranschaulichung die Anzahl der Suchschritte für die einzelnen Elemente in einem sortierten Feld der Länge n=15, also für n = $2^4$-1.

| Position | 0 | 1 | 2 | 3 | 4 | 5 | 6 | 7 | 8 | 9 | 10 | 11 | 12 | 13 | 14 |
|---|---|---|---|---|---|---|---|---|---|---|---|---|---|---|---|
| Anzahl Suchschritte | 4 | 3 | 4 | 2 | 4 | 3 | 4 | 1 | 4 | 3 | 4 | 2 | 4 | 3 | 4 |

Tab. 5.3-2: Anzahl der Suchschritte für die einzelnen Elemente in einem sortierten Feld der Länge n=15, also für n = $2^4$-1.

Wird dieses Ergebnis aus Tab. 5.3-2 verallgemeinert, dann ergibt sich für die Gesamtzahl der Suchschritte
$s_{gesamt}(n) = \sum (i \cdot 2^{i-1}) = (k - 1) \cdot 2^k + 1$.

Unter der Annahme, dass nach jedem Schlüsselwert mit der gleichen Wahrscheinlichkeit gesucht wird, beträgt die durchschnittliche Anzahl benötigter Suchschritte $s_{avg}(n)$ in Abhängigkeit von der Anzahl n der Elemente (mit n = $2^k$-1) genau
$s_{avg}(n) = ((k - 1) \cdot 2^k + 1) / (2^k - 1)$.

Für große n (ab etwa n > 1000, also k ≥ 10) gilt weiter:
$s_{avg}(n) \approx k - 1 \approx \log_2(n)$

Das Laufzeitverhalten der binären Suche ist also im ungünstigsten Fall nur unwesentlich schlechter als im durchschnittlichen Fall: Es wird nur ein Suchschritt mehr benötigt. Die Laufzeitkomplexität ist logarithmisch, liegt also in O(log n). Das bedeutet zum Beispiel, dass für die Suche in einem sortierten Feld mit 1000 Elementen nur etwa zehn Suchschritte benötigt werden.

Die binäre Suche in sortierten Feldern ist also ein besonders effizientes Suchverfahren. Allerdings ist für das zuvor notwendige Sortieren des Feldes (siehe Kapitel »Sortieralgorithmen«, S. 101) ein nicht unerheblicher Aufwand erforderlich. Außerdem ist das Einfügen und Entfernen von Elementen in (sortierten) Feldern sehr aufwändig, weil dabei stets Elemente verschoben werden müssen. Mittels dynamischer Datenstrukturen, wie verketteten Listen oder Bäumen, lässt sich dieser Nachteil vermeiden. Da verkettete Listen aber keinen direkten Zugriff auf Elemente in der Mitte erlauben, eignen sich für die effiziente Suche vor allem sortierte Bäume, zum Beispiel binäre Suchbäume.

Aufwand für notwendiges Sortieren

## Binäre Suche in sortierten Binärbäumen

Analog zur Diskussion der sequenziellen Suche soll auch hier für die Modellierung der Baumstruktur die Klasse TreeNode<KeyType> verwendet werden, die zwei Attribute left und right mit Referenzen auf den linken bzw. rechten Unterbaum enthält:

*Typ/Klasse TreeNode <KeyType>*

```
class TreeNode<KeyType>
{
    KeyType key;
    TreeNode<KeyType> left;
    TreeNode<KeyType> right;
}
```

*Operation getNodeWith()*

Für einen auf Basis dieser Deklaration gebildeten und nach den Werten des Schlüsselattributs key sortierten Binärbaum tree liefert der folgende rekursive Algorithmus getNodeWith() einen Knoten, dessen Schlüsselwert key dem gesuchten Wert search_key entspricht. Falls kein entsprechender Knoten gefunden werden kann, liefert der Algorithmus den Wert null zurück.

```
public static TreeNode<? extends Comparable>
    getNodeWith(TreeNode<? extends Comparable> tree,
    Comparable search_key)
{
    if (tree == null)       // Rekursionsverankerung: leerer Baum
        return null;
    int cmp = tree.key.compareTo(search_key);
    if (cmp == 0)
        return tree;        // gesuchter Knoten gefunden -> fertig!
    if (cmp > 0)            // gesuchter Knoten kann nur links sein
        return getNodeWith(tree.left, search_key);
    else                    // gesuchter Knoten kann nur rechts sein
        return getNodeWith(tree.right, search_key);
}
```

Der Algorithmus getNodeWith() arbeitet so, dass im jeweils betrachteten Baum tree, sofern dieser nicht leer ist, zunächst der Wurzelknoten mittels compareTo() untersucht wird. Wenn dieser Aufruf als Ergebnis 0 liefert, dann ist mit tree ein passender Knoten gefunden und wird als Ergebnis von getNodeWith() zurückgegeben. Andernfalls, wenn sein Schlüsselwert tree.key noch nicht dem gesuchten Schlüsselwert search_key entspricht, dann muss je nach Ausgang des Vergleichs (Wert von cmp) entweder im linken Teilbaum tree.left (bei cmp > 0) oder im rechten Teilbaum tree.right (bei cmp < 0) rekursiv weitergesucht werden.

## Eigenschaften der binären Suche in sortierten Binärbäumen

*Nähe zur Wurzel entscheidet*

Während bei der binären Suche in sortierten Feldern für den Fall, dass es mehrere Elemente mit gleichem passenden Schlüsselwert gibt, keine allgemeine Aussage getroffen werden kann, welcher

Index davon als Ergebnis geliefert wird, ist bei der binären Suche im sortierten Binärbaum garantiert, dass derjenige der schlüsselwertgleichen Knoten geliefert wird, der dem Wurzelknoten am nächsten ist.

Die Laufzeitbetrachtungen für die binäre Suche in sortierten Binärbäumen können sich an denen zur binären Suche in sortierten Feldern orientieren:

- Im *günstigsten Fall* wird der gesuchte Schlüsselwert gleich beim ersten Vergleich im Wurzelknoten des Baums gefunden. Die minimale Anzahl von Suchschritten ist also auch hier $s_{min}(n) = 1$ und die Laufzeitkomplexität somit im günstigsten Fall O(1).

- Im *ungünstigsten Fall* wird die Sache aber interessant: Im Gegensatz zur binären Suche in sortierten Feldern, bei der durch die Verwendung der Indizes das verbleibende noch zu durchsuchende Feld mit jedem Suchschritt tatsächlich in etwa halbiert wird, ist dies hier nur garantiert, wenn der Baum **balanciert** ist. Ansonsten kann es passieren, dass der Baum zu einer (sortierten) linearen Liste entartet, die von getNodeWith() quasi sequenziell durchlaufen werden muss. Dafür sind dann im ungünstigsten Fall genau n Suchschritte nötig, somit ist $s_{max}(n) = n$, und die Laufzeitkomplexität beträgt im ungünstigsten Fall O(n).

- Die Anzahl der Suchschritte im *durchschnittlichen Fall* ist nicht so einfach zu ermitteln. Analog zur Betrachtung in Tab. 5.3-2 ergeben sich in knapp der Hälfte der Fälle weniger als $\log_2(n)$ Suchschritte, in anderen Fällen sind es aufgrund der nicht garantierten Balanciertheit des Baumes etwas mehr, so dass sich im Durchschnitt eine asymptotische Laufzeitkomplexität in O(log n) ergibt.

## Bewertung und Ausblick

Das Laufzeitverhalten der binären Suchverfahren ist, insbesondere im Vergleich zur sequenziellen Suche, als sehr günstig zu bewerten. Die binäre Suche ist deshalb für viele Suchaufgaben die Methode der Wahl: Sie ist einfach zu implementieren und effizient.

Wenn die Sammlung der Datenobjekte (größtenteils) unverändert bleibt, empfiehlt es sich, für deren Speicherung ein Feld zu verwenden. Sollen allerdings häufiger neue Elemente hinzugefügt oder Elemente entfernt werden, dann ist die Verwendung eines (balancierten) binären Suchbaums angebracht.

Mit deutlich mehr Aufwand für den Entwurf von Datenstruktur und Zugriffsalgorithmen sowie zusätzlichem Speicherplatzbedarf ist aber noch eine weitere Verbesserung im Laufzeitverhalten möglich, die sogar eine Suche unabhängig von der Anzahl der gespeicherten Elemente, also in O(1), erlaubt:

- »Hashing-basierte Suche«, S. 86

## 5.4 Hashing-basierte Suche *

Auch ein logarithmisches Laufzeitverhalten kann für die sehr häufig benötigte Suche in großen Datenbeständen unangenehm bis inakzeptabel sein. Bei Verwendung geeigneter Hash-Funktionen, die von den zu speichernden Elementen abhängig sind, sowie zusätzlichem Speichervolumen kann jedoch auch ein konstantes Laufzeitverhalten erreicht werden. Für die Verwaltung solcher Hash-Tabellen gibt es zwei grundsätzlich verschiedene Strategien, das offene Hashing und die offene Adressierung, die sich auch nochmal in Bezug auf ihren Speicherbedarf unterscheiden.

Motivation — Sowohl bei der sequenziellen wie auch der binären Suche hängt der Aufwand zum Auffinden eines gesuchten Elements von der Anzahl n der Elemente in der Datensammlung ab: Bei den sequenziellen Suchverfahren wächst er linear mit n, bei den binären Verfahren nur noch logarithmisch. Obwohl die binäre Suche also schon sehr effizient ist, ist es wünschenswert und in manchen Fällen unbedingt erforderlich, noch effizientere Suchverfahren zur Verfügung zu haben. Wünschenswert wäre ein Verfahren, das gänzlich unabhängig von der Anzahl der Elemente in der Datensammlung arbeitet, dessen Laufzeitverhalten also konstant ist – so wie es bei einem Feld data möglich ist, auf ein beliebiges Feld über dessen Index i in konstanter Zeit, also insbesondere unabhängig von der Länge des Feldes, mittels data[i] zuzugreifen. Das so genannte **Hashing**, manchmal auch als Streuspeicherung bezeichnet, ist ein Verfahren, mit dem der Wunsch nach einer asymptotischen Laufzeitkomplexität in O(1) unter bestimmten Umständen erfüllt werden kann. Zum Hashing-Verfahren und verschiedenen Varianten gibt es eine Vielzahl von Publikationen. Einen guten Überblick finden Sie bei Knuth in [Knut97]. Bevor das Grundprinzip und mögliche Implementierungen des Hashing näher beschrieben werden, betrachten Sie zur Einführung und Veranschaulichung nochmal das Geschehen im Büro der Firma Schnell & Sicher.

Beispiel 1a — Nach Einführung der binären Suche in der Auftragsverwaltung der Firma Schnell & Sicher gehören die morgendlichen Staus vor und im Büro des Disponenten längst der Vergangenheit an. Nach nur einigen wenigen Schritten bekommt jeder Fahrer

## 5.4 Hashing-basierte Suche *

seine Auftragspapiere – oder weiß, dass diese noch nicht im Büro vorliegen.

Einige Zeit später kommt aber erneut Unmut bei den Fahrern auf. Was ist passiert? Die Firma Schnell & Sicher arbeitet gut und wächst im Markt. Als auch noch einige andere Speditionen von Schnell & Sicher übernommen werden und deren Auftragsdisposition auch noch von dem einzigen Disponenten übernommen werden soll, zeigt sich, dass auch das so hochgelobte Verfahren der binären Suche an seine Grenzen stößt. Wieder müssen die Fahrer morgens auf ihre Auftragspapiere warten, weil die Suche in der stark angewachsenen Menge der Aufträge nun doch merklich länger dauert, und die ersten der älteren Mitarbeiter fühlen sich schon wieder an die alte Zeit des »Montags-Chaos« erinnert.

Dieses Mal ist es aber kein hochbezahlter Berater, der Abhilfe schafft, sondern der vom abendlichen Klagen seines Vaters zunehmend genervte Sohn des Disponenten, dem eines schönen Tages, als er wieder einmal altes Mobiliar in den Keller räumt, eine Idee kommt: »Im Keller steht doch dieses große Regal mit bestimmt um die hundert Fächern«, legt er los, »das könntest Du doch in Deinem Büro aufbauen lassen.« »Ja, und?«, kommt es ungläubig fragend zurück, bevor er seine Idee weiter ausführt: »Das sind hundert Fächer. Und wenn wir die von 00 bis 99 durchnummerieren und in jedes Fach die Aufträge legen, deren Nummer mit den betreffenden beiden Ziffern endet, dann brauchst Du beim Suchen nach einem Auftrag...«, da kommt Leuchten in die Augen seines Vaters, »... nur noch in dem betreffenden Fach zu suchen!«, schießt es aus ihm hervor. »Das ist genial!«.

Zwei Tage später ist es soweit: Das Regal ist aufgebaut, und die Aufträge sind nach den letzten beiden Ziffern ihrer Auftragsnummer einsortiert. Jetzt kann es losgehen! Und wie es los geht... Auf einmal braucht jeder Fahrer dem Disponenten nur noch die Nummer seines Auftrags zuzurufen und bekommt quasi sofort die zugehörigen Papiere. Wartezeiten im Disponentenbüro gehören wieder der Vergangenheit an, der Austausch wichtiger oder auch weniger wichtiger Neuigkeiten beim Automatenkaffee in der Warteschlange leider auch, aber das ist eine ganz andere Geschichte...

## Funktionsweise

Die Funktionsweise der hashing-basierten Suche wird in der Abb. 5.4-1 nochmals am Beispiel der Suche nach den Aufträgen in der Firma Schnell & Sicher veranschaulicht.

```
         14          15          23          42
      (525214)   (234515)   (452123)   (525242)
      (526514)   (145615)   (561423)   (652142)
                 (424215)   (654223)   (652442)
                 (456215)

         45          56          66
      (451245)   (123456)   (445166)
      (456145)   (565656)   (452166)
      (662245)              (666666)
```

Abb. 5.4-1: Grafik zur Hashing-basierten Suche.

Beispiel 1b
Wieder wird nach dem Auftrag mit Nummer 666666 gesucht.
○ Dazu wird zunächst aus der Auftragsnummer 666666 die entsprechende Position im Regal ermittelt, wozu in diesem Beispiel die letzten beiden Ziffern dienen sollen, was formal als Rest der ganzzahligen Division durch 100 (»Auftragsnummer modulo 100«) berechnet werden kann.
○ In dem entsprechenden Fach Nummer 66 liegen in diesem Fall drei Aufträge mit den Nummern 445166, 452166 und 666666.

## 5.4 Hashing-basierte Suche *

○ Diese Aufträge müssen nun nach der gesuchten Auftragsnummer durchforstet werden, was selbst bei Verwendung der sequenziellen Suche im ungünstigsten Fall maximal drei Suchschritte, im Durchschnitt sogar nur zwei Schritte erfordert. Dann ist der gesuchte Auftrag gefunden.

Insgesamt wurden also nur maximal zwei Suchschritte benötigt, nochmals weniger als die fünf Schritte der binären Suche für das gleiche Beispiel.

Die in diesem Beispiel beschriebene Idee, für die Speicherung ein einigermaßen großes Feld, das Regal, zu verwenden und die Position im Feld aus dem Schlüsselwert des zu speichernden Elements zu berechnen, hier aus der Auftragsnummer durch Bildung des Divisionsrestes für 100, also »modulo 100«, entspricht sehr genau der Grundidee des *Hashings*, wobei jede Feldkomponente (Fach des Regals) in der Lage sein muss, ausreichend viele Elemente (Aufträge) aufzunehmen.

*Hashing mit modulo-Funktion*

## Hashing

Das Verfahren des **Hashing** basiert auf der Grundidee, bereits bei der Speicherung der Elemente einer Sammlung so vorzugehen, dass die einzelnen Elemente in Abhängigkeit von einem Suchschlüssel sehr schnell, möglichst sofort, gefunden werden können. Das lässt sich dadurch erreichen, dass man die Sammlung als Feld von Elementen ht[] organisiert und den Suchschlüssel key als Index sowohl für die Speicherung wie auch die Suche nach einem bestimmten Element im Feld verwendet.

*Grundidee*

Allerdings ist es in der Regel nicht möglich, die Schlüsselwerte direkt als Index für ein Feld zu verwenden, weil deren Typ KeyType für einen Feldindex ungeeignet und/oder der Wertebereich dieses Typs so groß ist, dass es unmöglich wäre, ein Feld ht[] mit dieser Anzahl an Elementen anzulegen. Deshalb werden die Schlüsselwerte (key) mittels einer geeigneten Transformations-Operation hashCode() letztlich in einen Indexwert abgebildet, der sowohl für die Speicherung wie auch die Suche nach einem bestimmten Element im Feld verwendet wird.

Erläutern Sie am Anwendungsbeispiel der Symboltabelle aus Kapitel »Anwendungsgebiete und Anforderungen für Suchverfahren«, S. 66, warum sich die Schlüsselwerte nicht direkt als Index für ein Feld verwenden lassen.

*Frage*

Die Symboltabelle enthält Informationen zu den in einem Programm vorkommenden Bezeichnern, die bei der Übersetzung von einem Compiler benötigt werden. Schlüsselwerte sind also die Bezeichner, also Zeichenketten (Strings). Selbst wenn man

*Antwort*

nur die 26 Buchstaben des Alphabets ohne Unterscheidung zwischen Groß- und Kleinschreibung verwendet, um Bezeichner mit einer Länge von nur bis zu zehn Buchstaben zu bilden, so gibt es bereits $26^{10}$ unterschiedliche Kombinationen, also genauso viele mögliche Schlüsselwerte. Ein entsprechendes Feld mit dieser Anzahl von Elementen würde auch mit einem Speicherplatzbedarf von nur einem Byte pro Element bei einer Größe von über 128 Terabyte jeden derzeit verfügbaren Hauptspeicher überfordern.

*Transformation der Schlüsselwerte*

Da also die Schlüsselwerte nicht direkt als Indizes verwendet werden können, müssen sie zunächst in eine geeignete Form transformiert werden. Diese Transformation von Schlüsselwerten auf konkrete Indizes für das Feld, in dem die Elemente gespeichert werden, erfolgt in zwei Schritten:

- Zunächst wird jedes Element der Schlüsselmenge K in eine natürliche Zahl abgebildet. Eine solche Funktion $h : K \to N$; wird als **Hashfunktion** *(hash function)* bezeichnet.
- Anschließend wird für die konkrete Aufgabenstellung und auf Basis des erwarteten Mengengerüsts festgelegt, wie groß das Feld zur Aufnahme der zu speichernden Datenelemente sein soll. Dieses Feld wird auch **Hashtabelle** *(hash table)* genannt.

Der von der Hashfunktion gelieferte Wert muss jetzt nur noch so transformiert werden, dass das Ergebnis dieser Transformation einen Wert aus dem Indexbereich *I* der Hashtabelle repräsentiert, also typischerweise einen Wert zwischen 0 und m-1 bei einer Hashtabelle mit Platz für m Elemente.

## Anforderungen an eine Hashfunktion

In der Praxis ist es üblich, die beiden notwendigen Transformationen bei der Implementierung konkreter Hashfunktionen so zusammenzufassen, dass zuerst aus dem Schlüsselwert $k \in K$ eine natürliche Zahl $k_N \in N$ berechnet und diese dann direkt weiter in den Indexwert $hc \in I$ transformiert wird.

*Zweiteilige Hashfunktion*

Beide Transformationen werden als Teilaufgaben einer Hashfunktion $h: K \to I$ betrachtet, die entsprechend Schlüsselwerte $k \in K$ auf Indizes $hc \in I$ der Hashtabelle abbildet, der auch als **Hash-Code** *(hash code)* oder **Hash-Adresse** bezeichnet wird.

*Anforderungen*

Was aber ist bei der Definition einer solchen Hashfunktion zu beachten? Welche Anforderungen muss eine »gute« Hashfunktion erfüllen?

*Gleichmäßige Verteilung*

- Zuerst einmal muss eine »gute« Hashfunktion eine *gleichmäßige Verteilung* der Schlüsselwerte über den gesamten Indexbereich *I* gewährleisten. Hat die Schlüsselmenge K die Kardinalität m, dann sollen etwa m/n Schlüssel auf jeden Index abgebildet werden, wobei n die Größe der Hashtabelle ist.

- Außerdem sollte die Abbildung der Schlüssel auf Indizes möglichst *zufällig* sein, so dass ähnliche Schlüsselwerte auf wertmäßig ganz verschiedene Indizes abgebildet werden und somit keine »Muster« im Bildbereich entstehen.

Zufällige Verteilung

- Ganz wichtig ist natürlich auch, dass die Hashfunktion *effizient berechenbar* ist. Der Berechnungsaufwand darf nur vom Schlüsselwert, nicht aber von m oder n abhängen. Und für die Berechnung sollen nur wenige elementare Grundoperationen erforderlich sein, so dass die Berechnung auch absolut schnell erfolgen kann.

Effiziente Berechnung

Da in der Regel die Anzahl der möglichen verschiedenen Schlüsselwerte, also die Kardinalität der Schlüsselmenge $K$, jene des Indexbereichs $I$ der Hashtabelle weit übersteigt, wird es zwangsläufig bei der Anwendung einer Hashfunktion auch dazu kommen, dass unterschiedliche Schlüsselwerte auf denselben Hash-Code abgebildet werden. Diese Situation nennt man **Kollision** *(collision)*.

Kollisionen

Beim Speichern eines Elements in einer Hashtabelle ist also möglicherweise der über die Hashfunktion ermittelte Index bereits belegt. Deshalb wird für den praktischen Einsatz einer Hashfunktion noch eine Strategie benötigt, wie mit solchen Kollisionen umgegangen wird.

Kollisionsstrategie notwendig

## Behandlung von Kollisionen durch Verkettung

Eine sehr einfache und auch effiziente Möglichkeit, Kollisionen zu behandeln, besteht darin, alle Elemente, deren Schlüsselwerte auf denselben Hash-Code, also denselben Index in der Hashtabelle, abgebildet werden, auch tatsächlich unter diesem Index zu speichern. Aber wie kann das funktionieren?

Dazu werden in der Hashtabelle nicht die zu speichernden Elemente selbst abgelegt, sondern jeweils eine verkettete Liste. Diese nimmt alle Elemente auf, deren Schlüsselwert von der Hashfunktion auf den entsprechenden Hash-Code abgebildet wird. Dieses Verfahren wird auch als **offenes Hashing** *(separate chaining)* bezeichnet, da die Hashtabelle durch Erweiterung um die Listen nun grundsätzlich für beliebig viele Elemente »offen« ist.

Offenes Hashing

Zur Veranschaulichung betrachten Sie das Beispiel in Abb. 5.4-2, in dem eine Hashtabelle der Größe n = 11 der Reihe nach mit Elementen befüllt wird. Deren Schlüsselwerte sind natürliche Zahlen, als Hashfunktion wird in diesem Beispiel eine einfache modulo-Operation verwendet: $h(k) = k \bmod n$.

Beispiel

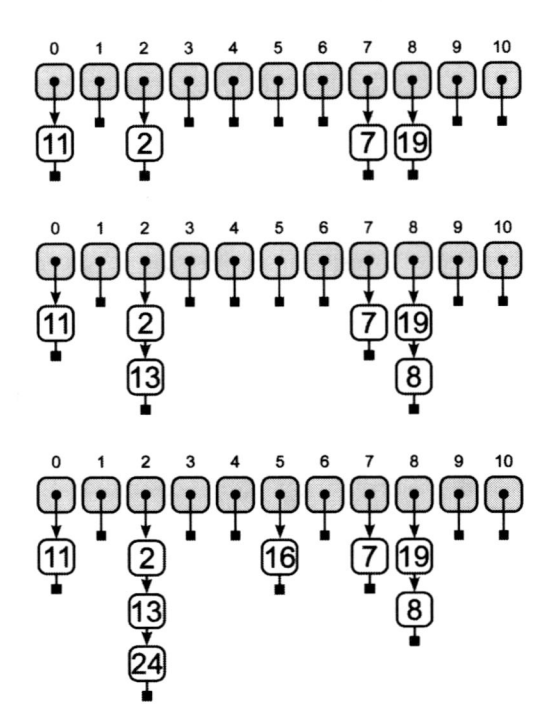

Abb. 5.4-2: Grafik zur Veranschaulichung des Aufbaus einer Hash-Tabelle mit offenem Hashing.

- Im ersten Schritt werden die Elemente mit den Schlüsselwerten 11, 2, 7 und 19 in die Hashtabelle aufgenommen, was ohne Kollisionen erfolgt.
- Anschließend kommen die Schlüsselwerte 13 und 8 dazu. In beiden Fällen gibt es eine Kollision, da die von der Hashfunktion zugewiesenen Indizes, hier h(13) = 2 und h(8) = 8, bereits von den Elementen mit Schlüsselwerten 2 bzw. 19 belegt sind. Also werden die »kollidierenden« Elemente einfach in die entsprechenden verketteten Listen an den Positionen 2 bzw. 8 mit aufgenommen.
- Ähnliches passiert im letzten Schritt, in dem noch die Schlüssel 24 und 16 dazu kommen. Hier »kollidiert« das Element mit Schlüssel 24 sogar mit zwei weiteren schon in der Hashtabelle enthaltenen Elementen und wird als drittes Element in die entsprechende Liste mit aufgenommen.

Eine Hashtabelle mit Kollisionsbehandlung durch Verkettung, also offenem Hashing, kann in Java auf einfache Weise realisiert werden, wie die folgende Klasse OpenHashTable<KeyType> zeigt:

## 5.4 Hashing-basierte Suche *

```
class OpenHashTable<KeyType extends Comparable>
{
    HashListNode[] ht;      // eigentliche Hashtabelle
    int n;                  // Größe der Hashtabelle

    class HashListNode<KeyType extends Comparable>
    {
        HashListNode next;
        ElementType<KeyType> elem;
    }

    OpenHashTable(int n)   // Konstruktor
    {
        this.n = n;
        ht = new HashListNode[n];
    }
}
```

Klasse
OpenHash-
Table<KeyType>

Die Hashtabelle selbst wird als Feld ht der Größe n realisiert, das als Einträge verkettete Listen mit den zu speichernden Elementen enthält. Diese werden durch die innere Klasse HashListNode <KeyType> realisiert, deren Instanzen jeweils eine Referenz auf das gespeicherte Element (elem) vom Typ ElementType<KeyType> sowie auf das nächste Listenelement (next) enthalten. Im Konstruktor wird das Feld ht mit der gewünschten Größe n erzeugt.

Das Einfügen eines neuen Elements in diese Hashtabelle kann durch die folgende Operation add() in der Klasse OpenHashTable <KeyType> erfolgen:

Einfügen in eine
OpenHashTable

```
public void add(ElementType<? extends Comparable> elem)
{
  int hc = elem.key.hashCode() % this.n;
  if (hc < 0) hc = -hc;
  if (this.ht[hc] == null) // Position ist noch leer
  {
    this.ht[hc] = new HashListNode(elem,null);
  }
  else // am Ende der Liste anhängen
  {
    HashListNode node = this.ht[hc];
    while (node.next != null)
      node = node.next;
    node.next = new HashListNode(elem,null);
  }
}
```

Operation add()

Diese berechnet zum Schlüsselwert key des einzutragenden Elements elem zunächst mittels der Operation hashCode() den Zwischenwert $kN$ und transformiert diesen anschließend mittels der modulo-Operation und eventuell notwendiger Vorzeichenentfernung in einen Index hc für die Hashtabelle ht. Falls an der Position ht[hc] noch keine verkettete Liste eingetragen ist, dann wird dort direkt ein neuer Listenknoten HashListNode mit Referenz auf das neu aufzunehmende Element elem eingetragen.

## 5 Suchalgorithmen *

Andernfalls wird die Verkettung bis zum Ende durchlaufen und dort ein neuer Listenknoten mit der Referenz auf das neue Element `elem` angefügt.

*Suchen in einer OpenHashTable*

Analog kann dann auch die Suche in der Hashtabelle nach einem Element zu einem bestimmten Schlüsselwert erfolgen. Dies wird durch die Operation get() in der gleichen Klasse `OpenHashTable<KeyType>` realisiert:

*Operation get()*

```
public ElementType<? extends Comparable> get(KeyType key)
{
  int hc = key.hashCode() % this.n;
  if (hc < 0) hc = -hc;
  HashListNode node = this.ht[hc];
  while (node != null)
  {
    if (node.elem.key.compareTo(key) == 0)
      return node.elem;
    node = node.next;
  }
  return null;
}
```

Auch hier wird zunächst wieder zum gesuchten Schlüsselwert `key` mittels der Operation `hashCode()` und anschließender modulo-Operation und Vorzeichenentfernung der Index `hc` für die Hashtabelle `ht` berechnet, wo das gesuchte Element gespeichert sein muss, wenn es in der Hashtabelle enthalten ist. Die dort gespeicherte verkettete Liste wird dann soweit durchlaufen, bis ein schlüsselwertgleiches Element gefunden wird, das dann als Ergebnis zurückgeliefert wird, oder aber das Ende der verketteten Liste erreicht ist. In diesem Fall ist zu dem gesuchten Schlüssel kein Element in der Hashtabelle vorhanden und es wird `null` zurückgegeben.

*Hashfunktion & Größe der Hashtabelle entscheidend*

Neben der Güte der verwendeten Hashfunktion beeinflusst vor allem die Größe der Hashtabelle (n) die Effizienz der Suche beim offenen Hashing. Eine gute Hashfunktion wird die Schlüsselwerte der m einzutragenden Elemente so *gleichmäßig* auf die n Listen verteilen, dass sich eine durchschnittliche Listenlänge von m/n ergibt und die Listen alle in etwa gleich lang sind.

*Degenerierung möglich*

Ist diese einigermaßen gleichmäßige Verteilung bei weitem nicht erfüllt, spricht man auch hier von einer **Degenerierung** der Hashtabelle.

*Auslastung*

Der Faktor *lf = m/n* wird auch als **Auslastung** oder **Füllfaktor** *(load factor)* der Hashtabelle bezeichnet.

*Offenes Hashing in O(1)*

Gute Hashfunktionen ermöglichen für das offene Hashing eine durchschnittliche Anzahl von $s_{avg} = 1 + lf/2$ Suchschritten. Bei einer Auslastung von 50 Prozent, also lf = 0,5, ergeben sich daraus 1,25 und bei 100 Prozent Auslastung 1,5 Suchschritte. Die asymptotische Laufzeitkomplexität für das offene Hashing ist somit von der Anzahl der Elemente unabhängig (konstant) in O(1) und kann deshalb als ideal angesehen werden.

## Behandlung von Kollisionen durch offene Adressierung

Während bei der Kollisionsbehandlung durch Verkettung die Elemente nicht direkt in der Hashtabelle selbst, sondern außerhalb in verketteten Listen gespeichert werden, werden sie bei der Kollisionsbehandlung durch **offene Adressierung** *(open addressing)* in der Hashtabelle selbst abgelegt.

Der Vorteil dieser Strategie ist offensichtlich, dass keine weiteren Datenstrukturen und kein zusätzlicher Speicherplatz benötigt werden. Allerdings ist die Speicherkapazität einer Hashtabelle mit offener Adressierung durch die Feldgröße beschränkt, und die Kollisionsbehandlung wird deutlich aufwändiger.

*Vor- & Nachteile*

Der einfachste und am häufigsten verwendete Ansatz zur Kollisionsbehandlung bei offener Adressierung ist das lineare Sondieren *(linear probing)*: Wird bei dem Versuch, ein Element mit Schlüsselwert k an der Stelle h(k) in der Hashtabelle zu speichern, festgestellt, dass diese Position schon von einem anderen Element belegt ist, also eine Kollision vorliegt, dann wird versucht, das zu speichernde Element an der nächsten Position, also h(k)+1, in der Hashtabelle zu speichern. Ist auch diese Position belegt, dann wird analog solange weitergemacht bis entweder eine freie Position in der Hashtabelle gefunden ist oder festgestellt wird, dass die Hashtabelle bereits voll ist. Das gleiche Verfahren wird auch zur Suche nach einem Element angewendet.

*Lineare Sondierung*

Zur Veranschaulichung betrachten Sie das Beispiel in der Abb. 5.4-3, in dem analog zu Abb. 5.4-2 eine Hashtabelle der gleichen Größe n = 11 der Reihe nach mit denselben Elementen und unter Verwendung derselben Hashfunktion *h(k) = k mod n* befüllt wird.

*Beispiel*

○ Im ersten Schritt können die Elemente mit den Schlüsselwerten 11, 2, 7 und 19 wiederum kollisionsfrei in die Hashtabelle aufgenommen werden.

○ Anschließend kommt zunächst das Element mit Schlüsselwert 13 hinzu, das an Position h(13) = 2 abgelegt werden sollte. Da diese Position schon belegt ist, wird die nächste freie Position gesucht und das Element schließlich an Position 3 eingetragen. Analog verhält es sich mit dem Schlüsselwert 8, das zugehörige Element findet schließlich an Position 9 Platz, da auch hier die Position 8 schon durch das Element mit Schlüsselwert 19 belegt ist.

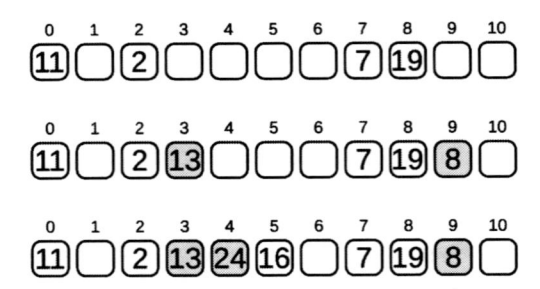

```
 0   1   2   3   4   5   6   7   8   9  10
(11)( )(2)( )( )( )( )(7)(19)( )( )

 0   1   2   3   4   5   6   7   8   9  10
(11)( )(2)(13)( )( )( )(7)(19)(8)( )

 0   1   2   3   4   5   6   7   8   9  10
(11)( )(2)(13)(24)(16)( )(7)(19)(8)( )
```

Abb. 5.4-3: Grafik zur Veranschaulichung des Aufbaus einer Hash-Tabelle mit offener Adressierung.

Ähnliches passiert im letzten Schritt, in dem noch die Schlüssel 24 und 16 dazu kommen. Hier »kollidiert« das Element mit Schlüssel 24 zunächst an Position 2 mit dem dort bereits gespeicherten Element. Auch die nächste Position ist schon belegt, so dass dieses Element erst an Position 4 in der Hashtabelle Platz findet. Das letzte Element mit Schlüsselwert 16 dagegen kann wieder kollisionsfrei aufgenommen werden, da die Position h(16) = 5 in der Hashtabelle noch leer ist.

Eine Hashtabelle mit Kollisionsbehandlung durch lineare Sondierung kann in Java durch die folgende Klasse LinProbHashTable<KeyType> realisiert werden:

*Klasse LinProbHashTable*

```
class LinProbHashTable<KeyType extends Comparable>
{
    ElementType<? extends Comparable>[] ht;
    int n;

    LinProbHashTable(int n)
    {
        this.n = n;
        ht = new ElementType[n];
    }
}
```

*Einfügen in eine LinProbHashTable*

Das Einfügen eines neuen Elements in diese Hashtabelle mit linearer Sondierung kann analog zur OpenHashTable durch eine Operation add() erfolgen:

*Operation add()*

```
public void add(ElementType<? extends Comparable> elem)
{
    int hc = elem.key.hashCode() % this.n;
    if (hc < 0) hc = -hc;
    int i = 0;
```

## 5.4 Hashing-basierte Suche *

```
    int pos = hc;
    while ((ht[pos] != null) && (i < n))
    {
      i++;
      pos = (hc + i) % n;
    }
    if (i == n)
      throw new RuntimeException(»HashTable full.«);
    ht[pos] = elem;
}
```

Auch hier wird zunächst wieder zum gesuchten Schlüsselwert key mittels der Operation hashCode() und anschließender modulo-Operation und Vorzeichenentfernung der Index hc für die Hashtabelle ht berechnet, wo das neue Element elem eingetragen werden soll. Dieser Wert von hc wird als Ausgangsposition pos für die Sondierung verwendet. Ist diese Position bereits belegt, dann wird solange weitergesucht, bis sich eine noch leere Position findet, und das Element elem dort eingetragen. Gibt es keine leere Position mehr, dann ist die Hashtabelle voll und es wird eine entsprechende Ausnahme *(exception)* ausgelöst.

Analog kann dann auch die Suche in der Hashtabelle nach einem Element zu einem bestimmten Schlüsselwert erfolgen. Dies wird wiederum analog durch die Operation get() in der gleichen Klasse LinProbHashTable<KeyType> realisiert:

Suchen in einer LinProbHash Table

```
public ElementType<? extends Comparable> get(KeyType key)
{
  int hc = key.hashCode() % this.n;
  if (hc < 0) hc = -hc;
  int i = 0;
  int pos = hc;
  while ((ht[pos] != null) && (i < n))
  {
    if (ht[pos].key.compareTo(key) == 0)
      return ht[pos];
    i++;
    pos = (hc + i) % n;
  }
  return null;
}
```

Operation get()

Hier wird ausgehend von dem wie zuvor berechneten Index hc die Hashtabelle ht so lange durchlaufen, bis das gesuchte Element gefunden wird oder feststeht, dass es nicht in der Hashtabelle enthalten ist, weil entweder eine leere Position angetroffen wird oder nach n Schritten alle Elemente untersucht wurden.

Zur Laufzeitkomplexität des Hashing mit offener Adressierung findet sich in [Morr68] ein etwas umfangreicher Beweis, dass bei Verwendung guter Hashfunktionen und der Kollisionsstrategie der linearen Sondierung die durchschnittliche Anzahl

Laufzeitkomplexität

an Versuchen, die notwendig sind, um ein weiteres Element zu speichern oder ein bestimmtes Element zu suchen, also $s_{avg} = (1 - lf/2) / (1 - lf)$ ist, wobei auch hier *lf* wieder den Füllfaktor der Hashtabelle angibt (mit einem Maximum von 100 Prozent).

*Nur Füllfaktor entscheidend*

Hieraus ergibt sich, dass die durchschnittliche Zahl von Suchschritten nicht von der Größe des Datenbestands, also der Anzahl der gespeicherten Elemente, sondern nur vom Füllfaktor abhängt. Bei gleichem Füllfaktor wird also ein gesuchtes Element in einer Sammlung mit einer Million Elementen im Durchschnitt genauso schnell gefunden wie in einer Sammlung mit hundert Elementen.

*Kritische Grenze bei 75 Prozent*

Wie empirische Studien zeigen, steigt die durchschnittliche Anzahl benötigter Suchschritte stark an, wenn der Füllfaktor mehr als 75 Prozent beträgt. Da sich der Füllfaktor aber über die Größe der Hashtabelle steuern lässt, sollten Sie in der Praxis dafür sorgen, dass dieser nach Möglichkeit immer unter 75 Prozent bleibt.

*Laufzeitkomplexität auch in O(1)*

Die asymptotische Laufzeitkomplexität für die Hashing-basierte Suche mit Konfliktbehandlung durch lineare Sondierung ist somit ebenfalls in O(1), also konstant.

## Verbesserungsmöglichkeiten und Ausblick

*Verbesserungsmöglichkeiten*

Im praktischen Einsatz kann die lineare Sondierung dazu führen, dass sich Einträge in einigen Bereichen der Hashtabelle anhäufen und so genannte Cluster bilden. Dem kann man dadurch entgegenwirken, dass die Abstände bei der Suche nach einer freien Position um eine Konstante c>1 vergrößert werden. Dazu ist in den Operationen add() und get() in der Codezeile

pos = (hc + i) % n;

eine Konstante c1 mit aufzunehmen:

pos = (hc + c1 * i) % n;

Für c1 = 3 würde also beim Einfügen oder der Suche immer um drei Positionen statt bisher um eine weiter gegangen.

*Quadratische Sondierung*

Die Gefahr der Clusterbildung kann weiter reduziert werden, wenn bei der Sondierung der nächsten freien bzw. zu untersuchenden Position zusätzlich zu einem konstanten Faktor c1 wie oben noch ein weiterer konstanter Faktor c2 hinzugenommen wird, der auch noch mit dem Quadrat der Anzahl der in der aktuellen Sondierung schon aufgetretenen Kollisionen, also dem Zähler i, multipliziert wird. Die entsprechende Programmzeile für die add() und get() Operationen kann dann mit einer kleinen Umstellung (Faktorisierung) zur schnelleren Berechnung so aussehen:

pos = (hc + (c1 + c2 * i) * i ) % n;

Wenn die Anzahl der in einer Hashtabelle zu speichernden Elemente nicht von vorneherein mit ausreichender Sicherheit abgeschätzt werden kann, dann empfiehlt es sich, abhängig vom aktuellen Füllfaktor der Hashtabelle eine Reorganisation vorzunehmen. Dazu wird bei Erreichen eines bestimmten Grenzwertes, zum Beispiel 75 Prozent bei der offenen Adressierung, ein neues, ausreichend großes Feld ht_neu erzeugt, und alle Einträge aus dem alten Feld ht werden mittels add() in das neue Feld übernommen. Anschließend wird durch die Zuweisung ht = ht_neu; auf das neue Feld umgeschaltet, und der Speicherbereich für das alte Feld wird freigegeben.

*Reorganisation der Hashtabelle*

Insgesamt haben Sie mit dem hier vorgestellten Hashing das schnellste aller bekannten Suchverfahren kennengelernt. Voraussetzung für diese Effizienz ist allerdings, dass eine geeignete Hashfunktion verwendet wird und dass die Hashtabelle für den konkreten Anwendungsfall ausreichend dimensioniert ist, damit ihr Füllfaktor im »grünen Bereich«, also unter 75 Prozent bleibt.

*Hashing effizientestes Verfahren*

Der Laufzeitgewinn des Hashing wird also durch höheren Speicherbedarf erkauft. Der »Umtauschkurs« ist allerdings äußerst fair, so dass der höhere Speicherbedarf im Normalfall gerne in Kauf genommen wird, wenn dadurch ein konstantes Laufzeitverhalten erreicht werden kann.

*Tausche Speicher gegen Zeit!*

# 6 Sortieralgorithmen *

Das Ordnen von Datenbeständen, wie beispielsweise das Sortieren eines Adressbuchs, eines Bildarchivs oder einer Kundenliste, ist eine Aufgabe, die in der Informationsverarbeitung immer wieder zu erledigen ist. Deshalb ist es notwendig, sich damit auseinanderzusetzen, wie man Datenbestände effizient nach bestimmten Kriterien sortieren kann.

Zunächst werden beispielhaft Anwendungsgebiete für Sortierverfahren dargestellt und Anforderungen an Sortieralgorithmen beschrieben:

- »Anwendungsgebiete und Anforderungen an Sortierverfahren«, S. 102

Die direkten Sortierverfahren sind einfach zu verstehen. Dazu gehören:

- »Sortieren durch direkte Auswahl«, S. 105
- »Sortieren durch direktes Einfügen«, S. 110
- »Sortieren durch direktes Austauschen«, S. 118

Diese Verfahren werden anschließend verglichen und in ihren Eigenschaften gegenübergestellt:

- »Vergleich der direkten (quadratischen) Sortierverfahren«, S. 130

Für den praktischen Einsatz sind sie aber in der Regel noch nicht zu gebrauchen und müssen verbessert werden. So gibt es zu jedem der direkten Sortierverfahren ein verbessertes Verfahren, das die gleiche Grundidee aufgreift, aber so anwendet, dass ein deutlich besseres Laufzeitverhalten entsteht. Zu diesen verbesserten Sortierverfahren gehören:

- »Der Name ist Programm: QuickSort«, S. 137
- »Gut vorbereitet ist schnell sortiert: ShellSort«, S. 159
- »Vom SelectionSort zum HeapSort«, S. 148

Falls es die Anwendungssituation erlaubt, für die Sortierung neben dem zu sortierenden Feld nochmal so viel weiteren Speicherplatz zu benutzen, dann kann auch ein weiteres effizientes Verfahren eingesetzt werden:

- »Felder schnell sortieren durch Mischen: MergeSort«, S. 167

Diese verbesserten oder »höheren Sortierverfahren« werden anschließend ebenfalls verglichen und in ihren Eigenschaften gegenübergestellt. Diese Verfahren lassen sich für den allgemeinen Fall des Sortierens durch Schlüsselvergleiche auch nicht mehr grundsätzlich verbessern: Ihre Laufzeitkomplexität entspricht bereits der Problemkomplexität. Nur unter besonderen Voraussetzungen, zum Beispiel einer eng begrenzten Schlüsselmenge, können spezialisierte Verfahren eingesetzt werden, die eine Sortierung sogar mit linearem Aufwand ermöglichen:

- »Vergleich und weitere Sortierverfahren«, S. 174

## 6.1 Anwendungsgebiete und Anforderungen an Sortierverfahren *

Sortierverfahren stellen einen Bereich von Algorithmen dar, die immer wieder in verschiedensten Anwendungen benötigt werden. Entsprechend zahlreich sind auch die verfügbaren Verfahren, von sehr einfachen (aber langsamen) bis hin zu ganz ausgefeilten, sehr schnellen Verfahren, die noch dazu diverse Anforderungen, zum Beispiel an die Stabilität, in unterschiedlicher Weise erfüllen. Bei der Auswahl und Implementierung (oder Nutzung aus einer Bibliothek) sind also immer der Anwendungsbereich (was soll sortiert werden?) und die konkreten Anforderungen (worauf kommt es an, zum Beispiel Stabilität?) zu berücksichtigen.

Zu **Sortieralgorithmen** *(sorting algorithms)* gibt es eine große Fülle an Literatur. Sie brauchen aber nur einige wenige Sortieralgorithmen zu kennen, um zu verstehen, mit welchen Problemstellungen man bei ihrer Entwicklung konfrontiert ist, wie man diese löst und welche Eigenschaften sich daraus für die Algorithmen ergeben. Die folgenden Beispiele zeigen einige typische Anwendungsbereiche, in denen besonders effiziente Sortieralgorithmen benötigt werden.

Beispiele
- Erzeugung von Listen (für den Menschen):
  Wenn in einem größeren Datenbestand, beispielsweise einer Auftragsliste, ein bestimmter Eintrag gefunden werden soll, dann ist das in der Regel schneller möglich, wenn der Datenbestand sortiert vorliegt. Man denke hierbei an das gute alte Telefonbuch zum Auffinden der Rufnummer eines Teilnehmers. Auch in Tabellenkalkulationsprogrammen wird häufig die Sortierfunktion verwendet, um die Daten der Tabellen nach verschiedenen Kriterien neu anzuordnen und darin effizient suchen zu können.
- Entfernen von Duplikaten:
  Das Bereinigen von zwei oder mehreren Datenbeständen durch Erkennen und Entfernen von Duplikaten kann dann effizient durchgeführt werden, wenn die einzelnen Datenbestände zuvor sortiert wurden. Dann können alle beteiligten Datenbestände parallel durchlaufen und Duplikate sofort erkannt und, falls gewünscht, entfernt werden.

## 6.1 Anwendungsgebiete und Anforderungen an Sortierverfahren *

Diese Beispiele zeigen, dass man es in der Praxis häufig mit der Sortierung mehr oder weniger komplexer Datenobjekte zu tun hat. Die zu sortierenden Datenobjekte haben mehrere Attribute, von denen – abhängig von der konkreten Aufgabenstellung – eines (oder einige wenige) als Schlüssel *(key)* für die Sortierung herangezogen werden, während die restlichen Attribute ohne Einfluss auf die Anordnung der Datenobjekte im Zuge der Sortierung bleiben.

*Sortieren nach Schlüssel*

Die Grundaufgabe des Sortierens besteht also darin, eine Sammlung von Datenobjekten, die in einer geeigneten Datenstruktur gespeichert sind, so umzuordnen, dass sie bezüglich ihrer Schlüsselwerte eine Folge mit aufsteigender *(ascending order)* – oder auch absteigender *(descending order)* – Ordnung bilden.

*Grundaufgabe*

Für die Untersuchung und das Verständnis der Sortieralgorithmen an sich ist es zunächst aber egal, ob Transportaufträge nach Auftragsnummern, Telefonbucheinträge nach Ort, Name und Vorname oder einfach nur Zahlen sortiert werden. Deshalb kann man bei der grundsätzlichen Beschreibung und Diskussion der verschiedenen Sortieralgorithmen zunächst der Einfachheit halber annehmen, dass diese jeweils eine beliebige Menge von Zahlen, zum Beispiel aufsteigend, sortieren sollen.

*Zunächst nur ganze Zahlen*

Um die hier behandelten Sortierverfahren aber auch universell einsetzen zu können, werden Sie entsprechend **generisch** implementiert. Die einzige Voraussetzung an die zu sortierenden Datenelemente ist ja, dass je zwei Datenelemente, das heißt ihre Schlüsselwerte, miteinander verglichen werden können, um so zu entscheiden, ob ihre Reihenfolge im Feld korrekt ist oder beispielsweise Vertauschungen vorgenommen werden müssen. Die Elemente der zu sortierenden Felder müssen also jeweils **vergleichbar** *(comparable)* sein.

*Generische Sortieralgorithmen*

In Java bietet sich dafür der Typ Comparable an. Die jeweils zu sortierenden Felder werden also als Comparable[] data deklariert. Das bedeutet, dass der konkrete Typ der darin enthaltenen Elemente zu einer Klasse gehört, die das *Interface* Comparable implementiert und somit eine Methode public int compareTo(Object) zum Vergleich mit einem anderen Element bereitstellt.

Bevor Sie verschiedene Sortierverfahren im Detail kennenlernen, werden zunächst einige Eigenschaften bzw. Anforderungen an diese Verfahren behandelt, so dass Sie die vorgestellten Verfahren direkt im Hinblick auf diese Eigenschaften betrachten und vergleichen können.

*Eigenschaften*

Sortieralgorithmen können allgemein schon aufgrund des Speicherorts der zu sortierenden Datenobjekte in interne und externe Sortierverfahren unterschieden werden:

# 6 Sortieralgorithmen *

Intern
- **Interne Sortierverfahren** sind solche, bei denen sich die zu sortierenden Datenobjekte in einer geeigneten Datenstruktur im Hauptspeicher des Computers befinden.

Extern
- **Externe Sortierverfahren** sind solche, bei denen sich die zu sortierenden Datenobjekte aufgrund ihrer Anzahl und/oder Größe auf externen Speichermedien, zum Beispiel auf Festplattenspeichern, befinden.

Die weitere Diskussion kann sich dabei zunächst auf interne Sortierverfahren für solche Datenbestände konzentrieren, die in Form von Feldern organisiert sind. In dem Kapitel »Vergleich und weitere Sortierverfahren«, S. 174, sehen Sie, wie auch das Sortieren von Datenbeständen, die in anderer Form organisiert sind, auf diesen Fall zurückgeführt werden kann.

Stabilität

Eine weitere wichtige Eigenschaft von Sortieralgorithmen ist ihre **Stabilität** *(stability)*. Damit ist *nicht* etwa gemeint, dass ein entsprechendes Sortierprogramm nicht »abstürzt«. Vielmehr bezieht sich die Stabilität auf die relative Ordnung von Datenobjekten mit gleichem Schlüsselwert.

Stabil
- Ein Sortieralgorithmus wird als **stabil** *(stable)* bezeichnet, wenn die relative Reihenfolge von Datenobjekten mit gleichem Schlüsselwert durch den Sortiervorgang nicht verändert wird (also »stabil« bleibt).

Instabil
- Kann sich die relative Reihenfolge solcher – gleichen – Elemente beim Sortieren eventuell verändern, dann wird der Sortieralgorithmus als **instabil** *(unstable)* bezeichnet.

Die Stabilität ist eine Eigenschaft, die nur wenige Sortieralgorithmen aufweisen, die aber für einige Anwendungen von grundlegender Bedeutung ist.

Notwendigkeit der Stabilität

Dies gilt beispielsweise immer dann, wenn eine Sammlung von Datenobjekten – wie bei einem Telefonbuch – in Stufen zunächst nach dem einen Kriterium (Vorname), dann nach einem zweiten (Name) und schließlich nach einem dritten Kriterium (Ort) sortiert werden soll, die Elemente mit gleichem Wert für das letzte Kriterium (hier also Einträge des gleichen Ortes) weiterhin nach den vorher verwendeten Kriterien (Name und Vorname) sortiert sein sollen.

Effizienz

Weitere Anforderungen an Sortieralgorithmen beziehen sich natürlich auch auf die Effizienz, wobei hier die Laufzeit des Verfahrens in Abhängigkeit von der Anzahl der zu sortierenden Datenobjekte im Vordergrund steht.

Laufzeit = Vergleiche + Bewegungen

Die Laufzeit eines Sortierverfahrens ist im Wesentlichen durch die Anzahl der erforderlichen Schlüsselvergleiche und durch die Anzahl der Bewegungen bzw. Zuweisungen von Datenobjekten bestimmt. Während für die elementaren Sortieralgorithmen die Grobanalyse noch relativ einfach möglich ist und somit die Anzahl der erforderlichen Vergleiche und Zuweisungen noch direkt angegeben werden kann, ist dies für die anderen Verfahren deutlich aufwändiger, so dass hier die asymptotische Laufzeitkomplexität mittels der O-Notation angegeben wird.

Der Speicherbedarf ist zunächst nebensächlich, da die hier behandelten Algorithmen ein gegebenes Feld von Datenobjekten jeweils »an Ort und Stelle« (lat.: »in situ«) sortieren, hierfür also in der Regel kein zusätzlicher Speicheraufwand entsteht. Eine Ausnahme stellt das Mischsortieren *(MergeSort)* dar (siehe »MergeSort«, S. 167).

Speicherbedarf nebensächlich

Bei der Entwicklung der unterschiedlichen Lösungsansätze für das Sortierproblem werden Sie mit einfachen, »intuitiven« Lösungsideen beginnen und das Laufzeitverhalten der darauf jeweils basierenden »elementaren« Sortieralgorithmen untersuchen. Diese Verfahren werden auch als direkte Verfahren bezeichnet, da ihnen gemeinsam ist, dass sie das zu sortierende Feld nach einem bestimmten, einfachen Grundprinzip (durch Einfügen an die richtige Stelle, Auswahl des passenden Elements oder durch Austausch benachbarter Elemente) jeweils direkt, also ohne vorherige Vorverarbeitung, Analysephase o.ä., schrittweise in die sortierte Form bringen, so dass also mit jedem Durchlauf der sortierte Teil um ein Element anwächst, bis schließlich das gesamte Feld sortiert ist.

Direkte Verfahren

Im Anschluss untersuchen Sie, wie man die Laufzeiteffizienz dieser Verfahren schrittweise durch Analyse ihrer Schwachstellen und entsprechende Ergänzung und Modifikationen weiter verbessern kann, bis Sie schließlich bei Sortierverfahren ankommen, deren Laufzeitverhalten *nicht* mehr signifikant verbessert werden kann.

Schrittweise Verbesserung der Verfahren

## 6.2 Sortieren durch direkte Auswahl *

Eines der einfachsten und intuitiv am leichtesten zu verstehenden Sortierverfahren stellt das *Sortieren durch direkte Auswahl (SelectionSort)* dar. Es ist einfach zu implementieren und leistet für kleinere Datenmengen gute Dienste. Leider ist dieses Verfahren nicht stabil und auch der scheinbare Vorteil, dass nur gezielte Vertauschungen von Elementen stattfinden, kann nicht für ein günstiges Laufzeitverhalten bei größeren Feldern sorgen. Dennoch dient das Sortieren durch direkte Auswahl später als Ausgangsbasis für eines der schnelleren Sortierverfahren, dem ShellSort.

# 6 Sortieralgorithmen *

**Grundidee**

Die Grundidee des **Sortierens durch direkte Auswahl** (auch Auswahlsortieren oder *Selection Sort* genannt) besteht darin, dass am Anfang das *kleinste* Element, also das Datenobjekt mit dem kleinsten Schlüsselwert, aus dem zu sortierenden Feld ermittelt und mit dem ersten Element vertauscht wird. Danach wird mit dem zweiten Element und dem Rest des Feldes genauso weiter verfahren. Schließlich kommt das Verfahren beim letzten Element im Feld an, das zwangsweise das *größte* Element im Feld ist und an Ort und Stelle verbleibt. Nun umfasst der bereits sortierte Bereich das gesamte Feld, welches damit fertig sortiert ist. Da jeweils das Minimum der Schlüsselwerte im noch zu sortierenden Bereich gesucht wird, findet sich für dieses Verfahren auch die Bezeichnung *minimum sort* oder kurz *minsort*.

## Funktionsweise

**Beispiel**

Die Funktionsweise wird in der Abb. 6.2-1 veranschaulicht. Es wird die Zahlenfolge 5, 8, 2, 1, 7, 4, 6, 0, 3 schrittweise aufsteigend sortiert.

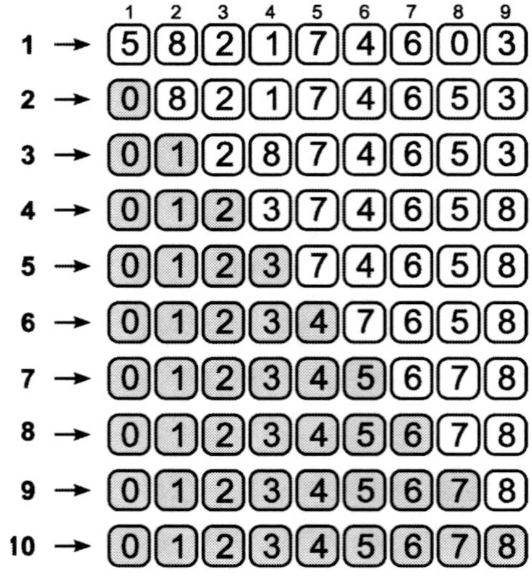

```
          1  2  3  4  5  6  7  8  9
 1 →    [5][8][2][1][7][4][6][0][3]
 2 →    [0][8][2][1][7][4][6][5][3]
 3 →    [0][1][2][8][7][4][6][5][3]
 4 →    [0][1][2][3][7][4][6][5][8]
 5 →    [0][1][2][3][7][4][6][5][8]
 6 →    [0][1][2][3][4][7][6][5][8]
 7 →    [0][1][2][3][4][5][6][7][8]
 8 →    [0][1][2][3][4][5][6][7][8]
 9 →    [0][1][2][3][4][5][6][7][8]
10 →    [0][1][2][3][4][5][6][7][8]
```

Abb. 6.2-1: Grafische Veranschaulichung zum Algorithmus SelectionSort.

- Im ersten Durchlauf von links nach rechts wird als *kleinstes* Element (korrekt: als Element mit dem kleinsten Schlüsselwert) das Element »0« gefunden und dieses dann mit dem ersten Element, hier der »5«, vertauscht.
- Die »0« steht somit als *kleinstes* Element des gesamten Feldes bereits an ihrer richtigen, endgültigen Stelle, sie gehört

## 6.2 Sortieren durch direkte Auswahl *

damit bereits zum schon sortierten Bereich, deren Elemente in Abb. 6.2-1 durch graue Hinterlegung erkennbar sind.
○ Im nächsten Durchlauf braucht somit nur das Minimum im verbleibenden, noch nicht sortierten Bereich gesucht zu werden. Dieses ist die »1«, die daraufhin mit der »8« getauscht wird und den bereits sortierten Bereich ergänzt.
○ Der nächste Schritt bringt keine Veränderung, da das nächste Element, die »2«, zugleich das Minimum des Restfeldes darstellt und somit an seinem Platz verbleiben kann. Die »2« gehört jetzt auch zum schon sortierten Bereich.
○ In den weiteren Durchläufen wächst der bereits sortierte Bereich mit jedem Schritt von links nach rechts um ein Element an, während der noch zu sortierende Bereich, aus dem in jedem Schritt das *kleinste* verbliebene Element gesucht wird, schrittweise kleiner wird – bis am Ende das gesamte Feld sortiert ist.

Im E-Learning-Kurs zu diesem Buch finden Sie eine Animation zu diesem Sortierverfahren.

### Implementierung in Java

Um diese Lösungsidee nun in einen Algorithmus zu transformieren, ist es nützlich, für das Vertauschen zweier Elemente des Feldes eine eigene Operation void swap(Object[],int,int) zu definieren. Diese wird auch für die Implementierung anderer Sortierverfahren noch nützlich sein. Durch den Aufruf swap(data,i,j) werden die Datenobjekte im Feld data an den Positionen i und j vertauscht. Dafür sind eine Hilfsvariable und drei Zuweisungen von Feldelementen notwendig.

*Hilfreich: Die Operation swap()*

```
public static void swap(Object[] data, int i, int j)
{
    Object temp = data[i];
    data[i] = data[j];
    data[j] = temp;
}
```

Implementieren Sie das Sortierverfahren unter Verwendung der Operation swap().

*Frage*

Der Algorithmus kann wie folgt in Java implementiert werden:

*Antwort*

```
public static void selectionSort(Comparable[] data)
{
    for(int i=0; i<data.length-1; i++)
    {
        int min=i;
        for(int j=i+1; j<data.length; j++)
            if (data[j].compareTo(data[min])<0)
                min=j;
```

```
        swap(data,min,i);
    }
}
```

## Eigenschaften

**Frage Stabilität**

Prüfen Sie, ob dieses Sortierverfahren stabil oder instabil ist. Verwenden Sie zur Prüfung beispielsweise die Zahlenfolge 2,2,1.

**Antwort**

Diese Standard-Implementierung ist **instabil**, wie ein Blick auf die Sortierung der Zahlenfolge 2, 2, 1 zeigt: Hier landet die vordere »2« mit der ersten und einzigen swap-Operation am Ende des Feldes und somit hinter der mittleren »2«, die relative Reihenfolge dieser Elemente ist also nicht erhalten geblieben.

**Frage Laufzeitanalyse**

Wie viele Schlüsselvergleiche werden bei der Sortierung von $n$ Elementen durchgeführt?

**Antwort**

Die Analyse des Laufzeitverhaltens gestaltet sich einfach, da die Anzahl der auszuführenden Aktionen (Vergleiche und Zuweisungen) unabhängig von den Schlüsselwerten bzw. der Anordnung der Datenobjekte im zu sortierenden Feld ist. Eine Unterscheidung zwischen günstigstem, ungünstigstem und durchschnittlichem Fall erübrigt sich somit.

Die benötigte **Anzahl der Schlüsselvergleiche** beträgt im ersten Schleifendurchlauf n-1, im zweiten n-2 usw., insgesamt also (n-1) + (n-2) + ... + 2 + 1 = n·(n-1)/2 = $n^2$/2-n/2 und somit grob $n^2$/2. Hinsichtlich der Anzahl der benötigten Schlüsselvergleiche ist dieses Verfahren also von der Ordnung $n^2$, somit quadratisch: $O(n^2)$.

**Bewegungen in O(n)**

Die **Anzahl der Zuweisungen** von Datenobjekten ergibt sich unmittelbar aus den n-1 Durchläufen der äußeren Schleife, in der jeweils ein Aufruf von swap() zum Vertauschen zweier Feldelemente erfolgt. Da jede Vertauschung mit swap() intern durch drei Zuweisungen realisiert wird, ergeben sich insgesamt 3 (n-1) = 3n-3 Zuweisungen. Hinsichtlich der Anzahl der benötigten Zuweisungen ist dieses Verfahren also von der Ordnung n, somit linear.

**Zählungen & Messungen**

Was bedeuten diese Erkenntnisse nun für konkrete Problemstellungen? Dazu stellt die Tab. 6.2-1 die Anzahl der jeweils benötigten Vergleiche und Zuweisungen zur Sortierung zunehmend größerer, jeweils zufällig mit unterschiedlichen Zahlen gefüllter Felder in einer Übersicht dar. Während die Feldgröße schrittweise verdoppelt wird und die Anzahl der Zuweisungen etwa in gleichem Tempo (nämlich linear) wächst, zeigt sich bei der Anzahl der durchzuführenden Vergleiche das quadratische Laufzeitverhalten. Jede Verdoppelung der Feldgröße führt in etwa zu einer Vervierfachung der Anzahl der Vergleiche.

## 6.2 Sortieren durch direkte Auswahl *

| Feldgröße | Anzahl Vergleiche | Anzahl Zuweisungen | Laufzeit |
|---|---|---|---|
| 10 | 45 | 27 | - |
| 20 | 190 | 57 | - |
| 30 | 435 | 87 | - |
| 40 | 780 | 117 | - |
| 50 | 1.225 | 147 | - |
| 60 | 1.770 | 177 | - |
| 70 | 2.415 | 207 | - |
| 80 | 3.160 | 237 | - |
| 90 | 4.005 | 267 | - |
| 100 | 4.950 | 297 | - |
| 250 | 31.125 | 747 | - |
| 500 | 124.750 | 1.497 | - |
| 1.000 | 499.500 | 2.997 | - |
| 2.500 | 3.123.750 | 7.497 | 15 ms |
| 5.000 | 12.497.500 | 14.997 | 63 ms |
| 10.000 | 49.995.000 | 29.997 | 234 ms |
| 25.000 | 312.487.500 | 74.997 | 1.422 ms |
| 50.000 | 1.249.975.000 | 149.997 | 5.687 ms |
| 100.000 | 4.999.950.000 | 299.997 | 22.984 ms |
| 250.000 | 31.249.875.000 | 749.997 | 146.328 ms |
| 500.000 | 124.999.750.000 | 1.499.997 | 585.125 ms |
| 1.000.000 | 499.999.500.000 | 2.999.997 | 2.397.094 ms |

Tab. 6.2-1: *Selection Sort* gezählt & gemessen.

Die günstige Anzahl der benötigten Zuweisungen kann sich bei der Gesamtkomplexität nicht niederschlagen, da hier die ungünstige quadratische Ordnung der Anzahl der benötigten Vergleiche dominiert. Der lineare Aufwand bei den Zuweisungen fällt gegenüber der quadratischen Entwicklung bei den Vergleichen nicht mehr ins Gewicht. Insgesamt hat der Algorithmus »Sortieren durch direkte Auswahl« somit eine Laufzeitkomplexität von $O(n^2)$. Dies bestätigt auch ein Blick auf die ebenfalls in der Tabelle ausgewiesenen gemessenen Laufzeiten, die tatsächlich auch jeweils in etwa um den Faktor vier wachsen.

Gesamtkomplexität in $O(n^2)$

## Verbesserungen

**Mögliche Optimierung**

An diesem ungünstigen Laufzeitverhalten kann auch eine naheliegende Optimierung nicht grundlegend etwas ändern. Wenn vor dem Aufruf der Operation swap() geprüft wird, dass es sich nicht um dieselben Positionen im Feld handelt, etwa durch einen Test

```
if (min != i)
    swap(data,min,i);
```

dann reduziert dies zwar die Anzahl der durchzuführenden Zuweisungen im günstigsten Fall auf null (falls das Feld nämlich schon sortiert war) und spart auch im durchschnittlichen Fall einige Zuweisungen. Diese Änderung hat aber *keinen* Einfluss auf die Anzahl der Schlüsselvergleiche – aber gerade diese ist für die ungünstige Laufzeitkomplexität verantwortlich. Somit bleibt es bei der Laufzeitkomplexität von $O(n^2)$.

**Quadratische Auswahl**

Allerdings gibt es in der Literatur eine als quadratische Auswahl *(quadratic selection)* beschriebene Variante [Frie56], welche in einer etwas aufwändigen Implementierung Informationen aus der Suche nach dem kleinsten Schlüsselwert für weitere Durchläufe nutzbar macht und damit eine Laufzeitkomplexität von $O(n^{1,5})$ erreicht.

**HeapSort**

Auf der Grundidee des *SelectionSort* baut auch folgender, deutlich komplexerer Algorithmus auf:

■ »HeapSort«, S. 148

Hier kann durch die Organisation als sogenannte **Heap-Struktur** die Suche nach dem nächsten auszutauschenden Element von linearem auf logarithmischen Aufwand reduziert werden, so dass die Gesamtkomplexität nur noch $O(n \log n)$ beträgt.

## 6.3 Sortieren durch direktes Einfügen *

Motiviert durch das gut vertraute Verfahren zum Sortieren von Spielkarten auf der Hand stellt das »Verfahren des Sortierens durch direktes Einfügen« *(InsertionSort)* eines der grundlegenden und einfach zu implementierenden Sortierverfahren dar. Es ist überdies stabil und zeigt von den direkten Sortierverfahren das beste Laufzeitverhalten, das durch eine Modifikation im Suchteil des Verfahrens noch verbessert wird. Zudem stellt es die Ausgangsbasis für spätere Erweiterungen dar, die zu einem der schnelleren Sortierverfahren (HeapSort) führen. Als Ergänzung zum QuickSort liefert es schließlich auch das schnellste der hier behandelten Sortierverfahren.

## 6.3 Sortieren durch direktes Einfügen *

Die Grundidee des Sortierens durch direktes Einfügen (auch »Einfügesortieren« oder **InsertionSort** genannt) ist sehr naheliegend und intuitiv, weil dieses Verfahren in der Regel auch vom Menschen für das systematische (sortierte) Anordnen von Gegenständen verwendet wird.

> So wird beispielsweise beim Kartenspielen, wenn eine neue Spielkarte vom Spieler aufgenommen wird, diese oftmals in die bereits sortierte Menge in der Hand befindlicher Karten eingefügt. Dazu wird die neue Karte systematisch (von links oder rechts beginnend) solange mit den vorhandenen Karten verglichen, bis die richtige Position zum Einfügen gefunden ist. Dabei kann im Zuge des Vergleichens auch gleich Platz für die neue Karte geschaffen werden.

*Beispiel: Analogie zum Kartenspielen*

Stellt man sich nun vor, dass die Elemente in einem Feld nach diesem Verfahren schrittweise »auf die Hand« (in den entstehenden sortierten Bereich) »aufgenommen« werden, dann hat man bereits die Grundidee des InsertionSort-Verfahrens.

Zu Beginn betrachtet man das erste Element des Feldes als bereits sortierten Bereich (die »Hand«). Dann fügt man das zweite Element je nach Schlüsselwert vor oder hinter das erste Element ein – beim Einfügen hinter das erste Element ist keine weitere Aktion notwendig, das zweite Element steht schon richtig, zum Einfügen vor das erste Element muss dieses erst um eine Position nach rechts verschoben werden, damit am Anfang des Feldes Platz für das neue Element ist.

*Grundidee*

Der sortierte Bereich wurde so um ein Element erweitert und umfasst jetzt zwei Elemente. Mit den restlichen Elementen wird schrittweise in gleicher Weise verfahren: Es wird zunächst aus dem zu sortierenden Bereich entnommen, dann wird die Einfügestelle im bereits sortierten Bereich ermittelt. Jetzt muss an der Einfügestelle noch Platz geschaffen werden, indem alle Elemente von hier bis zum Ende des sortierten Bereiches um eine Position nach rechts verschoben werden. Danach kann das neue Element an seine passende Position eingefügt werden.

Wenn schließlich auf diese Weise alle Elemente in den sortierten Bereich eingefügt worden sind, dann umfasst dieser das gesamte Feld, das damit fertig sortiert ist.

## Funktionsweise

Die Funktionsweise des InsertionSort wird in der Abb. 6.3-1 veranschaulicht. Hier wird wiederum die gleiche Zahlenfolge 5, 8, 2, 1, 7, 4, 6, 0, 3 schrittweise aufsteigend sortiert.

*Beispiel*

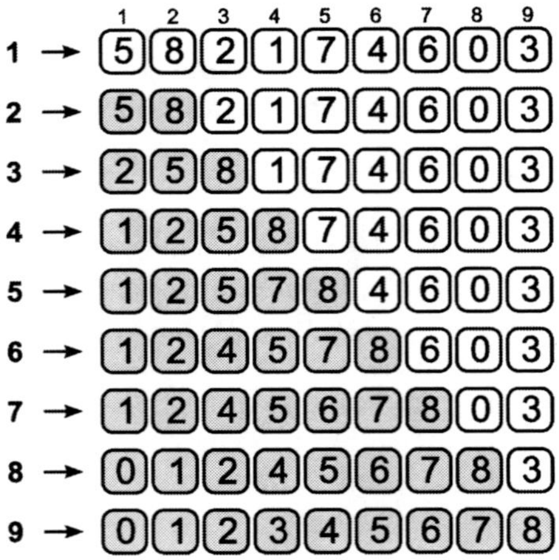

## 6 Sortieralgorithmen *

```
        1  2  3  4  5  6  7  8  9
1 →    [5][8][2][1][7][4][6][0][3]
2 →    [5][8][2][1][7][4][6][0][3]
3 →    [2][5][8][1][7][4][6][0][3]
4 →    [1][2][5][8][7][4][6][0][3]
5 →    [1][2][5][7][8][4][6][0][3]
6 →    [1][2][4][5][7][8][6][0][3]
7 →    [1][2][4][5][6][7][8][0][3]
8 →    [0][1][2][4][5][6][7][8][3]
9 →    [0][1][2][3][4][5][6][7][8]
```

**Abb. 6.3-1:** Grafische Veranschaulichung zum Algorithmus InsertionSort.

○ Im ersten Durchlauf von links nach rechts wird die »8« in den nur aus dem Element »5« bestehenden sortierten Bereich eingefügt. Da die »8« größer als die »5« ist, kann sie an ihrer Position verbleiben. Der sortierte Bereich (wiederum mit grauer Hinterlegung markiert) umfasst nun die Elemente »5« und »8«.

○ Als nächstes wird die »3« in den sortierten Bereich eingefügt. Als Einfügeposition ergibt sich der Anfang des Feldes, also müssen die Elemente »5« und »8« zunächst beide um eine Position nach rechts verschoben werden. Dann kann die »2« an ihre neue Position am Anfang des Feldes. Der sortierte Bereich umfasst nun die ersten drei Elemente: »2«, »5« und »8«.

○ In den weiteren Durchläufen wächst der bereits sortierte Bereich mit jedem Schritt von links nach rechts auch hier um ein Element an, während der noch zu sortierende Bereich, aus dem in jedem Schritt das erste Element zum Einfügen entnommen wird, schrittweise kleiner wird – bis am Ende das gesamte Feld sortiert ist.

Im E-Learning-Kurs zu diesem Buch finden Sie eine Animation zu diesem Sortierverfahren.

## Implementierung in Java

Transformiert man diese Lösungsidee für das Sortieren durch Einfügen in einen Algorithmus, so erhält man den Algorithmus InsertionSort mit folgender Java-Implementierung:

```java
public static void insertionSort(Comparable[] data)
{
    for (int i=1; i < data.length; i++)
    {
        // Entnehmen/Sichern des einzufügenden Elements
        Comparable temp = data[i];
        // Suche Position k, hinter der eingefügt wird
        int k = i-1;
        while ((k >= 0) && (temp.compareTo(data[k]) < 0))
        {
            // Dabei gleichzeitig Platz schaffen
            data[k+1] = data[k];
            k--;
        }
        // Einfügen hinter Position k
        data[k+1] = temp;
    }
}
```

## Eigenschaften

Eine wichtige Eigenschaft von Sortierverfahren ist deren Stabilität, also die Eigenschaft, dass die relative Ordnung gleicher Elemente erhalten bleibt. *Stabilität*

Prüfen sie, ob dieses Sortierverfahren stabil oder instabil ist. *Frage*

Diese Implementierung des InsertionSort ist stabil: Elemente mit gleichem Schlüsselwert behalten ihre relative Ordnung zueinander, da sie auch in dieser Reihenfolge in das sortierte Feld eingefügt werden und bei der Bestimmung der Einfügeposition k durch die Wahl des Vergleichsoperators »<« bzw. compareTo()<0 sichergestellt wird, dass Elemente im Zweifel hinter solche mit gleichem Schlüsselwert eingefügt werden. *Antwort*

Wie könnten Sie durch Ändern oder Hinzufügen nur eines einzelnen Zeichens im Java-Programm das Verfahren instabil machen? Natürlich soll das Verfahren weiterhin korrekt sortieren. *Frage*

Durch Ändern des Vergleichsoperators »<« in »≤« bzw. von compareTo()<0 in compareTo()<=0 werden weiter rechts stehende Elemente bei Schlüsselgleichheit vor Elementen mit gleichem Schlüsselwert eingefügt, ihre relative Ordnung bleibt also nicht erhalten, und das Verfahren wird damit instabil. *Antwort*

Die Analyse des Laufzeitverhaltens für den Algorithmus InsertionSort gestaltet sich nicht mehr so einfach wie beim SelectionSort, da die Anzahl der Vergleiche und Zuweisungen nicht mehr nur von der Anzahl der zu sortierenden Elemente, *Laufzeitanalyse* sondern auch von der konkreten Verteilung der Elemente im Feld abhängt. Hier kann deshalb zwischen beiden Extremfällen – dem günstigsten und dem ungünstigsten – sowie dem durchschnittlichen Fall unterschieden werden.

*Günstigster Fall*

- Im **günstigsten Fall**, wenn das Feld von vornherein schon in der richtigen, also aufsteigenden, Reihenfolge sortiert ist, beträgt die Anzahl der Vergleiche n-1 und die Anzahl der Zuweisungen 2(n-1), da die while-Schleife gar nicht betreten wird. Der Aufwand wächst im günstigsten Fall also nur *linear* mit der Feldgröße.

*Ungünstigster Fall*

- Im **ungünstigsten Fall**, wenn das Feld genau falsch herum, also absteigend, sortiert ist, beträgt die Anzahl der Vergleiche (n-1) + n(n-1)/2. Die while-Schleife wird bei jedem Durchlauf durch die for-Schleife betreten und jedes Mal auch bis ganz nach vorne, letztmalig für k = 0, durchlaufen, da die einzufügenden Elemente immer kleiner werden und somit jeweils ganz vorne einzusortieren sind. Die Anzahl der Zuweisungen ist knapp doppelt so groß, nämlich 2(n-1) für die Zuweisungen an und von der Variablen temp außerhalb der while-Schleife sowie n·(n-1)/2 für die Verschiebungen beim Durchlaufen der while-Schleife, zusammen also 2(n-1) + n(n-1)/2. Etwas allgemeiner betrachtet liegt die Anzahl der Vergleiche und Zuweisungen somit jeweils bei etwa $n^2/2$.

*Durchschnittlicher Fall*

- Aus den Ergebnissen für den günstigsten und ungünstigsten Fall lässt sich folgern, dass im **durchschnittlichen Fall** jeweils etwa $n^2/4$ Vergleiche und Zuweisungen notwendig sind. Der Algorithmus InsertionSort für das Sortieren durch direktes Einfügen hat somit insgesamt eine Laufzeitkomplexität von $O(n^2)$.

*Zählungen & Messungen*

Auch hier stellt sich natürlich wieder die Frage, was diese allgemeine Erkenntnis in der Praxis bedeutet. Die Tab. 6.3-1 zeigt die Anzahl der jeweils benötigten Vergleiche und Zuweisungen für die Anwendung des InsertionSort bei der Sortierung der gleichen Felder.

Wie schon aus den allgemeinen Betrachtungen zu erwarten war, zeigt sowohl die Anzahl der Vergleiche wie auch die der Zuweisungen ein quadratisches Laufzeitverhalten. Mehr noch, die exakten Werte bewegen sich tatsächlich in beiden Fällen in der Nähe von $n^2/4$.

*Laufzeit in $O(n^2)$, aber schneller als SelectionSort*

Im Vergleich zum SelectionSort liegen die gemessenen Laufzeiten für den InsertionSort bei nur etwa 2/3. Die lineare Komplexität bezüglich der Zuweisungen beim SelectionSort geht also wie erwartet völlig unter: Auch die absoluten Werte für Vergleiche und Zuweisungen sprechen insgesamt für den InsertionSort.

## 6.3 Sortieren durch direktes Einfügen *

| Feld-größe | Anzahl Vergleiche | Anzahl Zuweisungen | Laufzeit in ms |
|---|---|---|---|
| 10 | 24 | 33 | - |
| 20 | 115 | 137 | - |
| 30 | 268 | 302 | - |
| 40 | 404 | 448 | - |
| 50 | 648 | 701 | - |
| 60 | 922 | 987 | - |
| 70 | 1.395 | 1.471 | - |
| 80 | 1.445 | 1.529 | - |
| 90 | 2.035 | 2.126 | - |
| 100 | 2.523 | 2.626 | - |
| 250 | 15.896 | 16.149 | - |
| 500 | 65.075 | 65.576 | - |
| 1.000 | 246.010 | 247.014 | - |
| 2.500 | 1.555.355 | 1.557.861 | - |
| 5.000 | 6.234.967 | 6.239.970 | 47 |
| 10.000 | 25.143.426 | 25.153.443 | 156 |
| 25.000 | 157.609.913 | 157.634.918 | 1.000 |
| 50.000 | 622.013.656 | 622.063.660 | 3.969 |
| 100.000 | 2.508.803.816 | 2.508.903.832 | 16.625 |
| 250.000 | 15.660.118.486 | 15.660.368.498 | 103.828 |
| 500.000 | 62.645.382.755 | 62.645.882.761 | 422.235 |
| 1.000.000 | 250.272.057.750 | 250.273.057.756 | 1.754.157 |

Tab. 6.3-1: InsertionSort gezählt und gemessen.

## Verbesserungen

Der laufzeitintensivste Teil des InsertionSort ist die Suche nach der passenden Einfügeposition im schon sortierten Bereich des Feldes. Diese erfolgt dabei linear ausgehend von der Position des einzufügenden Elements in Richtung Anfang des Feldes. Aus der Diskussion verschiedener Suchverfahren wissen Sie bereits, dass die lineare Suche in einem sortierten Bereich im Hinblick auf das Laufzeitverhalten nicht optimal ist. Während die lineare

*Mögliche Optimierung*

# 6 Sortieralgorithmen *

Suche eine Laufzeit in O(n) aufweist, könnte diese durch Verwendung der **binären Suche** auf O(log n) reduziert werden.

»Binäre Suche« statt »linearer Suche«

Diese Optimierung ist auch als **Sortieren mit binärem Einfügen** oder *binary insertion* bekannt und lässt sich einfach durch Austausch des Teilalgorithmus zur Bestimmung der Einfügestelle realisieren. Dazu müssen allerdings auch die Suche der Einfügestelle und das Verschieben der Elemente entkoppelt werden. Eine entsprechende Implementierung in Java sieht dann wie folgt aus:

```java
public static void binaryInsertionSort(Comparable[] data)
{
   for (int i=1; i < data.length; i++)
   {
      // Suche der Einfügeposition k im Bereich 0..i-1
      int k = 0, l = i-1;
      while (k <= l)
      {
         int m = (k + l)/2;
         if (data[i].compareTo(data[m]) < 0)
            l = m - 1;
         else
            k = m + 1;
      }
      // Entnehmen des einzufügenden Elements
      Comparable temp = data[i];
      // Verschieben der Elemente zwischen k und i
      for (int j = i; j > k; j--)
         data[j] = data[j-1];
      // Einfügen des neuen Elements an Position k
      data[k] = temp;
   }
}
```

Instabiles Verfahren

Durch die binäre Suche nach der Einfügeposition geht zwar die Stabilität des Verfahrens verloren, sie bringt aber erwartungsgemäß eine deutliche Reduktion der Anzahl der Vergleiche von etwa $n^2/4$ auf nur noch $n \cdot \log_2 n$.

Frage

Wie ändert sich die Anzahl der Zuweisungen im Feld durch die Verwendung der binären Suche?

Antwort

Die Anzahl der Zuweisungen bleibt unverändert bei etwa $n^2/4$. Die exakten Ergebnisse liefert die Tab. 6.3-2.

Laufzeit bleibt in $O(n^2)$

Diese Optimierung verringert zwar – wie die Laufzeitmessungen in der Tabelle zeigen – für größere Felder die Laufzeit nochmal deutlich um 25 bis 50 % (je nach Verhältnis des Aufwands für Vergleich und Zuweisung, in dieser Messung um etwa ein Drittel), sie hat aber keinen Einfluss auf die allgemeine Laufzeitkomplexität des InsertionSort. Diese bleibt aufgrund des weiterhin quadratischen Aufwands für die Verschiebungen bzw. Zuweisungen (diese wurden durch die Optimierung nicht verringert) insgesamt bei $O(n^2)$, also quadratisch.

## 6.3 Sortieren durch direktes Einfügen *

| Feld-größe | Anzahl Vergleiche | Anzahl Zuweisungen | Laufzeit in ms |
|---|---|---|---|
| 10 | 22 | 39 | - |
| 20 | 61 | 152 | - |
| 30 | 114 | 251 | - |
| 40 | 163 | 426 | - |
| 50 | 222 | 770 | - |
| 60 | 275 | 963 | - |
| 70 | 338 | 1.387 | - |
| 80 | 395 | 1.612 | - |
| 90 | 467 | 2.035 | - |
| 100 | 537 | 2.828 | - |
| 250 | 1.651 | 15.288 | - |
| 500 | 3.793 | 64.042 | - |
| 1.000 | 8.586 | 249.693 | - |
| 2.500 | 24.760 | 1.542.857 | - |
| 5.000 | 54.528 | 6.251.871 | 31 |
| 10.000 | 118.974 | 25.080.162 | 110 |
| 25.000 | 330.676 | 155.190.132 | 671 |
| 50.000 | 711.376 | 620.304.401 | 2.485 |
| 100.000 | 1.522.406 | 2.504.332.612 | 9.922 |
| 250.000 | 4.136.937 | 15.637.386.649 | 62.859 |
| 500.000 | 8.774.023 | 62.514.877.660 | 261.703 |
| 1.000.000 | 18.547.075 | 249.848.504.365 | 1.170.532 |

Tab. 6.3-2: BinaryInsertion-Sort gezählt und gemessen.

Auf der Grundidee des InsertionSort baut auch folgender etwas komplexere Algorithmus auf: siehe »ShellSort«, S. 159.

*ShellSort*

Hier werden mit abnehmender Schrittweite Partitionen des Feldes mittels InsertionSort sortiert bis das auf diese Weise vorsortierte Feld schließlich einem letzten vollständigen InsertionSort ausgesetzt wird. Auch wenn dieses Verfahren zunächst aufwändiger erscheinen mag, läßt sich aufgrund der Vorsortierungen damit je nach Wahl der verwendeten Schrittfolge ein deutlich besseres Laufzeitverhalten bis zu $O(n^{1,25})$ erreichen.

## 6.4 Sortieren durch direktes Austauschen *

Das »Sortieren durch direktes Austauschen« *(BubbleSort)* ist sicher das am einfachsten zu implementierende Sortierverfahren schlechthin. Dieser Umstand zusammen mit der Möglichkeit einer stabilen Implementierung lassen es zur ersten Wahl für eine ad hoc-Lösung und für kleine Datenmengen werden, auch wenn sein Laufzeitverhalten es insgesamt zu einem der langsamsten Sortierverfahren macht. Daran können auch diverse Optimierungen nichts ändern. Um so erstaunlicher und bedeutsamer ist es daher, dass auf der Basis dieses Verfahrens spätere Erweiterungen zum schnellsten hier behandelten Verfahren, dem Quicksort, führen.

*Grundidee*

Die Grundidee beim **BubbleSort** -Verfahren besteht darin, solange systematisch jeweils zwei benachbarte Elemente zu vergleichen und nötigenfalls zu vertauschen, bis schließlich das gesamte Feld sortiert ist. In jedem Schritt wird das Feld einmal komplett durchlaufen, zum Beispiel von links nach rechts. So landet das größte Element des Feldes nach dem ersten Durchlauf bereits an letzter Position im Feld, nach dem zweiten Durchlauf ist auch das zweitgrößte Element an der richtigen Stelle usw. Sind so viele Durchläufe absolviert, wie das Feld Elemente hat, dann ist das Feld schließlich sortiert.

Während InsertionSort oder SelectionSort ihr Grundprinzip im Namen tragen (»Einfügen« bzw. »Auswahl«), stellt sich die Frage nach der Herkunft des Namens BubbleSort. Die Erklärung dafür ist sehr einfach und anschaulich:

*Der Name BubbleSort*

Wenn Sie sich das zu sortierende Feld nicht wie gewöhnlich horizontal, sondern um 90 Grad im Uhrzeigersinn gedreht (also vertikal) vorstellen, dann zeigt sich beim Sortieren in aufsteigender Reihenfolge mit Durchlaufen des Feldes jeweils von links nach rechts (also jetzt von oben nach unten), dass große (»schwere«) Elemente sehr schnell am »Boden« – dem Ende des Feldes – ankommen, während kleine (»leichte«) Elemente nur ganz langsam »aufsteigen« – wie »Blasen« oder eben *bubbles*. In der Tat kann ein leichtes Element seinem Ziel bei jedem Durchlauf ja nur um eine Position näher kommen.

### Funktionsweise

*Beispiel*

Die Funktionsweise des BubbleSort wird in der Abb. 6.4-1 veranschaulicht. Hier wird die Zahlenfolge 5, 8, 2, 1, 7, 4, 6, 0, 3 schrittweise aufsteigend sortiert.

## 6.4 Sortieren durch direktes Austauschen *

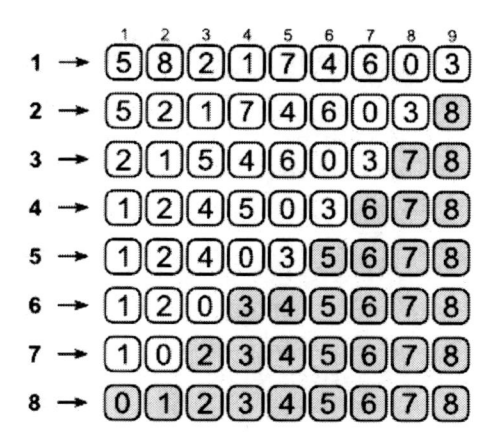

```
        1  2  3  4  5  6  7  8  9
1 →    (5)(8)(2)(1)(7)(4)(6)(0)(3)
2 →    (5)(2)(1)(7)(4)(6)(0)(3)(8)
3 →    (2)(1)(5)(4)(6)(0)(3)(7)(8)
4 →    (1)(2)(4)(5)(0)(3)(6)(7)(8)
5 →    (1)(2)(4)(0)(3)(5)(6)(7)(8)
6 →    (1)(2)(0)(3)(4)(5)(6)(7)(8)
7 →    (1)(0)(2)(3)(4)(5)(6)(7)(8)
8 →    (0)(1)(2)(3)(4)(5)(6)(7)(8)
```

Abb. 6.4-1: Grafische Veranschaulichung zum Algorithmus BubbleSort.

- Im ersten Durchlauf von links nach rechts werden zunächst die Positionen 1 und 2, also die Zahlen »5« und »8«, miteinander verglichen: Die Reihenfolge stimmt, also braucht kein Austausch vorgenommen zu werden.
- Beim anschließenden Vergleich der Positionen 2 und 3, also der Zahlen »8« und »2«, muss dann ebenso ein Austausch erfolgen wie bei allen weiteren Vergleichen dieses ersten Durchlaufs, da ja immer die größte Zahl, also die »8« mit dabei ist.
- Nach dem ersten Durchlauf hat es die »8« also schon ans Ende des Feldes und damit an ihre Zielposition geschafft. Sie bildet somit bereits den Anfang des schon sortierten Bereiches, dessen Elemente in Abb. 6.4-1 durch graue Hinterlegung zu erkennen sind.
- Der zweite Durchlauf bringt anschließend die »5« auf ihrem Weg um zwei Positionen weiter, bevor das Verfahren auf die »7« trifft, die nunmehr größte Zahl im noch zu sortierenden Bereich, die schließlich bis an dessen Ende durchgetauscht wird, also vor die »8«.
- Nach dem dritten Durchlauf hat es dann auch die »1« wie eine aufsteigende »Blase« ganz nach vorne geschafft, während am Ende des Feldes die »6« an ihrem Bestimmungsort angekommen ist.
- So setzt sich das Verfahren mit weiteren Durchläufen fort, bis es schließlich im siebten Durchlauf auch die »0«, das kleinste Element, geschafft hat, ganz nach vorne bzw. oben aufzusteigen.

○ Der abschließende achte Durchlauf bringt keine Veränderung mehr – das Feld war bereits nach dem siebten Durchlauf fertig sortiert.

Im E-Learning-Kurs zu diesem Buch finden Sie eine Animation zu diesem Sortierverfahren.

## Implementierung Java

*Naiver BubbleSort in Java*

So einfach die Grundidee des BubbleSort-Verfahrens ist, so kompakt lässt es sich auch als Algorithmus in Java durch zwei ineinander geschachtelte Schleifen implementieren:

```
public static void bubbleSort(Comparable[] data)
{
   for(int i=0; i<data.length; i++)
      for(int j=0; j<data.length-1; j++)
         if (data[j].compareTo(data[j+1]) > 1)
            swap(data,j,j+1);
}
```

Damit haben Sie den kompaktesten und sicher auch am einfachsten zu programmierenden Sortieralgorithmus, der immer dann gute Dienste leistet, wenn in irgendeiner Anwendung »mal schnell« ein Algorithmus gebraucht wird, um ein kleines Feld zu sortieren.

## Eigenschaften

Diese Einfachheit hat allerdings auch ihren Preis, wie Sie sofort sehen, wenn Sie die in der Tab. 6.4-1 zusammengestellten Laufzeitergebnisse anschauen.

*Gesamtkomplexität in $O(n^2)$*

Bereits ein flüchtiger Blick auf den Algorithmus läßt aufgrund der zwei ineinander geschachtelten for-Schleifen über die Länge des Feldes erwarten, was die konkreten Zählungen und Messungen bestätigen: Sowohl die Anzahl der Vergleiche wie auch die der Zuweisungen, von denen je swap-Operation drei anfallen, wachsen offensichtlich quadratisch mit der Größe des Feldes. Die Gesamtkomplexität ist also $O(n^2)$.

Im günstigsten Fall, wenn das Feld also bereits in der richtigen Reihenfolge sortiert ist, entfallen zwar alle Bewegungen von Elementen und die Laufzeit wird geringer, insgesamt wächst sie aber wegen der anfallenden Vergleiche weiterhin quadratisch mit der Größe des Feldes. Die Tab. 6.4-2 zeigt das Verhalten des BubbleSort für ein bereits aufsteigend sortiertes Feld.

## 6.4 Sortieren durch direktes Austauschen *

| Feld-größe | Anzahl Vergleiche | Anzahl Zuweisungen | Laufzeit in ms |
|---|---|---|---|
| 10 | 45 | 42 | - |
| 20 | 190 | 222 | - |
| 30 | 435 | 666 | - |
| 40 | 780 | 1.083 | - |
| 50 | 1.225 | 1.872 | - |
| 60 | 1.770 | 2.529 | - |
| 70 | 2.415 | 3.012 | - |
| 80 | 3.160 | 4.455 | - |
| 90 | 4.005 | 6.303 | - |
| 100 | 4.950 | 7.599 | - |
| 250 | 31.125 | 49.452 | - |
| 500 | 124.750 | 192.678 | 16 |
| 1.000 | 499.500 | 737.400 | 15 |
| 2.500 | 3.123.750 | 4.692.495 | 47 |
| 5.000 | 12.497.500 | 18.420.687 | 141 |
| 10.000 | 49.995.000 | 74.255.004 | 562 |
| 25.000 | 312.487.500 | 469.075.917 | 3.563 |
| 50.000 | 1.249.975.000 | 1.879.543.140 | 15.641 |
| 100.000 | 4.999.950.000 | 7.495.892.640 | 57.797 |
| 250.000 | 31.249.875.000 | 46.837.627.020 | 366.922 |
| 500.000 | 124.999.750.000 | 187.161.242.091 | 1.479.469 |
| 1.000.000 | 499.999.500.000 | 750.400.169.733 | 5.934.797 |

Tab. 6.4-1: Naiver BubbleSort gezählt und gemessen.

### Verbesserungen

Die Erläuterungen zur Funktionsweise des BubbleSort anhand des Beispiels in der Abb. 6.4-1 legen aber auch bereits eine Verbesserungsmöglichkeit nahe.

Für das Beispiel in Abb. 6.4-1 waren »nur« sieben statt der maximal acht Durchläufe wirklich notwendig, weil das Feld inzwischen sortiert war. Allgemein gesprochen kann das Verfahren immer dann bereits vorzeitig beendet werden, wenn zwischendurch festgestellt wird, dass das Ziel – also die Sortierung des

*Vorzeitiger Abbruch*

## 6 Sortieralgorithmen *

| Feldgröße | Anzahl Vergleiche | Anzahl Zuweisungen | Laufzeit in ms |
|---|---|---|---|
| 10 | 45 | 0 | - |
| 20 | 190 | 0 | - |
| 30 | 435 | 0 | - |
| 40 | 780 | 0 | - |
| 50 | 1.225 | 0 | - |
| 60 | 1.770 | 0 | - |
| 70 | 2.415 | 0 | - |
| 80 | 3.160 | 0 | - |
| 90 | 4.005 | 0 | - |
| 100 | 4.950 | 0 | - |
| 250 | 31.125 | 0 | - |
| 500 | 124.750 | 0 | - |
| 1.000 | 499.500 | 0 | - |
| 2.500 | 3.123.750 | 0 | 16 |
| 5.000 | 12.497.500 | 0 | 78 |
| 10.000 | 49.995.000 | 0 | 313 |
| 25.000 | 312.487.500 | 0 | 2.015 |
| 50.000 | 1.249.975.000 | 0 | 7.937 |
| 100.000 | 4.999.950.000 | 0 | 31.969 |
| 250.000 | 31.249.875.000 | 0 | 200.062 |
| 500.000 | 124.999.750.000 | 0 | 810.937 |
| 1.000.000 | 499.999.500.000 | 0 | 3.242.797 |

Tab. 6.4-2: Naiver BubbleSort gezählt und gemessen mit bereits aufsteigend sortiertem Feld.

Feldes – inzwischen erreicht ist. Wie aber kann das festgestellt werden?

**Abbruchkriterium** Sobald ein kompletter Durchlauf, also ein vollständiger Ablauf der inneren for-Schleife, ohne einen einzigen Austausch durchgeführt werden konnte, bedeutet dies, dass keine benachbarten Elemente mehr in falscher Reihenfolge stehen – oder anders ausgedrückt, dass alle in der richtigen Reihenfolge stehen, also bereits sortiert sind!

## 6.4 Sortieren durch direktes Austauschen *

In der Java-Implementierung kann dieser Test am einfachsten durch eine Boole'sche Variable (boolean) realisiert werden, die für einen Durchlauf jeweils festhält, ob ein Austausch stattgefunden hat oder nicht. Diese Variable ist jeweils beim Eintritt in die innere for-Schleife mit false zu initialisieren (es hat ja in diesem Durchlauf auch noch kein Austausch stattgefunden) und wird im Falle eines Tauschvorgangs (Aufruf von swap()) auf true »gekippt«. Ist sie nach Abschluss der for-Schleife immer noch false, dann ist das Feld sortiert und der BubbleSort kann vorzeitig beendet werden.

Mit dieser Erweiterung ergibt sich die folgende verbesserte Implementierung in Java:

```java
public static void bubbleSort2(Comparable[] data)
{
    boolean getauscht;
    int durchgang = 1;
    do
    {
        getauscht=false;
        for (int i=0; i<data.length-durchgang; i++)
            if (data[i].compareTo(data[i+1]) > 0)
            {
                swap(data,i,i+1);
                getauscht=true;
            }
        durchgang++;
    }
    while (getauscht);
}
```

Verbesserter BubbleSort

Wie wirkt sich diese Verbesserung im günstigsten Fall auf das Verhalten aus? — *Frage*

Die Laufzeit des BubbleSort im günstigsten Fall – wenn das Feld schon sortiert ist – kann mit dieser Erweiterung offensichtlich von quadratischem auf linearen Aufwand verbessert werden. In diesem Fall ist nur noch ein Durchlauf notwendig, um festzustellen, dass das Feld bereits sortiert ist, deshalb nur noch lineare Komplexität – oder O(n). — *Antwort*

Auf den durchschnittlichen Fall – mit einer zufälligen Anordnung der Elemente – hat diese Erweiterung leider keinen positiven Einfluss, wie Tab. 6.4-3 zeigt: Die Laufzeitkomplexität ist weiterhin quadratisch, auch wenn hin und wieder einige Durchläufe weniger stattfinden. Dieser Aspekt schlägt sich in der Tab. 6.4-3 in der Anzahl der Vergleiche nieder, die aber – immerhin – nur geringfügig abnimmt. — *Im Durchschnitt nichts gewonnen*

Ein Blick auf die Laufzeiten stellt diese »Verbesserung« dann allerdings doch infrage: Die gemessenen Laufzeiten sind noch größer als beim naiven BubbleSort. Woran liegt das? Ganz offensichtlich daran, dass neben Vergleichen und Zuweisungen, die ja

## 6 Sortieralgorithmen *

| Feld-größe | Anzahl Vergleiche | Anzahl Zuweisungen | Laufzeit in ms |
|---|---|---|---|
| 10 | 39 | 54 | - |
| 20 | 175 | 225 | - |
| 30 | 429 | 711 | - |
| 40 | 770 | 1.308 | - |
| 50 | 1.204 | 1.710 | - |
| 60 | 1.715 | 2.754 | - |
| 70 | 2.360 | 3.672 | - |
| 80 | 2.970 | 4.098 | - |
| 90 | 3.900 | 6.396 | - |
| 100 | 4.944 | 6.303 | - |
| 250 | 31.104 | 43.395 | - |
| 500 | 124.254 | 185.655 | - |
| 1.000 | 499.290 | 750.372 | - |
| 2.500 | 3.120.264 | 4.700.382 | 31 |
| 5.000 | 12.492.649 | 18.693.645 | 157 |
| 10.000 | 49.988.895 | 74.801.670 | 828 |
| 25.000 | 312.460.005 | 468.258.297 | 3.797 |
| 50.000 | 1.249.900.695 | 1.884.575.661 | 15.094 |
| 100.000 | 4.999.856.904 | 7.488.912.579 | 60.109 |
| 250.000 | 31.248.964.425 | 46.869.883.113 | 379.093 |
| 500.000 | 124.999.598.475 | 187.607.989.374 | 1.553.047 |
| 1.000.000 | 499.998.277.734 | 749.496.438.072 | 6.297.000 |

Tab. 6.4-3: Verbesserter BubbleSort, gezählt und gemessen mit zufällig belegtem Feld.

nicht zugenommen haben, durch die zusätzliche Verwaltung der Boole'schen Variable doch ein größerer Mehraufwand entsteht, als durch die gelegentlichen vorzeitigen Abbrüche an Laufzeitgewinn hereingeholt werden kann.

Im ungünstigsten Fall eher langsamer

Der Vollständigkeit wegen soll auch noch der ungünstigste Fall betrachtet werden. Falls das Feld zu Beginn exakt in falscher Reihenfolge sortiert ist, kann es auch keinen vorzeitigen Abbruch geben, da die vollständige Zahl an Durchläufen benötigt wird, um zum Beispiel das kleinste Element vom Ende schrittweise an den Anfang des Feldes zu bringen. Aufgrund der aufwändigeren Implementierung sind für diesen Fall deshalb auch leicht größere Laufzeiten zu erwarten, die Gesamtkomplexität bleibt aber natürlich weiterhin quadratisch – oder $O(n^2)$. Die Untersuchung der Frage, ob die angegebene Implementierung des BubbleSort zu einem *stabilen* Sortierverfahren führt, sei Ihnen als Übungsaufgabe überlassen.

Eine andere Eigenschaft des BubbleSort dagegen ist interessanter: die Feststellung nämlich, dass der BubbleSort eine ausgeprägte Asymmetrie aufweist. Grundsätzlich kann das Durchlaufen des Feldes im BubbleSort in zwei Richtungen erfolgen: »von links nach rechts«, mit einer for-Schleife, deren Index schrittweise erhöht (*inkrementiert*) wird, oder auch »von rechts nach links«, mit einer Schleife, die beim höchsten Index (am Ende des Feldes) beginnt und den Index schrittweise verkleinert (*dekrementiert*). Betrachten Sie nun als Beispiel die Sortierung der Zahlenfolge 2,18,4,5,7,9,12,15,16,17,19 durch den BubbleSort, dann ergibt sich für die unterschiedlichen Richtungen des Durchlaufs ein signifikanter Unterschied:

Asymmetrisches Verfahren

- Der von links nach rechts durch das Feld laufende BubbleSort ist bereits nach zwei Durchläufen fertig. Nach einem Durchlauf steht die »18« bereits zwischen ihren richtigen Nachbarn, der »17« und »19«, so dass der zweite Durchlauf nur noch feststellt, dass keine Vertauschungen mehr nötig sind und somit das Verfahren vorzeitig beendet werden kann.
- Der von rechts nach links durch das Feld laufende BubbleSort dagegen benötigt neun Durchläufe, nämlich genau so viele, wie die »18« an Positionen von ihrem Ziel entfernt ist, plus einen zur Feststellung, dass nichts mehr zu tauschen und das Feld somit sortiert ist.

Allgemeiner betrachtet hat die erste Variante für genau dieses Beispiel nur linearen Aufwand ($O(n)$); die zweite Variante benötigt stattdessen einen Aufwand, der quadratisch von der Länge des Feldes abhängt ($O(n^2)$). Für ein komplementäres Beispiel, also etwa die Zahlenfolge 2,4,5,7,9,12,15,16,17,3,19 gelten diese Ergebnisse genau andersherum: eine offensichtliche Asymmetrie des Verfahrens.

## Alternierender BubbleSort: ShakerSort

Genau an der Feststellung der Asymmetrie setzt eine tatsächliche Verbesserung des BubbleSort an: der **ShakerSort**.

Wie der Name vermuten lässt, ist die Grundidee dahinter, die Durchläufe im BubbleSort einfach abwechselnd von links nach

ShakerSort

rechts, dann von rechts nach links, dann wieder von links nach rechts usw. vorzunehmen.

**Beispiel: Funktionsweise des ShakerSort**

Die Funktionsweise des ShakerSort wird in der Abb. 6.4-2 veranschaulicht. Hier wird die Zahlenfolge 5, 8, 2, 1, 7, 4, 6, 0, 3 schrittweise aufsteigend sortiert.

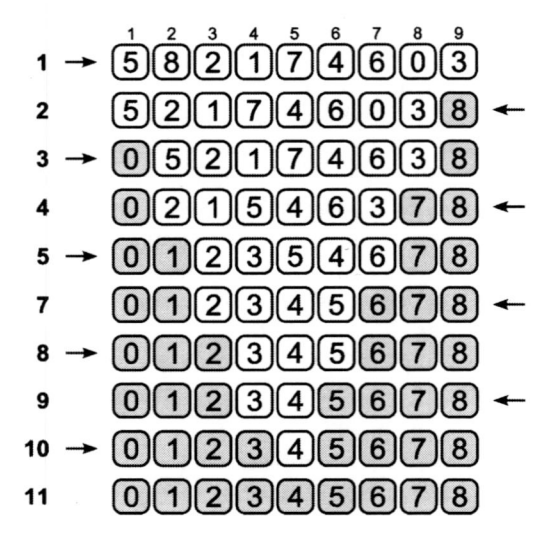

```
      1  2  3  4  5  6  7  8  9
 1 →  5  8  2  1  7  4  6  0  3
 2    5  2  1  7  4  6  0  3  8  ←
 3 →  0  5  2  1  7  4  6  3  8
 4    0  2  1  5  4  6  3  7  8  ←
 5 →  0  1  2  3  5  4  6  7  8
 7    0  1  2  3  4  5  6  7  8  ←
 8 →  0  1  2  3  4  5  6  7  8
 9    0  1  2  3  4  5  6  7  8  ←
10 →  0  1  2  3  4  5  6  7  8
11    0  1  2  3  4  5  6  7  8
```

Abb. 6.4-2: Grafische Veranschaulichung zum Algorithmus ShakerSort.

Auch hier stellt der grau hinterlegte Bereich den schon sortierten Teil des Feldes dar. Im Gegensatz zu allen anderen direkten Verfahren entsteht der sortierte Bereich beim ShakerSort nicht nur an einem Ende des Feldes (am linken »kleinen« Ende beim SelectionSort und InsertionSort bzw. am rechten »großen« Ende beim BubbleSort mit Durchlauf von links nach rechts), sondern gleichzeitig bzw. alternierend von beiden Seiten, bis sich schließlich beide Teile in der Mitte des Feldes treffen – und das Gesamtfeld damit sortiert ist.

Im E-Learning-Kurs zu diesem Buch finden Sie eine Animation zu diesem Sortierverfahren.

**Verfahren jetzt symmetrisch**

Um im eingangs erwähnten Bild zu bleiben, entspricht das Asymmetrie-Problem des BubbleSort ja genau dem Problem der nur sehr langsam aufsteigenden Blasen, und zwar je nach Durchlaufrichtung. Beim ShakerSort gibt es diese Blasen nicht mehr. Er schüttelt das Feld quasi mal in der einen, dann in der anderen Richtung. So werden Ausreißer wie die »18« oder die »3« aus dem letzten Beispiel in jedem Fall sehr schnell durch das Feld an ihre Zielposition befördert, spätestens im zweiten Durchlauf.

# 6.4 Sortieren durch direktes Austauschen *

Das Verfahren ist damit wieder symmetrisch und der Aufwand ist für beide Beispiele nur linear, also in O(n), da nur die Länge der Durchläufe abhängig von der Feldgröße ist, nicht aber deren Anzahl.

## Implementierung in Java

Durch die alternierenden Durchläufe – abwechselnd von links nach rechts und von rechts nach links – wird die Implementierung in Java etwas aufwändiger:

```java
public static void shakerSort(Comparable[] data)
{
    boolean vertauscht;
    int durchgang = 1;
    do
    {
        vertauscht = false;

        // Durchgang von rechts
        for( int i= durchgang-1; i<data.length-durchgang; i++)
            if (data[i].compareTo(data[i+1]) > 1)
            {
                swap(data[i],data[i+1]);
                vertauscht=true;
            }

        // Durchgang von links
        if (vertauscht)
        {
            vertauscht = false;
            for (int i=data.length-durchgang-2; i>=durchgang-1; i--)
            {
                if (data[i].compareTo(data[i+1]) > 1)
                {
                    swap(data[i],data[i+1]);
                    vertauscht=true;
                }
            }
        }
        durchgang++;
    }
    while (vertauscht);
}
```

## Eigenschaften des ShakerSort

Für die beiden bereits betrachteten Beispiele, dass sich noch ein »Ausreißer« am falschen Ende eines ansonsten fast sortierten Feldes befindet, haben Sie bereits gesehen, dass in beiden Fällen der Sortieraufwand nur linear von der Feldgröße abhängt. Dies waren aber, zugegeben, schon extreme Beispiele. Deshalb liegt die Frage nahe, welche Verbesserung der ShakerSort im All-

## 6 Sortieralgorithmen *

gemeinen bringt? Hierüber geben die in Tab. 6.4-4 zusammengestellten Zählungen und Messungen Aufschluss.

| Feldgröße | Anzahl Vergleiche | Anzahl Zuweisungen | Laufzeit in ms |
|---|---|---|---|
| 10 | 42 | 87 | - |
| 20 | 175 | 300 | - |
| 30 | 369 | 711 | - |
| 40 | 609 | 1.029 | - |
| 50 | 1.035 | 1.830 | - |
| 60 | 1.392 | 2.619 | - |
| 70 | 1.919 | 3.798 | - |
| 80 | 2.565 | 4.860 | - |
| 90 | 2.829 | 5.541 | - |
| 100 | 3.725 | 7.074 | - |
| 250 | 23.744 | 47.223 | 16 |
| 500 | 97.020 | 189.345 | 15 |
| 1.000 | 371.229 | 735.927 | - |
| 2.500 | 2.288.472 | 4.541.463 | 32 |
| 5.000 | 9.391.222 | 18.711.381 | 125 |
| 10.000 | 37.241.225 | 74.578.383 | 485 |
| 25.000 | 234.992.475 | 469.401.591 | 3.078 |
| 50.000 | 934.756.614 | 1.871.732.499 | 12.343 |
| 100.000 | 3.747.373.674 | 7.471.970.343 | 50.156 |
| 250.000 | 23.424.557.247 | 46.901.891.928 | 319.656 |
| 500.000 | 93.651.798.364 | 187.466.991.528 | 1.226.109 |
| 1.000.000 | 374.825.689.622 | 749.481.994.686 | 4.234.406 |

Tab. 6.4-4: ShakerSort gezählt und gemessen.

**Anzahl Zuweisungen unverändert**

Dass die Anzahl der Vertauschungen und damit die Anzahl der Zuweisungen gegenüber dem BubbleSort unverändert bleibt, ist naheliegend. Vertauschungen finden immer nur zwischen benachbarten Feldern statt, und die Anzahl der benötigten Vertauschungen ist von der konkreten Ausgangsordnung auf dem Feld, nicht aber von der Richtung des Durchlaufs abhängig. Auch bei den beiden näher betrachteten Extrembeispielen unterscheiden sich BubbleSort und ShakerSort deshalb nicht in der Anzahl der Zuweisungen.

Bei der Anzahl der durchzuführenden Vergleiche sieht es da schon etwas anders aus. Auch dies konnten Sie sich bereits an den beiden näher beschriebenen Beispielen klarmachen: Da die Anzahl der in einem Durchlauf erfolgenden Vergleiche von den Daten im Feld unabhängig ist, wird die Gesamtzahl der Vergleiche einzig durch die Anzahl der Durchläufe bestimmt. Und genau diese wurde – je nach Implementierung des BubbleSort – für eines der Extrembeispiele signifikant reduziert. Für zufällig belegte Felder, wie sie den in Tab. 6.4-4 dargestellten Zählungs- und Messergebnissen zugrunde liegen, fällt dieser Effekt natürlich deutlich geringer, aber immer noch sichtbar, aus.

*Anzahl Vergleiche leicht reduziert*

Beide Maße, die Anzahl der Vergleiche und die der Zuweisungen, wachsen im allgemeinen Fall, also bei zufällig erzeugten Datenanordnungen im Feld, weiterhin quadratisch mit der Feldlänge, bleibt also in $O(n^2)$.

*ShakerSort weiterhin in $O(n^2)$*

## Weitere Verbesserungen des BubbleSort

Wie die Zählungen und Messungen zeigen, stellen BubbleSort bzw. ShakerSort die im Durchschnitt aufwändigsten und damit langsamsten der in diesem Buch behandelten Sortierverfahren dar.

Der wesentliche Grund dafür liegt in der Tatsache, dass in jedem Schritt immer nur benachbarte Elemente vertauscht werden. Damit ein Element an seinen richtigen Platz kommt, bedarf es also einer Vielzahl von Vertauschungen – nämlich genau so vieler wie Ausgangs- und Zielposition auseinanderliegen. Und da jede Vertauschung ihrerseits aus drei Zuweisungen besteht, erklären sich die schlechten Laufzeitergebnisse schon von selbst. Genau an dieser Beobachtung setzen aber auch die Ideen zu einer grundsätzlichen Verbesserung an:

Das Verfahren CombSort [LaBo91] führt diese Vertauschungen zunächst auf Ausschnitten des Feldes aus, die jeweils nur jedes $k$-te Element umfassen. Diese Schrittweite k wird dann nach einer vorgegebenen Schrittweitenfolge systematisch bis auf den Wert $k = 1$ reduziert, was einem gewöhnlichen BubbleSort entspricht, der wiederum alle Elemente umfasst. Und obwohl also am Schluss ein ganz normaler Aufruf des BubbleSort stattfindet, kann auf diese Weise aufgrund der »Vorsortierung« in den Durchläufen mit größerer Schrittweite eine signifikante Komplexitätsreduktion auf $O(n^{1,3})$ erreicht werden. CombSort stellt so auf der Basis des BubbleSort das Analogon zum »ShellSort«, S. 159, auf der Basis des »InsertionSort«, S. 110, dar.

*CombSort liefert $O(n^{1,3})$*

*Vom langsamsten zum schnellsten Verfahren: QuickSort*

Interessanterweise bildet die Grundidee des langsamen Bubble- bzw. ShakerSort, nämlich ein Feld durch systematischen Austausch von »falschherum« stehenden Elementen zu sortieren, auch die Grundlage für das schnellste in diesem Buch behandelte Verfahren:

- »QuickSort«, S. 137

Auch beim QuickSort werden nicht nur benachbarte Elemente, sondern Elemente über größere Entfernung im Feld vertauscht. Dadurch wird eine Zerlegung des Feldes in einen Teil mit kleineren und einen mit größeren Elementen erreicht, die schließlich unabhängig voneinander sortiert werden können, so dass letztlich das gesamte Feld sortiert ist. Auf diese Weise *kann* eine wesentlich verbesserte Komplexität, nämlich $O(n \cdot \log n)$ statt $O(n^2)$ erreicht werden.

## 6.5 Vergleich der direkten (quadratischen) Sortierverfahren *

Den direkten Sortierverfahren gemeinsam ist, dass sie jeweils ein Grundprinzip (*Auswählen*, *Einfügen* oder *Austauschen*) systematisch und direkt auf dem Feld anwenden, bis dieses sortiert ist. Dadurch sind diese Verfahren einfach zu verstehen, schnell zu implementieren, aber auch aufwändig in der Ausführung. Alle direkten Verfahren haben im allgemeinen Fall (im Durchschnitt bzw. für ein zufällig belegtes Feld) eine Gesamtkomplexität in $O(n^2)$. Sie werden deshalb auch als »quadratische Sortierverfahren« bezeichnet. In ihrer Eignung für bestimmte Sonderfälle, wie zum Beispiel ein bereits fast sortiertes Feld, können sich diese Verfahren aber genauso deutlich unterscheiden wie im konkreten Aufwand und den tatsächlichen Laufzeiten, die sie verursachen.

*Definition*

**Direkte Sortierverfahren** wenden jeweils ein bestimmtes Grundprinzip systematisch auf alle Elemente bzw. Positionen im Feld an. So wächst mit jedem Verarbeitungsschritt bzw. Durchlauf durch das Feld der schon sortierte Teil, während der noch unsortierte Teil um ein Element kleiner wird – bis schließlich das ganze Feld sortiert ist.

Diese Eigenschaft trifft auf die weiterentwickelten, »höheren« Sortierverfahren, wie ShellSort, HeapSort oder QuickSort, *nicht* mehr zu.

## Grundlagen und Varianten der direkten Sortierverfahren

Die jeweiligen Grundprinzipien der direkten Verfahren sind:     Grundprinzipien

- das Auswählen des passenden Elements aus dem noch unsortierten Teil, um es an eine fortlaufende Position im Feld zu tauschen (SelectionSort),
- das Einfügen des nächsten Elements aus dem noch unsortierten Teil an die richtige Stelle im bereits sortierten Teil (InsertionSort) und
- das Vertauschen zweier benachbarter »falschherum« stehender Elemente aus dem noch unsortierten Teil (BubbleSort).

Die Verfahren BinaryInsertionSort oder ShakerSort stellen nur Varianten dar, die das gleiche Grundprinzip anwenden, dabei aber jeweils einen bestimmten Aspekt modifizieren:     Varianten

- binäre statt lineare Suche nach der Einfügeposition im bereits sortierten Teil des Feldes (BinaryInsertionSort) oder
- abwechselndes Durchlaufen des Feldes statt gleich bleibende Richtung, von links nach rechts bzw. von rechts nach links (ShakerSort).

## Unterschiede in besonderen Fällen

Auch wenn alle direkten Sortierverfahren im durchschnittlichen wie auch im ungünstigsten Fall einen Aufwand haben, der quadratisch mit der Feldgröße wächst, so trifft das nicht auf den Mindestaufwand, also den Aufwand für den günstigsten Fall zu. Der günstigste Fall liegt für die direkten Sortierverfahren immer dann vor, wenn das Feld zu Beginn bereits sortiert ist. In diesem Fall müssen keine Elemente bewegt werden, es finden also keine Zuweisungen statt.     Aufwand im günstigsten Fall

- Die BubbleSort-Implementierung mit vorzeitigem Abbruch und ebenso der ShakerSort beschränken in diesem Fall auch die Anzahl der Vergleiche auf einen Durchlauf durch das Feld und erreichen so eine Gesamtkomplexität in O(n), also linear.
- Beim InsertionSort kann das Verfahren zwar nicht vorzeitig beendet werden, bei einem bereits sortierten Feld ist die Suche nach der passenden Einfügestelle aber trivial und erzeugt jeweils nur konstanten Aufwand, so dass auch hieraus im Ergebnis eine *lineare* Gesamtkomplexität, also in O(n), resultiert. Für die Variante BinaryInsertionSort gilt das so nicht. Wegen der binären Suche nach der Einfügestelle bleibt dieser Suchaufwand auch im Fall des bereits sortierten Feldes unverändert, nämlich *logarithmisch*, also in O(log n). Weil aber in diesem Fall keine Verschiebungen im Feld notwendig sind, bleibt es bei diesem Aufwand, der je Element des Fel-

des entsteht, so dass die Gesamtkomplexität *loglinear*, also in O(n·log n) ist.

- Und auf die Anzahl der Vergleiche, die beim SelectionSort durchgeführt werden müssen, hat dieser günstigste Fall gar keine Auswirkung: Bei jedem Durchlauf werden alle Elemente des noch als unsortiert geltenden Teils untersucht, um jeweils den kleinsten Wert (beim minsort) zu finden. Hierbei entsteht immer ein *quadratischer* Aufwand, also in O($n^2$).

*Nicht alle Verfahren stabil*

Auch hinsichtlich der Eigenschaft der Stabilität gibt es Unterschiede: Während InsertionSort und BubbleSort naheliegenderweise stabil sind, trifft das auf die übliche Implementierung des SelectionSort nicht zu.

Allerdings können auch InsertionSort und BubbleSort mit nur einer kleinen Modifikation in der Implementierung instabil werden, indem nämlich der Vergleichsoperator von »<« auf »≤« bzw. von compareTo()<0 auf compareTo()<=0 erweitert wird.

## Aufwandsvergleich der direkten Sortierverfahren

*Auch im allgemeinen Fall Sieger & Verlierer*

Und auch im allgemeinen durchschnittlichen Fall oder für ein Feld mit zufälliger Anordnung der Elemente bedeutet die gleiche Komplexität in O($n^2$) für alle direkten Verfahren noch lange nicht, dass alle Verfahren auch praktisch gleich gut, aufwändig oder letztlich schnell – bzw. langsam! – sind. Um hierüber Aufschluss zu erhalten, sind empirische Untersuchungen hilfreich, bei denen jedes der besprochenen und wichtigsten direkten Sortierverfahren auf Felder mit ansteigender Länge und jeweils zufällig angeordneten Elementen angewendet wird. Dabei werden die Anzahl der durchgeführten Vergleiche von Schlüsselelementen und der durchgeführten Zuweisungen von Elementen gezählt sowie die jeweilige Laufzeit gemessen. Die Abb. 6.5-1 stellt dazu zunächst die Entwicklung der Anzahl der benötigten Zuweisungen bei wachsender Feldlänge bis 100.000 gegenüber. Aufgrund der Skalierung bis hin zu acht Milliarden Zuweisungen erscheint die Kurve für den SelectionSort als konstant Null – tatsächlich wächst die Anzahl der Zuweisungen linear bis auf etwa 22.400 für das Feld mit 100.000 Elementen.

InsertionSort (in beiden Varianten mit linearer oder binärer Suche) sowie BubbleSort (und seine Variante ShakerSort) zeigen beide – wie aus der allgemeinen Betrachtung zu erwarten – ein quadratisches Verhalten. Die absoluten Werte sind aber deutlich verschieden: Bei einem Feld mit 100.000 Elementen benötigen die BubbleSort-Varianten bereits etwa dreimal so viele Zuweisungen wie die Varianten des InsertionSort.

## 6.5 Vergleich der direkten (quadratischen) Sortierverfahren *

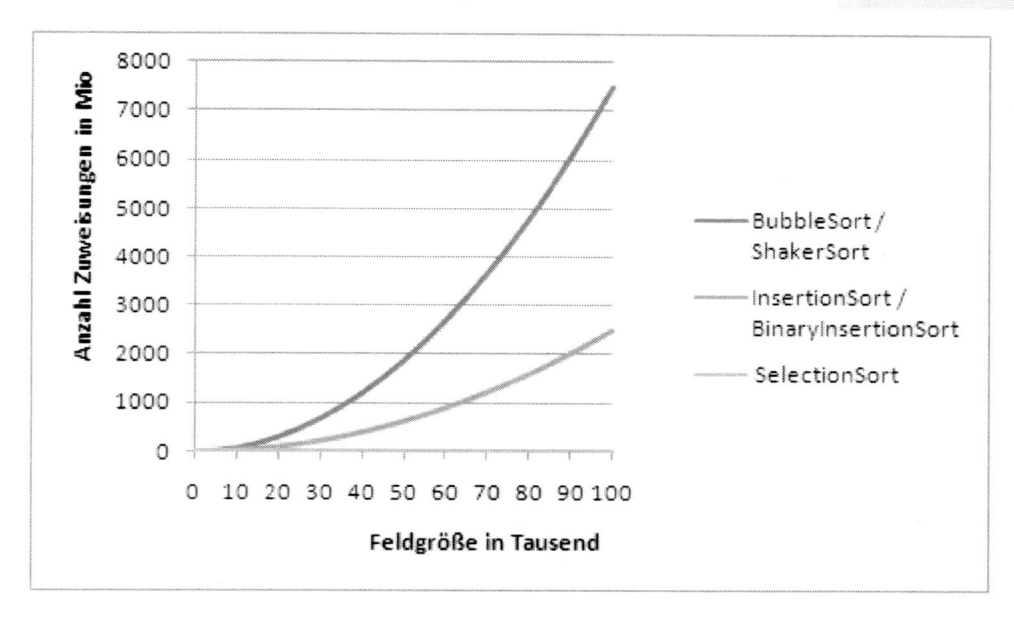

Abb. 6.5-1: Grafische Darstellung der Ergebnisse aus der Zählung der Zuweisungen der wichtigsten direkten Sortierverfahren.

Auch bei der Betrachtung der Vergleiche sticht ein Verfahren mit deutlich günstigerem Aufwand hervor: Während die Anzahl der Vergleiche bei allen anderen Verfahren quadratisch mit der Feldgröße steigt, tut sie dies beim BinaryInsertionSort nur loglinear, so dass die Skalierung in der Abb. 6.5-2 dies nicht mehr darstellen kann, auch wenn sie bei einem Feld der Länge 100.000 immerhin auch über 1,5 Millionen erreicht.

Fasst man die Anzahl der Vergleiche und Bewegungen als die wesentlichen Schritte bei der Ausführung eines Sortieralgorithmus zusammen und stellt auch dafür die Ergebnisse grafisch wie in der Abb. 6.5-3 dar, dann wird der Unterschied zwischen den schnelleren – oder besser: nicht ganz so langsamen – Verfahren SelectionSort und InsertionSort auf der einen Seite und den wirklich langsamen Varianten des BubbleSort auf der anderen Seite deutlich. Die konkreten Werte für SelectionSort und InsertionSort sind in diesem Fall etwa gleich, allerdings werden hierfür ja auch Vergleiche und Zuweisungen in gleicher Weise gezählt. Das ist natürlich nur dann aussagekräftig, wenn beide Operationen tatsächlich auch einigermaßen gleich aufwändig sind, also etwa gleich viel Laufzeit verbrauchen.

# 6 Sortieralgorithmen *

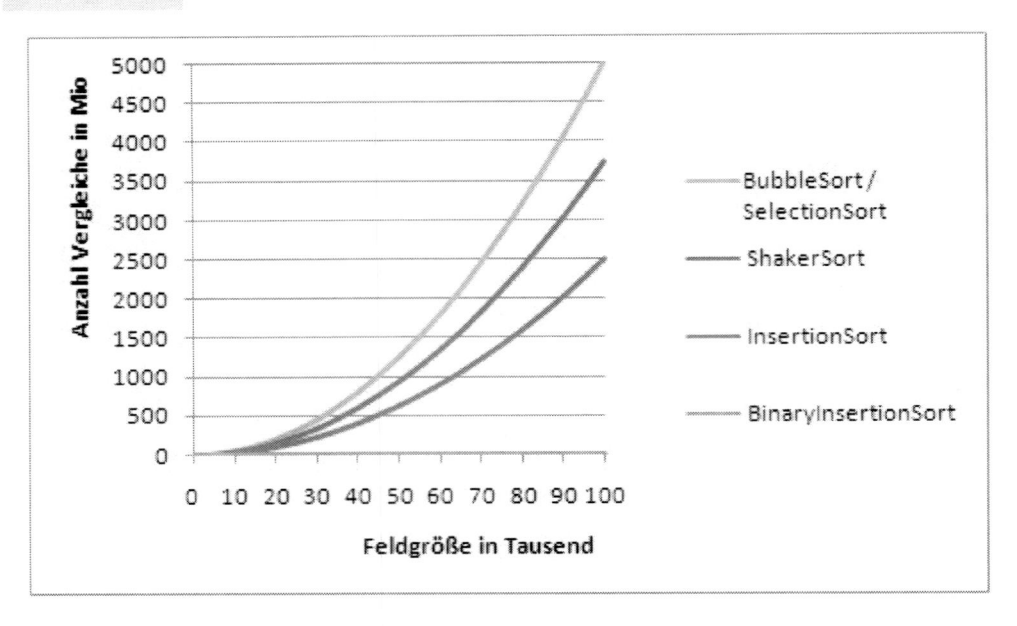

Abb. 6.5-2: Grafische Darstellung der Ergebnisse aus der Zählung der Vergleiche der wichtigsten direkten Sortierverfahren.

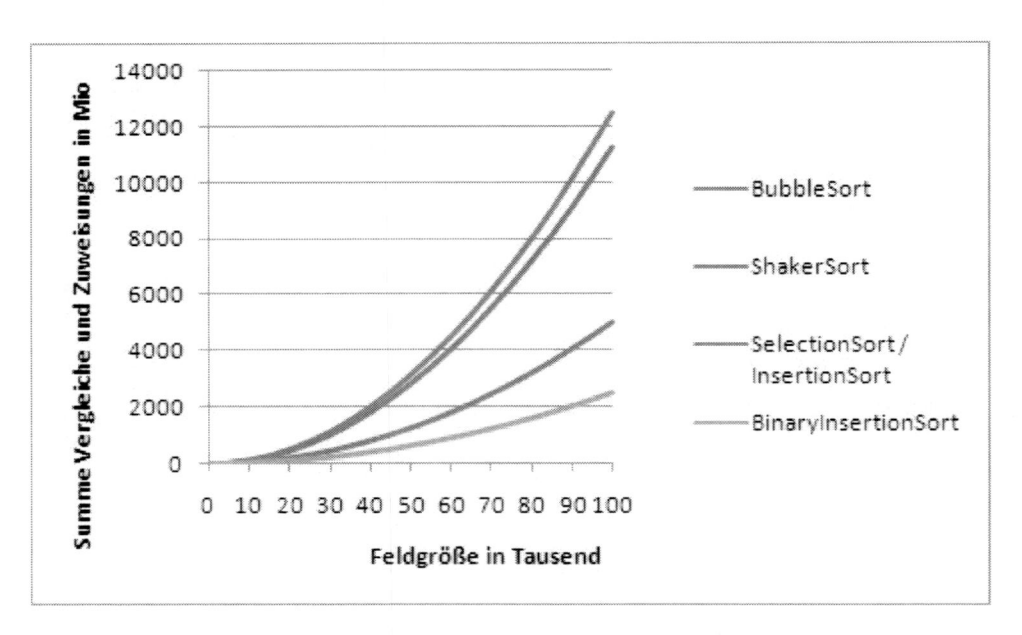

Abb. 6.5-3: Grafische Darstellung der Ergebnisse aus der Zählung der Schritte (Vergleiche und Zuweisungen) der wichtigsten direkten Sortierverfahren.

## 6.5 Vergleich der direkten (quadratischen) Sortierverfahren *

Nun entsteht aber der Aufwand des SelectionSort ganz wesentlich durch Vergleiche, da die Zuweisungen nur linear mit der Feldgröße wachsen, während beim InsertionSort etwa gleich viele Vergleiche wie Zuweisungen anfallen.[1]

Genau dieser Unterschied verhilft jetzt bei der Betrachtung der tatsächlich gemessenen Laufzeiten in Abb. 6.5-4 zu einer ganz anderen Erkenntnis: Hier unterscheiden sich die gemessenen Laufzeiten von InsertionSort und SelectionSort nämlich deutlich und zwar dahingehend, dass der SelectionSort klar langsamer als der InsertionSort ist.

Was lässt sich daraus für den tatsächlichen Aufwand für Vergleiche und Zuweisungen schließen?

Da der SelectionSort in seinem Aufwandsprofil deutlich vergleichslastiger als der eher ausgeglichene InsertionSort ist, lässt dies nur den Schluss zu, dass ein Schlüsselwertvergleich eine klar aufwändigere Operation als eine Zuweisung eines Elements an eine Position im Feld darstellt, ihre Abarbeitung also deutlich länger braucht.

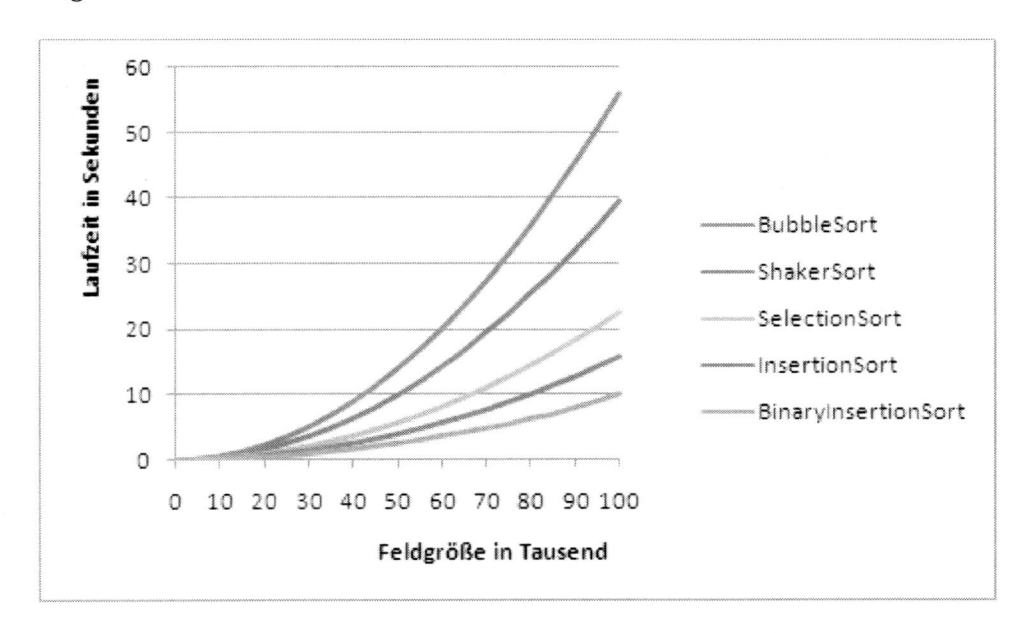

Abb. 6.5-4: Grafische Darstellung der Ergebnisse aus der Messung der Laufzeiten der wichtigsten direkten Sortierverfahren.

---

[1] Tatsächlich sind es für ein Feld mit 100.000 zufällig angeordneten Elementen knapp fünf Milliarden Vergleiche und weniger als 300.000 Zuweisungen für den SelectionSort, während der InsertionSort jeweils etwa 2,5 Milliarden Vergleiche wie Zuweisungen benötigt.

Aus diesen Überlegungen und vor allem aber den Zählungen und abschließenden Messungen ergibt sich trotz gleicher Komplexität, die bei allen Verfahren in $O(n^2)$ liegt, eine klare Rangfolge in der Geschwindigkeit, mit der die verschiedenen Verfahren ein zufällig belegtes Feld sortieren können.

Am schnellsten schafft dies im Allgemeinen der InsertionSort, wobei die Variante des BinaryInsertionSort nochmal eine deutliche Verbesserung bringt. Im Mittelfeld liegt der SelectionSort, während beide BubbleSort-Varianten schon sehr lange brauchen.

Zwar wächst die Zeit bei allen Verfahren quadratisch mit der Größe des Feldes, wer aber in einem Anwendungsprogramm, in dem eine große Datensammlung mit 100.000 Artikel- oder Kundendaten zu sortieren ist, statt des BinaryInsertionSort (wenn er denn schon keines der fortgeschrittenen Verfahren einsetzt) den natürlich viel einfacher zu programmierenden BubbleSort verwendet, der darf möglicherweise mehr als fünfmal so lange auf seine Ergebnisse warten!

## Direkte Sortierverfahren im Kompaktvergleich

Abschließend finden Sie in der Tab. 6.5-1 die drei grundlegenden direkten Sortierverfahren InsertionSort, SelectionSort sowie BubbleSort und ihre wesentlichen Eigenschaften tabellarisch gegenübergestellt.

| Verfahren | InsertionSort | SelectionSort | BubbleSort |
|---|---|---|---|
| Grundprinzip | Einfügen an die richtige Stelle im sortierten Feld | Auswahl des richtigen Elements für eine Position | Vertauschen falschherum stehender Elemente |
| Stabilität | ja | nein | ja |
| Komplexität im günstigsten Fall | O(n) beim sortierten Feld | $O(n^2)$ | O(n) beim sortierten Feld |
| Komplexität im allgemeinen Fall | $O(n^2)$ | $O(n^2)$ | $O(n^2)$ |
| Anzahl Vergleiche im allgemeinen Fall | $O(n^2)$ | $O(n^2)$ | $O(n^2)$ |
| Anzahl Zuweisungen im allgemeinen Fall | $O(n^2)$ | O(n) | $O(n^2)$ |
| Gemessene Laufzeit für 100.000 zufällig angeordnete Elemente | 15,8 Sekunden | 22,4 Sekunden | 55,8 Sekunden |
| Geschwindigkeit für große Datenmengen | langsam | sehr langsam | extrem langsam |
| Verbesserungen | BinaryInsertionSort, »ShellSort«, S. 159 | QuadraticSelectionSort, »HeapSort«, S. 148 | CombSort, ShakerSort, »QuickSort«, S. 137 |

Tab. 6.5-1: Gegenüberstellung direkter Sortierverfahren.

## 6.6 Der Name ist Programm: QuickSort *

Auf dem sehr langsamen BubbleSort-Verfahren baut der rekursive QuickSort auf, der – wie sein Name vermuten lässt – tatsächlich im Normalfall ein sehr schnelles Sortierverfahren darstellt. Nur in Ausnahmefällen bleibt auch sein Laufzeitverhalten quadratisch und schränkt so seinen Anwendungsbereich noch ein. Weitere Optimierungen können daran zwar nicht grundsätzlich etwas ändern, reduzieren aber die Wahrscheinlichkeit dieses ungünstigsten Falles auf ein Minimum und führen in Kombination mit dem eigentlich langsamen Verfahren des direkten Einfügens zum schnellsten hier behandelten Sortierverfahren.

*Weiterentwicklung des BubbleSort*

Die Idee, ein Feld durch systematisches Vertauschen von Elementen, die in falscher Reihenfolge stehen, zu sortieren, wurde bereits mit dem Verfahren »BubbleSort«, S. 118, umgesetzt. Dabei werden jedoch immer nur benachbarte Elemente untersucht und bei Bedarf vertauscht, so dass häufig sehr viele Vertauschungen notwendig sind, bis ein Element an seiner richtigen Position angekommen ist. Das macht den BubbleSort zum langsamsten der in diesem Buch behandelten Sortierverfahren. Diese Erkenntnis hat aber schon 1962 den britischen Informatiker Sir Charles Antony Richard Hoare (C.A.R. Hoare) zu einer Verbesserung [Hoar62] motiviert, die ebenfalls ausschließlich auf dem Vertauschen von Elementen basiert, wobei diese aber im Gegensatz zum BubbleSort auch über größere Entfernungen im Feld vertauscht werden. Dieses Verfahren ist nun als QuickSort bekannt und folgt einer ebenso einfachen wie genialen Idee:

*Grundidee*

Die Grundidee beim QuickSort-Verfahren besteht darin, durch systematische Vertauschungen das Feld in zwei Teile aufzuteilen: Der eine (linke) Teil enthält nur solche Elemente, deren Schlüsselwerte kleiner oder gleich einem vorher festzulegenden Vergleichswert (Pivot) sind, der andere (rechte) Teil nur solche, deren Schlüsselwerte größer oder gleich diesem Vergleichswert sind. Ist diese Aufteilung erreicht, dann können linker und rechter Teil des Feldes unabhängig voneinander *nach dem gleichen Prinzip*, also rekursiv, weiter sortiert werden. Dies wird solange fortgesetzt, bis die Teilfelder trivialerweise sortiert sind, weil sie nur noch ein Element enthalten.

Somit besteht der Algorithmus im Wesentlichen aus zwei Teilen:

- Dem Aufteilen des Feldes, also der Berechnung einer Position im Feld, die das linke von dem rechten Teilfeld trennt. Für diese Aufteilung (*Partitionierung*) des Feldes wird zunächst ein Referenz- oder Vergleichswert (sog. *Pivot*) benötigt. Dann werden systematisch – das Feld von außen nach innen durchlaufend – Elemente vertauscht, nämlich immer dann, wenn der Schlüsselwert des links stehenden größer als der Vergleichswert und der Schlüsselwert des rechts stehenden kleiner als der Vergleichswert sind. Diese verzahnten Durchläufe durch das Feld – also von links und von rechts jeweils nach innen – enden, sobald sie sich treffen. Die Position im Feld, an der dies passiert, markiert dann auch die Grenze zwischen linkem und rechtem Teilfeld, so dass alle Schlüsselwerte der Elemente im rechten Teilfeld größer oder gleich dem Schlüsselwert eines jeden Elements im linken Teilfeld sind.

- Anschließend können linkes und rechtes Teilfeld, also die Elemente von links bis zur Grenze sowie die Elemente rechts der Grenze unabhängig voneinander auf gleiche Weise weitersortiert werden.

## Funktionsweise

*Beispiel*

Die Funktionsweise des QuickSort wird in der Abb. 6.6-1 veranschaulicht. Hier wird die Zahlenfolge 5, 8, 2, 1, 7, 4, 6, 0, 3 schrittweise aufsteigend sortiert, wobei als *Pivot*-Element der

## 6.6 Der Name ist Programm: QuickSort *

Einfachheit halber immer das letzte Element des zu sortierenden Feldes gewählt wird.

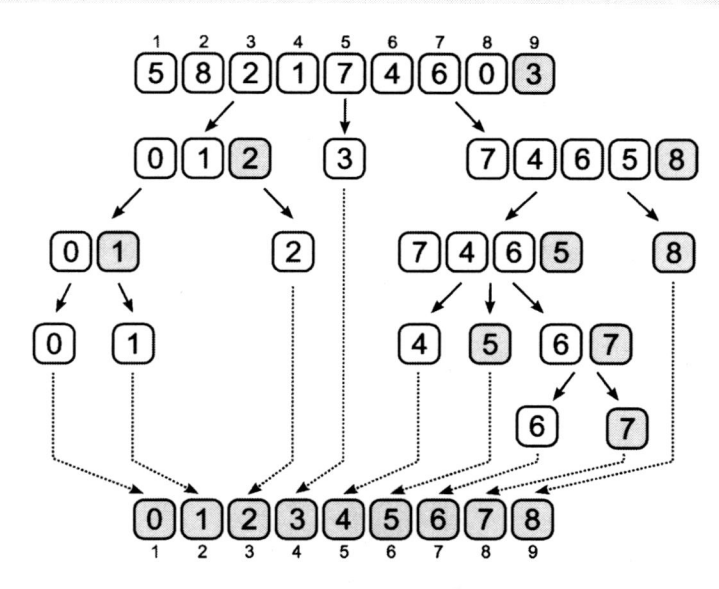

```
   1  2  3  4  5  6  7  8  9
  [5][8][2][1][7][4][6][0][3]
         ↙      ↓       ↘
     [0][1][2]  [3]   [7][4][6][5][8]
      ↙    ↘           ↙   ↓   ↘
   [0][1]   [2]       [7][4][6][5]    [8]
   ↙  ↘                ↙   ↓  ↘
 [0]  [1]            [4] [5] [6][7]
                                ↙ ↘
                              [6]  [7]

           [0][1][2][3][4][5][6][7][8]
            1  2  3  4  5  6  7  8  9
```

Abb. 6.6-1: Grafik zur Funktionsweise des QuickSort-Algorithmus.

Im ersten Durchlauf wird also die Zahl »3« als *Pivot*-Element gewählt, so dass das zu sortierende Feld in zwei Teile aufgeteilt (*partitioniert*) wird: den linken Teil mit den »kleineren« Elementen, also den Zahlen »0,1,2«, und den rechten Teil mit den »größeren« Elementen – den Zahlen »7,4,6,5,8«. Wie diese Partitionierung im Detail erfolgt, veranschaulicht die Abb. 6.6-2. Dazu können Sie sich zwei Zeiger vorstellen, die von links bzw. rechts außen nach innen laufen.

- Dabei bleibt der von links kommende Zeiger stehen, sobald er auf ein Element trifft, dessen Schlüsselwert *größer* als das *Pivot*-Element (hier die Zahl »3«) ist. Also bleibt dieser linke Zeiger bei der »5« stehen (Zeile 1 in der Abb. 6.6-2).
- Der rechte Zeiger läuft analog jeweils weiter nach links, bis er auf ein Element trifft, dessen Schlüsselwert kleiner als das *Pivot*-Element ist. Das ist bei der »0« der Fall (Zeile 2 in der Abb. 6.6-2).

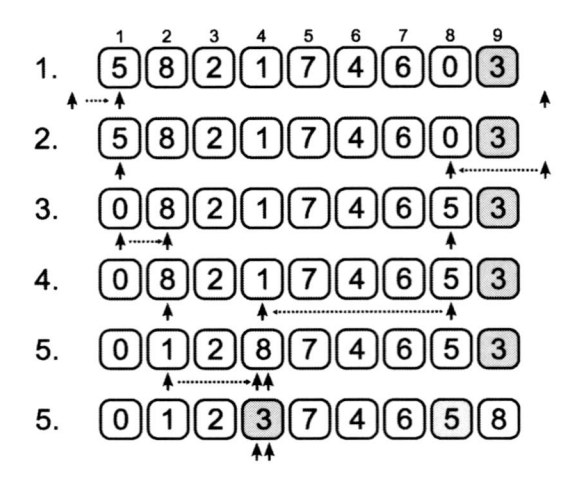

```
            1  2  3  4  5  6  7  8  9
1.         (5)(8)(2)(1)(7)(4)(6)(0)(3)
            ↑····↑                  ↑
2.         (5)(8)(2)(1)(7)(4)(6)(0)(3)
            ↑                 ↑····↑
3.         (0)(8)(2)(1)(7)(4)(6)(5)(3)
            ↑····↑                ↑
4.         (0)(8)(2)(1)(7)(4)(6)(5)(3)
               ↑     ↑············↑
5.         (0)(1)(2)(8)(7)(4)(6)(5)(3)
            ↑·········↑↑
5.         (0)(1)(2)(3)(7)(4)(6)(5)(8)
                     ↑↑
```

Abb. 6.6-2: Grafik zur Partitionierung im QuickSort.

○ Damit ist ein Paar von zu vertauschenden Elementen gefunden, so dass die »5« und die »0« getauscht werden und das Verfahren mit dem linken Zeiger fortgesetzt wird, der nun bei der »8« stehenbleibt (Zeile 3 in der Abb. 6.6-2).
○ Der rechte Zeiger findet erst in der »1« wieder ein Element, dessen Schlüsselwert *kleiner* als das *Pivot*-Element ist (Zeile 4 in der Abb. 6.6-2).
○ Somit tauschen als nächstes die Elemente »8« und »1« ihre Plätze, und der linke Zeiger läuft weiter ... bis zur »8«, wo sich beide Zeiger treffen (Zeile 5 in der Abb. 6.6-2).
○ Damit ist der Durchlauf (fast) beendet: Jetzt kann das Element, bei dem sich beide Zeiger getroffen haben, gegen das *Pivot*-Element vom Ende des Feldes getauscht werden, und die Partitionierung ist abgeschlossen. Links vom *Pivot*-Element stehen nur Elemente mit *kleinerem* Schlüsselwert, rechts nur solche mit *größerem* Schlüsselwert (Zeile 6 in der Abb. 6.6-2).

Diese beiden Teilfelder können nach dem gleichen Verfahren (deshalb rekursiv!) partitioniert werden, so dass als weitere Teilfelder auf der nächsten Stufe die Elemente »0,1« und »7,4,6,5« entstehen. Dieser Partitionierungsprozess wird fortgesetzt, bis nur noch einelementige Teilfelder übrig bleiben, die nicht weiter partitioniert werden können. Und da das Feld durch die Vertauschungen an Ort und Stelle jeweils in einen Teil mit kleineren Werten, gefolgt von dem *Pivot*-Element selbst, und schließlich einem Teil mit den größeren Werten aufgeteilt wird, ist das Gesamtfeld nach Abschluss aller Partitionierungen auch vollständig sortiert.

## Implementierung in Java

Im Gegensatz zu den iterativ implementierten Sortierverfahren wird für die rekursive Implementierung mindestens ein Parameter benötigt, über den die Rekursion erfolgt. Dies könnte prinzipiell auch das zu sortierende Feld sein. Technisch ist es jedoch wesentlich einfacher, stattdessen als Parameter die Indizes für den jeweils zu sortierenden Ausschnitt des Feldes zu übergeben, also den Index des ersten (from) und den Index (to) des letzten Elements des zu sortierenden Teilfeldes:

```
void quicksort(Comparable[] data, int from, int to)
```

*Frage:* Warum wäre die Rekursion nur über das Feld, also ohne zusätzliche Parameter, zwar prinzipiell realisierbar, aber wesentlich aufwändiger?

*Antwort:* Da Felder in Java als Referenztypen realisiert sind, bedeutet die Übergabe eines Feldes als Ganzes sehr wenig Aufwand: Hierfür wird nur die Referenzvariable übergeben, die auf die eigentlichen Daten des Feldes auf dem *Heap* referenziert. Wollte man jetzt bei jedem Aufruf nur den jeweiligen Feldausschnitt übergeben, so müsste hierfür eine Kopie des betreffenden Ausschnitts als eigenes Feld erzeugt und übergeben werden. Zudem müssten abschließend die Elemente des dann sortierten Teilfeldes wieder in das Ausgangsfeld übertragen werden, damit dieses ganz am Schluss des Verfahrens wie gewünscht sortiert ist. Für die Implementierung ist es dabei außerdem hilfreich, den Vorgang der Partitionierung als eigene Operation `int partition(Comparable[] data, int from, int to)` zu realisieren, welche

1. die Auswahl des *Pivot*-Elements vornimmt,
2. das Feld durch Vertauschungen entsprechend in einen Teil mit kleineren und einen mit größeren Elementen aufteilt (partitioniert) und
3. das *Pivot*-Element zwischen kleineren und größeren Teil positioniert seinen neuen Index als Ergebnis zurückliefert.

Diese Operation kann dann wie folgt unter Verwendung der Operation `swap()` implementiert werden:

*Die Operation partition() in Java*

```
public static int partition(Comparable[] data, int from, int to)
{
  Comparable pivot = data[to];
  int left = from;
  int right = to;
  do
  {
    while (right > from && data[right].compareTo(pivot) >= 0)
      right--;
    while (data[left].compareTo(pivot) < 0)
      left++;
    if (left < right)
      swap(data,left,right);
```

```
        }
        while (left < right);
        swap(data,to,left);
        return left;
    }
```

Damit haben Sie bereits das Herzstück des QuickSort-Algorithmus implementiert. Was noch fehlt, ist die Rekursion:

Der Aufruf der Operation `partition()` liefert den neuen Index des wie auch immer gewählten *Pivot*-Elements. Tatsächlich ist es für die weitere Implementierung unwichtig, nach welchem Verfahren das *Pivot*-Element für die Partitionierung ausgewählt wird. Wichtig ist nur, dass nach der Partitionierung der Teil des Feldes links vom *Pivot*-Element nur kleinere Elemente (also Elemente mit kleinerem Schlüsselwert) enthält und der Teil rechts davon entsprechend nur größere Elemente (also Elemente mit größerem Schlüsselwert).

*Frage* Wie wirkt sich die Wahl des *Pivot*-Elements auf den von `partition()` zurückgelieferten Index aus? Welchen Wert sollte die Operation `partition()` zurückliefern, wenn die Wahl des *Pivot*-Elements für diesen Aufruf »optimal« war?

*Antwort* Die Auswahl des *Pivot*-Elements ist dann »optimal«, wenn sie das Feld in zwei annähernd gleich große Teile partitioniert und somit der Rückgabewert von `partition()` etwa in der Mitte zwischen linker (`from`) und rechter Grenze (`to`) des zu partitionierenden Feldes liegt.

Darauf aufbauend können jetzt rekursiv die beiden Teilfelder mit den kleineren bzw. größeren Elementen jeweils separat durch weitere Aufrufe von `quicksort()` sortiert werden, wobei die Rekursion dann stoppt, sobald ein Teilfeld weniger als zwei Elemente enthält – dann ist es nämlich trivialerweise schon sortiert.

Für diese rekursiven Aufrufe von `quicksort()` werden nun die beiden Parameter für die Index-Positionen im Feld (`from` und `to`) benötigt, wie die folgende Implementierung zeigt:

*Operation `quicksort()` in Java*
```
public static void quicksort(Comparable[] data,
                             int from, int to)
{
    if (from < to)
    {
        int pivotIndex = partition(data,from,to);
        quicksort(data, from, pivotIndex - 1);
        quicksort(data, pivotIndex + 1, to);
    }
}
```

Nur wenn das zu sortierende Teilfeld noch mindestens zwei Elemente umfasst, also `from` noch kleiner als `to` ist, wird das Feld mit Hilfe von `partition()` aufgeteilt und anschließend erfolgen die rekursiven Aufrufe von `quicksort()` für den linken (von Index `from` bis unmittelbar vor das *Pivot*-Element) und den rechten Teil (ab dem *Pivot*-Element bis zur Position `to`, also dem rechten Ende des zu sortierenden Ausschnitts). Im E-Learning-Kurs zu diesem Buch finden Sie eine Animation zu diesem Sortierverfahren.

## Eigenschaften

Die Frage der Stabilität des QuickSort-Verfahrens lässt sich einfach prüfen und beantworten. — *Stabilität*

Prüfen Sie, ob dieses Sortierverfahren stabil oder instabil ist. Verwenden Sie zur Prüfung beispielsweise die Zahlenfolge 2,2. — *Frage*

Die Implementierung des QuickSort ist instabil, wie ein Blick auf die Sortierung der Zahlenfolge 2, 2 zeigt: Hier wird offensichtlich der Wert 2 als *Pivot*-Element gewählt. Die nachfolgenden `while`-Schleifen in der Operation `partition()` belassen die Indizes `left` und `right` beide auf dem Wert 1. Somit führt die abschließende `swap`-Operation zum Vertauschen der Elemente mit Index `to = 2` und `left = 1`, wodurch die relative Reihenfolge der schlüsselgleichen Elemente *nicht* erhalten bleibt. — *Antwort*

Die Analyse des Laufzeitverhaltens basiert ganz wesentlich auf der »Güte« der Partitionierung. Falls die Operation `partition()` bei jedem Aufruf das Feld in zwei annähernd gleich große Bereiche aufteilt, so wird sich die Größe des jeweils zu sortierenden Feldes bei jedem rekursiven Aufruf von `quicksort()` in etwa halbieren. Da so aus einem Feld der Länge n zwei Felder etwa der Größe n/2 entstehen, bleibt die Anzahl der zu sortierenden Elemente – abgesehen von dem nicht mehr weiter zu betrachtenden *Pivot*-Element – noch nahezu gleich. Wo liegt also der besondere Reiz dieses Verfahrens, der auch den Namen QuickSort rechtfertigt? — *Laufzeitanalyse*

Dieser erschließt sich, wenn Sie den Ablauf des Verfahrens weiter denken: Wenn nämlich in jedem Schritt die Größe der Teilfelder in etwa halbiert wird, dann braucht es nur »wenige« Rekursionsschritte, bis die Teilfelder nur noch ein Element umfassen und somit bereits sortiert sind. Genau genommen ist die Anzahl der Rekursionsschritte wegen der Halbierung der Teilfelder *logarithmisch* abhängig von der Gesamtgröße des ursprünglich zu sortierenden Feldes. Und da in jedem Schritt über alle Teilfelder zusammen weiterhin in etwa n Elemente bearbeitet werden müssen, ergibt sich insgesamt für diesen günstigsten Fall ein Laufzeitverhalten, das in $O(n \log n)$ liegt. — *Im günstigsten Fall in $O(n \log n)$*

Wie aber sieht es aus, wenn die Wahl des *Pivot*-Elements nicht so glücklich ausfällt? Im schlimmsten Fall wird als *Pivot*-Element immer die größte oder kleinste Zahl aus dem zu partitio- — *Im ungünstigsten Fall nur $O(n^2)$*

nierenden Ausschnitt gewählt. Das führt dann dazu, dass gar keine richtige Aufteilung des Feldes erfolgt, sondern in jedem Schritt die Länge des größten noch zu bearbeitenden Teilfeldes nur um eins abnimmt. Wenn dies in jedem Schritt passiert, dann ist deren Anzahl nicht mehr logarithmisch, sondern linear von der Feldgröße n abhängig, und das Laufzeitverhalten liegt nicht mehr in $O(n \log n)$, sondern wieder in $O(n^2)$. Dieses ernüchternde Ergebnis betrifft allerdings nur den sehr seltenen Fall, dass die Wahl des *Pivot*-Elements fast immer versagt. Im durchschnittlichen Fall zeigt die vorgestellte Implementierung allerdings ein sehr gutes Laufzeitverhalten, wie die Messungen in Tab. 6.6-1 belegen.

*Zählungen & Messungen*

Während die Feldgröße schrittweise verdoppelt wird, lässt sich bei den Bewegungen und Vergleichen sowie den letztlich entscheidenden Laufzeiten eine Veränderung ausmachen, die nur »etwas mehr« als eine Verdopplung darstellt und offensichtlich weit geringer ist als bei allen direkten Verfahren. Genau genommen entspricht dieses »etwas mehr« ziemlich genau dem logarithmischen Anteil, der durch eine im Durchschnitt gute Partitionierung noch zum unvermeidlichen linearen Anteil hinzukommt.

Noch deutlicher wird dieses »gutmütige« und fast schon lineare Verhalten in der grafischen Darstellung der Messergebnisse zum Laufzeitverhalten des QuickSort in Abhängigkeit von der Größe des zu sortierenden Feldes (Abb. 6.6-3).

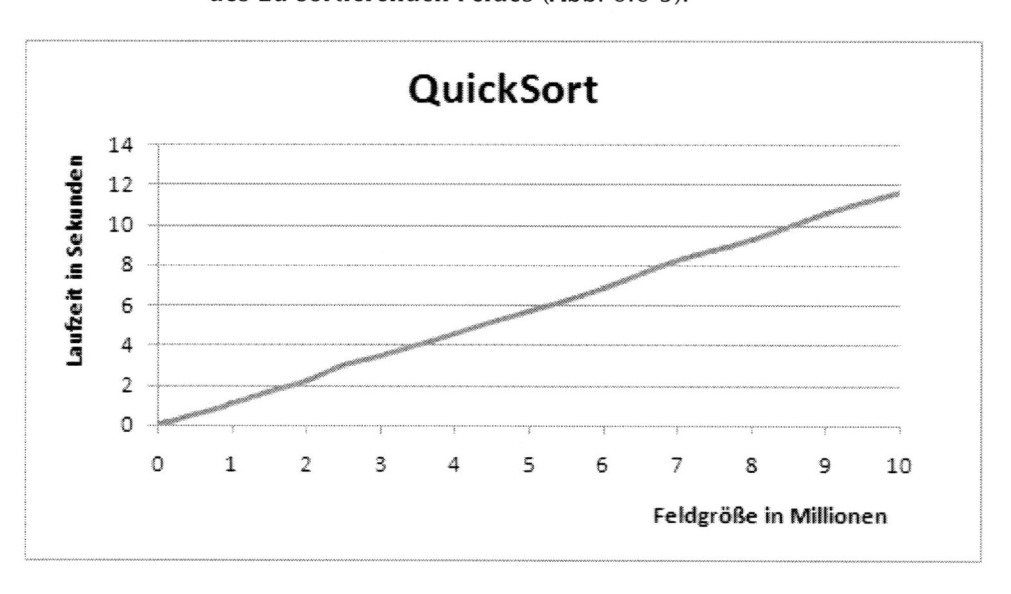

Abb. 6.6-3: Grafische Darstellung der Messergebnisse zur Laufzeit von QuickSort.

### 6.6 Der Name ist Programm: QuickSort *

| Feldgröße | Anzahl Vergleiche | Anzahl Zuweisungen | Laufzeit |
|---|---|---|---|
| 10 | 48 | 32 | - |
| 25 | 178 | 90 | - |
| 50 | 417 | 211 | - |
| 100 | 1.074 | 466 | - |
| 250 | 3.161 | 1.413 | - |
| 500 | 7.012 | 3.249 | - |
| 1.000 | 16.083 | 7.209 | - |
| 2.500 | 48.118 | 20.170 | - |
| 5.000 | 102.488 | 43.659 | - |
| 10.000 | 229.520 | 93.976 | - |
| 25.000 | 615.204 | 257.971 | 23 ms |
| 50.000 | 1.338.683 | 553.822 | 49 ms |
| 100.000 | 2.830.837 | 1.178.291 | 96 ms |
| 250.000 | 7.731.259 | 3.164.152 | 254 ms |
| 500.000 | 16.460.194 | 6.656.451 | 508 ms |
| 1.000.000 | 35.068.277 | 14.011.963 | 1.042 ms |
| 2.500.000 | 92.851.435 | 37.510.834 | 2.952 ms |
| 5.000.000 | 193.344.663 | 78.435.437 | 5.705 ms |
| 10.000.000 | 412.827.121 | 163.376.870 | 11.621 ms |

Tab. 6.6-1: *QuickSort* gezählt und gemessen mit zufällig belegtem Feld.

So angenehm und eindrucksvoll die Messergebnisse für zufällig belegte Felder auch sind, bleibt doch das unbefriedigende Laufzeitverhalten für den ungünstigsten Fall, auch wenn dieser nur sehr selten auftreten mag. In der Praxis bedeutet dies nämlich, dass in kritischen Anwendungen nicht davon ausgegangen werden darf, dass die benötigte Zeit für einen Sortiervorgang mittels QuickSort garantiert nur in O(n log n) mit der Datenmenge wächst. Was, wenn ausgerechnet in dem einzelnen Fall die Laufzeit fast quadratisch wächst, wenn andere zeitkritische Vorgänge davon abhängen?

Ungünstigster Fall bleibt problematisch

## Verbesserungen

**Wahl des Pivot-Elements**

Ein Ansatz, die Wahrscheinlichkeit für das Eintreten des ungünstigsten Falles zu reduzieren, liegt darin, die Wahl des *Pivot*-Elements zu verbessern. Die optimale Wahl wäre der Median aller Schlüsselwerte im Feld, also desjenigen Wertes, der gleich viele Elemente im Feld mit kleineren wie mit größeren Schlüsselwerten hat. Diesen zu ermitteln, ist allerdings zu aufwändig: Seine Berechnung erfordert einen deutlich größeren Aufwand als durch die dann garantierte jeweilige Halbierung des Feldes eingespart werden kann. Es existieren allerdings zwei effiziente und doch sehr einfache Möglichkeiten, die Wahl des *Pivot*-Elements zu verbessern:

**Randomisierter QuickSort**

Von Hoare selbst [Hoar62] stammt die Idee, die Wahl des Pivot-Elements »dem Zufall zu überlassen«, also mittels eines Zufallszahlengenerators das Element zu ermitteln, das für die Partitionierung des Feldes benutzt werden soll. Durch die zufällige Wahl sinkt die Wahrscheinlichkeit einer ungünstigen Partitionierung unter der Voraussetzung, dass die Schlüsselwerte im Feld annähernd gleichverteilt angeordnet sind. Diese Variante wird auch als zufallsgesteuerter, **randomisierter** *(randomized)* oder probabilistischer *(probabilistic)* QuickSort bezeichnet.

**Anwendung des Dreiermedian**

Eine andere Variante, das Risiko einer ungünstigen Wahl des Pivot-Elements zu reduzieren, wurde in [Sing69] vorgeschlagen: Statt das Element an einer bestimmten Position des Feldes (hier am Ende) als Pivot-Element zu wählen, sollen das erste, mittlere und letzte Element des Feldes genommen und deren Median als Pivot-Element verwendet werden. Dieser **Median aus drei Werten** *(median of three)* kann effizient mit ein paar Vergleichen ermittelt werden, und seine Verwendung reicht aus, die Gefahr der Degeneration zu quadratischem Laufzeitverhalten beinahe auszuschließen.

**Clever QuickSort**

Diese beiden Erweiterungen können auch kombiniert werden, indem die Positionen der drei Elemente, aus denen der Dreiermedian gebildet werden soll, zunächst mittels Zufallszahlengenerator ausgewählt werden. Das daraus resultierende Verfahren wird auch als **Clever QuickSort** [Wege90] bezeichnet.

All diese Vorschläge zur Verminderung der Wahrscheinlichkeit einer Degeneration des Partitionierungsprozesses führen nicht notwendigerweise zu einem besseren Laufzeitverhalten im durchschnittlichen Fall. Sie können in Einzelfällen durch den höheren Aufwand für Zufallszahlen- und/oder Medianberechnung sogar zu einer Verschlechterung führen. Und selbstverständlich ändert sich auch nichts an der grundsätzlich immer noch bestehenden Laufzeitkomplexität von $O(n^2)$ für den ungünstigsten Fall *(worst case)*.

### 6.6 Der Name ist Programm: QuickSort *

Ein Vergleich der Anzahl benötigter Vergleiche und Bewegungen zwischen QuickSort und dem besten direkten Verfahren, InsertionSort, führt zu einer interessanten Beobachtung: So effizient und schnell der QuickSort im Allgemeinen auch ist, so benötigt er für kleine Felder mit bis zu etwa 10 bis 15 Elementen auffällig mehr Vergleiche als der InsertionSort. Erst wenn die Felder größer werden, kommt QuickSort auch mit weniger Vergleichen aus und kann seine Vorteile zur Geltung bringen. Diese Beobachtung hat Robert Sedgewick [Sedg75] zu dem Vorschlag einer Untergrenze *(lowerBound)* für den QuickSort veranlasst, so dass für kleinere Felder (mit einer Größe kleiner als diese Untergrenze) statt der rekursiven Partitionierung einfach der InsertionSort verwendet wird. Interessanterweise liefert diese Modifikation beispielsweise für eine Untergrenze von 9 Elementen im Gegensatz zu den zuvor diskutierten Optimierungen zur Wahl des Pivot-Elements tatsächlich auch eine deutliche Laufzeitverbesserung, wie die grafische Darstellung einer Vergleichsmessung mit zufällig belegten Feldern (Abb. 6.6-4) zeigt.

*Kombination QuickSort mit InsertionSort*

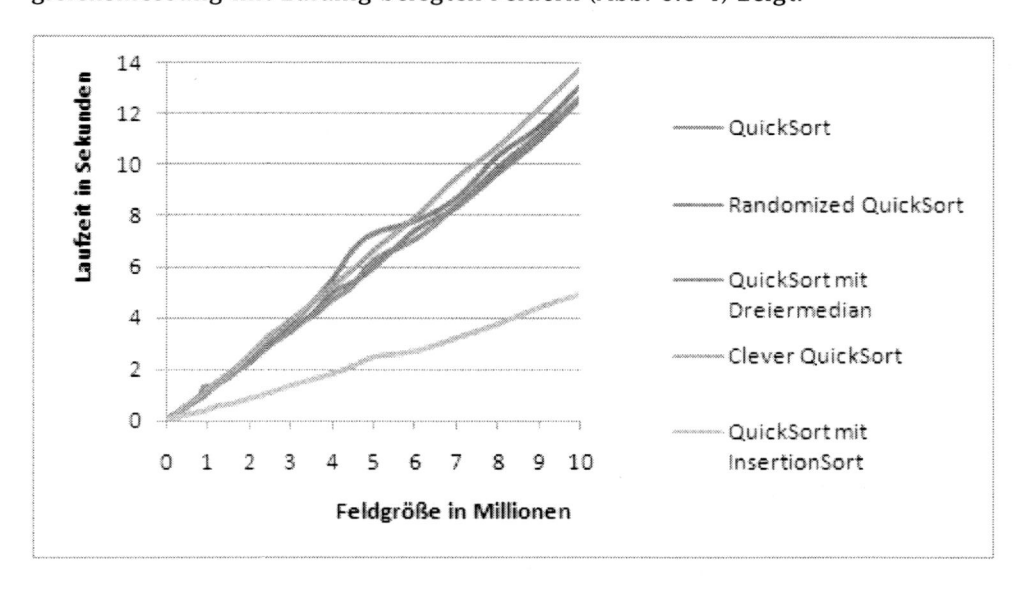

Abb. 6.6-4: Grafische Darstellung zum Vergleich der gemessenen Laufzeiten zu verschiedenen Varianten des Quicksort.

### Ausblick

Welches noch so verbesserte Verfahren zur Auswahl des *Pivot*-Elements im QuickSort-Verfahren auch verwendet wird, grundsätzlich bleibt ein Restrisiko, dass der Partitionierungsprozess »degeneriert«. Das Risiko der quadratischen Laufzeitkomplexität kann für den QuickSort *nicht* vollständig eliminiert werden.

*Gefahr gebannt – mit HeapSort und MergeSort*

Es existieren jedoch zwei beinahe so effiziente Sortierverfahren, für die dieses Risiko nicht besteht:

- das wegen der Verwendung der Heap-Datenstruktur als »HeapSort«, S. 148, bezeichnete Verfahren und
- das Mischsortierverfahren (»MergeSort«, S. 167).

Beide Verfahren haben im durchschnittlichen Fall zwar eine etwas schlechtere Laufzeitqualität, die aber ebenso in O(n log n) liegt, können dafür aber nicht mehr degenieren und behalten so auch im ungünstigsten Fall eine Laufzeitkomplexität in O(n log n).

## 6.7 Vom SelectionSort zum HeapSort *

Die lineare Suche nach dem nächsten passenden Element beschert dem SelectionSort quadratisches Laufzeitverhalten. Wird das unsortierte Feld dagegen in Form einer Heap-Struktur auf- und dann schrittweise im Zuge der fortschreitenden Sortierung wieder abgebaut, dann kann das nächste passende Element jeweils ohne Aufwand am Anfang des Feldes abgeholt werden. Da Aufbau und Pflege der Heap-Struktur in O(n log n) bzw. O(log n) für jeden Durchlauf erfolgen können, bietet das so definierte Verfahren auch insgesamt eine Laufzeit in O(n log n) und dies auch im ungünstigsten Fall.

*Weiterentwicklung des SelectionSort*

Die Idee, ein Feld dadurch zu sortieren, dass dieses systematisch durchlaufen wird und jeweils das aktuelle Element gegen das kleinste bzw. größte aus dem noch unsortierten Teil des Feldes ausgetauscht wird, wurde mit dem Verfahren »SelectionSort«, S. 105, umgesetzt. Dieses Verfahren ist im Hinblick auf die Anzahl der Vertauschungen bereits sehr günstig, da maximal n − 1 Vertauschungen vorgenommen werden müssen. Im Hinblick auf die notwendigen Vergleiche schneidet der SelectionSort aber sehr schlecht ab, da unter Umständen – wenn das Feld bereits umgekehrt sortiert ist – jeweils der unsortierte Teil bis zum Ende durchlaufen werden muss, bevor das passende Element für die nächste Position gefunden ist. Genau hier setzt das Verfahren HeapSort an, um die Anzahl der notwendigen Vergleiche bei der Suche nach dem nächsten passenden Element zu reduzieren.

*Grundidee*

Die Grundidee beim **HeapSort**-Verfahren besteht darin, das Verfahren des Sortierens durch direkte Auswahl (SelectionSort) so zu modifizieren, dass das noch unsortierte Teilfeld, aus dem jeweils das nächste passende Element ausgewählt (selektiert) wird, zunächst in eine **Heap-Datenstruktur** überführt wird, deren Definition im nächsten Abschnitt folgt. Diese erlaubt den Zugriff auf das größte bzw. kleinste Element (je nach Implementierung für aufsteigende oder absteigende Sortierung) in kon-

## 6.7 Vom SelectionSort zum HeapSort *

stanter Zeit, so dass die Auswahl des nächsten passenden Elements damit nicht mehr ins Gewicht fällt. Nach der vorgenommenen Vertauschung muss anschließend in dem jetzt um ein Element verkleinerten unsortierten Teil des Feldes die Heap-Eigenschaft wieder hergestellt werden, damit im nächsten Durchlauf das nächste Element wieder direkt entnommen werden kann. Dadurch wird die Heap-Struktur mit jedem Durchlauf ein Element kleiner, während – wie beim ursprünglichen SelectionSort auch – der sortierte Teil schrittweise anwächst, solange bis schließlich das gesamte Feld sortiert ist.

Wesentliche Grundlage des HeapSort ist also die Heap-Datenstruktur für die Speicherung von beliebigen Elementen, welche jeweils über einen Schlüsselwert verfügen.

Sie ist allgemein dadurch definiert, dass in einer Heap-Struktur mit n Elementen

Heap-Struktur

- der Zugriff auf das Element mit dem größten bzw. kleinsten Schlüsselwert (das »größte« bzw. »kleinste Element«) in konstanter Zeit, also in O(1), erfolgen kann,
- das größte bzw. kleinste Element in O(log n) entfernt werden kann, so dass eine Heap-Struktur mit n – 1 Elementen übrig bleibt, und
- ein neues Element ebenfalls in O(log n) so eingefügt werden kann, dass eine Heap-Struktur mit n + 1 Elementen entsteht.

Eine mögliche Implementierung einer Heap-Datenstruktur kann als Binärbaum erfolgen, dessen Wurzel einen Wert enthält, der größer als oder gleich alle Werte ist, die in den Knoten des linken und des rechten Teilbaums vorkommen. Wenn diese Eigenschaft nicht nur für die Wurzel des Baums, sondern für alle inneren Knoten und damit für die Wurzeln aller Teilbäume zutrifft, dann stellt der Baum eine (binäre) Heap-Struktur dar und verfügt über die oben aufgeführten Laufzeiteigenschaften für die drei speziellen Operationen »Zugriff auf das größte Element«, »Einfügen« und »Löschen«. Binärbäume werden in der Regel dynamisch im Speicher angelegt und mittels Referenzen vernetzt. Die dafür notwendige dynamische Speicherverwaltung wäre allerdings für die hier verfolgten Zwecke sehr aufwändig. Sie ist aber auch gar nicht nötig, wenn die Elemente der Heap-Datenstruktur so angeordnet werden, dass ein kompletter Binärbaum *(complete binary tree)* entsteht. Ein kompletter Binärbaum ist auf allen Ebenen bis auf die unterste vollständig, hat also in der $k$-ten Ebene (von $k = 0$ bis zur vorletzten) $2^k$ Knoten, nur in der untersten Ebene dürfen »rechts« Knoten fehlen. Ein solcher kompletter Binärbaum kann nun nicht nur als dynamische vernetzte Datenstruktur, sondern eben auch in Form eines Feldes realisiert werden, wie nachfolgende Definition beschreibt:

Heap-Struktur als Binärbaum

## 6 Sortieralgorithmen *

**Heap-Struktur als Feld**

Ein Feld h mit n Elementen und Indizes von h[0] bis h[n-1] bildet eine Heap-Struktur, wenn die **Heap-Eigenschaft** erfüllt ist, dass für jedes Element des Feldes h an der Stelle i gilt, dass

- entweder $i \geq n/2$ ist, das Element sich damit in der rechten Hälfte des Feldes h[0] bis h[n-1] befindet und somit keinen Teilbaum (Nachfolger) mehr besitzt, oder
- der Index $i < n/2$ ist und der Schlüsselwert des Elements an der Position i größer oder gleich den Schlüsselwerten der Elemente an Positionen 2i+1 und 2i+2 (der beiden Nachfolger) ist, wobei das Element an Position 2i+2 nur zu berücksichtigen ist, wenn $2i+2 \leq n-1$ gilt, der Index 2i+2 also noch zum Feld gehört.

**Frage**

Betrachten Sie das folgende Feld `int[] h = { 13, 11, 7, 3, 2, 5}`. Stellt dieses eine Heap-Struktur dar, erfüllt es also die Heap-Eigenschaft? Und wenn ja, wie sieht die entsprechende Darstellung als kompletter Binärbaum aus?

**Antwort**

Das Feld erfüllt die Heap-Eigenschaft. Für jedes Element des Feldes ist die vorgenannte Bedingung erfüllt:

h[0] = 13 $\geq$ h[2*0+1] = h[1] = 11 und h[0] = 13 $\geq$ h[2*0+2] = h[2] = 7

h[1] = 11 $\geq$ h[2*1+1] = h[3] = 3 und h[1] = 11 $\geq$ h[2*1+2] = h[4] = 2

h[2] = 7 $\geq$ h[2*2+1] = h[5] = 5

h[3], h[4] und h[5] liegen im rechten Teil und brauchen nicht überprüft werden.

Die entsprechende Darstellung als Binärbaum zeigt Abb. 6.7-1.

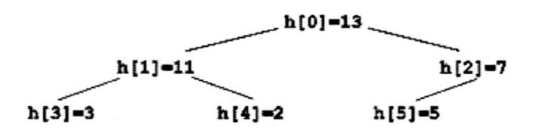

```
                    h[0]=13
               /              \
         h[1]=11              h[2]=7
         /      \              /
    h[3]=3   h[4]=2        h[5]=5
```

Abb. 6.7-1: Baumdarstellung für einen Heap.

Aber wie kann mit einer solchen Heap-Struktur das Sortieren durch direkte Auswahl praktisch beschleunigt werden?

### Funktionsweise

**Beispiel 1a**

Die Funktionsweise des HeapSort wird in der Abb. 6.7-2 veranschaulicht.

- Hier wird die Zahlenfolge 5, 8, 2, 1, 7, 4, 6, 0, 3 schrittweise aufsteigend sortiert, wobei zunächst das zu sortierende Feld in eine Heap-Struktur gebracht wird (Schritte 1 bis 5 im oberen Teil) und dabei einzelne Elemente, falls nötig, so umgeordnet werden, dass schließlich die Heap-Eigenschaft für alle Elemente erfüllt ist. Dabei ist es interessant festzustellen, dass die Elemente in der rechten Hälfte des Feldes trivialerweise die Heap-Eigenschaft erfüllen, da sie keine Nachfolger mehr innerhalb des Feldes haben. Somit bilden die Elemente von Index n/2 bis zum Ende bei n-1 bereits eine Heap-Struktur.

- Im Beispiel der Abb. 6.7-2 bilden die Elemente 7, 4, 6, 0, 3 im rechten Teil des Feldes bereits trivialerweise eine Heap-Struktur.
- Diese Heap-Struktur kann dann auf das gesamte Feld erweitert werden. Dazu wird ausgehend von der schon bestehenden Heap-Struktur schrittweise von rechts nach links das nächste Element h[k] der schon bestehenden Heap-Struktur h[k+1 .. n-1] hinzugefügt. Hierzu muss das neu hinzukommende Element h[k] nur solange mit seinen Nachfolgern in h[2k+1] und h[2k+2] verglichen und bei Bedarf ausgetauscht werden, bis die Heap-Eigenschaft hergestellt ist. Falls dabei h[k] kleiner ist als beide Nachfolger, also h[k] < h[2k+1] und h[k] < h[2k+2], so wird h[k] mit dem größeren der beiden Nachfolger vertauscht. Wurde also eine Vertauschung nötig, so ist anschließend die Heap-Eigenschaft für das ausgetauschte Element, also h[2k+1] bzw. h[2k+2], zu überprüfen usw. Dieser Vorgang wird auch als »Einsickern« in die Heap-Struktur bezeichnet.
- Als erstes wird also das Element »1« in die Heap-Struktur rechts davon einsickern gelassen. Seine Nachfolger sind die Elemente »0« und »3«, so dass die »1« mit der »3« vertauscht werden muss. Damit ist die Heap-Struktur auf die sechs Elemente 3, 7, 4, 6, 0, 1 ausgedehnt.
- Als nächstes wird das Element »2« in die Heap-Struktur rechts davon einsickern gelassen. Seine Nachfolger sind die Elemente »4« und »6«, so dass die »2« mit der »6« vertauscht werden muss. Damit ist die Heap-Struktur nunmehr auf die sieben Elemente 6, 3, 7, 4, 2, 0, 1 ausgedehnt.
- Im folgenden Schritt wird das Element »8« in die Heap-Struktur rechts davon einsickern gelassen. Seine Nachfolger sind die Elemente »3« und »7«, so dass keine Vertauschungen notwendig sind, die Heap-Eigenschaft bereits hergestellt ist und die Heap-Struktur schließlich die acht Elemente 8, 6, 3, 7, 4, 2, 0, 1 umfasst.
- Nun muss noch das an erster Position stehende Element »5« in die restliche Heap-Struktur einsickern. Dazu muss es zunächst mit der »8« vertauscht werden. Damit ist es

aber in diesem Fall noch nicht getan, da auch die »8« noch Nachfolger in der Heap-Struktur hat, mit denen die »5« jetzt verglichen werden muss. Diese Nachfolger sind die »3« und die »7«, so dass ein weiterer Austauch der »5« mit der »7« nötig wird, bevor damit endgütig die Heap-Eigenschaft für das gesamte Feld hergestellt worden ist.

In der Abb. 6.7-2 ist das Feld auch nochmals zu Beginn und nach Abschluss dieser ersten Phase als kompletter Binärbaum dargestellt. Auch hier ist leicht zu ersehen, dass mit Abschluss dieser ersten Phase die Heap-Eigenschaft hergestellt ist.

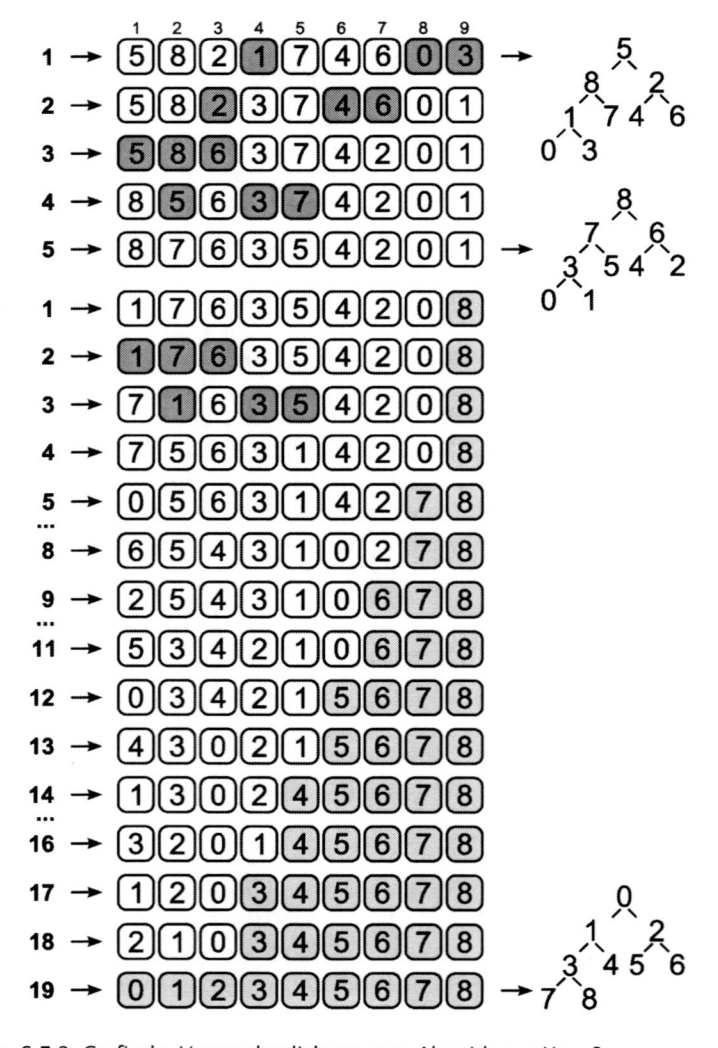

```
       1  2  3  4  5  6  7  8  9
1 →   (5)(8)(2)(1)(7)(4)(6)(0)(3)  →        5
2 →   (5)(8)(2)(3)(7)(4)(6)(0)(1)          8   2
3 →   (5)(8)(6)(3)(7)(4)(2)(0)(1)        1  7 4  6
4 →   (8)(5)(6)(3)(7)(4)(2)(0)(1)        0 3
5 →   (8)(7)(6)(3)(5)(4)(2)(0)(1)  →        8
                                          7     6
1 →   (1)(7)(6)(3)(5)(4)(2)(0)(8)       3  5 4  2
2 →   (1)(7)(6)(3)(5)(4)(2)(0)(8)       0 1
3 →   (7)(1)(6)(3)(5)(4)(2)(0)(8)
4 →   (7)(5)(6)(3)(1)(4)(2)(0)(8)
5 →   (0)(5)(6)(3)(1)(4)(2)(7)(8)
...
8 →   (6)(5)(4)(3)(1)(0)(2)(7)(8)
9 →   (2)(5)(4)(3)(1)(0)(6)(7)(8)
...
11 →  (5)(3)(4)(2)(1)(0)(6)(7)(8)
12 →  (0)(3)(4)(2)(1)(5)(6)(7)(8)
13 →  (4)(3)(0)(2)(1)(5)(6)(7)(8)
14 →  (1)(3)(0)(2)(4)(5)(6)(7)(8)
...
16 →  (3)(2)(0)(1)(4)(5)(6)(7)(8)
17 →  (1)(2)(0)(3)(4)(5)(6)(7)(8)        0
18 →  (2)(1)(0)(3)(4)(5)(6)(7)(8)      1   2
19 →  (0)(1)(2)(3)(4)(5)(6)(7)(8)  →  3  4 5  6
                                      7 8
```

Abb. 6.7-2: Grafische Veranschaulichung zum Algorithmus HeapSort.

## 6.7 Vom SelectionSort zum HeapSort *

Wenn also auch das erste Element des Feldes, also h[0], in die Heap-Struktur eingesickert wurde, dann ist für das gesamte Feld die Heap-Eigenschaft hergestellt. Das bedeutet unter anderem, dass ganz links nun das größte Element[2] des gesamten Feldes steht.

Damit ist der Auswahlschritt für den zugrunde liegenden SelectionSort trivial: Das auszuwählende Element steht an erster Stelle im Feld und kann mit der jeweils aktuellen Position getauscht werden, wobei das Feld von rechts nach links durchlaufen wird, der sortierte Teil also vom rechten Ende des Feldes aus entsteht.

○ Im Beispiel aus der Abb. 6.7-2 wird also als erstes die ganz rechts im Feld stehende »1« gegen das größte Element der Heap-Struktur, die ganz links stehende »8«, getauscht. Danach bildet das letzte Element des Feldes, die »8«, die Keimzelle des entstehenden schon sortierten Teils des Feldes, der auch fortan nicht mehr angerührt wird.

*Beispiel 1b*

Nach dem Austauschen ist die Heap-Eigenschaft natürlich unter Umständen verletzt und muss überprüft werden. Dies erfolgt erneut durch das Einsickern des neu an die ganz linke Position gekommenen Elements in die restliche, jetzt nur noch sieben Elemente umfassende Heap-Struktur, wodurch wiederum das größte noch in der Heap-Struktur verbliebene Element ganz nach vorne kommt und der nächste Durchlauf erfolgen kann.

○ In der Abb. 6.7-2 wird also die gerade vom Ende des Feldes gekommene »1« in die verbliebene Heap-Struktur 7, 6, 3, 5, 4, 2, 0 einsickern gelassen, wodurch schließlich die »7« als größtes in der Heap-Struktur verbliebenes Element ganz nach vorne gelangt.

○ Dieses wird im nächsten Schritt gegen das zweite Element von rechts, die »0«, getauscht – womit bereits die letzten beiden Elemente des Feldes mit den Zahlen »7« und »8« endgültig besetzt sind, der sortierte Teil also schon zwei Elemente umfasst.

○ Auch die »0« wird wieder in die verbliebene Heap-Struktur einsickern gelassen, welche jetzt noch die Elemente 5, 6, 3, 1, 4, 2 umfasst. Dabei gelangt die »6« ganz nach vorne und wird im nächsten Schritt gegen die »2« von der drittletzten Position getauscht. Damit stehen jetzt schon die letzten drei Elemente des Feldes an ihrem richtigen Platz.

---

[2] Wenn die Wurzel des Baumes bzw. das erste Element im Feld das größte Element enthält, spricht man auch von einem Max-Heap. Analog dazu gibt es auch einen Min-Heap, für den die Bedingungen der Heap-Eigenschaft entsprechend umzudrehen sind, so dass aus $h[k] \geq h[2k+1]$ die Bedingung $h[k] \leq h[2k+1]$ wird usw.

- Schließlich wird auch die »2« wieder einsickern gelassen, wodurch die »5« ganz links auftaucht und gegen die »0« an viertletzter Position getauscht wird.
- Das Verfahren setzt sich genau so weiter fort, bis schließlich die Heap-Struktur vollständig aufgelöst und das gesamte Feld sortiert ist.

In der Abb. 6.7-2 sehen Sie zum Abschluss auch noch die Darstellung des sortierten Feldes als entsprechenden Binärbaum.

Im E-Learning-Kurs zu diesem Buch finden Sie eine Animation zu diesem Sortierverfahren.

### Implementierung in Java

Wie schon aus der Funktionsweise des HeapSort hervorgeht, spielt das Einsickern eines Elements in eine Heap-Struktur eine zentrale Rolle beim HeapSort-Verfahren und somit auch in der Java-Implementierung.

Dieses Verfahren des Einsickerns eines an Position k stehenden Elements in die rechts davon befindliche Heap-Struktur von Position k + 1 bis zu einer rechten Grenze (right) kann in Java wie folgt als eigene Operation int downheap(Comparable[] data, int k, int right) realisiert werden:

Operation downheap()

```
static void downheap(Comparable[] data, int k, int right)
{
  // Einsickern von data[k] in den Heap data[k+1..right]
  Comparable temp = data[k];
  while (k < right/2)
  {
    int j = 2 * k + 1;
    if ((j+1 < right) && (data[j].compareTo(data[j+1]) < 0))
      j++;
    if (temp.compareTo(data[j]) >= 0)
      break; // fertig, Heap-Bedingung erfüllt!
    else
    {
      data[k] = data[j];
      k = j;
    }
  }
  data[k] = temp;
}
```

Dabei wird zunächst der aktuelle Wert von data[k], also das einzusickernde Element, in einer Varaible temp gesichert. Anschließend werden, soweit noch zur Heap-Struktur gehörend (Tests auf k+1 <= right/2 bzw. j+1 < right) die Nachfolger in data[2*k+1] und data[2*k+2] untersucht: Mit der ersten if-Anweisung in der while-Schleife wird der größere der beiden Nachfolger ermittelt

## 6.7 Vom SelectionSort zum HeapSort *

und der Index j entsprechend angepasst. In der nächsten if-Anweisung wird die Heap-Eigenschaft überprüft und im positiven Fall das Einsickern abgeschlossen. Andernfalls wird mit dem aktuellen Element data[j] das Einsickern fortgesetzt. Nach Verlassen der while-Schleife kann dann das zuvor gesicherte Element in temp an die passende Stelle in der Heap-Struktur bewegt werden, und die Operation downheap() ist abgeschlossen.

Mit Hilfe dieser Operation downheap() kann nun auch der vollständige HeapSort-Algorithmus implementiert werden:

```
public static void heapsort(Comparable[] data)
{
  int n = data.length;
  // Phase 1: wandle data[0 .. n-1] in Heap-Struktur um
  for (int k = n/2; k > 0; k--)
    downheap(data, k-1, n);
  // Phase 2: entnehme Elemente aus der Heap-Struktur
  do
  {
    // tausche data[0] mit data[n-1]
    swap(data, 0, n-1);
    // lasse data[0] in die Heap-Struktur einsickern
    n--;
    downheap(data, 0, n);
  } while (n > 1);
}
```

Operation heapsort()

Dabei werden auch die beiden Phasen des Algorithmus nochmal deutlich:

- In Phase 1 wird die Heap-Struktur *aufgebaut*. Dazu werden schrittweise die Elemente von der Mitte des Feldes beginnend nach links mit downheap(data, k-1, n) in die wachsende Heap-Struktur einsickern gelassen, bis diese nach dem letzten Aufruf downheap(data, 0, n) das gesamte Feld umfasst. Diese Phase wird deshalb auch als Aufbauphase bezeichnet.
- In Phase 2 werden dann in der do-while-Schleife schrittweise von rechts nach links durch das Feld laufend die aktuellen Elemente gegen das jeweils größte Element in data[0] ausgetauscht und in die mit jedem Schritt kleiner werdende Heap-Struktur einsickern gelassen – bis schließlich für n = 1 mit dem Aufruf von downheap(data, 0, 1) auch die beiden ersten Elemente des Feldes, data[0] und data[1], ihre korrekte Reihenfolge finden, die Heap-Struktur vollständig *abgebaut* und damit das gesamte Feld aufsteigend sortiert ist. Diese Phase wird deshalb auch als Abbauphase bezeichnet.

## Eigenschaften

Die Frage der Stabilität des HeapSort-Verfahrens lässt sich einfach prüfen und beantworten.

Stabilität

*Frage* — Prüfen Sie, ob dieses Sortierverfahren stabil oder instabil ist. Verwenden Sie zur Prüfung beispielsweise die Zahlenfolge 2, 2.

*Antwort* — Die Implementierung des HeapSort ist **instabil**, wie ein Blick auf die Sortierung der Zahlenfolge 2, 2 zeigt:

- In Phase 1 erfolgt der Aufbau der Heap-Struktur durch den Aufruf von downheap(data, 0, 2). Dazu wird das erste Element »2« in die rechts davon stehende Heap-Struktur, die nur aus der zweiten »2« besteht, einsickern gelassen. Dabei wird keine Vertauschung vorgenommen.
- In Phase 2 erfolgt dann zunächst die Vertauschung der beiden Elemente durch den Aufruf von swap(data, 0, 1), bevor auch der abschließende Aufruf von downheap(data, 0, 1) zu keiner weiteren Vertauschung mehr führt.

Im Ergebnis wurde die Anordnung der beiden schlüsselgleichen Elemente durch den HeapSort also verändert, das Verfahren ist damit nicht stabil.

*Laufzeitanalyse* — Die Analyse des Laufzeitverhaltens basiert ganz wesentlich auf der Untersuchung der Operation downheap(), die vom Algorithmus HeapSort in beiden Phasen jeweils aufgerufen wird.

*downheap() in $O(\log n)$* — Die Operation downheap(data, k, right) lässt ein neues Element data[k] in eine bestehende Heap-Struktur data[k+1 .. right] »einsickern«, so dass die Heap-Struktur schließlich um ein Element erweitert wird und alle Elemente in data[k .. right] die Heap-Eigenschaft erfüllen. Aus den Anforderungen an eine Heap-Struktur ergibt sich bereits, dass diese Erweiterung mit logarithmischem Aufwand möglich sein muss. Aber ist das auch in der konkreten Implementierung für downheap() so?

Die alles entscheidende while-Schleife wird verlassen, sobald sich der Index k nicht mehr in der linken Hälfte der Heap-Struktur befindet, also k nicht mehr kleiner als right/2 ist. Da aber in jedem Schleifendurchlauf, der nicht zum vorzeitigen Verlassen der while-Schleife mittels break führt, der Wert von k durch die Zuweisungen j = 2 * k + 1 zu Beginn und k = j am Ende mehr als verdoppelt wird, kann die while-Schleife nicht mehr als $\log_2(n)$-mal durchlaufen werden. Somit werden höchstens $\log_2(n)$ viele Vergleichs- und Austauschoperationen durchgeführt, die Laufzeitkomplexität für das Einsickern mittels downheap() ist also tatsächlich in $O(\log n)$. Auf dieser Basis lässt sich nun leicht auch die Gesamtkomplexität für den HeapSort ermitteln:

*Aufbauphase in $O(n \log n)$* —
- In Phase 1, der Aufbauphase, wird downheap() innerhalb der for-Schleife für jede Indexposition von der Mitte des Feldes bis ganz an den Anfang jeweils einmal aufgerufen, insgesamt also n/2-mal. Die Laufzeitkomplexität für diese Phase ist also in $O(n/2 \log n)$, was gleichbedeutend mit $O(n \log n)$ ist.

- In Phase 2, der Abbauphase, werden innerhalb der do-while-Schleife die Operationen swap() und downheap() genau (n-1)-mal für abnehmenden Index n aufgerufen. Da der Aufwand für swap() von n unabhängig ist, interessieren nur die Aufrufe von downheap(), deren Anzahl linear von n abhängt. Zusammen mit dem Laufzeitverhalten von downheap() selbst ergibt sich somit eine Laufzeitkomplexität auch für diese Phase in O(n log n).

*Abbauphase in O(n log n)*

Da beide Phasen nacheinander bearbeitet werden, sind ihre Laufzeiten zu addieren, was für den HeapSort somit insgesamt zu einer Laufzeitkomplexität in O(2 n log n) führt, die wiederum gleichbedeutend mit O(n log n) ist. Interessanterweise sind alle vorgenommenen Betrachtungen zur Laufzeitkomplexität unabhängig von der konkreten Anordnung der Elemente im Feld, was zu einer guten und einer schlechten Nachricht führt:

*Gesamtkomplexität in O(n log n)*

- Zuerst die schlechte Nachricht: Wie schon der zugrunde liegende SelectionSort kann auch der HeapSort keinen Vorteil aus einer etwaigen besonders günstigen Anordnung oder Vorsortierung der Elemente ziehen. Auch im günstigsten Fall liegt sein Laufzeitverhalten in O(n log n). Allerdings ist die Betrachtung des günstigsten Falls in der Praxis eher bedeutungslos, so dass diese Erkenntnis nicht wirklich dramatisch ist.

*Im günstigsten Fall auch nur O(n log n)*

- Nun die gute Nachricht: Auch im ungünstigsten Fall bleibt es bei der Laufzeitkomplexität in O(n log n), was einen klaren, zumindest *theoretischen* Vorteil gegenüber QuickSort darstellt, der im ungünstigsten Fall zu quadratischer Laufzeitkomplexität in O($n^2$) degenerieren kann.

*Auch im ungünstigsten Fall in O(n log n)*

Dieses letzte Ergebnis empfiehlt das HeapSort-Verfahren somit zunächst für den universellen Einsatz, da auch im schlimmsten Fall keine Degenerierung zu quadratischem Laufzeitverhalten befürchtet werden muss. Wie sieht es aber in der praktischen Anwendung auf konkreten Daten aus? Dazu stellt die Tab. 6.7-1 die Ergebnisse für die Anwendung von HeapSort auf zufällig belegte Felder wachsender Größe tabellarisch dar. Zum Vergleich enthält eine weitere Spalte auch die gemessenen Laufzeiten des QuickSort.

*Zählungen & Messungen*

Aufgrund seiner optimalen asymptotischen Laufzeitkomplexität von O(n log n) ist der HeapSort zwar von theoretischer Bedeutung. Für die Praxis ist er aber kaum relevant, da er, wie die Messungen in Tab. 6.7-1 eindrucksvoll zeigen, mit dem QuickSort *nicht* konkurrieren kann.

*HeapSort in der Praxis*

| Feldgröße | Anzahl Vergleiche | Anzahl Zuweisungen | Laufzeit | Zum Vergleich: *QuickSort* |
|---|---|---|---|---|
| 10 | 38 | 72 | - | - |
| 20 | 114 | 167 | - | - |
| 25 | 155 | 215 | - | - |
| 30 | 204 | 269 | - | - |
| 40 | 307 | 376 | - | - |
| 50 | 414 | 487 | - | - |
| 60 | 523 | 598 | - | - |
| 70 | 648 | 719 | - | - |
| 80 | 769 | 837 | - | - |
| 90 | 896 | 955 | - | - |
| 100 | 1.026 | 1.077 | - | - |
| 250 | 3.206 | 3.014 | - | - |
| 500 | 7.435 | 6.547 | - | - |
| 1.000 | 16.868 | 14.084 | - | - |
| 2.500 | 48.836 | 38.544 | - | - |
| 5.000 | 107.686 | 82.105 | - | - |
| 10.000 | 235.350 | 174.190 | - | - |
| 25.000 | 654.930 | 468.740 | - | - |
| 50.000 | 1.409.904 | 987.570 | 11 ms | - |
| 100.000 | 3.019.649 | 2.074.966 | 23 ms | *14 ms* |
| 250.000 | 8.198.267 | 5.512.037 | 66 ms | *39 ms* |
| 500.000 | 17.396.821 | 11.524.090 | 139 ms | *85 ms* |
| 1.000.000 | 36.793.543 | 24.047.956 | 306 ms | *180 ms* |
| 2.500.000 | 98.660.336 | 63.458.880 | 972 ms | *470 ms* |
| 5.000.000 | 207.320.277 | 131.916.644 | 2.362 ms | *991 ms* |
| 10.000.000 | 434.642.816 | 273.834.746 | 5.654 ms | *2.060 ms* |

Tab. 6.7-1: HeapSort gezählt und gemessen.

## Verbesserungen

Auch für die hier vorgestellte HeapSort-Implementierung gibt es Verbesserungsmöglichkeiten:

- Eine Möglichkeit besteht darin, die Aufrufe von Hilfsalgorithmen wie downheap() oder auch swap() durch ihre Implementierung zu ersetzen, um den mit ihren Aufrufen verbundenen Verwaltungsaufwand zu vermeiden. Dies beeinträchtigt zwar die Lesbarkeit der letztendlichen Implementierung, kann aber einen Laufzeitvorteil bringen. Dieser sollte aber auch nicht überschätzt werden und wird HeapSort keinesfalls zu QuickSort konkurrenzfähig werden lassen.

  *Elimination der Aufrufe von downheap()*

- Eine weitere Optimierungsmöglichkeit wurde von Ingo Wegener [Wege90] als sogenannter **Bottom-Up-HeapSort** vorgeschlagen. Dabei wird der Algorithmus downheap() zum Einsickern so modifiziert, dass zunächst der Pfad ermittelt wird, in welchem das neue Element data[k] einsickern wird. Danach wird dieser Pfad von unten nach oben (also *bottom-up* vom Blatt in Richtung Wurzel bzw. von rechts nach links im Feld statt wie bisher *top-down* von der Wurzel Richtung Blatt bzw. von links nach rechts) durchlaufen. Hierbei wird bei jedem besuchten Knoten verglichen, ob er größer als das einzusickernde Element data[k] ist. Wenn ja, so wird data[k] an die Position des zuletzt besuchten Knotens kopiert und vorher der restliche Pfad um eine Ebene nach oben verschoben. Dieses Verfahren kann für große Felder sogar die Effizienz von »CleverQuickSort«, S. 137, übertreffen.

  *Bottom-Up-Variante*

## 6.8 Gut vorbereitet ist schnell sortiert: ShellSort *

Das Sortieren durch direktes Einfügen (InsertionSort) hat sich bereits als eines der besseren direkten Sortierverfahren gezeigt, insbesondere in der Variante mit binärer Suche der passenden Einfügestelle (BinaryInsertionSort). Was auf den ersten Blick etwas skurril anmuten mag, erweist sich schließlich als der Schlüssel zu einer imposanten Verbesserung des InsertionSort: Er wird nicht nur einmal, sondern mehrfach hintereinander ausgeführt, allerdings mit abnehmenden Schrittweiten. Und trotzdem ist der Gesamtaufwand deutlich geringer als beim bekannten InsertionSort und sogar absolut konkurrenzfähig zu Quick- und HeapSort.

Verbesserungen der direkten Sortierverfahren durch direkten Austausch (»BubbleSort«, S. 118) und direkte Auswahl (»SelectionSort«, S. 105) haben zu den deutlich schnelleren Verfahren »QuickSort«, S. 137, bzw. »HeapSort«, S. 148, geführt. Und auch für das dritte grundlegende direkte Sortierverfahren, nämlich das durch direktes Einfügen (»InsertionSort«, S. 110), gibt es eine Weiterentwicklung, die von Donald L. Shell in

*Weiterentwicklung des InsertionSort*

[Shel59] vorgeschlagen wurde und zu einem deutlich schnelleren Verfahren führt: dem nach ihm benannten **ShellSort**.

*Grundidee*

Das ShellSort-Verfahren ist tatsächlich eine echte Erweiterung des InsertionSort, dessen Grundprinzip darin besteht, dass schrittweise neue Elemente passend in den stetig wachsenden schon sortierten Teil des Feldes eingefügt werden. ShellSort baut nicht nur auf dieser Grundidee auf, sondern verwendet sogar den vollständigen InsertionSort ohne jede Änderung. Die einzige Erweiterung besteht darin, dass vor dem Aufruf des bekannten InsertionSort weitere Sortierläufe bereits vorab zusätzlich durchgeführt werden. Dazu wird das zu sortierende Feld in jedem Durchgang (gedanklich) so in h Partitionen aufgeteilt, dass jedes h-te Element zur gleichen Partition gehört. Für h = 3 wären das drei Partitionen: Die erste davon umfasst die Elemente an Position 0, 3, 6, 9, ... usw., die nächste die Elemente an Position 1, 4, 7, 10, ... usw. und die dritte Partition enthält schließlich die restlichen Elemente an Position 2, 5, 8, 11, ... usw. Vor dem Aufruf des bekannten InsertionSort werden nun zu einer bestimmten Schrittweite h die so entstandenen h Partitionen des Feldes ebenfalls mittels InsertionSort sortiert. Diese »Vorsortierung« erfolgt dabei nicht nur h-mal für eine feste Schrittweite h, sondern sukzessive für eine bestimmte Folge von abnehmenden Schrittweiten, die schließlich mit der Schrittweite 1 endet. Damit wird zum Schluß das gesamte Feld (in einer einzigen Partition) mittels InsertionSort fertig sortiert.

*Schneller trotz mehr Durchläufen?*

Was zunächst eher nach einem erheblichen Mehraufwand durch die vorgeschalteten Sortierläufe klingen mag, bewirkt tatsächlich aber einen erheblichen Laufzeitgewinn. Im Gegensatz zu der schon bekannten Erweiterung »BinaryInsertionSort«, S. 110„ bei der die Suche nach der passenden Einfügeposition durch binäre Suche verbessert wird, was zwar die Anzahl der Vergleiche, aber nicht die der Bewegungen reduziert, setzt ShellSort bei der Anzahl der Bewegungen an, die beim Einfügen eines Elements in den schon sortierten Teil notwendig sind. Genau dies nämlich ist die Schwachstelle des InsertionSort ebenso wie des BinaryInsertionSort, dass nämlich jeweils alle Elemente, die sich zwischen alter und neuer Position befinden, um eins nach rechts verschoben werden müssen, woraus zwangsläufig die quadratische Laufzeitkomplexität dieser beiden Verfahren resultiert. Beim ShellSort sorgen allerdings die vorgeschalteten Durchläufe mit abnehmenden Schrittweiten dafür, dass vor dem letzten »gewöhnlichen« InsertionSort-Durchlauf (für h = 1) die Elemente schon sehr gut **vorsortiert** sind und deshalb im letzten Durchlauf nur noch deutlich weniger Verschiebungen vorgenommen werden müssen. Diese Ersparnis ist sogar so groß, dass je nach verwendeter Schrittweitenfolge damit nicht nur der Aufwand für alle Vorsortierungsläufe kompensiert wird, sondern daraus insgesamt sogar noch ein erheblicher Laufzeitgewinn resultiert.

## Funktionsweise

Die Funktionsweise des ShellSort wird in der Abb. 6.8-1 veranschaulicht.

Beispiel

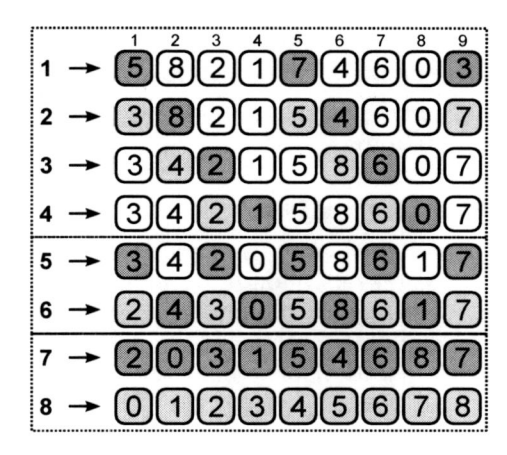

|   | 1 | 2 | 3 | 4 | 5 | 6 | 7 | 8 | 9 |
|---|---|---|---|---|---|---|---|---|---|
| 1 → | 5 | 8 | 2 | 1 | 7 | 4 | 6 | 0 | 3 |
| 2 → | 3 | 8 | 2 | 1 | 5 | 4 | 6 | 0 | 7 |
| 3 → | 3 | 4 | 2 | 1 | 5 | 8 | 6 | 0 | 7 |
| 4 → | 3 | 4 | 2 | 1 | 5 | 8 | 6 | 0 | 7 |
| 5 → | 3 | 4 | 2 | 0 | 5 | 8 | 6 | 1 | 7 |
| 6 → | 2 | 4 | 3 | 0 | 5 | 8 | 6 | 1 | 7 |
| 7 → | 2 | 0 | 3 | 1 | 5 | 4 | 6 | 8 | 7 |
| 8 → | 0 | 1 | 2 | 3 | 4 | 5 | 6 | 7 | 8 |

Abb. 6.8-1: Grafische Veranschaulichung zum Algorithmus ShellSort.

Hier wird die Zahlenfolge 5, 8, 2, 1, 7, 4, 6, 0, 3 schrittweise aufsteigend sortiert, wobei hier zunächst die von Shell selbst vorgeschlagene **Original-Schrittweitenfolge** der Form $h_i = 2^i$ verwendet wird, bei der die Schrittweite systematisch halbiert wird – bis sie im letzten Durchlauf wie gefordert den Wert 1 annimmt.

○ Der erste abgegrenzte Block stellt die Vorsortierung mit Schrittweite $h_2 = 4$ dar. Entsprechend erfolgen vier Durchläufe, wobei aber jeweils nur drei (beim ersten Durchlauf) bzw. zwei Felder beteiligt sind, die in Abb. 6.8-1 mit dunkler Füllung markiert sind. Auf diese virtuellen Teilfelder wird jeweils ein gewöhnlicher InsertionSort angewandt, der das Teilfeld sortiert: Im ersten Durchlauf besteht das virtuelle Teilfeld aus den Elementen 5, 7, 3 die korrekt zu 3, 5, 7 sortiert werden. Die sortierten Teilfelder sind jeweils in der nächsten Zeile mit heller Füllung markiert.

○ Nach vier versetzten Durchläufen mit Schrittweite 4 folgen im nächsten Block zwei Durchläufe mit Schrittweite $h_1 = 2$. Daran sind nunmehr im ersten Durchlauf fünf und im zweiten nochmal vier Elemente beteiligt, zusammen also wieder alle neun Elemente des Feldes.

○ Das Ergebnis des zweiten Blocks zeigt bereits eine grobe Vorsortierung und dient schließlich als Ausgangsbasis für den abschließenden vollständigen InsertionSort-Durchlauf mit Schrittweite $h_0 = 1$. Danach ist das Feld wie erwartet vollständig sortiert.

Ganz offensichtlich bestimmt die Wahl der Schrittweitenfolge maßgeblich sowohl den Aufwand für die Vorsortierung, also die Anzahl der Durchläufe, als auch die Qualität der Vorsortierung für den abschließenden vollständigen InsertionSort.

Im E-Learning-Kurs zu diesem Buch finden Sie eine Animation zu diesem Sortierverfahren.

### Implementierung in Java

Da der ShellSort lediglich eine Erweiterung des InsertionSort dahingehend ist, dass dieser wiederholt mit abnehmenden Schrittweiten auf den jeweiligen Partitionierungen des Feldes ausgeführt wird, kann auch die Implementierung des ShellSort unmittelbar aus der des InsertionSort abgeleitet werden:

*Operation shellsort() mit Original-Schrittweitenfolge*

```
public static void shellsort(Comparable[] data)
{
  int h = data.length / 2;
  while (h > 0)
  {
    for (int i = h; i < data.length; i++)
    {
      Comparable temp = data[i];
      int j = i;
      while ((j >= h) && (data[j - h].compareTo(temp) > 0))
      {
        data[j] = data[j - h];
        j = j - h;
      }
      data[j] = temp;
    }
    h = h / 2;
  }
}
```

- Die äußere while-Schleife organisiert die Schrittweitenfolge, so dass die Variable h jeweils den Wert für die aktuelle Schrittweite enthält. Hier beginnt die Schrittweitenfolge mit der Hälfte der Größe des Feldes (`int h = data.length/2`) und wird durch `h = h/2`; jeweils halbiert, bis sie im letzten Durchlauf den Wert 1 annimmt.
- Die for-Schleife organisiert wie beim InsertionSort den Durchlauf durch das gesamte Feld, wobei jeweils die Adressierungen der Elemente im Feld `data[]` durch Verwendung der aktuellen Schrittweite h verallgemeinert werden. Diese

naheliegende Implementierung führt dazu, dass die einzelnen h Partitionen eines Durchlaufs mit Schrittweite h nicht wie in Abb. 6.8-1 dargestellt nacheinander, sondern versetzt und quasi gleichzeitig bearbeitet werden. Innerhalb der for-Schleife werden also erst die zweiten Elemente aller Partitionen, dann die dritten Elemente aller Partitionen, dann die vierten usw. in den schon sortierten Teil ihrer jeweiligen Partition eingefügt.

- Die innere while-Schleife entspricht nun direkt dem InsertionSort, wobei allerdings die im InsertionSort implizit verwendete Schrittweite 1 hier explizit als Schrittweite h ausgewiesen wird, aus data[j-1] wird also beispw. data[j-h].

## Eigenschaften

Die Frage der Stabilität des ShellSort-Verfahrens lässt sich einfach prüfen und beantworten. — *Stabilität*

Prüfen Sie, ob dieses Sortierverfahren stabil oder instabil ist. Verwenden Sie zur Prüfung beispielsweise die Zahlenfolge 3, 2, 2, 4 und die Original-Schrittweitenfolge von Shell, also hier (2, 1). — *Frage*

Die Implementierung des ShellSort ist instabil, wie ein Blick auf die Sortierung der Zahlenfolge 3, 2, 2, 4 bei Verwendung der Original-Schrittweitenfolge von Shell zeigt: — *Antwort*

- Zunächst erfolgen zwei Durchläufe mit Schrittweite $h_1 = 2$. Im ersten Durchlauf wird die 2er-Partition, bestehend aus dem ersten und dritten Element, also den Elementen »3« und »2«, mit InsertionSort sortiert. Dabei werden beide Elemente getauscht. Die Sortierung der zweiten 2er-Partition, bestehend aus dem zweiten und vierten Element, also den Elementen »2« und »4«, führt zu keiner Veränderung, so dass das Feld nach Abschluss der Schrittweite 2 die Form 2, 2, 3, 4 hat und somit bereits sortiert ist. Allerdings hat sich durch die Vertauschung im ersten Durchlauf die Anordnung der beiden Elemente mit Schlüsselwert 2 zueinander verändert: Das Element »2«, das zuvor an dritter Position stand, steht nun ganz vorne und damit nicht mehr rechts, sondern jetzt links von dem Element »2«, das unverändert an zweiter Position steht.
- Der abschließende gewöhnliche InsertionSort mit Schrittweite $h_0 = 1$ führt ebenfalls zu keiner Änderung am Feld mehr, da das Feld bereits sortiert und InsertionSort stabil ist, also die relative Ordnung schlüsselgleicher Elemente nicht verändert.

Im Ergebnis wurde die Anordnung der beiden schlüsselgleichen Elemente durch den ShellSort also verändert, das Verfahren ist damit nicht stabil. Dies ist insofern interessant, als der ShellSort im Prinzip nichts anderes macht, als immer wieder das zugrunde liegende Verfahren InsertionSort anzuwenden, das als stabil bekannt ist. Die Instabilität entsteht aber, wie das Beispiel der Zahlenfolge 3, 2, 2, 4 zeigt, durch die getrennte Anwendung auf einzelne Partitionen des Feldes. Genau dies findet beim gewöhnlichen InsertionSort ja nicht statt, da es für $h_0 = 1$ nur eine einzige Partition gibt.

*Zählungen & Messungen*

Die Aussage, dass die vielen Durchläufe zur Vorsortierung tatsächlich zu einem deutlich verbesserten Laufzeitverhalten gegenüber dem bekannten InsertionSort führen, steht bislang nur als Behauptung im Raum. Sie wird aber auch durch Messungen mit zufällig belegten Feldern eindrucksvoll bestätigt, wie die Tab. 6.8-1 zeigt. Hier sind zum Vergleich auch noch die Laufzeiten für den gewöhnlichen InsertionSort mit angegeben, so dass die Verbesserung im Laufzeitverhalten offensichtlich wird.

## Weitere Schrittweitenfolgen

*Viele Schrittweitenfolgen möglich*

Für die Vorsortierung kann grundsätzlich jede beliebige Folge von Schrittweiten (h-Werten) verwendet werden, solange sichergestellt ist, dass im letzten Durchlauf mit h = 1, also dem gewöhnlichen InsertionSort, sortiert wird. Eine nähere Betrachtung zeigt, dass das Laufzeitverhalten des ShellSort direkt von der Ausprägung der Schrittweitenfolge abhängt: Eine zu enge Folge erzeugt zu viele Durchläufe, eine zu weite Folge erzeugt eine schlechtere Vorsortierung für den letzten Durchlauf mit InsertionSort. Deshalb existieren in der Literatur eine ganze Reihe von Vorschlägen und Untersuchungen zu Schrittweitenfolgen, die zu einem *besonders günstigen* Verhalten führen:

*Standardfolge von Shell*

- Die in der Implementierung von shellsort() verwendete und den Messergebnissen in Tab. 6.8-1 zugrunde liegende **Standardfolge** (wie die Schrittweitenfolge n/2, n/4, n/8, ..., 1 von Shell auch genannt wird), führt noch nicht zu besonders guten Ergebnissen. Das gilt insbesondere dann, wenn die Feldgröße n selbst eine Zweierpotenz ist, sich also eine Folge von Schrittweiten der Form $2^k$ für k≥0 (also die Folge ..., 32, 16, 8, 4, 2, 1) ergibt, denn das bewirkt, dass Elemente an ungeraden Positionen erst im letzten Durchlauf mit Elementen an geraden Positionen verglichen werden.

*Folge von Hibbard*

- Thomas N. Hibbard schlägt in [Hibb63] die Schrittweitenfolge $2^k$-1 für k≥1 (also die Folge ..., 31, 15, 7, 3, 1) vor, die bereits deutlich bessere Ergebnisse liefert.

*Folge von Knuth*

- Donald E. Knuth schlägt in [Knut97] eine wie folgt rekursiv definierte Schrittweitenfolge vor: $h_0 = 1$ und $h_{s+1} = 3 h_s + 1$ (also die Folge ..., 1093, 364, 121, 40, 13, 4, 1), die sehr gute Ergebnisse liefert.

## 6.8 Gut vorbereitet ist schnell sortiert: ShellSort *

| Feldgröße | Anzahl Vergleiche | Anzahl Zuweisungen | Laufzeit | Zum Vergleich: *InsertionSort* |
|---|---|---|---|---|
| 10 | 33 | 55 | - | - |
| 20 | 93 | 151 | - | - |
| 25 | 127 | 205 | - | - |
| 30 | 163 | 261 | - | - |
| 40 | 240 | 388 | - | - |
| 50 | 321 | 519 | - | - |
| 60 | 429 | 677 | - | - |
| 70 | 515 | 821 | - | - |
| 80 | 616 | 982 | - | - |
| 90 | 726 | 1.152 | - | - |
| 100 | 836 | 1.322 | - | - |
| 250 | 2.702 | 4.212 | - | - |
| 500 | 6.533 | 10.039 | - | - |
| 1.000 | 15.266 | 23.262 | - | - |
| 2.500 | 46.440 | 69.868 | - | - |
| 5.000 | 108.697 | 160.531 | - | *29 ms* |
| 10.000 | 248.810 | 362.454 | - | *104 ms* |
| 25.000 | 755.038 | 1.072.300 | - | *658 ms* |
| 50.000 | 1.730.267 | 2.414.763 | 14 ms | *2.711 ms* |
| 100.000 | 3.974.819 | 5.443.781 | 34 ms | *10.574 ms* |
| 250.000 | 12.011.338 | 15.999.230 | 100 ms | - |
| 500.000 | 27.532.413 | 36.008.163 | 227 ms | - |
| 1.000.000 | 63.031.392 | 80.982.856 | 521 ms | - |
| 2.500.000 | 193.646.485 | 241.952.225 | 1.569 ms | - |
| 5.000.000 | 456.910.021 | 558.521.459 | 3.542 ms | - |
| 10.000.000 | 1.041.632.839 | 1.254.855.671 | 8.039 ms | - |

Tab. 6.8-1: ShellSort (Original), gezählt und gemessen.

## 6 Sortieralgorithmen *

Für eine geänderte Schrittweitenfolge muss die Implementierung von shellsort() nur in der äußeren while-Schleife angepasst werden. So ergibt sich beispielsweise für die Schrittweitenfolge von Knuth die folgende Implementierung:

*Operation shellsort() mit Schrittweitenfolge von Knuth*

```
public static void shellsort(Comparable[] data)
{
  int h = 1;
  while ((h * 3 + 1) < data.length)
    h = h * 3 + 1;
  while (h > 0)
  {
    for (int i = h; i < data.length; i++)
    {
      Comparable temp = data[i];
      int j = i;
      while ((j >= h) && (data[j - h].compareTo(temp) > 0))
      {
        data[j] = data[j - h];
        j = j - h;
      }
      data[j] = temp;
    }
    h = h / 3;
  }
}
```

*Wahl der Schrittweitenfolge entscheidend*

Wie stark die Wahl einer guten Schrittweitenfolge das Laufzeitverhalten des ShellSort beeinflusst, zeigt die Abb. 6.8-2. Während die drei als besonders günstig vorgestellten Schrittweitenfolgen von Shell, Hibbard und Knuth in etwa das gleiche Laufzeitverhalten zeigen, fällt die Folge der Zweierpotenzen, wie angekündigt, durch dramatisch größere Laufzeiten auf und ist damit praktisch ungeeignet.

*Laufzeitanalyse*

Die genaue Analyse der Laufzeitkomplexität des ShellSort ist äußerst anspruchsvoll, aufwändig und auch noch nicht in vollem Umfang gelungen. So ist bis heute noch keine Funktion bekannt, die das Laufzeitverhalten vollständig beschreibt. Donald L. Shell hat in [Shel59] die Vermutung aufgestellt, dass die Laufzeitkomplexität mit seiner Standardfolge bei $O(n^{1,226})$ liege. Für die Hibbard-Folge konnte nachgewiesen werden, dass diese höchstens $O(n^{1,5})$ Vergleiche benötigt. Mittlerweile wurde experimentell belegt, dass mit guten Schrittweitenfolgen, wie zum Beispiel der von Knuth, eine asymptotische Laufzeitkomplexität von $O(n^{1,25})$ erreicht werden kann. Eine Schrittweitenfolge, die eine Laufzeitkomplexität von $O(n \log n)$ aufweist, scheint jedoch nicht zu existieren.

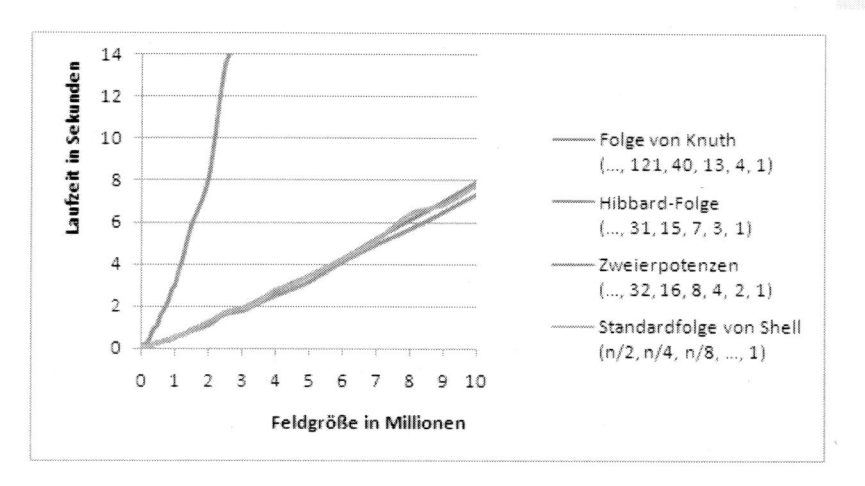

Abb. 6.8-2: Grafische Darstellung zum Vergleich der gemessenen Laufzeiten zu verschiedenen Varianten des ShellSort.

## 6.9 Felder schnell sortieren durch Mischen: MergeSort *

Wenn genügend zusätzlicher Speicherplatz zur Verfügung steht, kann auch das Mischsortieren (MergeSort) eine interessante Alternative zu anderen Verfahren sein, die das Feld »an Ort und Stelle« (lat. *in situ*) sortieren. Es bietet ebenfalls eine Laufzeitkomplexität in O(n log n) und ist besonders für Anwendungen auf extern gespeicherten Datenbeständen gut geeignet.

Wenn es die Anwendungssituation erlaubt, zusätzlich zu dem zu sortierenden Feld noch einmal Speicherplatz in gleichem Umfang zu belegen, dann bietet sich für das Sortieren auch ein weiteres Verfahren an: das **Mischsortieren** *(MergeSort)*.

Sortieren durch Mischen

Die Grundidee beim MergeSort-Verfahren besteht darin, das zu sortierende Feld in zwei gleich große Teile aufzuteilen, diese rekursiv nach dem gleichen Verfahren zu sortieren und anschließend beide sortierte Teilfelder zusammenzumischen. Dazu werden die beiden sortierten Teilfelder quasi parallel von links nach rechts durchlaufen und in einer Art »Reißverschlussverfahren« das jeweils kleinere Element in das Zielfeld übertragen und mit dem nächsten Element aus seinem Herkunftsfeld fortgesetzt. So werden schrittweise beide Teilfelder abgearbeitet und deren Elemente in sortierter Form im Zielfeld abgelegt. Dies ist natürlich nur möglich, wenn für die Mischoperation zusätzlicher Speicherplatz für die Zwischenspeicherung des zusammengemischten Feldes zur Verfügung steht.

Grundidee

## Funktionsweise

Beispiel  Die Funktionsweise des MergeSort wird in der Abb. 6.9-1 veranschaulicht.

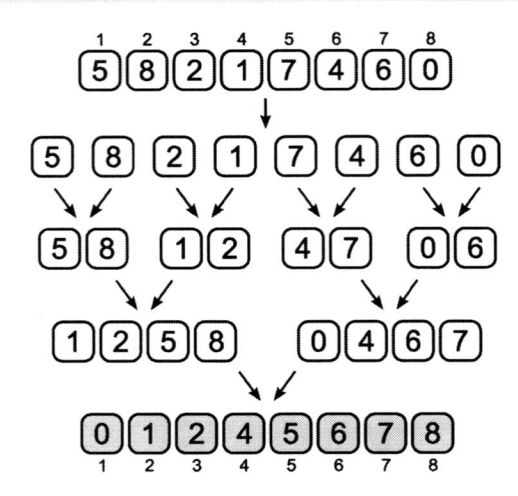

```
  1   2   3   4   5   6   7   8
 (5)(8)(2)(1)(7)(4)(6)(0)
            ↓
 (5) (8) (2) (1) (7) (4) (6) (0)
  ↘ ↙     ↘ ↙     ↘ ↙     ↘ ↙
 (5)(8)   (1)(2)   (4)(7)   (0)(6)
     ↘   ↙             ↘   ↙
   (1)(2)(5)(8)       (0)(4)(6)(7)
              ↘     ↙
       (0)(1)(2)(4)(5)(6)(7)(8)
        1  2  3  4  5  6  7  8
```

Abb. 6.9-1: Grafische Darstellung zur Funktionsweise des MergeSort-Verfahrens im Überblick komplett.

- Hier wird die Zahlenfolge 5, 8, 2, 1, 7, 4, 6, 0 zunächst in zwei Teile, die Zahlenfolge 5, 8, 2, 1 sowie die Folge 7, 4, 6, 0 zerlegt, für die im nächsten Schritt rekursiv das gleiche Verfahren aufgerufen wird: Beide Teilfelder werden ebenfalls mittig in jeweils zwei Teile zerlegt. Auch diese werden weiter zerlegt, bis schließlich Teilfelder der Länge 1 entstehen, die nicht weiter zerlegt werden können und trivialerweise auch bereits sortiert sind.
- Danach beginnt das Zusammenmischen *(merge)* der einzelnen bereits sortierten Teilfelder. Aus einelementigen Teilfeldern werden zweielementige zusammengemischt, indem die beiden Elemente ihrem Schlüsselwert entsprechend angeordnet werden.
- So werden schrittweise jeweils zwei kleinere für sich bereits sortierte Teilfelder zu einem größeren, dann ebenfalls insgesamt sortierten Feld zusammengemischt, bis schließlich das gesamte Feld sortiert ist.

In der Abb. 6.9-2 wird der Vorgang des Zusammenmischens für den letzten Schritt, aus dem schließlich das sortierte Gesamtfeld hervorgeht, nochmals im Detail beleuchtet.

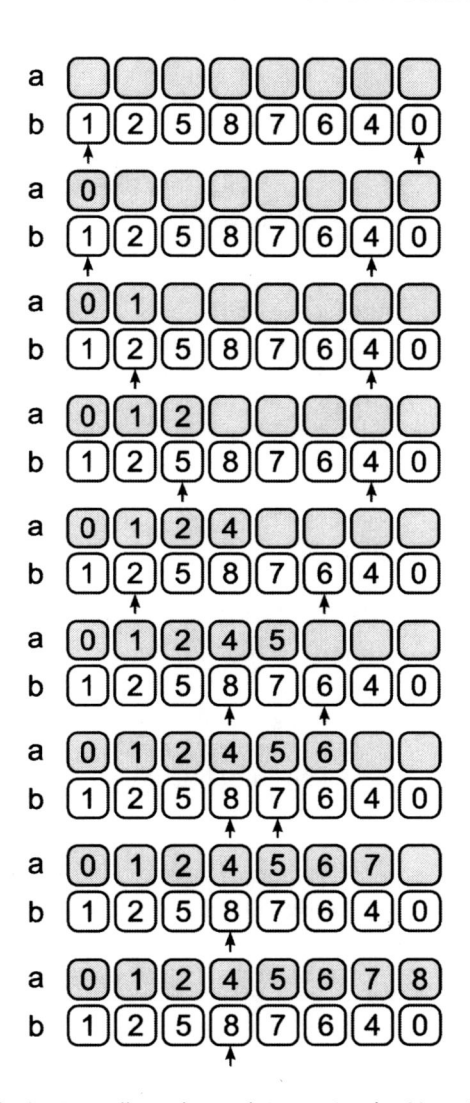

## 6.9 Felder schnell sortieren durch Mischen: MergeSort *

Abb. 6.9-2: Grafische Darstellung der Funktionsweise des MergeSort im Detail.

○ Nach Abschluss der beiden rekursiven Aufrufe des Merge-Sort für die beiden jeweils vierelementigen Teilfelder liegen diese jeweils für sich bereits sortiert vor: das sortierte linke Teilfeld mit den Elementen 1, 2, 5, 8 und das rechte Teilfeld mit den Elementen 0, 4, 6, 7. Dabei kann man sich beide Teilfelder als linken und rechten Teil des Ausgangsfeldes vorstellen (in der Abb. 6.9-2 als Feld b gekennzeichnet).

○ Aus beiden sortierten Teilfeldern werden jetzt schrittweise Elemente in das zunächst leere Zielfeld kopiert, das in Abb. 6.9-2 oberhalb des Ausgangsfeldes dargestellt und mit a gekennzeichnet ist. Dazu wird für jedes Teilfeld ein Zeiger verwendet, der auf das nächste zur Verarbeitung anstehende Element verweist. Zu Beginn ist dies jeweils das erste (kleinste) Element des jeweiligen Teilfeldes.
○ Nun wird schrittweise jeweils das kleinere der beiden zur Verarbeitung anstehende Element ins Zielfeld übertragen, der entsprechende Zeiger auf das nächste Feld vorgerückt und das ganze wiederholt, bis alle Elemente aus den Teilfeldern verarbeitet sind und das Zielfeld vollständig gefüllt ist.

Im E-Learning-Kurs zu diesem Buch finden Sie eine Animation zu diesem Sortierverfahren.

## Implementierung in Java

Aufgrund der sehr einfachen und klaren Struktur kann das Verfahren MergeSort unmittelbar in Java implementiert werden. Dazu ist es hilfreich, den Teilalgorithmus zum Mischen zweier Teilfelder als eigene Operation merge(Comparable[] out, Comparable[] left, Comparable[] right) zu implementieren, die zwei sortierte Teilfelder left und right zu einem dann ebenfalls sortierten Feld out zusammenmischt.

Operation merge()

```java
public static void merge(Comparable[] out, Comparable[] left,
                         Comparable[] right)
{
  int i = 0;
  int j = 0;
  int k = 0;
  while (i < left.length && j < right.length)
  {
    if (left[i].compareTo(right[j]) < 0)
      out[k++] = left[i++];
    else
      out[k++] = right[j++];
  }
  while (i < left.length)
    out[k++] = left[i++];
  while (j < right.length)
    out[k++] = right[j++];
}
```

Hier werden beide Teilfelder left und right jeweils von links nach rechts durchlaufen. Solange in beiden Teilfeldern noch Elemente enthalten sind, wird in der ersten while-Schleife das jeweils kleinste in das Zielfeld out übernommen.

## 6.9 Felder schnell sortieren durch Mischen: MergeSort *

Hat nur noch das Teilfeld left weitere Elemente, dann werden diese in der zweiten while-Schleife ins Zielfeld kopiert, analog passiert das in der dritten while-Schleife für das Teilfeld right. Unter Verwendung dieser Operation merge() kann auch das Verfahren MergeSort selbst direkt in Java implementiert werden.

```
public static void mergesort(Comparable[] data)
{
  if (data.length > 1)
  {
    int halfSize = data.length / 2;
    Comparable[] left = new Comparable[halfSize];
    Comparable[] right = new Comparable[data.length - halfSize];
    System.arraycopy(data, 0, left, 0, halfSize);
    System.arraycopy(data, halfSize, right, 0,
                     data.length - halfSize);
    mergesort(left);
    mergesort(right);
    merge(data,left,right);
  }
}
```

Operation mergesort()

Die Operation mergesort(Comparable[] data) arbeitet rekursiv, also muss zunächst sichergestellt werden, dass nur dann ein weiterer Aufruf erfolgt, wenn das zu bearbeitende Feld noch mehr als ein Element umfasst, also data.length größer als 1 ist. Ist das der Fall, dann wird das Feld gleichmäßig in zwei neu zu erzeugende Felder left und right aufgeteilt und das gleiche Verfahren rekursiv durch Aufrufe von mergesort(left) und mergesort(right) auf beide Teilfelder angewendet.

Sind dann beide Teilfelder left und right sortiert, können ihre Elemente mittels Aufruf von merge(data,left,right) in das Ausgangsfeld data zusammengemischt werden.

## Eigenschaften

Die Frage der Stabilität des MergeSort-Verfahrens lässt sich einfach prüfen und beantworten.

Stabilität

Prüfen Sie, ob dieses Sortierverfahren stabil oder instabil ist bzw. unter welchen Bedingungen eine Implementierung ein stabiles Verfahren liefert.

Frage

Das Verfahren MergeSort kann stabil implementiert werden, wenn in der Operation merge() bei der Auswahl des nächsten in das Zielfeld zu übernehmenden Elements darauf geachtet wird, dass bei Schlüsselgleichheit das Element aus dem linken Teilfeld genommen wird. Andernfalls kann an dieser Stelle die relative Ordnung von schlüsselgleichen Elementen verändert werden und damit die Stabilität des Verfahrens verloren gehen.

Antwort

## 6 Sortieralgorithmen *

**Analogie zu QuickSort**

Analog zum »QuickSort«, S. 137, bedient sich auch der MergeSort der Strategie des »Teile und herrsche« *(divide and conquer)*. Allerdings arbeitet MergeSort in gewissem Sinn gegensätzlich zum QuickSort: Während beim QuickSort die eigentliche Sortierarbeit bereits im Zuge der Aufteilung des Feldes durch Vertauschen der Elemente mittels der Operation `partition()` erledigt wird und danach nur noch die beiden rekursiven Aufrufe erfolgen, wird beim MergeSort im Zuge der Teilung des Feldes noch keinerlei Sortierarbeit geleistet:

Das Feld wird zunächst nur in der Mitte geteilt, und erst nach den beiden rekursiven Aufrufen, die jeweils eine Hälfte des Feldes sortieren, wird die eigentliche Sortierarbeit durch Zusammenmischen der beiden sortierten Hälften mittels der Operation `merge()` zu einem Gesamtfeld geleistet.

**Laufzeitanalyse**

Um einen Eindruck von der Leistungsfähigkeit des MergeSort zu gewinnen, fasst Tab. 6.9-1 die Messergebnisse für zufällig belegte Felder aufsteigender Größe zusammen.

**Auch MergeSort in O(n log n)**

Wie QuickSort hat auch MergeSort eine asymptotische Laufzeitkomplexität in O(n log n). Im Gegensatz zu QuickSort kann MergeSort ebenso wie HeapSort *nicht* zu quadratischer Laufzeit degenerieren.

**MergeSort oder QuickSort?**

Vergleicht man die Messergebnisse mit denen für QuickSort, so stellt man fest, dass MergeSort zwar mit weniger Vergleichen auskommt, allerdings benötigt dieses Verfahren auch ein zusätzliches Hilfsfeld, das Speicherplatz für n oder bei geschickter Implementierung auch nur für n/2 Elemente bereitstellen muss.

Unabhängig von der Implementierung des Hilfsfeldes ist MergeSort jedoch sowohl im Hinblick auf die Speicherplatzeffizienz wie auch im Laufzeitverhalten im durchschnittlichen Fall klar schlechter als QuickSort. Allerdings ist MergeSort im Gegensatz zu QuickSort bei entsprechender Implementierung der Mischoperation stabil.

**Gut für externes Sortieren**

Interessant wird MergeSort auf jeden Fall aber dann, wenn es um die Sortierung von Datenbeständen auf externen Speichermedien geht, beispielsweise Festplatten, da hierfür in der Regel genügend zusätzlicher Speicherplatz zur Verfügung steht.

## 6.9 Felder schnell sortieren durch Mischen: MergeSort *

| Feldgröße | Anzahl Vergleiche | Anzahl Zuweisungen | Laufzeit |
|---|---|---|---|
| 10 | 22 | 34 | - |
| 20 | 63 | 88 | - |
| 25 | 87 | 118 | - |
| 30 | 111 | 148 | - |
| 40 | 165 | 216 | - |
| 50 | 223 | 286 | - |
| 60 | 279 | 356 | - |
| 70 | 342 | 432 | - |
| 80 | 408 | 512 | - |
| 90 | 473 | 592 | - |
| 100 | 541 | 672 | - |
| 250 | 1.680 | 1.994 | - |
| 500 | 3.856 | 4.488 | - |
| 1.000 | 8.721 | 9.976 | - |
| 2.500 | 25.134 | 28.404 | - |
| 5.000 | 55.218 | 61.808 | - |
| 10.000 | 120.474 | 133.616 | - |
| 25.000 | 334.118 | 367.232 | - |
| 50.000 | 718.153 | 784.464 | 13 ms |
| 100.000 | 1.536.411 | 1.668.928 | 28 ms |
| 250.000 | 4.168.548 | 4.487.856 | 78 ms |
| 500.000 | 8.837.250 | 9.475.712 | 164 ms |
| 1.000.000 | 18.674.221 | 19.951.424 | 348 ms |
| 2.500.000 | 50.024.663 | 53.305.696 | 949 ms |
| 5.000.000 | 105.050.380 | 111.611.392 | 1.970 ms |
| 10.000.000 | 220.100.922 | 233.222.784 | 4.157 ms |

Tab. 6.9-1: MergeSort gezählt und gemessen.

## 6.10 Vergleich und weitere Sortierverfahren *

Alle direkten Sortierverfahren, die eines der Grundprinzipien Einfügen, Auswahl oder Austauschen in Reinkultur implementieren, kommen auch mit lokalen Verbesserungen, wie der binären Suche beim BinaryInsertionSort, nicht über ein quadratisches Laufzeitverhalten hinaus. Erst umfassende Verbesserungen der jeweiligen direkten Verfahren führen zu einem Laufzeitverhalten, das auch für große Datenmengen praktikabel ist. Und in besonderen Situationen, zum Beispiel bei bekannter endlicher und überschaubarer Schlüsselmenge, lassen sich sogar Verfahren mit konstanter Laufzeitkomplexität realisieren.

*Definition*

Höhere Sortierverfahren bauen in der Regel auf einem der Grundprinzipien der »direkten Sortierverfahren«, S. 130, (Auswahl des passenden Elements, Vertauschen von Elementen in falscher Reihenfolge oder Einfügen eines Elements an der passenden Stelle) auf, erweitern das Verfahren aber in bestimmter Weise, so dass wesentliche Schwachstellen behoben und eine bessere Laufzeitkomplexität erreicht werden können. Solche Erweiterungen betreffen entweder

- die Reduzierung der notwendigen *Bewegungen*, zum Beispiel durch Austausch über größere Distanzen, wie im QuickSort oder auch ShellSort (im Rahmen der Vorsortierung), oder
- die Reduzierung der notwendigen *Vergleiche*, zum Beispiel durch Aufbau und Pflege einer geeigneten Datenstruktur, über die sehr effizient das jeweils größte Element selektiert werden kann, zum Beispiel mittels einer Heap-Struktur im HeapSort.

*MergeSort als Ausreißer*

Das Verfahren des Mischsortierens (MergeSort) fällt dabei etwas aus der Reihe, da hier das Feld nicht mehr an Ort und Stelle, sondern unter Zuhilfenahme eines Zusatzfeldes sortiert wird. Entsprechend baut MergeSort nicht direkt auf einem dieser Grundprinzipien auf, sondern etabliert einen neuen Ansatz, der jedoch wegen seines rekursiven Vorgehens strukturelle Ähnlichkeiten zum QuickSort hat.

*Nur höhere Verfahren für große Felder geeignet*

Allen höheren Sortierverfahren gemeinsam ist aber die Tatsache, dass sie durch die Erweiterungen gegenüber ihren direkten »Vorbildern« im allgemeinen Fall das Laufzeitverhalten nicht nur um einen Faktor verbessern, sondern tatsächlich in eine günstigere Komplexitätsklasse bringen, in der Regel von $O(n^2)$ nach $O(n \log n)$. Dieser Umstand ermöglicht überhaupt erst ihre Anwendung auf große Felder mit Hunderttausenden oder Millionen von

Elementen, wobei es immer noch auch zwischen den einzelnen höheren Verfahren Unterschiede im Laufzeitverhalten gibt. Dabei handelt es sich aber nicht mehr um prinzipielle (die Komplexitätsklasse betreffend), sondern nurmehr um graduelle Unterschiede, wie beispielsweise einen Faktor zwischen zwei und drei bei den tatsächlichen Laufzeiten von HeapSort gegenüber QuickSort. Diese Unterschiede sind natürlich bei der praktischen Anwendung von Bedeutung, entscheiden aber nicht über die grundsätzliche Anwendbarkeit eines Verfahrens.

Wie sich diese graduellen Unterschiede zwischen QuickSort, HeapSort, ShellSort und MergeSort in der praktischen Anwendung darstellen, zeigt die Abb. 6.10-1. Die Hinzunahme des schnellsten direkten Sortierverfahrens, des BinaryInsertionSort, veranschaulicht außerdem eindrucksvoll, wie dramatisch die Laufzeitverbesserungen durch die höheren Sortierverfahren wirklich sind: In der gleichen Zeit, in der QuickSort ein Feld mit zehn Millionen Elementen sortiert, schafft BinaryInsertionSort gerade mal ein Feld mit etwas über 50.000 Datensätzen. Für die zehn Millionen Elemente wäre etwa die vierzigtausendfache Zeit nötig, also statt zwei Sekunden grob ein ganzer Tag.

Laufzeitverhalten im Vergleich

Abb. 6.10-1: Grafische Darstellung und Vergleich der Laufzeiten für die höheren Sortierverfahren.

## Höhere Sortierverfahren im Kompaktvergleich

Neben dem Laufzeitverhalten können auch andere Eigenschaften für die Beurteilung und den Einsatz von Sortierverfahren eine Rolle spielen, zum Beispiel die Frage der Stabilität, etwaiger zusätzlicher Speicherbedarf oder das Risiko einer Degenerierung zu quadratischem Aufwand, dessen Auswirkungen in der Abb.

6.10-1 deutlich zu sehen sind. Abschließend finden Sie daher in der Tab. 6.10-1 die wichtigsten höheren Sortierverfahren QuickSort, HeapSort, ShellSort sowie MergeSort und ihre wesentlichen Eigenschaften tabellarisch einander gegenüber gestellt.

| Verfahren | QuickSort | HeapSort | ShellSort | MergeSort |
|---|---|---|---|---|
| Grundschema von | »BubbleSort«, S. 118 | »SelectionSort«, S. 105 | »InsertionSort«, S. 110 | »QuickSort«, S. 137 |
| Grundprinzip | Rekursives Partitionieren des Feldes nach Schlüsselwert | SelectionSort mit Heap-Struktur | InsertionSort nach Vorsortierung mit abnehmender Schrittweite | Rekursives Zerlegen und anschließendes Mischen von Teilfeldern |
| Stabilität | nein | nein | nein | ja |
| Laufzeitkomplexität im günstigsten Fall | $O(n \log n)$ | $O(n \log n)$ | $O(n^{1,25})$ | $O(n \log n)$ |
| Laufzeitkomplexität im allgemeinen Fall | $O(n \log n)$ | $O(n \log n)$ | $O(n^{1,25})$ | $O(n \log n)$ |
| Laufzeitkomplexität im ungünstigsten Fall | $O(n^2)$ | $O(n \log n)$ | $O(n^{1,25})$ | $O(n \log n)$ |
| Zusätzlicher Speicherbedarf | kein (»in situ«) | kein (»in situ«) | kein (»in situ«) | n (Zusatzfeld) |
| Gemessene Laufzeit für 10 Mio. zufällig angeordnete Elemente | 2,1 Sekunden | 5,5 Sekunden | 7,3 Sekunden | 4,1 Sekunden |
| Geschwindigkeit für große Datenmengen | sehr schnell | schnell | brauchbar | schnell |
| Besonderheiten | sehr gut parallelisierbar, kann zu quadratischem Aufwand degenerieren | optimale asymptotische Laufzeitkomplexität in jedem Fall | optimale Schrittweitenfolge noch offen | gut parallelisierbar, zusätzlicher Speicherbedarf |

Tab. 6.10-1: Gegenüberstellung höhere Sortierverfahren.

## Weitere spezielle Sortierverfahren

Mit dem Verfahren des Mischsortierens (MergeSort) haben Sie bereits ein Verfahren kennengelernt, das nicht wie die anderen Verfahren allgemein, sondern nur unter bestimmten Voraussetzungen eingesetzt werden kann. Im Fall von MergeSort betrifft dies den zusätzlichen Speicherbedarf für n bzw. n/2 Elemente.

Es ist zwar auch eine Implementierung des MergeSort möglich, die anstelle eines Hilfsfelds mit einer Länge proportional zu n (also linear abhängig von n) mit einem Hilfsfeld konstanter Länge (also unabhängig von n) auskommt (sog. *in-place merging*). Damit kann aber bei weitem nicht mehr die Effizienz von QuickSort erreicht werden.

*In-Place MergeSort*

Bei allen Komplexitätsbetrachtungen wurde stets neben der Anzahl der Vergleiche auch die Anzahl der Bewegungen betrachtet, da diese auch einen nicht zu vernachlässigenden Einfluss auf das Laufzeitverhalten hat. Sind die zu sortierenden Datenobjekte sehr groß, so ist es sinnvoll, den Aufwand für das Verschieben der Datenelemente zu minimieren. Dies kann durch **indirektes Sortieren** *(indirect sorting)* erreicht werden. Die Idee dahinter ist ganz einfach: Der eigentlich zu sortierende Datenbestand bleibt unangetastet, es werden lediglich Zeiger auf die Datenobjekte sortiert. Dazu ist ein Hilfsfeld h der gleichen Länge notwendig, das mit Zeigern auf die zu sortierenden Datenobjekte initialisiert wird. Danach kann ein beliebiges Sortierverfahren auf das Feld h angewandt werden, wobei für den Vergleich zweier Elemente in h auf die entsprechenden Datenobjekte oder einzelne ihrer Attribute (Schlüssel) zugegriffen wird.

*Indirektes Sortieren*

Stellen Sie sich vor, dass Sie in Java ein Feld mit Kundendaten der Form `Kunde[] Kundenliste` nach bestimmten Kriterien sortieren wollen. Welcher Zusammenhang besteht hier zum Verfahren des indirekten Sortierens?

*Frage*

Da das Feld `Kundendaten` offensichtlich Objekte der Klasse oder jedenfalls des Typs `Kunde` enthält, wird es vom Java-Laufzeitsystem tatsächlich als Feld mit entsprechenden Zeigern (Referenzen) auf die Kundenobjekte angelegt. Ein Sortieren dieses Feldes `Kundenliste` wird also systemintern ohnehin indirekt erfolgen: Es werden nur die Referenzen auf die Kundenobjekte sortiert, die Anordnung der Kundenobjekte im Speicher selbst bleibt unberührt.

*Antwort*

Mit diesem Verfahren können schließlich auch Datenobjekte sortiert werden, die nicht in Feldern gespeichert sind, sondern beliebige Datenbestände oder *Collections*. Beispielsweise können damit jegliche Sortierungen von Elementen linearer Listen oder Bäumen effizient erstellt werden. Dabei kann das indirekte Sor-

*Sortieren beliebiger Datenbestände möglich*

tieren verketteter Listen sogar ebenso effizient realisiert werden wie mit eigens für Listen entwickelten Sortierverfahren, die zum Beispiel von Gordon Sorber in [Sorb91] vorgeschlagen wurden.

*Laufzeitkomplexität bleibt unverändert*

Grundsätzlich hat das indirekte Sortieren keinen Einfluß auf die Laufzeitkomplexität des verwendeten Sortierverfahrens. Es beeinflusst lediglich den tatsächlichen Aufwand, also die Zeit, die für die Durchführung einer Bewegung oder auch eines Vergleichs (wegen des Zugriffs auf das eigentliche Datenobjekt) benötigt wird, macht sich also letztlich als Faktor in der Laufzeit bemerkbar.

*Problemkomplexität ist $O(n \log n)$*

Soweit für die Sortierung der einzelnen Elemente Schlüsselwertvergleiche durchgeführt werden müssen, kann über die Analyse entsprechender binärer Entscheidungsbäume gezeigt werden, dass jedes Sortierverfahren für den allgemeinen Fall mindestens eine Laufzeitkomplexität in $O(n \log n)$ hat. Diese Komplexitätsklasse wird deshalb auch als **Problemkomplexität** bezeichnet, weil sie die Komplexität des Problems (hier: Sortieren eines Feldes mittels Schlüsselvergleichen) und nicht eines bestimmten Verfahrens beschreibt. Aus dieser Erkenntnis folgt auch, dass HeapSort, MergeSort und QuickSort (im durchschnittlichen Fall) im Hinblick auf ihre asymptotische Laufzeitkomplexität bereits optimal sind, da ihr Laufzeitverhalten in der gleichen Komplexitätsklasse liegt. Sie können also, wenn überhaupt, nur noch graduell verbessert werden. Das gilt ganz offensichtlich nicht für die direkten Verfahren, deren Laufzeitverhalten sich in einer ganz anderen, schlechteren Komplexitätsklasse, nämlich $O(n^2)$, bewegt. Salopp formuliert spielen die direkten Verfahren sämtlich in einer anderen Liga, wie auch die Abb. 6.10-1 veranschaulicht hat.

*Warum Betonung der Schlüsselvergleiche?*

Bei der Argumentation zur Problemkomplexität wurde die Annahme gemacht, dass für das Sortieren der Vergleich von Schlüsselwerten notwendig ist, egal ob einfach durch Vergleich von Zahlen oder aufwändig mit einem mehrstufigen Vergleichsoperator. In diesem Fall kann es kein Verfahren geben, das besser als in $O(n \log n)$ arbeitet. Sind aber nicht immer Schlüsselvergleiche notwendig? Im Allgemeinen sicher. Es gibt aber Sonderfälle oder besondere Rahmenbedingungen, die ein Sortieren ohne Schlüsselvergleiche erlauben.

*Fächersortieren*

Ein Beispiel für ein solches spezielles Sortierverfahren stellt das sogenannte **Fächersortieren** *(BucketSort)* dar, bei dem vorausgesetzt wird, dass die Schlüsselwerte der zu sortierenden Elemente aus einem *kleinen numerischen Bereich*, zum Beispiel dem Intervall [1 .. max], stammen. In diesem Fall kann ein Hilfsfeld h mit max Elementen verwendet werden, die jeweils eine verkettete Liste enthalten. Zur Sortierung des Ausgangsfeldes wird die-

## 6.10 Vergleich und weitere Sortierverfahren *

ses systematisch durchlaufen und jedes Element (oder seine Referenz) unter Verwendung seines Schlüsselwerts x als Index für das Feld h in die entsprechende in h[x] gespeicherte verkettete Liste eingefügt. Zur Ausgabe des sortierten Feldes wird dann einfach das Feld h schrittweise durchlaufen, und die Elemente aus den verketteten Listen werden ausgegeben bzw. der Reihe nach und somit sortiert in das Ausgangsfeld kopiert.

Da die Adressierung im Feld (über den Index x) sowie das Einfügen in einer verketteten Liste (am Anfang) jeweils nur konstanten, also von n unabhängigen Aufwand erzeugen, kann so das gesamte beliebig große Ausgangsfeld der Länge n mit nur linearem Aufwand, also in $O(n)$ sortiert werden. Weil auch das anschließende Durchlaufen des Felds h und Zurückkopieren der Elemente (bzw. ihrer Referenzen) in das Ausgangsfeld nur linearen Aufwand macht, bleibt es für den BucketSort bei einer »traumhaften« Laufzeitkomplexität in $O(n)$, also linear!

*Laufzeit für BucketSort in $O(n)$*

# 7 Datenstrukturen *

Algorithmen arbeiten in der Regel auf einer Vielzahl von Daten. Datenstrukturen helfen dabei, diese Daten zu organisieren sowie einen effizienten Zugriff auf sie und eine ebensolche Verarbeitung zu ermöglichen. Zusammen mit einer Sammlung von Zugriffs- und Verarbeitungsoperationen bereichern sie als abstrakte Datentypen das Repertoire des Java-Programmierers.

Eine Einführung und einen Überblick finden Sie im folgenden Kapitel:

- »Einführung und Überblick«, S. 182

In Java stehen seit dem JDK 1.2 mit dem sogenannten *Collection-Framework* eine Vielzahl von Datentypen samt *Interfaces* und Klassen für die direkte Verwendung zur Verfügung. Ganz allgemein betrachtet handelt es sich dabei um Sammlungen *(Collections)* von Objekten. Einen Überblick verschafft der folgende Kapitel:

- »Collections«, S. 186

Eine zentrale Datenstruktur stellen dabei Listen *(List)* dar, wie sie Ihnen überall in der Realität begegnen: von der Einkaufsliste bis zur Teilnehmerliste Ihrer nächsten Geburtstagsfeier. Dies wird im folgenden Kapitel näher behandelt:

- »Listen«, S. 193

Obwohl in ihren Möglichkeiten (den angebotenen Operationen) eindeutig definiert, können Listen in der Praxis auf grundlegend unterschiedliche Art und Weise implementiert werden. Eine naheliegende Implementierung bildet Listen auf Felder (Arrays) ab:

- »Felder werden dynamisch: Feldlisten«, S. 199

Eine andere Implementierung nutzt eigene Objekte (mit Referenzen auf die Elemente der Liste), die miteinander verkettet werden und so eine verkettete Liste bilden:

- »Verkettete Listen (LinkedList)«, S. 222

Eine besondere Form von Listen stellen die sogenannten Stapel *(Stacks)* und Warteschlangen *(Queues)* dar:

- »Stapel und Schlangen«, S. 243

Abschließend lernen Sie mit Mengen *(Sets)* und Abbildungen *(Maps)* zwei weitere Datenstrukturen kennen, für deren Implementierung zum Beispiel auf Hash-Tabellen zurückgegriffen werden kann:

- »Mengen und Abbildungen«, S. 252

Alternativ zu Hash-Tabellen, die in erheblichem Maß zusätzlichen Speicher benötigen, können sortierte Mengen oder Abbildungen auch mit Hilfe von Bäumen *(Trees)* realisiert werden. Diese verallgemeinern das Konzept der Listen dahingehend, dass es zu einem Element mehr als nur einen Nachfolger geben kann. Ihr Aufbau, ihre Funktionsweise und die Implementierung der notwendigen Operationen sind Gegenstand des folgenden Kapitels:

- »Bäume«, S. 262

Damit alle Operationen zu jeder Zeit möglichst schnell erfolgen können, müssen diese Bäume in ihrer Struktur ausgeglichen sein. Das abschließende Kapitel behandelt mit AVL-Bäumen eine Implementierung für binäre Suchbäume, die selbstständig ihre Ausgeglichenheit überprüfen und diese bei Bedarf durch Umstrukturierungen auch automatisch wieder herstellen können:

- »Ausgeglichene Bäume«, S. 276

Bei der großen Auswahl an Datentypen und gebrauchsfertigen Implementierungen fällt die Auswahl nicht immer leicht. Unterschiedliche Prioritäten, die am häufigsten benötigten Operationen oder auch Charakteristika der zu speichernden Elemente geben dann den Ausschlag:

- »Vergleich und Auswahl«, S. 296

## 7.1 Einführung und Überblick *

Daten werden in Programmen als einfache oder strukturierte Daten (Objekte) verwaltet. Für eine Vielzahl gleichartiger Daten bietet Java neben Feldern, deren Länge und damit Kapazität nach dem Erzeugen nicht mehr verändert werden kann, eine Reihe flexiblerer Datentypen, deren Größe sich zur Laufzeit, also dynamisch den Erfordernissen anpassen kann.

*Einfache & strukturierte Daten*

Programme bearbeiten Daten. Dies können im einfachsten Fall einzelne Werte sein, wie zum Beispiel eine Zahl *(Integer)*, die auf Primeigenschaft getestet werden soll, oder ein Wahrheitswert *(Boolean)*, der angibt, ob das bestellte Buch als Geschenk verpackt werden soll. Die zu verarbeitenden Daten können aber auch strukturiert, also ihrerseits aus einzelnen Datenelementen zusammengesetzt sein. So werden in einem Hochschulmanagementsystem die Daten zu einem Studierenden unter anderem Namen und Vornamen, Matrikelnummer und Geburtsdatum umfassen, wobei das Geburtsdatum sich wiederum aus Tag, Monat und Jahr zusammensetzt.

*Modellierung in Java*

In Java haben Sie für einfache Daten die primitiven Datentypen (boolean für Wahrheitswerte, char für Zeichen, byte, short, int und long für ganze Zahlen sowie float und double für Gleitpunktzahlen) zur Verfügung. Einen eigenen Datentyp struct (wie in C oder

C++) oder record (wie in Pascal oder Delphi) zur Beschreibung strukturierter Daten gibt es in Java nicht. Das ist aber keine Einschränkung: Zur Modellierung strukturierter Daten können Sie auch Klassen verwenden, die dann eben über keinerlei Methoden verfügen.

Manchmal sollen auch mehrere gleichartige Datenelemente gespeichert und bearbeitet werden, zum Beispiel wenn aus einer Anzahl von Geboten der höchste Betrag gesucht wird, zu dem Sie ein kostbares Erbstück verkaufen wollen. Um diese Datenelemente systematisch bearbeiten zu können, reicht es nicht mehr aus, die einzelnen Elemente jeweils über ihren Namen ansprechen zu können, also beispielsweise über Variablen gebot1, gebot2, gebot3 usw., was insbesondere dann unmöglich wird, wenn bei der Erstellung des Programms noch nicht bekannt ist, wie viele dieser Datenelemente zu speichern sein werden. Für diese Fälle haben Sie in Java – wie in anderen Programmiersprachen auch – die Datenstruktur eines Feldes *(array)* zur Verfügung.

*Datenstrukturen*

Ein Feld ist die einfachste Datenstruktur zur Verwaltung mehrerer Datenelemente eines bestimmten Datentyps.[1]

*Felder in Java*

Der Zugriff auf die einzelnen Elemente eines Feldes erfolgt über einen Index. Dieser Index entspricht technisch gesehen dem Wert, der, multipliziert mit dem von einem Datenelement benötigten Speicherplatz, zu der Anfangsadresse des Feldes addiert wird, um so die Adresse des Datenelements zu erhalten. Die einzigen notwendigen Operationen auf Feldern sind das indizierte Lesen und das indizierte Speichern, die auf jedes Element des Feldes über den Index direkt zugreifen können.

Im eindimensionalen Fall wird ein Feld häufig auch als **Vektor** und im zweidimensionalen Fall als **Matrix** oder **Tabelle** bezeichnet. Felder sind aber keineswegs nur auf zwei Dimensionen beschränkt. Sie werden auch beliebig mehrdimensional verwendet. Wegen ihrer grundlegenden Bedeutung und einfachen Struktur bieten die allermeisten Programmiersprachen, und so auch Java, eine konkrete Implementierung dieser Datenstruktur als eigenen Datentyp **Array** im Grundsprachumfang an.

In Java werden Felder als Referenztyp realisiert. Das bedeutet, dass zum Beispiel durch eine Anweisung der Form

*Felder als Referenztyp*

```
int[] zahlen = new int[200];
```

bei der Übersetzung durch den Compiler auf dem *Stack* nur Speicherplatz für die Variable zahlen angelegt wird, die lediglich eine Speicherreferenz enthält. Erst zur Laufzeit wird dann im

---

[1] Sollen beliebige Datenelemente gespeichert werden können, so ist als Datentyp schlicht Object anzugeben, was alle Referenztypen umfasst.

# 7 Datenstrukturen *

Speicherbereich für Objekte, dem sogenannten *Heap*, ein fortlaufender Bereich für 200 Datenelemente vom Typ `int` belegt.

*Frage*    Wieviel Speicherplatz (in Byte) wird für dieses Feld auf dem Heap-Speicher reserviert?

*Antwort*    Da in Java die Datenformate für die primitiven Datentypen standardisiert sind und jedes Datenelement vom Typ `int` intern als 32-bit-Zweierkomplementzahl (also in vier Byte) gespeichert wird, wird für ein Feld mit 200 Elementen vom Typ `int` insgesamt ein fortlaufender Speicherbereich von 200·4 Byte = 800 Byte reserviert.

Somit muss die Größe des Feldes zur Übersetzungszeit, also im Programmcode, noch nicht festgelegt sein. Erst zum Zeitpunkt der tatsächlichen Erzeugung des Feldes mit der Operation `new` muss die Größe angegeben werden – und kann danach nicht mehr verändert werden.

*Gegenüberstellung*    Felder und Verbunde erlauben die Bildung strukturierter Datenelemente. Beiden ist gemeinsam, dass sie mehrere Elemente bzw. Komponenten so zu einer Einheit zusammenfassen, dass dabei sowohl als Ganzes wie auch auf die einzelnen Bestandteile zugegriffen werden kann. Tab. 7.1-1 stellt beide Konzepte einander gegenüber und zeigt wesentliche Unterschiede zwischen Feldern und Verbunden.

| Merkmal | Feld a | Verbund c |
|---|---|---|
| *Datentyp* der Bestandteile | *Elemente* müssen gleichen Datentyp haben | *Komponenten* können unterschiedliche Datentypen haben |
| *Zugriff* auf die Bestandteile | über Index i und Indexoperator a[i] | mit Name n und Komponentenselektor c.n |

Tab. 7.1-1: Vergleich Feld/Verbund.

*Sonderfall: Assoziatives Array*    Einen Sonderfall eines Feldes stellt das **Assoziative Array** dar. Hier wird nicht über einen numerischen Index, also eine Zahl, sondern über einen beliebigen Wert, den Schlüssel, auf die im Feld gespeicherten Daten zugegriffen. Dadurch ergeben sich grundlegend andere Lese- und Speicher-Operationen. Eine mögliche Implementierung für ein assoziatives Array ist die Hashtabelle. Aufbau und Funktion einer Hashtabelle werden im Kapitel »Hashing-basierten Suche«, S. 86, behandelt.

*Feste Feldgröße problematisch*    Auch wenn Sie in Java erst zur Laufzeit festlegen müssen, wie viel Speicherplatz für ein Feld angelegt werden soll, so ist das in der Praxis doch oftmals sehr hinderlich, da Sie vor der eigentlichen Verarbeitung schon wissen müssen, wie viele Elemente Sie speichern können wollen. Brauchen Sie dann tatsächlich Platz für nur ein Element mehr, dann reicht Ihr Feld nicht mehr aus.

## 7.1 Einführung und Überblick *

Und eine Vergrößerung ist in Java nicht vorgesehen und auch nicht möglich, da der angrenzende Speicherplatz auf dem *Heap* schon längst für andere Daten vergeben sein kann. Umgekehrt ist es natürlich auch keine Lösung, das Feld einfach im vorhinein so groß anzulegen, dass es auch für solche selteneren Fälle noch ausreichend Platz bietet: In der Mehrzahl der Fälle würden Sie so Speicherplatz in großen Mengen verschwenden.

Genau hier setzt die Idee der dynamischen Datenstrukturen an. Unter einer **dynamischen Datenstruktur** versteht man eine Datenstruktur, deren Größe und damit auch der Speicherbedarf sich dynamisch, also zur Laufzeit der Anwendung, den jeweiligen Erfordernissen anpasst. Werden einer solchen Datenstruktur immer weiter neue Elemente zugefügt, dann wächst sie mit. Umgekehrt wird auch nicht mehr benötigter Speicherplatz wieder zur Verfügung gestellt[2], wenn Elemente aus der Datenstruktur gelöscht werden.

Dynamische Datenstrukturen

Dynamische Datenstrukturen stehen in Java mit dem sogenannten **Collection-Framework** zur Verfügung, einer sehr umfangreichen und flexiblen Sammlung von Klassen und *Interfaces*. Damit werden eine Vielzahl von Datenstrukturen als abstrakte Datentypen definiert und verschiedene konkrete Implementierungen zur Verwendung bereitgestellt.

Collection-Framework

Als **abstrakter Datentyp (ADT)** wird eine Datenstruktur bezeichnet, die zusammen mit allen zulässigen Operationen definiert wird, die auf sie zugreifen. Da der Zugriff nur über diese festgelegten Operationen erfolgen kann, sind die Daten nach außen hin gekapselt. Ein abstrakter Datentyp beschreibt nur, was die jeweiligen Operationen tun (ihre Semantik), aber noch nicht genau, wie sie es tun (ihre Implementierung), deshalb ist er noch abstrakt. In Java können abstrakte Datentypen als *Interfaces* oder bereits mit einer teilweisen Implementierung auch als abstrakte Klassen definiert werden.

Abstrakter Datentyp

Alle vom *Collection-Framework* bereitgestellten Klassen sind Container, das heißt, sie speichern Objekte beliebiger Typen als Elemente. Als Elementtypen können alle Referenztypen verwendet werden, also beliebige Objekte oder Felder, und dank *Autoboxing* und Wrapper-Klassen auch primitive Datentypen.

Containertypen im *Collection-Framework*

Dabei sind zwei Gruppen von Containertypen zu unterscheiden, die auch technisch unabhängig voneinander realisiert sind:

Zwei Gruppen von Containertypen

---

[2] Dies erfolgt in Java nicht unmittelbar, bei Bedarf kann der nicht mehr benötigte Speicherplatz aber vom *Garbage Collector* für neue Datenstrukturen zur Verfügung gestellt werden.

- *Collections* speichern einzelne Elemente. Alle Klassen aus dieser Gruppe implementieren das Interface `Collection`. Zu dieser Gruppe gehören zum Beispiel die konkreten Klassen `ArrayList`, `LinkedList`, `TreeSet` und `HashSet`.
- *Maps* speichern Element-Paare oder auch Assoziationen. Dabei wird eines der Elemente als Schlüssel für den Zugriff verwendet, das andere Element stellt den mit dem Schlüssel assoziierten Wert dar. Alle Klassen aus dieser Gruppe implementieren das *Interface* `Map`. Zu dieser Gruppe gehören zum Beispiel die konkreten Klassen `TreeMap` und `HashMap`.

Mittels der im *Collection-Framework* verfügbaren Datentypen stehen Ihnen alle wichtigen Datenstrukturen der Informatik direkt für die Programmierung zur Verfügung: von Listen über Stapel, Warteschlangen und *Dictionaries* bis hin zu Bäumen und Hash-Tabellen. Programmierer-Herz, was willst Du mehr?

## 7.2 Collections *

Das *Interface Collection* definiert einen allgemeinen Containertyp, der beliebige Elemente aufnehmen kann. *Collections* sind hinsichtlich einer Ordnung der Elemente oder der Speicherung von Duplikaten noch völlig allgemein und werden erst durch die Untertypen, wie Listen, Mengen, Stapel und Warteschlangen, weiter spezifiziert. Mit dem Containertyp *Collection* und der Klasse *Collections* werden aber schon allgemeine Operationen zur Bearbeitung beliebiger Containertypen definiert sowie wichtige Algorithmen auf *Collections* bereitgestellt.

*Collection – die Mutter aller Containertypen*

Mit dem *Interface* `Collection` werden allgemeine Eigenschaften (Operationen) beschrieben, die allen Containertypen gemeinsam sind, noch völlig unabhängig davon, ob die Elemente zum Beispiel in einer bestimmten Ordnung gespeichert werden oder Duplikate erlaubt sind. Das wird erst in den weiteren Spezialisierungen relevant, die sich in der Organisationsform der Elemente unterscheiden:

- **Listen** ordnen ihre Elemente in einer Reihe an, wie bei einer Einkaufs- oder Teilnehmerliste. Es gibt jeweils ein erstes und ein letztes Element, und zu jedem Element gibt es einen Nachfolger in der Liste – außer zum letzten Element natürlich! Alle Listen-Klassen implementieren das *Interface* `List`.
- **Warteschlangen** speichern die Elemente entsprechend einer bestimmten Ordnung, die im allgemeinen Fall der Zeitpunkt des Einfügens ist, also in chronologischer Ordnung. In diesem Fall erhält man das sogenannte FIFO-Verhalten *(first in = first out)*. Es kann aber auch eine andere Ordnung zum Einsatz kommen, zum Beispiel um Prioritäten zu be-

rücksichtigen. Alle Warteschlangen-Klassen implementieren das *Interface* Queue.

- **Mengen** speichern die Elemente im Allgemeinen ungeordnet. In Mengen sind (wie in der Mathematik auch) keine Duplikate erlaubt, ein Element kann höchstens einmal enthalten sein. Alle Mengen-Klassen implementieren das *Interface* Set. Eine Spezialform der Mengen sind sortierte Mengen, bei denen die Elemente in sortierter Reihenfolge abgerufen werden können. Dafür muss dann aber auch eine Ordnung auf den Elementen definiert sein. Sortierte Mengen implementieren das *Interface* SortedSet.

In Abb. 7.2-1 sind die wichtigsten Containertypen *(Interfaces)* und Implementierungen (Klassen) mit ihren Vererbungs- und Implementierungsbeziehungen dargestellt.

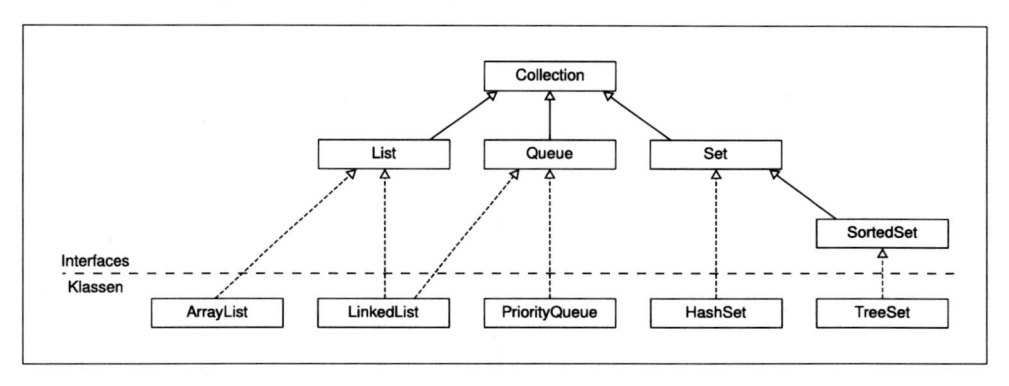

```
                        Collection
                    ┌───────┼───────┐
                  List    Queue    Set
                                    │
                                 SortedSet
─────────────────────────────────────────── Interfaces
─────────────────────────────────────────── Klassen
        ArrayList  LinkedList  PriorityQueue  HashSet  TreeSet
```

Abb. 7.2-1: Schematische Darstellung der Vererbungs- und Implementierungsbeziehungen wichtiger *Collections*.

Tab. 7.2-1 gibt außerdem einen Überblick über einige konkrete Klassen, die indirekt alle das *Interface* Collection implementieren.

Da *Collections* grundsätzlich beliebige Referenztypen als Elemente annehmen, müssen die entsprechenden Parameter bzw. Rückgabewerte aller Operationen mit Object typisiert sein. Wenn Sie aber in Ihrer konkreten Anwendung nur Elemente bestimmter Typen in einer *Collection* speichern wollen, beispielsweise nur Objekte der Klasse Kunde oder nur Felder mit ganzen Zahlen, dann hätte diese universelle Typisierung auf Object (der sogenannte *raw type*) gravierende Nachteile:

Untypisierte Collections *(raw types)*

- Einerseits müssten Sie bei jedem Zugriff auf die *Collection* das zurückgelieferte Objekt zunächst auf seinen konkreten Typ umtypisieren *(casten)*, zum Beispiel von Object auf Kunde, bevor Sie eine bestimmte Operation des gespeicherten Elements aufrufen oder dies in einer Zuweisung weiterverwen-

| Klasse | implementiertes *Interface* | Eigenschaften |
|---|---|---|
| ArrayList | List | Liste wird intern als Feld implementiert. |
| LinkedList | List, Queue | Liste wird intern durch eine linear verzeigerte (»verkettete«) Struktur implementiert. |
| PriorityQueue | Queue | Prioritätswarteschlange wird intern durch ein Feld implementiert und liefert die Elemente entsprechend einer bestimmten Ordnung (natürliche Ordnung über Comparable oder mittels Comparator). |
| HashSet | Set | Menge wird intern durch eine Hash-Tabelle implementiert. |
| TreeSet | SortedSet | Menge wird intern durch eine baumförmig verzeigerte (»verkettete«) Struktur implementiert. |

Tab. 7.2-1: Wichtige Collection-Klassen.

den können. Hier käme also eine Menge Schreibarbeit auf Sie zu.

▪ Andererseits, und das ist weit gravierender, verlieren Sie durch Verwendung eines *raw type* an Typsicherheit: Sie als Programmierer wissen zwar, dass Sie in Ihrer *Collection* nur Kundenobjekte ablegen werden bzw. wollen. Wenn Sie dies aber im Programm nicht dem Java-Compiler »mitteilen« können, hat dieser auch keine Möglichkeit, das zu überprüfen, und entsprechende Programmierfehler, wie etwa die Ablage einer Bestellung in der *Collection*, bleiben vom Compiler unentdeckt und führen erst zur Laufzeit zu einem Fehlverhalten oder Absturz der Anwendung, was noch dazu die Fehlersuche in aller Regel deutlicher aufwändiger gestaltet.

*Typisierte Collections*

Vor allem aus dem letzten Grund gibt es in Java die Möglichkeit, alle Collection-Interfaces und -Klassen durch Angabe eines Basistyps in spitzen Klammern entsprechend zu typisieren, also bereits auf der Typebene auszudrücken, dass es sich beispielsweise bei einer Kundenliste um eine Liste von Kunden (List<Kunde> kundenliste) oder bei einer Menge von Lottotipps um eine Menge von Feldern mit Zahlen (Set<int[]> lottotipps) handelt.

### Collection-**Methoden**

Jede Collection-Klasse verfügt über ein Basisrepertoire an Methoden, die unabhängig von dem speziellen Containertyp, egal ob Liste, Menge oder Warteschlange, zur Verfügung stehen. Hier sehen Sie die wichtigsten davon. Dabei steht E im Folgenden jeweils für den entsprechenden Basistyp der *Collection*, bei Verwendung der ursprünglichen *raw types* also für die Klasse Object:

- `int size()` liefert die Anzahl der Elemente in einer *Collection*.
- `void clear()` entfernt alle Elemente aus einer *Collection*.
- `boolean contains(E element)` gibt Auskunft, ob das Element t in der *Collection* enthalten ist.
- `boolean add(E element)` fügt das Element t der *Collection* hinzu. Das Ergebnis gibt an, ob tatsächlich ein Element hinzugefügt wurde. Bei einem Set wird beispielsweise ein schon in der *Collection* enthaltenes Element nicht hinzugefügt (Rückgabewert ist also `false`), bei einer Liste dagegen schon (Rückgabewert ist `true`).[3]
- `boolean remove(E element)` löscht das Element t aus der *Collection*, falls es enthalten war. Das Ergebnis zeigt an, ob tatsächlich ein Element gelöscht wurde.
- `Iterator iterator()` liefert einen sogenannten Iterator für die *Collection*.
- `E[] toArray()` liefert ein Feld vom selben Basistyp E bzw. `Object` bei einer *raw type Collection*, das genau dieselben Elemente wie die *Collection* enthält. Die Reihenfolge im Feld entspricht der, die von einem Iterator geliefert würde.

## Iteratoren

Eine der häufigsten Aufgaben, die sich im Zusammenhang mit *Collections* stellen, ist das Durchlaufen und systematische Bearbeiten der gespeicherten Elemente. Bei Feldern ist dies einfach zu bewerkstelligen, für *Collections* fehlt Ihnen dazu allerdings noch das nötige Handwerkszeug. Auch wenn nur spezielle Containertypen, wie Listen, einen Index bieten, so steht Ihnen trotzdem ein sogar sehr komfortables Instrument zum systematischen Durchlaufen beliebiger *Collections* zur Verfügung: die Iteratoren.

**Iteratoren** stellen eine Verallgemeinerung der bekannten Indexwerte dar. Sie können ähnlich wie Indexwerte zum Durchlaufen (Iterieren) von *Collections* verwendet werden, wobei statt der Indexinkrementierung `index++` eine Operation `next()` aufgerufen wird, und der Test, ob alle Elemente verarbeitet wurden, durch Aufruf einer Operation `hasNext()` an Stelle des Tests (`index < feld.length`) erfolgt. Alle Iteratoren implementieren das *Interface* `Iterator`, das diese Operationen, wie `next()`, spezifiziert, deren Implementierung bleibt jedoch verborgen.

Definition: Iteratoren als Indexobjekte

---

[3]Hieran können Sie bereits sehr schön erkennen, dass sich die Spezifikation der abstrakten Operationen im *Interface* zunächst nur auf die formale Schnittstelle (Signatur) der Operationen beschränkt. Die konkrete Semantik der Operation, hier also die Festlegung, wie mit Duplikaten verfahren werden soll, wird erst mit der Implementierung der Operation in einer abgeleiteten Klasse festgelegt.

Auch Iteratoren können generisch sein: sie haben den gleichen Elementtyp wie die ihnen zugrunde liegende *Collection*, was syntaktisch wiederum durch Angabe des Basistyps in spitzen Klammern ausgedrückt werden kann[4]. Entsprechend stellt Ihnen das Interface Iterator<E> die folgenden Operationen zum Durchlaufen einer beliebigen *Collection* zur Verfügung:

- boolean hasNext() gibt Auskunft, ob noch weitere, bisher nicht gelieferte Elemente in der *Collection* enthalten sind.
- E next() liefert ein weiteres (das nächste) Element der *Collection*, wobei keine bestimmte Ordnung auf den Elementen definiert ist. Es wird lediglich garantiert, dass der Iterator mittels Aufruf von next() systematisch jedes Element genau einmal liefert. Außerdem rückt der Iterator intern um ein Element in der *Collection* weiter, so dass beim nächsten Aufruf von next() bereits das nächstfolgende Element geliefert wird. Achtung: Falls hasNext() bereits false liefert, ist das Ergebnis von next() undefiniert, und es wird eine entsprechende Ausnahmebehandlung (NoSuchElementException) ausgelöst.

**Frage** Nehmen Sie an, dass in einer *Collection* meineKunden eine Vielzahl von Objekten der Klasse Kunde gespeichert sind. Nun möchten Sie allen Stammkunden ein besonderes Treueangebot machen. Dazu verfügt die Klasse Kunde über die Operationen boolean istStammkunde() sowie void schickeTreueAngebot(). In Java könnte das dann mittels Iterator so formuliert werden:

```
Iterator<Kunde> it = meineKunden.iterator();
while (it.hasNext())
{
    if (it.next().istStammkunde())
        it.next().schickeTreueAngebot();
}
```

Was halten Sie davon? Ist das Programmstück korrekt? Wie wird sich das Programm verhalten?

**Antwort** Das Programm ist *nicht* korrekt. Grund dafür ist der mehrfache Aufruf von next() in der Schleife. Das vorliegende Programm wird jeweils genau den Kunden ein Treueangebot machen, die vom Iterator unmittelbar nach einem Stammkunden geliefert werden, der wiederum seinerseits kein Treueangebot erhalten hat – im Ergebnis also nicht ganz das, was Sie beabsichtigt hatten. Und es kommt noch schlimmer: Ist das letzte Element in der *Collection* ein Stammkunde, und erhält dieser kein Treueangebot (weil sein Vorgänger eines erhalten hat), dann wird sogar eine Ausnahme vom Typ NoSuchElementException ausgelöst, und das Programm stürzt möglicherweise ab! Eine korrekte Lösung

---

[4] Bei Verwendung als *raw type*, also mit Basistyp E gleich Object, kann die Angabe des Basistyps, wie bei den *Collections*, selbst ganz entfallen.

erhalten Sie, wenn Sie in der Schleife nur einmal mit `next()` auf das nächste Element zugreifen:

```
Iterator<Kunde> it = meineKunden.iterator();
while (it.hasNext())
{
    Kunde naechsterKunde = it.next();
    if (naechsterKunde.istStammkunde())
        naechsterKunde.schickeTreueAngebot();
}
```

### Eigenschaften von Iteratoren

Ein Iterator durchläuft eine *Collection* von Beginn an Element für Element. Das Überspringen von Elementen ist dabei ebenso wenig möglich wie ein Start in der Mitte der *Collection*. Ein Iterator steht immer *zwischen* zwei Elementen der *Collection*, wie die Abb. 7.2-2 veranschaulicht.

Sequenzieller Durchlauf

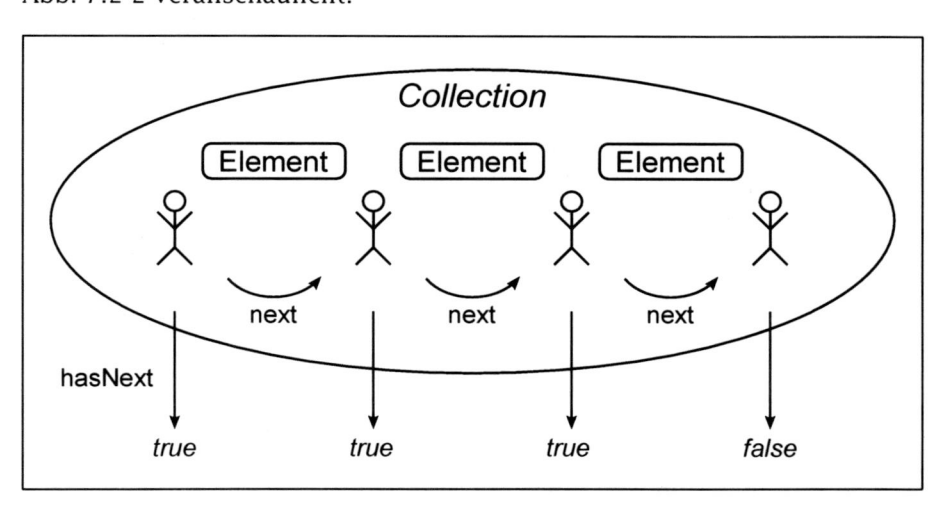

Abb. 7.2-2: Illustration zu den Bewegungen eines Iterators.

Ein Iterator ist verbraucht, wenn er am Ende der *Collection* angekommen ist. Er kann nicht wiederverwendet werden. Stattdessen erzeugen Sie für den nächsten Durchlauf eine neue Instanz, die Sie dann erneut durch die *Collection* führt.

Einmal-Nutzung

Innerhalb einer *Collection* können gleichzeitig mehrere Iteratoren unterwegs sein. Sie sind unabhängig voneinander und können separat durch die *Collection* bewegt werden.

Mehrere unabhängige Iteratoren

Neben den Operationen `hasNext()` und `next()` zum Durchlaufen einer *Collection* stellt jeder Iterator auch eine Operation zum Entfernen des aktuellen Elements aus der *Collection* bereit:

Modifikation über Iteratoren

■ void remove() entfernt das beim letzten Aufruf von next() gelieferte Element aus der *Collection*.

Entsprechend können Sie remove() auch erst aufrufen, wenn der Iterator mindestens einmal mit next() bewegt wurde. Und auch nach einem Aufruf von remove() muss der Iterator erst wieder mit next() weiter bewegt werden, bevor Sie das nächste Element ebenfalls mit remove() entfernen lassen können.

*Beispiel*

Mit der folgenden Schleife entfernen Sie alle Elemente aus einer *Collection* c mit Basistyp E:

```
Iterator<E> it = c.iterator();
while (it.hasNext())
{
    it.next();
    it.remove();
}
```

## Iteration mit *foreach*

Analog zu Feldern können auch *Collections* mit foreach-Schleifen durchlaufen werden:

*Sequenzieller Durchlauf einer Collection*

```
for(E x : c)
    System.out.println(x);
```

An die Variable x wird in jedem Schleifendurchlauf ein neues Element der *Collection* c (vom Basistyp E) zugewiesen und kann dann innerhalb der Schleife verarbeitet werden, also wie hier zum Beispiel ausgedruckt werden. Auch foreach-Schleifen arbeiten intern mit Iteratoren, nur bleiben diese nach außen unsichtbar. Damit ermöglichen Sie nur eine lesende Verarbeitung der *Collection*: Das Entfernen eines Elements mittels remove() ist mangels Zugriff auf den Iterator nicht möglich, und eine direkte Änderung der Collection während des Durchlaufs durch die *foreach*-Schleife würde ebenso eine Ausnahmebehandlung auslösen wie beim Durchlauf mit einem expliziten Iterator.

*Beispiel*

In diesem Beispiel wird das erste Element der *Collection* noch ausgegeben, danach wird der interne Iterator allerdings durch die explizite Modifikation der *Collection* mit add() ungültig und eine entsprechende Ausnahme (ConcurrentModificationException) ausgelöst:

```
for(E x : c)
{
    System.out.println(x);
    c.add(new E());
}
```

## 7.3 Listen *

Wenn es zu jedem Element einer Datensammlung (bis auf das letzte Element) genau einen Nachfolger gibt, dann hat man es mit einer linearen Liste zu tun. Auf den Elementen besteht eine lineare Ordnung, den Elementen der Liste kann entsprechend ihrer Position ein Index zugeordnet werden. Das erlaubt auch Zugriffsoperationen an einer beliebigen Position in der Liste und legt die Reihenfolge, in der ein Iterator die einzelnen Elemente liefert, eindeutig fest.

In Java existieren mehrere Spezialisierungen zu dem doch sehr allgemeinen Container-Typ `Collection`. Eine sehr wichtige davon ist die `Liste`.

*Spezialisierung zu Collection*

> Eine `Liste` ist eine Spezialform einer *Collection* mit einem eindeutigen ersten Element, dem Listenanfang *(head)*, bei der es zu jedem Element (außer dem letzten) einen eindeutigen Nachfolger gibt.

*Definition*

Streng genommen müsste man hier noch hinzufügen, dass auch jedes Element der Liste (außer dem Listenanfang) genau einmal als Nachfolger eines anderen Elements (seines Vorgängers) auftritt. Dadurch entsteht eine *lineare Ordnung* auf den Elementen der Liste, weshalb sie auch oft als **Lineare Liste** bezeichnet wird. Im praktischen Leben beggnen Sie an vielen Stellen solchen Listen: von der Einkaufsliste für den Supermarkt[5] über die Teilnehmerliste an einem Seminar bis hin zum Warenkorb Ihrer nächsten Bestellung beim Online-Buchhändler. Da Listen also spezielle *Collections* darstellen, ist auch in Java das entsprechende *Interface* `List` als Spezialisierung von `Collection` definiert:

*Lineare Liste*

```
public interface List<E> extends Collection<E> { ... }
```

Ein Container-Objekt vom Typ `List` verfügt also über alle Methoden einer `Collection` und zusätzlich noch über weitere Methoden, die nur für Listen Sinn machen. Das sind hauptsächlich solche, welche auf die Reihenfolge bzw. Position der Elemente in einer Liste Bezug nehmen, die es bei einer allgemeinen *Collection* ja nicht gibt. In einer Liste hat jedes Element eine Position, auch `Index` genannt, der sich durch Abzählen vom Listenanfang ergibt: Das erste Element einer Liste hat den Index 0, das nächste den Index 1 und so weiter bis zum Ende der Liste.

---

[5] Das gilt jedenfalls dann, wenn Sie als ordentlicher Mensch alles schön untereinander schreiben. Ein Notizpapier, auf dem Sie gelegentlich irgendwo und vielleicht sogar wild durcheinander aufschreiben, was Sie noch einkaufen müssen, stellt dagegen eher nur eine allgemeine *Collection* dar!

7 Datenstrukturen *

## List-**Methoden**

*Weitere Methoden für Listen*

Zusätzlich zu den Methoden aus Collection sind im *Interface* List die folgenden weiteren Methoden definiert. Dabei steht E wieder für den entsprechenden Basistyp der *Collection*, bei Verwendung der ursprünglichen *raw types* also für die Klasse Object:

- E get(int index) liefert aus einer Liste das Element an Index-Position index.
- E set(int index, E element) ersetzt das Element an Position index durch element.
- void add(int index, E element) fügt an der Position index das Element element in die Liste ein.
- E remove(int index) liefert das Element an Index-Position index, das zugleich aus der Liste entfernt wird.
- int indexOf(Object o) liefert den Index des ersten Elements in der Liste, das zu element inhaltsgleich ist; der Test erfolgt also mittels der Operation equals(). Wenn es kein solches Element gibt, wird der Wert -1 zurückgegeben.
- int lastIndexOf(Object o) liefert analog den Index des letzten Elements in der Liste, das zu element inhaltsgleich ist, oder -1 für den Fall, dass gar kein solches Element enthalten ist.
- ListIterator<E> listIterator() liefert ähnlich zu iterator() aus Collection ein neues Iterator-Objekt zur Navigation durch die Liste, ausgehend vom Listenanfang. Allerdings wird hier ein Iterator vom Typ ListIterator<E> geliefert, der um einige Operationen mächtiger ist als der schon bekannte Iterator<E> für beliebige Collections.
- ListIterator<E> listIterator(int index) liefert ebenfalls einen Iterator vom Typ ListIterator<E>, der allerdings bereits vor das Element mit Index index positioniert wird.
- List<E> subList(int fromIndex, int toIndex) schließlich liefert einen Ausschnitt aus einer Liste, beginnend mit dem Element an Position fromIndex. Das Element an Position toIndex ist das erste, das nicht mehr zum Ausschnitt gehört.

Der über fromIndex und toIndex definierte Ausschnitt stellt nur eine Teilsicht auf die Liste dar: Änderungen an diesem Ausschnitt verändern auch die Ausgangsliste! Außerdem wird von Klassen, die das *Interface* List<E> implementieren, »erwartet«, dass auch das Verhalten der in Collection<E> bereits definierten Methoden für Listen weiter konkretisiert wird:

- void add(E element) fügt bei einer Liste das neue Element immer am Ende an.
- boolean remove(E element) löscht das erste zu element inhaltsgleiche Element aus der Liste, bei mehreren also das mit dem kleinsten Index. Das Ergebnis zeigt an, ob tatsächlich ein Element gelöscht wurde.

Diese im Zuge der Vererbung von `Collection<E>` nach `List<E>` verfeinerte Spezifikation ist allerdings nur verbal und informell, sie kann nicht formal überprüft werden. Alle Klassen im Java-*Collection-Framework* halten sich aber daran.

## Listen-Iteratoren

Natürlich können Sie zur Navigation durch eine Liste einen »gewöhnlichen« Iterator verwenden, wie Sie ihn mit der bereits in `Collection` definierten Operation `iterator()` erzeugen lassen können. Für viele Zwecke, wie einen sequenziellen Durchlauf, wird dieser Iterator auch ausreichen, wenn Sie nicht sogar durch Verwendung einer *foreach*-Schleife ganz auf einen expliziten Iterator verzichten können. Sobald Sie aber von den besonderen Eigenschaften einer linearen Liste Gebrauch machen wollen, werden Sie zu schätzen wissen, dass Java Ihnen zu einer Liste einen speziellen Listen-Iterator (*Interface* `ListIterator<E>`) zur Verfügung stellt, der wiederum als Spezialisierung des schon bekannten Iterators definiert ist:

```
public interface ListIterator<E> extends Iterator<E> { ... }
```

Damit können Sie jetzt sowohl vorwärts als auch rückwärts durch eine Liste navigieren und haben mehr Möglichkeiten zur Modifikation der Liste selbst über den Iterator, wie die folgende Übersicht der im *Interface* `ListIterator<E>` zusätzlich definierten Methoden zeigt:

- `E previous()` liefert ausgehend von der aktuellen Position in der Liste das nächste Element in Richtung Listenanfang. Falls es kein solches Element mehr gibt, der Iterator also ganz am Anfang der Liste steht, wird eine Ausnahme `NoSuchElementException` erzeugt.
- `boolean hasPrevious()` liefert true genau dann wenn es noch mindestens ein weiteres Element in der Liste »links« von der aktuellen Position, also in Richtung Listenanfang, gibt.
- `int nextIndex()` liefert den Index des Elements, das in genau dieser Situation von der Operation *next()* geliefert würde. Falls *next()* kein Element mehr liefern könnte, weil der Iterator schon am Ende der Liste steht, so wird der Wert von *size()* zurückgeliefert.
- `int previousIndex()` liefert den Index des Elements, das in genau dieser Situation von der Operation `previous()` geliefert würde. Falls `previous()` kein Element mehr liefern könnte, weil der Iterator ganz am Anfang der Liste steht, so wird der Wert -1 zurückgeliefert.

Besondere Beachtung verdienen die beiden Methoden `set()` und `add()`, mit denen zusätzlich zum Löschen von Elementen mittels `remove()` aus dem *Interface* `Collection` nun auch das Ersetzen und

*Weitere Modifikatoren: set() & add()*

Hinzufügen von Elementen zur Liste über den Iterator möglich wird:

- void set(E o) ersetzt das zuletzt von next() bzw. previous() zurückgelieferte Element durch das Element o. Dazu muss allerdings sichergestellt sein, dass nach dem letzten Aufruf von next() bzw. previous() kein Modifikator, wie add(), set() oder remove(), aufgerufen wurde; sonst wird eine Ausnahme vom Typ IllegalStateException ausgelöst.
- void add(E o) fügt das neue Element o in die Liste unmittelbar vor dem Element ein, das beim nächsten Aufruf von next() zurückgeliefert würde, und nach dem Element, das beim nächsten Aufruf von previous() geliefert würde. War die Liste zuvor leer, dann enthält sie nach Aufruf von add() das neue Element o als einziges Element. Ein nachfolgender Aufruf von next() bleibt also unberührt; ein Aufruf von previous() würde das neue Element o liefern.

## Navigation über Listen

Wenn die in einer Liste gespeicherten Elemente systematisch verarbeitet werden sollen, dann haben Sie grundsätzlich verschiedene Möglichkeiten, dies in Java umzusetzen:

- durch Iteration über die Liste mittels einer *foreach*-Schleife. Das ist die sicherste Art, wenn Sie die Liste nur in einer Richtung durchlaufen und die Elemente unverändert lassen wollen.
- durch Erzeugen eines gewöhnlichen Iterators beim Aufruf von iterator() und Navigation mittels hasNext() und next(). Auch hier können Sie die Liste nur in Vorwärtsrichtung durchlaufen, aber bei Bedarf das jeweils aktuelle Element auch mittels remove() aus der Liste entfernen.
- durch Verwendung eines Listen-Iterators vom Typ ListIterator <E>, den Sie durch Aufruf von listIterator() erhalten, und anschließender beliebiger Navigation (vorwärts/rückwärts) durch die Liste. Dies ermöglicht Ihnen beim Navigieren durch die Liste auch weitere Elemente an der aktuellen Stelle einzufügen oder das aktuelle Element durch ein anderes zu ersetzen. Eine Iteration zum Verdoppeln aller Elemente in einer Liste List<E> l könnte dann zum Beispiel so aussehen:

```
ListIterator<E> it = l.listIterator();
while (it.hasNext())
{
    it.add(it.next());
}
```

- durch direkten Zugriff auf einzelne Elemente über ihren Index, zum Beispiel mit get(), und direkte Modifikation der Liste über die im *Interface* List<E> definierten Methoden, z. B. add() oder remove(). Die Iteration zum Verdoppeln aller Elemente einer Liste List<E> l würde dann etwa so aussehen:

```
for(int index = 0; index < l.size(), index++)
{
    l.add(index,l.get(index));
    index++;    // notwendig wegen eingefügtem Element!
}
```

Hierzu benötigen Sie gar keinen Iterator mehr – aber große Sorgfalt bei der Entscheidung, in welcher Weise Sie die Liste modifizieren. Dafür haben Sie so aber auch alle Möglichkeiten zur Modifikation der Liste und können Operationen realisieren, die mittels Iterator oder *foreach*-Schleife nicht möglich sind, wie zum Beispiel das Umdrehen einer beliebigen Liste l an Ort und Stelle, also ohne Erzeugen einer neuen Liste:

```
for(int i = 0; i < l.size()-1; i++)
{
    l.add(l.remove(0));
}
```

Welche dieser grundsätzlich möglichen Ansätze sollten Sie aber nun in der Praxis verwenden? Die Antwort fällt ausnahmsweise leicht: Beginnen Sie in der Liste von oben, und gehen Sie nur dann weiter, wenn die Möglichkeiten zur Navigation und Modifikation (noch) nicht ausreichen. So verwenden Sie stets die sicherste und auch verständlichste Implementierung für Ihr Problem. Wenn sich Ihre Aufgabe mit einer foreach-Schleife beschreiben läßt: wunderbar! Wenn nicht, reicht Ihnen vielleicht ein Iterator, um die notwendige Navigation und vielleicht auch Modifikation abzubilden? Und wenn auch das nicht geht, dann – aber bitte auch nur dann – arbeiten Sie direkt auf der Liste.

*Tipps für die Praxis*

Natürlich haben auch die unterschiedlichen Implementierungen für Listen einen Einfluss auf die Entscheidung über die Art und Weise der Nutzung einer Liste: Während bei einer »Feldliste (ArrayList)«, S. 199, die indexierten Zugriffe mit get() ziemlich bedenkenlos genutzt werden können, können die gleichen Zugriffe bei einer »Verketteten Liste (LinkedList)«, S. 222, mit erheblichem Aufwand (Laufzeit) verbunden sein.

*Einfluss der Listen-Implementierung*

## Eigene Implementierung in Java

Aufbau und Funktionsweise der verschiedenen Listen-Implementierungen können Sie am besten studieren, wenn Sie diese selbst implementieren.

Ein Blick auf das *Interface* java.util.List mit seinen aktuell 25 Operationen zeigt aber, dass dies ein sehr aufwändiges Unterfangen wird. Deshalb ist es sinnvoll und für das Verständnis völlig

*Nur »abgespeckte« Schnittstellen*

ausreichend, sich für diese Übung auf »abgespeckte« Versionen zu beschränken, die nur die wichtigsten Operationen umfassen. Das *Interface* `SimpleCollection` ist eine reduzierte Fassung von `java.util.Collection`, das nur die sechs wichtigsten Operationen auf allgemeinen *Collections* umfasst:

*Interface SimpleCollection*

```
public interface SimpleCollection<E>
{
    public boolean add(E element);

    public boolean remove(E element);

    public boolean isEmpty();

    public int size();

    public boolean contains(E element);

    public SimpleIterator<E> iterator();
}
```

Darauf aufbauend definiert `SimpleList` die wichtigsten Erweiterungen für den indexierten Zugriff auf Listen, der ja bei allgemeinen *Collections* nicht möglich ist:

*Interface SimpleList*

```
public interface SimpleList<E>
extends SimpleCollection<E>
{
    public void add(int index, E element);

    public E remove(int index);

    public E get(int index);

    public int indexOf(E element);
}
```

Der Vollständigkeit wegen ist noch zu erwähnen, dass natürlich auch für den Iterator mit dem *Interface* `SimpleIterator` eine reduzierte Version existiert, der nur die Operationen `next()` und `hasNext()` umfasst und damit auch nur die Navigation in einer Richtung unterstützt:

*Interface SimpleIterator*

```
public interface SimpleIterator<E>
{
    public boolean hasNext();

    public E next();

    public E remove();
}
```

Unter Verwendung dieser abgespeckten Schnittstellen können Sie in den nächsten Kapiteln eigene Implementierungen für »Feldlisten (SimpleArrayList)«, S. 199, und »verkettete Listen (SimpleLinkedList)«, S. 222, entwickeln.

## 7.4 Felder werden dynamisch: Feldlisten *

Felder sind effiziente und sehr nützliche Datenstrukturen. Allerdings hat ihre unveränderliche Größe eine Verschwendung von Speicherplatz zur Folge, wenn eine einigermaßen zuverlässige Abschätzung der Anzahl der zu speichernden Elemente schwierig oder sogar unmöglich ist. Diese Probleme werden mit Feldlisten bzw. der Klasse `ArrayList` gelöst.

Bereits die Bezeichnung **Feldliste** wie auch der Name der entsprechenden Java-Klasse `ArrayList`, die wie alle dynamischen Datenstrukturen im Paket `java.util` enthalten ist, lässt vermuten, dass ihre Objekte einige Gemeinsamkeiten mit den schon bekannten Feldern *(Arrays)* haben:

- Wie bei Feldern sind auch die Elemente einer Feldliste (`ArrayList`) der Reihe nach (linear) angeordnet. Es gibt also ein erstes und ein letztes Element.  Gemeinsamkeiten von Feldliste und Feld
- Der Zugriff auf ein Element erfolgt wie bei Feldern über einen Index vom Typ `int`, wobei das erste Element über den Indexwert 0 angesprochen wird und dann fortlaufend weiter bis zum Indexwert n−1 für das letzte Element, wenn n die Anzahl der Elemente in der Feldliste ist.
- Wegen der indexierten Speicherung ist der Zugriff auf alle Elemente etwa gleich schnell.

Im Gegensatz zu den klassischen Feldern in Java, ist die Anzahl der Elemente einer Feldliste auch zur Laufzeit noch veränderlich. Sie können also jederzeit auch in eine bestehende Feldliste noch Elemente einfügen oder Elemente aus ihr löschen. Die Feldliste wächst und schrumpft entsprechend und passt sich damit dem tatsächlichen Bedarf an.  Feldlisten als dynamische Felder

### Generische Feldlisten

Anders als bei Feldern gibt es für Feldlisten in Java keine syntaktische Sonderbehandlung. Um eine Feldliste zu erzeugen, muss zwingend mit `new` der Konstruktor der Klasse `ArrayList` aufgerufen werden. Alle weiteren Operationen erfolgen dann über Aufrufe der entsprechenden Methoden von `ArrayList`.  Feldlisten sind Klassen

Wie bei Feldern können Sie auch bei einer Feldliste einen Elementtyp angeben, so dass, vereinfacht gesprochen, nur Elemente von diesem Typ in der Feldliste gespeichert werden können.[6] Damit wird die Feldliste *generisch*, kann also für unterschiedliche Elementtypen angepasst werden. Die Angabe des Element-  Angabe eines Elementtyps

---
[6] Genau genommen muss der tatsächliche Typ eines Elements zur Laufzeit (der sogenannte *dynamische* Typ) zu dem beim Erzeugen des Feldes vereinbarten (*statischen*) Elementtyp zuweisungsverträglich (kompatibel) sein, also derselbe oder ein Untertyp davon.

typs erfolgt dabei in spitzen Klammern, so dass die *verfeinerte Typangabe* `ArrayList<E>` eine Feldliste mit Elementtyp `E` bezeichnet.

Feldlisten mit unterschiedlichen Elementtypen sind in jedem Fall inkompatibel, auch wenn die Elementtypen selbst kompatibel sind: Obwohl die Klasse `String` von `Object` abgeleitet ist, führt die folgende Zuweisung zu einem Typfehler *(Type mismatch)*:

`ArrayList<Object> myArrayList = new ArrayList<String>();`

Darin unterscheiden sich Feldlisten also von normalen Feldern; die Zuweisung

`Object[] myArray = new String[100];`

bleibt vom Compiler unbeanstandet!

*Generische Typen und Raw Types*

Generische Typen, also die Möglichkeit, Elementtypen explizit anzugeben, sind erst in jüngerer Zeit in das Sprachkonzept von Java aufgenommen worden. Zuvor war es nur möglich, Feldlisten (und andere Containertypen) als sogenannte **Raw Types** zu verwenden, also ohne Angabe eines Elementtyps. Auch wenn der *Raw Type* `ArrayList` als gleichwertig zu `ArrayList<Object>` verstanden werden kann, ist er tatsächlich doch allgemeiner. Die eben noch wegen eines Typfehlers vom Compiler zurückgewiesene Zuweisung

`ArrayList myArrayList = new ArrayList<String>();`

bleibt mit dem *Raw Type* `ArrayList` an Stelle des generischen Typs `ArrayList<Object>` unbeanstandet. Grund ist, dass vom Compiler alle generischen Typen letztlich durch ihre *Raw Types* ersetzt werden, so dass jeder generische Typ auch zu seinem zugehörigen *Raw Type* kompatibel sein muss.

*Generische Typen nutzen!*

In der Praxis sollten Sie nach Möglichkeit generische Typen verwenden, also explizit Elementtypen angeben, da diese Ihnen eine höhere Typsicherheit in der Programmierung bieten. Eine Mischung mit *Raw Types* sollten Sie auf jeden Fall vermeiden.

## Grundoperationen auf Feldlisten

Eine neu erzeugte Feldliste ist zunächst leer, sie enthält noch keine Elemente.

*Anfügen mit add()*

Neue Elemente werden mit der Operation `add(E neuesElement)` hinten angefügt. Die Feldliste wächst dabei jeweils mit, Sie können also im Prinzip beliebig viele Elemente anfügen, jedenfalls so lange, bis der Haldenspeicher Ihrer Java-Laufzeitumgebung insgesamt voll ist.

*null-Elemente & Duplikate erlaubt*

Da der Wert `null` zu jedem Referenztyp kompatibel ist, können Sie auch `null`-Werte als Elemente in eine Feldliste eintragen, `myArrayList.add(null)` ist also zulässig. Auch können Sie mehrfach gleiche Elemente in eine Feldliste eintragen, Duplikate sind also auch erlaubt.

Der Zugriff auf einzelne Elemente erfolgt wie bei einem Feld über deren Index, also die Position in der Liste. Diese beginnt beim Feld mit dem Indexwert für das erste Element und dann fortlaufend weiter.

Elementzugriff über Index

- Die Operation E get(int i) liefert zu einer ArrayList mit Elementtyp E das Element zum Index i.
- Mit der Operation void set(int i, E neuesElement) wird das Element mit Index i durch neuesElement ersetzt.

Beide Operationen verändern die Größe der Feldliste nicht. Genauso wie bei Feldern löst der Zugriff mit unzulässigen Indexwerten eine Ausnahme (IndexOutOfBoundsException) aus. Mit diesen Operationen kann eine Feldliste genauso wie ein Feld verwendet werden, wie Tab. 7.4-1 zeigt, wobei die Variable einElement für ein beliebiges Objekt vom Elementtyp E steht.

|  | **Feld** | **Feldliste** |
|---|---|---|
| Deklaration | E[] a; | ArrayList<E> a; |
| Konstruktion | a = new E[100]; | a = new ArrayList<E>(); |
| Schreibzugriff | a[i] = einElement; | a.set(i, einElement) |
| Lesezugriff | E einElement = a[i]; | E einElement = a.get(i) |

Tab. 7.4-1: Vergleich Feld und Feldliste.

Anders als bei Feldern können Sie Elemente einer Feldliste nicht nur ändern, sondern auch aus der Liste entfernen:

Entfernen von Elementen

- Die Operation boolean remove(E einElement) entfernt das Element einElement (falls vorhanden) aus einer Feldliste. Konnte tatsächlich ein Element entfernt werden, liefert die Operation *true* zurück, war kein solches Element in der Liste enthalten, dann ist das Resultat *false*.

Mit remove() wird ein Element aus der Liste *entfernt*. Dabei wird nur die Referenz auf das Element aus der Liste gelöscht, das Element selbst (das Objekt) bleibt erhalten. Nur in dem Fall, dass der Eintrag in der Liste die letzte Referenz auf das Element war, wird das Element selbst zum *Speichermüll* und kann anschließend irgendwann vom *Garbage Collector* tatsächlich gelöscht werden.

Die Feldliste verhält sich dabei wie ein Bücherstapel: Wenn Sie ein Buch herausziehen, fallen alle darüber nach unten. Die Elemente hinter einem gelöschten Element rücken also um eine In-

Liste wird kürzer

dexposition nach vorne, und die Liste wird um ein Element kürzer.

*Verhalten nicht völlig festgelegt*

Da in einer Feldliste Duplikate erlaubt sind, kann es passieren, dass das zu entfernende Element mehrfach in der Liste vorkommt. In diesem Fall werden nicht alle, sondern irgendeines der Elemente entfernt; welches genau, ist nicht festgelegt.

*Eigene Implementierung für equals() notwendig*

Um festzustellen, ob das gesuchte Element in der Liste enthalten ist, verwendet remove() die Operation equals(). Deshalb sollte jede Klasse, deren Objekte später in einer Liste gespeichert werden sollen, auch eine brauchbare Implementierung für equals() bereitstellen. Die standardmäßig von Object geerbte Implementierung testet nur auf Referenzgleichheit, also Objektidentität. Separat erzeugte Instanzen würden also auch bei absolut identischen Attributwerten nicht als gleich erkannt werden, equals() also false liefern:

```
Object o1 = new Object();
Object o2 = new Object();
boolean test = (o1.equals(o2));    // liefert false!
```

*Entfernen über Index*

Das Entfernen eines Elements kann auch durch Angabe seiner Indexposition erfolgen.

▪ Die Operation E remove(int i) entfernt das an der Indexposition i befindliche Element aus der Liste und liefert dieses als Wert zurück.

Ein falscher Indexwert führt auch hier zu einer Ausnahme (IndexOutOfBoundsException). Deshalb erübrigt sich auch die Rückgabe einer Information, ob ein Element entfernt wurde. Stattdessen wird das entfernte Element selbst zurück geliefert.

*Länge einer Liste*

Ähnlich wie bei einem Feld können Sie auch von einer Liste ihre Länge erfragen:

▪ Die Operation int size() liefert die aktuelle Anzahl Elemente in einer Liste.

Das Ergebnis entspricht dem Ausdruck a.length für ein Feld a.

*Suche nach einem Element*

Um in einer Liste nach einem bestimmten Element zu suchen, gibt es weitere Operationen, je nach dem, ob Sie nur daran interessiert sind zu erfahren, ob das Element enthalten ist, oder auch, an welcher Position (Index):

▪ Die Operationen int indexOf(E einElement) und die Operation int lastIndexOf(E einElement) liefern die Indexposition des ersten bzw. letzten Vorkommens des Elements einElement in der Liste. Ist das gesuchte Element gar nicht enthalten, wird als Wert -1 zurückgegeben. Der Vergleich erfolgt auch hier mit der Operation equals().

- Die Operation `boolean contains(E einElement)` bildet nochmals eine Abstraktion von `indexOf()` bzw. `lastIndexOf()`, indem nur zurückgegeben wird, ob das gesuchte Element überhaupt enthalten ist, egal wo.

Die Operation `contains()` kann also auch mittels `indexOf()` definiert werden:

```
public boolean contains(E einElement)
{
    return (this.indexOf(einElement) > -1);
}
```

Obwohl Sie auf einer Feldliste im Prinzip genauso wie auf einem Feld arbeiten können, kann es vorkommen, dass Sie die Inhalte einer Liste als echtes Feld benötigen, um beispielsweise eine Operation aufzurufen, die als Parameter ein Feld erwartet:

- Die Operation `E[] toArray(E[] a)` befüllt ein als Parameter übergebenes Feld `a` vom passenden Grundtyp `E` der Reihe nach mit den Elementen aus der Liste. Ist das Feld `a` zu klein, seine Länge also kleiner als die aktuelle Anzahl an Elementen in der Liste, dann wird automatisch ein neues Feld passender Größe erzeugt. Ist das Feld zu groß, werden die restlichen Komponenten mit `null` belegt.

Die Klasse `ArrayList` bietet Ihnen neben dem Standard-Konstruktor ohne Parameter auch die Möglichkeit, beim Erzeugen einer neuen `ArrayList` bereits eine Anfangskapazität festzulegen:

- Der Konstruktor `ArrayList(int n)` erzeugt eine neue `ArrayList` mit einer Anfangskapazität *(initial capacity)* für n Elemente.

Das ist sehr sinnvoll, wenn Sie bereits wissen, dass Sie eine bestimmte Anzahl Elemente in der Feldliste speichern werden, denn damit vermeiden Sie das schrittweise Erweitern des intern zur Speicherung der Elemente verwendeten Feldes. Neben den Operationen, die Sie bis jetzt kennengelernt haben, verfügt die Klasse `ArrayList` über eine Vielzahl weiterer Operationen. In der »Box: Feldlisten (ArrayList)«, S. 218, finden Sie dazu eine Übersicht. Die detaillierte Beschreibung können Sie bei Bedarf auch in der Java-Dokumentation zur Klasse `ArrayList` studieren.

## Implementierung von Feldlisten: Die Klasse
### SimpleArrayList

Neben den Operationen, die Ihnen die Klasse `ArrayList` zur Verfügung stellt, ist zu deren Verständnis vor allem die interne Struktur interessant: Wie können Feldlisten selbst als Objekte (Container) organisiert werden, die in der Lage sind, beliebig viele Elemente zu speichern? Dazu betrachten Sie nochmal die Definition der reduzierten Schnittstellen `SimpleList<E>`,

## 7 Datenstrukturen *

SimpleCollection<E> und SimpleIterator<E>, auf deren Basis Sie eine eigene Feldlisten-Implementierung SimpleArrayList<E> analog zur Klasse java.util.ArrayList<E> entwickeln können, die über die wichtigsten Operationen verfügt.

*Struktur einer Feldliste*

Eine Feldliste wird jeweils durch ein Objekt der Klasse SimpleArrayList<E> repräsentiert. Dieses hält intern als Attribute

- eine Referenz data auf ein Feld, in dem die Referenzen auf die gespeicherten Elemente abgelegt werden, sowie
- die aktuelle Anzahl size der Elemente in der Liste, auf die jedoch nur gekapselt über die Operation size() zugegriffen werden kann.

Abb. 7.4-1 zeigt den prinzipiellen Aufbau einer SimpleArrayList, hier mit zwei Elementen.

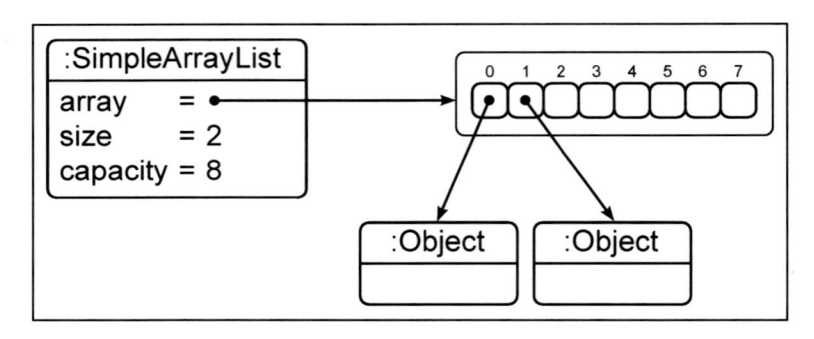

```
:SimpleArrayList
array    = •────────►  [•][•][ ][ ][ ][ ][ ][ ]
size     = 2             0  1  2  3  4  5  6  7
capacity = 8
                         │  │
                         ▼  ▼
                       :Object  :Object
```

Abb. 7.4-1: Aufbau einer SimpleArrayList.

Hinzu kommen zwei Konstruktoren, die ein neues SimpleArrayList-Objekt erzeugen, mit einem data-Feld frei wählbarer initialer Größe oder zehn als Standard, wenn keine Angabe erfolgt:

*Klasse SimpleArrayList<E>*

```java
public class SimpleArrayList<E> implements SimpleList<E>
{
    /**
     * Feld zur Speicherung der Nutzdaten (Elemente)
     */
    private E[] data;

    /**
     * aktuelle Anzahl der Elemente in der Liste
     */
    private int size;

    /**
     * Erzeugung einer leeren Liste mit Angabe initialer Größe
     */
    @SuppressWarnings(» unchecked« )   // wg. Cast auf E[]
    public SimpleArrayList(int initialCapacity)
    {
```

```
            this.data = (E[]) new Object[initialCapacity];
            this.size = 0;
        }

        /**
         * Erzeugung einer leeren Liste
         */
        public SimpleArrayList()
        {
            this(10);
        }

    }
```

## Hilfsoperationen für SimpleArrayList

Bei jedem Anfügen eines neuen Elements an die Feldliste muss zunächst geprüft werden, ob in diesem Feld noch Platz für das neue Element ist. Wenn nicht, dann wird zunächst ein neues, um eine bestimmte Anzahl größeres Feld erzeugt, und die Werte aus dem alten Feld werden in den Anfangsbereich des neuen Feldes kopiert. Die Abb. 7.4-2 veranschaulicht diesen Vorgang, wobei als initiale Größe für das Feld zehn Elemente und als Inkrement für jede Vergrößerung vier Elemente angenommen werden.

Prüfen & Erweitern des Feldes

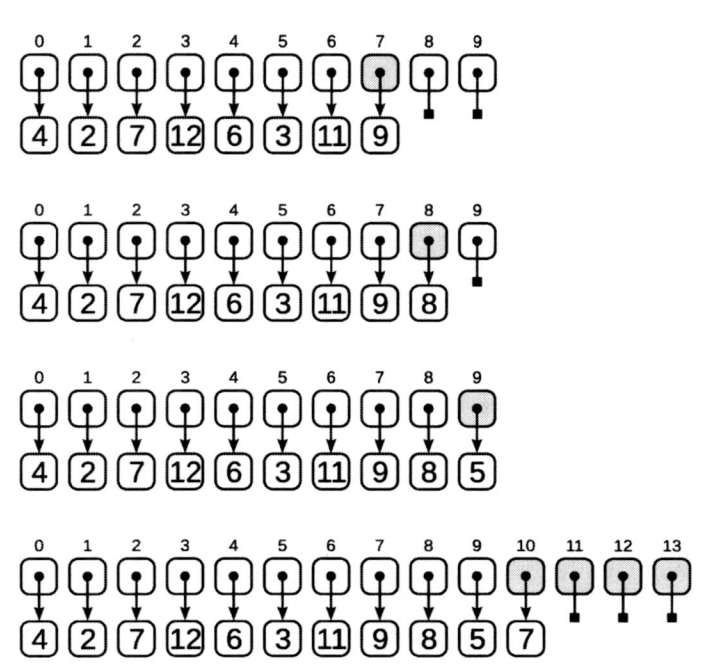

Abb. 7.4-2: Grafische Veranschaulichung des Anhängens eines Elements an eine ArrayList.

## 7 Datenstrukturen *

**Interne Operation ensureCapacity()**

In Java ist zu diesem Zweck eine interne (protected) Operation ensureCapacity() hilfreich, die, wie der Name vermuten lässt, sicherstellt, dass die Liste über eine bestimmte Mindestkapazität verfügt.

```
/**
 * Sicherstellen, dass das Feld groß genug ist, um mind.
 * minCapacity Objekte speichern zu können.
 * Ist das nicht der Fall, wird ein größeres Feld erzeugt,
 * und die Elemente werden in das neue Feld umkopiert.
 *
 * @param minCapacity sicherzustellende Mindestkapazität
 */
@SuppressWarnings(» unchecked« )
protected void ensureCapacity(int minCapacity)
{
  int oldCapacity = this.data.length;
  if (minCapacity>oldCapacity) // Speicherplatz zu klein
  {
    E[] oldData = this.data;

    // Hier erfolgt die Erzeugung des neuen Feldes.
    // Für die Größe des neuen Feldes sind verschiedene
    // Strategien denkbar.
    int newCapacity = (2 * oldCapacity <= oldCapacity + 500) ?
                      (2 * oldCapacity) : (oldCapacity + 500);
    if (newCapacity < minCapacity)
      newCapacity = minCapacity;

    // Erzeugen des neuen größeren Feldes
    this.data = (E[]) new Object[newCapacity];

    // Kopieren der Daten aus dem alten in das neue Feld
    for (int i=0; i<oldCapacity; i++)
      this.data[i] = oldData[i];
  }
}
```

**Strategie gefragt**

Bei der Festlegung der Strategie, um wie viele Elemente das Feld data jeweils vergrößert wird, sind Speicherplatzverbrauch (durch zu große Wahl der Länge des neuen Feldes) und Laufzeitnachteile durch zu häufiges Umkopieren (bei zu kleiner Wahl der Länge des neuen Feldes) gegeneinander abzuwägen.

**Tausche Speicher gegen Zeit**

Also können Sie auch hier wieder Speicherplatz gegen Laufzeit tauschen. Eine gute Strategie wird irgendwo zwischen beiden Extremen liegen: Einerseits das Feld immer nur minimal zu erweitern, um möglichst wenig Speicherplatz zu »verschwenden«, und andererseits das neue Feld möglichst groß zu wählen, um weitere Kopieraktionen am besten ganz zu vermeiden.

**Strategie »Begrenzte Verdopplung«**

Die hier gewählte Strategie wird die Feldgröße grundsätzlich jedes Mal verdoppeln. Da dies aber bei bereits sehr großen Feldern kritisch werden kann, wird der Größenzuwachs beschränkt, hier auf maximal 500 Elemente pro Aufruf.

## 7.4 Felder werden dynamisch: Feldlisten *

Natürlich stellt sich die gleiche Aufgabe der Überprüfung und ggf. »Erweiterung« des Feldes auch beim Einfügen eines neuen Elements an einer beliebigen Stelle in der Liste. In diesem Fall muss außerdem vor dem Einfügen zunächst noch an der richtigen Stelle im Feld Platz für das neue Element geschaffen werden. Auch dafür muss das Feld zuvor ebenfalls auf ausreichende Größe geprüft und bei Bedarf »erweitert« werden. Erst dann kann durch Verschieben aller Elemente ab der Einfügestelle um eine Position nach rechts Platz für das neue Element geschaffen werden, wie Abb. 7.4-3 für das Einfügen des neuen Elements »7« an Position 8 veranschaulicht.

Weitere Hilfsoperationen

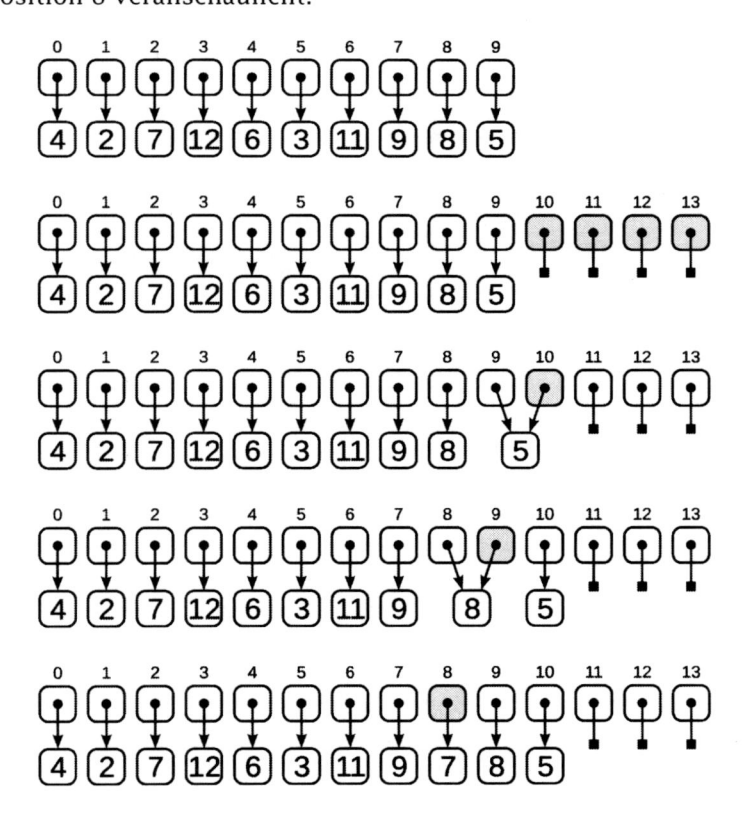

Abb. 7.4-3: Grafische Veranschaulichung zum Einfügen eines Elements in eine ArrayList.

Das Verschieben um eine Position nach rechts ab einer bestimmten Stelle kann wiederum von einer internen Hilfsoperation shiftRight() übernommen werden:

```
/**
 * Elemente ab der Position index um 1 nach rechts schieben.
 * Das Element an der Position index wird überschrieben.
 *
```

Operation shiftRight()

```
 * @param index die Position, ab der verschoben werden soll
 */
private void shiftRight(int index)
{
  for (int i=this.size; i>index; i--)
    this.data[i] = this.data[i-1];
}
```

Analog dient eine weitere Operation void shiftLeft(int index) zum Verschieben um eine Stelle nach links ab einer bestimmten Position index.

*Prüfen von Indexwerten*

Um die einzelnen öffentlichen Operationen auf Feldlisten sicher implementieren zu können, ist eine weitere Hilfsoperation nützlich, die sicherstellt, dass ein als Parameter übergebener Indexwert auch gültig ist, also in einem bestimmten Bereich liegt, normalerweise zwischen 0 und size-1. Ist das nicht der Fall, so wird eine Ausnahme vom Typ IndexOutOfBoundsException ausgelöst:

*Operation rangeCheck()*

```
/**
 * Überprüfung, ob ein Index im gültigen Bereich liegt
 *
 * @param minIndex die Untergrenze für den Index
 * @param index der zu überprüfende Index
 * @param maxIndex die Obergrenze für den Index
 */
private static void rangeCheck(int minIndex, int index,
                               int maxIndex)
{
  if (index<minIndex || index>maxIndex)
    throw new IndexOutOfBoundsException();
}
```

*Auch »Schrumpfen« wichtig!*

Für den praktischen Einsatz ist neben der Möglichkeit, dass das interne Feld dem Bedarf entsprechend »wachsen« kann, auch die Möglichkeit einer »Schrumpfung« wichtig: Stellen Sie sich vor, dass in einer Anwendung eine große Liste von Objekten zunächst aufgebaut und dann Stück für Stück verarbeitet wird. Dazu werden die Objekte im nächsten Schritt möglicherweise nach anderen Kriterien wieder in eine neue Liste gepackt, dann verarbeitet, später nochmals vielleicht in verschiedenen Listen gehalten, verarbeitet und so weiter. Wenn jede Liste mit dem Bedarf nur wachsen, aber nicht schrumpfen kann, dann haben Sie am Ende eine Vielzahl von Listen, die fast oder ganz leer sind, intern aber noch ein Feld belegen, dessen Größe (und Speicherbedarf!) sich noch an der maximalen Füllung der Liste orientiert!

*Interne Operation shrinkCapacity()*

Analog zur Operation ensureCapacity(), die beim Hinzufügen eines neuen Objekts zur Liste zunächst sicherstellt, dass diese groß genug ist, ist also eine weitere interne Operation shrinkCapacity() hilfreich, die nach dem Entfernen eines Objekts das Feld wieder verkleinert. Das soll aus Effizienzgründen auch nicht jedes Mal und in kleinsten Schritten passieren, sondern einer Strategie folgen. Diese kann – muss aber nicht – der Umkehrung der Erweiterungsstrategie entsprechen.

Analog zur Strategie »Begrenzte Verdopplung« müsste das interne Feld sobald wie möglich entweder um 500 Elemente oder auf die halbe Größe verkleinert werden. Diese Strategie ist in der folgenden Operation shrinkCapacity() implementiert:

*Gegenstück zur Strategie »Begrenzte Verdopplung«*

```
/**
 * Sicherstellen, dass das Feld verkleinert wird, wenn sehr
 * viele Elemente wieder entfernt wurden.
 */
@SuppressWarnings(» unchecked« )
protected void shrinkCapacity()
{
  int oldCapacity = this.data.length;
  int newCapacity = oldCapacity;

  // Hier erfolgt die Berechnung der neuen Feldgröße.
  // Dafür sind verschiedene Strategien denkbar.
  if (oldCapacity - this.size > 500)
    newCapacity = oldCapacity - 500;
  if (this.size < oldCapacity/2)
    newCapacity = oldCapacity / 2;

  // Bei Bedarf das Feld » schrumpfen« ...
  if (newCapacity < oldCapacity)
  {
    E[] oldData = this.data;
    // Erzeugen des neuen Feldes
    this.data = (E[]) new Object[newCapacity];

    // Kopieren der Daten aus dem alten in das neue Feld
    for (int i=0; i<newCapacity; i++)
      this.data[i] = oldData[i];
  }
}
```

Diese Operation shrinkCapacity() ist jetzt nur noch zum Abschluss der remove()-Operationen (auch im Iterator!) aufzunehmen, und schon können Ihre Feldlisten je nach Bedarf nicht nur automatisch wachsen, sondern ebenso schrumpfen!

## Operationen für SimpleArrayList

Mittels dieser Hilfsoperationen können Sie nun sehr einfach alle noch fehlenden Operationen einer SimpleArrayList<E> implementieren. Dazu gehören zunächst alle im *Interface* SimpleCollection<E> definierten Operationen sowie alle weiteren aus dem *Interface* SimpleList<E>:

*Operationen für SimpleArrayList<E>*

Zum Anfügen an eine Liste muss zunächst geprüft werden, ob das anzufügende Element nicht null ist. Anschließend werden die ausreichende Größe des Feldes sichergestellt, das neue hin-

*Hinzufügen eines Elements*

7 Datenstrukturen *

ter dem letzten Element gespeichert und die Anzahl der gespeicherten Elemente hochgezählt:

Operation add()

```
/**
 * Einfügen eines Elements am Ende der Liste
 *
 * @see SimpleCollection#add(java.lang.Object)
 */
public boolean add(E o)
{
  if (o!=null)
  {
    // Ausreichende Größe des Feldes sicherstellen
    ensureCapacity(this.size+1);
    // Objekt speichern
    this.data[this.size] = o;
    // Anzahl Elemente erhöhen
    this.size++;
    return true;
  }
  else
    return false;
}
```

Abb. 7.4-4 zeigt dieses Vorgehen schrittweise am Beispiel des Anfügens eines neuen Elements an eine Feldliste mit zwei Elementen.

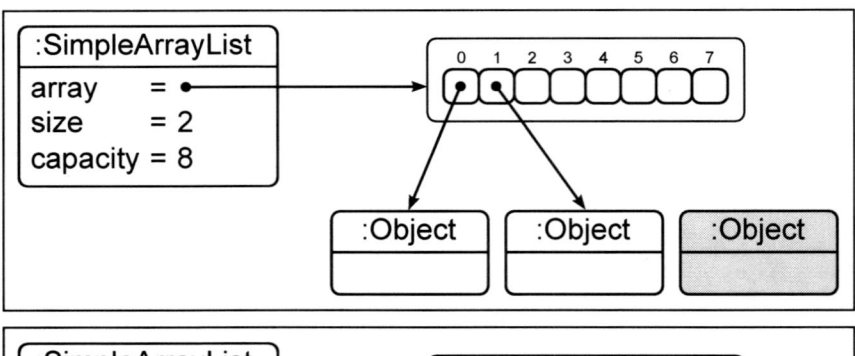

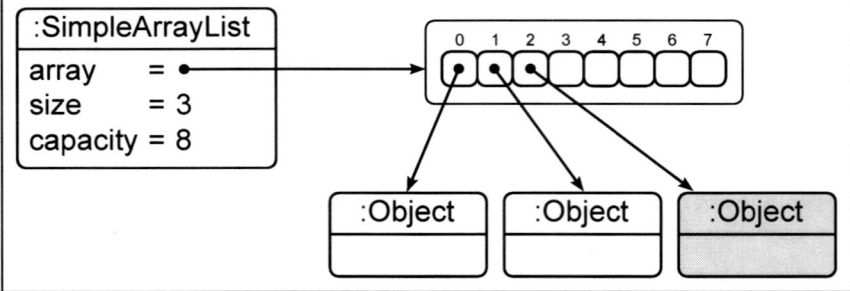

Abb. 7.4-4: Anhängen eines Elements an eine SimpleArrayList.

## 7.4 Felder werden dynamisch: Feldlisten *

Das Löschen eines Elements aus der Liste gestaltet sich aufwändiger, weil zunächst die Position des zu löschenden Elements in der Liste bestimmt werden muss. Dazu können Sie sich aber der Operation indexOf() bedienen, die auch noch zu implementieren ist. Konnte ein solches Element gefunden werden, dann wird es mit shiftLeft() aus der Liste entfernt und die Anzahl aktuell gespeicherter Elemente entsprechend reduziert:

*Löschen eines Elements*

```
/**
 * Entfernen des ersten Elements der Liste, das zu o
 * inhaltsgleich ist
 * @see SimpleCollection#remove(java.lang.Object)
 */
public boolean remove(E o)
{
  // Bestimmung des Elements mit dem kleinsten Index, das
  // zu o inhaltsgleich ist
  int index = this.indexOf(o);
  if (index>=0)   // Element gefunden
  {
    // Elemente ab Position index+1 um 1 nach links schieben
    shiftLeft(index); // Anzahl der Elemente reduzieren
    this.size--;
    return true;
  }
  else return false;
}
```

*Operation remove()*

Das Löschen des Elements selbst kann bei einer Feldliste also sehr einfach dadurch erfolgen, dass alle Elemente rechts davon um eine Position nach links verschoben werden, wie Abb. 7.4-5 veranschaulicht.

Die Abfrage, ob eine Liste leer ist, kann sehr einfach über die im Attribut size gespeicherte aktuelle Anzahl an Elementen implementiert werden. Wenn diese gleich 0 ist, dann ist die Liste zwangsläufig leer:

*Abfrage auf leere Liste*

```
/**
 * Überprüfung, ob die Liste leer ist
 * @see SimpleCollection#isEmpty()
 */
public boolean isEmpty()
{
  return this.size==0;
}
```

*Operation isEmpty()*

Ebenso trivial ist die Abfrage der Länge einer Liste, da diese jederzeit aus dem Attribut size abrufbar ist:

*Abfrage der Länge der Liste*

```
/**
 * Bestimmung der Anzahl der Elemente in der Liste
 * @see SimpleCollection#size()
 */
```

*Operation size()*

```
public int size()
{
  return this.size;
}
```

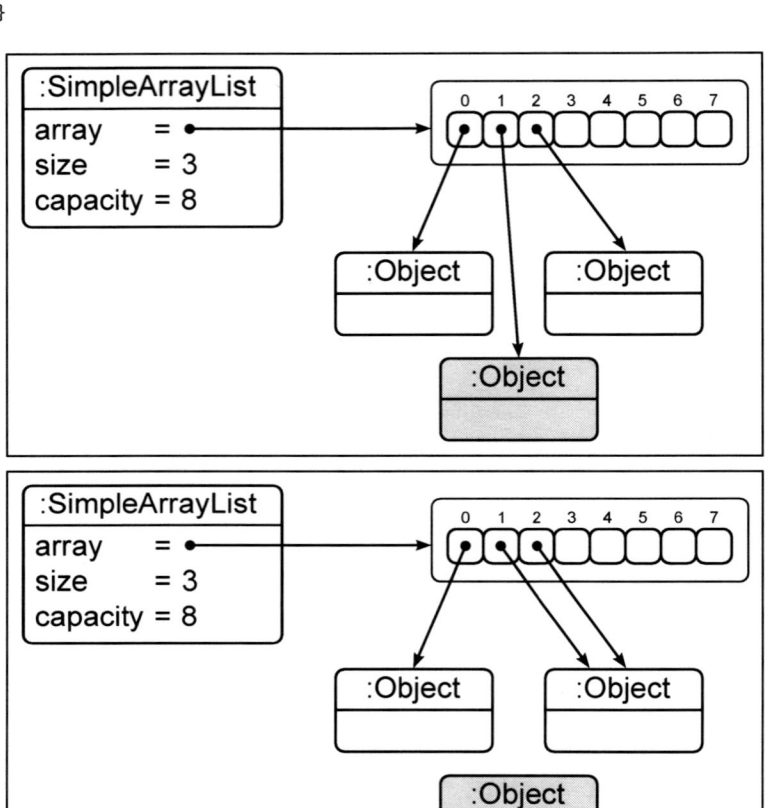

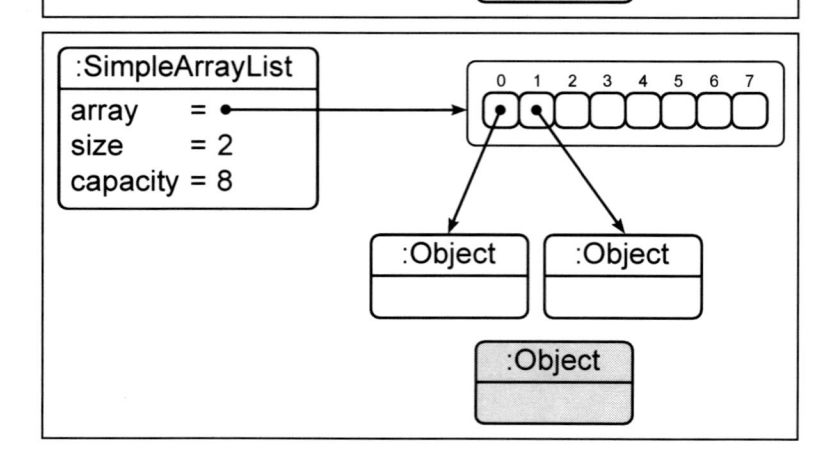

Abb. 7.4-5: Löschens eines Elements aus einer SimpleArrayList.

## 7.4 Felder werden dynamisch: Feldlisten * 213

Für die Suche nach einem bestimmten Element in der Liste können Sie, wie schon bei der Implementierung der Operation remove(), ganz elegant auf die noch zu definierende Operation indexOf() zurückgreifen. Liefert indexOf() einen positiven Wert einschließlich 0 für das erste Element, dann ist ein zum gesuchten inhaltsgleiches Element in der Liste enthalten und die Operation liefert true, ansonsten false.

*Suche nach einem Element*

```
/**
 * Überprüfung, ob ein zu o inhaltsleiches Objekt in der
 * Liste enthalten ist
 * @see SimpleCollection#contains(java.lang.Object)
 */
public boolean contains(E o)
{
  return (this.indexOf(o) >= 0);
}
```

*Operation contains()*

Nunmehr haben Sie, noch abgesehen von der Erzeugung eines Iterators, alle im *Interface* SimpleCollection<E> versprochenen Operationen realisiert und können jetzt mit den weiteren Operationen fortfahren, die im *Interface* SimpleList<E> dazu kommen.

Die Suche nach einem Element in der Liste und Bestimmung seiner Indexposition wird von der schon angesprochenen Operation indexOf() übernommen. Hierzu wird die Liste systematisch vom Anfang an durchlaufen, bis ein Element gefunden wird, das mit dem gesuchten inhaltsgleich ist, der entsprechende Aufruf von equals() also true liefert. Wird kein solches Element gefunden, dann wird als Ergebnis der Wert -1 zurückgegeben.

*Bestimmung des Index eines Elements*

```
/**
 * Bestimmung des Index des ersten Elements der Liste, das zu o
 * inhaltsgleich ist
 * @see SimpleList#indexOf(java.lang.Object)
 */
public int indexOf(E o)
{
  if (o!=null)
  {
    int i = 0;
    while (i<this.size)
    {
      if (o.equals(this.data[i]))
        return i;
      i++;
    }
  }
  return -1;
}
```

*Operation indexOf()*

Die weiteren noch fehlenden Operationen aus dem *Interface* SimpleList<E> verwenden alle einen Indexwert zum Lesen, Hinzufügen und Löschen eines Elements und können sehr einfach direkt auf dem internen Feld data implementiert werden.

Mit rangeCheck() sind dabei die Index-Parameter zunächst auf Gültigkeit zu prüfen, die Hilfsoperationen ensureCapacity() und shiftRight() sorgen für das Einfügen im Feld, während shiftLeft() das Löschen bzw. Zusammenschieben übernimmt:

*Operation get()*

```
/**
 * Rückgabe des an der Position index gespeicherten Elements
 *
 * @see SimpleList#get(int)
 */
public E get(int index)
{
    rangeCheck(0, index, this.size-1);
    return this.data[index];
}
```

*Operation add()*

Für das Einfügen eines neuen Elements an einer vorgegebenen Position index muss zunächst die ausreichende Größe des Feldes sichergestellt werden. Dann werden die Elemente ab der Einfügestelle nach rechts verschoben, bevor die Referenz auf das neue Element am freigewordenen Platz eingetragen werden kann.

Abb. 7.4-6 zeigt dieses Vorgehen nochmal schrittweise am Beispiel des Einfügens eines neuen Elements an Index-Position 1 einer Feldliste mit zwei Elementen.

```
/**
 * Einfügen eines Elements an der Position index
 *
 * @see SimpleList#add(int, java.lang.Object)
 */
public void add(int index, E o)
{
  if (o!=null)
  {
    rangeCheck(0, index, this.size);
    // Ausreichende Größe des Feldes sicherstellen
    ensureCapacity(this.size+1);
    // Elemente ab Position index um 1 nach rechts schieben
    shiftRight(index);
    // Objekt an der Position index speichern
    this.data[index] = o;
    // Anzahl der Elemente erhöhen
    this.size++;
  }
}
```

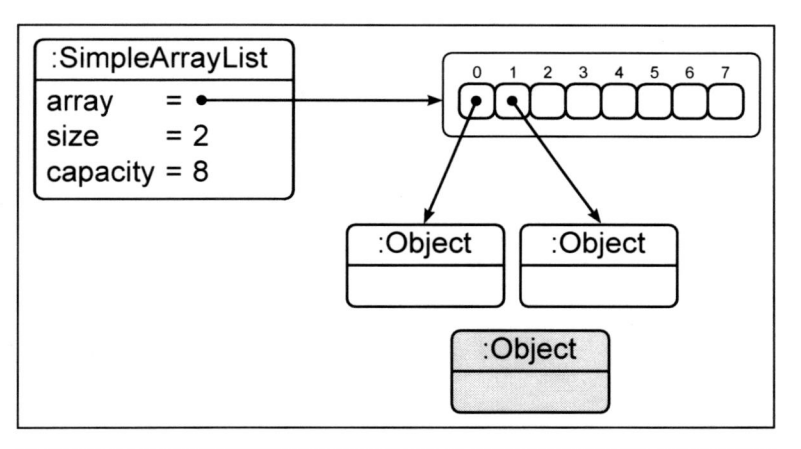

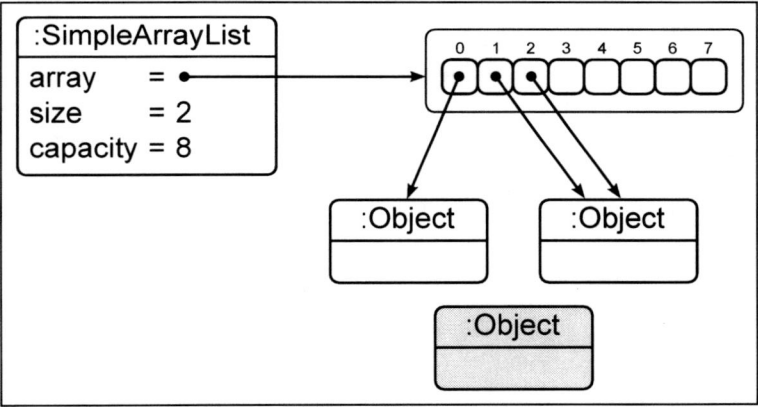

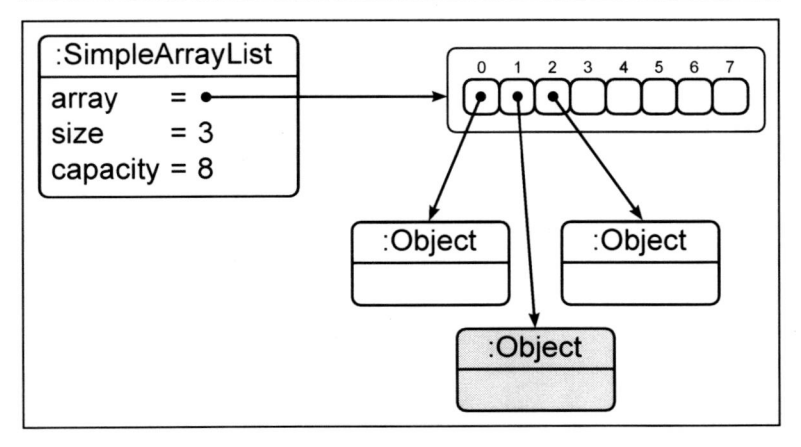

Abb. 7.4-6: Schrittweises Vorgehen zum Einfügen eines Elements in eine SimpleArrayList.

**Operation remove()**

```java
/**
 * Entfernen des Elements an der Position index und Rückgabe
 * des entfernten Elements
 *
 * @see SimpleList#remove(int)
 */
public E remove(int index)
{
  rangeCheck(0, index, this.size-1);
  E result = this.data[index];
  // Elemente ab der Position index+1 um 1 nach links schieben
  shiftLeft(index);
  // Anzahl der Elemente reduzieren
  this.size--;
  return result;
}
```

## Iteratoren für `SimpleArrayList`

Das einzige, was Ihnen nun noch zu einer eigenen voll funktionsfähigen, wenn auch etwas reduzierten Implementierung von Feldlisten in Java fehlt, sind die entsprechenden Iteratoren.

**Struktur eines Iterators**

Ein Iterator ist ein eigenständiges Objekt, das zu bzw. von einem Listen-Objekt erzeugt wird. Die entsprechende Klasse kann also als innere Klasse *(member class)* in `SimpleList<E>` definiert werden. Das einzige, was ein Iterator sich während seiner Lebenszeit merken muss, sein einziges Attribut also, ist seine aktuelle Position in der Liste bzw. *Collection*, zu der er gehört. Weil die Objekte einer inneren Klasse auf die Attribute ihrer umgebenden Klasse zugreifen können, sind die Operationen `hasNext()`, `next()` und `remove()` einfach zu realisieren. Und schon haben Sie alles für die Klasse `SimpleArrayListIterator` zusammen:

```java
class SimpleArrayListIterator implements SimpleIterator<E>
{
  /**
   * aktuelle Position des Iterators
   */
  int pos;

  /**
   * Konstruktor mit Anfangsposition vor dem 1. Element
   */
  SimpleArrayListIterator()
  {
    pos = -1;
  }

  /**
   * Überprüfung, ob der Iterator noch ein weiteres Element
   * besuchen kann
   *
   * @see SimpleIterator#hasNext()
```

```java
 */
public boolean hasNext()
{
  return pos<size-1;
}

/**
 * Schritt zum nächsten Element und Rückgabe des aktuellen
 * Elements als Ergebnis
 *
 * @see SimpleIterator#next()
 */
public E next()
{
  pos++;
  if (pos<size)
    return data[pos];
  else
    return null;
}

/**
 * Das zuletzt mit next() gelieferte Element wird gelöscht
 *
 * @see SimpleIterator#remove()
 */
public void remove()
{
  shiftLeft(pos);
  // Anzahl der Elemente reduzieren
  size--;
}
}
```

In der Klasse SimpleArrayList<E> muss jetzt nur noch die Operation iterator() nachgetragen werden, mit der zu einer vorhandenen SimpleArrayList<E> ein entsprechender Iterator erzeugt werden kann:

*Iterator zu einer Liste*

```java
/**
 * Erzeugung eines Iterators zum sequentiellen Durchlauf durch
 * die Liste
 *
 * @see SimpleCollection#iterator()
 */
public SimpleIterator<E> iterator()
{
  return new SimpleArrayListIterator();
}
```

*Operation iterator()*

Dieser SimpleArrayListIterator implementiert jetzt nur das *Interface* SimpleIterator<E>. Um auch das (umfangreichere) *Interface* SimpleListIterator<E> zu implementieren, müssen Sie »nur« die weiteren Operationen hasPrevious(), previous(), set() und add() realisieren.

## Komplexitätsbetrachtungen

Eine Betrachtung der Laufzeitkomplexität für die wichtigsten Operationen auf Feldlisten gestaltet sich relativ einfach:

*Indexierter Zugriff in O(1)*

Aufgrund des indexierten Zugriffs auf das interne Feld `data` sind der lesende Zugriff und das Ändern eines Elements jeweils über dessen Index in konstanter Laufzeit möglich, also unabhängig von der Anzahl der Elemente in der Liste. Die Laufzeitkomplexität liegt also in O(1).

*Anfügen am Ende meist auch in O(1)*

Auch das Anfügen eines Elements am Ende der Liste ist in der Regel in O(1) zu realisieren, außer wenn das Feld `data` zuvor erweitert werden muss. Dann liegt der Aufwand aufgrund des Umkopierens aller Elemente in O(n).

*Einfügen & Löschen in O(n)*

Ebenso verhält es sich auch mit allen Operationen zum Einfügen oder Löschen eines Elements. Auch hier ergibt sich eine lineare Laufzeitkomplexität, also in O(n), weil mittels `shiftRight()` bzw. `shiftLeft()` im Extremfall auch alle anderen Elemente verschoben werden müssen.

*Modifikatoren über Iterator in O(1) bzw. O(n)*

Bei der Modifikation einer `SimpleArrayList` über einen Iterator ist nur die Operation `set()` in O(1) möglich. Bei den Operationen `add()` und `remove()` ist die Laufzeitkomplexität wegen der Aufrufe von `shiftRight()` bzw. `shiftLeft()` nur linear, also in O(n).

*Suche in O(n)*

Und selbstverständlich ist auch die Suche nach einem bestimmten Element (Operationen `indexOf()` bzw. `contains()`) mit linearem Aufwand verbunden, liegt also ebenfalls in O(n). Eine detailliertere Auflistung mit Laufzeitkomplexität der einzelnen Operationen finden Sie in der »Box: Feldlisten (ArrayList)«.

## 7.5 Box: Feldlisten (ArrayList) *

*Prinzip*

Feldlisten realisieren eine Liste durch ein gewöhnliches Feld, das bei Bedarf »erweitert«, also durch ein größeres Feld mit Kopieren aller Elemente ersetzt wird.

*Java-Klasse*

Eine Implementierung von Feldlisten steht in Java mit der Klasse `java.util.ArrayList<E>` zur Verfügung.

*Konstruktoren*

Die Tab. 7.5-1 zeigt die Konstruktoren der Klasse `ArrayList<E>`.

| Konstruktor | Ergebnis |
|---|---|
| ArrayList<E>() | eine neue leere Feldliste mit Elementtyp E und einer Anfangskapazität von zehn Elementen |
| ArrayList<E>(int n) | eine neue leere Feldliste mit Elementtyp E und einer Anfangskapazität von n Elementen |
| ArrayList<E>(Collection <? extends E> c) | eine neue Feldliste mit Elementtyp E und genau den Elementen aus der *Collection* c in der Reihenfolge, wie sie von einem Iterator c.iterator() geliefert werden |

Tab. 7.5-1: Konstruktoren der Klasse ArrayList<E>.

Die Tab. 7.5-2 zeigt die Operationen der Klasse ArrayList<E>.      Operationen

| Operation | Ergebnis | Wirkung auf die Liste | Komplexität |
|---|---|---|---|
| int size() | Anzahl der aktuell in der Liste enthaltenen Elemente | keine | O(1) |
| boolean isEmpty() | true gdw. die Liste leer ist | keine | O(1) |
| void clear() | kein | Entfernt alle Elemente aus der Liste; die Liste ist danach leer. | O(1) |
| void trimTo Size() | kein | Die Kapazität des intern verwendeten Feldes wird genau an die aktuelle Anzahl an Elementen angepasst. Diese Operation kann verwendet werden, um den Speicherbedarf der Liste zu minimieren. | O(n) |
| void ensure Capacity(int min) | kein | Die Kapazität des intern verwendeten Feldes wird geprüft und bei Bedarf durch Erzeugen eines neuen Feldes und Kopieren aller Elemente so vergrößert, dass es danach insgesamt mindestens min Elemente aufnehmen kann. | O(1) falls die alte Kapazität ausreicht; sonst O(n) |

---

[7] Die Zeitkomplexität kann natürlich bei ungeschickter Wahl des Inkrements für die Feldgröße auch in O(n) landen, zum Beispiel wenn das Feld jedes Mal nur um ein Element vergrößert wird.
[8] m ist die Anzahl der anzufügenden Elemente, also die Größe der *Collection* c.

| Operation | Ergebnis | Wirkung auf die Liste | Komplexität |
|---|---|---|---|
| `int indexOf(E o)` | Index des ersten Elements inhaltsgleich mit o oder -1, falls kein solches Element existiert | keine | O(n) |
| `int lastIndexOf(E o)` | Index des letzten Elements inhaltsgleich mit o oder -1, falls kein solches Element existiert | keine | O(n) |
| `boolean contains(E o)` | true gdw. ein mit o inhaltsgleiches Element in der Liste vorkommt | keine | O(n) |
| `Object clone()` | Eine echte Kopie der Liste; die darin gespeicherten Elemente werden aber nicht kopiert. | keine | O(n) |
| `E get(int i)` | Element mit Index i | keine | O(1) |
| `boolean add(E o)` | true | Element o wird hinten an die Liste angefügt. | O(1)[7] |
| `void add(int i, E o)` | kein | Element o wird an Indexposition i in die Liste eingefügt. | O(n) |
| `void set(int i, E o)` | kein | Element mit Index i wird durch o ersetzt. | O(1) |
| `boolean remove(E o)` | true gdw. ein Element wurde entfernt | Erstes Element inhaltsgleich mit o wird entfernt. | O(n) |
| `E remove(int i)` | Element mit Index i (vor dem Entfernen) | Das Element mit Index i wird entfernt. | O(n) |
| `boolean addAll(Collection<? extends E> c)` | true gdw. Elemente der Liste hinzugefügt wurden | Alle Elemente aus der *Collection* c werden in der Reihenfolge, in der sie von einem Iterator c.iterator() geliefert werden, hinten an die Liste angefügt. | O(m)[8] |
| `boolean addAll(int i, Collection<? extends E> c)` | true gdw. Elemente der Liste hinzugefügt wurden | Alle Elemente aus der *Collection* c werden in der Reihenfolge, in der sie von einem Iterator c.iterator() geliefert werden, ab der Indexposition i in die Liste eingefügt. | O(n) |

| Operation | Ergebnis | Wirkung auf die Liste | Komplexität |
|---|---|---|---|
| E[] toArray (E[] a) | Feld E[] gefüllt mit den Elementen der Liste; Rest mit null aufgefüllt | keine | O(n) |
| List<E> subList(int fromIndex, int toIndex) | eine Sicht auf die Liste beginnend mit dem Element an Indexposition fromIndex (einschließlich) bis zum Element an Indexposition toIndex (ausschließlich); die Liste wird *nicht* kopiert! | keine | O(1) |
| Iterator<E> iterator() | ein neuer Iterator für die Liste, der die Elemente in ihrer richtigen Reihenfolge liefert | keine | O(1) |
| List Iterator<E> list Iterator() | ein neuer Listen-Iterator für die Liste, der die Elemente in ihrer richtigen Reihenfolge liefert | keine | O(1) |
| List Iterator<E> list Iterator(int i) | ein neuer Listen-Iterator für die Liste, der die Elemente in ihrer richtigen Reihenfolge liefert und zu Beginn vor dem Element mit Index i steht | keine | O(1) |

Tab. 7.5-2: Operationen der Klasse ArrayList<E>.

## 7.6 Verkettete Listen *(Linked List)* *

Lineare Listen können auch mittels eigener Verwaltungsobjekte implementiert werden, die miteinander »verkettet« sind und jeweils erst auf das eigentlich zu speichernde Objekt verweisen. Dieser zusätzliche Speicheraufwand schafft ein hohes Maß an Flexibilität: Listen können beliebig lang werden, und Einfüge- und Löschoperationen sind unmittelbar möglich, soweit das Vorgänger-Verwaltungsobjekt bekannt ist. Ansonsten muss, wie für die Suche auch, die Verkettung von Anfang an durchlaufen werden. Ein indexierter Zugriff ist auf verketteten Listen *nicht* möglich.

Feldlisten wie die ArrayList haben den Nachteil, dass das Löschen (remove) oder Hinzufügen (add) neuer Elemente linearen Aufwand, also in O(n), erzeugt. In einer Schleife muss entweder der beim Löschen frei gewordene Platz von rechts aufgefüllt werden, oder es muss zum Einfügen erst Platz durch Verschieben aller folgenden Elemente nach rechts geschaffen werden. In diesem Kapitel lernen Sie eine weitere Möglichkeit kennen, Listen zu implementieren: als **verkettete Listen** *(linked list)*. Diese ermöglichen das Einfügen und Löschen an beliebiger Stelle in einer Liste in konstanter Zeit, also in O(1).

*Beispiel*

Betrachten Sie folgende Situation: Die Teilnehmer an einem Kurs werden als Liste verwaltet. Jeder Teilnehmer bekommt eine Zahl zugewiesen, die seiner Position in der Liste entspricht: der erste die Eins, der nächste die Zwei und so weiter. Wenn nun ein Freund eines der Teilnehmer dazu kommt, soll dieser möglicherweise hinter seinem Freund eingereiht werden. Und schon müssen Sie allen Teilnehmern dahinter eine neue Nummer geben, nämlich genau um eine größer als die bisherige. Und wenn ein Teilnehmer seine Meinung ändert und die Liste verlässt, müssen alle Personen dahinter wieder eine kleinere Zahl bekommen...

Da wäre es schon einfacher, wenn sich nicht jeder Teilnehmer seine aktuelle Position in der Liste merken müsste, die sich ja häufig ändern kann, sondern stattdessen nur weiß, wer sein Vorgänger und/oder Nachfolger in der Liste ist. Das ändert sich nämlich nicht, wenn weiter vorne oder hinten neue Teilnehmer hinzu kommen oder aus der Liste ausscheiden!

*Grundidee*

Klar, Sie haben es sicher längst bemerkt: Die Zahlen im ersten Beispiel entsprechen genau den Indexpositionen in einer Feldliste – mit entsprechend aufwändigen Operationen zum Einfügen und Löschen. Und das zweite Beispiel? Das beschreibt genau die Grundidee einer verketteten Liste, um die es hier geht.

7.6 Verkettete Listen *(Linked List)* \*

In einer (einfach) **verketteten Liste** werden die einzelnen Elemente derart gespeichert, dass jedes Element selbst (oder entsprechende Verwaltungsobjekte, die wiederum eine Referenz auf das jeweilige Element enthalten) einen Verweis auf seinen Nachfolger enthält.

*Definition*

## Aufbau einer verketteten Liste

Eine verkettete Liste könnte so aufgebaut werden, dass jedes darin zu speichernde Element eine Referenz auf seinen Nachfolger enthält (Abb. 7.6-1). Soll also eine Liste von Teilnehmern verwaltet werden, so müsste die Klasse `Teilnehmer` um ein Attribut `naechsterTeilnehmer` vom Typ `Teilnehmer` ergänzt werden, der jeweils auf den nächsten Teilnehmer in der Liste verweist – oder durch den Wert `null` das Ende der Liste anzeigt.

*Naiver Ansatz*

| Teilnehmer | Teilnehmer | Teilnehmer |
|---|---|---|
| name = ... | name = ... | name = ... |
| vorname = ... | vorname = ... | vorname = ... |
| naechster Teilnehmer = •→ | naechster Teilnehmer = •→ | naechster Teilnehmer = null |

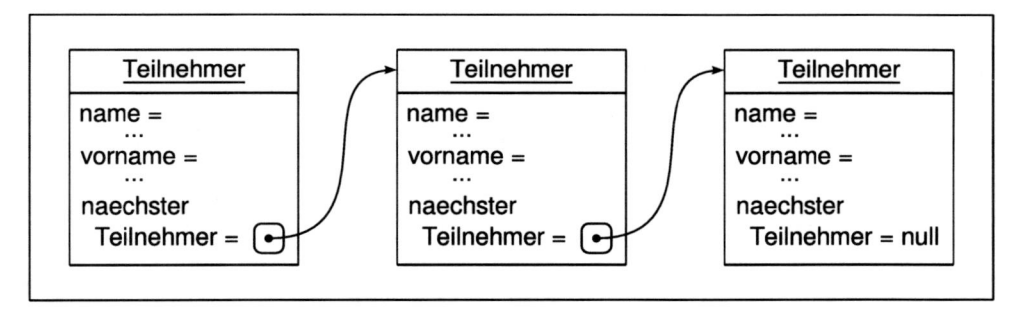

Abb. 7.6-1: Naiver Aufbau einer verketteten Liste.

Diese Implementierung ist allerdings aus zwei Gründen nicht zu empfehlen:

- Erstens wird das Attribut für die Verkettung (`naechster Teilnehmer`) nur dann benötigt, wenn die `Teilnehmer`-Objekte in einer Liste abgelegt werden sollen, sonst nicht. Es ist also eigentlich kein echtes fachliches Attribut der Klasse `Teilnehmer`, sondern ein rein technisch bedingtes Attribut, das nur für die Verwaltung einer Liste von Teilnehmern benötigt wird.
- Außerdem müssten Sie jedes Mal, wenn Sie eine Liste von Elementen irgendeines Typs verwalten wollen, vorher die entsprechende Klasse um das Attribut für den Verweis auf den Nachfolger erweitern.

Um vom Typ der zu speichernden Elemente unabhängig zu sein, empfiehlt es sich stattdessen, die Verwaltung der Liste außerhalb der zu speichernden Elemente zu organisieren, zum Beispiel durch eigene Verwaltungsobjekte, die jeweils nur zwei Referenzen enthalten: eine auf das zu speichernde Element sowie

*Verkettete Listen als Datenstruktur*

eine auf das Verwaltungsobjekt für den Nachfolger in der Liste (Abb. 7.6-2).

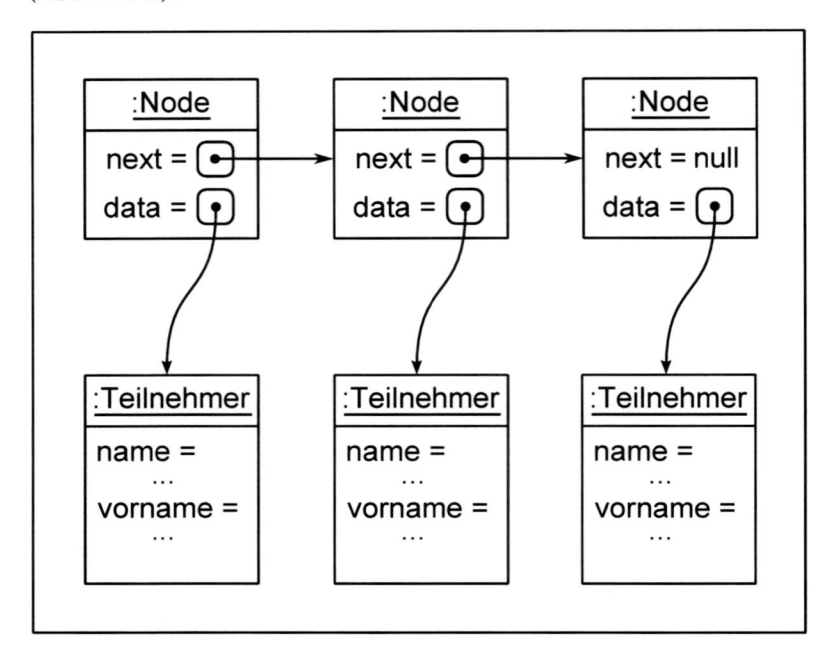

Abb. 7.6-2: Aufbau einer verketteten Liste mittels eigener Verwaltungsobjekte *(Nodes)*.

Dieser Aufbau vermeidet beide Nachteile des ersten Ansatzes, bedeutet aber, dass zu jedem in der Liste gespeicherten Element ein eigenes Verwaltungsobjekt angelegt werden muss.

### Doppelt verkettete Listen

Verkettete Listen sind sehr praktisch, wenn zum Beispiel ein neues Element hinter ein bekanntes Element eingefügt werden soll. Was aber, wenn Sie ein Element vor einem anderen einfügen wollen? In diesem Fall müssten Sie zunächst vom Anfang der Liste ausgehend die Liste soweit durchlaufen, bis Sie beim Vorgänger des aktuellen Elements ankommen. Nur so können Sie dort das neue Element als Nachfolger eintragen. Außerdem erlaubt eine solche einfach verkettete Liste nur eine Navigation in eine Richtung: die Richtung der Verkettung nämlich. Wollen Sie bei Bedarf in beliebigen Richtungen durch die Liste navigieren können, so empfiehlt sich eine doppelte Verkettung.

Definition | In einer **doppelt verketteten Liste** werden die einzelnen Elemente derart gespeichert, dass jedes Element selbst (oder entsprechende Verwaltungsobjekte, die wiederum eine Referenz auf das jeweilige Element enthalten) Verweise sowohl auf seinen Vorgänger wie auf seinen Nachfolger enthält (Abb. 7.6-3).

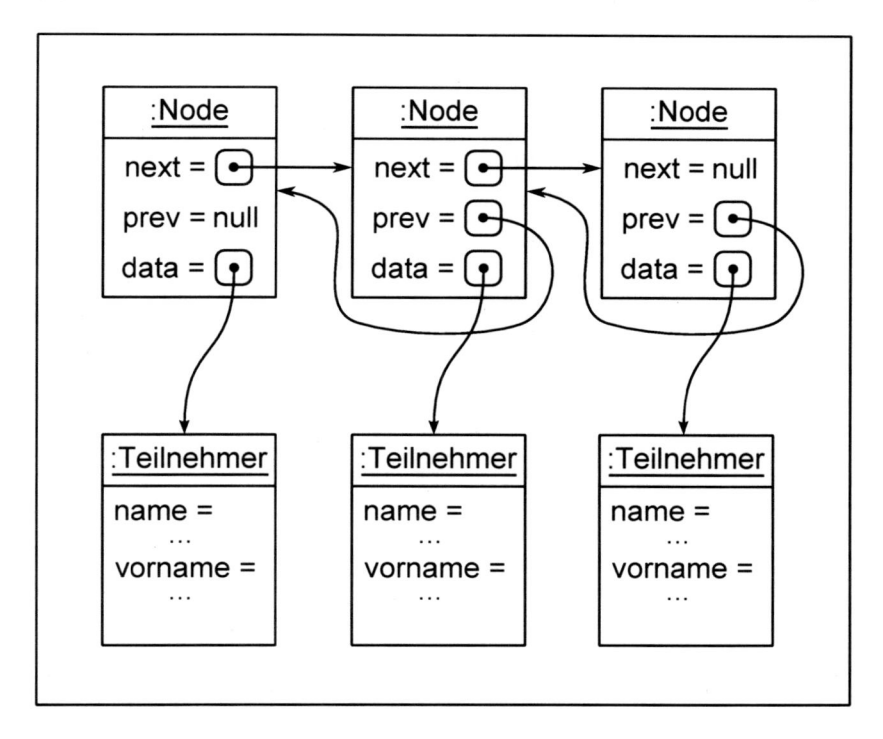

Abb. 7.6-3: Aufbau einer doppelt verketteten Liste.

In Java steht Ihnen mit der Klasse `LinkedList` eine Implementierung für verkettete Listen zur Verfügung. Tatsächlich liefert `LinkedList` das Verhalten einer doppelt verketteten Liste: Der zugehörige `ListIterator` kann sowohl vorwärts als auch rückwärts durch die Liste navigieren, und die Suche nach einem Element über dessen Indexposition erfolgt vom Anfang oder Ende der Liste, je nachdem welcher Weg der kürzere ist!

Klasse
LinkedList

## Eigene Implementierung in Java

Auf der Basis der reduzierten Schnittstellen `SimpleList<E>`, `SimpleCollection<E>` und `SimpleIterator<E>` können verkettete Listen implementiert werden, die über die wichtigsten Operationen verfügen:

Die Klasse `SimpleLinkedList` definiert dazu eine innere Klasse `Entry` für die Verwaltungsobjekte, die jeweils einen Verweis auf den Nachfolger (next) sowie das eigentliche Element (data) ent-

Aufbau von
SimpleLinked
List

halten. Außerdem hat jedes Objekt der Klasse `SimpleLinkedList` zwei Attribute:

- Das Attribut `size` vom Typ `int` enthält die Anzahl der aktuell gespeicherten Elemente.
- Das Attribut `head` vom Typ `Entry` verweist auf das erste Verwaltungsobjekt in der Liste.
- Das Attribut `tail` vom Typ `Entry` verweist auf das letzte Verwaltungsobjekt in der Liste.

*Leeres Entry-Objekt am Anfang der Liste*

Um die spätere Implementierung der einzelnen Operationen zu vereinfachen, soll jede, also auch die leere Liste am Anfang, ein `Entry`-Objekt ohne Nutzdaten, also mit `data = null`, enthalten. Dieses wird also sinnvollerweise direkt im Konstruktor für `SimpleLinkedList` erzeugt. Abb. 7.6-4 veranschaulicht den Aufbau einer `SimpleLinkedList` mit zwei Elementen, die entsprechend insgesamt drei `Entry`-Objekte umfasst.

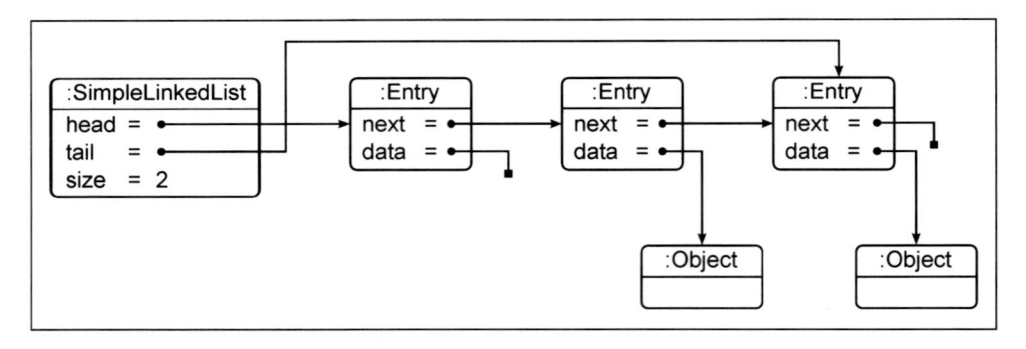

Abb. 7.6-4: Grafik zur Veranschaulichung des Aufbaus einer einfach-verketteten Liste.

*Klasse SimpleLinkedList<E>*

In Java sieht die Definition der Klasse `SimpleLinkedList<E>` dann folgendermaßen aus:

```java
public class SimpleLinkedList<E> implements SimpleList<E>
{
  /**
   * Innere Klasse für die Elemente der verketteten Liste
   */
  class Entry
  {
    // Attribute
    E data;        // Verweis auf gespeichertes Objekt
    Entry next;    // Verweis auf Nachfolger in der Liste

    // Konstruktor
    Entry(E o, Entry next)
    {
      this.data = o;
      this.next = next;
    }
```

```
}
// Attribute (Klasse SimpleLinkedList)
private Entry head;   // Anfang der einfach verketteten Liste
private Entry tail;   // Ende der einfach verketteten Liste
private int size;     // Anzahl der Elemente in der Liste

// Konstruktor (Klasse SimpleLinkedList)
public SimpleLinkedList()
{
  this.head = new Entry(null, null);
  this.tail = this.head;
  this.size = 0;
}
}
```

Streng genommen, ist das Attribut size redundant; sein Wert kann jederzeit mit einem Durchlauf durch die Liste und Zählen der Elemente ermittelt werden. Das Attribut könnte also entfallen und durch eine Opertation size() ersetzt werden. Da es aber einen unvertretbaren Aufwand bedeuten würde, bei jeder Anfrage nach der Anzahl der gespeicherten Elemente diese erst durchzuzählen, wird deren Anzahl trotzdem im Attribut size gespeichert und muss natürlich bei jedem Löschen oder Hinzufügen von Elementen entsprechend aktualisiert werden. Dadurch wird der Aufwand für die Ermittlung der Größe einer Liste von *linear* in der Anzahl der Elemente, also in O(n), auf nur einen Zugriff, also *konstant* bzw. in O(1), reduziert. Im Prinzip haben Sie hier wieder einmal sehr erfolgreich Speicher (ein int mehr) gegen Zeit (konstant statt linear) getauscht, wobei fairerweise der Zusatzaufwand für das jeweilige Aktualisieren des Attributs size bei jeder Änderung der Liste nicht unerwähnt bleiben soll. Wenn allerdings mehr als nur sehr selten auf das Attribut size zugegriffen wird, dann zahlt sich die redundante Speicherung in jedem Fall aus.

Schließlich müssen nun noch alle in SimpleList<E> und Simple Collection<E> definierten Operationen implementiert werden, bevor die SimpleLinkedList<E> auch tatsächlich als Implementierung einer verketteten Liste benutzt werden kann.

*Operationen in SimpleLinked List <E>*

Schon beim Einfügen eines neuen Elements in die Liste erweist es sich als vorteilhaft, dass auch die leere Liste bereits ein (leeres) Verwaltungsobjekt vom Typ Entry besitzt. So können Sie bei der Implementierung immer davon ausgehen, dass bereits ein Entry-Objekt existiert, hinter dem ein weiteres eingefügt werden soll; eine gesonderte Betrachtung für das Einfügen in eine leere Liste erübrigt sich also. Abb. 7.6-5 veranschaulicht das schrittweise Vorgehen zum Einfügen eines neuen Entry-Objekts e (mit der Referenz auf das in die SimpleLinkedList einzufügende Objekt o) hinter ein bereits vorhandenes Entry-Objekt prev.

*Einfügen eines Elements*

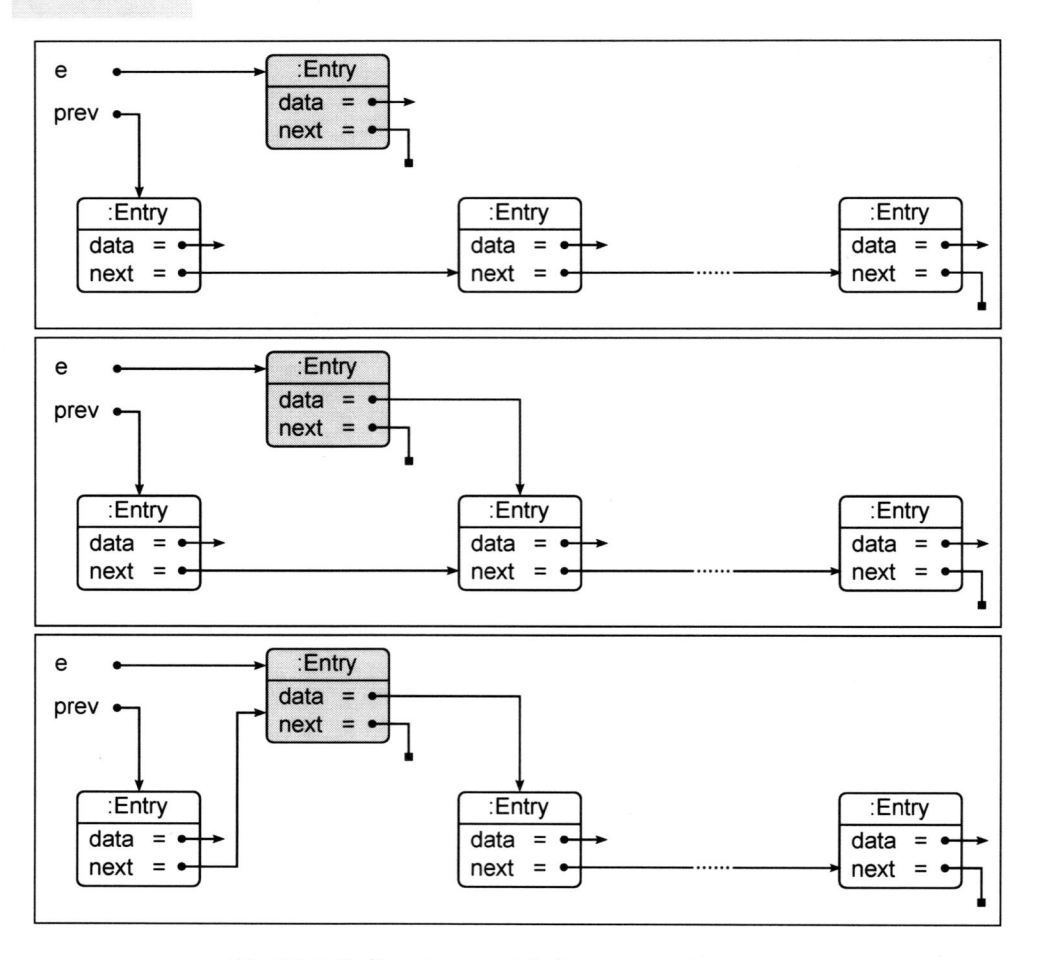

Abb. 7.6-5: Einfügen in eine einfach-verkettete Liste.

Falls das neue Objekt o hinter dem bislang letzten Objekt eingefügt, also an die Liste *angehängt* werden soll (in diesem Fall ist prev == tail), dann muss im Anschluss auch tail aktualisiert werden, wie Abb. 7.6-6 veranschaulicht.

Hilfsoperation addAfter()

Für die Implementierung in Java ist es hilfreich, dieses Vorgehen zunächst als interne (private) Hilfsoperation addAfter() zu definieren, da die Referenz prev auf das Vorgänger-Verwaltungsobjekt vom Typ Entry außerhalb der Klasse SimpleLinkedList<E> nicht bekannt ist:

```
/**
 * Einfügen eines neuen Elements nach dem Element prev
 *
 * @param o      einzufügendes Element
 * @param prev   Entry-Objekt, hinter dem einzufügen ist
```

## 7.6 Verkettete Listen *(Linked List)* *

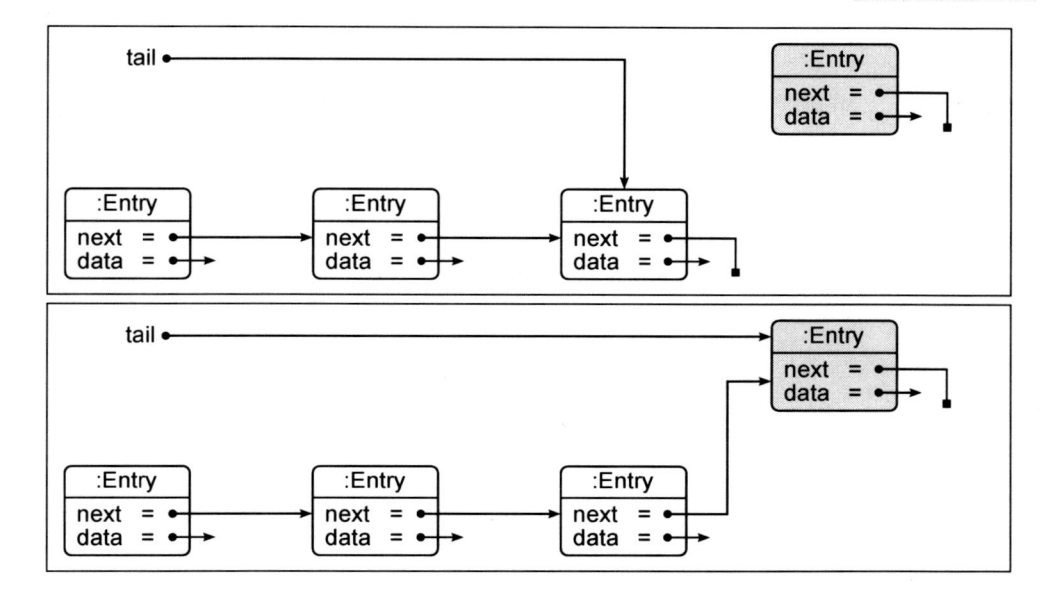

Abb. 7.6-6: Anhängen an eine einfach-verkettete Liste.

```
*/
private void addAfter(E o, Entry prev)
{
  Entry e = new Entry(o, prev.next);
  prev.next = e;
  if (prev==this.tail)
    this.tail = e; // Listenende korrigieren
  this.size++;
}
```

Mittels der Operation addAfter() können Sie dann aber leicht die öffentliche (public) Operation add() so implementieren, wie im *Interface* SimpleCollection spezifiziert:

Operation add()

```
/**
 * Einfügen eines Elements am Ende der Liste
 *
 * @param o einzufügendes neues Objekt
 */
public boolean add(E o)
{
  if (o != null)
  {
    addAfter(o, this.tail);
    return true;
  }
  else
    return false;
}
```

# 7 Datenstrukturen *

**Löschen eines Elements**

Analog zum Einfügen kann auch für das Löschen eines Elements aus einer `SimpleLinkedList` eine Hilfsoperation `removeAfter()` implementiert werden, mit der ausgehend von einem beliebigen `Entry`-Objekt `prev` das nachfolgende `Entry`-Objekt (und damit auch das darin referenzierte Nutzobjekt o) aus der Liste entfernt wird:

**removeAfter()**

```
/**
 * Entfernen des Elements nach dem Element prev
 *
 * @param prev Entry-Objekt, hinter dem gelöscht werden soll
 */
private E removeAfter(Entry prev)
{
  Entry e = prev.next;
  E result = e.data;
  prev.next = e.next;
  if (e==this.tail)
    this.tail = prev; // Listenende korrigieren
  this.size--;
  return result;
}
```

Dazu wird lediglich die Referenz `next` aus dem `Entry`-Objekt `prev` so geändert, dass sie nicht mehr auf das nachfolgende, zu löschende `Entry`-Objekt verweist, sondern auf dessen Nachfolger, wie Abb. 7.6-7 veranschaulicht.

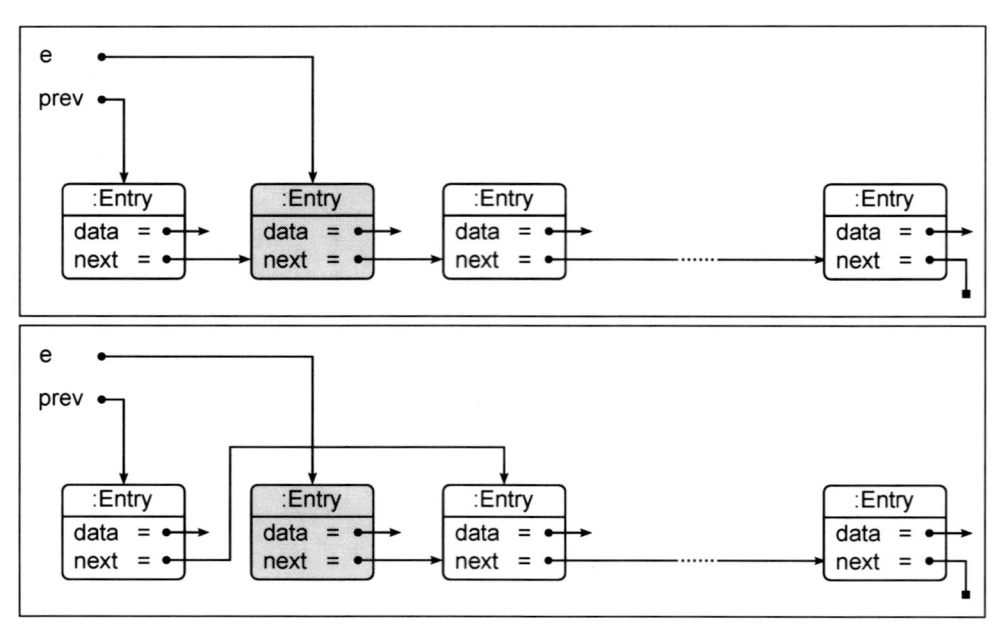

Abb. 7.6-7: Löschen aus einer einfach-verkettete Liste.

Bildlich gesprochen wird also eine »Umleitung« um das zu löschende `Entry`-Objekt herum gebaut. Das `Entry`-Objekt `prev` kann

## 7.6 Verkettete Listen *(Linked List)* *

damit nicht mehr erreicht werden und wird somit zu Speichermüll *(garbage)*, der bei Gelegenheit vom Garbage Collector eingesammelt wird. Auch hier ist wieder zu berücksichtigen, dass beim Löschen des letzten Elements aus der Liste anschließend auch die im Attribut tail gespeicherte Referenz aktualisiert wird, wie Abb. 7.6-8 zeigt.

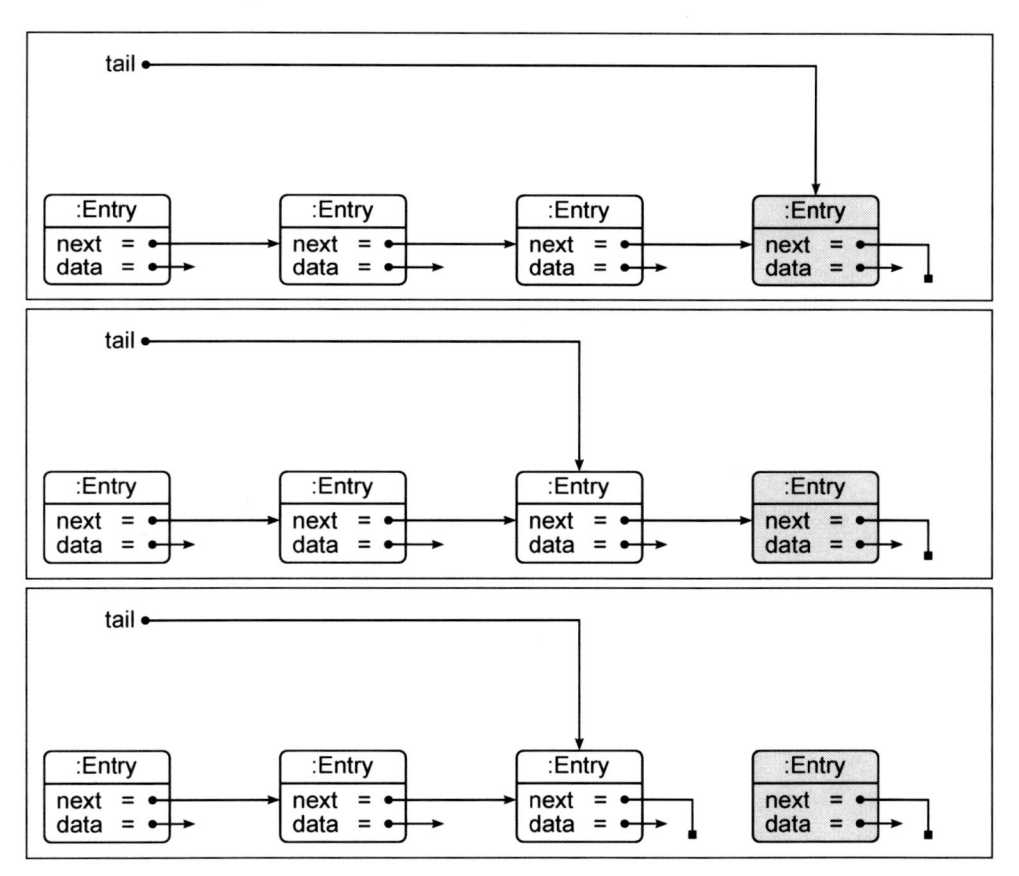

Abb. 7.6-8: Löschen am Ende einer einfach-verketteten Liste.

Mittels der Operation removeAfter() können Sie nun wiederum die öffentliche (public) Operation remove() so implementieren, wie im *Interface* SimpleCollection spezifiziert:

Operation remove()

```
/**
 * Entfernen des ersten Elements der Liste, dessen
 * gespeichertes Objekt zu o inhaltsgleich ist
 *
 * @param o zu löschendes Objekt
 */
public boolean remove(E o)
{
```

## 7 Datenstrukturen *

```
    boolean result = false;
    if (o!=null)
    {
      // Suche nach Element mit inhaltsgleichem Objekt
      Entry e    = this.head.next;
      Entry prev = this.head;
      boolean found = false;
      while (e!=null && !found)
      {
        if (o.equals(e.data))
          found = true;
        else
        {
          prev = e;
          e = e.next;
        }
      }
      if (found)
      {
        removeAfter(prev);
        result = true;
      }
    }
    return result;
}
```

Die weiteren im *Interface* SimpleCollection vorgesehenen Operationen isEmpty() und size() können genauso, wie in SimpleArrayList, implementiert werden. Auch die Operation contains() zur Suche nach einem bestimmten Element sollte Ihnen keine große Mühe bereiten, so dass damit alle Operationen aus Simple Collection implementiert sind. Die Operation contains() kann in Anlehnung an remove() mittels Durchlauf durch die Entry-Objekte realisiert werden:

```
/**
 * Überprüfung, ob ein zu o inhaltsleiches Objekt in der
 *
 * @param o zu suchendes Objekt
 */
public boolean contains(E o)
{
  Entry e = this.head.next;
  while (e!=null)
  {
    if (o.equals(e.data))
      return true;
    else
      e = e.next;
  }
  return false;
}
```

**Operationen aus SimpleList** Die Klasse SimpleLinkedList implementiert aber – ebenso wie die Klasse SimpleArrayList – nicht nur das *Interface* SimpleCollection, sondern natürlich auch SimpleList. Also müssen auch alle in SimpleList vorgesehenen Operationen noch implementiert werden. Das sind diejenigen Operationen, die im Gegensatz zu den bisher implementierten davon Gebrauch machen, dass es sich bei einer SimpleLinkedList um eine *Liste* handelt, die Elemente also in einer bestimmten Reihenfolge abgelegt sind, nämlich in einer *linearen Ordnung*. So können die einzelnen Elemente der Liste über ihre Position, den Index, adressiert werden. Die entsprechenden Operationen get(), remove(), add() und indexOf() können einfach implementiert werden, wobei eine weitere Hilfsoperation entry() gute Dienste leistet, die zu einem gegebenen Index das zugehörige Entry-Objekt liefert, das dann als Parameter für die internen Operationen addAfter() oder removeAfter() dienen kann:

```
/**
 * Bestimmung des Elements zu einem vorgegebenen Index
 *  ,
 * @param index Position des gesuchten Entry-Objekts
 */
private Entry entry(int index)
{
  Entry e = this.head;
  for (int i=0; i<=index; i++)
    e = e.next;
  return e;
}
```

Hilfsoperation entry()

Diese Implementierung von entry() setzt zwingend voraus, dass der Parameter index gültig ist, also 0 ≤index <size gilt. Dies muss also vor dem Aufruf sichergestellt werden, beispielsweise mittels der Operation rangeCheck(), die genauso wie in SimpleArrayList implementiert werden kann. Die noch fehlenden Listen-Operationen get(), remove(), add() und indexOf() können wie folgt unter Zuhilfenahme von entry(), rangeCheck() sowie addAfter() und removeAfter() implementiert werden:

```
/**
 * Einfügen eines Elements an der Position index
 *
 * @param index Position, an der eingefügt werden soll
 * @param o     einzufügendes Element
 */
public void add(int index, E o)
{
  if (o!=null)
  {
    rangeCheck(0, index, this.size);
    Entry prev = entry(index-1);
    addAfter(o, prev);
  }
}

/**
```

```
 * Entfernen des Elements an der Position index
 * und Rückgabe des an dieser Position gespeicherten Objekts
 *
 * @param index Position, an der gelöscht werden soll
 */
public E remove(int index)
{
  rangeCheck(0, index, this.size-1);
  Entry prev = entry(index-1);
  return removeAfter(prev);
}

/**
 * Rückgabe des an der Position index gespeicherten Objekts
 * als Ergebnis
 *
 * @param index Position, deren Element zurückgeliefert wird
 */
public E get(int index)
{
  rangeCheck(0, index, this.size-1);
  return entry(index).data;
}

/**
 * Bestimmung des Index des ersten Elements der Liste,
 * dessen gespeichertes Objekt zu o inhaltsgleich ist
 * oder -1, falls kein solches Element vorhanden
 *
 * @param o gesuchtes Element
 */
public int indexOf(E o)
{
  int index = -1;
  Entry e = this.head.next;
  while (e!=null)
  {
    index++;
    if (o.equals(e.data))
      return index;
    else
      e = e.next;
  }
  return -1;
}
```

## Iteratoren für SimpleLinkedList

Das einzige, was Ihnen nun noch zu einer eigenen voll funktionsfähigen, wenn auch etwas reduzierten, Implementierung verketteter Listen in Java fehlt, sind die entsprechenden Iteratoren.

*Struktur eines Iterators für verkettete Listen*

Analog zur Implementierung von Feldlisten als SimpleArrayList mit eigenem SimpleArrayListIterator können Sie auch für die Implementierung einer verketteten Liste als SimpleLinkedList eine eigene innere Klasse `SimpleLinkedListIterator` definieren. Diese stellt dann die Operationen `hasNext()`, `next()` und `remove()` speziell für verkettete Listen bereit. Das einzige, was ein Iterator sich während seiner Lebenszeit merken muss, sein einziges Attribut also, ist seine aktuelle Position in der Liste bzw. *Collection*, zu der er gehört. Im Falle der `SimpleLinkedList` ist dies eine Referenz `e` auf das aktuelle `Entry`-Objekt, die im Konstruktor des `Simple LinkedListIterator` mit dem Wert von `head` initialisiert wird: Der Iterator steht also vor dem ersten »echten« Element der Liste. Damit sind die Operationen `hasNext()`, `next()` und `remove()` einfach zu realisieren, und schon haben Sie alles für die Klasse `SimpleLinkedListIterator` zusammen:

```java
/**
 * Innere Klasse für einen Iterator zum sequenziellen Durchlauf
 * durch die Liste
 */
class SimpleLinkedListIterator implements SimpleIterator<E>
{
  /**
   * aktuelle Position des Iterators
   */
  Entry e;

  /**
   * Konstruktor mit Anfangsposition vor dem 1. Element
   */
  SimpleLinkedListIterator()
  {
    e = head;
  }

  /**
   * Überprüfung, ob der Iterator noch ein weiteres Element
   * besuchen kann
   *
   * @see SimpleIterator#hasNext()
   */
  public boolean hasNext()
  {
    return e.next != null;
  }

  /**
   * Schritt zum nächsten Element und Rückgabe des aktuellen
   * Elements als Ergebnis
   *
   * @see SimpleIterator#next()
   */
  public E next()
  {
    e = e.next;
    if (e != null)
      return e.next.data;
```

```
    else
      return null;
}
/**
 * Das zuletzt mit next() gelieferte Element wird gelöscht
 *
 * @see SimpleIterator#remove()
 */
public void remove()
{
  Entry prev = head;
  while (prev.next != e)
    prev = prev.next;
  removeAfter(prev);
}
```

*Iterator zu einer Liste*

In der Klasse `SimpleLinkedList<E>` muss jetzt nur noch die Operation `iterator()` nachgetragen werden, mit der zu einer vorhandenen `SimpleLinkedList<E>` ein entsprechender Iterator erzeugt werden kann:

*Operation iterator()*

```
/**
 * Erzeugung eines Iterators zum sequentiellen Durchlauf durch
 * die Liste
 *
 * @see SimpleCollection#iterator()
 */
public SimpleIterator<E> iterator()
{
   return new SimpleLinkedListIterator();
}
```

Dieser `SimpleLinkedListIterator` implementiert jetzt wiederum zunächst nur das *Interface* `SimpleIterator<E>`. Um auch das (umfangreichere) *Interface* `SimpleListIterator<E>` zu implementieren, müssen Sie »nur« die weiteren Operationen `hasPrevious()`, `previous()`, `set()` und `add()` realisieren.

## Komplexitätsbetrachtungen

Eine Betrachtung der Laufzeitkomplexität für die wichtigsten Operationen auf verketteten Listen gestaltet sich relativ einfach:

*Indexierter Zugriff in O(n)*

Aufgrund der Verkettung der internen `Entry`-Objekte erfordern alle Zugriffe auf ein Element der Liste über dessen Index, egal ob Einfügen oder Löschen, ein Durchlaufen der `Entry`-Objekte ausgehend von `head`, also linearen Aufwand abhängig von der Länge der Liste. Die Laufzeitkomplexität liegt also in O(n).

*Anfügen am Anfang oder Ende in O(1)*

Das Anfügen eines Elements am Ende der Liste ist über das Attribut `tail` immer mit konstantem Aufwand, also in O(1), möglich. Das gilt auch für das Einfügen am Anfang der Liste, da anders als bei der Feldliste bei der verketteten Liste keine Elemente verschoben werden müssen, um Platz zu schaffen.

Bei der Modifikation einer SimpleLinkedList über einen Iterator mit den Operationen remove(), add() bzw. set() ist das betreffende Entry-Objekt jeweils direkt greifbar, so dass jede dieser Operationen unabhängig von der Länge der Liste, also in O(1), erfolgen kann.

Modifikatoren über Iterator in O(1)

Und selbstverständlich ist auch die Suche nach einem bestimmten Element (Operationen indexOf() bzw. contains()) mit linearem Aufwand verbunden, liegt also ebenfalls in O(n). Eine detaillierte Auflistung mit Laufzeitkomplexität der einzelnen Operationen finden Sie in der »Box: Verkettete Listen (LinkedList)«, S. 239.

Suche in O(n)

## Gegenüberstellung von Feldlisten und verketteten Listen

Mit Feldlisten und verketteten Listen haben Sie zwei unterschiedliche Implementierungen für dasselbe Konzept, nämlich das einer Liste, ausführlich kennengelernt. In Java schlägt sich dieser Zusammenhang darin nieder, dass beide entsprechenden Klassen, ArrayList und LinkedList (bzw. die hier vorgestellten eigenen Implementierungen SimpleArrayList und SimpleLinkedList), dasselbe *Interface* List (bzw. SimpleList) implementieren. In einem beliebigen Anwendungsprogramm brauchen Sie also außer beim Erzeugen der Liste durch new() überhaupt keine Rücksicht auf die tatsächliche Implementierung zu nehmen, da beide Klassen ja jeweils die gleichen Operationen zur Verfügung stellen.

Aber ist das tatsächlich so? Ist es wirklich gleichgültig, ob Sie in einem Anwendungsprogramm für eine Teilnehmerliste einer Veranstaltung oder für die Aufträge einer Spedition eine ArrayList oder eine LinkedList verwenden? Wie so oft im Leben, ist die Antwort ein klares »Jein«:

ArrayList oder LinkedList?

- Was die Ergebnisse Ihres Programms betrifft, so macht es tatsächlich keinen Unterschied, ob Sie eine ArrayList oder eine LinkedList verwenden. Die jeweiligen Operationen liefern unabhängig von der konkreten Implementierung die gleichen Ergebnisse, sind also *funktional* gleichwertig – natürlich immer vorausgesetzt, dass beide Klassen fehlerfrei implementiert sind.
- Anders sieht es da allerdings bei den *nichtfunktionalen* Aspekten aus, wozu in erster Linie die benötigte Laufzeit zu zählen ist. Hier unterscheiden sich die beiden Implementierungen für einige Operationen sogar in den Komplexitätsklassen: Während der Zugriff auf ein beliebiges Element einer Feldliste in konstanter Zeit möglich ist, ist die benötigte Zu-

griffszeit bei einer verketteten Liste linear von der Länge der Liste abhängig – ein gewaltiger Unterschied, der in einer zeitkritischen Anwendung schnell zwischen brauchbar bzw. akzeptabel und eben nicht mehr akzeptabel entscheiden kann!

Allerdings ist es auch nicht so, dass eine der Implementierungen immer schneller oder besser ist als die andere. Vielmehr kommt es darauf an, welche Operationen vermutlich am häufigsten auf der Liste durchgeführt werden, so dass diejenige Implementierung gewählt werden kann, die hierfür die beste Laufzeitkomplexität bietet. Dazu sind in Tab. 7.6-1 noch einmal die zu erwartenden Laufzeitkomplexitäten für die wichtigsten Arten von Operationen systematisch gegenübergestellt.

| Operation | ArrayList | LinkedList |
|---|---|---|
| Lesender Zugriff über Index | O(1) | O(n) |
| Einfügen/Löschen über Index | O(n) | O(n) |
| Einfügen/Löschen am Anfang | O(n) | O(1) |
| Anfügen am Ende | O(1)[9] | O(1) |
| Ändern eines Elements über Iterator | O(1) | O(1) |
| Einfügen/Löschen über Iterator | O(n) | O(1) |
| Suchen eines Elements in der Liste | O(n) | O(n) |

Tab. 7.6-1: Gegenüberstellung ArrayList und LinkedList.

## Verbesserungen und Ausblick

*Praktische Bedeutung*

Lineare Listen stellen eine der grundlegenden Datenstrukturen in der Informatik dar. In vielen praktischen Anwendungsbereichen sind sie die ideale Modellierung für eine vorliegende Datensammlung, wie schon die recht häufige Verwendung des Begriffs »Liste« im Alltag nahelegt, wenn von Einkaufslisten, Teilnehmerlisten bis hin zur To-do-Liste die Rede ist.

*Problem Lineare Komplexität*

So universell einsetzbar solche Listenstrukturen auch sind, so bleiben in Anbetracht der linearen Laufzeitkomplexität bei vielen oder sogar den meisten der Operationen in Tab. 7.6-1 doch die Frage und der Wunsch nach anderen weiterentwickelten Datenstrukturen, die für möglichst viele oder gar alle dieser Operationen ein besseres als lineares Laufzeitverhalten in Aussicht stellen.

*Bäume*

Eine solche, ebenfalls grundlegende Datenstruktur der Informatik, die schließlich auch diese Wünsche wahr werden lässt, ler-

---

[9]Solange noch Platz im internen Feld, sonst O(n).

nen Sie im Kapitel »Bäume«, S. 262, kennen, die in gewissem Sinne eine Verallgemeinerung der linearen Listen darstellen: Die hier behandelten Listen sind also ein Spezialfall des allgemeineren Konzepts eines Baumes.

## 7.7 Box: Verkettete Listen (LinkedList) *

Verkettete Listen realisieren eine Liste durch *einfach* (vorwärts) oder *mehrfach* (vor- und rückwärts) verkettete Verwaltungsobjekte mit Referenzen auf die gespeicherten Elemente.   Prinzip

Eine Implementierung (doppelt) verketteter Listen steht in Java mit der Klasse `java.util.LinkedList<E>` zur Verfügung.   Java-Klasse

Die Tab. 7.7-1 zeigt die Konstruktoren der Klasse `LinkedList<E>`.   Konstruktoren

| Konstruktor | Ergebnis |
|---|---|
| `LinkedList<E>()` | eine neue leere verkettete Liste mit Elementtyp E |
| `LinkedList<E>(Collection<? extends E> c)` | eine neue verkettete Liste mit Elementtyp E und genau den Elementen aus der *Collection* c in der Reihenfolge, wie sie von einem Iterator `c.iterator()` geliefert werden |

Tab. 7.7-1: Die Konstruktoren der Klasse `LinkedList<E>`.

Die Tab. 7.7-2 zeigt die Methoden der Klasse `LinkedList<E>`.   Methoden

| Operation | Ergebnis | Wirkung auf die Liste | Komplexität |
|---|---|---|---|
| `int size()` | Anzahl der aktuell in der Liste enthaltenen Elemente | keine | O(1) |
| `boolean isEmpty()` | true gdw. die Liste leer ist | keine | O(1) |
| `void clear()` | kein | Entfernt alle Elemente aus der Liste; die Liste ist danach leer. | O(1) |
| `int indexOf(E o)` | Index des ersten Elements inhaltsgleich mit o oder -1, falls kein solches Element existiert | keine | O(n) |
| `int lastIndexOf(E o)` | Index des letzten Elements inhaltsgleich mit o oder -1, falls kein solches Element existiert | keine | O(n) |

| Operation | Ergebnis | Wirkung auf die Liste | Komplexität |
|---|---|---|---|
| boolean contains(E o) | true gdw. ein mit o inhaltsgleiches Element in der Liste vorkommt | keine | O(n) |
| Object clone() | eine echte Kopie der Liste; die darin gespeicherten Elemente werden aber nicht kopiert | keine | O(n) |
| E element() | erstes Element in der Liste (mit Index 0) | keine | O(1) |
| E getFirst() | erstes Element in der Liste (mit Index 0) | keine | O(1) |
| E getLast() | letztes Element in der Liste | keine | O(1)[16] |
| E peek() | erstes Element in der Liste (mit Index 0) oder null, falls Liste leer ist | keine | O(1) |
| E get(int i) | Element mit Index i | keine | O(n) |
| boolean add(E o) | true | Element o wird hinten an die Liste angefügt. | O(1)[17] |
| void addFirst(E o) | kein | Element o wird vor die Liste eingefügt. | O(1) |
| void addLast(E o) | kein | Element o wird hinten an die Liste angefügt. | O(1)[18] |
| void add(int i, E o) | kein | Element o wird an Indexposition i in die Liste eingefügt. | O(n) |
| void set(int i, E o) | kein | Element mit Index i wird durch o ersetzt. | O(n) |
| boolean offer(E o) | true | Element o wird hinten an die Liste angefügt. | O(1)[19] |
| E poll() | erstes Element in der Liste (mit Index 0) oder null, falls Liste leer ist | Das erste Element wird aus der Liste entfernt. | O(1) |

## 7.7 Box: Verkettete Listen (LinkedList) *

| Operation | Ergebnis | Wirkung auf die Liste | Komplexität |
|---|---|---|---|
| E remove() | erstes Element in der Liste (mit Index 0) | Das erste Element wird aus der Liste entfernt. | O(1) |
| E removeFirst() | erstes Element in der Liste (mit Index 0) | Das erste Element wird aus der Liste entfernt. | O(1) |
| E removeLast() | letztes Element in der Liste | das letzte Element wird aus der Liste entfernt | O(1)[20] |
| boolean remove(E o) | true gdw. ein Element entfernt wurde | erstes Element inhaltsgleich mit o wird entfernt | O(n) |
| E remove (int i) | Element mit Index i (vor dem Entfernen) | Das Element mit Index i wird entfernt. | O(n) |
| boolean addAll (Collection<? extends E> c) | true gdw. Elemente der Liste hinzugefügt wurden | Alle Elemente aus der Collection c werden in der Reihenfolge, wie sie von einem Iterator c.iterator() geliefert werden, hinten an die Liste angefügt. | O(m)[21] |
| boolean addAll (int i, Collection<? extends E> c) | true gdw. Elemente der Liste hinzugefügt wurden | Alle Elemente aus der Collection c werden in der Reihenfolge, wie sie von einem Iterator c.iterator() geliefert werden, ab der Indexposition i in die Liste eingefügt. | O(n+m) |
| E[] toArray (E[] a) | Feld E[] gefüllt mit den Elementen der Liste; Rest mit null aufgefüllt | keine | O(n) |

| Operation | Ergebnis | Wirkung auf die Liste | Komplexität |
|---|---|---|---|
| List<E> subList(int fromIndex, int toIndex) | eine Sicht auf die Liste beginnend mit dem Element an Indexposition fromIndex (einschließlich) bis zum Element an Indexposition toIndex (ausschließlich); die Liste wird *nicht* kopiert! | keine | O(n) |
| Iterator<E> iterator() | ein neuer Iterator für die Liste, der die Elemente in ihrer richtigen Reihenfolge liefert | keine | O(1) |
| ListIterator<E> listIterator() | ein neuer Listen-Iterator für die Liste, der die Elemente in ihrer richtigen Reihenfolge liefert | keine | O(1) |
| ListIterator<E> listIterator(int i) | ein neuer Listen-Iterator für die Liste, der die Elemente in ihrer richtigen Reihenfolge liefert und zu Beginn vor dem Element mit Index i steht | keine | O(n) |

Tab. 7.7-2: Die Methoden der Klasse LinkedList<E>.

---

[16-19] Dabei ist vorausgesetzt, dass die Liste intern eine Referenz auf den Knoten mit dem letzten Element hält. Sonst wäre die Komplexität O(n).
[20] Dabei ist vorausgesetzt, dass die Liste doppelt verkettet ist und intern eine Referenz auf den Knoten mit dem letzten Element hält. Sonst wäre die Komplexität O(n).
[21] m ist die Anzahl der anzufügenden Elemente, also die Größe der Collection c. Dabei ist vorausgesetzt, dass die Liste intern eine Referenz auf den Knoten mit dem letzten Element hält. Sonst wäre die Komplexität O(n+m).

## 7.8 Stapel und Schlangen *

Stapel und Schlangen sind zwei grundlegende Datenstrukturen, die in vielen Bereichen der Informatik und darüber hinaus Anwendung finden. Sie lassen sich als besondere Form von Listen verstehen und durch Einschränkung der Zugriffe auf nur ein Ende (beim Stapel) bzw. beide Enden der Liste (Schlange) implementieren. Prioritätsgesteuerte Warteschlangen ordnen ihre Elemente intern als Heap-Struktur an, um beim Zugriff immer direkt das Element mit der höchsten Priorität liefern zu können.

In Java existieren mehrere Spezialisierungen zu dem allgemeinen Container-Typ Collection. Neben »Listen«, S. 193, und »Mengen«, S. 252, gehören auch Schlangen (Queue) dazu, die in diesem Kapitel ebenso behandelt werden wie eine weitere grundlegende Datenstruktur in der Informatik: der **Stapel** (Stack).

*Weitere Spezialisierungen zu Collection*

Ein Stapel ist eine Spezialform einer Liste, bei der Einfüge- und Löschoperationen nur am Listenanfang (head) stattfinden können. Dadurch realisieren sie ein Last-In-First-Out-Verhalten (LIFO): Das zuletzt hinzugefügte Element wird als erstes wieder entnommen.

*Definition*

Stapel treten als ganz natürliche Speicherstruktur vielerorts im Alltag auf. Denken Sie nur an den Bücherstapel auf dem Nachttisch oder den Stapel Rechnungen auf Ihrem Schreibtisch. Ebenso wichtig sind sie aber auch für die interne Organisation Ihres Computers. So werden beispielsweise bei jedem Funktionsaufruf die lokalen Variablen und Parameter »oben« auf den *Laufzeit-Stack* abgelegt und beim Verlassen der Funktion wieder abgeräumt.

Die typischen Operationen auf einem Stapel sind

- das Ablegen eines Elements auf den Stapel (push),
- das Entnehmen eines Elements vom Stapel (pop),
- das Nachschauen (Lesen) des obersten Elements auf dem Stapel (peek),
- dazu noch die Frage, wie tief ein gesuchtes Element sich, wenn überhaupt, in dem Stapel befindet (search),
- natürlich die Operationen zum Test, ob ein Stapel leer ist (empty), und
- zum Erzeugen eines neuen, leeren Stapels (Konstruktor).

*Typische Operationen*

### Stapel als Listen

Stapel könnten also analog zu Listen als weiterer Datentyp mit einem entsprechenden *Interface* Stack<E> definiert werden, das

## 7 Datenstrukturen *

genau die oben beschriebenen Operationen push(), pop() usw. umfasst. Dieses *Interface* könnte dann von verschiedenen Klassen geeignet implementiert werden, zum Beispiel auf Basis eines Feldes analog zur »Feldliste«, S. 199, oder über eine Verkettung der Elemente, wie bei der »verketteten Liste«, S. 222.

*Klasse Stack<E>*

Tatsächlich sind Stapel aber in Java direkt als eigene Klasse Stack<E> realisiert; ein entsprechendes Interface existiert nicht. Die Klasse Stack<E> implementiert allerdings das *Interface* List<E>, was wiederum der obigen Definition entspricht, dass Stapel eine Spezialform von Listen darstellen, die über spezielle Stapel-Operationen verfügen. [22]

### Eigene Implementierung in Java

Analog zu den Listen-Implementierungen SimpleLinkedList<E> und SimpleArrayList<E> können Sie auch eine eigene Klasse Simple Stack<E> definieren. Dazu müssen nur die spezifischen Stapel-Operationen auf die Operationen einer Liste abgebildet werden, wobei es gleichgültig ist, ob es sich bei der zugrunde liegenden Liste um eine SimpleLinkedList<E> oder eine SimpleArrayList<E> handelt.

*SimpleLinked-Stack<E>*

Auf der Basis einer verketteten Liste könnte die Implementierung der Klasse SimpleStack<E> so aussehen:

```
/**
 * Implementierung der Klasse SimpleLinkedStack<E> durch eine
 * einfach verkettete Liste (SimpleLinkedList).
 *
 * Die gespeicherten Objektreferenzen dürfen im Gegensatz zur
 * Klasse java.util.Stack in der Java-Klassenbibliothek nicht
 * gleich null sein.
 *
 */
public class SimpleLinkedStack<E>
{
    private SimpleList<E> list;

    /**
     * Erzeugung eines leeren Stapels (Konstruktor)
     *
     */
    public SimpleLinkedStack()
    {
        this.list = new SimpleLinkedList<E>();
    }
```

---

[22] Konkret ist die Klasse Stack<E> als Unterklasse von Vector<E> realisiert, die ihrerseits das *Interface* List<E> implementiert. Der Grund hierfür liegt in der Historie der Klassen Stack<E> und Vector<E>, die beide bereits im JDK 1.0 enthalten waren, also lange bevor mit dem JDK 1.2 das *Collection Framework* Ordnung in die Welt der *Collections* gebracht hat. Dabei wurden die neuen *Collection*-Klassen unsynchronisiert implementiert; die älteren, wie Stack<E> und Vector<E>, sind aber weiterhin ihrerseits bereits synchronisiert.

```java
    /**
     * Test, ob ein Stapel leer ist.
     *
     */
    public boolean empty()
    {
        return list.isEmpty();
    }

    /**
     * Zurückliefern des obersten Elements vom Stapel
     *
     */
    public E peek()
    {
        if (!this.empty())
            return list.get(0);
        else
            return null;
    }

    /**
     * Zurückliefern und Löschen des obersten Elements
     * vom Stapel
     *
     */
    public E pop()
    {
        if (!this.empty())
            return list.remove(0);
        else
            return null;
    }

    /**
     * Ablegen eines neuen Elements auf dem Stapel
     *
     */
    public E push(E element)
    {
        list.add(0,element);
        return element;
    }

    /**
     * Suchen nach einem Element im Stapel und
     * Rückgabe dessen Tiefe im Stapel oder -1,
     * falls kein solches Element enthalten.
     *
     */
    public int search(E element)
    {
        return list.indexOf(element);
    }
}
```

*SimpleArray-Stack<E>*

Eine Implementierung des Stapels als Feldliste führt analog zu einer Klasse `SimpleArrayStack<E>`, die sich lediglich im Konstruktor bei der Initialisierung des internen Attributs `list` als

`this.list = new SimpleArrayList<E>();`

von der Klasse `SimpleLinkedStack<E>` unterscheidet.

*Interface SimpleStack<E>*

Zur Vervollständigung können Sie die gemeinsamen Operationen der beiden Implementierungen auch in ein neues *Interface* `SimpleStack<E>` abstrahieren, das den neuen Datentyp eines Stapels unabhängig von seiner Implementierung beschreibt.

## Schlangen

Neben den gerade behandelten Stapeln stellen auch **Schlangen** *(Queue)* eine weitere grundlegende Datenstruktur in der Informatik dar.

*Definition*

Eine **Schlange** ist eine Spezialform einer Liste, bei der Einfüge- und Löschoperationen nur an entgegengesetzten Enden (*head* und *tail*) stattfinden können. Dadurch realisieren sie ein **First-In-First-Out-Verhalten** (**FIFO**): Das zuerst hinzugefügte Element wird auch als erstes wieder entnommen.

Auch Schlangen treten als ganz natürliche Speicherstruktur vielerorts im Alltag auf, am offensichtlichsten als Warteschlangen, ob am Bankschalter oder als Warteliste für einen bereits ausgebuchten Flug.

*Typische Operationen*

Die typischen Operationen auf einer Schlange sind

- das Anfügen eines Elements an eine Schlange (`offer`),
- das Entnehmen eines Elements aus der Schlange (`poll`) und
- das Nachschauen (Lesen) des ersten Elements in der Schlange (`element`).

*Schlangen als Collection*

Trotz seiner Bedeutung ist der Datentyp der Schlange oder *Queue* ein noch junges Mitglied im Collection Framework und erst seit JDK 1.5 verfügbar. Entsprechend konsequent sind Schlangen als Spezialform einer *Collection* definiert, also gibt es ein eigenes Interface `Queue<E>` extends `Collection<E>`, mit dem die schon bekannten Operationen einer Collection um die typischen Schlangen-Operationen `offer()`, `poll()` und `element()` erweitert werden.

*Implementierungen*

Bleibt noch die Frage nach einer Implementierung dieses neuen Datentyps, dessen Operationen im Wesentlichen nur das Anfügen und Entnehmen von Elementen an entgegengesetzten Enden einer Liste beschreiben. Genau deshalb kann es auch kaum verwundern, dass Sie bereits eine Implementierung von `Queue<E>` kennengelernt haben: die Klasse `LinkedList<E>`. Ein Blick in die

»Box: Verkettete Listen (LinkedList)«, S. 239„ der von LinkedList<E> bereitgestellten Operationen zeigt, dass dort auch bereits offer(), poll() und element() dabei sind. Verkettete Listen implementieren in Java auch das Verhalten von Schlangen.

## Eigene Implementierung in Java

Um die eigene Implementierung auch um Schlangen zu erweitern, definieren Sie als erstes das neue *Interface* SimpleQueue<E> als Spezialisierung von SimpleCollection<E>, in dem die Operationen für Schlangen zunächst erstmal abstrakt eingeführt werden:

```
public interface SimpleQueue<E> extends SimpleCollection<E>
{
    /**
     * Abfragen des ersten Elements der Schlange
     *
     */
    public E element();

    /**
     * Entnehmen des ersten Elements aus der Schlange
     *
     */
    public E poll();

    /**
     * Anfügen eines Elements an die Schlange
     *
     */
    public boolean offer(E element);
}
```

SimpleQueue<E>

Anschließend müssen diese noch in der Klasse SimpleLinkedList<E> implementiert werden, damit diese auch zum neuen Typ SimpleQueue<E> gehört:

```
public class SimpleLinkedList<E>
implements SimpleList<E>, SimpleQueue<E>
{
    ...

    /**
     * Abfragen des ersten Elements der Schlange
     */
    public E element()
    {
        return this.get(0);
    }

    /**
     * Entnehmen des ersten Elements aus der Schlange
     */
    public E poll()
    {
```

SimpleLinkedList<E> als Schlange

```
        return this.remove(0);
}
/**
 * Anfügen eines Elements an die Schlange
 */
public boolean offer(E element)
{
        return this.add(element);
}
```

## Weitere Schlangen-Implementierungen

Neben der klassischen Implementierung einer gewöhnlichen Schlange, wie sie in der Klasse `LinkedList<E>` bzw. `SimpleLinkedList<E>` realisiert sind, sind auch andere Implementierungen denkbar.

*Prioritäten*

So geht es ja auch »im richtigen Leben« nicht in jeder Warteschlange so geordnet zu, dass Neuankömmlinge sich immer brav hinten anstellen und warten, bis sie an der Reihe sind. Oftmals entscheidet nicht oder nicht nur die Position in der Schlange, wann ein Element dran kommt, also vorne entnommen wird, sondern es sind auch unterschiedliche Prioritäten des Wartenden mit im Spiel.

*Beispiel*

> Das gilt etwa für Wartelisten bei ausgebuchten Flügen. Hier bringt frühes Anstellen, also Eintragen in die Warteliste, für den gewöhnlichen Touristen meist nur begrenzten Erfolg. Ein Vielflieger mit entsprechendem Status und damit oftmals einhergehender Wartelisten-Priorität wird Ihnen den begehrten letzten Platz meist auch dann noch wegschnappen, wenn er sich viel später auf die Warteliste hat setzen lassen, er also viel weiter hinten steht als Sie.

Solche **Prioritäts-Warteschlangen** sind also durchaus weit verbreitet und spielen auch in der Informatik eine wichtige Rolle. Wie gut also, dass die allgemeine Schnittstelle einer Warteschlange mit dem *Interface* `Queue<E>` bzw. `SimpleQueue<E>` abstrakt beschrieben ist. Die Klasse `LinkedList<E>` bzw. `SimpleLinkedList<E>` liefert dazu die gewöhnliche »brave« Implementierung.

*Prioritäts-Warteschlangen*

Eine alternative, über die Prioritäten der einzelnen Elemente gesteuerte Implementierung finden Sie in Java ebenfalls bereits fix und fertig zum sofortigen Gebrauch in der Klasse `PriorityQueue<E>`. Auch diese Klasse implementiert das *Interface* `Queue<E>`, stellt also die gleichen Operationen `offer()`, `poll()` und `element()` bereit. Diese werden allerdings so implementiert, dass die jeweiligen Prioritäten der in der Warteschlange enthaltenen Elemente berücksichtigt werden. Wo genau aber kommen diese Prioritäten her? Und wie können sie berücksichtigt werden? Dazu gibt es in Java eine ebenso einfache wie mächtige Lösung: Die Prioritäten müssen von den in der Warteschlange gespeicherten Elementen selbst mitgebracht werden – und zwar nicht als absolute Werte (Attribute), sondern als Operation der jeweiligen Klasse, die für jeweils zwei Elementen in der Warteschlange entscheidet, welches die höhere Priorität hat.

Diese Anforderung kommt Ihnen bekannt vor? Das ist gut so. Die Lösung besteht nämlich einfach darin, die paarweise Vergleichbarkeit der gespeicherten Elemente in der Warteschlange zu fordern – oder in Java ausgedrückt: zu fordern dass diese vom Typ `Comparable` sind. Dann kann nämlich für die Entscheidung über die Priorität der Elemente einfach die Methode `compareTo()` verwendet werden, die eine **natürliche Ordnung** *(natural order)* auf den Elementen definiert.

*Natürliche Ordnung ...*

So elegant dieser Ansatz auch ist, hat er aber in der Praxis einen großen Nachteil: Die Priorität der Elemente ergibt sich immer aus der Ordnung, die in der jeweiligen Klasse durch die Implementierung von `compareTo()` festgelegt ist. Es ist damit nicht möglich, verschiedene Prioritäts-Wartelisten mit Elementen gleichen Typs nach unterschiedlichen Prioritätsregeln zu verarbeiten, also zum Beispiel die Vergabe der letzten zwei Plätze nicht von der üblichen Wartelisten-Priorität des Reisenden, sondern von seiner körperlichen Fitness abhängig zu machen, wenn es sich dabei um Sitze am Notausgang handelt.

*... reicht nicht immer aus*

Aus diesem Grund gibt es alternativ zur natürlichen Ordnung, die über die Operation `compareTo()` definiert wird, auch die Möglichkeit, bei der Erzeugung einer `PriorityQueue<E>` jeweils einen eigenen Vergleichsoperator, einen sogenannten *Comparator*, mitzuliefern, der dann für genau diese eine Prioritäts-Warteschlange eine spezielle Prioritätsregel implementiert.

*Comparator-Klassen*

Technisch erfolgt das in Java im Konstruktor von `PriorityQueue<E>` durch Angabe eines (anonymen) Objekts einer Klasse, die eine Operation `compare()` bereitstellt. Diese Operation vergleicht zwei Elemente des Typs E und liefert ein Ergebnis vom Typ `int` analog zu `compareTo()`, je nach dem, ob das erste Element größer oder kleiner als das zweite Element oder ihm gleich ist.

*Vergleich über compare()*

Zur Typsicherheit ist diese Operation `compare(E element1, E element2)` auch wiederum in einem eigenen *Interface* `Comparator<E>` verpackt, so dass das im Konstruktor von `PriorityQueue<E>` mitgegebene Comparator-Objekt vom Typ `Comparator<? super E>` sein muss.

*Interface Comparator<E>*

Die wichtigsten Konstruktoren der Klasse `PriorityQueue<E>` sind also:

*Konstruktoren von PriorityQueue<E>*

- `PriorityQueue<E>()` erzeugt eine neue Prioritäts-Warteschlange für Elemente vom Typ E und verwendet für die Priorität der Elemente deren natürliche Ordnung, also die Operation `compareTo`.
- `PriorityQueue<E>(int initialCapacity)` erzeugt eine neue Prioritäts-Warteschlange für Elemente vom Typ E mit einer bestimmten anfänglichen Kapazität (`initialCapacity`) und verwendet für die Priorität der Elemente ebenfalls deren natürliche Ordnung, also die Operation `compareTo`.
- `PriorityQueue<E>(int initialCapacity, Comparator<? super E> comparator)` erzeugt eine neue Prioritäts-Warteschlange für Elemente vom Typ E mit einer bestimmten anfänglichen Kapazität (`initialCapacity`) und verwendet für die Priorität der Elemente den angegebenen Comparator, also seine Methode `compare()`.

*Implementierung in Java*

Für die Implementierung der Prioritäts-Steuerung kommen grundsätzlich zwei Möglichkeiten in Betracht:

- Entweder werden die Elemente wie gehabt in der Reihenfolge gespeichert, wie sie der Warteschlange hinzugefügt wurden. Die Berücksichtigung der Prioritäten erfolgt dann beim Entnehmen aus der Schlange.
- Oder die Priorität eines Elements wird bereits beim Hinzufügen berücksichtigt, und das neue Element findet seinen Platz in der Warteschlange entsprechend seiner Priorität. Dann kann die Entnahme wie gehabt der Reihe nach am anderen Ende der Schlange erfolgen.

Die Entscheidung für eine dieser Varianten wirkt sich natürlich auf das Laufzeitverhalten der jeweiligen Operationen aus: Während im ersten Fall das Hinzufügen (`offer`) in konstanter Zeit und das Entnehmen (`poll`) bei entsprechender interner Speicherung zum Beispiel als **Heap-Struktur** mit logarithmischem Aufwand möglich sind, ist es im zweiten Fall umgekehrt. Da sich der Aufwand für das bloße »Anschauen« des ersten Elements (`element`) am Aufwand für das Entnehmen orientiert, diese Operation in der Praxis aber möglicherweise verhältnismäßig häufig aufgerufen wird, mag das den Ausschlag gegeben haben, in Java die zweite Implementierungsvariante umzusetzen. Die Elemente werden also bereits beim Hinzufügen zur Warteschlange ihrer Priorität entsprechend angeordnet.

## Stapel und Rekursion

Stapel finden in vielen Bereichen in der Informatik Anwendung. Sie dienen insbesondere dazu, die Aufrufe von Operationen so zu verwalten, dass nach Beendigung einer Operation wieder zu der Stelle des Aufrufs im Programm zurückgekehrt werden kann.

## 7.8 Stapel und Schlangen *

Das Java-Laufzeitsystem verwendet dazu einen eigenen Speicherbereich, der aufgrund dieser Speicherorganisation auch als Laufzeit-Stapel bezeichnet wird. Im Laufe der Programmausführung wächst er mit jedem Aufruf einer Operation von einer Seite des insgesamt verfügbaren Speichers aus und schrumpft auch wieder entsprechend, sobald der Aufruf abgeschlossen ist. Bei rekursiven Operationen können daher zu einem Zeitpunkt mehrere aktive Aufrufe derselben Operation auf dem Laufzeit-Stapel liegen.

*Java-Laufzeit-Stapel*

In Programmiersprachen, die keine Rekursion erlauben, können Sie das gleiche Prinzip im Programm selbst anwenden – vorausgesetzt, Ihnen steht wenigstens die Datenstruktur des Stapels zur Verfügung. Betrachten Sie dazu das Paradebeispiel für einen rekursiven Algorithmus: die Lösung für das Problem der Türme von Hanoi (siehe »Rekursion: Einführung & Überblick«, S. 33). Die rekursive Formulierung in Java ist sehr kompakt und intuitiv:

*Eigene Rekursionsverwaltung*

```java
public static void towersOfHanoi(String p1, String p2,
                                  String p3, int n)
{
  if (n == 1)
    System.out.println(»Trage Scheibe von «+p1+» nach» +p2);
  else
  {
    towersOfHanoi(p1,p3,p2,n-1);
    System.out.println(»Trage Scheibe von «+p1+» nach «+p2);
    towersOfHanoi(p3,p2,p1,n-1);
  }
}

public static void main(String[] args)
{
  towersOfHanoi(»A«,»B«,»C«,3);
}
```

Angenommen, Sie dürften keine rekursiven Aufrufe verwenden, hätten aber die Klasse Stack<E> zur Verfügung. Dann könnten Sie dieses Problem dennoch dadurch lösen, dass an die Stelle der rekursiven Aufrufe der Operation towersOfHanoi() ein entsprechender Eintrag auf einen Stapel der noch zu bearbeitenden Aufrufe gelegt wird. Diese noch zu bearbeitenden Aufrufe werden als Objekte einer neuen Klasse Job repräsentiert.

```java
class Job
{
  String p1, p2, p3;
  int n;

  Job(String p1, String p2, String p3, int n)
  {
    this.p1 = p1;
```

```
      this.p2 = p2;
      this.p3 = p3;
      this.n = n;
   }
}
```

Wenn Sie nun diesen Stapel zu Beginn mit dem allerersten Aufruf aus der Operation `main()` initialisieren und den Stapel in einer Schleife solange abarbeiten, bis alle Aufrufe erledigt sind, dann erhalten Sie eine iterative oder besser *pseudo-iterative* Formulierung. Die Rekursion ist zwar nicht mehr direkt sichtbar, sie ist aber lediglich aus dem Algorithmus in die Datenstruktur gewandert:

```
Stack<Job> jobs = new Stack<Job>();
jobs.push(new Job(»A«,»B«,»C«,3));
while (!jobs.empty())
{
   Job job = jobs.pop();
   if (job.n == 1)
      System.out.println(»Trage Scheibe von « + job.p1 +
                         » nach « + job.p2);
   else
   {
      jobs.push(new Job(job.p3,job.p2,job.p1,job.n-1));
      jobs.push(new Job(job.p1,job.p2,job.p3,1));
      jobs.push(new Job(job.p1,job.p3,job.p2,job.n-1));
   }
}
```

Dies zeigt, dass rekursive Algorithmen im Prinzip auch ohne rekursive Sprachkonstrukte implementiert werden können.

## 7.9 Mengen und Abbildungen *

Mengen sind Sammlungen ohne Duplikate und dienen zum Beispiel in Abbildungen als Schlüsselwerte für den assoziativen Zugriff auf die gespeicherten Werte. Java bietet für Mengen und Abbildungen entsprechende Datentypen `Set` und `Map`, die entweder über Hashtabellen oder als binäre Suchbäume implementiert werden.

Mengen

Neben »Listen«, S. 193, sowie »Stapel und Schlangen«, S. 243, existiert in Java mit den **Mengen** *(Set)* eine weitere Spezialisierung des allgemeinen Container-Typs »Collections«, S. 186. Diese zeichnen sich vor allem dadurch aus, dass sie – genau wie das Vorbild aus der Mathematik – keine Duplikate enthalten.

Abbildungen

Darüber hinaus ist eine weitere Datenstruktur in der Praxis sehr wichtig. Dabei handelt es sich um Zuordnungen eines Objekts auf ein anderes, gelegentlich auch Assoziationen oder Abbildungen *(Map)* genannt. Diese stellen zwar technisch keine Unterform von *Collections* dar, weil in ihr nicht einzelne Elemente eines bestimmten Elementtyps E, sondern Schlüssel/Wert-Paare gespeichert werden. Die wesentlichen Operationen orientieren sich aber an denen allgemeiner *Collections*.

So verschieden beide Datentypen auf den ersten Blick erscheinen mögen, haben sie doch etwas gemeinsam: In beiden Fällen spielen Duplikate eine wesentliche Rolle oder genauer: der Umstand, dass keine Duplikate erlaubt sind! Eine Menge enthält keine mehrfachen Einträge, und in einer Abbildung kann ein Element aus K auch höchstens einem anderen aus V zugeordnet werden. Die als Schlüssel in einer Abbildung auftretenden Werte enthalten also keine Duplikate; sie stellen somit eine Menge, die sog. Schlüsselmenge *(key set)* dar und werden auch in Java so repräsentiert. Dagegen ist die Menge der zugeordneten Werte einer Abbildung keinen weiteren Einschränkungen unterworfen. Abbildungen verschiedener Schlüssel auf denselben Wert sind zulässig, die möglichen Werte stellen also lediglich ganz allgemein eine *Collection* dar.

*Zusammenhang*

## Mengen in Java

Eine Menge ist eine Spezialform einer *Collection*, in der keine inhaltsgleichen Elemente mehrfach vorkommen. Die Reihenfolge der Elemente in der Menge ist nicht spezifiziert.

*Definition*

In Java steht für den Datentyp der Menge zunächst wieder ein entsprechendes *Interface* Set<E> zur Verfügung, das als Erweiterung zu Collection<E> realisiert ist. Tatsächlich werden in diesem *Interface* aber keine weiteren Operationen für Mengen spezifiziert. Mengen sind *Collections* und können mit den Operationen aus dem *Interface* Collection<E> verarbeitet werden.

*Interface Set<E>*

Eine besondere Behandlung von Mengen ergibt sich erst auf der Ebene der Implementierung dieser Operationen, die sich dann selbstverständlich auch um die Behandlung oder besser Vermeidung von Duplikaten kümmern müssen. Grundsätzlich ließen sich Mengen auch in ähnlicher Weise wie Listen als Feldlisten oder verkettete Listen implementieren. Das würde aber einerseits voraussetzen, dass Mengen auch wirklich Listen darstellen, es also eine lineare Ordnung auf den Elementen gibt, was offensichtlich nicht der Fall sein muss. Andererseits würde die Eindeutigkeit (keine mehrfachen gleichen Elemente) nicht gesondert berücksichtigt. Deshalb bietet Java für Mengen zwei spezielle und sehr leistungsfähige Implementierungen, deren Grundprinzipien Sie bereits im Kapitel »Suchalgorithmen«, S. 65, ganz grob kennengelernt haben:

*Mengen-Implementierungen*

- als Binärbaum (Klasse `TreeSet<E>`) in dem dann eine binäre Suche, möglich ist, oder
- als Hashtabelle (Klasse `HashSet<E>`) mit den Vorteilen einer hashing-basierten Suche.

## Implementierung von Mengen mittels Hashtabellen

Hashtabellen ermöglichen durch die gestreute Speicherung ihrer Elemente eine sehr effiziente Implementierung der Operationen zum Einfügen (`add`), Löschen (`remove`) und Suchen eines Elements (`contains`). Eine gute **Streuung** der Elemente durch die Operation `hashCode()` und einen nicht zu großen **Ladefaktor** vorausgesetzt, bieten diese Operationen sogar ein Laufzeitverhalten in O(1), also unabhängig von der Anzahl der gespeicherten Elemente.

Eine Iteration über die in einer `HashSet` gespeicherten Elemente benötigt allerdings eine Laufzeit, die proportional zur Anzahl der Elemente plus der Größe (Kapazität) der verwendeten Hashtabelle ist. Wenn also eine möglichst schnelle Iteration über die Elemente wichtig ist, sollten Sie darauf achten, die Kapazität der dahinter liegenden Hashtabelle nicht zu groß zu wählen oder umgekehrt den Ladefaktor nicht zu klein werden zu lassen!

*Ordnung der Elemente*

Die tatsächliche Anordnung der Elemente in einer Hashtabelle ergibt sich mittels der **Hashfunktion** `hashCode()` und hängt außerdem von der Reihenfolge ab, in der die Elemente eingefügt oder andere zwischenzeitlich gelöscht wurden. Es gibt keine Garantie für eine bestimmte Ordnung, in der die Elemente von einem Iterator durchlaufen werden, noch dafür, dass die Anordnung einmal gespeicherter Elemente über die Zeit hinweg unverändert bleibt.

*Die Klasse HashSet<E>*

Bei der Nutzung der Klasse `HashSet<E>` kommt der Erzeugung der konkreten Instanz eine besondere Bedeutung zu, da hierbei die Anfangskapazität sowie vor allem der Ladefaktor festgelegt werden, bei dessen Erreichen die dahinter liegende Hashtabelle automatisch vergrößert wird. Dazu bietet die Klasse `HashSet<E>` verschiedene Konstruktoren:

*Konstruktoren*

- `HashSet<E>()` erzeugt eine neue leere `HashSet` mit Standardwerten für die Anfangskapazität (16 Elemente) und den Ladefaktor (75 Prozent).
- `HashSet<E>(int initialCapacity)` erzeugt eine neue leere `HashSet` mit vorgegebener Anfangskapazität (`initialCapacity`) und Standardwert für den Ladefaktor (75 Prozent). Das ist dann besonders nützlich, wenn bereits beim Erzeugen der `HashSet` bekannt ist, dass eine bestimmte Anzahl an Elementen gespeichert werden soll, weil dadurch die aufwändige und

eventuell sogar mehrfach vorzunehmende Erweiterung der Hashtabelle vermieden werden kann.
- `HashSet<E>(int initialCapacity, float loadFactor)` erlaubt die Vorgabe von Werten für Anfangskapazität und Ladefaktor.

Außerdem kann auch eine beliebige *Collection* auf einen Schlag in eine `HashSet` übertragen werden.

- Mit dem Konstruktor `HashSet<E>(Collection<? extends E> c)` wird eine neue `HashSet` erzeugt, die alle Elemente aus der angegebenen *Collection* umfasst. Inhaltsgleiche Elemente werden dabei natürlich nur einmal in die `HashSet` aufgenommen.

Die eigentlichen Operationen der Klasse `HashSet<E>` unterscheiden sich in ihrer Schnittstelle nicht von denen anderer Collection-Implementierungen, werden intern allerdings jeweils auf eine Hashtabelle, konkret eine `HashMap`, abgebildet.

## Sortierte Mengen

Wenn die Anordnung der Elemente in einer Menge wichtig ist oder diese sogar nach bestimmten Kriterien sortiert sein sollen, ist eine Hashtabelle für die Implementierung nicht mehr geeignet. Dafür bieten sich vielmehr Baumstrukturen an, die ausführlich im Kapitel »Bäume«, S. 262, behandelt werden.

Eine solche sortierte Menge *(Sorted Set)* wird in Java wiederum durch einen eigenen Typ `SortedSet<E>` als *Sub-Interface* von `Set<E>` repräsentiert.

Interface SortedSet<E>

Eine Implementierung zu diesem *Interface* `SortedSet<E>` steht mit der Klasse `TreeSet<E>` bereit, die neben den bekannten Operationen aus `Collection<E>` bzw. `HashSet<E>` eine Reihe weiterer Operationen bereitstellt, die speziell Gebrauch von der Sortierung machen. Tab. 7.9-1 gibt eine Übersicht über einige dieser zusätzlichen Operationen der Klasse `TreeSet<E>`.

Klasse TreeSet<E>

Die Operationen `headSet()`, `subSet()` und `tailSet()` liefern jeweils eine bestimmte Sicht *(View)* auf die Menge, für die sie erzeugt werden. Die Elemente der Menge werden dabei nicht kopiert; es wird lediglich gespeichert, von welchem bis zu welchem Element der Menge sich die Sicht erstreckt. Wird ein Element aus einer Sicht gelöscht, dann wird es automatisch auch aus der Menge selbst gelöscht, da es sich um dasselbe Element handelt – und umgekehrt.

Wie bei den Prioritäts-Warteschlangen im Kapitel »Stapel und Schlangen«, S. 243, stellt sich auch für sortierte Mengen die Frage, nach welchen Kriterien die Sortierung erfolgen soll, wie also jeweils zwei Elemente miteinander verglichen werden können.

Ordnung der Elemente

| Operation | Wirkung |
|---|---|
| `E ceiling(E e)` | liefert das kleinste Element der Menge, das größer als oder gleich dem Element `e` ist oder `null`, wenn kein solches existiert |
| `Iterator<E> descendingIterator()` | Erzeugt einen Iterator für die Menge in absteigender Reihenfolge, der also zunächst das größte Element, dann das zweitgrößte Element usw. liefert. Der gewöhnliche Iterator, der durch `iterator()` erzeugt wird, durchläuft die Menge in aufsteigender Reihenfolge. |
| `E first()` | liefert das erste (kleinste) Element der Menge |
| `E floor(E e)` | liefert das größte Element der Menge, das kleiner als oder gleich dem Element `e` ist oder `null`, wenn kein solches existiert |
| `SortedSet<E> headSet(E to)` | liefert den Ausschnitt der Menge, der alle Elemente umfasst, die echt kleiner als das Element `to` sind |
| `E last()` | liefert das letzte (größte) Element der Menge |
| `SortedSet<E> subSet(E from, E to)` | liefert den Ausschnitt der Menge, der alle Elemente von `from` (einschließlich) bis `to` (ausschließlich) umfasst |
| `SortedSet<E> tailSet(E from)` | liefert den Ausschnitt der Menge, der alle Elemente umfasst, die größer als oder gleich dem Element `from` sind |

Tab. 7.9-1: Übersicht über einige zusätzliche Operationen der Klasse `TreeSet<E>`.

Konstruktoren

Und auch die Lösung ist die gleiche: Bei der Erzeugung eines neuen `TreeSet<E>`-Objekts kann über den Konstruktor festgelegt werden, ob für die Sortierung der Elemente die natürliche Ordnung oder ein gesonderter *Comparator* verwendet werden soll.

Natürliche Ordnung

■ Der Konstruktor `TreeSet<E>()` erzeugt eine neue leere Menge für Elemente vom Typ `E`, für deren Vergleich die natürliche Ordnung verwendet wird. Dazu muss die Klasse der gespeicherten Objekte das *Interface* `Comparable<E>` implementieren und entsprechend eine Operation `compareTo()` bereitstellen.

Eigener Comparator

■ Alternativ wird mit dem Konstruktor `TreeSet(Comparator<? super E> comparator)` ebenfalls eine neue leere Menge für Elemente vom Typ `E` erzeugt. Für deren Vergleich wird aber die Operation `compare()` des Comparator-Objekts `comparator` verwendet.

### Veränderbare Objekte in Mengen

Eine wichtige Eigenschaft der Mengen-Typen `Set<E>` in Java besteht darin, dass Mengen keine Duplikate enthalten. Dies bezieht sich aber nicht nur auf identische Objekte (das wäre leicht sicherzustellen), sondern auch auf inhaltsgleiche Objekte – oder etwas formaler ausgedrückt:

> Für je zwei beliebige Elemente a und b einer beliebigen Menge (egal ob als TreeSet oder HashSet implementiert) muss zu jeder Zeit gelten: a.equals(b) == false.

Beim Hinzufügen von Elementen zu einer Menge wird dies von den betreffenden Operationen jeweils überprüft und sichergestellt. Und solange die in einem Set gespeicherten Objekte unverändert bleiben, wird sich daran auch nichts ändern.

Was aber, wenn Attribute solcher Objekte doch noch zur Laufzeit verändert werden? Dann kann es im Prinzip passieren, dass zwei zunächst unterschiedliche Objekte irgendwann inhaltsgleich werden und damit ganz nebenbei die Duplikatsfreiheit der sie enthaltenden Menge verloren geht, welche damit ungültig bzw. inkonsistent wird.

*Probleme mit mutable objects*

Solche **veränderbaren Objekte** *(mutable objects)* sind aber nicht nur in diesem Zusammenhang mit Vorsicht zu gebrauchen. Vielmehr sollten, wo immer möglich, unveränderliche Objekte *(immutable objects)* verwendet werden. Diese sind außerdem einfacher zu konstruieren, zu testen und zu benutzen, sind automatisch thread-sicher und benötigen auch keine Implementierung von clone().

*Immutable objects verwenden!*

## Assoziative Abbildungen *(Maps)* in Java

Oftmals werden in der Praxis neben den reinen Container-Typen, wie *Collections*, Listen, Stapeln, Schlangen oder Mengen, weitere Datenstrukturen benötigt, die zum Beispiel einen assoziativen Zugriff auf die gespeicherten Elemente erlauben. Dabei erfolgt die Auswahl eines Elements aus der Datenstruktur nicht festgelegt an einem bestimmten Ende, wie bei Stapel und Schlange, oder über einen Index, wie bei Listen, sondern über einen beliebigen Wert, der als Schlüssel dient, mit dem das gesuchte Element assoziiert ist.

> Die Abbildung von Studierenden auf Klausurnoten ist ebenso ein Beispiel für eine assoziative Struktur, wie etwa eine Tabelle mit Häufigkeiten bestimmter Wörter in einem Text. Im ersten Fall dienen Studierenden-Objekte als Schlüssel (oder ersatzweise die Matrikelnummern), denen Noten zugeordnet werden; im zweiten Fall sind es Wörter (als Zeichenketten), denen Häufigkeiten (Zahlen) zugeordnet werden.

*Beispiel*

Eine solche **assoziative Datenstruktur**, die auch vereinfachend als **Abbildung** oder *Map* bezeichnet wird, steht in Ja-

*Interface Map<K,V>*

va über das *Interface* Map<K,V> mit den Implementierungen Tree Map<K,V> und HashMap<K,V> bereits zur Verfügung und rundet damit das Angebot des *Collection-Framework* ab. Wie Sie schon an der Typisierung <K,V> erkennen können, werden in einer solchen Datenstruktur nicht wie sonst üblich einzelne Elemente eines bestimmten Elementtyps E gespeichert, sondern vielmehr **Schlüssel/Wert-Paare**, die in der Regel zu unterschiedlichen Typen K und V (für **Schlüssel** und **Wert**, *Key* und *Value*) gehören.

*Interface Map.Entry<K,V>*

Tatsächlich gibt es einen eigenen Datentyp für die Einträge in einer *Map*: das *Interface* Map.Entry<K,V>. Alle Einträge in einer *Map* sind also von diesem Typ, zu dem es natürlich auch konkrete Klassen gibt, wie SimpleEntry<K,V>, die innerhalb der Klasse AbstractMap definiert ist. Bei der schlichten Verwendung von *Maps* kommen Sie mit diesen Klassen aber nicht in Berührung. In den meisten Fällen interessieren ohnehin nur die eigentlichen Schlüssel und die ihnen zugeordneten Werte. Und selbst wenn Sie auf ganze Schlüssel/Wert-Paare der *Map* zugreifen, was durchaus möglich ist, dann benötigen Sie nur Kenntnis über das *Interface* Map<K,V>, in dem alle Operationen auf solchen Schlüssel/Wert-Paaren definiert sind. Und diese sind sehr übersichtlich: Neben eigenen Implementierungen für equals() und hash Code() können Sie auf einem Objekt vom Typ Map.Entry<K,V> nur die naheliegenden Operationen getKey(), getValue() und setValue() aufrufen.

*Operationen neu zu definieren*

Wie Sie bereits gelernt haben, kann die Definition des *Interface* Map<K,V> nicht auf bereits definierte Operationen aus dem *Collection-Interface* zurückgreifen. Deshalb müssen alle Operationen spezifisch für Map<K,V> definiert werden. Neben den üblichen Operationen auf jeder Art von *Collection*, wie clear(), isEmpty() und size(), sind das natürlich vor allem die Operationen zum Einfügen, Löschen, Ändern und Suchen von Einträgen, die speziell auf den assoziativen Zugriff über ein Schlüsselobjekt angepasst werden müssen (Tab. 7.9-2).

### Implementierungen für Maps

Obwohl *Maps* also ihre ganz eigenen Operationen zur Verfügung stellen, kann sich ihre Implementierung sehr elegant auf die von Mengen stützen. Wie Sie bereits gesehen haben, unterstützen Mengen je nach Implementierung einen sehr effizienten Zugriff auf einzelne Elemente. Die Suche nach einem bestimmten Element in einer TreeSet<E> ist immer mit logarithmischer Laufzeitkomplexität möglich, wie Sie im Abschnitt über »Bäume«, S. 262, im Detail sehen. Bei einer HashSet<E> ist sogar eine von der Anzahl der Elemente unabhängige Laufzeitkomplexität möglich, die allerdings über größeren Speicherbedarf erkauft werden muss.

| Operation | Beschreibung |
|---|---|
| void clear() | Die Operation clear() entfernt alle Assoziationen aus der *Map*. |
| boolean isEmpty() | Die Operation isEmpty() liefert true, wenn die *Map* gar keine Assoziationen enthält, sonst false. |
| int size() | Die Operation size() liefert die Anzahl der in der *Map* enthaltenen Assoziationen. |
| V get(Object key) | Der lesende Zugriff auf ein Element erfolgt wie gewohnt mittels der Operation get(), nur mit dem Unterschied, dass das Attribut nicht, wie bei Listen, ein Index ist, sondern ein Schlüsselobjekt, so dass in der *Map* nach einem Eintrag gesucht wird, dessen Schlüsselwert zu diesem Schlüsselobjekt inhaltsgleich ist. Falls kein solcher Eintrag existiert, wird null geliefert. |
| V put(K key, V value) | Mit der Operation put() wird eine neue Zuordnung (Assoziation) zwischen einem Schlüsselwert key und einem Element value in die *Map* eingetragen. Falls zu dem Schlüsselwert key bereits eine Assoziation gespeichert ist, dann wird sie durch value ersetzt. In diesem Fall liefert put() den zuvor mit key assoziierten Wert zurück, andernfalls null. |
| V remove (Object key) | Mit der Operation remove() wird eine eventuell vorhandene Zuordnung (Assoziation) unter dem Schlüsselwert key aus der *Map* gelöscht. In diesem Fall liefert remove() den zuvor mit key assoziierten Wert zurück, andernfalls null. |
| boolean containsKey (Object key) | Diese Operation liefert true, wenn die *Map* eine Assoziation zum Schlüssel key enthält, sonst false. |
| boolean containsValue (Object value) | Diese Operation liefert true, wenn die *Map* zu irgendeinem Schlüssel eine Assoziation mit dem Wert value enthält, sonst false. |
| Set<K> keySet() | Diese Operation liefert die Menge aller Schlüsselobjekte, zu denen Assoziationen in der *Map* enthalten sind. Da kein Schlüssel mehrfach vorkommen kann, ist das Ergebnis vom Typ Set<K>. |
| Collection<V> values() | Diese Operation liefert die Menge aller Werte, die als Assoziationen zu beliebigen Schlüsseln in der *Map* enthalten sind. Da gleiche Werte durchaus mehrfach vorkommen können und auf ihnen auch keine bestimmte Ordnung definiert ist, ist das Ergebnis vom Typ Collection<V>. |
| Set<Map.Entry<K,V>> entrySet() | Diese Operation schließlich liefert die Menge aller Assoziationen selbst, die in der *Map* enthalten sind. Das Ergebnis ist also eine Menge von Schlüssel/Wert-Paaren und somit vom Typ Set<Map.Entry<K,V>>. |

Tab. 7.9-2: Operationen auf einer Map<K,V>.

Was aber unterscheidet Maps letztlich von Mengen? Die Antwort ist einfach: Auch *Maps* sind Mengen! Die einzelnen Elemente sind die jeweiligen Schlüssel/Wert-Paare, also Objekte vom Typ Map.Entry<K,V>. Wenn schon die einzelnen Schlüsselobjekte je-

*Maps sind Mengen*

weils eindeutig sind, also keine Duplikate enthalten, dann kann es auch unter diesen Schlüssel/Wert-Paaren keine Duplikate geben.

*Implementierung analog zu Mengen*

Also ist es naheliegend, *Maps* auch ganz analog zu Mengen zu implementieren. Für die Realisierung mittels Baumstrukturen finden Sie in Java analog zu `TreeSet<E>` die Klasse `TreeMap<K,V>` und für die *Maps*, die als Hashtabellen realisiert werden, gibt es die Klasse `HashMap<K,V>` ebenfalls analog zu `HashSet<E>` für Mengen. Lediglich die Operationen der *Map*-Klassen unterscheiden sich natürlich von den Mengen-Implementierungen, da sie statt eines Elements jeweils Schlüssel und/oder Wert als Parameter erfordern, wie es bereits aus der Übersicht in Tab. 7.9-2 hervorgeht.

*Klasse `HashMap<K,V>`*

Die Klasse `HashMap<K,V>` bietet neben Implementierungen für die Operationen aus `Map<K,V>` auch die gleichen Konstruktoren wie `HashSet<E>` zur Angabe eines eigenen *Comparators* und mit der Möglichkeit, Anfangskapazität und Ladefaktor beim Erzeugen der *Map* festzulegen.

*Klasse `TreeMap<K,V>`*

Derartige spezielle Konstruktoren sind für die Klasse `TreeMap<K,V>` nicht notwendig, da es bei den zugrunde liegenden Baumstrukturen weder Anfangskapazität noch Ladefaktor gibt: Ein Baum benötigt immer nur so viel Platz, wie er aktuell Elemente enthält. Stattdessen kann beim Erzeugen einer `TreeMap<K,V>` ein eigener *Comparator* für die Schlüsselobjekte (also vom Typ `Comparator<? super K>`) mit angegeben werden, so dass die Sortierung der Elemente nach der im *Comparator* bereitgestellten Operation `compare()` erfolgt.

*Interface `SortedMap<K,V>`*

Die Sortierung der einzelnen Zuordnungen in einer `TreeMap<K,V>` legt nahe, analog zum *Interface* `SortedSet<E>` auch für *Maps* weitere Operationen anzubieten, die mit der Sortierung zusammenhängen, und in einem eigenen *Interface* `SortedMap<K,V>` extends `Map<K,V>` zusammenzufassen.

*Operationen in `TreeMap<K,V>`*

Die Klasse `TreeMap<K,V>` implementiert schließlich dieses *Interface* `SortedMap<K,V>` und stellt damit neben den Operationen aus `Map<K,V>`, die Sie bereits aus Tab. 7.9-2 kennen, weitere Operationen analog zu denen aus `TreeSet<E>` zur Verfügung. Die wichtigsten davon finden Sie in Tab. 7.9-3.

## Gegenüberstellung und Ausblick

Mit den Datenstrukturen »Stapel und Schlangen«, S. 243, haben Sie nach den »Listen«, S. 193, zwei weitere spezielle Formen von »Collections«, S. 186, kennengelernt, die zum Teil gewisse Ähnlichkeiten mit Listen haben (wie die Ordnung auf den Elementen), sich aber vor allem dadurch auszeichnen, dass das Hin-

| Operation | Wirkung |
|---|---|
| Map.Entry<K,V> ceilingEntry (K key) | liefert das Schlüssel/Wert-Paar mit dem kleinsten Schlüsselobjekt, das größer oder gleich dem Element key ist, oder null, wenn kein solches existiert |
| K ceilingKey (K key) | liefert den kleinsten Schlüsselwert, der größer oder gleich dem Element key ist, oder null, wenn kein solcher existiert |
| Set<K> descendingKeySet() | liefert eine Sicht auf die Menge der Schlüsselobjekte in der *Map*, die in umgekehrter Reihenfolge sortiert ist |
| Map.Entry<K,V> firstEntry() | liefert das Schlüssel/Wert-Paar mit dem kleinsten Schlüsselobjekt |
| K firstKey() | liefert den kleinsten Schlüssel in der *Map* |
| Map.Entry<K,V> floorEntry(K key) | liefert das Schlüssel/Wert-Paar mit dem größten Schlüsselobjekt, das echt kleiner als das Element key ist, oder null, wenn kein solches existiert |
| K floorKey (K key) | liefert den größten Schlüsselwert, der echt kleiner als das Element key ist, oder null, wenn kein solcher existiert |
| SortedMap<K,V> headMap(K to) | liefert den Ausschnitt der *Map*, der alle Zuordnungen umfasst, deren Schlüsselobjekt echt kleiner als das Element to ist |
| Map.Entry<K,V> lastEntry() | liefert das Schlüssel/Wert-Paar mit dem größten Schlüsselobjekt |
| K lastKey() | liefert den größten Schlüssel in der *Map* |
| SortedMap<K,V> subMap(K from, K to) | liefert den Ausschnitt der *Map*, der alle Schlüssel/Wert-Paare mit Schlüsselwerten von from (einschließlich) bis to (ausschließlich) umfasst |
| SortedMap<K,V> tailMap(K from) | liefert den Ausschnitt der *Map*, der alle Schlüssel/Wert-Paare mit Schlüsselwerten größer oder gleich from umfasst |

Tab. 7.9-3: Operationen in TreeMap<K,V>.

zufügen und Entnehmen von Elementen nur an den Enden der Liste möglich ist. Eine Besonderheit stellen dabei die **Prioritäts-Warteschlangen** dar. Diese organisieren die Reihenfolge in der Schlange selbst entsprechend der Priorität der Elemente und bedienen sich dafür der Repräsentation als **Heap-Struktur**, die auch dem Sortierverfahren »HeapSort«, S. 148, zugrunde liegt. Diese Heap-Struktur ist sehr gut geeignet, wenn zu jeder Zeit das aktuell größte (oder kleinste) Element direkt zugreifbar sein soll, und bietet effiziente Operationen zum Aufbau und zur Aufrechterhaltung der Heap-Struktur mit logarithmischer Laufzeitkomplexität. Die Suche nach einem bestimmten Element wird dadurch aber nicht unterstützt, diese erfordert weiterhin linearen Aufwand, spielt aber für Warteschlangen auch nur eine untergeordnete Rolle.

**Effiziente Datenstrukturen**

Das ändert sich bei den weiteren *Collection*-Typen Mengen und Abbildungen. Hier steht neben den üblichen Operationen zum Hinzufügen, Löschen und Ändern vor allem das effiziente Auffinden eines Elements über einen Schlüssel im Vordergrund. Bei Mengen kann das Element selbst als Schlüssel betrachtet werden; Abbildungen *(Maps)* trennen explizit zwischen Schlüssel und dazu gespeichertem Wert. Für eine effiziente Suche nach Elementen in einer Menge oder Abbildung reicht eine Repräsentation als lineare Struktur (wie bei Listen und gewöhnlichen Stapeln und Schlangen) oder Heap-Struktur (wie bei Prioritäts-Warteschlangen) nicht mehr aus. Diese ermöglichen jeweils nur eine »sequenzielle Suche«, S. 70. Stattdessen kommen hierfür die Repräsentation als »Baum«, S. 262, oder Hashtabelle in Betracht, wodurch eine »binäre Suche«, S. 76, (mit logarithmischer Laufzeitkomplexität) bzw. eine »Hashing-basierte Suche«, S. 86, (mit konstanter Laufzeitkomplexität bei höherem Speicherbedarf) möglich wird. Da diese sehr günstigen Laufzeitkomplexitäten neben der Suche auch für das Hinzufügen, Löschen und Ändern von Elementen gelten, haben Sie damit bereits sehr leistungsfähige Datenstrukturen mit effizienten Implementierungen für den praktischen Einsatz zur Verfügung.

**Spezielle Datenstrukturen nach Bedarf**

Für konkrete praktische Aufgabenstellungen lassen sich darüber hinaus oftmals weitere Datenstrukturen auf Basis der im Java-*Collection Framework* bereitgestellten abstrakten Klassen und *Interfaces* definieren, die spezielle Anforderungen berücksichtigen oder Besonderheiten der Anwendung in der Implementierung ausnutzen. Beispiele hierzu sind sich selbst organisierende oder adaptive Datenstrukturen *(adaptive data structures)*, die in Abhängigkeit vom tatsächlichen Zugriffsverhalten die Anordnung ihrer Elemente zur Laufzeit so organisieren, dass die am häufigsten gesuchten Elemente am schnellsten gefunden werden können. Diese Ansätze sind auch mit dem allgemeinen Muster des *Caching* verwandt, das vielerorts in der Informatik Anwendung findet.

## 7.10 Bäume *

Bäume, insbesondere Binärbäume, stellen nicht nur eine mögliche Implementierung für Mengen und Abbildungen, sondern eine grundlegende Datenstruktur der Informatik dar. Sie verallgemeinern lineare Listen und erlauben effiziente Implementierungen für alle wichtigen Operationen, wie Suche, Einfügen, Löschen und Ändern von Elementen.

Für die Verwendung von Mengen *(Sets)* und Abbildungen *(Maps)* stehen neben den Klassen HashSet und HashMap, bei denen die

Speicherung der Elemente in einer Hashtabelle erfolgt, als weitere Implementierung die Klassen TreeSet und TreeMap zur Verfügung, bei denen die Elemente, wie der Name bereits vermuten lässt, in einer Baumstruktur organisiert werden. Neben Listen, Stapeln und Schlangen stellen **Bäume** eine der grundlegenden Datenstrukturen der Informatik dar.

Wie Listen lassen sich auch Bäume induktiv definieren. Ein Baum entsteht durch Hinzufügen eines neuen Knotens zu beliebig vielen schon vorhandenen Bäumen:

*Induktive Definition: Baum*

- Der leere Baum ist ein Baum.
- Wenn $B_1$, $B_2$, ..., $B_n$ Bäume sind, dann ist auch ein Knoten mit Schlüssel k und Wert v zusammen mit $B_1$, $B_2$, ..., $B_n$ ein Baum.
- Alles andere ist kein Baum.

Abb. 7.10-1 veranschaulicht diese Definition.

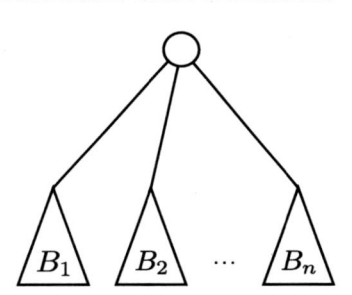

Abb. 7.10-1: Illustration zum allgemeinen Aufbau von Bäumen.

Ein Baum kann also völlig leer sein, nur aus einem Knoten bestehen oder aus einem Knoten mit einer zunächst beliebigen Anzahl an Teilbäumen. Abb. 7.10-2 führt dazu einige wichtige Begriffe im Zusammenhang mit Bäumen ein.

Jeder Baum verfügt über einen ausgewiesenen Knoten, der keinen Vorgänger hat. Dieser wird als **Wurzel** *(root)* bezeichnet. Ein Knoten, der keine Nachfolger hat, heißt **Blattknoten** oder einfach **Blatt** *(leaf)*. Alle anderen Knoten sind **innere Knoten**. Von jedem Knoten führt ein Pfad zur Wurzel; von der Wurzel selbst trivialerweise der leere Pfad. Die Länge dieses Pfades bestimmt die **Tiefe** bzw. das **Niveau** eines Knotens. Entsprechend ist die Wurzel immer auf Niveau 0. Und schließlich bezeichnet die Höhe eines Baumes die Anzahl der verschiedenen Niveaus im Baum. Sie entspricht auch der maximalen Tiefe aller enthaltenen Knoten plus 1.

*Wichtige Begriffe*

Grundsätzlich kann ein Knoten in einem allgemeinen Baum beliebig viele Nachfolger haben. Ist die Anzahl der Nachfolger eines

*Arität eines Baumes*

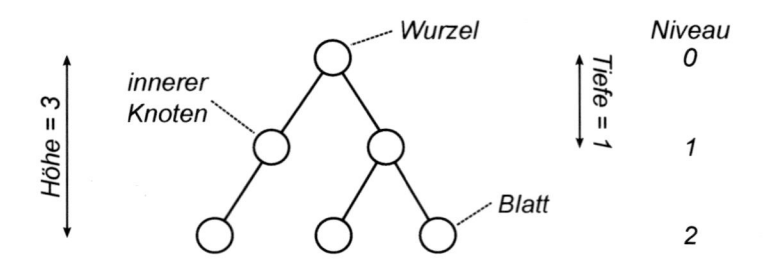

Abb. 7.10-2: Grafische Veranschaulichung wichtiger Begriffe zu Bäumen.

Knotens durch eine Zahl n beschränkt, so spricht man von einem **n-ären Baum**, bei n=3 von einem ternären und bei n=2 von einem binären Baum oder vereinfacht von einem **Binärbaum** *(binary tree)*.

Binärbäume

Obwohl durchaus auch Bäume mit höherer **Arität** praktische Verwendung finden, spielen Binärbäume eine besondere Rolle, so zum Beispiel als Entscheidungsbäume. Hier repräsentieren die Knoten binäre Entscheidungen (Ja oder Nein), die Teilbäume dann jeweils weitere Entscheidungsbäume getrennt für den Ja- oder Nein-Fall, die letztlich zu den Ergebnissen in Form von Blattknoten führen.

Binäre Suchbäume

Die Aussage, dass es sich bei einem Baum um einen Binärbaum handelt, sagt nur etwas über seine Struktur (nämlich maximal zwei Teilbäume an jedem Knoten), aber nichts über seinen Inhalt. Ein **binärer Suchbaum** *(binary search tree)* dagegen ist ein Binärbaum, dessen Inhalte in den Knoten so angeordnet sind, dass alle Schlüsselwerte im linken Teilbaum (left) jeweils kleiner sind als der Schlüsselwert key im Knoten selbst – und alle Schlüsselwerte im rechten Teilbaum (right) größer als key. Die Namensgebung **Suchbaum** ist dabei offensichtlich: Eine solche Anordnung erleichtert die Suche nach einem bestimmten Schlüssel erheblich.

Zusammenhang mit Listen

Erkennen Sie, wie Bäume mit Listen zusammenhängen? Wenn Sie die Arität eines Baumes auf 1 beschränken, erhalten Sie ... – Listen!! Eine Liste ist also streng genommen ein Sonderfall eines Baumes. Diese zunächst einmal recht theoretisch anmutende Aussage wird noch Bedeutung bekommen, wenn Bäume im Laufe ihrer Verarbeitung tatsächlich zu einer Listenform »entarten«. Dann nämlich verändert sich auch die Laufzeitkomplexität der Zugriffsoperationen in Richtung der linearer Listen. Also werden Maßnahmen erforderlich werden, die eine solche Entartung eines Baumes verhindern.

## Eigene Implementierung von binären Suchbäumen

Da Bäume – ebenso wie Listen – eine elementare Datenstruktur in der Informatik darstellen, sollen Aufbau und Struktur sowie die wesentlichen Operationen wieder mittels einer eigenen Implementierung schrittweise entwickelt und damit veranschaulicht werden.

Bisher haben Sie im *Collection Framework* zwei Klassen kennengelernt, die mittels Baumstrukturen implementiert werden: `Tree Set<E>` und `TreeMap<K,V>`. Ganz offensichtlich lässt sich die Implementierung von `TreeSet<E>` auf die von `TreeMap<K,V>` zurückführen, indem die zu speichernden Elemente vom Typ E als Schlüsselwerte für die `TreeMap<K,V>` verwendet werden; die eigentlichen Werte können dann ignoriert, also beispielsweise konstant auf `null` gesetzt werden. Die Abbildung `TreeMap<K,V>` stellt also das allgemeinere Konzept dar und soll deshalb als Grundlage der eigenen Implementierung dienen.

TreeSet<E> oder TreeMap<K,V>?

Analog zur eigenen Implementierung von Listen in den Abschnitten »Felder werden dynamisch: Feldlisten«, S. 199, bzw. »Verkettete Listen (LinkedList)«, S. 222, soll dabei aus Gründen einer kompakteren Darstellung wieder eine nur in der Vielfalt eingeschränkte Version, die Klasse `SimpleTreeMap<K,V>`, realisiert werden.

Eigene Klasse SimpleTreeMap <K,V>

Bäume bestehen im Wesentlichen aus Knoten, die miteinander verbunden sind. Der Wurzelknoten verweist auf weitere Knoten, welche die unmittelbaren Teilbäume darstellen. Diese haben eventuell weitere Teilbäume, also Referenzen auf weitere Knoten. Die gesamte Baumstruktur ist also über die Wurzel erreichbar.

Aufbau

Ähnlich wie bei den Listen muss ein Objekt vom Typ `SimpleTreeMap <K,V>` also im wesentlichen den Verweis auf die eigentliche Baumstruktur, also den Wurzelknoten (`root`), umfassen. Aus Vereinfachungsgründen wird man im Baumobjekt selbst auch noch die Anzahl der Knoten (`size`) explizit speichern, die natürlich mit entsprechendem Aufwand auch jederzeit durch Ablaufen der Baumstruktur ermittelt werden könnte.

Struktur eines Baumes

Die einzelnen Knoten werden als eigener Typ `Node` repräsentiert, der sowohl die Referenzen auf die beiden Teilbäume `left` und `right` enthält (oder `null`, wenn kein linker bzw. rechter Teilbaum mehr folgt) als auch Verweise auf Schlüssel (`key`) und Wert (`value`) für den aktuellen Knoten. Abb. 7.10-3 zeigt beispielhaft die Struktur eines Baumes mit drei Knoten.

Aufbau eines Knoten Node

Die Übersetzung dieser Struktur in Java liefert sofort die folgende Klassendefinition für `SimpleTreeMap<K,V>`:

Klasse Simple TreeMap<K,V>

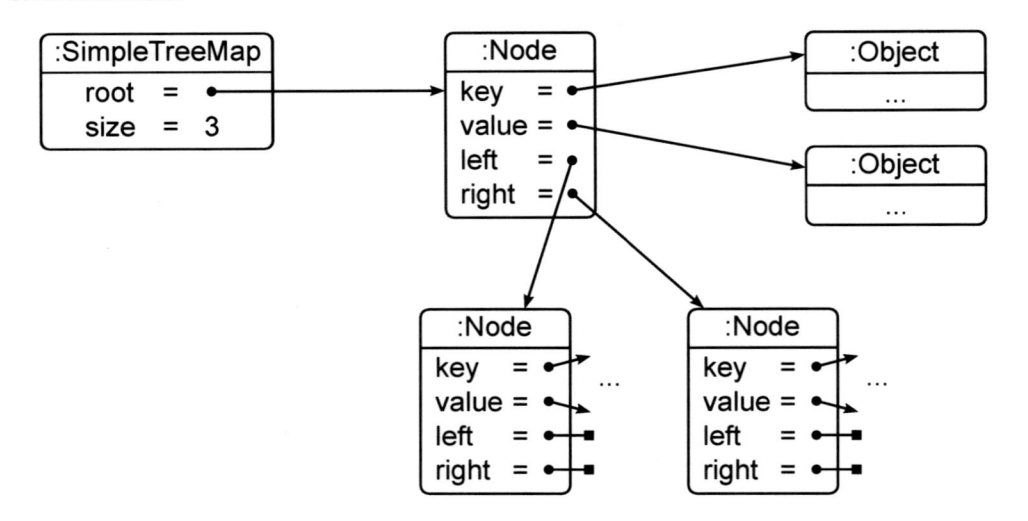

Abb. 7.10-3: Aufbau einer SimpleTreeMap.

```java
public class SimpleTreeMap<K,V>
{
  /**
   * Innere Klasse für die einzelnen Knoten des Baumes
   */
  class Node
  {
    // Attribute
    K key;            // Verweis auf das Schlüsselobjekt
    V value;          // Verweis auf gespeichertes Objekt
    Node left;        // Verweis auf linken Teilbaum
    Node right;       // Verweis auf rechten Teilbaum

    // Konstruktor
    Node(K key, V value, Node left, Node right)
    {
      this.key = key;
      this.value = value;
      this.left = left;
      this.right = right;
    }
  }

  }
  // Attribute (Klasse SimpleTreeMap)
  protected Node root;    // Wurzel des Baums
  protected int size;     // Anzahl der Elemente im Baum
}
```

## Flexibilität für die Vergleichsoperation

In der bisherigen Implementierung ist der Schlüssel key vom Typ K, ohne dass für diesen Typen bestimmte Voraussetzungen gelten.

Wie Sie schon in Abschnitt »Mengen und Abbildungen«, S. 252, gesehen haben, sieht die Klasse TreeSet<E> die Möglichkeit der Angabe eines speziellen *Comparators* im Konstruktor vor, um so bei der Wahl der zu verwendenden Vergleichsoperation möglichst flexibel zu sein. Diese Möglichkeit bietet auch die Klasse TreeMap<K,V>, und sie soll deshalb auch in der eigenen Implementierung SimpleTreeMap<K,V> bereitgestellt werden.

*Eigener Comparator*

Dazu wird die Klasse SimpleTreeMap<K,V> um zwei Konstruktoren erweitert:

*Konstruktoren*

- Der Konstruktor SimpleTreeMap<K,V>() erzeugt einen neuen leeren Baum mit Schlüsselobjekten vom Typ K und Werten vom Typ V. Für den Vergleich von Schlüsselobjekten wird deren natürliche Ordnung verwendet. Dazu muss die Klasse der gespeicherten Objekte das *Interface* Comparable<K> implementieren und entsprechend eine Operation compareTo() bereitstellen.

```
/**
 * Erzeugung eines leeren Baumes mit Default-Comparator auf
 * Basis der natürlichen Ordnung (Konstruktor)
 *
 */
public SimpleTreeMap()
{
  this.root = null;
  this.size = 0;
  this.comp = new NaturalOrderComparator();
}
```

- Alternativ wird mit dem Konstruktor SimpleTreeMap<K,V>(Comparator<? super K> comp) ebenfalls ein neuer Baum mit Schlüsselobjekten vom Typ K und Werten vom Typ V erzeugt, für den Vergleich zweier Schlüsselobjekte soll aber stattdessen die Operation compare() des dem Konstruktor mit übergebenen Comparators verwendet werden.

```
/**
 * Erzeugung eines leeren Baumes mit eigenem Comparator
 * (Konstruktor)
 *
 */
public SimpleTreeMap(SimpleComparator<? super K> comp)
{
  this.root = null;
  this.size = 0;
  this.comp = comp;
}
```

## 7 Datenstrukturen *

**Weiteres Attribut für Comparator**

In einem weiteren Attribut (comp) der Klasse SimpleTreeMap<K,V> wird durch den jeweiligen Konstruktor ein *Comparator* abgelegt, der anschließend bei allen Vergleichsoperationen auf diesem Baum verwendet wird:

```
protected SimpleComparator<? super K> comp;
// Comparator für diesen Baum
```

Für den Fall, dass die natürliche Ordnung verwendet werden soll, wird hier ein Default-Comparator NaturalOrderComparator abgelegt, der den Vergleich letztlich auf die compareTo()-Operation der Klasse K zurückführt:

**Default-Comparator für natürliche Ordnung**

```
/**
 * Innere Klasse für den Default-Comparator für natürliche
 * Ordnung. Dieser wird verwendet, wenn im Konstruktor kein
 * eigener Comparator angegeben wird
 */
class NaturalOrderComparator implements SimpleComparator<K>
{
  @Override
  public int compare(K o1, K o2)
  {
    return ((Comparable<? super K>)o1).compareTo(o2);
  }
}
```

### Grundoperationen auf binären Suchbäumen

**Baum löschen mit clear()**

Aufgrund der Eigenschaft eines binären Suchbaums gestalten sich die Grundoperationen zum Suchen, Einfügen und Ändern von Elementen sehr einfach: Das Löschen des ganzen Baumes erfolgt einfach durch Eintragen des leeren Baums (null) als Verweis auf den Wurzelknoten root. Damit sind keine Knoten mehr vom SimpleTreeMap<K,V>-Objekt mehr erreichbar. Und natürlich muss auch die Anzahl der Knoten (size) explizit auf 0 gesetzt werden, damit die Attribute wieder konsistent sind:

```
/**
 * Löschen des ganzen Baums
 */
public void clear()
{
  this.root = null;
  this.size = 0;
}
```

**Test auf leeren Baum mit isEmpty()**

Der Test, ob der Baum leer ist, kann alternativ durch Test von size gegen 0 oder von root gegen null realisiert werden:

```
/**
 * Abfragen, ob der Baum leer ist
 */
public boolean isEmpty()
{
  return (this.size == 0);
```

```
// oder:    return (this.root != null);
}
```

Die am einfachsten zu implementierende Operation ist sicher `size()` zum Abfragen der Größe des Baumes, also der Anzahl der Knoten. Hier wird nur der aktuelle Wert des gleichnamigen Attributs gelesen und zurückgegeben. So trivial diese Operation auch ist, muss sie dennoch implementiert werden, weil sonst kein externer Zugriff auf die Größe des Baums möglich wäre:

```
/**
 * Abfragen der Anzahl der Elemente
 */
public int size()
{
   return this.size;
}
```

Schon etwas aufwändiger ist die Suche nach einem Eintrag zu einem bestimmten Schlüsselwert. Diese Operation `get()` kann rekursiv mit Hilfe einer weiteren internen Operation `search()` erfolgen: Sie beginnt am Wurzelknoten. Wenn der gesuchte Schlüssel nicht dem im Knoten entspricht, dann muss entweder im linken oder im rechten Teilbaum weitergesucht werden, je nach dem, ob der gesuchte Wert kleiner oder größer als der im aktuellen Knoten selbst ist. Das ist die Rekursion. Sie endet, wenn als Teilbaum ein leerer Baum (`null`) erreicht wird. Ein leerer Baum enthält gar keine Elemente, also auch nicht das gesuchte; deshalb wird in diesem Fall `null` zurückgeliefert, im Erfolgsfall der Wert (`value`) zu dem gesuchten Schlüssel (`key`).

*Suche mit get()*

```
/**
 * Suche nach einem Element zu einem gegebenen Schlüssel
 * (liefert null, falls kein solches Element gefunden)
 */
public V get(K key)
{
   return search(this.root,key);
}

protected V search(Node tree, K key)
{
   if (tree != null)
   {
     int cmp = this.comp.compare(tree.key,key);
     if (cmp == 0)
       return tree.value;
     else if (cmp < 0)
       return search(tree.left,key);
     else
       return search(tree.right,key);
   }
   else
     return null;
}
```

**Ändern und Einfügen mit put()**

Die Operation put() zum Ändern oder Einfügen eines Eintrags in einer *Map* kann ebenfalls rekursiv analog zur Suche implementiert werden. Sobald das Element zum Schlüssel gefunden ist, wird einfach der gespeicherte Wert ersetzt, ansonsten wird im passenden Teilbaum fortgesetzt. Allerdings muss hier bereits ein Schritt früher als bei der Suche geprüft werden, ob der entsprechende Teilbaum leer ist. Würde die Operation insert() mit einem leeren Teilbaum (tree=null) aufgerufen, so gäbe es keine Möglichkeit mehr, den neu zu erzeugenden Knoten in den Baum einzufügen. Dies muss also schon einen Schritt früher passieren, solange die Operation insert() noch Zugriff auf den Konten hat, unter dem ein neuer Knoten eingefügt werden soll. Der Rückgabewert von put() entspricht allerdings wieder genau dem von get():

```
/**
 * Es wird eine neue Zuordnung (Assoziation) zwischen einem
 * Schlüsselwert key und einem Element value eingetragen.
 * Falls zu dem Schlüsselwert key bereits eine Assoziation
 * gespeichert ist, dann wird sie durch value ersetzt. In
 * diesem Fall liefert put() den zuvor mit key assoziierten
 * Wert zurück, andernfalls null.
 */
public V put(K key, V value)
{
  if (this.root != null)
    return insert(this.root,key,value);
  else
  {
    this.root = new Node(key,value,null,null);
    return null;
  }
}

protected V insert(Node tree, K key, V value)
{
  int cmp = this.comp.compare(tree.key,key);
  if (cmp == 0)
  {
    V oldValue = tree.value;
    tree.value = value;
    return oldValue;
  }
  else if (cmp < 0)
  {
    if (tree.left != null)
      return insert(tree.left,key,value);
    tree.left = new Node(key,value,null,null);
    return null;
  }
  else
  {
    if (tree.right != null)
      return insert(tree.right,key,value);
```

```
        tree.right = new Node(key,value,null,null);
        return null;
    }
}
```

Als letzte elementare Operation fehlt noch das Löschen eines Eintrags aus dem Baum. Diese Operation ist nicht ganz trivial zu implementieren, wie Sie gleich sehen werden. Insgesamt können beim Löschen vier verschiedene Situationen auftreten, die jeweils unterschiedlich zu behandeln sind.

*Löschen mit remove()*

Angenommen, es soll ein Knoten aus dem Baum gelöscht werden, der keinen linken Teilbaum hat. Abb. 7.10-4 veranschaulicht diese Situation. Hier soll der Knoten mit dem Wert 30 entfernt werden.

*Fall 1*

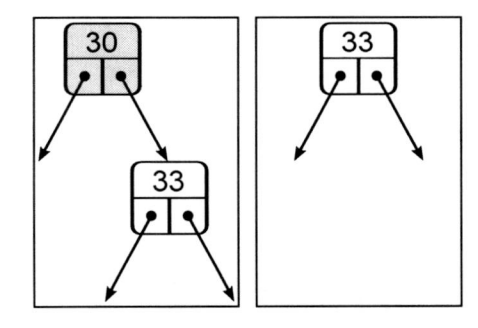

Abb. 7.10-4: Illustration zum Löschen in binären Suchbäumen (Fall 1).

In diesem Fall kann einfach die Referenz auf den zu entfernenden Knoten durch dessen rechten Teilbaum (mit dem Wert 33) ersetzt werden.

Das gleiche gilt analog für den Fall, dass der zu löschende Knoten keinen rechten Teilbaum hat, wie in Abb. 7.10-5 veranschaulicht. Hier wird der Verweis auf den zu entfernenden Knoten durch dessen linken Teilbaum ersetzt.

*Fall 2*

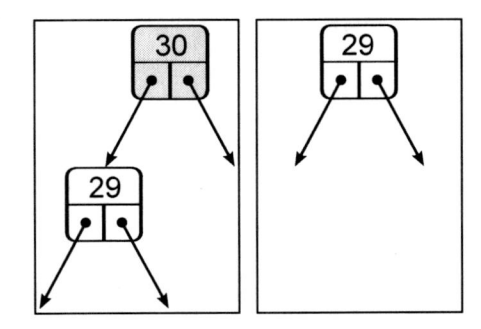

Abb. 7.10-5: Illustration zum Löschen in binären Suchbäumen (Fall 2).

7 Datenstrukturen *

Es bleibt also noch die Situation, dass der Knoten, der gelöscht werden soll, sowohl einen linken wie auch einen rechten Teilbaum hat. Was tun? Hier muss nochmals weiter unterschieden werden.

Fall 3   Abb. 7.10-6 zeigt die Situation, dass der rechte Nachfolgerknoten (also die Wurzel des rechten Teilbaums) des zu löschenden Knotens (mit Wert 30) keinen linken Teilbaum hat. In diesem Fall kann der ganze rechte Teilbaum (Knoten 33) an die Stelle des zu entfernenden Knotens 30 treten, dessen ehemaliger linker Teilbaum (Knoten 29) jetzt direkt zum linken Teilbaum der neuen Wurzel 33 wird.

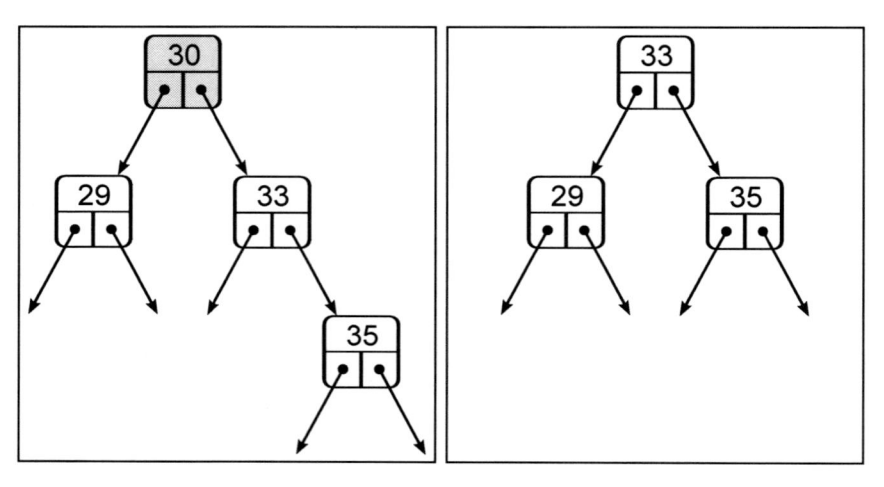

Abb. 7.10-6: Illustration zum Löschen in binären Suchbäumen (Fall 3).

Fall 4   Schließlich bleibt noch der Fall, dass der rechte Nachfolger des zu löschenden Knotens doch einen linken Nachfolger hat. Abb. 7.10-7 zeigt eine solche Situation.

In diesem Fall kann der zu entfernende Knoten 30 durch den letzten Knoten ersetzt werden, auf den man trifft, wenn man von seinem rechten Nachfolger, also hier dem Knoten 36, so lange es geht, in den linken Teilbaum absteigt. In Abb. 7.10-7 wäre das also der Knoten 31, durch den der Knoten 30 ersetzt wird. Tatsächlich ist der Knoten 31 der Knoten aus dem rechten Teilbaum mit dem kleinsten Schlüsselwert. Er wird auch als **symmetrischer Nachfolger** *(symmetric successor)* des Knotens 30 bezeichnet.

Implementierung in Java   Für die Implementierung in Java steht man zunächst vor der Herausforderung, dass die Operation remove() nach Definition einerseits als Rückgabewert den value-Teil des gelöschten Knotens liefern soll. Andererseits kann es bei der rekursiven Formulierung unter Umständen aber auch vorkommen, dass der gerade bearbeitete Knoten als Ganzes entfernt wird (wenn der Schlüssel

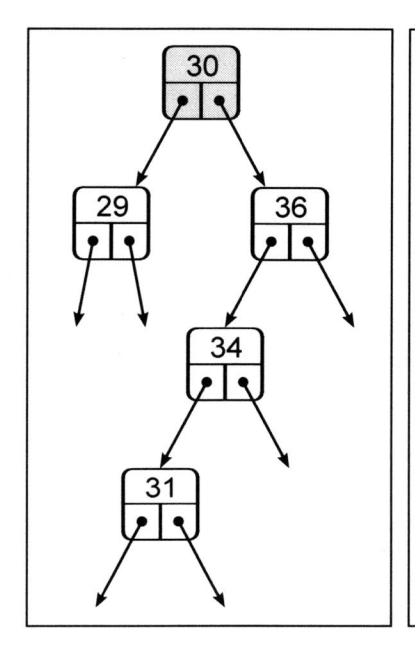

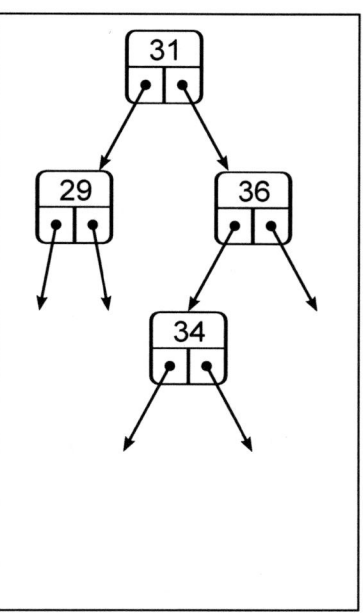

Abb. 7.10-7: Illustration zum Löschen in binären Suchbäumen (Fall 4).

passt und dieser weder einen linken noch einen rechten Teilbaum hat), weshalb die eigentlich nahe liegende Übergabe einer Referenz auf den zu bearbeitenden Teilbaum in diesem Fall nicht weiterhilft: Das Löschen des Knotens kann nur in seinem Elternknoten erfolgen.

Stattdessen bietet es sich an, dass die rekursive Operation `removeNode()` als Rückgabewert den bearbeiteten Teilbaum nach der Löschung des gesuchten Elements liefert, was unter Umständen auch der leere Baum (`null`) sein kann. Die Rückgabe des `value`-Teils des gelöschten Knotens muss dann über ein gesondertes internes Attribut `returnValue` 

*Rekursive Bearbeitung mit removeNode()*

```
protected V returnValue;   // Rückgabewert für remove()
```

in der Klasse `SimpleTreeMap<K,V>` erfolgen, das eine Referenz auf ein Objekt vom Typ V umfasst.

*Operation removeNode()*

```
/**
 * Rekursives Verfahren zum Entfernen eines Knotens zu einem
 * vorgegebenen Schlüssel im Baum mit dem Wurzelknoten tree.
 * Als Ergebnis wird der Baum mit dem Wurzelknoten key zurück-
 * gegeben, allerdings ohne den Knoten zum gesuchten Schlüssel.
 * Außerdem wird im value-Teil des keyValueNode der value-Teil
 * des gelöschten Knotens abgelegt, falls ein Knoten gelöscht
 * wurde.
 */
private Node removeNode(K key, Node tree)
```

# 7 Datenstrukturen

```java
{
  if (tree!=null)
  {
    int cmp = this.comp.compare(key,tree.key);
    if (cmp<0)   // Entfernen im linken Teilbaum
      tree.left = removeNode(key, tree.left);
    else if (cmp>0)   // Entfernen im rechten Teilbaum
      tree.right = removeNode(key, tree.right);
    else
    {
      // zu entfernender Knoten gefunden
      this.returnValue = tree.value;
      this.size--;
      if (tree.left==null)
        tree = tree.right;    // Fall 1
      else if (tree.right==null)
        tree = tree.left;     // Fall 2
      else
      {
        // Knoten besitzt zwei Kindknoten
        Node p = parentSymSucc(tree);
        if (p==tree)          // Fall 3
        {
          tree.key = p.right.key;
          tree.value = p.right.value;
          p.right = p.right.right;
        }
        else  // Fall 4
        {
          tree.key = p.left.key;
          tree.value = p.left.value;
          p.left = p.left.right;
        }
      }
    }
  }
  return tree;
}
```

Für die Behandlung der Fälle 3 und 4, dass der zu entfernende Knoten also sowohl einen linken wie auch einen rechten Nachfolger hat, wird der **symmetrische Nachfolger** des zu entfernenden Knotens benötigt, durch den dieser ersetzt werden soll. Wenn also der symmetrische Nachfolgerknoten selbst aus dem Baum entfernt bzw. verschoben werden soll, dann reicht eine Referenz auf den Knoten selbst nicht aus, sondern es wird die Referenz auf den Elternknoten des **symmetrischen Nachfolgers** *(parent of the symmetric successor)* benötigt, in dem dann die Referenz auf den symmetrischen Nachfolger entfernt werden kann. Die folgende Operation parentSymSucc() liefert genau diesen Elternknoten des symmetrischen Nachfolgers:

Operation parent SymSucc()

```
/*
 * Bestimmung des Elternknotens des symmetrischen Nachfolgers
```

```
 * des Knotens tree
 *
 * Der symmetrische Nachfolger eines Knotens ist der Knoten
 * mit dem kleinsten Schlüssel, der größer als der Schlüssel
 * des Knotens tree ist. Dieser ist der am weitesten links
 * stehende Knoten im rechten Teilbaum des Knotens tree.
 */
private Node parentSymSucc(Node tree)
{
   Node result = tree;
   if (result.right.left!=null)
   {
      result = result.right;
      while (result.left.left!=null)
         result = result.left;
   }
   return result;
}
```

Alternativ zum symmetrischen Nachfolger kann der zu löschende Knoten auch durch seinen **symmetrischen Vorgänger** *(symmetric predecessor)* ersetzt werden. Beide Vorgehensweisen sind absolut gleichwertig. Damit können Sie nun auch die öffentliche Operation remove() implementieren, mit der das Schlüssel/Wert-Paar zu einem vorgegebenen Schlüssel key aus der als Baum repräsentierten *Map* entfernt wird:

```
/**
 * Entfernen eines Eintrags zu einem gegebenen Schlüssel
 */
public V remove(K key)
{
   if (this.root != null)
   {
      this.returnValue = null;
      this.root = removeNode(key, this.root);
      return this.returnValue;
   }
   else
      return null;
}
```

Operation remove()

Das neu eingeführte Attribut returnValue nimmt während der Ausführung von removeNode(key,this.root) den bislang zum Schlüssel key gespeicherten Wert auf, damit dieser dem Aufrufer der Operation remove() zurückgeliefert werden kann.

Mit den Operationen get(), put() und remove() haben Sie alle wichtigen Operationen zusammen, um Assoziationen in Form von Schlüssel/Wert-Paaren mittels binären Suchbäumen zu speichern, nach Einträgen zu suchen, neue anzulegen, bestehende zu ändern oder Einträge ganz zu löschen.

Alles vorhanden...

## 7.11 Ausgeglichene Bäume **

Binäre Suchbäume stellen eine leistungsfähige Implementierung für Mengen und Abbildungen dar, jedenfalls solange sie einigermaßen ausgeglichen sind und nicht sogar zu einer linearen Struktur entarten. Idealerweise sollte ein Baum selbst erkennen, wenn er aus der Balance gerät, und sich mit geeigneten Operationen selbst wieder ausbalancieren. Dies ist das Grundprinzip der AVL-Bäume und anderer darauf aufbauender Konzepte.

*Motivation*

Alle Operationen auf binären Suchbäumen, wie sie im Kapitel »Bäume«, S. 262, beschrieben wurden, machen sich die Baumstruktur zunutze, indem bei der Suche nach einem Schlüssel bzw. der Einfügestelle für einen neuen Schlüssel der Baum von der Wurzel beginnend rekursiv durchlaufen wird. Dabei ist in jedem Knoten klar, ob die Suche beendet ist, der Schlüssel also gefunden wurde, oder ob im linken *oder* im rechten Teilbaum weitergesucht werden muss. Analog zur »binären Suche«, S. 76, in einem Feld, lässt dies einen logarithmischen Aufwand in Abhängigkeit von der Anzahl der gespeicherten Einträge vermuten. Aber ist das wirklich so?

*Aufwand abhängig von Struktur*

Ein logarithmischer Aufwand lässt sich nur dann erreichen, wenn bei nahezu jedem Test die Menge der noch zu untersuchenden Elemente halbiert[23] wird. Betrachten Sie dazu als Beispiel die beiden in Abb. 7.11-1 dargestellten Suchbäume. Beide enthalten dieselben Einträge für eine *Map*, die offensichtlich Namen auf Telefonnummern abbildet. Der linke Suchbaum ist bestmöglich ausgeglichen; hier sind für die Suche nach einem Element auch im ungünstigsten Fall maximal $\log_2(n)+1 = 4$ Tests notwendig. Der rechte Suchbaum dagegen hat eine deutliche »Schlagseite« nach rechts, was dazu führt, dass bei der Suche des Eintrags zum Schlüssel »Gitte« beispielsweise sechs Tests notwendig werden, also bereits 50 Prozent mehr als im linken Suchbaum.

*Entartung von Bäumen*

Offensichtlich hat die Struktur eines Suchbaums unmittelbar Einfluss auf die Anzahl der durchzuführenden Tests auf der Suche nach einem bestimmten Element – und damit auf die Effizienz auch der anderen Operationen zum Einfügen, Ändern und Löschen von Einträgen. Wenn die Elemente beispielsweise bereits in sortierter Reihenfolge in den Baum eingefügt werden, egal ob aufsteigend oder absteigend, dann ergibt sich eine **lineare Struktur**: Die Elemente haben alle jeweils nur einen linken (bei absteigender Sortierung) bzw. rechten Teilbaum (bei aufsteigender Sortierung).

---

[23] ... oder allgemein um einen Faktor *x* reduziert wird, dann ergibt sich eine Laufzeitkomplexität in $O(\log_x n)$.

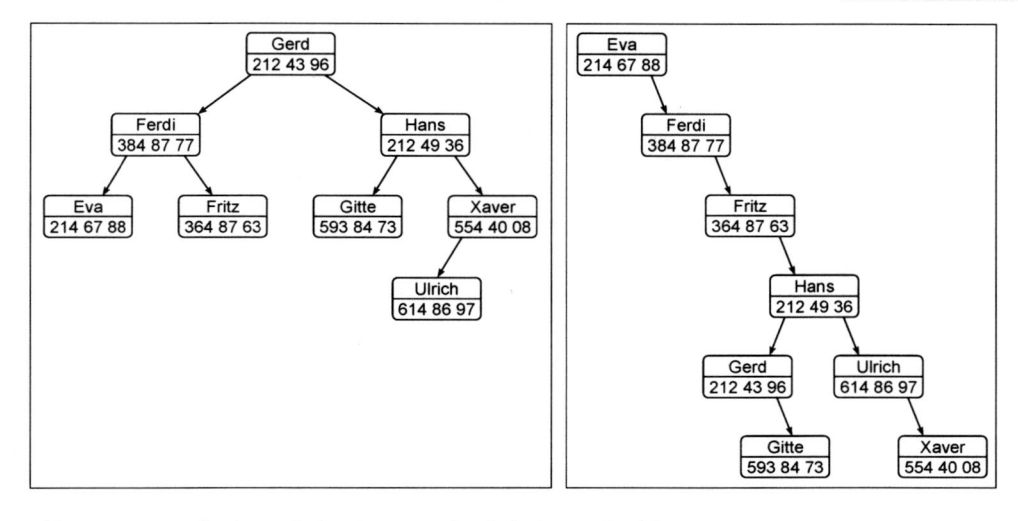

Abb. 7.11-1: Vergleich von balancierten und unbalaciertem Suchbaum.

Der Baum **degeneriert** oder »entartet« zu einer linearen Liste! Und damit degeneriert auch die Laufzeitkomplexität der Zugriffsoperationen zu einer linearen Funktion. Ganz offensichtlich ist es für die Effizienz der Zugriffsoperationen also wichtig, dass der Suchbaum möglichst ausgeglichen ist. Aber was bedeutet das genau? Dafür sind folgende Definitionen hilfreich:

> Ein Suchbaum heißt **vollständig**, wenn jedes Niveau vollständig besetzt ist.

Definition

Offensichtlich existieren vollständige binäre Suchbäume nur für bestimmte Knotenzahlen: Ein Baum mit nur einem Knoten ist vollständig, einer mit zwei Knoten aber niemals, da sein Niveau 1 nur einen Knoten enthält, aber zwei Knoten aufnehmen könnte. Entsprechend kann ein binärer Suchbaum mit drei Knoten vollständig sein (muss er aber nicht!), der nächstgrößere vollständige binäre Suchbaum umfasst dann sieben Knoten, der nächste 15, dann 31, 63, 127 usw., also immer $2^i-1$ Knoten. Für Suchbäume mit einer beliebigen Anzahl Knoten ist deshalb die folgende Eigenschaft von größerer Bedeutung:

> Ein Suchbaum heißt **vollständig ausgeglichen**, wenn alle bis auf das unterste Niveau vollständig besetzt sind.

Definition

Ein vollständig ausgeglichener binärer Suchbaum mit *n* Knoten hat also immer eine Höhe von *floor(log2 n) + 1*, wobei *floor(x)* die Gaußklammer oder Abrundungsfunktion *(floor function)* darstellt, also die größte ganze Zahl, die kleiner oder gleich *x* ist. In einem vollständig ausgeglichenen Suchbaum können Suche, Einfügen, Ändern und Löschen von Elementen offensichtlich immer mit logarithmischem Aufwand erfolgen, da mit jedem Schritt die Anzahl der zu bearbeitenden Elemente geteilt wird. Was passiert aber, wenn beispielsweise die zehn größten Elemente aus einem vollständig ausgeglichenen binären Suchbaum gelöscht werden? Der resultierende Baum ist offensichtlich nicht mehr vollständig ausgeglichen. Nachfolgende Operationen können also nicht mehr in gleicher Weise von der Ausgeglichenheit profitieren; ihre logarithmische Laufzeitkomplexität ist nicht mehr sichergestellt. Es kommt also darauf an, den Baum kontinuierlich ausgeglichen zu halten. Das kann dadurch erreicht werden, dass nach jeder Operation, durch die die Ausgeglichenheit gefährdet werden kann, eine Überprüfung vorgenommen wird. Und falls der Baum nicht mehr ausgeglichen ist, muss die Ausgeglichenheit wieder hergestellt werden, damit auch alle weiteren Operationen mit logarithmischem Aufwand erfolgen können. In der Praxis verwendet man hierfür allerdings eine etwas schwächere Definition der Ausgeglichenheit eines Baumes:

*Definition*

> Ein binärer Suchbaum heißt **ausgeglichen** oder balanciert *(balanced search tree)*, wenn sich für jeden Knoten die Höhe der Teilbäume höchstens um eins unterscheidet. Diese Differenz wird auch als **Balance** *(balance)* des betreffenden Knotens bezeichnet.

Die Forderung der einfachen Ausgeglichenheit oder Balanciertheit lässt auch Baumstrukturen zu, die nicht mehr vollständig ausgeglichen sind, wie beispielsweise der Baum, der durch Einfügen der Elemente 5, 3, 2, 1, 4, 6, 7 (in dieser Reihenfolge) entsteht. Dieser Baum ist zwar balanciert (an jedem Knoten ist die Höhendifferenz der Teilbäume maximal eins), aber nicht vollständig ausgeglichen, weil auch das vorletzte Niveau 2 nicht vollständig gefüllt ist. Ein weiteres Beispiel für einen balancierten, aber nicht vollständig ausgeglichenen Binärbaum sehen Sie in Abb. 7.11-2.

*Attribut balance*

Dazu ist es hilfreich, zunächst jeden Knoten im Baum um ein zusätzliches Attribut balance zu erweitern, das die aktuelle Ausgeglichenheit oder Balance des Knotens enthält. Diese kann als rechnerische Differenz zwischen der Höhe des rechten und der Höhe des linken Teilbaums oder symbolisch durch die Werte »=«, »+« und »-« ausgedrückt werden, je nach dem, ob die Balance 0, +1 oder -1 beträgt. Abb. 7.11-2 zeigt ein Beispiel für einen binären Suchbaum mit Angabe der symbolischen Balance für jeden einzelnen Knoten.

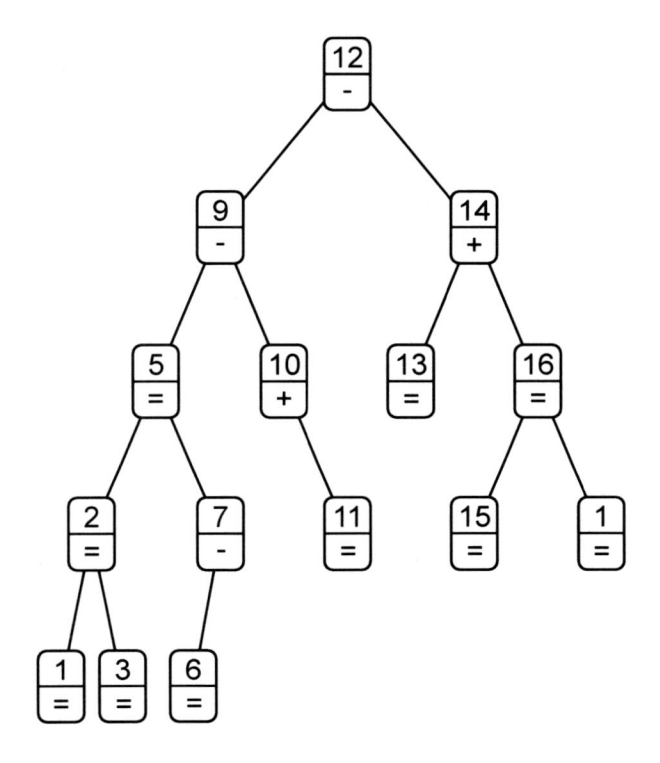

Abb. 7.11-2: Balance-Informationen (+,-,=) in Suchbäumen.

Diese Balance muss in einem ausgeglichenen Baum immer zwischen -1 und +1 liegen. Beim Einfügen neuer Knoten oder Löschen von Knoten kann es allerdings passieren, dass ein Knoten »aus der Balance gerät«, seine Balance also beispielsweise -2 (zu sehr linkslastig) oder +2 (zu sehr rechtslastig) beträgt. In diesem Fall wäre es gut, einen Mechanismus zu haben, mit dem ein aus der Balance geratener Suchbaum wieder ausbalanciert werden kann, damit die nachfolgenden Operationen wieder wie gewohnt effizient arbeiten können.

Glücklicherweise haben sich bereits Anfang der 1960er Jahre die beiden russischen Mathematiker Georgi M. Adelson-Velsky und Jewgeni M. Landis darüber Gedanken gemacht und auch eine Lösung gefunden: die heute nach ihnen benannten **AVL-Bäume** [AdLa62]. Diese erlauben eine Selbstbalancierung der Baumstruktur, so dass alle Operationen ihre logarithmische Laufzeitkomplexität behalten.

AVL-Bäume

## AVL-Bäume

*Grundidee* — Die Grundidee der AVL-Bäume ist relativ einfach. Jeder Knoten wird zunächst um ein Attribut `balance` vom Typ `int` erweitert. Dieses speichert die jeweilige Balance des Knotens und sollte im Normalfall nur die Werte zwischen -1, 0 oder +1 annehmen.

*Rotationen* — Damit die Balance auch tatsächlich immer im Bereich zwischen -1 und +1 bleibt, kann es gelegentlich notwendig werden, die Elemente des Baumes zu verschieben. Dies erfolgt durch Rotationen um einen Knoten herum, und zwar entweder im Uhrzeigersinn, also nach rechts (sog. **Rechts-Rotation**), oder gegen den Uhrzeigersinn (sog. **Links-Rotation**). Mittels dieser einfachen Rotationen können lokale Unausgeglichenheiten wieder ausbalanciert werden. Ein zu stark rechtslastiger Knoten wird durch eine Linksrotation um diesen Knoten wieder ausgeglichen, wie Abb. 7.11-3 veranschaulicht – ein zu stark linkslastiger Knoten durch eine einfache Rechtsrotation (Abb. 7.11-4).

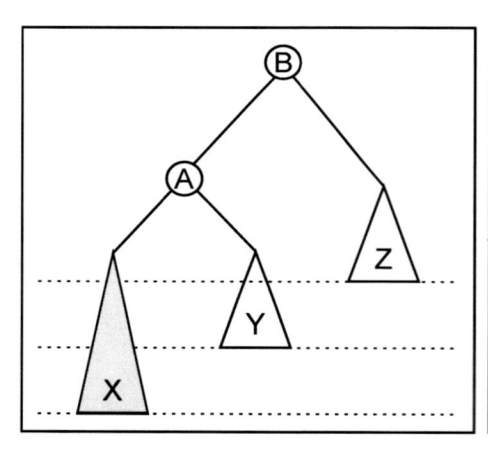

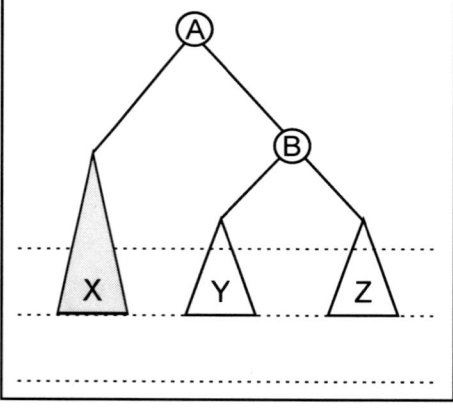

Abb. 7.11-3: Grafische Illustration zur einfachen Rotation 1 bei AVL-Bäumen.

Die Implementierung dieser Rotationen um einen Knoten `tree` ist recht einfach:

*Links-Rotation*

```
/**
 * Einfache Linksrotation am Knoten tree
 *
 */
private Node rotateLeft(Node tree)
{
  Node temp = tree.right;
  tree.right = temp.left;
  temp.left = tree;
  return temp;
}
```

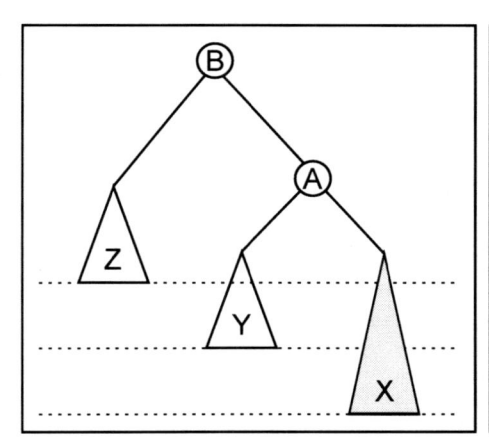

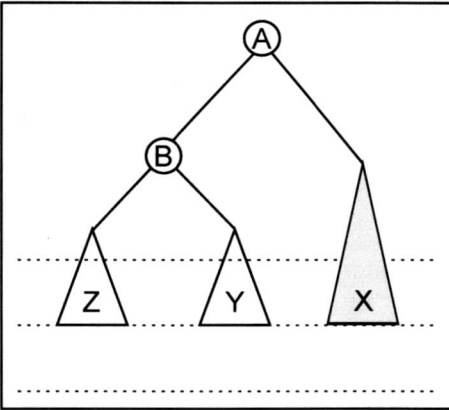

Abb. 7.11-4: Grafische Illustration zur einfachen Rotation 2 bei AVL-Bäumen.

```
/**
 * Einfache Rechtsrotation am Knoten tree
 *
 */
private Node rotateRight(Node tree)
{
  Node temp = tree.left;
  tree.left = temp.right;
  temp.right = tree;
  return temp;
}
```

Rechts-Rotation

## Einfügen in AVL-Bäumen

Beim Einfügen in einen AVL-Baum verändert das Einfügen eines neuen Knotens zunächst immer die Balance des Knotens, unter dem er eingefügt wird.

Entscheidend ist allerdings, ob dieser Knoten dadurch aus der Balance gerät. Wenn nicht, ist alles in Ordnung, jedenfalls an diesem Knoten. Was aber ist mit den höheren Knoten zwischen Einfügestelle und Wurzel des Baumes? Diese können durch das Einfügen eines neuen Knotens auch aus der Balance geraten sein, müssen also entlang des Pfades von der Einfügestelle hoch zur Wurzel überprüft werden – jedenfalls solange, bis dabei ein Knoten aufgrund des Einfügens ausgeglichen wurde, also zum Beispiel leicht linkslastig war (balance ist -1) und durch das Einfügen im rechten Teilbaum jetzt ausgeglichen ist.

Prüfung der Balance bis zur Wurzel

In der Implementierung wird dazu ein zusätzliches Attribut increase vom Typ boolean für die Klasse SimpleTreeMap<K,V> eingeführt. Es zeigt an, ob bei der aktuellen Einfügeoperation eine Vergrößerung der Höhe stattgefunden hat, die noch untersucht

Attribut increase

werden muss. Sobald klar ist, dass auf dem Weg zurück zur Wurzel (also auf dem Rückweg aus der Rekursion) keine Ausgleichsoperationen mehr notwendig werden, wird increase auf false gesetzt. Für die Rückgabe des eventuell zuvor unter dem gleichen Schlüssel gespeicherten Wertes wird wieder das Attribut returnValue verwendet, das von der Operation insert() mit dem alten Wert zum Schlüssel key versorgt wird, falls zu diesem schon ein Knoten vorhanden ist.

*Rekursives Einfügen mit insert()*

```
/**
 * Es wird eine neue Zuordnung (Assoziation) zwischen einem
 * Schlüsselwert key und einem Element value in den Teilbaum
 * mit Wurzelknoten tree eingetragen. Als Ergebnis wird der
 * um den neuen Knoten ergänzte Teilbaum tree zurückgegeben.
 * Falls zu dem Schlüsselwert key bereits eine Assoziation
 * gespeichert ist, dann wird sie durch value ersetzt und
 * der alte Wert wird im Attribut returnValue abgelegt.
 */
protected Node insert(Node tree, K key, V value)
{
  if (tree == null)
  {
    this.increase = true;
    returnValue = null;
    this.size++;
    return new Node(key,value);
  }
  int cmp = this.comp.compare(key,tree.key);
  if (cmp == 0)
  {
    this.increase = false;
    returnValue = tree.value;
    tree.value = value;
    return tree;
  }
  else if (cmp < 0)
  {
    tree.left = insert(tree.left,key,value);
    if (this.increase)
    {
      decrementBalance(tree);
      if (tree.balance < -1)
      {
        this.increase = false;
        return rebalanceLeft(tree);
      }
      else
        return tree;
    }
    else
      return tree;
  }
  else
  {
    tree.right = insert(tree.right,key,value);
```

```
    if (this.increase)
    {
      incrementBalance(tree);
      if (tree.balance > 1)
      {
        this.increase = false;
        return rebalanceRight(tree);
      }
      else
        return tree;
    }
    else
      return tree;
  }
}
```

Die Hilfsoperationen `incrementBalance()` und `decrementBalance()` erhöhen bzw. reduzieren den Wert für die Balance an dem jeweiligen Knoten aufgrund des Einfügevorgangs und setzen das Attribut `increase` wieder auf `false`, falls der aktuelle Knoten jetzt exakt ausgeglichen (`balance` gleich 0) ist:

```
private void decrementBalance(Node tree)
{
  tree.balance--;
  if (tree.balance == 0)
    this.increase = false;
}

private void incrementBalance(Node tree)
{
  tree.balance++;
  if (tree.balance == 0)
    this.increase = false;
}
```

Das Ausbalancieren eines zu stark links- (`balance < -1`) oder rechtslastigen (`balance > 1`) Teilbaums erfolgt durch Aufruf einer weiteren Operation `rebalanceLeft()` bzw. `rebalanceRight()`.

Dazu wird im linken Unterbaum (in `rebalanceLeft()`) bei Bedarf zunächst eine Links-Rotation durchgeführt, falls der linke Unterbaum rechtslastig ist (`balance > 0`), also im linken Unterbaum der rechte Teilbaum höher ist als der linke. Anschließend erfolgt dann eine Rechts-Rotation des ganzen zu linkslastig gewordenen Teilbaums, um schließlich dessen Balance wieder herzustellen:

`rebalanceLeft()`

```
/**
 * Der Teilbaum tree ist zu linkslastig (balance = -2) und
 * muss deshalb neu ausbalanciert werden.
 */
private Node rebalanceLeft(Node tree)
{
  if (tree.left.balance == 0)
  {
    tree.left.balance = 1;
```

```
      tree.balance = -1;
    }
    else if (tree.left.balance > 0)
    {
      if (tree.left.right.balance < 0)
      {
        tree.left.balance = 0;
        tree.left.right.balance = 0;
        tree.balance = 1;
      }
      else
      {
        // tree.left.right.balance ist 0 oder 1
        tree.left.balance = -tree.left.right.balance;
        tree.left.right.balance = 0;
        tree.balance = 0;
      }
      tree.left = rotateLeft(tree.left);
    }
    else // tree.left.balance < 0
    {
      tree.left.balance = 0;
      tree.balance = 0;
    }
    return rotateRight(tree);
}
```

Im dem Fall, dass vor der Rechts-Rotation – wie beschrieben – auch noch eine vorbereitende Links-Rotation erfolgt ist, ergibt sich insgesamt eine doppelte Rotation (**Links-Rechts-Rotation**), deren Wirkung schematisch in Abb. 7.11-5 dargestellt ist: zunächst eine Links-Rotation um den Knoten A, dann eine Rechts-Rotation um den Knoten C.

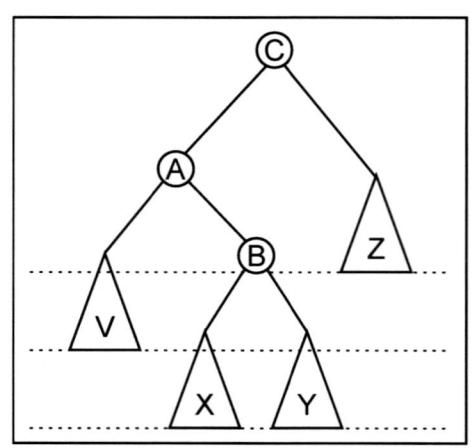

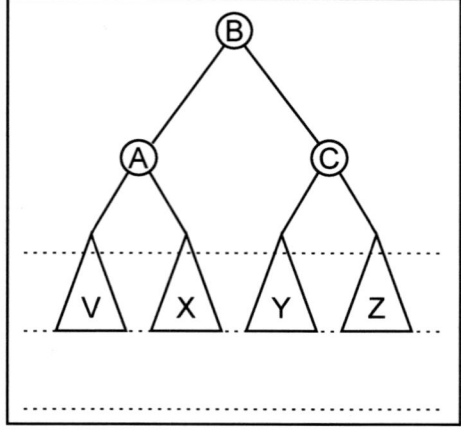

Abb. 7.11-5: Grafische Illustration zur Doppel-Rotation 1 bei AVL-Bäumen.

## 7.11 Ausgeglichene Bäume **

Analoges passiert in rebalanceRight() für den rechten Unterbaum, falls dieser linkslastig ist (balance < 0), also im rechten Unterbaum der linke Teilbaum höher ist als der rechte. Hier erfolgt dann anschließend eine Links-Rotation des ganzen zu rechtslastig gewordenen Teilbaums, um schließlich dessen Balance wieder herzustellen. Auch hier gilt: Falls beide Rotationen ausgelöst wurden, ergibt sich auch hier eine Doppelrotation, in diesem Fall analog eine Rechts-Links- Rotation , deren Wirkung schematisch in Abb. 7.11-6 dargestellt ist: zunächst eine Rechts-Rotation um den Knoten C, dann eine Links-Rotation um den Knoten A.

rebalance
Right()

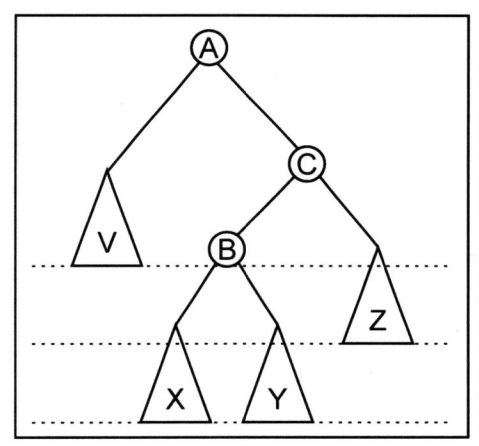

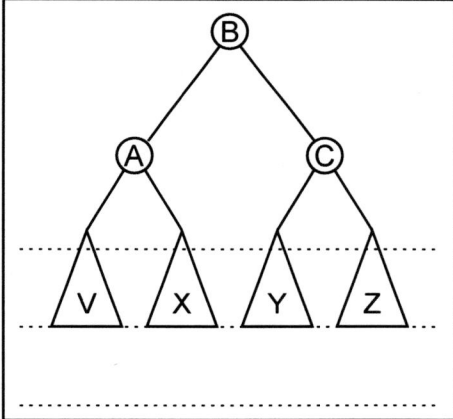

Abb. 7.11-6: Grafische Illustration zur Doppel-Rotation 2 bei AVL-Bäumen.

Die Operation private Node rebalanceRight(Node tree) kann aus rebalanceLeft(Node tree) durch »Spiegelung«, also systematisches Vertauschen von left und right, abgeleitet werden.

Damit haben Sie jetzt alle Operationen zusammen, die für das Einfügen eines neuen Knotens in einen AVL-Baum benötigt werden. Die Operation put() bedient sich der rekursiven Einfügeoperation insert() und liefert definitionsgemäß auch einen eventuell überschriebenen Wert bei einem schon vorhandenen Eintrag zurück.

```
/**
 * Es wird eine neue Zuordnung (Assoziation) zwischen einem
 * Schlüsselwert key und einem Element value eingetragen.
 * Falls zu dem Schlüsselwert key bereits eine Assoziation
 * gespeichert ist, dann wird sie durch value ersetzt. In
 * diesem Fall liefert put() den zuvor mit key assoziierten
 * Wert zurück, andernfalls null.
 */
public V put(K key, V value)
{
```

Operation put()

```
this.root = insert(this.root,key,value);
return returnValue;
}
```

**Beispiel**

Zum Verständnis lohnt sich auch ein Blick auf Abb. 7.11-7, die nochmal an einem Beispiel veranschaulicht, wie bereits beim Aufbau eines AVL-Baums durch die vorgestellten Maßnahmen zur Rebalancierung dafür gesorgt wird, dass der Baum nach jeder Operation wieder ausbalanciert ist, sich also an keinem Knoten die Höhen der beiden Unterbäume um mehr als eins unterscheiden:

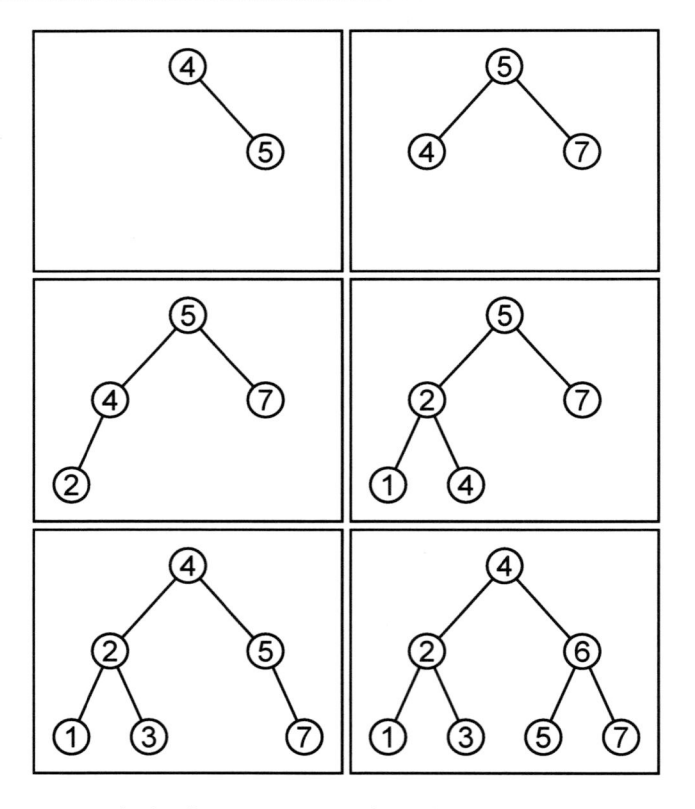

Abb. 7.11-7: Grafische Illustration zum Einfügen bei AVL-Bäumen.

○ Nach Einfügen der Elemente 4 und 5 in einen leeren Baum ist dieser zwar leicht rechtslastig, aber noch ausbalanciert.
○ Erst mit dem nächsten Knoten 7 wird dieser zu rechtslastig; eine Links-Rotation um den Knoten 5 schafft Abhilfe und stellt die verlorene Balance wieder her.

- Das Hinzufügen der 2 sorgt für eine leichte Linkslastigkeit am Knoten 5, die aber noch im Rahmen ist und keiner Korrektur bedarf.
- Mit dem nächsten Knoten 1 stellt sich dann das gleiche Problem wie vorher am Knoten 4, der jetzt zu linkslastig ist. Hier hilft eine Rechts- Rotation um den Knoten 2.
- Das weitere Hinzufügen des Knotens 3, der zunächst links unter der 4 landet, bringt dann den Wurzelknoten 5 aus der Balance: er ist zu linkslastig. Hier wird zum Ausbalancieren eine Doppelrotation notwendig: zunächst eine Links-Rotation um den Knoten 2, der eine Rechts-Rotation um den Wurzelknoten 5 folgt, insgesamt also eine Links-Rechts-Rotation.
- Das abschließende Einfügen des Knotens 6 lässt dann abermals die 5 aus der Balance geraten: Ihre Rechtslastigkeit kann aber sofort durch eine Rechts-Links-Rotation ausgeglichen werden.

## Löschen aus AVL-Bäumen

Natürlich kann ein AVL-Baum nicht nur durch Einfügen neuer Knoten, sondern ebenso durch das Entfernen von Knoten aus der Balance geraten. Also muss auch die Löschoperation aus `Simple TreeMap<K,V>` so erweitert werden, dass eine zu starke Links- oder Rechtslastigkeit an einem Knoten erkannt und durch geeignete Rotationen wieder ausgeglichen werden kann.

Die Notwendigkeit zum Ausgleichen ergibt sich beim Löschen aus der Verringerung der Höhe des betreffenden Teilbaums, während es beim Einfügen die Zunahme der Höhe war. Auch das Löschen eines Knotens kann unter Umständen dazu führen, dass der gesamte Baum, also der Wurzelknoten, aus der Balance gerät. Schlimmer noch: Da die Ausgleichsmaßnahmen mit den verschiedenen Rotationen ihrerseits oftmals die Höhe eines Teilbaums reduzieren, kann es vorkommen, dass durch das Entfernen eines einzigen Knotens eine wahre »Kettenreaktion« ausgelöst wird. Durch das Entfernen eines Knotens gerät möglicherweise der Vaterknoten aus der Balance; die zum Ausgleich durchgeführte Rotation stellt zwar die Balance wieder her, reduziert aber dessen Höhe, wodurch auch der nächsthöhere Knoten aus der Balance gerät (falls er zuvor schon etwas »Schlagseite« hatte) und sich der Prozess weiter in Richtung Wurzel fortsetzen kann.

*Entfernen kann Kettenreaktion auslösen*

Beim Durchlaufen des Baumes wird deshalb auf jeder Ebene bei der Rückkehr aus dem rekursiven Aufruf eine Information benötigt, ob durch den Löschvorgang eine Höhenreduktion eingetreten ist, so dass die Balance am aktuellen Knoten überprüft und

*Attribut decrease*

# 7 Datenstrukturen *

wiederhergestellt werden kann. Dazu wird für die Implementierung der Löschoperation ein weiteres Attribut decrease vom Typ boolean für die Klasse SimpleTreeMap<K,V> eingeführt. Dieses zeigt an, ob bei der aktuellen Löschoperation eine Verringerung der Höhe stattgefunden hat, die in ihren Auswirkungen noch weiter untersucht werden muss. Die Zuweisung des Attributs decrease muss dabei sehr sorgfältig erfolgen. Ein falscher Eintrag könnte dazu führen, dass an höher liegenden Knoten unnötige Ausgleichsoperationen vorgenommen werden oder notwendige unterbleiben, was beides die Eigenschaft eines AVL-Baumes zerstören kann.

*Rekursives Löschen mit removeNode()*

Mit einer detaillierten Analyse aller möglichen vorkommenden Fälle erhalten Sie die folgende Operation removeNode(K key, Node tree) für das rekursive Entfernen des Knotens mit Schlüssel key aus dem durch den Knoten tree repräsentierten AVL-Baum:

```
/**
 * Rekursives Verfahren zum Entfernen eines Knotens zu einem
 * vorgegebenen Schlüssel im Baum mit dem Wurzelknoten tree.
 * Als Ergebnis wird der Baum mit dem Wurzelknoten key zurück-
 * gegeben, allerdings ohne den Knoten zum gesuchten Schlüssel.
 * Außerdem wird im Attribut returnValue der value-Teil des ge-
 * löschten Knotens abgelegt, falls ein Knoten gelöscht wurde.
 */
private Node removeNode(K key, Node tree)
{
  if (tree!=null)
  {
    int cmp = this.comp.compare(key,tree.key);
    if (cmp<0)   // Entfernen im linken Teilbaum
    {
      tree.left = removeNode(key, tree.left);
      if (this.decrease)
      {
        incrementBalance(tree);
        if (tree.balance > 1)
          return rebalanceRight(tree);
        // Falls Wechsel von -1 auf 0, dann wurde tree kürzer!
        this.decrease = (tree.balance == 0);
      }
    }
    else if (cmp>0)   // Entfernen im rechten Teilbaum
    {
      tree.right = removeNode(key, tree.right);
      if (this.decrease)
      {
        decrementBalance(tree);
        if (tree.balance < -1)
          return rebalanceLeft(tree);
        // falls Wechsel von 1 auf 0, dann wurde tree kürzer!
        this.decrease = (tree.balance == 0);
      }
    }
```

```
    else
    {
      // zu entfernender Knoten gefunden
      this.returnValue = tree.value;
      this.size--;
      if (tree.left==null) // Fall 1
      {
        tree = tree.right;
        // tree ist um 1 flacher geworden!
        this.decrease = true;
      }
      else if (tree.right==null) // Fall 2
      {
        tree = tree.left;
        // tree ist um 1 flacher geworden!
        this.decrease = true;
      }
      else
      {
        this.decrease = false;
        // Knoten besitzt zwei Kindknoten
        if (tree.left.right == null) // Fall 3
        {
          tree.key = tree.left.key;
          tree.value = tree.left.value;
          tree.left = tree.left.left;
          // tree.left ist um 1 flacher geworden!
          incrementBalance(tree);
          // falls Wechsel von 1 auf 0, dann wurde tree kürzer!
          this.decrease = (tree.balance == 0);
          if (tree.balance > 1)
            return rebalanceRight(tree);
        }
        else // Fall 4
        {
          tree.left = removeLargest(tree.left, tree);
          if (this.decrease)
          {
            // tree.left ist um 1 flacher geworden
            incrementBalance(tree);
            // Falls Wechsel von 1 auf 0, dann wurde tree kürzer!
            this.decrease = (tree.balance == 0);
            if (tree.balance > 1)
              return rebalanceRight(tree);
          }
        }
      }
    }
  }
  return tree;
}
```

In dieser Implementierung von removeNode() wird ein zu löschender Knoten mit zwei nicht-leeren Teilbäumen durch seinen symmetrischen Vorgänger, also den größten Knoten im linken Teilbaum, ersetzt.

**Operation removeLargest()**

Die Suche nach dem symmetrischen Vorgänger, das Kopieren der Attribute und das abschließende Löschen dieses Knotens übernimmt die Operation removeLargest(Node tree, Node rootNode), die ihrerseits »auf dem Rückweg aus der Rekursion« auch Ausgleichsmaßnahmen veranlasst, wenn durch das Entfernen des symmetrischen Vorgängerknotens ein anderer Knoten aus der Balance gerät:

```
/**
 * Rekursives Verfahren zum Suchen und Entfernen des Knotens
 * mit dem größten Schlüsselwert aus dem linken Teilbaum
 * des Baums mit dem Wurzelknoten rootNode. Die Suche beginnt
 * bei dem als Parameter übergebenen Knoten tree.
 * Vor dem Entfernen des gefundenen Knotens werden key und
 * value aus diesem Knoten in den rootNode kopiert.
 */
private Node removeLargest(Node tree, Node rootNode)
{
  if (tree.right.right == null)
  {
    // tree ist Elternknoten des symmetrischen Vorgängers
    // zu rootNode (dieser ist tree.right) --> key/value
    // kopieren, dann tree.right entfernen
    rootNode.key = tree.right.key;
    rootNode.value = tree.right.value;
    tree.right = tree.right.left;
    // tree.right ist um 1 flacher geworden, also tree jetzt
    // linkslastiger
    decrementBalance(tree);
    // Falls Wechsel von -1 auf 0, dann wurde tree kürzer!
    this.decrease = (tree.balance == 0);
    if (tree.balance > 1)
      return rebalanceLeft(tree);
    return tree;
  }
  else
  {
    tree.right = removeLargest(tree.right, rootNode);
    // tree ist um 1 flacher geworden!
    if (this.decrease)
    {
      decrementBalance(tree);
      // falls Wechsel von -1 auf 0, dann wurde tree kürzer!
      this.decrease = (tree.balance == 0);
      if (tree.balance > 1)
        return rebalanceLeft(tree);
    }
    return tree;
  }
}
```

Mit diesen beiden Operationen haben Sie jetzt auch die letzte noch ausstehende Grundoperation auf AVL-Bäumen implementiert. Die öffentliche Operation remove() bleibt gegenüber der bisherigen Implementierung ohne Ausbalancierung unverändert und startet lediglich den rekursiven Durchlauf ausgehend von der Wurzel root des AVL- Baums:

```
/**
 * Entfernen eines Eintrags zu einem gegebenen Schlüssel
 */
public V remove(K key)
{
  if (this.root != null)
  {
    this.returnValue = null;
    this.root = removeNode(key, this.root);
    return this.returnValue;
  }
  else
    return null;
}
```

Auch die Vorgehensweise und Wirkung der Ausgleichsoperationen beim Löschen aus AVL-Bäumen soll in Abb. 7.11-8 noch einmal schrittweise an einem Beispiel veranschaulicht werden.

Beispiel

- Als erstes wird der Knoten 4 entfernt, wodurch sein Vaterknoten 3 zu linkslastig wird. Eine Rechts-Rotation um den Knoten 2 schafft hier aber schnell Abhilfe, so dass der Baum wieder ausgeglichen ist.
- Zum Löschen des Knotens 8 wird dieser durch seinen symmetrischen Vorgänger, den Knoten 7, ersetzt, ohne dass irgendwelche Ausgleichsoperationen notwendig werden.
- Das ändert sich aber beim anschließenden Entfernen des Knotens 6: Dadurch erhöht sich die Balance am Knoten 7 auf +2, er wird zu rechtslastig und erfordert einen Ausgleich in Form einer Links- Rotation.
- Das Entfernen des Wurzelknotens 5 kann dann wieder ohne Komplikationen erfolgen. Sein Inhalt wird durch den des symmetrischen Vorgängers (Knoten 3) ersetzt, der anschließend aus dem Baum gelöscht wird. Der Baum hat jetzt zwar schon eine stattliche »Schlagseite« nach rechts, ist aber streng genommen immer noch ausgeglichen und somit ein gültiger AVL-Baum, da kein Knoten aus der Balance geraten ist. Es findet daher auch keine Ausgleichsoperation statt.
- Erst beim nächsten Schritt, dem Entfernen des Knotens 2, wird der Wurzelknoten 3 zu rechtslastig und muss ausgeglichen werden. Nach einer Rechts-Links-Rotation stimmt die Balance wieder an allen Knoten, und es kann weiter gehen.

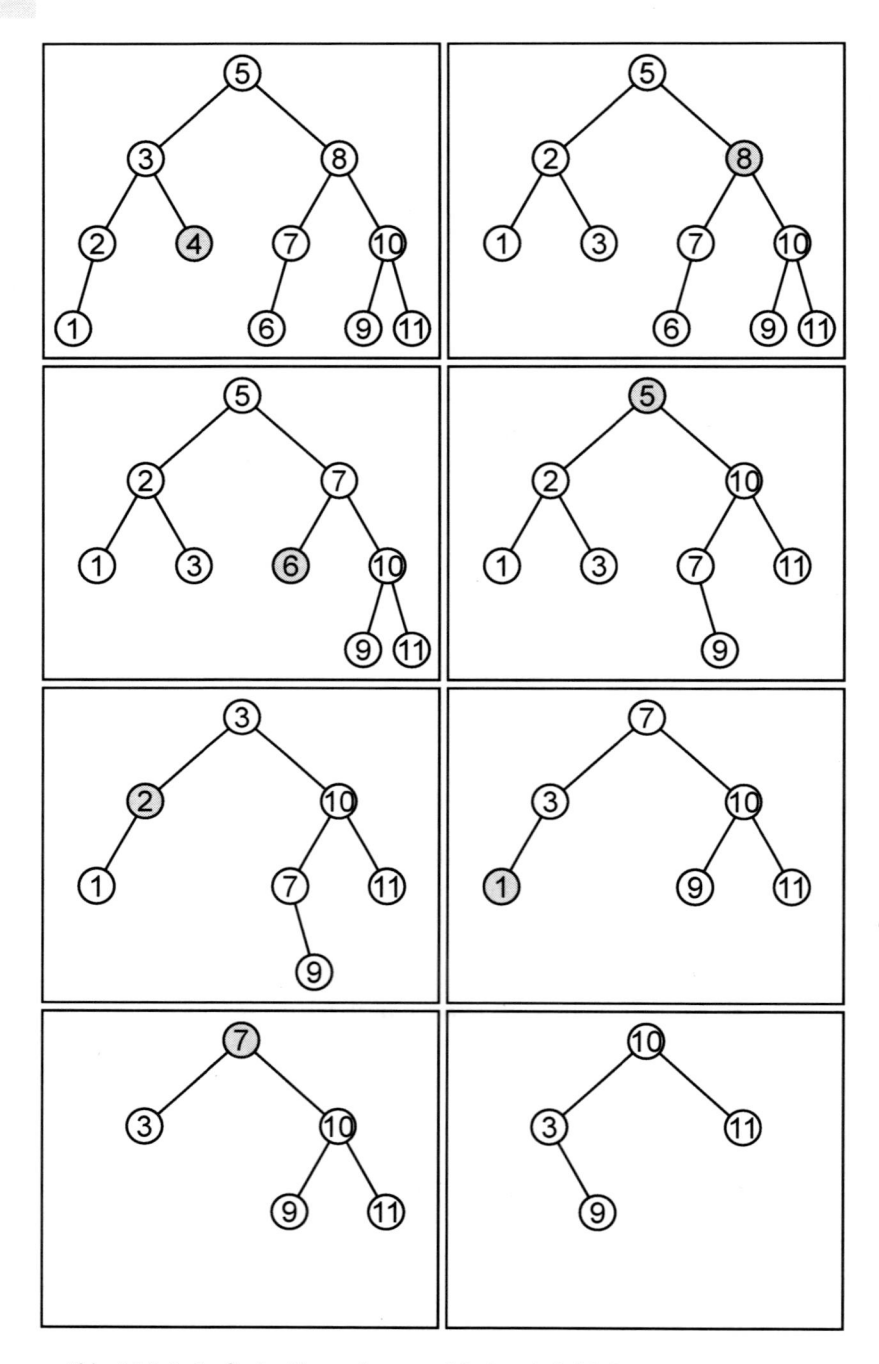

Abb. 7.11-8: Grafische Illustration zum Löschen bei AVL-Bäumen.

- Der nächste Knoten 1 kann ohne jegliche Komplikationen direkt gelöscht werden; alle anderen Knoten bleiben davon unberührt.
- Erst mit dem Löschen des Wurzelknotens 7 kommt wieder Bewegung in den Baum. Offensichtlich wäre hier ein Ersetzen durch den symmetrischen Nachfolger, den Knoten 9, sehr hilfreich, und der Baum wäre weiterhin ausgeglichen. Die hier zugrunde liegende Strategie, stattdessen den symmetrischen Vorgänger (also den Knoten 3) zu nehmen, erfordert erst noch eine Links-Rotation, bevor der Baum wieder ausgeglichen ist.

## Betrachtungen zur Laufzeitkomplexität

Im Gegensatz zu allgemeinen binären Suchbäumen, die bei ungünstiger Reihenfolge der durchgeführten Operationen auch zu linearen Strukturen entarten können, sind AVL-Bäume immer ausgeglichen. Damit ist sichergestellt, dass die Suche nach einem Element oder nach der passenden Einfügestelle für ein neues Element immer mit nur logarithmischem Aufwand, also in O(log n), erfolgen kann. Soweit erstmal eine sehr beruhigende Erkenntnis. Allerdings ist dabei der Aufwand für die Rebalancierung noch nicht berücksichtigt, der ja gerade die Voraussetzung für diese Effizienz schafft. Ohne Ausgleichsoperationen kann der Baum entarten und die Laufzeit schnell in O(n) kippen. Wie groß ist aber der Aufwand für die notwendigen Ausgleichsoperationen? Bei der Beantwortung dieser Frage helfen die folgenden drei Feststellungen:

- Ausgleichsoperationen werden nur beim Einfügen eines neuen oder Löschen eines schon vorhandenen Knotens nötig und durchgeführt.
- Die Ausgleichsoperationen werden immer entlang des Pfades von der Wurzel zur Einfügestelle bzw. zu dem zu löschenden Knoten ausgelöst. Beim Löschen eines Knotens können dabei tatsächlich auf mehreren Ebenen Ausgleichsoperationen notwendig werden.
- Der Aufwand einer einzelnen Ausgleichsoperation, also eines Aufrufs von `rebalanceRight()` oder `rebalanceLeft()`, ist immer unabhängig von der Anzahl n der im Baum gespeicherten Elemente.

Alles zusammen genommen folgt daraus, dass der Aufwand für eventuell notwendige Ausgleichsoperationen nur abhängig von der maximalen Länge eines Pfades im Baum, also von seiner Höhe, ist. Diese liegt zwar nur in den seltensten Fällen bei $\log_2(n)$, wie in einem vollständig ausgeglichenen Baum, allerdings kann

*Alle Operationen in O(log n)*

bewiesen werden, dass die Höhe eines AVL-Baums jederzeit um maximal 45 Prozent größer als die eines vollständig ausgeglichenen Baumes mit denselben Knoten ist. Daraus ergibt sich schließlich, dass auch der Aufwand für die notwendigen Rebalancierungen des AVL-Baumes im Zusammenhang mit einer Einfüge- oder Löschoperation schlimmstenfalls in O(log n) liegt. Somit ist auch der Gesamtaufwand für jede der Grundoperationen in O(log n), wächst also nur logarithmisch mit der Anzahl der Knoten im Baum.

### Erweiterungen und Ausblick

AVL-Bäume stellen nicht den einzigen Ansatz zur Implementierung selbstausgleichender Suchbäume dar. Auf ihrer Basis wurden in der Folgezeit einige Erweiterungen, teils für spezielle Anwendungsbereiche, entwickelt.

Rot-Schwarz-Bäume

Dazu gehören auch die sog. **Rot-Schwarz-Bäume** *(red-black tree)*, die 1972 von dem deutschen Informatiker Rudolf Bayer zunächst als Spezialfall seiner B- Bäume beschrieben wurden. Leo Guibas und Robert Sedgewick führten dann 1978 die charakteristische Rot-Schwarz- Färbung ein, was schließlich zu dem markanten Namen führte. Rot-Schwarz-Bäume sind binäre Suchbäume, deren Knoten eine Markierung (rot/schwarz) tragen und für die folgende Regeln gelten:

1 Jeder Knoten ist entweder rot oder schwarz.
2 Die Wurzel ist immer schwarz.
3 Die Söhne eines roten Knotens sind immer schwarz.
4 Die Anzahl der schwarzen Knoten ist auf jedem Pfad von der Wurzel zu jedem Blattknoten gleich.

Das Kriterium der Ausgeglichenheit ist bei Rot-Schwarz-Bäumen also etwas schwächer als bei AVL-Bäumen, da nur die schwarzen Knoten berücksichtigt werden; nicht jeder Rot-Schwarz-Baum ist deshalb auch ein AVL-Baum. Wie bei AVL-Bäumen erfolgen auch hier beim Einfügen und Löschen bei Bedarf entsprechende Ausgleichsoperationen, die sicherstellen dass die genannten Regeln immer eingehalten werden. Es kann außerdem bewiesen werden, dass die Höhe eines Rot-Schwarz-Baumes mit n Knoten nie größer als $2 \cdot \log_2 n + 2$ werden kann. Somit ist auch der Aufwand für die Zugriffsoperationen auf Rot-Schwarz-Bäumen logarithmisch, liegt also auch in O(log n). Tatsächlich zeigen empirische Studien sogar, dass der Aufwand für die Suche in einem Rot-Schwarz-Baum mit n Knoten mit zufällig generierten Werten nur $1.002 \cdot \log_2 n$ beträgt. Die Suche in Rot-Schwarz-Bäumen ist also wie bei AVL-Bäumen auch fast genauso effizient wie in einem vollständigen Binärbaum.

## 7.11 Ausgeglichene Bäume **

Sicher fragen Sie sich schon eine ganze Weile, welche konkrete Implementierung denn nun den Klassen TreeSet und TreeMap aus dem *Collection-Framework* zugrundeliegt? Tatsächlich implementieren diese Klassen Rot-Schwarz-Bäume und stellen damit für alle schlüsselbasierten Operationen[24] eine Laufzeitkomplexität in O(log n) sicher.

*Basis für TreeSet & TreeMap*

Sowohl AVL- wie auch Rot-Schwarz-Bäume sind Binärbäume: Jeder Knoten hat maximal zwei Nachfolger. Diese Beschränkung ist zwar naheliegend, da sie zum Beispiel der Struktur der Binären Suche oder auch der von Entscheidungsbäumen (mit Ja/Nein-Knoten) entspricht. Sie ist aber nicht zwingend, weshalb es in der Informatik auch eine Reihe von weiteren Konzepten und Implementierungen gibt, die mehr als zwei bis hin zu Hunderten von Nachfolgern zu einem Knoten zulassen.

*Nichtbinärbäume*

So erlauben 2–3-Bäume *(2–3 trees)* in ihren Knoten wahlweise einen oder zwei Schlüsselwerte und somit maximal drei Unterbäume als Nachfolgerknoten: Besitzt ein Knoten nur einen Schlüssel, dann ist die Logik dieselbe wie bei den bekannten binären Suchbäumen; enthält sie aber zwei Schlüssel $k_1$ und $k_2$, so gilt dass alle Schlüssel im linken Unterbaum einen Wert kleiner als $k_1$ haben müssen, alle Schlüssel im rechten Unterbaum einen Wert größer als $k_2$ und alle Schlüssel im mittleren Unterbaum einen Wert zwischen $k_1$ und $k_2$ haben müssen. Außerdem befinden sich in einem 2–3-Baum alle Blattknoten auf der untersten Ebene, was durch die Flexibilität bei der Anzahl der Schlüssel in den Knoten ermöglicht wird und zugleich die Grundlage der Balance von 2–3-Bäumen darstellt.

*2-3-Bäume*

Eine weitere Verallgemeinerung führt von den 2–3-Bäumen zu den von Rudolf Bayer im Zusammenhang mit Indexstrukturen für Datenbanken eingeführten B-Bäumen *(B- trees)*: Diese erlauben in ihren Knoten eine beliebige Maximalzahl m an Schlüsselwerten, wobei in jedem Knoten (außer der Wurzel) zwischen m/2 und m Schlüssel enthalten sind, jeder Knoten also zwischen m/2+1 und m+1 Nachfolger hat.

*B-Bäume*

B-Bäume eignen sich besonders zur Speicherung der Indexstrukturen in Datenbanken, die auf vergleichsweise langsamen Medien, wie Festplatten, abgelegt sind. Diese sind normalerweise in Blöcke unterteilt, und die Zugriffszeit auf einen solchen Datenblock ist signifikant größer als die Verarbeitungszeit auf den Daten selbst, sobald sie erstmal in den internen Speicher geladen sind. Die Knoten eines B-Baumes werden nun so groß gewählt, dass jeder Knoten gerade einen Block ausfüllt und somit jeder Plattenzugriff auf den Index genau einen Knoten des B-Bau-

*Wichtig für Datenbanken*

---

[24] Andere Operationen wie containsValue() benötigen natürlich weiterhin einen linearen Aufwand, da im schlimmsten Fall alle Knoten durchlaufen werden müssen.

mes liefert. Da die Zeit zum Zugriff auf einen Block sehr groß ist im Verhältnis zu der Zeit, ihn im Speicher zu verarbeiten, kann durch diese Maximierung der Knotengröße die Anzahl der Plattenzugriffe reduziert werden, die notwendig sind, um ein bestimmtes Element aufzufinden. Nehmen Sie an, dass ein Block Platz für einen B-Baum-Knoten mit maximal 200 Schlüsseln bietet. Dann enthält jeder Knoten mindestens 100 Schlüssel, so dass ein Datenbestand von $100^4$ oder 100 Millionen Einträgen mit einem B-Baum der Höhe 4 erschlossen werden kann, also nur vier Indexzugriffe notwendig sind, um ein beliebiges Element zu finden.

*2-3-4-Bäume*

Eine Spezialisierung von B-Bäumen auf den Fall m=4 stellen die sogenannten 2-3-4-Bäume *(2–3-4 trees)* dar, bei denen jeder Knoten dem Namen entsprechend 2, 3 oder 4 Nachfolger haben kann und somit zwischen 1 und 3 Schlüsselwerte enthält. Zugleich besteht aber auch eine interessante Beziehung zu den Rot-Schwarz -Bäumen: Ein Rot-Schwarz-Baum kann nämlich auch als binäre Variante eines 2–3-4-Baumes verstanden werden, jedem Knoten des 2–3-4-Baumes entsprechen dann bis zu drei Knoten im Rot-Schwarz-Baum.

## 7.12  Vergleich und Auswahl **

Mit dem *Collection Framework* stehen in Java eine Vielzahl an Datentypen als Interfaces und gebrauchsfertige Implementierungen zur Verfügung, die für die meisten Zwecke ausreichen. Bei der Auswahl der jeweils am besten geeigneten Datenstruktur für einen Anwendungszweck spielen die Fokussierung auf Speicherplatz oder Laufzeit, die häufigsten Operationen auf den Daten sowie Charakteristika der zu speichernden Elemente eine entscheidende Rolle.

Alle besprochenen Datentypen von *Collections* über Listen, Mengen, Stapeln und Schlangen bis hin zu Abbildungen ermöglichen es Ihnen, beliebig große und sich zur Laufzeit verändernde Mengen von Objekten zu verwalten. Elemente können darin gesucht und jederzeit hinzugefügt, verändert oder gelöscht werden, ohne dass die Anzahl der zu einem Zeitpunkt gespeicherten Elemente grundsätzlich beschränkt ist.

*Datentypen meist als Interfaces*

Dabei steht jeder dieser Datentypen für ein bestimmtes Grundkonzept und basiert auf bestimmten Charakteristika der zu verwaltenden Elemente selbst oder der beabsichtigten Art, wie auf diese zugegriffen werden soll:

- Eine **Sammlung** (Collection) ist eine ganz allgemeine Ansammlung von Objekten ohne jegliche Anforderung an ihre Elemente oder die Art des Zugriffs auf diese.

## 7.12 Vergleich und Auswahl ** 297

- Die Struktur einer Liste (List) basiert auf einer Ordnung auf den Elementen: Zu jedem Element (außer am Anfang und am Ende) sind Vorgänger und Nachfolger klar definiert.
- Ein Stapel (Stack) stellt eine besondere Form einer Liste dar, bei der der Zugriff auf ein Ende beschränkt ist. Elemente können nur an diesem Ende eingefügt oder entnommen werden. Stapel definieren deshalb eine Last-In-First-Out- Struktur (LIFO).
- Auch Schlangen (Queue) stellen eine Sonderform von Listen dar. Bei ihnen sind Hinzufügen und Löschen nur an entgegengesetzten Enden der Liste zulässig. Schlangen definieren im Allgemeinen eine First-In-First-Out-Struktur (FIFO). Bei prioritäts-gesteuerten Warteschlangen (PriorityQueue) wird die interne Listenstruktur durch eine Heap-Struktur auf Basis der jeweiligen Prioritäts-Operation *(Comparator)* ersetzt.
- Bei Mengen (Set) spielt die Ordnung der Elemente keine Rolle; entscheidendes Kriterium ist die mathematische Mengen-Eigenschaft: Mengen enthalten keine Duplikate, und das Hinzufügen schon vorhandener Elemente verändert die Menge nicht.
- Abbildungen (Map) schließlich repräsentieren gerichtete (unidirektionale) Assoziationen zwischen Elementen aus zwei verschiedenen Mengen (Schlüssel und Werte), wobei der Wertebereich Duplikate enthalten darf und deshalb streng genommen auch nur eine *Collection* und keine Menge darstellt.
- Besondere praktische Bedeutung haben schließlich noch die sortierten Varianten von Mengen und Abbildungen (Sorted Set bzw. SortedMap), deren Elemente (bei Mengen) bzw. Schlüssel (bei Abbildungen) entsprechend ihrer natürlichen Ordnung oder unter Anwendung eines *Comparators* sortiert sind, was den Zugriff auf einzelne Elemente beschleunigt.

Für die praktische Verwendung dieser Datentypen werden konkrete Klassen benötigt, die das gewünschte Verhalten implementieren. Diese bedienen sich intern einiger weniger grundlegender Datenstrukturen zur Speicherung der Elemente:

*Implementierung mit Feldern oder Verkettung*

- Feldlisten (ArrayList) verwenden intern eine statische Speicherstruktur, in diesem Fall ein gewöhnliches Feld (Array) für die Speicherung der Elemente einer Liste. Den Vorteilen des schnellen index-orientierten Zugriffs stehen als Nachteile der Aufwand für das Verschieben von Elementen beim Einfügen und Löschen sowie beim »Vergrößern« des Feldes gegenüber, so dass die wichtigsten Operationen mit linearem Aufwand in O(n) verbunden sind. Auch die Klassen Stack und PriorityQueue zur Implementierung von Stapeln und (prioritäts-gesteuerten) Schlangen nutzen intern ein Feld zur Speicherung der Elemente, das bei Bedarf erweitert, also durch ein größeres ersetzt wird. Die Suche nach einem Element erfordert auch hier jeweils linearen Aufwand in O(n), während die anderen Zugriffsfunktionen zum Einfügen und Entnehmen aufgrund der Beschränkung auf die Enden des Feldes mit konstantem bzw. logarithmischem Aufwand (für das Einfügen in die Heap-Struktur bei PriorityQueue) möglich sind.

- Die Klassen HashSet und HashMap zur Implementierung von Mengen bzw. Abbildungen verwenden intern zwar ebenfalls ein Feld (Array) für die Speicherung der Elemente, organisieren die Ablage aber über eine Hashfunktion, die sogenannte Hashtabelle, die zu jedem zu speichernden Objekt eine Indexposition im Feld berechnet. Maßnahmen zur Kollisionsbehandlung und zur Vergrößerung und Reorganisation der Hashtabelle bei Erreichen eines bestimmten Ladefaktors sorgen dafür, dass alle Zugriffsoperationen mit einem Aufwand unabhängig von der Anzahl der gespeicherten Elemente, also in O(1), möglich sind. Dieser hervorragenden Laufzeitkomplexität steht aber der zusätzliche Speicherbedarf gegenüber, der notwendig ist, um den Füllfaktor im akzeptablen Bereich (unter 60 bis 70 Prozent) und die Wahrscheinlichkeit von Kollisionen wie auch aufwändiger Reorganisationen der Hashtabelle gering zu halten.

- Verkettete Listen (LinkedList) sowie die Klassen TreeSet und TreeMap zur Implementierung von Mengen bzw. Abbildungen basieren dagegen auf einer verketteten Struktur. Eigene Verwaltungsobjekte (Entry bzw. Node) enthalten Referenzen auf weitere ihrer Art: Diese repräsentieren den Nachfolger in einer linearen Listenstruktur (LinkedList) oder einer Baumstruktur (TreeSet bzw. TreeMap). Alle Operationen, sofern sie nicht an einem direkt zugreifbaren Ende (head/tail bei Listen bzw. root bei Bäumen) operieren, erfordern zunächst eine Navigation durch die Verkettung, bevor ein Element gefunden, eingefügt, geändert oder gelöscht werden kann. In einer linearen Struktur mit n Elementen, wozu neben der verketteten Liste auch eine entartete Baumstruktur zu zählen ist, erfordert das einen linearen Aufwand in O(n), in einem ausgeglichenen Binärbaum dagegen nur logarithmischen Aufwand in O(log n), weshalb die Ausgeglichenheit der Baumstruktur für die Effizienz der Operationen von großer Bedeutung ist. Mittels der besprochenen AVL-Bäume, die sich bei Bedarf jeweils wieder selbst ausbalancieren, können die Ausgeglichenheit der Baumstruktur und damit die logarithmische Laufzeitkomplexität ohne nennenswerten Zusatzaufwand sichergestellt werden.

## 7.12 Vergleich und Auswahl **

In Tab. 7.12-1 finden Sie zum Abschluss noch einmal eine Gegenüberstellung zur Laufzeitkomplexität der wichtigsten Operationen auf den hier diskutierten Implementierungen.

| Datenstruktur (Beispiel) | Einfügen | Löschen | Suchen | Voraussetzung |
|---|---|---|---|---|
| Sortiertes Feld | O(n) | O(n) | O(log n) | Elemente vergleichbar (Comparable od. Comparator) |
| Feldliste (ArrayList) | O(n) | O(n) | O(n) | keine |
| Stapel (Stack) | O(1) | O(1) | O(n) | keine |
| Prioritätswarteschlange (Priority Queue) | O(log n) | O(log n) | O(n) | Elemente vergleichbar (Comparable od. Comparator) |
| Verkettete Liste (LinkedList) | O(1) | O(n) | O(n) | keine |
| Sortierte verkettete Liste (entarteter Baum) | O(n) | O(n) | O(n) | Elemente vergleichbar (Comparable od. Comparator) |
| Balancierter Suchbaum (AVL-Baum) | O(log n) | O(log n) | O(log n) | Elemente vergleichbar (Comparable od. Comparator) |
| TreeSet bzw. TreeMap | O(log n) | O(log n) | O(log n) | Elemente vergleichbar (Comparable od. Comparator) |
| Vollständiger Suchbaum | O(log n) | O(log n) | O(log n) | Elemente vergleichbar (Comparable od. Comparator) |
| Hashtabelle (HashSet oder HashMap) mit Füllfaktor < 50% | O(1) | O(1) | O(1) | »gute« Operation hashCode() |

Tab. 7.12-1: Gegenüberstellung zur Komplexität der wichtigsten Operationen.

Abgesehen von einer Implementierung als Hashtabelle, die aber erheblichen zusätzlichen Speicherbedarf bedeutet, bieten Balancierte Bäume, zu denen AVL-Bäume und auch die Implementierungen TreeSet und TreeMap in Java gehören, die beste Laufzeitkomplexität, nämlich O(log n) für alle Operationen.

Falls Sie also in einer konkreten Anwendung einmal eine passende Datenstruktur für eine große Anzahl an Elementen suchen, diese Elemente paarweise vergleichbar sind (entweder über ihre natürliche Ordnung mittels compareTo() oder über einen eigenen Comparator) und Sie den Speicherbedarf möglichst knapp halten müssen, dann sollte ein balancierter

Tipp

Baum, also in Java etwa die Klasse `TreeSet` oder `TreeMap`, Ihre erste Wahl sein.

Umgekehrt sprechen mangelnde Vergleichbarkeit der zu speichernden Elemente und ausreichend verfügbarer Speicherplatz für die Verwendung einer Hashtabelle, also in Java etwa der Klasse `HashSet` oder `HashMap`.

In den allermeisten Fällen, in denen die Sache nicht so klar ist, müssen die Vor- und Nachteile gegeneinander abgewogen werden:

- Wie wichtig sind sehr schnelle Zugriffe? (Argument für `HashSet` bzw. `HashMap`).
- Wie knapp ist der zur Verfügung stehende Speicher? (Argument für `TreeSet` bzw. `TreeMap`).

Aber auch ganz spezielle Nutzungssituationen können den Ausschlag für die Wahl der Implementierung geben, zum Beispiel wenn eine Datenstruktur nach ihrem Aufbau vermutlich kaum noch verändert wird und der Zugriff auf bestimmte Elemente danach extrem schnell sein soll. In diesem Fall würde sich auch ein ganz gewöhnliches Feld (Array), falls die Größe vorab abschätzbar ist, oder aber eine Feldliste (`ArrayList`) anbieten. In beiden Fällen kann über einen Index jederzeit direkt auf ein bestimmtes Element zugegriffen werden, ohne dass etwa, wie in einem Baum, immer erst nach dem Element gesucht werden muss.

# 8 Algorithmen auf Texten *

Ein weiteres Feld, das – da immer wieder und oftmals auf sehr großen Datenmengen angewendet – nach effizienten Algorithmen verlangt, bietet die Textverarbeitung. In vielen praktischen Anwendungen werden neben anderen Daten auch oder sogar ausschließlich Texte verarbeitet. Dabei ist die Suche nach einem oder allen Vorkommen eines bestimmten Musters in einem Text von zentraler Bedeutung, auf der weitere Operationen zum Löschen oder Ersetzen aufbauen.

Zuvor aber lohnt ein Blick auf die Repräsentation von Texten bzw. Zeichenketten sowie die elementaren Operationen auf ihnen:

- »Einführung und elementare Operationen auf Texten«, S. 301

Für das zentrale Problem der Mustersuche in Texten sind neben den naiven Verfahren in den 1970er Jahren spezielle, effiziente Algorithmen entwickelt worden, die heute noch den Standard setzen:

- »Mustersuche nach Knuth, Morris und Pratt (KMP)«, S. 311
- »Mustersuche nach Boyer und Moore«, S. 321

## 8.1 Einführung und elementare Operationen auf Texten *

Texte bestehen aus einer Sequenz einzelner Zeichen, die auch Zeichenketten *(string)* genannt werden. Für ihre Repräsentation gibt es verschiedene Möglichkeiten, von denen in Java die Repräsentation als eigene Klasse naheliegend ist. Zu den elementaren Operationen auf Zeichenketten gehören neben der Selektion eines Ausschnitts, der Modifikation und der Aneinanderreihung von Zeichenketten insbesondere der Vergleich zweier Zeichenketten sowie die Suche nach einer Zeichenkette in einer anderen Zeichenkette.

In vielen praktischen Anwendungen werden neben anderen Daten auch oder sogar ausschließlich Texte verarbeitet. Texte, oder besser Textdokumente, können ihrerseits strukturiert sein und beispielsweise aus einzelnen Kapiteln bestehen, die wiederum mehrere Abschnitte umfassen.

Unterhalb einer solchen Gliederungsstruktur bestehen sie aber letztlich immer aus einer Sequenz von Zeichen (zum Beispiel Buchstaben, Ziffern, Sonder- und Steuerzeichen) aus einem zugrundeliegenden Zeichensatz (in Java: Unicode), die deshalb auch als Zeichenkette *(string)* bezeichnet wird. Einzelne Zeichen können auch mehrfach in einer Zeichenkette vorkommen.

Zeichenketten

## 8 Algorithmen auf Texten *

**Alphabet und Wörter**

In der Theoretischen Informatik wird der gegebene Zeichensatz als **Alphabet** bezeichnet und die Zeichenketten werden **Wörter** (über dem betreffenden Alphabet) genannt. Jede Zeichenkette stellt also ein Wort dar, so dass schließlich eine **formale Sprache**, zum Beispiel auch die Programmiersprache Java, als Menge aller zulässigen Wörter über einem bestimmten Alphabet definiert werden kann. Fragen der Art, wie beispielsweise festgestellt werden kann, ob ein gegebenes Wort (zum Beispiel ein Java-Programm) zu einer bestimmten Sprache gehört (also in der richtigen Weise aus einzelnen Zeichen aufgebaut und somit syntaktisch korrekt ist), werden in der Theorie formaler Sprachen untersucht. Im Zusammenhang mit der Programmierung stellen sich dagegen Fragen der internen Darstellung und Speicherung sowie des Umgangs mit Zeichenketten.

### Repräsentation von Zeichenketten

Für die interne Repräsentation gibt es verschiedene Möglichkeiten, die auch in unterschiedlichen Programmiersprachen zum Einsatz kommen:

**Explizite Längenangabe**

- In den frühen Programmiersprachen, wie Pascal oder BASIC, werden Zeichenketten statisch repräsentiert: Der eigentlichen Sequenz von ASCII-Zeichen, die jeweils ein Byte zur Repräsentation benötigen, wird ein Byte vorangestellt, das die aktuelle Länge der Zeichenkette enthält. Da ein Byte nur Werte von 0 bis 255 annehmen kann, ist damit auch die Länge einer Zeichenkette in Pascal auf 255 Zeichen beschränkt. Diesem Nachteil stehen der direkte Zugriff auf die aktuelle Länge und die Möglichkeit der Speicherung von Zeichenketten auf dem Laufzeit-Stapel gegenüber.

**Terminierungszeichen**

- In der Programmiersprache C werden Zeichenketten dagegen dynamisch unter Verwendung eines besonderen Terminierungszeichens repräsentiert: Sie haben praktisch keine Längenbeschränkung. Die Repräsentation erfolgt auch dort durch eine Sequenz einzelner Zeichen, die jeweils ein Byte belegen, fortlaufend im Speicher abgelegt und mit dem Nullzeichen abgeschlossen werden: Dem Zeichen, dessen binäre Darstellung nur aus Nullen besteht, weswegen solche Zeichenketten auch als *nullterminiert* bezeichnet werden. Dem Vorteil der nur durch den verfügbaren Speicherplatz beschränkten Länge stehen allerdings zwei Nachteile entgegen: So können Zeichenketten in C kein Nullzeichen enthalten und die aktuelle Länge kann nur aufwändig durch Abzählen der Elemente bis zum Terminierungszeichen ermittelt werden.

**Zeichenketten als Objekte**

- In objektorientierten Programmiersprachen wie Java werden Zeichenketten als eigene Objekte repräsentiert, die analog zur Datenstruktur der Feldliste (ArrayList) jeweils ein Attribut für die aktuelle Länge sowie ein Feld mit den einzelnen Zeichen enthalten. Dadurch können Zeichenketten einerseits beliebig lang werden; andererseits ist aber ihre aktuelle Länge unmittelbar verfügbar. In Java stehen für Zeichenketten die Klassen String sowie StringBuffer und StringBuilder zur Verfügung.

Zeichenketten benötigen vergleichsweise viel Speicherplatz und sie kommen häufig in Programmen vor, sei es als Ein- und Ausgabe von Algorithmen wie der Verwaltung von Studierenden in einer Datenbank oder für Hinweistexte und Fehlermeldungen. Deshalb verwenden viele höhere Programmiersprachen eine besondere Verwaltung, um Zeichenketten effizient speichern zu können. Die Grundidee dabei ist, dass eine Zeichenkette als Konstante betrachtet wird, die auch nur einmal gespeichert werden muss. Wenn eine Zeichenkette verändert wird, zum Beispiel durch das Ändern eines Zeichens oder das Anhängen weiterer Zeichen, dann entsteht eine neue Zeichenkette. Statt der Zeichenketten selbst werden im Programm Referenzen auf Zeichenketten verwendet. Die Zeichenketten selbst werden in einer Hashtabelle verwaltet und jedes Mal, wenn eine Zeichenkette gespeichert werden soll, wird zunächst in der Hashtabelle nachgesehen, ob diese Zeichenkette schon vorhanden ist und dann die Referenz auf die schon vorhandene Zeichenkette verwendet.

*Wiederverwendung von Zeichenketten*

## Zeichenketten in Java

Zeichenketten werden in Java als Objekte einer der Klassen String, StringBuffer oder StringBuilder repräsentiert.

Auch Java unterstützt die Einmalspeicherung und Wiederverwendung von Zeichenketten – und zwar über die Ihnen bereits bekannte Klasse String und die Verwendung von Zeichenketten direkt im Programmtext, den so genannten String-Literalen.

*Klasse String*

Betrachten Sie dazu die folgenden Beispiele:

*Beispiele*

```
String s1 = "Hello World";
String s2 = "Hello World";
// (s1 == s2) liefert true!
String s3 = "Hello " + "World";
// (s1 == s3) liefert true!
```

Alle drei Variablen s1, s2 und s3 verweisen auf dasselbe Objekt vom Typ String. Nur wenn ausdrücklich mit new() ein neues Objekt erzeugt wird oder eine Operation wie substring() ausgeführt wird, die ihrerseits ein neues String-Objekt erzeugt, dann entstehen mehrere gleiche (aber nicht mehr identische) Objekte:

8 Algorithmen auf Texten *

```
String s4 = new String("Hello World");
// (s1 == s4) liefert false!
String s5 = "Hello " + s1.substring(6);
// (s1 == s5) liefert false!
```

Operationen auf Objekten der Klasse String ändern diese also nicht direkt (sie werden als konstant betrachtet), sondern erzeugen (falls noch nicht vorhanden) ein neues Objekt mit dem entsprechenden Wert.

*Klassen StringBuffer & StringBuilder*

Anders verhält es sich mit den Klassen StringBuffer und StringBuilder: Diese verwalten eine Zeichenkette tatsächlich mittels eines internen Feldes, in dem auch Änderungen erfolgen und das analog einer Feldliste bei Bedarf vergrößert wird, ohne dass Sie als Programmierer etwas davon mitbekommen.[1]

## Elementare Operationen auf Zeichenketten

Zu den elementaren Operationen auf Zeichenketten, die bei ihrer Verwendung als Basiselemente einer Programmiersprache immer wieder benötigt werden, gehören die Erzeugung und Zuweisung von Zeichenketten als Werte an entsprechende Variablen, der Vergleich von Zeichenketten, das Selektieren, Entfernen, Ein- und Anfügen sowie Ändern von Zeichenketten sowie die Suche nach Zeichen und Zeichenketten in einer anderen. Diese Operationen werden im Folgenden konkret für die Nutzung in Java betrachtet:

*Zuweisungen von Zeichenketten an Variablen*

Da Zeichenketten in Java als Objekte repräsentiert werden, erfolgt auch die Erzeugung mittels Konstruktor und die Zuweisung an Variablen wie bei anderen Objekten auch. Allerdings gibt es für die Erzeugung von String-Objekten – wie schon angesprochen – die Möglichkeit, Zeichenketten direkt als Literale im Programmtext anzugeben, zum Beispiel als "Hello World!". Diese entsprechen dann unmittelbar einem Objekt vom Typ String, das als Wert die Zeichenkette des Literals aus dem Programmtext hat. Ist ein solches Objekt bereits im System vorhanden, so wird für das Literal nur eine Referenz auf das schon vorhandene String-Objekt geliefert, da String-Objekte in ihrem Wert unveränderlich sind.

*Selektion von Teilen einer Zeichenkette*

Da die Zeichen einer Zeichenkette sequenziell abgelegt sind, lassen sich einzelne Zeichen oder ganze Teilzeichenketten über ihre Position (Index) adressieren und so aus der Zeichenkette selektieren:

---

[1] Der wesentliche Unterschied zwischen den Klassen StringBuffer und StringBuilder besteht darin, dass die Operationen von StringBuilder nicht synchronisiert sind und deshalb im Normalfall die Klasse StringBuilder bevorzugt verwendet werden sollte, da ihre Operationen schneller sind.

## 8.1 Einführung und elementare Operationen auf Texten

Einzelne Zeichen liefert die Operation charAt() über den Index (0 für das erste Zeichen!); die Operation substring() selektiert den Teil einer Zeichenkette ab einem bestimmten Index und ggf. auch nur bis zu einem bestimmten Index:

*charAt()*

Die Operation substring(3,5) liefert eine neue Zeichenkette mit allen Zeichen von der Indexposition 3 bis »knapp vor« Indexposition 5, also letztlich bestehend aus dem vierten und fünften Zeichen.

*substring()*

Sehr häufig müssen Zeichenketten verglichen werden, um zum Beispiel Daten nach Namen oder Bezeichnungen sortieren zu können. Deshalb implementiert die Klasse String auch das Interface Comparable<String> und stellt entsprechend eine Vergleichsoperation compareTo(String anotherString) zur Verfügung. Der Vergleich erfolgt dabei nach lexikografischer Ordnung, also Zeichen für Zeichen und jeweils danach, welches Zeichen früher im Zeichensatz vorkommt. Da Buchstaben und Ziffern jeweils geschlossen von 'A' bis 'Z' bzw. '0' bis '9' der Reihe nach im Zeichensatz vorkommen, ergibt sich daraus auch eine alphabetische bzw. alphanumerische Ordnung. Die Operation compareTo() kann wie folgt programmiert werden:

*Vergleich von Zeichenketten*

```
/**
 * Lexikografischer Vergleich zweier Zeichenketten
 *
 * @param anotherString Zeichenkette, mit der verglichen
 * werden soll
 * @return Vergleichsergebnis < 0, = 0 oder > 0 je nachdem,
 * ob die andere Zeichenkette lexikografisch größer, gleich
 * oder kleiner als die eigene Zeichenkette (this) ist.
 */
public int compareTo(String anotherString)
{
  int l1 = this.length();
  int l2 = anotherString.length();
  int j = 0;
  int diff;
  while ((j < l1) && (j < l2))
  {
    diff = this.charAt(j) - anotherString.charAt(j);
    if (diff != 0)
      return diff;
    j++;
  }
  if ((j == l1) && (j == l2))  // this = anotherString
    return 0;
  else
    if (j >= l1) // this < anotherString
      return -1;
    else // this > anotherString
      return +1;
}
```

| | |
|---|---|
| Konkatenation von Zeichenketten | Eine besondere und wegen des Konstanten-Charakters von `String`-Objekten häufig gebrauchte Operation ist das Aneinanderhängen oder Verbinden von Zeichenketten, das auch als **Konkatenation** bezeichnet wird. Dafür gibt es in der Klasse `String` die Operation `concat()`, die eine übergebene Zeichenkette am Ende anfügt, so dass etwa `"Hello ".concat("World!")` die Zeichenkette `"Hello World!"` liefert. |
| Operator '+' | In der Praxis werden Sie diese Operation aber kaum verwenden, da hierfür auch viel kompakter die Überladung des Operators '+' genutzt werden kann, der, sobald einer der Operanden vom Typ `String` ist, aus dem anderen Operanden bei Bedarf mittels `toString()` ein `String`-Objekt erzeugt und anschließend beide aneinanderfügt. |
| Modifikation einer Zeichenkette | Für die Modifikation einer Zeichenkette stehen Ihnen in Java eine Vielzahl von Operationen auch in der Klasse `String` zur Verfügung. So ersetzt beispielsweise die Operation `remove()` ein Zeichen durch ein anderes und mit Hilfe der Operationen `substring()` und `concat()` können auch beliebige index-bezogene Modifikationen realisiert werden wie das Löschen aller Elemente ab einem bestimmten Index oder das Einfügen einer Zeichenkette an einer bestimmten Position. Operationen zum Löschen aller Vorkommen einer bestimmten Zeichenfolge oder das Ersetzen einer Zeichenfolge durch eine andere erfordern zunächst Operationen zur Suche nach einer bestimmten Zeichenkette in einer anderen. |
| Suche nach einer Zeichenkette in einer anderen | Natürlich gibt es auch für die Suche nach einer Zeichenfolge in einem `String`-Objekt in der Klasse `String` bereits entsprechende Operationen: So liefert die Operation `indexOf()` den Index des nächsten Vorkommens einer gegebenen Zeichenkette ab einer bestimmten Position und auf ihrer Basis erlaubt auch die Operation `replaceFirst()` die Übergabe zweier Zeichenketten, so dass das erste Vorkommen der einen Zeichenkette (oder aller bei `removeAll()`) durch die zweite Zeichenkette ersetzt wird (bzw. werden). Da diese Operation `indexOf()` zur Suche in Zeichenketten von grundlegender Bedeutung ist, häufig gebraucht wird und es auch unterschiedlich effiziente Algorithmen zu ihrer Realisierung gibt, lohnt es, diese Verfahren näher zu betrachten. |

### Verfahren zur Suche in Zeichenketten

Im Allgemeinen stellt sich das Problem der Suche in Zeichenketten so dar, dass ermittelt werden soll, an welcher Stelle (Index) eine bestimmte Zeichenfolge in einer anderen gegebenen Zeichenkette enthalten ist. Dabei werden die gesuchte Zeichenfolge oft als **Muster** *(pattern)*, die Zeichenkette, in der gesucht

# 8.1 Einführung und elementare Operationen auf Texten

werden soll als Text und das Verfahren entsprechend als **Mustersuche** *(pattern matching)* bezeichnet.

Obwohl es sich dabei ganz allgemein um ein Suchproblem handelt, wobei das gesuchte Muster als Schlüssel *(key)* und die Zeichenkette als zu durchsuchende Datensammlung verstanden werden können, lassen sich die bekannten Verfahren der linearen, binären oder hashing-basierten Suche hier kaum anwenden, da das Muster sich in der Regel über mehrere Elemente (Zeichen) der Datensammlung erstreckt.

*Bekannte Suchverfahren nicht anwendbar*

Für den Spezialfall der Suche nach einem Muster der Länge 1, also einem einzelnen Zeichen, kann allerdings das Verfahren der linearen Suche eingesetzt werden:

*Spezialfall: Zeichensuche*

```
/**
 * Lineare Suche nach einem Zeichen c in einer Zeichenkette s:
 * Es wird der Index der Zeichenkette zurückgeliefert, an dem
 * das Zeichen zum ersten Mal gefunden wird, oder -1 falls das
 * Zeichen c in der Zeichenkette s nicht vorkommt.
 *
 * @param c Zeichen, das gesucht wird
 *        s Zeichenkette, in der gesucht wird
 *
 */
public static int indexOf(char c, String s)
{
  int i = 0;
  int length = s.length();
  while ((i < length) && (s.charAt(i) != c))
    i++;
  if (i == length)
    return -1;
  else
    return i;
}
```

Über die Variable i wird von 0 beginnend solange durch die Zeichenkette durchgelaufen, bis entweder das gesuchte Zeichen gefunden wurde oder das Ende der Zeichenkette erreicht wird. Im ersten Fall wird der Wert von i als Position des ersten Vorkommens des gesuchten Zeichens zurückgegeben; im zweiten Fall der Wert -1, da das gesuchte Zeichen nicht in der Zeichenkette vorkommt. Die binäre Suche scheidet hier aus, da die Zeichen in der Zeichenkette in der Regel nicht sortiert sind. In Anlehnung an die hashing-basierte Suche gibt es tatsächlich auch ein Mustersuchverfahren (siehe [KaRa87]), das allerdings aufwändiger und langsamer als die hier noch zu untersuchenden Verfahren ist und deshalb nicht näher behandelt wird.

Für die Suche nach einem Muster mit mehr als einem Zeichen bietet es sich an, das gerade beschriebene Verfahren zur Suche nach einem einzelnen Zeichen zunächst als Grundlage zu neh-

*Naives Verfahren zur Mustersuche*

## 8 Algorithmen auf Texten *

men. Da jetzt das Muster aber aus einer eigenen Zeichenkette besteht, reicht es nicht mehr, nur das erste Zeichen zu finden. Vielmehr werden, jeweils von der aktuellen Position von i ausgehend, Text und Muster zeichenweise verglichen und erst dann Erfolg gemeldet, wenn das Ende des Musters erreicht wird. Stimmen vorher schon das aktuelle Zeichen des Musters nicht mehr mit dem entsprechenden Zeichen des Textes überein, liegt also ein so genannter *mismatch* vor, dann wird das Verfahren mit dem nächsten Wert für i fortgesetzt.

**Beispiel: Suche nach dem »SINN«**

Abb. 8.1-1 zeigt dieses Vorgehen schrittweise an einem Beispiel: In dem Text »DASSINDSINNLOSEZEICHEN« soll nach dem Muster »SINN« gesucht werden.

```
s = D A S S I N D S I N N L O S E Z E I C H E N
p = S I N N                                       Anzahl Vergleiche = 1
      S I N N                                                          1
        S I N N                                                        2
          S I N N                                                      4
            S I N N                                                    1
              S I N N                                                  1
                S I N N                                                1
                  S I N N                                              4
                                                  Gesamtzahl Vergleiche = 15
```

Abb. 8.1-1: Grafische Veranschaulichung zur naiven Textsuche.

Dazu wird das Muster »SINN« von links beginnend am Text angelegt, schrittweise überprüft und im Falle eines *mismatch* um eine Stelle nach rechts verschoben. Im vorliegenden Fall liefert das Verfahren nach insgesamt 15 Vergleichen als Ergebnis den Wert 7, das Muster »SINN« wurde beginnend an Indexposition 7 gefunden.

**Operation indexOf()**

```
/**
 * Naive Suche nach einem Muster p in einer Zeichenkette s:
 * Es wird der Index der Zeichenkette zurückgeliefert, an dem
 * das erste Vorkommen des Musters p in der Zeichenkette s
 * beginnt, oder -1 falls das Muster p in der Zeichenkette s
 * gar nicht vorkommt.
 *
 * @param p Muster (Zeichenkette), das gesucht wird
 *        s Zeichenkette, in der gesucht wird
```

## 8.1 Einführung und elementare Operationen auf Texten

```
 *
 */
public static int indexOf(String p, String s)
{
  int slength = s.length();
  int plength = p.length();
  int i = 0;
  while (i + plength <= slength)
  {
    int j = 0;
    while ((j < plength) && (s.charAt(i + j) == p.charAt(j)))
      j++;
    if (j >= plength)
      return i;
    i++;
  }
  return -1;
}
```

Während das Muster bei jedem Durchlauf durch die äußere while-Schleife jeweils ab Position i an den Text »angelegt« und in der inneren while-Schleife zeichenweise auf Übereinstimmung verglichen wird, bleibt der Wert von i unverändert. Dadurch muss in der inneren while-Schleife die aktuelle Position im Text immer erst durch Addition von i (Anlegeposition im Text) und j (aktuelle Position im Muster) berechnet werden.

Mit einer kleinen Modifikation lässt sich dieser Aufwand reduzieren und das ganze Verfahren kommt mit einer einzigen while-Schleife aus:

*Eine while-Schleife reicht*

```
/**
 *   (Verfahren mit einer Schleife)
 *
 *   Naive Suche nach einem Muster p in einer Zeichenkette s:
 *   Es wird der Index der Zeichenkette zurückgeliefert, an dem
 *   das erste Vorkommen des Musters p in der Zeichenkette s
 *   beginnt, oder -1 falls das Muster p in der Zeichenkette s
 *   gar nicht vorkommt.
 *   Das Muster p wird von links nach rechts durchlaufen.
 *
 *   @param p Muster (Zeichenkette), das gesucht wird
 *          s Zeichenkette, in der gesucht wird
 *
 */
public static int naiveLeftToRightIndexOf(String p, String s)
{
  int slength = s.length();
  int plength = p.length();
  int i = 0;
  int j = 0;
  do
  {
    if (s.charAt(i) == p.charAt(j))
    {
      i++; j++;
```

```
    }
    else  // mismatch -> neuer Versuch!
    {
      i = i - j + 1;
      j = 0;
    }
  }
  while ((i < slength) && (j < plength));
  if (j == plength)
    return i - plength;   // Muster gefunden!
  else
    return -1;   // Muster nicht enthalten!
}
```

Hier werden beim zeichenweisen Überprüfen des Musters beide Positionen sowohl im Text (i) wie auch im Muster (j) gleichmäßig vorgerückt. Falls sich dann an einer beliebigen Stelle j im Muster keine Übereinstimmung mit dem Text mehr feststellen lässt, dann muss i zunächst um die j Positionen zurückgesetzt werden, die vergeblich im Text vorangeschritten wurde. Anschließend kann dann mit der nächsten Position im Text fortgesetzt werden (i wird also um 1 erhöht und die Musterposition j wieder auf 0 zurückgesetzt, wodurch sich die Anweisungen für den Fall einer Nichtübereinstimmung erklären:

```
i = i - j + 1;
j = 0;
```

## Laufzeitkomplexität der naiven Mustersuche

Zur Analyse der Laufzeitkomplexität sollen wie im Algorithmus selbst *slength* für die Länge des Textes und *plength* für die Länge des zu suchenden Musters stehen.

*Worst Case*    Dann wird im ungünstigsten Fall, wenn das Muster gar nicht oder erst ganz am Ende des Textes enthalten ist, die do-while-Schleife *(slength − plength + 1)*-mal durchlaufen. Und in jedem Durchlauf wird im ungünstigsten Fall erst an der letzten Stelle des Musters eine Nichtübereinstimmung festgestellt, so dass jeweils *plength* Vergleiche erfolgen. Das würde zum Beispiel bei der Suche nach einem Muster "aaaaaaaaaab" in einem Text der Fall sein, der nur aus Zeichen 'a' besteht. Da die Länge des Textes im Normalfall deutlich größer als die des Musters ist, ergibt sich schließlich eine Laufzeitkomplexität in O(slength·plength).

*Best Case*    Der günstigste Fall liegt offensichtlich dann vor, wenn das Muster direkt zu Beginn des Textes vorkommt. Dann sind nur plength-Vergleiche notwendig, was einer Laufzeitkomplexität in O(plength) entspricht.

*Average Case*    Im durchschnittlichen Fall wird das Muster irgendwo im Text vorkommen, so dass die do-while-Schleife im Durchschnitt *slength/2*-mal durchlaufen wird. Wie oft dabei allerdings das

Muster wie weit vergeblich durchlaufen wird bevor eine Nichtübereinstimmung entdeckt wird, hängt nicht nur von den Längen von Muster und Text, sondern auch vom Umfang des Alphabets sowie auch der Struktur des Musters ab, wie das Beispiel zur Worst-Case-Betrachtung bereits gezeigt hat: Würde im gleichen Text nach dem Muster "baaaaaaaaaaa" statt "aaaaaaaaaaab" gesucht, so würde das Muster niemals weiter als bis zum ersten Zeichen untersucht und die Laufzeitkomplexität läge in O(slength). Analysen und Messungen an typischen Anwendungen aus dem Bereich der klassischen Textverarbeitung (mit großen Zeichensätzen und großem *slength* gegenüber *plength*) haben ergeben, dass die Laufzeitkomplexität im durchschnittlichen Fall in O(*slength* + *plength*) liegt (siehe [Pirk92]).

Insbesondere die unbefriedigende Laufzeitkomplexität im ungünstigsten Fall lässt die Frage nach verbesserten Verfahren aufkommen, die eine günstigere Komplexität bieten. Die zwei wichtigsten solcher Verfahren lernen Sie in den folgenden Kapiteln kennen:

Verbesserungsbedarf

- »Mustersuche nach Knuth, Morris und Pratt (KMP)«, S. 311
- »Mustersuche nach Boyer und Moore«, S. 321

## 8.2 Mustersuche nach Knuth, Morris und Pratt (KMP) *

Im Gegensatz zum naiven Verfahren nutzt der Algorithmus von Knuth, Morris und Pratt (kurz: »KMP-Algorithmus«) bei der Feststellung einer Nichtübereinstimmung die Information über die schon verarbeiteten, also bis dahin mit dem Text übereinstimmenden Zeichen des Musters aus, um das Muster für die weitere Suche nur so weit wie nötig nach links zu verschieben.

Der wesentliche Nachteil des naiven Verfahrens besteht darin, dass bei Feststellung einer Nichtübereinstimmung *(mismatch)* sowohl der Index j im Muster als auch der Index i im Text zurückgesetzt werden:

Nachteil des naiven Verfahrens

```
i = i - j + 1;
j = 0;
```

Betrachten Sie zur Veranschaulichung die Anwendung des naiven Verfahrens zur Suche des Musters »TATÜTATA« im Text »TATÜTATÜTATÜTATÜTATATATÜ« (Abb. 8.2-1). Bis zum letzten Zeichen des Musters geht erstmal alles gut. Dann wird an der Position 7 (für i und j) eine Nichtübereinstimmung des »Ü« aus dem Text mit dem »A« aus dem Muster erkannt und beide Indizes werden zurückgesetzt: i auf den Wert 1 und j wieder auf den Anfang des Musters, also j = 0.

Beispiel

## 8 Algorithmen auf Texten *

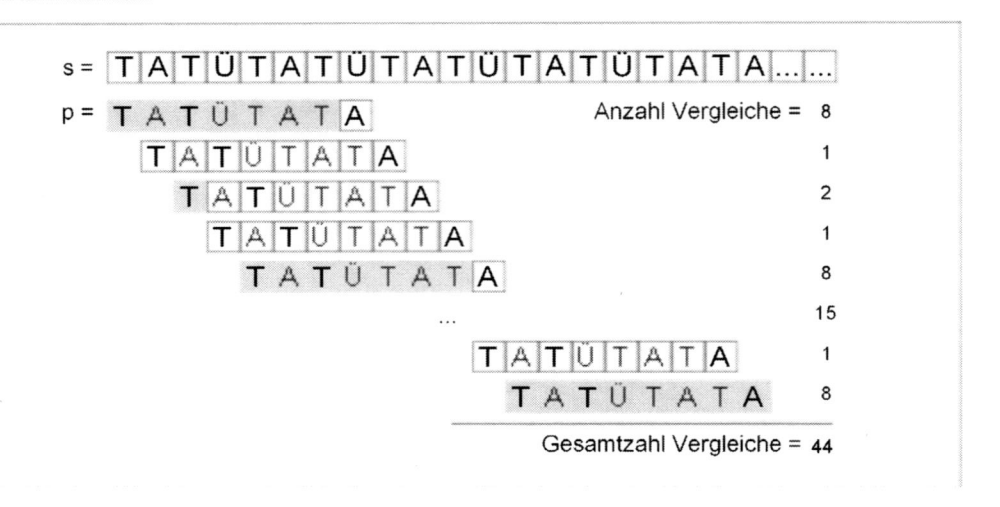

```
s = T A T Ü T A T Ü T A T Ü T A T Ü T A T A ... ...
p = T A T Ü T A T A                          Anzahl Vergleiche =  8
      T A T Ü T A T A                                              1
        T A T Ü T A T A                                            2
          T A T Ü T A T A                                          1
            T A T Ü T A T A                                        8
      ...                                                         15
                T A T Ü T A T A                                    1
                  T A T Ü T A T A                                  8
                                            Gesamtzahl Vergleiche = 44
```

Abb. 8.2-1: Grafische Illustration zur naiven Textsuche.

**Information wird nicht genutzt**

Die Information über die bereits verarbeiteten Zeichen, die jeweils in Text und Muster übereinstimmen (im Beispiel aus Abb. 8.2-1 die ersten sieben Zeichen »TATÜTAT«), wird im naiven Verfahren nicht weiter berücksichtigt. Stattdessen wird bei einer Nichtübereinstimmung das Muster grundsätzlich nur um eine Position weiter rechts am Text angelegt, und die schon untersuchten Zeichen des Textes werden erneut bearbeitet.

**Naives Verfahren nicht effizient**

Dass dieses Vorgehen nicht immer effizient ist, sehen Sie auch an dem im Kapitel »Einführung und elementare Operationen auf Texten«, S. 301, eingeführten Beispiel der Suche nach dem Muster »SINN« in einem Beispieltext, der unter anderem das Wort »SIND« enthält: In dem Moment, wo die Nichtübereinstimmung des »D« aus dem Text mit dem letzten Zeichen »N« aus dem Muster festgestellt wird, sind die zuvor überprüften Zeichen »S«, »I«, »N« und »D« bekannt und es ist leicht ersichtlich, dass auch ein Verschieben des Musters um eine, zwei oder drei Positionen keinen Erfolg bringen wird, da jeweils schon der Vergleich des ersten Zeichens im Muster (»S«) mit den Zeichen »I«, »N« bzw. »D« aus dem Text sofort zu einer Nichtübereinstimmung führt.

**Verschieben des Musters hinter die Stelle des Mismatch**

Stattdessen macht es hier Sinn, die Mustersuche direkt nach dem letzten überprüften Zeichen im Text, hier also dem »D«, fortzusetzen, also das Muster gleich um die Anzahl der überprüften Zeichen, hier also gleich um vier Positionen, am Text zu verschieben. Im nächsten Schritt wird dann also das erste Zeichen aus dem Muster, das »S«, mit dem auf »SIND« folgenden Zeichen aus dem Text verglichen und so die Suche fortgesetzt. Im Ja-

## 8.2 Mustersuche nach Knuth, Morris und Pratt (KMP) *

va-Code würde dies bedeuten, dass der Index i im Text auch bei Vorliegen einer Nichtübereinstimmung nicht mehr zurückgesetzt wird, sondern auch hier einfach weiterrückt (i++ statt i = i - j + 1). Das Rücksetzen der Position j auf den Anfang des Musters (j = 0) bliebe von dieser Optimierung unberührt.

Dieser Ansatz, das Muster bei einer Nichtübereinstimmung gleich um die Anzahl der zuvor schon überprüften Zeichen des Musters zu verschieben, führt ohne Zweifel zu einer deutlichen Verbesserung der Laufzeit.

*Schnellere Suche*

Außerdem bietet er den Vorteil, dass der Index i im Text gar nicht mehr zurückgesetzt werden muss, was insbesondere dann von Bedeutung sein kann, wenn der Text, in dem nach einem Muster gesucht werden soll, nur sequenziell verarbeitet werden kann, ein Rücksetzen also gar nicht oder nur durch Einführen eines Lesepuffers möglich ist.

*Vorteile bei sequenziellem Zugriff*

Es bleibt aber die Frage, ob diese »Optimierung« überhaupt zulässig ist. Oder führt er eventuell gar zu falschen Ergebnissen? Die etwas ernüchternde Antwort liefert Abb. 8.2-2: Beim Feststellen der Nichtübereinstimmung wird das Muster im nächsten Schritt direkt um 8 bzw. 4 Positionen verschoben.

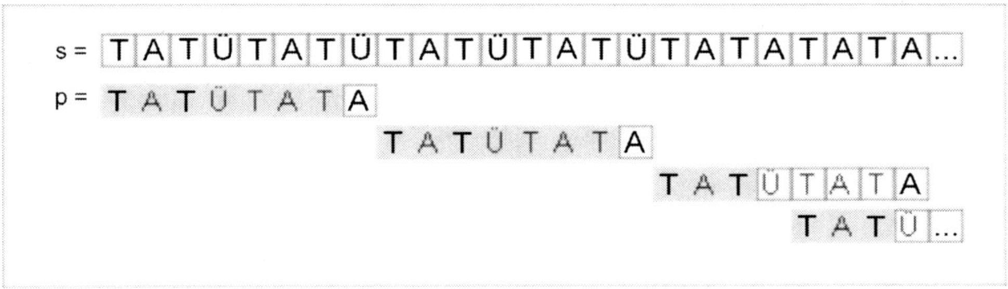

*Zu optimistisches Vorgehen?*

```
s = T A T Ü T A T Ü T A T Ü T A T Ü T A T A T A ...
p = T A T Ü T A T A
            T A T Ü T A T A
                        T A T Ü T A T A
                                    T A T Ü ...
```

Abb. 8.2-2: Grafische Veranschaulichung der KMP-Textsuche für den zu optimistischen Fall.

Dies führt schließlich aber dazu, dass das Muster »TATÜTATA« gar nicht mehr gefunden wird, obwohl es offensichtlich im Text enthalten ist. Was im Beispiel der Suche nach dem Muster »SINN« funktioniert, führt hier zu einem falschen Ergebnis.

Offensichtlich ist eine feinere Analyse der Situation notwendig, in der eine Nichtübereinstimmung festgestellt wird. Genau dies ist die Grundidee des Algorithmus von Knuth, Morris und Pratt (KMP).

*Feinere Analyse notwendig*

## Algorithmus von Knuth, Morris und Pratt (KMP)

Die Grundidee des **Knuth-Morris-Pratt-Algorithmus** (nach seinen Autoren Donald E. Knuth, James H. Morris und Vaughan Ronald Pratt auch kurz »KMP-Algorithmus« genannt) besteht darin, bei einer Nichtübereinstimmung die bereits vorhandene Information so auszunutzen, dass das Muster nur soweit zurückgesetzt wird wie nötig, ohne aber die Korrektheit des Verfahrens zu gefährden.

*Kein Zürücksetzen im Text*

Beim Auftreten einer Nichtübereinstimmung an den Indexpositionen $i$ im Text und $j$ im Muster ist bereits bekannt, dass die Positionen 0 bis $j-1$ des Musters mit den Positionen $i-j$ bis $i-1$ des Textes übereinstimmen. Da der Text bis einschließlich Position $i$ bereits gelesen wurde und dem Algorithmus damit bekannt ist, kann die weitere Suche an Position $i$ im Text fortgesetzt werden, ein Zurücksetzen im Text wird so vermieden.

*Verschiebedistanz für das Muster*

Für die weitere Suche bleibt jetzt die entscheidende Frage nach der Distanz, um die das Muster nach rechts verschoben werden kann, also ab welcher Position das Muster am Text ab der Position $i$ angelegt wird: Der Ansatz, das Muster um seine ganze Länge zu verschieben und mit seinem Anfang an der aktuellen Position im Text anzulegen, also den Index $j$ auf 0 zurückzusetzen, hat sich bereits im Beispiel von Abb. 8.2-2 als unzulässig erwiesen.

*Beispiel zur sicheren Verschiebedistanz*

Unter Umständen kann es nämlich vorkommen, dass beim Verschieben des Musters eine erfolgreiche Anlegeposition schlichtweg übergangen wird, das Muster also (zumindest an dieser Stelle) nicht gefunden wird. Ein solcher Fall kann dann vorliegen, wenn die zuletzt geprüften Zeichen des Musters vor der Stelle der Nichtübereinstimmung auch der Anfang eines weiteren Mustervorkommens sein können. Abb. 8.2-3 veranschaulicht diese Situation: Hier bilden die zuletzt in Muster und Text übereinstimmenden Zeichen »TAT« zugleich auch einen Anfangsteil des Musters; sie beim Verschieben des Musters zu übergehen, kann also – wie in diesem Beispiel – dazu führen, dass der richtige Einstieg in das Muster verpasst und dieses zumindest an dieser Stelle nicht gefunden wird.

Entsprechend darf das Muster in diesem Fall nur soweit nach rechts verschoben werden, dass als nächstes der Text ab der aktuellen Position $i$ gegen das Muster ab Position $p = 3$ weiter überprüft wird. Diese Verschiebung ist sicher, da die ersten drei Stellen des Musters (Positionen 0 bis 2) ja mit den zuletzt geprüften drei Zeichen des Textes (Positionen $i-3$ bis $i-1$) übereinstimmen.

*Allgemeine Betrachtung*

Allgemein betrachtet, kann das Muster immer dann sicher um seine ganze Länge verschoben werden, also die Position im Muster wieder auf den Anfang gesetzt werden ($j = 0$), wenn es in dem

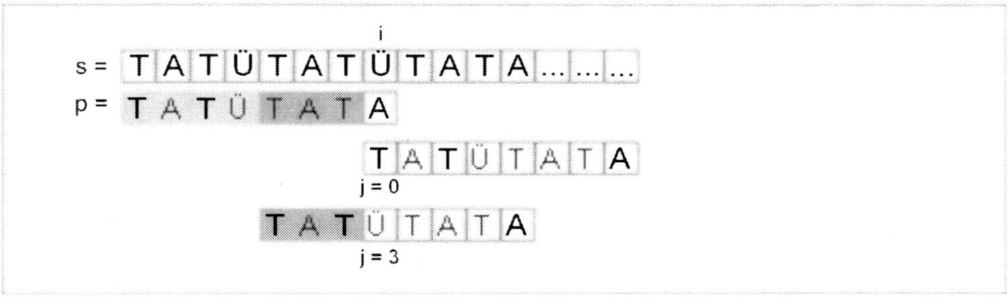

## 8.2 Mustersuche nach Knuth, Morris und Pratt (KMP) *

```
          i
s = T A T Ü T A T Ü T A T A ... ... ...
p = T A T Ü T A T A
            T A T Ü T A T A
            j = 0
                  T A T Ü T A T A
                  j = 3
```

Abb. 8.2-3: Illustration zum Zurücksetzen des Musters im KMP-Algorithmus.

bereits geprüften Teil des Musters (Positionen 0 bis $j-1$) kein Endstück (Suffix) gibt, das zugleich auch Anfangsstück (Präfix) des Musters ist. In Abb. 8.2-3 ist die Zeichenfolge »TAT« zugleich Endstück des übereinstimmenden Teils »TATÜTAT« des Musters als auch Anfangsstück des Musters an sich.

Etwas formaler ausgedrückt, ist die Frage also, ob es in der konkreten Situation, wenn eine Nichtübereinstimmung an Position $i$ im Text und $j$ im Muster festgestellt wird, einen Wert $k>0$ gibt, so dass die Stellen 0 bis $k-1$ des Musters mit den Stellen $j-k$ bis $j-1$ im Text übereinstimmen. Der größte solche Wert für $k$ stellt die **sichere Verschiebedistanz** dar: Ist zum Beispiel $k = 3$ (wie in Abb. 8.2-3), dann bedeutet dies, dass die ersten 3 Zeichen des Musters bereits mit dem Text übereinstimmen und der Test an Position $j = 3$ fortgesetzt werden kann.

*Sichere Verschiebedistanz*

## Vorabberechnung der Verschiebe-Informationen

Von entscheidender Bedeutung für den KMP-Algorithmus ist die Tatsache, dass die sichere Verschiebedistanz jeweils nur vom Muster und der aktuellen Position $j$ im Muster abhängig ist – und insbesondere unabhängig vom Text ist. Sie kann deshalb für alle Werte $j$ von 0 bis *plength* (Länge des Musters) bereits vorab vor der eigentlichen Suche ausschließlich durch Analyse des Musters berechnet werden.

Bei der eigentlichen Textsuche kann dann bei jeder Nichtübereinstimmung diese vorab berechnete sichere Verschiebedistanz für die aktuelle Musterposition $j$ in einer sogenannten next-Tabelle nachgeschlagen und die Musterposition $j$ auf den entsprechenden Wert next[j] gesetzt werden.

*next-Tabelle*

Dabei ist allerdings ein Sonderfall zu berücksichtigen: Wenn nämlich bereits am Anfang des Musters, also für $j = 0$, eine Nichtübereinstimmung auftritt, dann muss im Text um eine Position

*Sonderfall j=0*

# 8 Algorithmen auf Texten *

weitergerückt werden. Dies wird in der next-Tabelle durch einen Eintrag -1 kenntlich gemacht, der vom KMP-Algorithmus entsprechend berücksichtigt werden muss.

**Beispiel 1a** Für das Muster »TATÜTATA« aus Abb. 8.2-3 ergeben sich die folgenden Werte der next-Tabelle (Tab. 8.2-1).

| j       | 0  | 1 | 2 | 3 | 4 | 5 | 6 | 7 |
|---------|----|---|---|---|---|---|---|---|
| next[j] | -1 | 0 | 0 | 1 | 0 | 1 | 2 | 3 |

Tab. 8.2-1: next-Tabelle.

Bestimmen Sie die next-Tabelle für das Muster »DALLI DALLI«. Die next-Tabelle ergibt sich wie folgt:

| j       | 0  | 1 | 2 | 3 | 4 | 5 | 6 | 7 | 8 | 9 | 10 |
|---------|----|---|---|---|---|---|---|---|---|---|----|
| next[j] | -1 | 0 | 0 | 0 | 0 | 0 | 0 | 1 | 2 | 3 | 4  |

**Beispiel 1b** Zum besseren Verständnis der Funktionsweise des KMP-Algorithmus betrachten Sie noch einmal die Suche nach dem Muster »TATÜTATA« in dem Beispieltext »TATÜTATÜTATÜTATÜTATA«, die in Abb. 8.2-4 veranschaulicht wird.

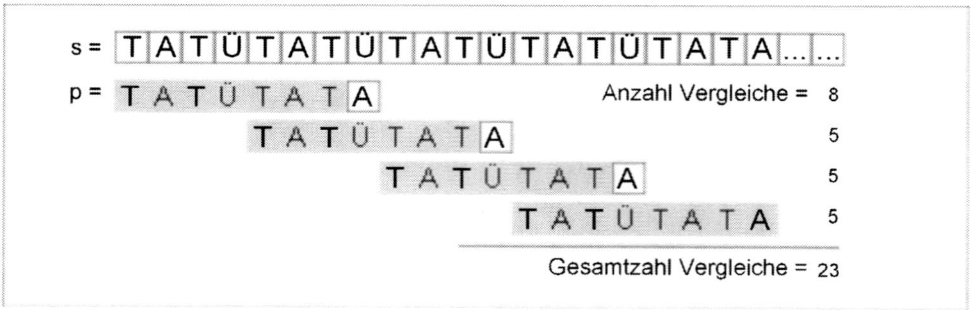

```
s = T A T Ü T A T Ü T A T Ü T A T Ü T A T A ... ...
p = T A T Ü T A T A                              Anzahl Vergleiche =  8
          T A T Ü T A T A                                             5
                T A T Ü T A T A                                       5
                      T A T Ü T A T A                                 5
                                                 Gesamtzahl Vergleiche = 23
```

Abb. 8.2-4: Grafische Veranschaulichung zum korrekten Vorgehen bei der Textsuche mit dem KMP-Algorithmus.

○ Vor der eigentlichen Suche wird zu dem Muster »TATÜTATA« die entsprechende next-Tabelle berechnet (siehe Beispiel 1a).
○ Zu Beginn der Suche wird dann das Muster mit seinem Anfang (j = 0) am Anfang des Textes (i = 0) angelegt und der zeichenweise Vergleich gestartet.

- Bei Position i = j = 7 wird die erste Nichtübereinstimmung festgestellt, bis hierhin haben Muster und Text übereingestimmt. Da in der next-Tabelle für die Position 7 eine sichere Verschiebedistanz von next[7] = 3 abgelegt ist, wird das Muster so verschoben, dass als nächstes die Position j = next[7] = 3 des Musters mit der aktuellen Position im Text, also i = 7, verglichen wird.
- Beide Zeichen stimmen überein (jeweils ein »Ü«) und die Suche geht schrittweise weiter bis zur nächsten Nichtübereinstimmung an Position i = 11 und j = 7. Auch hier erfolgt ein Rücksetzen des Musters an die Position j = next[7] = 3.
- Die weiteren Zeichen stimmen wieder überein bis zur Position i = 15 und j = 7. Also erfolgt nochmal ein Rücksetzen des Musters an die Position j = next[7] = 3 und die Suche geht weiter.
- Dieses Mal stimmen aber alle weiteren Zeichen überein, so dass mit der Übereinstimmung an den Positionen i = 19 und j =7 das gesuchte Muster im Text gefunden wurde, sein Anfang befindet sich an Position i-j+1 = 13, was schließlich den Rückgabewert der Operation indexOf() darstellt.
- Ein Vergleich mit der Anwendung des naiven Verfahrens auf die gleiche Kombination von Muster und Text in Abb. 8.2-1 zeigt auch eine deutliche Verbesserung in der Anzahl der nötigen Vergleiche, die durch den Einsatz des KMP-Algorithmus von 44 beim naiven Verfahren auf nunmehr nur noch 23, also fast auf die Hälfte, reduziert werden konnten.

**Berechnung der next-Tabelle**

Wie Sie bereits gesehen haben, kann die next-Tabelle für das gesuchte Muster bereits vor der eigentlichen Suche im Text berechnet werden. Ihre Werte werden dann in einem int-Feld abgelegt, das schließlich genauso lang wie das Muster ist. Für j = 0 wird next[j] immer auf -1 gesetzt. Die weiteren Werte der next-Tabelle können nun schrittweise für alle j = 1 bis plength-1 dadurch berechnet werden, dass ein Ausschnitt der ersten j Zeichen des Musters am Muster selbst entlang geschoben wird, wobei das erste Zeichen des Musterausschnitts zu Beginn unter dem zweiten Zeichen des Musters angelegt wird. Der Musterausschnitt wird dann so lange nach rechts verschoben, bis entweder alle überlappenden Zeichen übereinstimmen oder keine Überlappung mehr besteht. Die Anzahl der überlappenden Zeichen entspricht schließlich dem Wert von next[j]. Abb. 8.2-5 veranschaulicht dieses Vorgehen zur Berechnung der next-Tabelle für das

8 Algorithmen auf Texten *

Muster »TATÜTATA«, wobei die jeweiligen Überlappungen durch dunkle Hinterlegung kenntlich gemacht sind.

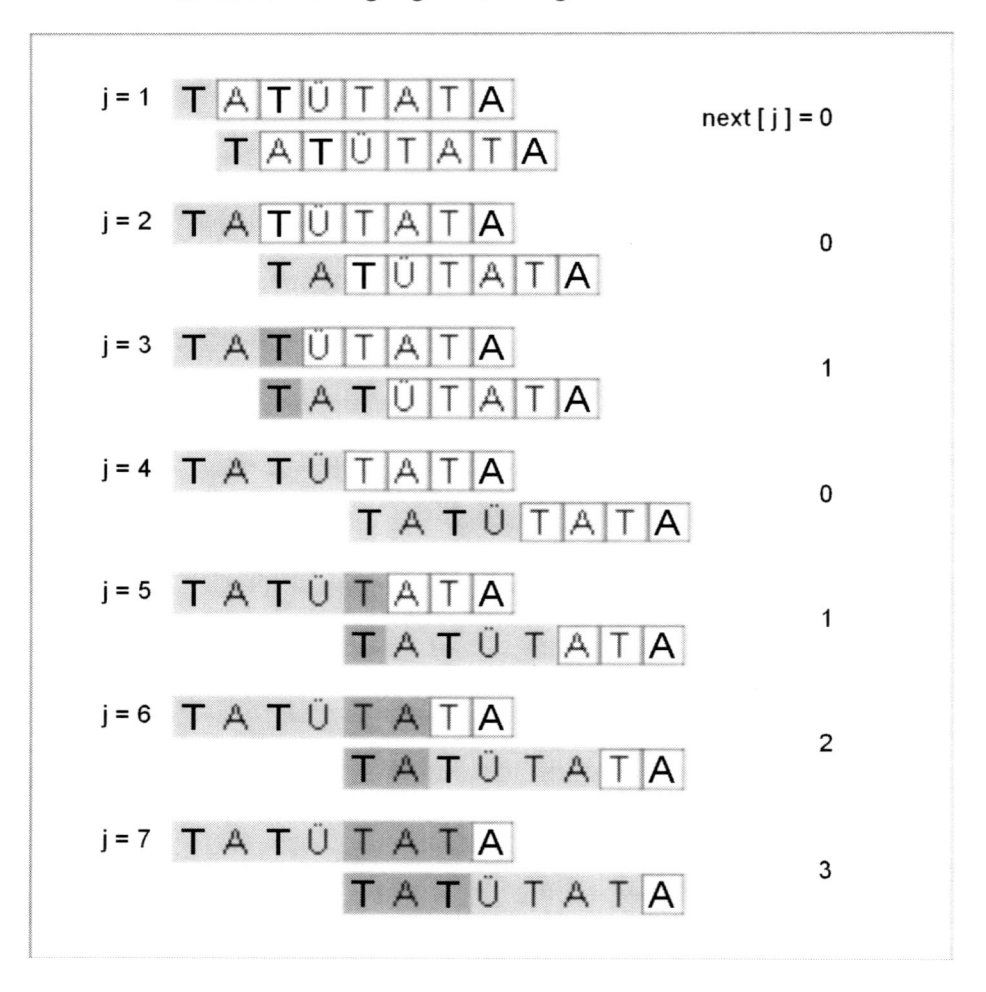

```
j = 1   T A T Ü T A T A                    next [ j ] = 0
          T A T Ü T A T A

j = 2   T A T Ü T A T A
              T A T Ü T A T A              0

j = 3   T A T Ü T A T A
            T A T Ü T A T A                1

j = 4   T A T Ü T A T A
                T A T Ü T A T A            0

j = 5   T A T Ü T A T A
              T A T Ü T A T A              1

j = 6   T A T Ü T A T A
                T A T Ü T A T A            2

j = 7   T A T Ü T A T A
                  T A T Ü T A T A          3
```

Abb. 8.2-5: Veranschaulichung zur Berechnung der next-Tabelle für den KMP-Algorithmus.

## Implementierung in Java

Die Implementierung des KMP-Algorithmus umfasst zwei Operationen, die den beiden Phasen Initialisierung mit Vorabberechnung der next-Tabelle sowie dem eigentlichen Durchsuchen des Textes entsprechen.

Operation initNext()

Die Initialisierung des next-Feldes erfolgt durch die Funktion initNext(), die als Parameter lediglich das Muster p erhält und als Ergebnis das zugehörige next-Feld liefert:

## 8.2 Mustersuche nach Knuth, Morris und Pratt (KMP) *

```java
/**
 * Initialisierung der next-Tabelle für das KMP-Verfahren
 * zur Suche nach einem Muster p in einer Zeichenkette s:
 * Die Tabelle enthält die sicheren Verschiebedistanzen
 * für das Muster p für die möglichen Positionen im Muster
 * bei Auftreten einer Nichtübereinstimmung
 *
 * @param p Muster, nach dem im Text gesucht werden soll
 * @return next-Tabelle
 */
private static int[] initNext(String p)
{
  int i = 0;
  int j = -1;
  int plength = p.length();
  int[] next = new int[plength + 1];
  next[0] = -1;
  do
  {
    if ((j == -1) || (p.charAt(i) == p.charAt(j)))
    {
      i++; j++;
      next[i] = j;
    }
    else
    {
      j = next[j];
    }
  }
  while (i < plength - 1);
  return next;
}
```

Die Funktion `initNext()` implementiert das in Abb. 8.2-5 dargestellte Prinzip zur Berechnung der Werte für die next-Tabelle. Die Vorgehensweise ist prinzipiell ähnlich der eigentlichen Suchmethode, nur mit dem Unterschied, dass hier das Muster mit sich selbst auf Übereinstimmung geprüft wird.

Mittels der vorab berechneten next-Tabelle kann die eigentliche Suche im Text analog zum naiven Algorithmus `naiveLeftToRight-IndexOf` aus dem Kapitel »Einführung und elementare Operationen auf Texten«, S. 309, implementiert werden. Kernstück ist die Zuweisung `j = next[j];` im else-Zweig innerhalb der do-while-Schleife. Hier wird die sichere Verschiebedistanz für die aktuelle Musterposition `j` in der next-Tabelle nachgeschlagen und als neue Position des Musters gesetzt:

Operation kmpIndexOf()

```java
/**
 * Verfahren von Knuth, Morris und Pratt (KMP) für die
 * Suche nach dem ersten Vorkommen eines Musters p in
 * einer Zeichenkette s
 *
 * @param p Muster, nach dem im Text gesucht werden soll
 * @param s Text, in dem nach dem Muster gesucht werden soll
```

8 Algorithmen auf Texten *

```
 * @return Position des ersten Vorkommens (Index des ersten
 * Zeichens) des Musters p im Text s
 */
public static int kmpIndexOf(String p, String s)
{
  int slength = s.length();
  int plength = p.length();
  int[] next  = initNext(p);
  int i = 0;
  int j = 0;
  do
  {
    if ((j == -1) || (s.charAt(i) == p.charAt(j)))
    {
      i++; j++;
    }
    else   // mismatch -> neuer Versuch!
    {
      j = next[j];
    }
  }
  while ((i < slength) && (j < plength));
  if (j == plength)
    return i - plength;   // Muster gefunden!
  else
    return -1;   // Muster nicht enthalten!
}
```

Funktional liefert die Operation kmpIndexOf() exakt dieselben Ergebnisse wie naiveLeftToRightIndexOf, für deren Berechnung durch den Einsatz der next-Tabelle in der Regel aber weniger Vergleiche benötigt werden.

## Laufzeit-Betrachtungen

Der Aufwand für den KMP-Algorithmus setzt sich aus dem Aufwand für die Initialisierungsphase sowie dem eigentlichen Suchaufwand zusammen:

- Bei der Suche wird in der Operation kmpIndexOf() in jedem Schritt entweder der Wert für i oder j (oder beide) erhöht, so dass die do-while-Schleife maximal 2·slength-mal durchlaufen wird. Der Aufwand ist daher in O(slength).
- Für die Initialisierung der next-Tabelle wird das Muster p der Länge plength in gleicher Weise wie bei der Suche durchlaufen, wodurch der Aufwand in O(plength) liegt.

Insgesamt ergibt sich für den KMP-Algorithmus also eine Laufzeitkomplexität von O(slength + plength) im Vergleich zu O(slength·plength) für das naive Verfahren.

*Tatsächliche Verbesserung begrenzt*

Auch wenn die theoretischen Betrachtungen zur Laufzeitkomplexität für die Praxis eine deutliche Verbesserung durch den KMP-Algorithmus erwarten lassen, bleibt die Frage, ob der KMP-Algorithmus im praktischen Einsatz wirklich schneller ist als das naive Verfahren. Seine Überlegenheit kann der KMP-Algorithmus nämlich nur dann ausspielen, wenn sich auch wirklich Teile des Musters wiederholen. Nur dann kann durch den Einsatz der next-Tabelle die Anzahl der nötigen Vergleiche signifikant gesenkt werden.

> Diese Skepsis wird auch bestärkt, wenn Sie zum Abschluss dieses Kapitels nochmal die Anwendung des KMP-Algorithmus auf das Beispiel der Suche nach dem Muster »SINN« betrachten (siehe »Einführung und elementare Operationen auf Texten«, S. 301), wie sie in Abb. 8.2-6 veranschaulicht wird.

*Beispiel: Suche nach dem »SINN« nur wenig schneller*

```
s = D A S S I N D S I N N L O S E Z E I C H E N
p = S I N N                              Anzahl Vergleiche =  1
      S I N N                                                 1
        S I N N                                               2
          S I N N                                             4
            S I N N                                           1
              S I N N                                         4
                                         ────────────────────────
                                         Gesamtzahl Vergleiche = 13
```

Abb. 8.2-6: Grafische Veranschaulichung zur Anwendung des KMP-Algorithmus bei der Suche nach dem SINN.

> Da es hier gar keine Wiederholungen von Zeichenketten im Muster gibt, benötigt der KMP-Algorithmus am Ende nur zwei Vergleiche weniger als das naive Verfahren.

Einen wichtigen Vorteil hat der KMP-Algorithmus allerdings noch im Vergleich zum naiven Verfahren: Im zu durchsuchenden Text braucht niemals zurückgegangen werden, was gerade bei sehr großen Texten wichtig ist, die beispielsweise von externen sequenziellen Speichermedien gelesen werden.

*Kein Rücksetzen im Text*

## 8.3 Mustersuche nach Boyer und Moore **

Wenn auch ein Rücksetzen im Text möglich ist, dann steht mit dem Algorithmus von Boyer und Moore ein weiteres Verfahren zur Suche in Texten zur Verfügung, das in der Regel auch noch effizienter ist als das Verfahren von Knuth, Morris und Pratt (KMP).

# 8 Algorithmen auf Texten *

Ein wesentlicher Vorteil des Verfahrens von Knuth, Morris und Pratt (KMP) ist der Umstand, dass ein Zurücksetzen auf dem zu durchsuchenden Text gänzlich vermieden wird. Dadurch eignet sich das KMP-Verfahren sehr gut für solche Anwendungsfälle, in denen der Text nur sequenziell verarbeitet werden kann.

*Texte im Hauptspeicher*

Für andere Fälle, wenn ein Zurücksetzen im Text problemlos möglich ist, beispielsweise wenn der zu durchsuchende Text vollständig im Hauptspeicher liegt, eignet sich ein anderes Verfahren, das in den 1970er Jahren von Robert S. Boyer und J. Strother Moore entwickelt und heute als **Boyer-Moore-Algorithmus** [BoMo77] bekannt ist.

*Überprüfung des Musters von rechts nach links*

Ausgangspunkt für das Verfahren von Boyer und Moore ist eine Variante des naiven Verfahrens, bei der das Muster von rechts nach links durchlaufen wird statt umgekehrt. Das Muster wird zwar wie gewohnt schrittweise von links nach rechts am Text angelegt, die Überprüfung folgt aber von rechts nach links:

- Dementsprechend beginnt der Vergleich nicht an Position 0, sondern an Position plength−1 und falls Muster und Text an dieser Stelle übereinstimmen, bewegen sich beide Positionen nach links, ihre Werte werden also jeweils um 1 reduziert.
- Falls beim Vergleich von Position index (im Text) und j (im Muster) eine Nichtübereinstimmung entdeckt wird, dann wird wie im naiven Verfahren das Muster um eine Stelle nach rechts verschoben und der Vergleich geht weiter, nur eben von rechts nach links, so dass die Berechnung der neuen Werte für index und j sich gegenüber der Implementierung von indexOf_1() im Kapitel »Einführung und elementare Operationen auf Texten«, S. 301, ändert:
  - Das die Nichtübereinstimmung auslösende Zeichen steht im Muster an Position j. Da der Mustervergleich aber von rechts nach links organisiert ist, interessiert hier der Abstand vom Ende des Musters zum Zeitpunkt der Feststellung einer Nichtübereinstimmung: dieser ergibt sich als plength−j und soll als Musterdistanz (Variable pback) bezeichnet werden.
  - Die neue Position im Text ergibt sich dann einfach durch Erhöhen des Index index um diese Musterdistanz, wodurch beim nächsten Durchlauf mit dem ersten Zeichen im Text fortgesetzt wird, das auf das letzte schon geprüfte Zeichen folgt.
  - Die Position im Muster wird dagegen um ein Zeichen weniger verschoben: Dadurch wird insgesamt das Muster am Text um eine Stelle weiter nach rechts verschoben und beim nächsten Durchlauf wird das letzte Zeichen des Musters mit dem nächsten frischen Zeichen im Text verglichen – und so weiter, bis

entweder das Muster vollständig gefunden wurde (j<0) oder das Ende des Textes erreicht wurde (index≥slength).

Mit diesen Änderungen erhalten Sie die folgende Variante des naiven Verfahrens mit Musterprüfung von rechts nach links:

```
/**
 * Naives Verfahren für die Suche nach dem ersten Vorkommen
 * eines Musters p in einer Zeichenkette s mit Durchlaufen des
 * Musters von rechts nach links
 *
 * @param p Muster, nach dem im Text gesucht werden soll
 * @param s Text, in dem nach dem Muster gesucht werden soll
 * @return Position des ersten Vorkommens (Index des ersten
 * Zeichens) des Musters p im Text s
 */
public static int naiveRightToLeftIndexOf(String p, String s)
{
  int slength = s.length();
  int plength = p.length();
  int index = plength - 1;
  int j = plength - 1;
  do
  {
    if (s.charAt(index) == p.charAt(j))
    {
      index--; j--;
    }
    else // mismatch -> neuer Versuch!
    {
      int pback = plength - j;   // Musterdistanz
      index = index + pback;
      j = j + pback - 1;
    }
  }
  while ((index < slength) && (j >= 0));
  if (j < 0)
    return index + 1;  // Muster gefunden!
  else
    return -1;  // Muster nicht enthalten!
}
```

*Naives Verfahren mit Musterprüfung von rechts nach links*

Eine nähere Analyse dieses Verfahrens zeigt jetzt, dass das Muster in vielen Fällen um mehr als eine Position nach rechts verschoben werden kann, was die Suche im Text natürlich wie schon beim KMP-Verfahren deutlich beschleunigen würde.

## Informationen zum Zeichenvorkommen im Muster

Dazu nutzt das Verfahren von Boyer und Moore die beim Feststellen einer Nichtübereinstimmung vorliegenden Informationen, nämlich

*Grundidee*

1 bei welchem Zeichen im Text (nicht nur die Position!) die Nichtübereinstimmung aufgetreten ist und
2 welche Zeichen überhaupt und wo im Muster vorkommen.

Die zweite Information lässt sich auf einfache Weise wiederum, analog zur next-Tabelle des KMP-Verfahrens, ohne Kenntnis des zu durchsuchenden Textes vorab ausschließlich aus dem Muster berechnen.

*Bad Character- oder Occurence-Heuristik*

Im Falle einer Nichtübereinstimmung können jetzt zwei Fälle unterschieden werden:

- Fall 1: Wenn das Zeichen im Text, das eine Nichtübereinstimmung ausgelöst hat, im Muster gar nicht oder wenigstens nicht links von der aktuellen Position j vorkommt, dann kann das Muster um seine ganze Länge am Text nach rechts verschoben werden!
- Fall 2: Andernfalls kann das Muster wenigstens noch so weit nach rechts verschoben werden, bis das betreffende Zeichen im Muster genau unter dem die Nichtübereinstimmung auslösenden Zeichen im Text zu liegen kommt.

Diese Vorgehensweise wird auch als *Bad character-* oder *Occurence*-Heuristik bezeichnet, da die Entscheidung über die Verschiebung des Musters am Text vom Vorkommen *(occurence)* bzw. der Position des die Nichtübereinstimmung auslösenden Zeichens *(bad character)* im Muster abhängig macht.

last-Tabelle

Dafür wird eine Tabelle benötigt, die für jedes im Text vorkommende Zeichen die Information enthält, an welcher Position im Muster dieses Zeichen zum letzten Mal auftritt, oder dass es im Muster gar nicht vorkommt.

Größe abhängig vom Alphabet

Diese Tabelle wird entsprechend auch als last-Tabelle bezeichnet. Die Werte in dieser Tabelle stellen Positionen im Muster oder genauer Abstände zum Ende des Musters dar, sodass die Tabelle in Java als Feld mit Komponenten vom Typ int realisiert werden kann. Ihre Größe hängt also von dem zugrunde liegenden Alphabet ab: Wenn Sie nur in »gewöhnlichen« Texten suchen, dann sollte der Umfang des ASCII-Zeichensatzes mit 128 Zeichen ausreichen. Kann der Text aber grundsätzlich jedes beliebige in Java darstellbare Zeichen enthalten, dann sind das bei dem zugrunde liegenden Unicode-Zeichensatz mit 16 bit schon 65.536 Zeichen.

Vorab berechenbar

In jedem Fall aber lassen sich die Werte in dieser Tabelle auch wieder bereits vor der eigentlichen Suche berechnen, da sie ausschließlich vom Aufbau des Musters abhängen, nach dem gesucht werden soll. Die Berechnung der last-Tabelle erfolgt in zwei Phasen:

## 8.3 Mustersuche nach Boyer und Moore **

- Zuerst wird das ganze Feld mit dem Wert von plength belegt.
- Anschließend wird das Muster zeichenweise von links nach rechts abgearbeitet und für jedes Zeichen wird sein Abstand zum Ende des Musters, also die jeweilige Musterdistanz, in der last-Tabelle abgelegt.

Kommt also ein Zeichen mehrfach im Muster vor, dann wird der zugehörige Eintrag in der Tabelle jeweils überschrieben, sodass die Tabelle schließlich die Musterdistanz des letzten Vorkommens eines jeden Zeichens im Muster enthält – oder den Wert plength, falls das Zeichen gar nicht im Muster vorkommt.

Die Initialisierung der last-Tabelle erfolgt in Java mit der Operation initLast(), die vereinfachend davon ausgeht, dass der Text nur gewöhnliche ASCII-Zeichen enthält, sodass das resultierende Feld für die last-Tabelle auf 128 Zeichen beschränkt werden kann.

*Operation initLast()*

```
/**
 * Initialisierung der last-Tabelle für die Textsuche nach
 * dem Verfahren von Boyer und Moore
 *
 * @param p das Muster, nach dem im Text gesucht werden soll
 * @return last-Tabelle als int[ü über dem Alphabet, das hier
 * auf die untersten 128 Unicode-Zeichen (ASCII-Zeichensatz)
 * beschränkt wird.
 */
private static int[] initLast(String p)
{
  int alphabetSize = 128;
  int plength = p.length();
  int[] last = new int[alphabetSize];
  for(int i = 0; i < alphabetSize; i++)
    last[i] = plength;
  for(int i = 0; i < plength; i++)
    last[p.charAt(i)] = plength - 1 - i;
  return last;
}
```

Betrachten Sie zur Veranschaulichung nochmal das Muster »TATÜTATA«. Die zugehörige last-Tabelle enthält an fast allen Positionen die Länge des Musters, plength, also hier den Wert 8. Nur für die Zeichen, die tatsächlich im Muster vorkommen, enthält sie die Musterdistanz des letzten Vorkommens im Muster, hier also den Wert 4 für das Zeichen »Ü«, den Wert 1 für das Zeichen »T« und den Wert 0 für das Zeichen »A« (Tab. 8.3-1).

*Beispiel*

Bestimmen Sie die last-Tabelle für das Muster »DALLI DALLI«. Die last-Tabelle zeigt die Tab. 8.3-2.

8 Algorithmen auf Texten *

| j | ... | »A« | ... | »T« | ... | »Ü« | ... |
|---|---|---|---|---|---|---|---|
| last[j] | 8 | 0 | 8 | 1 | 8 | 4 | 8 |

Tab. 8.3-1: last-Tabelle für das Muster »TATÜTATA«.

| j | ... | » « | ... | »A« | ... | »D« | ... | »I« | ... | »L« | ... |
|---|---|---|---|---|---|---|---|---|---|---|---|
| last[j] | 11 | 5 | 11 | 3 | 11 | 4 | 11 | 0 | 11 | 1 | 11 |

Tab. 8.3-2: last-Tabelle für das Muster »DALLI DALLI«.

## Das Verfahren von Boyer und Moore

*Verschieben um Musterdistanz aus der last-Tabelle*

Mittels der zuvor für das Muster berechneten last-Tabelle kann der eigentliche Boyer-Moore-Algorithmus beim Auftreten einer Nichtübereinstimmung an der Position i im Text den Wert für i um die in der last-Tabelle zum Zeichen an der Position i im Text gespeicherte Distanz erhöhen:

`i = i + last[s.charAt(i)];`

Das Muster wird dadurch relativ zum Text um die in der last-Tabelle gespeicherte maximal mögliche Musterdistanz nach rechts verschoben. Danach wird der zeichenweise Vergleich an der neuen Position i im Text und wieder von rechts nach links beginnend am Ende am Ende des Musters (`j = plength - 1`) fortgesetzt.

*... oder nur um eine Position?*

Nur wenn das letzte Auftreten des die Nichtübereinstimmung auslösenden Textzeichens hinter der aktuellen Position im Muster liegt, dann darf das Muster nur um eine Position verschoben werden. Dies entspricht dem Vorgehen im naiven Verfahren:

`i = i + pback;`

*Boyer-Moore-Algorithmus*

Die Java-Implementierung des Boyer-Moore-Algorithmus verwendet zu Beginn die schon besprochene Operation `initLast()`, um das Feld `last` auf Basis des Musters p zu füllen, und arbeitet dann im Wesentlichen so wie die eingangs vorgestellte Operation `naiveRightToLeftIndexOf()`: Wenn das aktuell inspizierte Zeichen im Text s nicht mit dem aktuellen Zeichen im Muster p übereinstimmt, dann wird das Zeichen aus dem Text verwendet, um anhand des entsprechenden Eintrags im Feld `last` festzustellen, ob das Muster nur um eine Position nach rechts verschoben werden kann (wie im naiven Verfahren) oder ob eine Verschiebung um mehr als eine Position (um die im Feld `last` zum aktuellen Textzeichen gespeicherte Distanz) zulässig ist:

*Operation bmIndexOf()*

```
/**
 * Boyer-Moore-Verfahren für die Suche nach dem ersten
 * Vorkommen eines Musters p in einer Zeichenkette s
 *
 * @param p Muster, nach dem im Text gesucht werden soll
```

```
 * @param s Text, in dem nach dem Muster gesucht werden soll
 * @return Position des ersten Vorkommens (Index des ersten
 * Zeichens) des Musters p im Text s
 */
public static int bmIndexOf(String p, String s)
{
  int slength = s.length();
  int plength = p.length();
  int[] last = initLast(p);

  int i = plength - 1;
  int j = plength - 1;
  do
  {
    if (s.charAt(i) == p.charAt(j))
    {
      i--; j--;
    }
    else // mismatch -> neuer Versuch!
    {
      int pback = plength - j;   // Musterdistanz
      if (pback > last[s.charAt(i)])
        i = i + pback;
      else
        i = i + last[s.charAt(i)];
      j = plength - 1;
    }
  }
  while ((i < slength) && (j >= 0));
  if (j < 0)
    return i + 1;   // Muster gefunden!
  else
    return -1;   // Muster nicht enthalten!
}
```

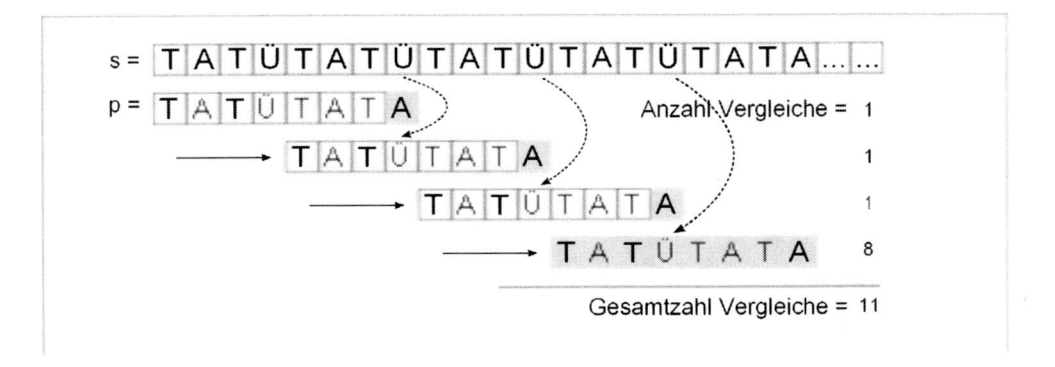

Abb. 8.3-1 veranschaulicht die Funktionsweise des Boyer-Moore-Verfahrens wiederum an dem bereits bekannten Beispiel der Suche nach dem Muster »TATÜTATA« im Text »TATÜTATÜTATÜTATÜTATA«.

Anwendung

Abb. 8.3-1: Veranschaulichung zur Textsuche mit dem Boyer-Moore-Verfahren.

Da sich Muster und der jeweils anliegende Teil des Textes immer nur im letzten Zeichen unterscheiden, ist die Bearbeitung des Musters von rechts nach links hier offensichtlich von Vorteil: Bereits nach einem Vergleich liegt die erste Nichtübereinstimmung am Zeichen »Ü« im Text vor, sodass das Muster um last[»Ü«] Positionen nach rechts verschoben werden kann. Das wiederholt sich noch zweimal, dann liegt das Muster an der richtigen Stelle und nachdem jede Position des Musters erfolgreich mit dem entsprechenden Zeichen im Text verglichen wurde, steht fest, dass das gesucht Muster im Text beginnend ab Position 12 enthalten ist – und das nach nur 11 Vergleichen!

*Nur 11 Vergleiche nötig*

## Laufzeitanalyse und Verbesserungen

Der Aufwand für den Boyer-Moore-Algorithmus setzt sich zusammen aus dem Aufwand für die Vorverarbeitung, also die Erzeugung und Berechnung der last-Tabelle, sowie dem Aufwand für die eigentliche Suche, also das Durchlaufen des Textes.

Die Berechnung der last-Tabelle erfordert in der zweiten Schleife O(plength) Zuweisungen. Die Anzahl der Zuweisungen in der ersten Schleife zur Initialisierung des Feldes hängt nur vom Umfang des zugrundeliegenden Zeichensatzes (Alphabet) ab und kann deshalb als konstant betrachtet werden. Somit liegt der Aufwand für die Berechnung der last-Tabelle in O(plength).

*Erzeugung der last-Tabelle in O(plength)*

Im durchschnittlichen Fall gleichen sich die vergeblich geprüften Zeichen des Musters vor Feststellung einer Nichtübereinstimmung und die »übersprungenen« Positionen beim Verschieben des Musters um mehr als eine Stelle nach rechts einigermaßen aus, sodass das Durchsuchen des Textes O(slength) Zeichenvergleiche erfordert.

*Suche im Text in O(slength)*

Die Laufzeitkomplexität des Boyer-Moore-Verfahrens liegt damit insgesamt in O(slength + plength), ist also ebenso linear wie beim Verfahren von Knuth, Morris und Pratt.

*Insgesamt linearer Aufwand*

In der praktischen Anwendung mit großen Zeichensätzen und nicht allzu langen Mustern ergeben sich im günstigsten Fall sogar nur O(slength / plength) Zeichenvergleiche, womit das Verfahren von Boyer und Moore schneller als der KMP-Algorithmus ist und deshalb auch bei der Implementierung der Operation indexOf() auf String-Objekten in Java zum Einsatz kommt.

*In der Praxis besser als KMP*

Diese positive Nachricht erhält allerdings bei der Worst-Case-Betrachtung einen Dämpfer, denn im schlechtesten Fall, zum Beispiel bei der Suche nach dem Muster »abbbbbbb« in einem Text, der nur aus vielen Zeichen »a« besteht, sind insgesamt (slength−plength+1)·plength Zeichenvergleiche notwendig, womit die Laufzeitkomplexität insgesamt quadratisch wird. Auch

*Im schlechtesten Fall quadratisch*

bei einem sehr kleinen Alphabet, das zum Beispiel nur aus den Ziffern 0 und 1 besteht, ist die Effizienz des vorgestellten Verfahrens unzureichend, weil das Muster nach einer Nichtübereinstimmung immer nur um wenige Stellen nach rechts verschoben werden kann.

Allerdings kann neben der hier behandelten und sehr einfach zu implementierenden *bad character*- oder *occurence*-Heuristik auch die Grundidee des KMP-Algorithmus zur Analyse möglicher mit Musteranfängen überlappender Endstücke (Suffixe) für den Musterdurchlauf von rechts nach links adaptiert und in das Verfahren integriert werden.

*Weitere Verbesserung möglich*

Dafür wird analog zur next-Tabelle des KMP-Verfahrens eine weitere, ebenfalls vorab aus dem Muster berechenbare, shift-Tabelle benötigt, die zu jeder Position im Muster wieder die sichere Verschiebedistanz enthält. Im Falle einer Nichtübereinstimmung beim Vergleich von Text- und Musterzeichen liefern dann beide Heuristiken einen Wert für die Verschiebung des Musters, sodass schließlich das Muster um den maximalen Wert verschoben werden kann.

*good suffix-Heuristik*

Zusammen mit dieser auch als *good suffix*-Heuristik bezeichneten Erweiterung kann dann schließlich garantiert werden, dass auch im ungünstigsten Fall höchstens plength + slength Zeichenvergleiche benötigt werden und die Laufzeitkomplexität des so erweiterten Boyer-Moore-Algorithmus auch im schlechtesten Fall nur noch linear ist [Sedg02].

*Aufwand nur noch linear!*

## Exkurs: Echte Muster und reguläre Ausdrücke

Die bislang behandelten Verfahren haben nur die Suche nach einer konkreten Zeichenfolge in einem Text unterstützt, dies aber sehr effizient.

Oft ist es aber auch nötig, nach Zeichenfolgen in einem Text zu suchen, die einem bestimmten allgemeinen Muster entsprechen, etwa dann, wenn die genaue Schreibweise des gesuchten Wortes gar nicht bekannt ist oder wenn auch »ähnliche« Vorkommen gefunden werden sollen, zum Beispiel die verschiedenen Schreibweisen deutscher Nachnamen, wie »Schmidt« und »Schmitt« oder »Maier«, »Meier«, »Mayer« und »Meyer«.

*Allgemeinere Muster*

Die Suche nach einer durch ein allgemeineres Muster beschriebenen Zeichenfolge in einem Text wird auch als musterbasierte Suche oder **Musterabgleich** (*pattern matching*) bezeichnet. Zu ihrer Realisierung werden zwei Komponenten benötigt: eine Möglichkeit zur Beschreibung des gesuchten Musters (Musterbeschreibungssprache) und natürlich ein Formalismus zur Suche nach dem so beschriebenen Muster im Text.

*Musterabgleich*

## 8 Algorithmen auf Texten *

**Reguläre Ausdrücke**

Für die Musterbeschreibung werden in der Regel sogenannte **reguläre Ausdrücke** (*regular expressions*) verwendet. Diese basieren auf dem zugrunde liegenden Alphabet und stellen unter anderem Operatoren bereit, mit denen Sequenzen, Alternativen und Wiederholungen von Zeichenfolgen oder Teilmustern beschrieben werden können:

- **Sequenz**: Die Notation xy steht für die Verkettung der Zeichen x und y. Eine Zeichenfolge im Text wird also nur dann als passend erkannt, wenn in ihr die Zeichen x und y direkt aufeinander folgen.
- **Alternative**: Die Notation x|y beschreibt, dass an der betreffenden Stelle entweder ein x oder ein y im Text vorkommen soll.
- **Klammerung**: Durch den Einsatz von geklammerten Ausdrücken an der Stelle eines Zeichens x oder y können auch komplexere Muster beschrieben werden. So lassen sich die verschiedenen Schreibweisen des Namens »Meyer« durch den regulären Ausdruck »M(a|e)(i|y)er« beschreiben, welcher exakt die vier zuvor genannten Schreibweisen akzeptiert.
- **Wiederholung**: Beliebige Wiederholungen eines Zeichens oder Teilmusters x werden durch die Notation x* beschrieben. Dabei kann die Anzahl der Wiederholungen auch 0 sein, wenn x an dieser Stelle gar nicht vorkommt. Die Struktur des Textes »TATÜTATÜTATÜTATÜTATA«, an dem Sie die Verfahren von Knuth, Morris und Pratt bzw. Boyer und Moore studiert haben, könnte demnach als Muster »(TATÜTATÜ)*TATA« bzw. »TATÜTATÜ(TATÜTATÜ)*TATA« (mit mindestens einem Vorkommen des Teils TATÜTATÜ) definiert werden.

**Einsatz regulärer Ausdrücke**

Auf diese Weise lassen sich eine Vielzahl auch komplexer Textmuster beschreiben, nach denen im Text gesucht werden soll. In der Praxis werden oft noch weitere Operatoren, wie Negation oder Beschränkung auf bestimmte Zeichenklassen (Buchstaben, Ziffern usw.) verwendet, die aber grundsätzlich auch mit den hier vorgestellten Operatoren abgebildet werden können.

Reguläre Ausdrücke finden überall dort Anwendung, wo komfortable Beschreibungen zulässiger oder gesuchter Zeichenfolgen benötigt werden, zum Beispiel für Suche/Ersetze-Operationen in Texteditoren und zur Filterung oder Ablage von E-Mails.

**Mustersuche aufwändig**

Wie Sie wahrscheinlich schon vermuten, gestaltet sich die Suche in einem Text nach einem über einen regulären Ausdruck beschriebenen Muster wesentlich aufwändiger als die nach einer konkreten Zeichenfolge wie bisher behandelt.

Insbesondere die Verwendung von Alternativ- und Wiederholungsoperatoren kann dazu führen, dass ein beliebig langer Teil des Textes bereits als passend zum Muster verarbeitet worden ist – bis sich dann herausstellt, dass vielleicht eine andere Alternative des Musters im Text vorliegt und deshalb eine Vielzahl von Zeichen wieder zurückgestellt und nochmal verarbeitet werden muss.

Zur Organisation dieses Mustererkennungsprozesses können reguläre Ausdrücke systematisch in einen sogenannten endlichen Automaten (*finite state machine*) übersetzt werden.

Ein endlicher Automat stellt einen markierten, gerichteten Graphen dar, bei dem die Knoten Zustände und die markierten Kanten Zustandsübergänge darstellen, die mit der Verarbeitung von Zeichen aus dem Text verbunden sein können – aber nicht müssen (sogenannte *Leer-Übergänge*, die für Verzweigungen/Alternativen verwendet werden).

*Definition: Endlicher Automat*

Aufgrund der Alternativ- und Wiederholungsoperatoren können Sie beim Durchlaufen des Graphen, also der Abarbeitung des Automaten, niemals ausschließen, dass sich der aktuelle Pfad erst sehr spät als nicht zielführend herausstellt und Sie deshalb bei einer früheren Alternative besser den anderen Weg gegangen wären. Deshalb müssen bei der Abarbeitung frühere Zustände des Automaten und Alternativen gesichert und bei Bedarf später der Reihe nach abgearbeitet werden, weshalb ein solcher Automat auch als nichtdeterministischer endlicher Automat bezeichnet wird. Für seine Abarbeitung kommen deshalb Verfahren zum Einsatz, die genau dieses Zurücksetzen zu früheren Entscheidungen und Ausprobieren anderer Alternativen realisieren und Thema des Kapitels »Backtracking«, S. 342, sind.

Glücklicherweise brauchen Sie für den Einsatz regulärer Ausdrücke und die Suche nach derartig definierten allgemeinen Mustern in Texten keine eigenen Operationen in Java zu implementieren. Stattdessen bietet das Paket `java.util.regex` bereits einige sehr nützliche Klassen, auf die Sie direkt zurückgreifen können:

*Realisierung in Java*

- Die Operation `static boolean matches(String regex, CharSequence input)` überprüft, ob der Text `input` dem regulären Ausdruck `regex` entspricht und liefert im Erfolgsfall `true` zurück. Damit lässt sich der bereits angesprochene Namenstest in Java direkt realisieren als
  `boolean result = Pattern.matches("M(a|e)(i|y)er","Meyer");`
  Diese Operation fasst das Erzeugen des »erkennenden Automaten« für den angegebenen regulären Ausdruck und seine Abarbeitung für den gegebenen Text in einem Aufruf zusammen.

*Operation matches()*

Soll ein komplexes Muster wiederholt in unterschiedlichen Texten gesucht werden, dann macht es Sinn, den regulären Aus-

## 8 Algorithmen auf Texten *

druck nur einmal vorab in einen erkennenden Automaten zu übersetzen, der dann wiederholt zur Mustersuche angewendet werden kann.

*Operation compile()*

■ Die Operation `static Pattern compile(String regex)` konstruiert und liefert zu dem gegebenen regulären Ausdruck `regex` ein entsprechendes Objekt der Klasse `Pattern`, das seinerseits schließlich eine Operation `Matcher matcher(CharSequence input)` zur Verfügung stellt, die ein spezielles `Matcher`-Objekt für das Erkennen des regulären Ausdrucks `regex` im Text `input` liefert und auf die Nachricht `matches()` das gleiche Ergebnis wie zuvor beschrieben liefert. Für das Beispiel des Namenstests sehen diese drei Schritte dann so aus:

```
Pattern p = Pattern.compile("M(a|e)(i|y)er");
Matcher m = p.matcher("Meyer");
boolean result = m.matches();
```

*Abschließende Laufzeitbetrachtung*

Während Sie für die Suche nach konkreten Mustern mit dem KMP-Verfahren und dem Algorithmus von Boyer und Moore sehr effiziente Verfahren zur Hand haben, sollte Ihnen bewusst sein, dass die Verwendung regulärer Ausdrücke und der zu ihrer Verarbeitung notwendigen nichtdeterministischen endlichen Automaten im schlechtesten Fall sogar einen exponentiellen Aufwand erzeugen können. Für die normalerweise in der Praxis auftretenden Muster bzw. regulären Ausdrücke sollte der Preis für die gewonnene Flexibilität bei der Musterbeschreibung aber akzeptabel sein.

# 9 Kombinatorische Algorithmen *

Standardprobleme wie Suchen und Sortieren bieten zwar ein schönes Untersuchungsfeld zum Studium verschiedener Algorithmen und ihrer Komplexität, sie stellen die Algorithmen aber vor keine allzu großen Herausforderungen: Auch ein Feld mit einer Million Datensätzen lässt sich »sehr schnell« sortieren.

Anders sieht es dagegen bei vielen kombinatorischen Problemen, zum Beispiel aus den Bereichen Planung und Optimierung, aus, für die es im Allgemeinen keine »schnellen« Algorithmen gibt und vermutlich auch gar nicht geben kann.

*Kombinatorische Probleme*

Gerade deshalb aber sind »möglichst schnelle« Algorithmen für die Lösung solcher kombinatorischen Probleme so wichtig. Wie der Name bereits vermuten lässt, spielen Kombinationen von Elementen eine wesentliche Rolle bei den Algorithmen, die Sie in in diesen Kapiteln kennenlernen werden.

Dabei geht es darum, einzelne Elemente so zu kombinieren, dass schließlich ein bestimmtes Problem gelöst wird. Das kann die Frage nach verschiedenen Anordnungen von Elementen in einer Reihe, den sogenannten **Permutationen**, sein oder auch die Frage, wie acht Damen so auf einem Schachbrett aufgestellt werden können, dass keine davon eine andere schlagen kann:

*Kombinationen*

- »Einführung und Überblick«, S. 334

Für die Lösung solcher Fragestellungen kommen typischerweise sogenannte *Backtracking*-Verfahren zum Einsatz, die auf dem Prinzip »Versuch und Irrtum« (*try and error*) basieren:

*Backtracking*

- »Backtracking«, S. 342

Ein wesentlicher Nachteil solcher *Backtracking*-Verfahren ist aber, dass oftmals wiederholt Teillösungen berechnet werden, die sich aber nicht zu einer Lösung für das Gesamtproblem erweitern lassen, und dass Anforderungen (Bedingungen) an die Lösung, die sogenannten *Constraints*, nur passiv verwendet werden, also zum Prüfen von schon erfolgten Wertebelegungen.

Stattdessen können in vielen Anwendungsbereichen solche *Constraints* auch aktiv verwendet werden. Dabei werden die verschiedenen *Constraints* frühzeitig ausgewertet und die Wertemengen der Variablen bereits teilweise eingeschränkt, bevor überhaupt mögliche Lösungen (Wertebelegungen) gebildet werden:

*Aktive Constraints*

- »Constraint Solving«, S. 363

*Branch and Bound*

Falls verschiedene Lösungen für ein kombinatorisches Problem unterschiedlich gut (im Hinblick auf irgendeine Bewertungsfunktion) geeignet sind, dann kann diese Bewertungsfunktion zur Steuerung und Begrenzung des Backtrackings verwendet werden. Das bildet die Grundidee für das sogenannte *Branch-and-Bound*-Verfahren:

- »Branch-and-Bound-Verfahren«, S. 402

## 9.1 Einführung und Überblick *

Kombinatorische Probleme sind in der Praxis weit verbreitet. Im Gegensatz zu den bekannten Such- oder Sortierproblemen können sie im Allgemeinen nur durch das Ausprobieren verschiedener Kombinationen gelöst werden. Ein naives Verfahren zur systematischen Lösung solcher kombinatorischen Probleme kann sehr einfach implementiert werden. Aufgrund seines enormen Berechnungsaufwands dient es aber nur als Ausgangspunkt für weitere Verbesserungen.

In den vorangegangenen Kapiteln haben Sie eine Vielzahl von Algorithmen für unterschiedliche Aufgabenstellungen kennengelernt. Denen gemeinsam ist, dass ein gegebenes Problem systematisch mit jedem Schritt der Lösung nähergebracht werden kann.

So wird etwa bei der »binären Suche«, siehe S. 76, der Suchbereich schrittweise halbiert, und die meisten »Sortierverfahren«, siehe S. 101, bauen den schon sortierten Bereich des Feldes Schritt für Schritt aus, bis das ganze Feld sortiert ist.

Für die Lösung solcher Problemstellungen gibt es zwar oft verschiedene Algorithmen mit unterschiedlichen Eigenschaften, insbesondere auch mit unterschiedlicher Laufzeitkomplexität. Diese liefern ihr Ergebnis aber in der Regel auch für größere Probleme in akzeptabler Zeit.

In der Praxis haben Sie es aber oft auch mit Problemstellungen zu tun, die nicht auf solche einfache und effiziente Art und Weise, sondern nur durch das Ausprobieren vieler und im schlimmsten Fall aller Möglichkeiten gelöst werden können.

*Allgemeine Problemformulierung*

Solche Problemstellungen bestehen in ganz allgemeiner Form aus

- einer Menge von **Variablen**,
- die jeweils einen bestimmten **Wertebereich** (*domain*) haben, sowie
- **Bedingungen** (*constraints*), die für die Werte der Variablen erfüllt sein müssen.

Eine Lösung eines solchen Problems ist dann eine **Kombination** von Werten für die Variablen, so dass jede Variable einen Wert aus ihrem Wertebereich bekommt und alle Bedingungen erfüllt sind.

Solche Problemstellungen werden deshalb auch als **kombinatorische Probleme** (*combinatorial problems*) bezeichnet, die Algorithmen zu ihrer Lösung entsprechend als kombinatorische Algorithmen (*combinatorial algorithms*). Abhängig davon, wieviele oder welche Art von Lösungen für ein solches Problem gesucht werden, können die folgenden drei Arten kombinatorischer Probleme unterschieden werden:

*Kombinatorische Probleme*

- **Erfüllbarkeitsprobleme**: Hier interessiert nur, ob es für das Problem überhaupt eine Lösung gibt. Die Antwort ist also binär: ja bzw. true, wenn es eine Kombination von Werten für die Variablen gibt, sodass alle Bedingungen erfüllt sind, ansonsten nein bzw. false.
- **Aufzählungsprobleme**: Hier interessieren die einzelnen Lösungen, also auch, welche Werte die jeweiligen Variablen haben müssen, damit die Bedingungen erfüllt sind. Dabei kann die Anzahl der gesuchten Lösungen variieren: von 1 (es wird nur eine, also die zuerst gefundene Lösung benötigt) bis unendlich, wenn alle möglichen Lösungen benötigt werden.
- **Optimierungsprobleme**: Hier interessiert diejenige Lösung, die nicht nur alle Bedingungen erfüllt, sondern hinsichtlich bestimmter vorgegebener Bewertungskriterien besser als (oder gleich gut wie) alle anderen Lösungen ist.

Kombinatorische Probleme sind in der Praxis weit verbreitet: Die Anwendungsfelder reichen von einfachen Zahlenrätseln wie Sudoku über die Stunden- und Raumplanung einer Universität oder die Erstellung des Spielplans für die Fußball-Bundesliga bis hin zu komplexen Schicht- und Dienstplanungsaufgaben, der Ladungsoptimierung im Speditionsbereich oder der ganz praktischen Frage, was Sie mit auf die nächste Reise oder den nächsten Ausflug nehmen, wenn Gewichts- und Volumenbeschränkungen eine clevere Auswahl erfordern.

*Beispiele*

## Einführendes Beispiel: Acht-Damen-Problem

Zur Einführung und Motivation soll jedoch eine Aufgabenstellung dienen, die zwar auch eine interessante Herausforderung nicht nur für Schachspieler darstellt, vor allem aber sehr gut geeignet ist, sowohl die grundsätzliche Problemstellung wie auch die möglichen Vorgehensweisen zur Lösung kombinatorischer Probleme zu veranschaulichen. Es handelt sich dabei um das sogenannte **Acht-Damen-Problem** (*eight-queens-problem*), das in

# 9 Kombinatorische Algorithmen *

verallgemeinerter Form auch als **n-Damen-Problem** (*n-queens-problem*) bekannt ist.

**Definition: Acht-Damen-Problem**

Auf einem gewöhnlichen Schachbrett (mit acht Zeilen und acht Spalten, die gewöhnlich mit 1 bis 8 bzw. a bis h bezeichnet werden) sollen genau acht Damen so platziert werden, dass keine der Damen eine andere bedroht.

Falls Sie mit den Schachregeln gerade nicht so gut vertraut sind: Eine Dame bedroht jede andere Figur, die sich mit ihr in der gleichen Zeile, der gleichen Spalte oder auf der gleichen Diagonale befindet.[1] Abb. 9.1-1 veranschaulicht die von einer Dame auf Feld c5 bedrohten Felder, die damit für die Platzierung einer weiteren Dame ausscheiden.

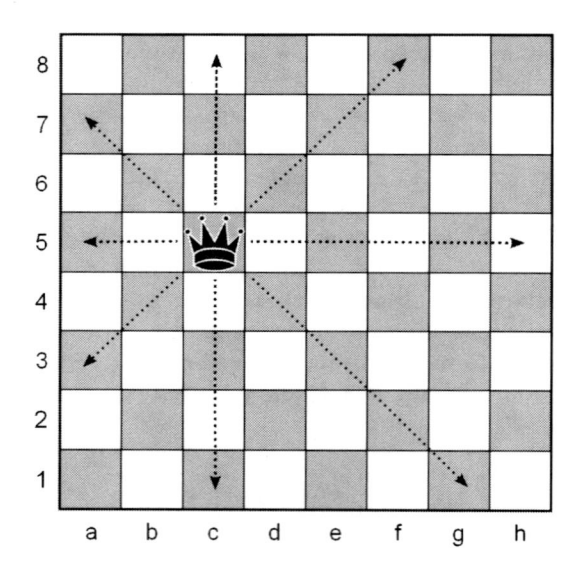

Abb. 9.1-1: Die von einer Dame beim Schachspiel bedrohten Felder.

**Modellierung des Problems**

Das Acht-Damen-Problem stellt ein typisches kombinatorisches Problem dar und lässt sich sehr einfach und unmittelbar unter Anwendung des allgemeinen Schemas modellieren:

Es werden insgesamt acht Positionen der Damen gesucht, die somit als **Variable** modelliert werden können, deren **Wertebereich** jeweils die Felder a1 bis h8 umfasst und für die als **Bedingung** gilt, dass »die Damen sich nicht bedrohen«, die Positionen also jeweils paarweise auf verschiedenen Zeilen, Spalten und Diagonalen liegen.

---
[1] Streng genommen gilt dies nur, solange keine weitere Figur zwischen der Dame und der bedrohten Figur steht. Da sich aber außer den Damen keine weiteren Figuren auf dem Schachbrett befinden, können Sie dies vernachlässigen.

## Unmittelbarer Ansatz (*Generate & Test*)

Ein naheliegender Ansatz zur Lösung eines kombinatorischen Problems besteht darin, systematisch Lösungskandidaten, also eine Belegung aller Variablen jeweils mit einem Wert aus ihrem Wertebereich, zu *generieren* und dann zu *testen*, ob alle Bedingungen der Problembeschreibung erfüllt sind.

Idee

Ist das der Fall, dann ist eine Lösung gefunden und je nach Anforderung ist die Bearbeitung damit abgeschlossen. Erfüllt der Lösungskandidat, der oft auch als Lösungsvektor bezeichnet wird, nicht alle Bedingungen, oder werden weitere Lösungen gewünscht, dann wird mit der Generierung fortgefahren – bis schließlich alle möglichen Kombinationen erzeugt und getestet worden sind.

Wegen der Verzahnung des Generierens der Lösungskandidaten mit dem anschließenden Testen wird dieses Verfahren als ***Generate & Test*** (GT) bezeichnet.

Generate & Test

Wichtig ist hierbei, dass die möglichen Lösungskandidaten in systematischer Weise generiert werden. Das bedeutet, dass einerseits keine mögliche Kombination ausgelassen wird, andererseits aber auch keine Kombination mehrfach erzeugt wird. Das erste würde die Vollständigkeit der Lösungsmenge und eventuell sogar die Lösbarkeit insgesamt gefährden, und letzteres möglicherweise die Terminierung des Verfahrens.

Systematische Generierung

## Implementierung in Java

Auch wenn sich dieses Verfahren nicht wirklich für die praktische Anwendung eignet, lohnt sich eine Implementierung in Java, die dann als Ausgangsbasis für weitere Verbesserungen dient und deshalb auch gleich für beliebige Feldgrößen n, also für das n-Damen-Problem, verallgemeinert wird.

Für die Variablen bzw. ihre Werte wird zunächst eine Modellierung der Positionen auf dem Feld benötigt. Dazu dient die Klasse Position: Eine Position besteht aus zwei Koordinaten x und y, die jeweils intern als Zahlenwerte zwischen 1 und n gespeichert werden. Nach außen werden sie durch die Operation toString() in der üblichen Notation als a1 für (1,1), a2 für (1,2) bis h8 für (8,8) dargestellt.

Klasse Position

Außerdem bietet die Klasse Implementierungen für den Test auf Gleichheit zweier Positionsobjekte mit equals(), den Vergleich zweier Positionen mit compareTo() (so dass Positionen auch als Schlüsselobjekte in *Collections* verwendet werden können) sowie eine Art Iterator next(), der in systematischer Weise zu einer gegebenen Position die nächste Position berechnet:

```java
public class Position implements Comparable
{
  int x;   // Spalte
  int y;   // Zeile
  int n;   // Feldgröße

  /**
   * Konstruktor (x und y Positionen zwischen 1 und n)
   */
  public Position(int x, int y, int n)
  {
    this.x = x;
    this.y = y;
    this.n = n;
  }

  /**
   * Die Methode toString() erlaubt die Verwendung von Positions-
   * objekten als Parameter beliebiger print-Operationen, welche
   * für ein Objekt bei Bedarf mittels der Operation toString()
   * eine druckbare Darstellung in der üblichen Schreibweise
   * (a1 bis h8) erzeugen.
   * @return druckbare Darstellung der Position
   */
  public String toString()
  {
    return (char)(96+this.x)+""+this.y;
  }

  /**
   * Die Methode equals() testet zwei Positionen auf Gleichheit
   * @param o x-Koordinate Position, mit der verglichen werden
   * soll.
   * @return true genau dann, wenn beide Positionen gleich sind
   */
  public boolean equals(Object o)
  {
    Position p = (Position)o;
    return ((this.x == p.x) && (this.y == p.y));
  }

  /**
   * Die Methode next() liefert die nächste Position auf dem Brett
   * @return nächste Position oder null, wenn keine mehr existiert.
   */
  public Position next()
  {
    if ((this.x == this.n) && (this.y < this.n))
      return new Position(1,this.y+1,this.n);
    else if (this.x < this.n)
      return new Position(this.x+1,this.y,this.n);
    else
      return null;
  }

  /**
```

```
   * Vergleichsoperator auf Positionen: wird auf den Vergleich
   * der Druckdarstellungen zurückgeführt: a1 vor a2 vor b1 usw.
   * @return Ergebnis des Vergleichs
   */
  public int compareTo(Object o)
  {
    Position p = (Position)o;
    return this.toString().compareTo(p.toString());
  }
}
```

Den Kern des Verfahrens bildet die Operation tryNextGT(), die das systematische Generieren mittels next() und Testen mittels testQueens() organisiert.

Sie verwendet als wichtigste Datenstruktur einen Stapel, der die Positionen der bereits platzierten Damen enthält, also vom Typ Stack<Position> ist. Als weiteren Parameter erhält tryNextGT() die Feldgröße n sowie eine Position p. Das ist die Position, wo die nächste Dame platziert werden soll. Steht auf diesem Feld noch keine Dame, dann wird die Position auf dem Stapel abgelegt, die Dame also platziert.

*Verwendung eines Stapels Stack<Position>*

Erst wenn alle Damen platziert sind, erfolgt der Test der Bedingungen durch Aufruf einer Operation testQueens(). Ist der Test erfolgreich, kann die Lösung vom Stapel ausgegeben werden (Aufruf von reportSolution()). Andernfalls muss für die zuletzt platzierte Dame eine andere Position gesucht werden.

Ist das nicht mehr möglich, weil schon alle Positionen probiert wurden, dann muss die vorletzte Dame versetzt werden, eventuell die Dame davor usw., bis alle Kombinationsmöglichkeiten durchprobiert sind.

Dieser Prozess wird durch die rekursive Struktur von tryNextGT() realisiert: Ein Aufruf von tryNextGT() liefert entweder true, wenn die aktuelle Platzierung schließlich zu einer Lösung geführt hat, oder false, was zu einem erneuten rekursiven Aufruf für die nächste Position oder weiter zur Rückgabe von false an den nächsthöheren Aufruf führt (falls die möglichen Positionen für die aktuelle Dame erschöpft sind):

*Rekursives Verfahren*

```
/**
 * Die Methode tryNextGT() versucht, die nächste Dame an
 * Position p zu platzieren. Wenn dort schon eine Dame
 * steht, wird zur nächsten Position weitergegangen.
 * Sobald alle Damen platziert sind, wird die Kombination
 * getestet und im Fall einer Inkonsistenz mit der nächsten
 * Position fortgesetzt, bis alle Positionen ausprobiert
 * sind.
 * @param s Stapel mit den Positionen der platzierten Damen
 * @param p Position, auf die eine Dame gestellt werden soll
 * @param n Breite und zugleich Höhe des Feldes (Quadrat!)
 */
```

*Operation tryNextGT()*

## 9 Kombinatorische Algorithmen *

```java
public static boolean tryNextGT(Stack<Position> s,
  Position p, int n)
{
  if (s.size() == n)
  {
    // Alle Damen sind platziert -> testen!
    if (testQueens(s))
    {
      // Test erfolgreich: Lösung gefunden!
      reportSolution(s);
      return true;
    }
    else
    {
      // Aktuelles Tupel ist keine Lösung -> weiter probieren!
      return false;
    }
  }
  if (p == null)
  {
    // Alle Positionen ausprobiert -> false, letzte Dame anders
    // platzieren und weiter probieren!
    return false;
  }
  if (s.indexOf(p) > -1)
  {
    // Auf Position p steht schon eine Dame -> nächste Position
    return tryNextGT(s,p.next(),n);
  }
  else
  {
    // Dame an aktuelle Position setzen und mit nächster Dame
    // weiter machen, also Positionen wieder bei a1 beginnen:
    s.push(p);
    if (tryNextGT(s,new Position(1,1),n))
    {
      return true;
    }
    else
    {
      // Dame an Position p hat nicht geklappt -> nächste
      // Position probieren
      s.pop();
      return tryNextGT(s,p.next(),n);
    }
  }
}
```

Das Testen eines Lösungskandidaten, also der auf dem Stapel abgelegten Positionen, erfolgt durch die Operation testQueens().

**Operation testQueens()**

```
/**
 * Die Methode prüft, ob Positionen auf dem Stack s paar-
 * weise konsistent sind, zwei Damen auf diesen Positionen
 * sich also nicht schlagen können.
 * @param s Stapel mit den Positionen der platzierten Damen
 * @return true falls alle Positionen konsistent sind,
```

```
 * sonst false
 */
public static boolean testQueens(Stack<Position> s)
{
  for(int i=0; i<s.size()-1; i++)
    for(int j=i+1; j<s.size(); j++)
      if (queensConflict(s.get(i),s.get(j)))
        return false;
  return true;
}
```

Die Operation `testQueens()` durchläuft den Stapel und ruft ihrerseits für jedes Paar von Positionen auf dem Stapel eine weitere Operation `queensConflict()` auf. Diese testet, ob zwei auf diesen Positionen stehende Damen sich bedrohen, die beiden Positionen sich also in der gleichen Spalte, der gleichen Zeile oder auf der gleichen Diagonalen befinden:

```
/**
 * Die Methode prüft, ob zwei Positionen p1 und p2 konsistent
 * sind, zwei Damen auf diesen Positionen sich also nicht
 * schlagen können.
 * @param p1 Position der einen Dame
 * @param p2 Position der anderen Dame
 * @return true falls p1 und p2 konsistent sind, sonst false
 */
public static boolean queensConflict(Position p1, Position p2)
{
  return ((p1.x == p2.x)   ||  // gleiche Spalte
          (p1.y == p2.y)   ||  // gleiche Zeile
          (Math.abs(p1.x-p2.x) == Math.abs(p1.y-p2.y)));
                               // gleiche Diagonale
}
```

Operation queensConflict()

Die letzte noch fehlende Operation `reportSolution()` ist selbsterklärend.

## Bewertung

Das Verfahren *Generate & Test* ist zwar denkbar einfach und universell anwendbar, verursacht aber schon bei kleinen Problemen einen enormen Aufwand. Im Fall des Acht-Damen-Problems müssen im ungünstigsten Fall $64^8$ Lösungskombinationen (oder zumindest $64 \cdot 63 \cdot 62 \cdot 61 \cdot 60 \cdot 59 \cdot 58 \cdot 57$, da auf einem Feld nur Platz für eine Dame ist) durchprobiert werden, falls alle Lösungen gefordert sind oder das Problem unlösbar sein sollte.

Das wären über 178 Billionen Kombinationen! Bis zur ersten Lösung für das Acht-Damen-Problem (Abb. 9.1-2) müssen zwar zum Glück nicht ganz so viele Kombinationen getestet werden, ein Warten lohnt aber auch hier nicht.

9 Kombinatorische Algorithmen *

Da schon für die Berechnung der ersten Lösung der kleineren Variante mit einem 7x7-Feld, also für ein Sieben-Damen-Problem, 1.661.262.013 Kombinationen generiert und getestet werden müssen, was bereits etwa viereinhalb Minuten (273.440 ms) dauert, lohnt es, über Verbesserungen dieses doch sehr naiven Verfahrens nachzudenken, die Sie in den Kapiteln »Backtracking«, S. 342, und »Constraint Solving«, S. 363, kennenlernen werden.

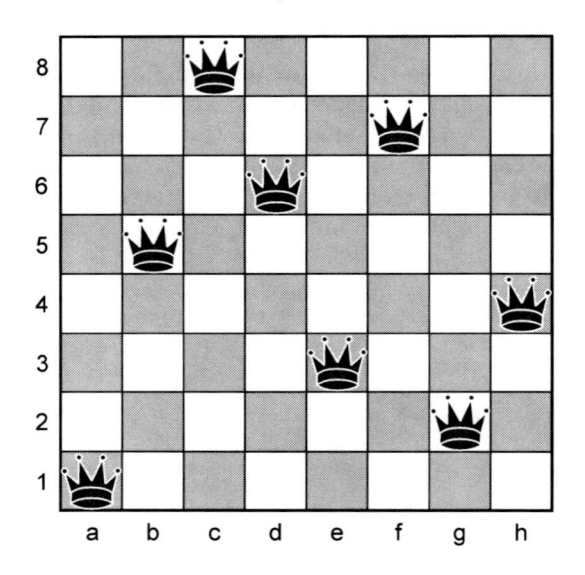

Abb. 9.1-2: Eine Lösung für das Acht-Damen-Problem.

## 9.2 Backtracking *

Viele kombinatorische Problemstellungen können mit *Backtracking* gelöst werden, einem Standardverfahren zur Suche nach einer oder auch allen Lösungen, das im Gegensatz zu *Generate & Test* bereits unvollständig generierte Lösungskandidaten testet und damit viele unnötige Generierungsschritte und spätere Tests einspart. Je nach zugrunde liegender Modellierung lassen sich so deutlich größere Problemstellungen in akzeptabler Zeit bearbeiten.

Für die Lösung nichttrivialer kombinatorischer Probleme ist das Verfahren des *Generate & Test* ungeeignet. Das liegt ganz wesentlich daran, dass nur vollständige Lösungskandidaten getestet werden, obwohl oftmals schon nach der Belegung einiger weniger Variablen feststeht, dass diese sich nicht mehr zu einem erfolgreichen Lösungskandidaten vervollständigen lassen. Warum also diesen Aufwand treiben?

Wenn beispielsweise bei der Lösung des Acht-Damen-Problems nach der Platzierung der ersten drei Damen bereits klar ist, dass eine der Bedingungen verletzt wird, dann kann dieser Versuch direkt abgebrochen und eine andere Kombination der ersten drei Damen probiert werden. Das erspart nicht nur die Belegung der restlichen fünf Variablen (für die Positionen der verbleibenden Damen), sondern vermeidet vor allem das Durchprobieren aller 61·60·59·58·57 Kombinationsmöglichkeiten für die restlichen Damen.

*Enorme Einsparungen möglich*

Das wären allein für dieses Beispiel über 700 Millionen Tests, die auf einen Schlag eingespart werden können, wenn bereits bei der Platzierung der Damen geprüft wird, ob die Randbedingungen noch eingehalten werden, die bereits platzierten Damen sich also nicht bedrohen.

## Sofortiges Testen auf Konsistenz

Genau dies ist die Idee eines weiteren, wesentlich besseren Verfahrens zur Lösung kombinatorischer Probleme, das als **Backtracking** bezeichnet wird. Auch hier werden die Variablen der Problembeschreibung systematisch mit Werten aus ihren jeweiligen Wertebereichen belegt. Allerdings wird jeweils unmittelbar nach dem Belegen einer Variable geprüft, ob ihr Wert noch mit den Werten der zuvor schon belegten Variablen konsistent ist oder ob bereits eine der Problembedingungen verletzt wird. Ist das der Fall, dann wird ein anderer Wert probiert.

*Backtracking*

Sind schließlich alle möglichen Werte für eine Variable erfolglos probiert worden, dann wird zur letzten davor belegten Variable zurückgekehrt (deshalb der Name: *backtrack* = zurückziehen, wieder zurückgehen) und auch hier ein alternativer Wert gewählt usw., bis entweder auch für die erste Variable alle Werte ausgeschöpft sind (dann ist das Problem unlösbar) oder alle Variablen erfolgreich mit einem Wert belegt werden konnten (dann wurde eine Lösung des Problems gefunden!).

Abb. 9.2-1 veranschaulicht eine Situation auf dem Schachbrett, nachdem drei Damen bereits konfliktfrei platziert werden konnten. Aufgrund der Schachregeln für die von einer Dame bedrohten Felder scheiden die Mehrzahl der freien Felder als Positionen für weitere Damen bereits aus, und es bleiben noch insgesamt 16 Positionen übrig, die in Abb. 9.2-1 durch Kreise markiert sind. Nur diese kommen als Position für die nächste Dame in Betracht. Mit diesem Verfahren kann jetzt die erste Lösung für das Acht-Damen-Problem bereits in weniger als einer halben Sekunde gefunden werden.

*Beispiel*

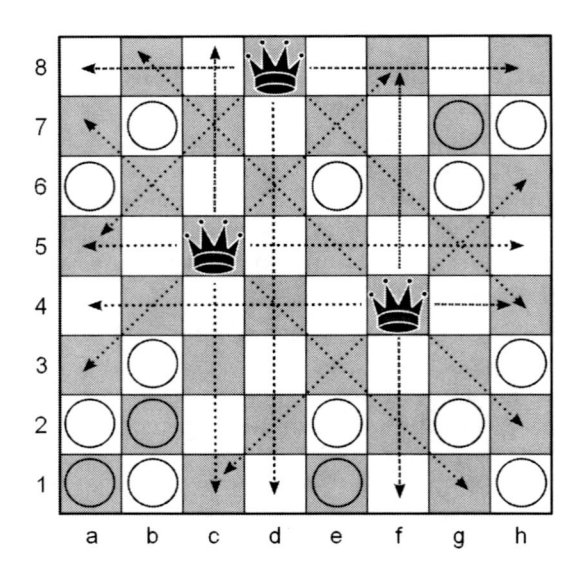

Abb. 9.2-1: Einschränkung der noch freien Positionen für die nächste Dame.

**Implementierung in Java**

Die Java-Implementierung kann aus der Operation `tryNextGT()` abgeleitet werden. Die Modellierung des Problems bleibt die gleiche: Auch in der verbesserten Operation `tryNextGT()` werden die Positionen der aktuell schon platzierten Damen in einem Stapel vom Typ `Stack<Position>` gespeichert. Vor der Aufnahme in den Stapel wird aber mit der Operation `queensConflict()` geprüft, ob die neue Position mit den Positionen auf dem Stapel in Konflikt steht, entsprechend platzierte Damen sich also gegenseitig bedrohen. Ist das der Fall, erfolgt direkt der rekursive Aufruf von `tryNextNaiv()` zum Ausprobieren der nächsten Position auf dem Feld.

```
/**
 * Die Methode tryNextNaiv() versucht, die nächste Dame an
 * Position p zu platzieren. Wenn das nicht möglich ist,
 * wird die nächste Position probiert, bis alle Positionen
 * probiert wurden oder alle Damen platziert sind.
 * @param s Stapel mit den Positionen der platzierten Damen
 * @param p Position, auf die eine Dame gestellt werden soll
 * @param n Breite und zugleich Höhe des Feldes (Quadrat!)
 * @return true genau dann, wenn sich die Positionen der schon
 * platzierten Damen auf dem Stack s zu einer Lösung des
 * Gesamtproblems erweitern lassen.
 */
public static boolean
tryNextNaiv(Stack<Position> s, Position p, int n)
{
  if (p == null)
  {
```

```
      // Alle Positionen probiert -> false
      return false;
    }
    if (queensConflict(s,p))
    {
      // aktuelle Position ungeeignet wg. früherer Dame ->
      nächste probieren!
      return tryNextNaiv(s,p.next(),n);
    }
    else if (s.size() == n-1)
    {
      // alle Damen gesetzt -> Lösung ausgeben!
      s.push(p);
      reportSolution(s);
      return true;
    }
    else
    {
      // Dame wird gesetzt, weiter mit nächster Dame
      s.push(p);
      if (!tryNextNaiv(s,new Position(1,1,n),n))
      {
        // Konflikt bei späteren Damen -> Dame entfernen, weiter!
        s.pop();
        return tryNextNaiv(s,p.next(),n);
      }
      else
        return true;
    }
  }
```

Die angesprochene Operation queensConflict(Stack<Position>, Position) bedient sich dabei der bereits aus der Implementierung von tryNextGT() bekannten Operation queensConflict(Position, Position):

```
/**
 * Die Methode prüft, ob alle Positionen auf dem Stack s
 * jeweils konsistent mit der Position p2 sind, zwei Damen
 * auf diesen Positionen sich also nicht schlagen können.
 * @param s Stapel mit den Positionen der platzierten Damen
 * @param p2 Position der neu zu setzenden Dame
 * @return true, falls alle Positionen konsistent sind,
 * sonst false
 */
public static boolean queensConflict(Stack<Position> s,
Position p2)
{
  for(Position p1 : s)
    if (queensConflict(p1,p2))
      return true;
  return false;
}
```

## Problemanalyse und verbesserte Modellierung

Grundsätzlich liefert *Backtracking* im Vergleich zu *Generate & Test* eine enorme Verbesserung und gilt deshalb auch als Standardverfahren für die Lösung kombinatorischer Probleme. Gerade das Beispiel des Acht-Damen-Problems rückt aber auch noch einen anderen Aspekt in den Fokus, der sich mindestens ebenso deutlich auf die Effizienz eines Lösungsverfahrens auswirkt. Die bisher behandelten Implementierungen für *Generate & Test* und *Backtracking* haben das Acht-Damen-Problem in der folgenden naiven Weise modelliert:

*Naive Modellierung*

> Als *Variablen* dienen die auf dem Brett zu platzierenden Damen. Ihr *Wertebereich* ist jeweils die Menge aller Positionen auf dem Schachbrett. Die *Randbedingungen* bestehen darin, dass sich keine der Damen gegenseitig bedrohen.

Auch ohne besondere Schachkenntnisse erkennen Sie aber schnell, dass sich aus der Problembeschreibung bereits eine wichtige Erkenntnis für die Modellierung ableiten lässt:

*Problemanalyse*

> Da eine Dame alle Felder in ihrer Zeile oder Spalte bedroht, darf in jeder Zeile oder Spalte also *höchstens* eine Dame platziert werden. Weil aber insgesamt n Damen auf einem Brett mit ebenso vielen Zeilen und Spalten platziert werden sollen, muss schließlich in jeder Zeile (und in jeder Spalte) genau eine Dame stehen! Diese Erkenntnis ist bisher noch gar nicht berücksichtigt, führt aber zu einer wesentlich kompakteren Modellierung:

*Verbesserte Modellierung*

> Als *Variablen* dienen die Zeilen des Schachbretts. Als *Wertebereich* dienen die Spalten des Schachbretts, also die Angabe, in welcher Spalte die Dame für die jeweilige Zeile platziert wird, da ja in jeder Zeile genau eine Dame stehen muss. Die *Randbedingungen* bestehen weiterhin darin, dass sich keine der Damen gegenseitig bedrohen, können jetzt aber auch etwas einfacher formuliert werden.

*Viel weniger Lösungskandidaten*

Während also die naive Modellierung für das Acht-Damen-Problem acht Variablen mit jeweils 64 möglichen Werten umfasst, sind es bei der verbesserten Modellierung nur noch acht Werte (Spaltennummern) für die acht Variablen (Zeilen). Die Anzahl der möglichen Lösungskandidaten wurde also von $64^8$ auf $8^8$ reduziert, also um genau diesen Faktor $8^8$ (16,7 Millionen). Für die Suche nach der Lösung des Acht-Damen-Problems können Sie weiterhin dasselbe *Backtracking*-Schema verwenden, nur mit dem Unterschied, dass als Werte der Variablen nicht Positionen auf dem Brett probiert werden, sondern Positionen in einer Spalte (Abb. 9.2-2):

- So wird schrittweise für die erste Spalte mit dem Wert 1 begonnen, die erste Dame also an Position a1 gesetzt, was konfliktfrei möglich ist, da noch keine weitere Dame auf dem Feld steht.
- Für die nächste Spalte führen die Werte 1 und 2 jeweils zu einem Konflikt mit der Dame auf a1, so dass die zweite Dame schließlich auf b3 gesetzt wird.
- In der dritten Spalte scheiden die Positionen c1 bis c4 wegen der Damen auf a1 und b3 aus, also findet die dritte Dame ihren Platz auf c5.
- In gleicher Weise müssen für die vierte Spalte die Zeilenwerte von 1 bis 6 verworfen werden, und die vierte Dame landet auf Feld d7.
- Für die fünfte Spalte findet sich dann schon in Zeile 2, also auf e2, ein sicherer Platz für die nächste Dame.
- Auch die nächste Dame kann ohne Konflikt mit den schon platzierten Damen gesetzt werden und findet ihren Platz auf f4.
- Sogar für die vorletzte Dame gibt es in Spalte 7 einen sicheren Platz in Zeile 6, also auf Feld g6.
- Für die letzte Spalte gibt es keinen Wert (Zeile) mehr, der nicht zu einem Konflikt mit den Werten für die schon belegten Variablen, also den schon platzierten Damen, führt (Abb. 9.2-2).

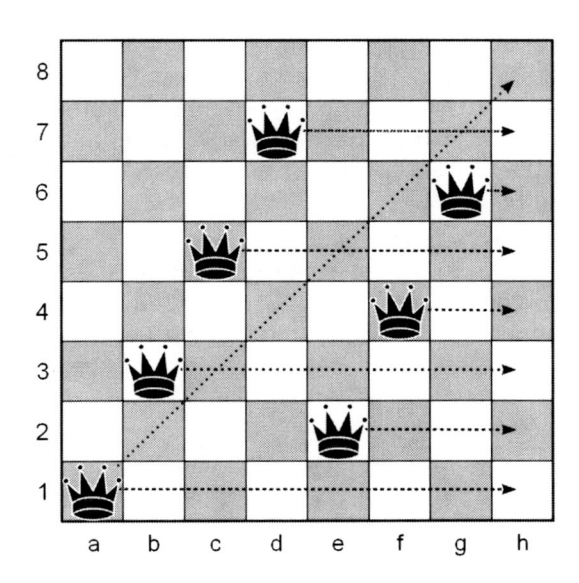

Abb. 9.2-2: Acht-Damen-Problem mit der Notwendigkeit zum Backtracking.

Hier muss jetzt das eigentliche *Backtracking* erfolgen, also das Zurückgehen zur letzten Variable, um eine alternative Position für die zuletzt platzierte Dame zu finden.

- Leider gibt es zu g6 keine Alternative (g7 und g8 werden von den Damen auf a1 bzw. b3 bedroht), so dass noch eine Spalte weiter zurückgegangen werden muss.
- Aber auch für die vorletzte Dame auf f4 gibt es keine Alternative, da die Felder f5 bis f8 von den Damen auf c5, a1 bzw. b3 bedroht werden.
- Es muss also noch eine Dame weiter zurückgegangen und eine alternative Position für die Dame auf e2 gesucht werden. Diese findet sich auch mit dem Feld e4, führt aber in eine Sackgasse, weil es danach keine sichere Position für die nächste Dame mehr gibt.
- Das *Backtracking* geht also noch eine Spalte weiter zurück und probiert es mit der vierten Dame auf d8 statt d7. Danach kann die nächste Dame zwar konfliktfrei auf e4 gesetzt werden, aber danach geht es nicht mehr weiter, und zu e4 gibt es auch keine Alternativen mehr.
- So gelangt der Backtracking-Prozess schließlich zurück zur dritten Variable, also der dritten Dame auf c5, die auf c6 »verschoben« werden kann, so dass es wieder mit der vierten Dame weiter geht.

Abb. 9.2-3 veranschaulicht diesen Backtracking-Ablauf ausgehend von der Platzierung der ersten Dame auf a1.

Dieses Verfahren wird sich weiter fortsetzen, bis irgendwann eine weitere Alternative für die zweite Dame gesucht wird, und die Wahl von Zeile 5, also b5 für die zweite Dame, im weiteren Ablauf zur ersten Lösung führt (mit den Damen auf a1, b5, c8, d6, e3, f7, g2 und h4).

Baumstruktur

Die entstehende Darstellung erinnert nicht nur zufällig an eine Baumstruktur mit Belegungen des Schachbretts als Knoten. Das leere Brett ist die Wurzel, und auf jeder Ebene kommt eine weitere Dame mehr auf das Brett, so dass aber keine Dame eine andere bedrohen kann. Jeder Knoten stellt also eine konfliktfreie Belegung des Bretts mit $m$ Damen dar, wobei $m$ die Ebene des Knotens ist.

Dynamischer Suchbaum

Im Gegensatz zu den üblichen Bäumen, die Sie als wichtige Datenstruktur in Kapitel »Bäume«, S. 262 kennengelernt haben, existiert diese Baumstruktur nur konzeptionell oder virtuell und gar nicht als »echte« Datenstruktur im Speicher. Sie ergibt sich vielmehr erst im Laufe der Abarbeitung, und im Speicher existiert auch jeweils nur der aktuelle Pfad von der Wurzel zu dem Knoten, welcher der aktuellen Belegung des Schachbretts entspricht.

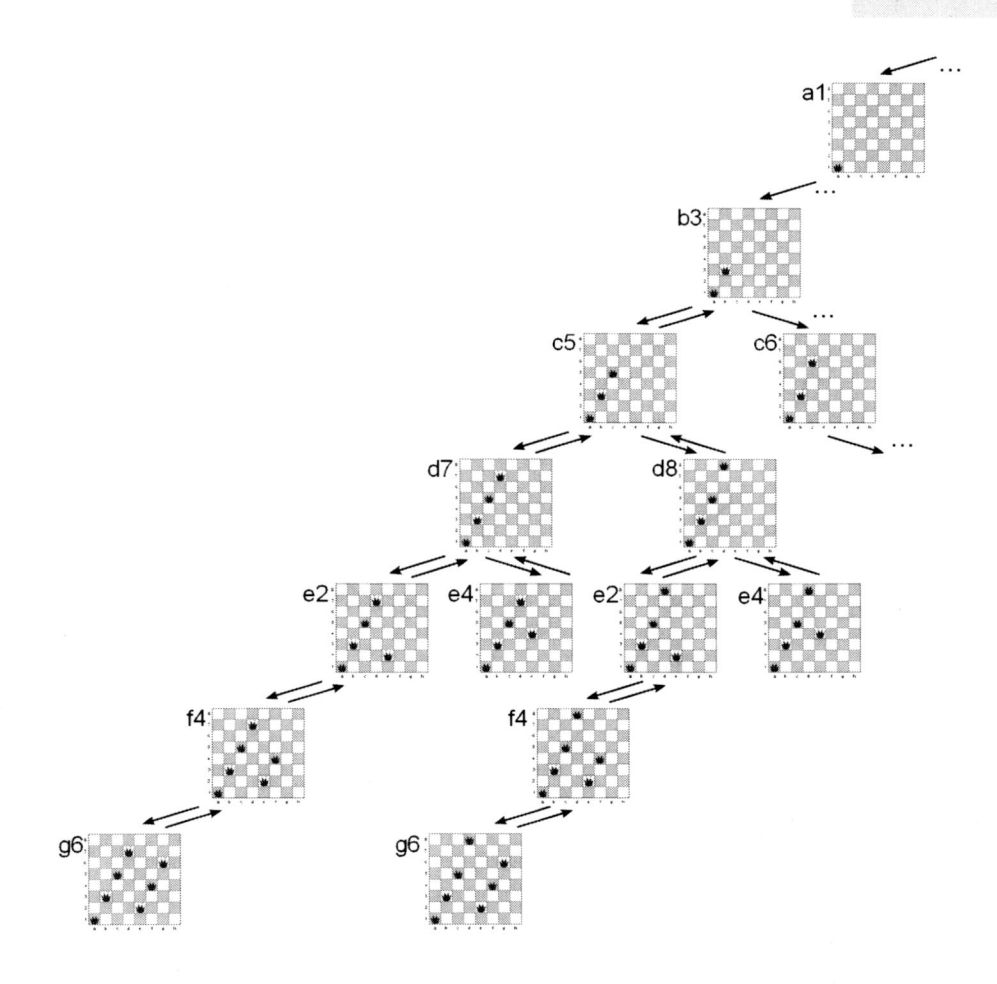

Abb. 9.2-3: Ausschnitt aus dem Suchbaum für das Acht-Damen-Problem.

Trotzdem ist die Vorstellung als Baumstruktur sehr hilfreich. Sie beschreibt die Menge aller möglichen Kombinationen, den sogenannten **Kombinationsraum**, als Suchbaum, der nach der Lösung für das gegebene Problem durchsucht werden muss.

Daran können Sie auch sehr schön die Wirkungsweise von *Backtracking* im Gegensatz zum Verfahren *Generate & Test* erkennen:

Hilfreiches Modell

- Aufgrund der frühzeitigen Konsistenzprüfung müssen beim *Backtracking* inkonsistente Knoten, also solche mit sich bedrohenden Damen, gar nicht untersucht werden und sind in Abb. 9.2-3 auch nicht dargestellt.

> Das Verfahren *Generate & Test* erfordert allerdings den jeweils vollständigen Aufbau des Baums bis zu den Blattknoten, die einem vollständigen Lösungskandiaten mit n Damen entsprechen, da nur solche Knoten geprüft werden.

*Backtracking beschneidet den Suchbaum*

Die Wirkung von *Backtracking* zur Effizienzverbesserung besteht also mit Blick auf den Suchbaum darin, dass durch die sofortige Konsistenzprüfung bei jeder neuen Variablenbelegung je nach Ebene des Knotens im Suchbaum gleich mehr oder weniger große Teilbäume übergangen oder »abgeschnitten« werden können, da sie definitiv keine Lösung enthalten. Dadurch brauchen im Gegensatz zu *Generate & Test* nur sehr viel weniger Knoten des Suchbaums bearbeitet zu werden. In Abb. 9.2-3 erkennen Sie dies zum Beispiel sehr gut an den Knoten, die mit e4 gekennzeichnet sind.

Hier sind alle Nachfolgerknoten inkonsistent und brauchen deshalb beim *Backtracking* gar nicht berücksichtigt werden, während bei *Generate & Test* alle möglichen Kombinationen der noch nicht platzierten Damen durchgespielt würden, um letztlich bei der Prüfung der vollständigen Belegungen doch immer wieder festzustellen, dass mindestens eine Dame eine andere bedroht. Das können Sie mit *Backtracking* viel einfacher haben!

Wie wirken sich die beiden verschiedenen Modellierungsansätze für das Acht-Damen-Problem (naive und verbesserte Modellierung) auf die Struktur des Suchbaums aus?

*Implementierung in Java*

Für die Implementierung in Java können Sie wiederum die Operation tryNextNaiv() als Basis nehmen. Statt des Parameters p für die nächste zu probierende Position haben Sie jetzt zwei Parameter x und y für die aktuelle Spalte x und die Nummer der Zeile y, die als Wert probiert werden soll:

*Operation tryNext()*

```
/**
 * Die Methode tryNext() versucht, die nächste Dame in
 * Spalte x und Zeile y zu positionieren. Wenn das nicht
 * möglich ist, wird zur nächsten Zeile gegangen, bis die
 * Dame platziert werden kann oder zur letzten Spalte
 * zurückgegangen werden muss. Konnte die Dame in Spalte
 * x platziert werden, wird mit Spalte x+1 fortgefahren.
 *
 * @param s Stapel mit den Positionen der platzierten Damen
 * @param x Spalte, in der aktuell platziert werden soll
 * @param y Zeile, in der gerade versucht wird, die Dame
 *        für Spalte x zu platzieren
 * @param n Breite und zugleich Höhe des Feldes (Quadrat!)
 * @return true genau dann, wenn die Positionen der schon
 *         platzierten Damen sich zu einer Lösung des Gesamtproblems
 *         erweitern lassen.
 */
```

```java
public static boolean tryNext
    (Stack<Position> s, int x, int y, int n)
{
  if (y > n)
  {
    // keine Möglichkeiten mehr für aktuelle Spalte -> false!
    return false;
  }
  Position p = new Position(x,y);
  if (queensConflict(s,p))
  {
    // aktuelle Position ungeeignet wg. früherer Dame
    // -> nächste probieren!
    return tryNext(s,x,y+1,n);
  }
  else if (x == n)
  {
    // alle Damen gesetzt -> Ausgabe!
    s.push(p);
    reportSolution(s);
    return true;
  }
  else
  {
    // Dame wird gesetzt, weiter mit nächster Spalte
    s.push(p);
    if (!tryNext(s,x+1,1,n))
    {
      // Konflikt bei späteren Damen -> nächste Zeile versuchen
      s.pop();
      return tryNext(s,x,y+1,n);
    }
    else
      return true;
  }
}
```

Die Überprüfung, ob eine neue Position mit den Positionen der bisher platzierten Damen in Konflikt steht, erfolgt wiederum mit der Operation queensConflict(), in der jede schon gesetzte Dame (vom Stapel s) überprüft wird, ob sie die neue Dame bedroht, mit ihr also in der gleicher Zeile, der gleichen Spalte[2] oder auf der gleichen Diagonale steht.

## Laufzeitvergleich *Generate & Test* und *Backtracking*

Nach dem sehr primitiven Verfahren *Generate & Test* haben Sie zwei Anwendungen des *Backtracking*-Verfahrens kennengelernt, die sich lediglich in der zugrunde liegenden Modellierung des Problems unterscheiden, also der Wahl der Variablen und ihrer Wertebereiche.

---

[2] Das kann hier nicht passieren, da in jeder Spalte nur genau eine Dame gesetzt wird.

## 9 Kombinatorische Algorithmen *

**Erwartete Unterschiede**

Dass *Backtracking* selbst schon deutlich effizienter als *Generate & Test* ist, ist bereits klar. Und dass die verbesserte Modellierung sich ebenfalls positiv auf die Effizienz auswirken dürfte, werden Sie sicher auch erwarten. Aber wie groß sind diese Unterschiede?

Um einen Eindruck von den tatsächlichen Laufzeiten, den Effizienzgewinnen, aber auch den Grenzen des *Backtracking*-Ansatzes zu gewinnen, stellt Tab. 9.2-1 die Laufzeiten und die Anzahl der jeweils benötigten Tests für die drei beschriebenen Ansätze *Generate & Test* (GT), *Backtracking* mit naiver Modellierung (BT naiv) und *Backtracking* mit verbesserter Modellierung (BT opt.) gegenüber.

Diese Ergebnisse zeigen deutlich, dass sich die drei Verfahren in ihrer Effizienz, mit der die erste Lösung für das n-Damen-Problem gefunden wird, sehr deutlich unterscheiden:

**Deutliche Laufzeitunterschiede**

Während *Generate & Test* bereits für das Acht-Damen-Problem länger braucht, als Sie vermutlich auf eine Lösung zu warten gewillt sind, wird diese Grenze beim *Backtracking* mit naiver Modellierung »erst« bei n = 14 Damen erreicht, was aber ebenfalls einer sehr bescheidenen Effizienz entspricht.

Erst mit der Berücksichtigung der Erkenntnis aus der Problemanalyse (»In jeder Spalte/Zeile steht genau eine Dame«) in der Modellierung, können auch etwas größere Probleme noch in akzeptabler Zeit gelöst werden.

**Überraschende Detail-Ergebnisse**

Die Ergebnisse in Tab. 9.2-1 zeigen aber auch extreme Unterschiede der Laufzeiten für Problemstellungen, bei denen sich die Feldgröße nur um eins unterscheidet. So ragen etwa die Laufzeit und natürlich auch die Anzahl der notwendigen Tests für n = 22 deutlich heraus; die erste Lösung für n = 23 wird etwa 50mal schneller gefunden.

Wie erklären Sie sich diese extremen Unterschiede in Aufwand und Laufzeiten?

## Erweiterung für die Berechnung aller Lösungen

Wie Sie im Kapitel »Einführung und Überblick«, S. 334, gesehen haben, interessiert für ein kombinatorisches Problem manchmal nicht nur die Frage, ob es eine Lösung gibt oder wie eine Lösung des Problems aussieht. Stattdessen ist man an allen Lösungen des Problems interessiert, möglicherweise um später eine davon nach weiteren Kriterien auszuwählen.

**Implementierung in Java**

Eine solche Erweiterung tryNextAll() lässt sich sehr einfach in die bestehende Implementierung aufnehmen. Der einzige Unterschied zur Operation tryNext() besteht darin, dass bei Vorliegen einer Lösung nicht einfach true zurück geliefert wird, sondern

## 9.2 Backtracking

| n | Tests GT | Zeit GT | Tests BT naiv | Zeit BT naiv | Tests BT opt. | Zeit BT opt. |
|---|---|---|---|---|---|---|
| 1 | 0 | 3 | 0 | 0 | 0 | 0 |
| 2 | 12 | 0 | 16 | 0 | 4 | 0 |
| 3 | 632 | 3 | 257 | 0 | 17 | 0 |
| 4 | 5.660 | 6 | 378 | 1 | 36 | 0 |
| 5 | 78.980 | 52 | 98 | 1 | 26 | 0 |
| 6 | 97.686.795 | 31.168 | 98.626 | 6 | 355 | 1 |
| 7 | 1.661.262.013 | 287.042 | 753 | 1 | 96 | 0 |
| 8 | zu viele | zu lange | 4.024.874 | 189 | 2.438 | 0 |
| 9 | zu viele | zu lange | 1.366.808 | 66 | 962 | 0 |
| 10 | zu viele | zu lange | 36.341.788 | 1.635 | 3.172 | 0 |
| 11 | zu viele | zu lange | 9.680.414 | 416 | 1.754 | 1 |
| 12 | zu viele | zu lange | 982.336.297 | 41.169 | 11.755 | 0 |
| 13 | zu viele | zu lange | 260.634.768 | 10.744 | 5.467 | 1 |
| 14 | zu viele | zu lange | zu viele | zu lange | 119.080 | 5 |
| 15 | zu viele | zu lange | zu viele | zu lange | 95.992 | 3 |
| 16 | zu viele | zu lange | zu viele | zu lange | 827.932 | 32 |
| 17 | zu viele | zu lange | zu viele | zu lange | 485.597 | 18 |
| 18 | zu viele | zu lange | zu viele | zu lange | 4.257.666 | 162 |
| 19 | zu viele | zu lange | zu viele | zu lange | 282.546 | 10 |
| 20 | zu viele | zu lange | zu viele | zu lange | 25.428.842 | 866 |
| 21 | zu viele | zu lange | zu viele | zu lange | 1.156.015 | 39 |
| 22 | zu viele | zu lange | zu viele | zu lange | 266.510.290 | 9.060 |
| 23 | zu viele | zu lange | zu viele | zu lange | 4.116.446 | 142 |
| 24 | zu viele | zu lange | zu viele | zu lange | 73.722.003 | 2.432 |
| 25 | zu viele | zu lange | zu viele | zu lange | 9.138.630 | 306 |
| 26 | zu viele | zu lange | zu viele | zu lange | 82.571.573 | 2.704 |
| 27 | zu viele | zu lange | zu viele | zu lange | 99.427.589 | 3.173 |
| 28 | zu viele | zu lange | zu viele | zu lange | 715.911.519 | 23.301 |
| 29 | zu viele | zu lange | zu viele | zu lange | 386.039.446 | 12.467 |
| 30 | zu viele | zu lange | zu viele | zu lange | 15.553.538.120 | 522.594 |

Tab. 9.2-1: Messungen und Zählungen n-Damen-Problem (Zeitangaben in ms).

ein weiterer rekursiver Aufruf tryNextAll(s,x,y+1,n) erfolgt, die Suche also mit der nächsten Position fortgesetzt wird, ganz genau so, als wäre die gefundene Kombination gar keine Lösung.

Alle Lösungen mit tryNextAll()

```
/**
 * Die Methode tryNextAll() versucht, die nächste Dame in
 * Spalte x und Zeile y zu positionieren. Wenn das nicht
 * möglich ist, wird in der Zeile weitergegangen, bis die
 * Dame platziert werden kann oder zur letzten Spalte
 * zurückgegangen werden muss. Konnte die Dame in Spalte
```

```
 * x platziert werden, wird mit Spalte x+1 fortgefahren.
 * Es werden alle Lösungen berechnet und über Aufruf von
 * reportSolution() ausgegeben oder auch gesammelt.
 *
 * @param s Stapel mit den Positionen der platzierten Damen
 * @param x Spalte, in der aktuell platziert werden soll
 * @param y Zeile, in der gerade versucht wird, die Dame
 * für Spalte x zu platzieren
 * @param n Breite und zugleich Höhe des Feldes (Quadrat!)
 * @return true genau dann, wenn die Positionen der schon
 * platzierten Damen sich zu einer Lösung des Gesamtproblems
 * erweitern lassen.
 */
public static boolean tryNextAll
  (Stack<Position> s, int x, int y, int n)
{
  if (y > n)
  {
    // keine Möglichkeiten mehr für aktuelle Spalte -> false!
    return false;
  }
  Position p = new Position(x,y);
  if (queensConflict(s,p))
  {
    // aktuelle Position ungeeignet wg. früherer Dame ->
    // nächste probieren!
    return tryNextAll(s,x,y+1,n);
  }
  else if (x == n)
  {
    // alle Damen gesetzt -> Ausgabe!
    s.push(p);
    reportSolution(s);
    // weitersuchen nach nächster Lösung
    s.pop();
    return tryNextAll(s,x,y+1,n);
  }
  else
  {
    // Dame wird gesetzt, weiter mit nächster Spalte
    s.push(p);
    if (!tryNextAll(s,x+1,1,n))
    {
      // Konflikt bei späteren Damen -> nächste Zeile versuchen
      s.pop();
      return tryNextAll(s,x,y+1,n);
    }
    else
      return true;
  }
}
```

Für jede gefundene Lösung wird `reportSolution()` aufgerufen. In dieser Operation kann dann jeweils entschieden werden, ob die Lösung ausgegeben oder zum Beispiel alle Lösungen in einer geeigneten Datenstruktur gesammelt werden, was mit folgender Operation `collectSolution()` erfolgen kann:

```
public static void collectSolution(Stack<Position> s,
  Set<String> solutions)
{
  String solution = "";
  for(Position pos : s)
    solution = solution + pos;
  solutions.add(solution);
}
```

Hier wird eine Datenstruktur vom Typ `Set` gewählt, um mehrfach berechnete gleiche Lösungen auszufiltern. Das funktioniert, da die einzelnen Lösungen als `String`-Objekte, zum Beispiel als "a1b3c2d4", abgelegt werden, so dass zwei gleiche Lösungen von `equals()` auch als gleich erkannt werden. Im *Backtracking*-Verfahren können zwar keine gleichen Lösungen auftreten, wohl aber bei dem in Kapitel »Einführung und Überblick«, S. 334, vorgestellten Verfahren des *Generate & Test*.

Ein Blick auf die Messungen und Zählungen für die Laufzeit und die Anzahl benötigter Tests bei der Ermittlung aller Lösungen zeigt jetzt auch keine überraschenden Ergebnisse mehr. Sowohl die Laufzeit wie auch die Anzahl der durchgeführten Tests steigen gleichmäßig mit der Problemgröße n an, wie die folgende Tab. 9.2-2 zeigt:

Keine »überraschenden« Ergebnisse mehr

## Das Springer-Problem

Als abschließendes Beispiel zur Anwendung des *Backtracking*-Schemas bleiben Sie beim Schachspiel und betrachten das folgende sogenannte **Springer-Problem**, das erstmals bereits 1759 von dem Schweizer Mathematiker Leonhard Euler beschrieben wurde und auch als »Rösselsprungrätsel« bekannt ist:

> Auf einem Schachbrett der Größe n mal m (es seien also auch nicht-quadratische Felder zugelassen) soll mit einem Springer so gezogen werden, dass jedes Feld auf dem Brett genau einmal besucht wird.

Springer-Problem

Auch hier als Erläuterung für die Nicht-Schachspieler: Ein Springer zieht immer drei Felder, wobei sein Weg immer genau einen »Knick«, also einen 90-Grad-Winkel, enthält. Er zieht also entweder zwei Felder vor und eines zur Seite, egal ob nach rechts oder nach links, oder nur ein Feld vor und dafür zwei zur Seite – oder das ganze zurück (nach unten) statt vor.

Schachregel

| n | Anzahl Lösungen | Tests | Zeit |
|---|---|---|---|
| 1 | 1 | 0 | 0 ms |
| 2 | 0 | 4 | 0 ms |
| 3 | 0 | 17 | 0 ms |
| 4 | 2 | 84 | 0 ms |
| 5 | 10 | 405 | 0 ms |
| 6 | 4 | 2.016 | 0 ms |
| 7 | 40 | 9.297 | 0 ms |
| 8 | 92 | 46.752 | 0 ms |
| 9 | 352 | 243.009 | 31 ms |
| 10 | 724 | 1.297.558 | 141 ms |
| 11 | 2.680 | 7.416.541 | 733 ms |
| 12 | 14.200 | 45.396.914 | 4.508 ms |
| 13 | 73.712 | 292.182.579 | 10.704 ms |
| 14 | 365.596 | 1.995.957.888 | 69.735 ms |
| 15 | 2.279.184 | 14.387.492.117 | 497.320 ms |
| 16 | 14.772.512 | 109.637.894.568 | 3.706.471 ms |

Tab. 9.2-2: Messungen und Zählungen n-Damen-Problem (alle Lösungen).

Je nach Position auf dem Feld hat er also bis zu acht verschiedene Zugmöglichkeiten, in der Ecke oder am Rand sind diese natürlich deutlich eingeschränkt – deshalb heißt es unter Schachspielern auch: »Springer am Rand ist eine Schand.« Abb. 9.2-4 veranschaulicht die möglichen Züge an einem konkreten Beispiel.

Auch dieses Problem stellt ein typisches kombinatorisches Problem dar, das sehr kompakt mittels *Backtracking* gelöst werden kann.

*Lösung mit Backtracking*

Gesucht ist ein Pfad über das Brett, bestehend aus einer Folge von Positionen der Felder, wie sie vom Springer ausgehend von einem Startfeld, zum Beispiel a1, besucht werden. Da in einer Lösung jedes der n·m Felder genau einmal vorkommen muss, ist eine Lösung dann gefunden, wenn der Pfad die Länge n·m erreicht hat, alle Positionen verschieden sind und jede Position durch einen regulären Springer-Spielzug aus der vorhergehenden Position erreicht wird.

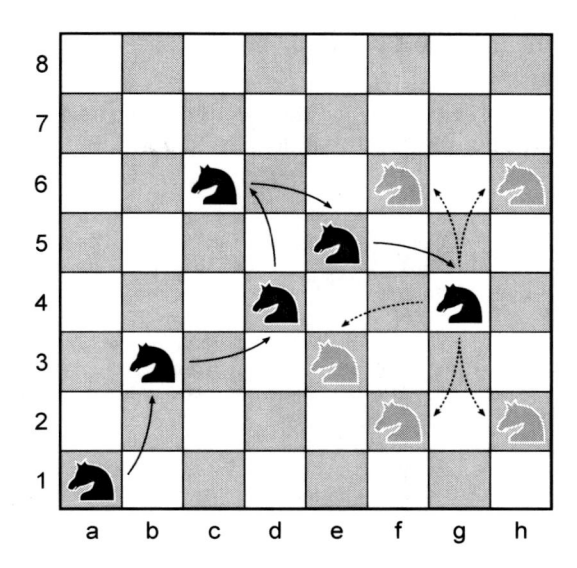

Abb. 9.2-4: Illustration zum Springer-Problem auf einem 8x8-Brett.

Für die Implementierung in Java bedeutet das, dass ausgehend vom Anfangsfeld a1 wieder systematisch versucht wird, dem Pfad eine neue Position hinzuzufügen. Für diese Position kommen die Felder in Betracht, die vom aktuellen Feld (dem letzten auf dem Pfad) durch einen Springer-Spielzug erreicht werden können. Dabei muss bei jedem Hinzufügen geprüft werden, dass die neue Position vorher noch nicht besucht wurde, also noch nicht auf dem Pfad vorkommt.

Grundidee

Ist das der Fall, dann muss ein anderer Zug für den Springer gewählt werden. Sind für die aktuelle Position alle möglichen Züge bereits verbraucht, dann wird der letzte Zug zurückgenommen und die Suche nach Alternativen wird für den Zug davor fortgesetzt, ein typischer Fall von *Backtracking* also.

Dies führt schließlich entweder dazu, dass schon für den ersten Zug alle Alternativen vergeblich probiert worden sind; dann ist das Problem unlösbar, wie etwa für ein 2x2-Feld. Oder aber der Pfad hat schließlich eine Länge von n·m Positionen, dann repräsentieren die Positionen auf dem Pfad eine Lösung für den Weg des Springers.

Für die Implementierung in Java können Sie wieder auf die Klasse Position bzw. eine vereinfachte Version ohne next()-Operation zurückgreifen. Der aktuelle Pfad über das Brett kann auch wieder als Stapel von Positionen, also vom Typ Stack<Position>, realisiert werden, da Änderungen (Hinzufügen beim Voranschreiten

Implementierung in Java

und Löschungen beim *Backtracking*) nur an einem Ende vorgenommen werden.

Auf diese Weise erhalten Sie die folgende rekursive Operation moveOn(), die den kompletten Such- und Backtracking-Prozess organisiert:

Operation moveOn()

```
/**
 * Die Methode moveOn() versucht, den aktuellen Pfad um
 * eine weitere Position zu verlängern, bis entweder alle
 * Felder besucht wurden oder es nicht mehr weiter geht.
 *
 * @param p Position, die als nächstes geprüft werden soll
 * @param s Stapel mit den bisher besuchten Feldern
 * @param n Anzahl der mit der neuen Position besuchten Felder
 * @param breite Breite des Feldes
 * @param hoehe Höhe des Feldes
 * @return true gdw. der aktuelle Pfad lässt sich mit der
 * neuen Position zu einer Lösung des Problems fortsetzen.
 */
public static boolean moveOn
  (Position p, Stack<Position> s, int n, int breite, int hoehe)
{
  if ((p.x < 1) || (p.x > breite) || (p.y < 1) || (p.y > hoehe))
  {
    // aktuelle Position nicht mehr im Feld -> false!
    return false;
  }
  else if (s.search(p)>=0)
  {
    // aktuelle Position wurde schon mal besucht -> false!
    return false;
  }
  else if (n == breite*hoehe)
  {
    reportSolution(s);
    return true;
  }
  else
  {
    // nächsten Zug versuchen
    s.push(p);
    boolean erfolg =
      ( moveOn(new Position(p.x-1,p.y+2),s,n+1,breite,hoehe) ||
        moveOn(new Position(p.x-1,p.y-2),s,n+1,breite,hoehe) ||
        moveOn(new Position(p.x+1,p.y+2),s,n+1,breite,hoehe) ||
        moveOn(new Position(p.x+1,p.y-2),s,n+1,breite,hoehe) ||
        moveOn(new Position(p.x-2,p.y+1),s,n+1,breite,hoehe) ||
        moveOn(new Position(p.x-2,p.y-1),s,n+1,breite,hoehe) ||
        moveOn(new Position(p.x+2,p.y+1),s,n+1,breite,hoehe) ||
        moveOn(new Position(p.x+2,p.y-1),s,n+1,breite,hoehe) );
    if (!erfolg)
    {
      s.pop();   // letzten Zug wieder rückgängig machen
    }
    return erfolg;
```

}
}

Darin wird wieder die schon bekannte Hilfsoperation `reportSolution()` zur Ausgabe des Stapels der besuchten Felder verwendet, so dass nur noch der initiale Aufruf der Operation `moveOn()` fehlt, der zu einer allgemeinen Operation `springer()` abstrahiert werden kann:

```
public static boolean springer(int breite, int hoehe)
{
   return moveOn(new Position(1,1),
     new Stack<Position>(),1,breite,hoehe);
}
```

Für das gewöhnliche 8x8-Schachbrett liefert diese Implementierung in wenigen Minuten[3] mit dem Pfad a1-b3-a5-b7-c5-d7-e5-d3-c1-a2-b4-a6-b8-c6-d8-e6-d4-c2-a3-b5-a7-c8-b6-a8-c7-d5-c3-b1-d2-c4-d6-e8-g7-h5-g3-h1-f2-e4-f6-g8-e7-f5-h4-g2-e1-f3-g1-e2-f4-h3-g5-h7-f8-g6-h8-f7-h6-g4-h2-f1-e3-d1-b2-a4 eine erste Lösung ausgehend vom Startfeld a1.

Lösung für das 8x8-Schachbrett

Selbstverständlich kann als Startfeld auch jedes andere Feld gewählt werden.

Abb. 9.2-5 stellt eine weitere Lösung dar, diesmal ausgehend von Feld e8.

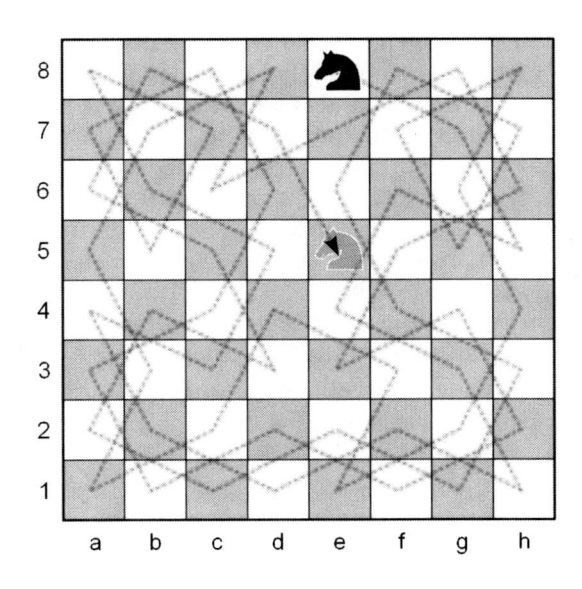

Abb. 9.2-5: Lösung des Springerproblems für ein gewöhnliches Schachbrett der Größe 8x8.

---

[3] Messung auf einem Lenovo ThinkPad W500 mit Core2 Duo CPU P9500 2,53 GHz: 301.985 ms, also etwas über fünf Minuten.

## Bewertung und Ausblick

**Universell einsetzbar**

Für viele kombinatorische Problemstellungen liefert *Backtracking* ein recht einfach zu implementierendes und brauchbares Standardverfahren zur Suche nach einer oder auch allen Lösungen. Sein großer Vorteil liegt darin, dass es universell für jede Art kombinatorischer Probleme einsetzbar ist. Diese Allgemeinheit wird aber durch eine exponentielle Laufzeitkomplexität in $O(c^n)$ erkauft.

Bestimmen Sie die Laufzeitkomplexität für das n-Damen-Problem etwas genauer. Welche Werte müssen Sie für c und n einsetzen? Wie hängt Ihre Antwort von der Wahl der Modellierung ab?

Bestimmen Sie die Laufzeitkomplexität für die Lösung des Springer-Problems durch die Operation springer() bzw. moveOn(). Welche Werte müssen Sie für c und n einsetzen?

**Spezielle Verfahren oft viel schneller**

Für eine ganze Reihe kombinatorischer Problemstellungen existieren spezielle Verfahren, die Besonderheiten der Problemstellung ausnutzen und damit deutlich besseres Laufzeitverhalten ermöglichen. So ist beispielsweise für das Springer-Problem bereits seit 1823 eine Heuristik bekannt, die nach ihrem Autor H.C. von Warnsdorff auch als **Warnsdorffregel** bezeichnet wird und im Wesentlichen aussagt, dass der Springer für seinen nächsten Zug das Feld bevorzugen soll, von dem er anschließend die wenigsten Optionen, also noch nicht besuchte Felder, zur Auswahl hat. Diese Heuristik funktioniert beispielsweise für das gewöhnliche 8x8-Schachbrett ganz hervorragend und führt in der Regel direkt zu einer Lösung. Ein anderer Lösungsansatz wurde 1994 im Rahmen des Wettbewerbs »Jugend forscht« [CoHi94] entwickelt und basiert auf der Idee, die Lösung für beliebig große Schachbretter aus bekannten Teillösungen für kleinere Rechtecke mit Größen von 5x5 bis 9x9 Feldern zusammenzusetzen. Dadurch können Lösungen für beliebig große n mit einer Laufzeitkomplexität in $O(n^2)$ gefunden werden.

**Rolle der Modellierung**

Wenngleich für konkrete Problemstellungen also durchaus spezielle und effiziente Verfahren existieren können, ist dies beispielsweise für das n-Damen-Problem nicht der Fall. Hier bleiben Sie also weiterhin auf *Backtracking* angewiesen. Dabei haben Sie gesehen, dass vor allem der Problemanalyse und richtigen Modellierung eine wichtige Rolle im Hinblick auf die Effizienz des Verfahrens zukommt, der jedoch auch bei sorgfältiger Modellierung durch den *Backtracking*-Ansatz Grenzen gesetzt sind.

**Chronologisches Backtracking**

Diese bestehen einerseits darin, dass durch das streng *chronologische Backtracking*, also das jeweilige Zurückgehen im Konfliktfall und Probieren von alternativen Werten für die *zuletzt* belegte Variable, oftmals sehr viele Wertekombinationen erfolglos durchprobiert werden, bis das *Backtracking* schließlich die Variable erreicht, die ursächlich für den Ausgangskonflikt verantwortlich ist und für die die Suche nach Alternativen wirklich Sinn macht. Abb. 9.2-6 veranschaulicht eine solche Situation am bekannten Acht-Damen-Problem.

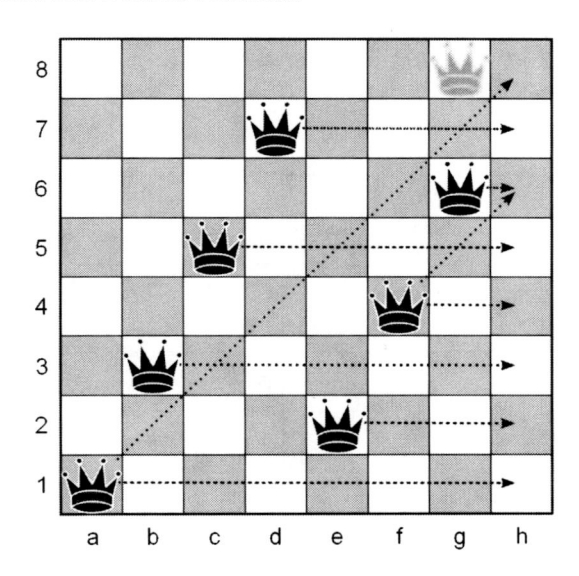

Abb. 9.2-6: Chronologisches Backtracking am Beispiel des Acht-Damen-Problems.

Mit dem probeweisen Platzieren der vorletzten Dame auf g6 kommt es bei der letzten Spalte zu der Situation, dass keine Dame mehr platziert werden kann, da alle Felder von anderen Damen bedroht werden. Das chronologische *Backtracking* führt jetzt dazu, dass zunächst die zuletzt platzierte Dame von g6 auf g8 »verschoben« wird, obwohl die Position dieser Dame keinen Einfluß auf die Situation in der letzten Spalte hat und ihr Verschieben deshalb auch nichts daran ändert, dass es auch weiterhin keinen sicheren Platz für die letzte Dame gibt.

An dieser Stelle wäre also ein direktes *Backtracking* zu der Variable hilfreich, deren Belegung tatsächlich für den späteren Konflikt mitverantwortlich ist. Solche Verfahren basieren auf der Analyse der Abhängigkeiten der Variablen und werden deshalb auch als abhängigkeits-gesteuertes *Backtracking* (*dependency-directed backtracking*) oder allgemein als **intelligentes Backtracking** bezeichnet.

Intelligentes Backtracking

Eine weitere Einschränkung des *Backtracking*-Verfahrens besteht darin, dass die Problembedingungen nur passiv genutzt werden, also nur zum Test, ob eine bestimmte Variablenbelegung kon-

Bedingungen aktiv nutzen!

sistent ist. Stattdessen können die Problembedingungen grundsätzlich auch dazu genutzt werden, *aktiv* die möglichen Werte der noch nicht belegten Variablen einzuschränken.

Das vermeidet einerseits später das Ausprobieren solcher Variablenbelegungen, für die bereits klar ist, dass sie nicht zur Lösung beitragen können. Andererseits lässt sich dadurch oftmals auch schon frühzeitig erkennen, dass der aktuelle Pfad in eine Sackgasse führt – dann nämlich, wenn sich herausstellt, dass es für eine noch gar nicht belegte Variable schon jetzt keinen Wert mehr gibt.

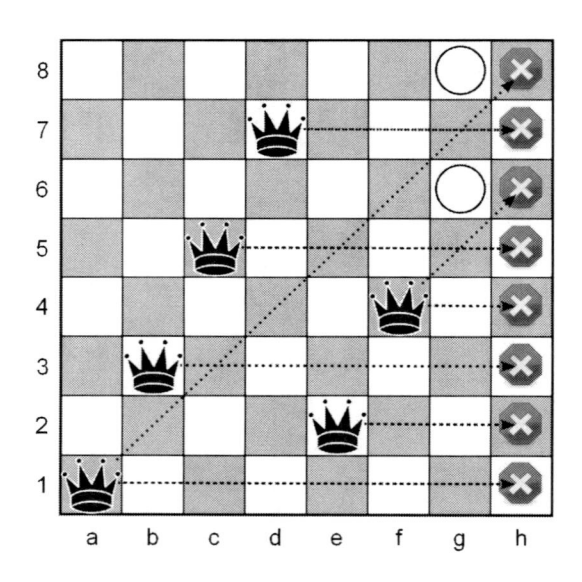

Abb. 9.2-7: Aktiver Einsatz der Constraints beim Acht-Damen-Problem.

Abb. 9.2-7 veranschaulicht dies nochmals an der gleichen Situation beim Acht-Damen-Problem. Mit dem Platzieren der sechsten Dame auf f4 sind für die letzte Dame auch die letzten beiden sicheren Positionen auf h4 bzw. h6 abhanden gekommen, so dass schon jetzt klar ist, dass der aktuelle Versuch mit der Dame auf f4 zum Scheitern verurteilt ist – und dies ganz ohne dass die vorletzte Spalte (mit den Möglichkeiten g6 und g8) überhaupt in Angriff genommen worden ist.

*Constraint Solving*

Eine solche aktive Nutzung der Problembedingungen zur Einschränkung noch nicht belegter Variablen verspricht also zusätzliche Effizienzverbesserungen und ist Grundlage eines weiteren Ansatzes zur Lösung kombinatorischer Probleme, den Sie in Kapitel »Constraint Solving«, S. 363, kennenlernen.

## 9.3 Constraint Solving **

*Constraint Solving* erlaubt eine aktive Verwendung der Problembedingungen zur Einschränkung der möglichen Werte anderer Variablen, wodurch der mit *Backtracking* zu durchlaufende Suchraum deutlich reduziert werden kann. Dazu wird das Constraint-Problem als Constraint-Netz abgebildet, in dem Variablen über *Constraints* miteinander verbunden sind und auf diesem Weg auch Wertebeschränkungen weitergeleitet (propagiert) werden. Alle notwendigen Klassen und Algorithmen zusammen bilden einen *Constraint-Solver*.

Zur Verbesserung der Effizienz bei der Lösung kombinatorischer Probleme können die Problembedingungen nicht nur passiv zum Testen von Werten schon belegter Variablen (*past variables*), sondern auch aktiv zur Ermittlung möglicher Einschränkungen für noch nicht belegte Variablen (*future variables*) verwendet werden.

Dies ist die Grundidee des *Constraint Solving*-Ansatzes. Die damit zu lösenden Problemstellungen sind exakt dieselben, die Sie auch schon im Zusammenhang mit *Backtracking* bzw. *Generate & Test* kennengelernt haben:

*Grundidee*

Ihre Modellierung besteht aus **Variablen**, **Wertebereichen** (*domains*) sowie den Problembedingungen, die jetzt allerdings als **Constraints** (für Einschränkungen oder Randbedingungen) bezeichnet werden, um deren aktive Verwendung im Unterschied zum passiven Einsatz im gewöhnlichen *Backtracking* zu verdeutlichen.

*Constraints = aktive Tests*

Entsprechend werden die so beschriebenen kombinatorischen Probleme auch als **Constraint-Probleme** (etwas genauer als *constraint satisfaction problems*, abgekürzt CSP) bezeichnet. Als Lösung eines CSP wird auch weiterhin eine Belegung der Variablen mit jeweils einem Wert aus dem zugehörigen Wertebereich verstanden, so dass alle *Constraints* erfüllt sind.

*Constraint satisfaction problem (CSP)*

Auch für die Lösung eines CSP wird wiederum *Backtracking* verwendet, um für die einzelnen Variablen konkrete Werte aus dem (verbliebenen) Wertebereich auszuprobieren. Neu ist nur die Kombination und Verzahnung von *Backtracking* mit der Weiterleitung von Einschränkungen an zukünftige Variablen, die auch als **Constraint-Propagierung** (*constraint propagation*) bezeichnet wird.

*Constraint-Propagierung*

Um diese Weiterleitung von Einschränkungen organisieren zu können, wird ein CSP als Graph interpretiert, dem sogenannten **Constraint-Netzwerk** oder Constraint-Netz (*constraint network*). Dieses stellt im Allgemeinen einen bipartiten Graphen

*Constraint-Netz*

dar, dessen Knoten den Variablen bzw. *Constraints* entsprechen. Jedes *Constraint*, also jede Problembedingung, ist dabei über eine Kante mit allen von ihr betroffenen Variablen verbunden, und ebenso hat jede Variable eine Kante zu allen *Constraints*, die auf sie wirken, also ihre Wertemöglichkeiten einschränken können.

*Binäre Constraints*

Umfasst das Constraint-Problem ausschließlich **binäre Constraints**, also *Constraints* über zwei Variablen, dann kann das Constraint-Netz auch als gewöhnlicher Graph dargestellt werden, bei dem die Knoten den Variablen und die Kanten den (binären) *Constraints* entsprechen.

## Kartenfärben als Constraint-Problem

Zur Veranschaulichung wird ein typisches kombinatorisches Problem betrachtet: das **Färbeproblem**. Dabei geht es darum, einen Graphen so »einzufärben«, dass je zwei benachbarte Knoten unterschiedliche Farben haben. Die Menge der Farben ist dabei eng begrenzt, zum Beispiel auf drei oder vier Farben.

*Kartenfärbeproblem*

Eine prominente Variante dieses Problems ist die Anwendung auf das Einfärben von Landkarten. Beim **Kartenfärbeproblem** (*map-colouring problem*) müssen die einzelnen Länder oder Regionen so »eingefärbt« werden, dass je zwei benachbarte Länder unterschiedliche Farben haben. Als Beispiel zeigt Abb. 9.3-1 eine Deutschlandkarte[4] mit den Grenzen der Bundesländer, die mit drei Farben (rot, grün und gelb) so eingefärbt werden soll, dass je zwei Länder mit gemeinsamer Grenze unterschiedliche Farben erhalten.

*Modellierung*

Diese Aufgabenstellung können Sie unmittelbar durch Angabe der Variablen, ihrer Wertebereiche und der geforderten Randbedingungen (*Constraints*) als CSP modellieren.

Wie sieht eine naheliegende Modellierung des »Deutschlandkartenfärbeproblems« als CSP aus?

*Constraint-Netz*

Abb. 9.3-2 zeigt das resultierende Constraint-Netz für das »Deutschlandkartenfärbeproblem«. Es besteht aus 16 Variablen für die jeweiligen Bundesländer (abgekürzt als BB, BE, BW, BY, HB, HE, HH, MV, NI, NW, RP, SH, SL, SN, ST und TH)[5], jeweils mit den drei Farben gelb, grün und rot als Wertebereich, und insgesamt 29 *Constraints*, alle vom gleichen Typ, nämlich sogenannte Ungleichheits-Constraints (*inequality constraints*, dargestellt als !=), die dafür sorgen sollen, dass die jeweils mit ihnen ver-

---
[4] Die Karte wurde erstellt auf Basis von http://commons.wikimedia.org/wiki/File:Karte_Bundesrepublik_Deutschland.svg (Nutzung unter Creative Commons Attribution-ShareAlike 2.0 Germany, CC BY-SA 2.0, http://creativecommons.org/licenses/by-sa/2.0/de/deed.en)
[5] Die Abkürzungen folgen dem ISO-Standard 3166-2:2007: Codes for the representation of names of countries and their subdivisions – Part 2: Country subdivision code.

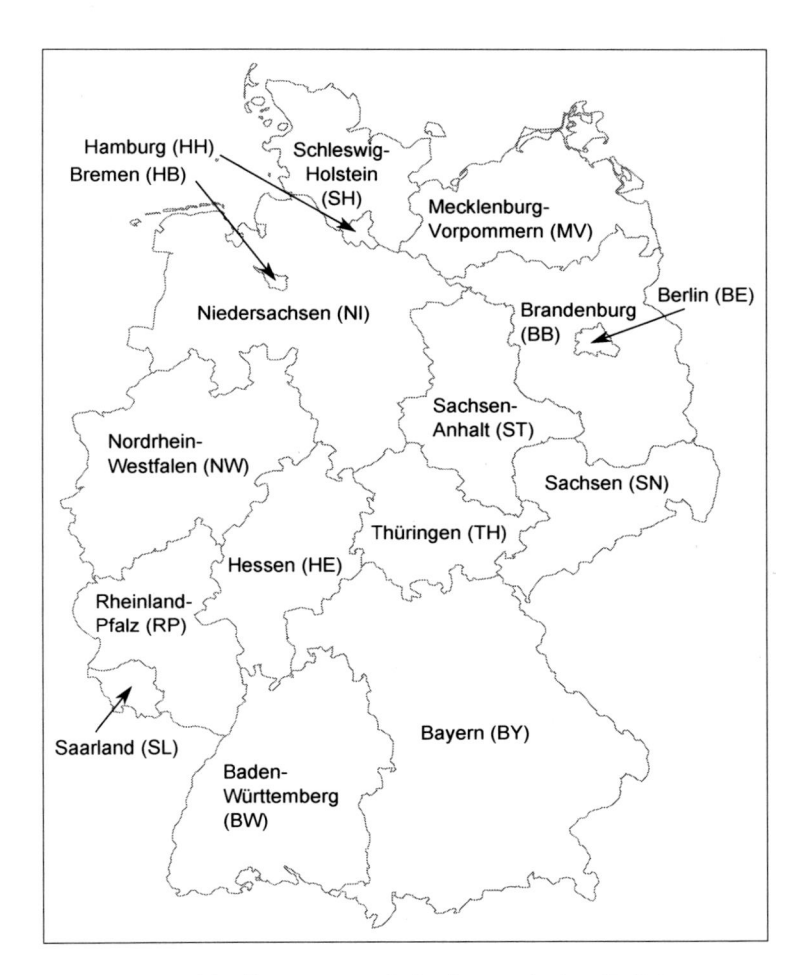

Abb. 9.3-1: Deutschlandkarte mit Bundesländern noch ohne Einfärbung.

bundenen Variablen unterschiedliche Werte, die entsprechenden Bundesländer also unterschiedliche Farben, erhalten.

Beim reinen *Backtracking*-Verfahren würden zur Lösung des Färbeproblems für die Variablen systematisch verschiedene Werte durchprobiert und bei jedem neuen Wert nur geprüft, dass er nicht mit schon ausgewählten Werten für andere Variablen kollidiert.

*Constraint Solving = Backtracking*

Beim *Constraint Solving* ist der grundsätzliche Ablauf ganz ähnlich. Allerdings wird bei jeder Variablenbelegung nicht (passiv) die Konsistenz mit den bereits belegten Variablen geprüft (diese ist automatisch sichergestellt), sondern die gerade testweise vorgenommene Festlegung auf einen bestimmten Wert für die

... erweitert um Propagierung!

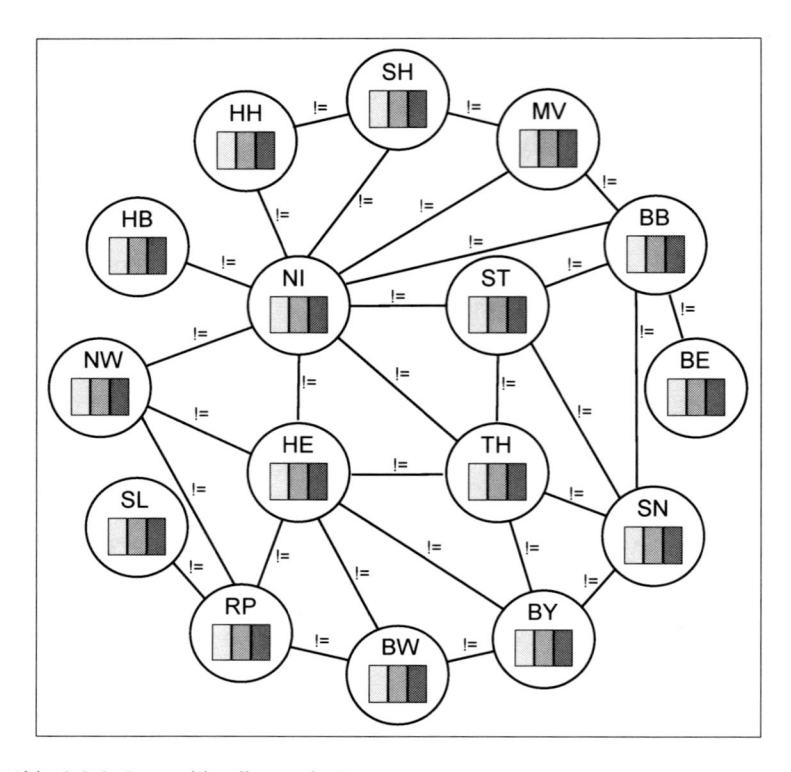

Abb. 9.3-2: Deutschlandkarte als Constraint-Netz.

aktuelle Variable wird (aktiv) im Constraint-Netz weiter *propagiert*.

Weiterleiten von Einschränkungen

Dabei wird ermittelt, ob sich durch die Festlegung weitere Wertebereichseinschränkungen für andere Variablen ergeben, die wiederum weitere Einschränkungen auslösen usw. – so lange, bis »sich nichts mehr tut« im Constraint-Netz. Dann sind alle Wertebereiche (noch) konsistent, und es geht mit der nächsten Variable weiter. Falls aber bei irgendeiner Variablen der Wertebereich leer wird, es also mit der aktuellen Variablenbelegung keine Lösung für das Problem gibt, dann setzt das schon bekannte *Backtracking* ein, und es muss ein alternativer Wert probiert werden (soweit noch vorhanden) oder noch einen Schritt weiter zurückgegangen werden.

Beispiel

Abb. 9.3-3 veranschaulicht diesen Prozess für die ersten Schritte zur Lösung des »Deutschlandkartenfärbeproblems«.

○ In einem ersten Schritt wird für die erste Variable, beispielsweise SH (bei einer systematischen Abarbeitung von Nord nach Süd), ein beliebiger Wert aus dem Wertebereich ausgewählt, zum Beispiel *gelb* bei systematischem Durchlaufen des Wertebereichs mit den Farben {*gelb, grün, rot*}. Diese Festlegung von SH auf *gelb* stellt nun eine Einschränkung für SH dar, welche über die mit SH verbundenen *Constraints* an andere Variablen weitergeleitet (propagiert) wird. Es wird geprüft, ob sich daraus weitere Einschränkungen ergeben; im vorliegenden Beispiel wird deshalb der Wert *gelb* aus den Wertebereichen für die Nachbarländer HH, NI und MV entfernt (Schritt 1 in Abb. 9.3-3).

- Anschließend kann wie beim *Backtracking* die nächste Variable belegt werden, zum Beispiel HH für Hamburg. Als Werte stehen jetzt schon nur noch *grün* und *rot* zur Verfügung. Eine Überprüfung gegen die schon belegten Variablen (wie beim gewöhnlichen *Backtracking*) entfällt: Das entsprechende *Constraint* »HH != SH« ist ja schon in umgekehrter Richtung überprüft worden und hat aktiv zum Entfernen des Wertes *gelb* aus dem aktuellen Wertebereich von HH geführt! Also wird für Hamburg der erste noch verbliebene Wert, in diesem Fall *grün*, probiert, was im Zuge der Propagierung zur Einschränkung von Niedersachsen (NI) auf den letzten verbliebenen Wert *rot* führt (Schritt 2 in Abb. 9.3-3).
- Diese Einschränkung wird sofort weiter propagiert und führt unmittelbar zum Entfernen von *rot* aus den Wertebereichen aller »angrenzenden« Variablen: HB, NW, HE, TH, ST, BB und auch MV, deren Wertebereich damit nur noch die Farbe *grün* enthält (Schritt 2.1 in Abb. 9.3-3).
- Das wiederum löst durch weitere Propagierung das Entfernen von *grün* für Brandenburg (BB) aus, das damit auf die Farbe *gelb* festgelegt wird, da *rot* bereits früher wegen der Grenze mit Niedersachsen (NI) ausgeschlossen wurde (Schritt 2.2 in Abb. 9.3-3).
- Daraufhin ist der Wert *gelb* für die angrenzenden Länder auch nicht mehr möglich und wird aus den Wertebereichen der Variablen ST, SN und BE entfernt. Während SN und BE danach immer noch zwei mögliche Werte (*grün* und *rot*) haben, wird ST damit wiederum auf *grün* festgelegt (Schritt 2.3).
- Das wiederum löst weitere Festlegungen von TH auf *gelb* und SN auf *rot* aus (Schritt 2.4), womit die Propagierung auch noch nicht abgeschlossen ist, wie Sie leicht weiter analysieren können.

Dieses Beispiel zeigt aber anschaulich, wie das Prinzip der Constraint-Propagierung funktioniert und wie es aktiv zur Einschrän-

# 9 Kombinatorische Algorithmen *

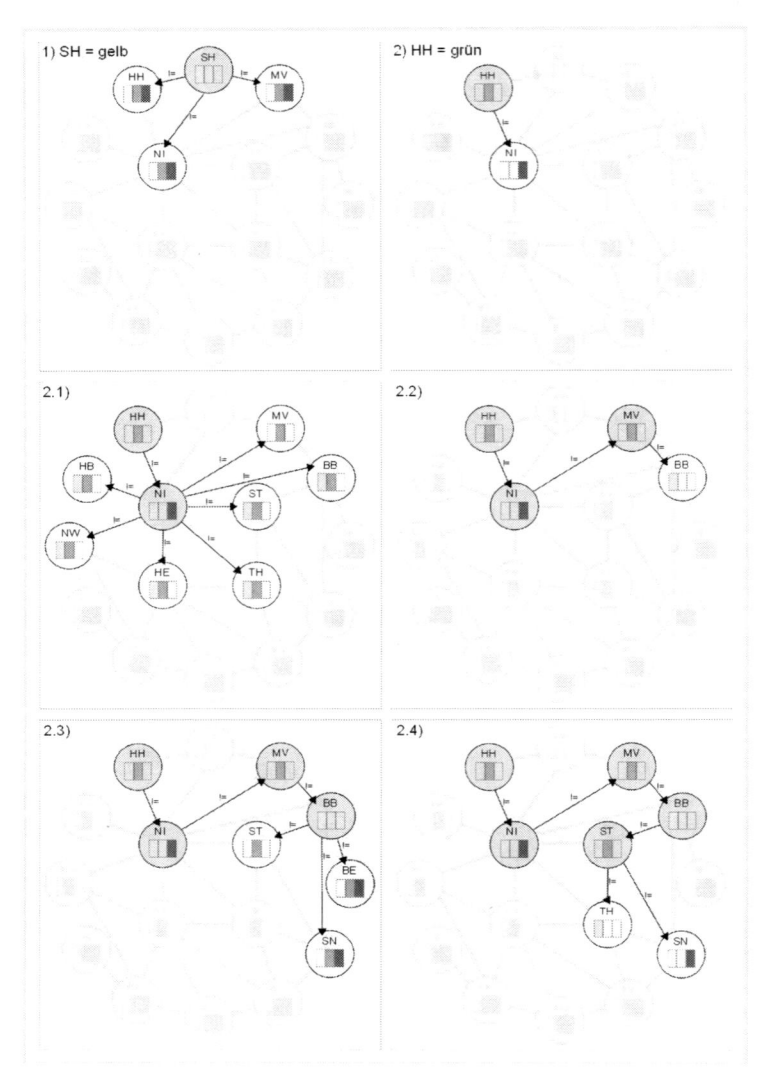

Abb. 9.3-3: Propagierung von Einschränkungen im Constraint-Netz für die Deutschlandkarte.

Propagierung zeigt ...

kung der Wertebereiche und somit zur Beschneidung des Kombinationsraums für das umgebende *Backtracking* sorgt: Ausgehend von der Wahl der Farbe *grün* für Hamburg (HH) breiten sich die daraus resultierenden Werteeinschränkungen durch das Constraint-Netz aus – bis sich entweder keine weiteren Einschränkungen mehr ergeben oder eine Inkonsistenz aufgedeckt wird. Das ist dann der Fall, wenn eine Variable im Zuge der Propagierung auch noch ihren letzten verbliebenen Wert verliert. Und welcher Fall liegt in diesem Beispiel vor?

Wenn Sie den aktuellen Zustand des Constraint-Netzes in Schritt 2.4 in Abb. 9.3-3 genau betrachten, sehen Sie schnell, dass im nächsten Schritt sowohl Hessen (HE) als auch Bayern (BY) auf den Wert *grün* festgelegt werden (Schritt 2.5 in Abb. 9.3-4), was im darauf folgenden Schritt zur Aufdeckung einer Inkonsistenz führt; beide Variablen verlieren auch noch ihren letzten Wert (Schritt 2.6).

...Inkonsistenz!

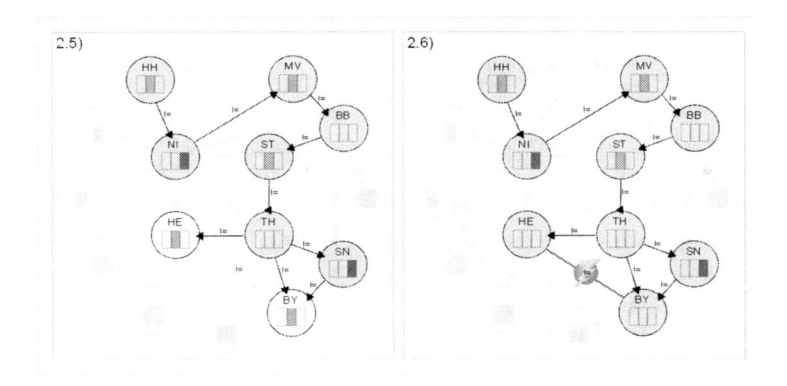

Abb. 9.3-4: Fortsetzung zur Propagierung von Einschränkungen im Constraint-Netz für die Deutschlandkarte.

Somit hat also die Propagierung der Festlegung von Hamburg auf *grün* durch den aktiven Einsatz der *Constraints* gezeigt, dass diese Festlegung nicht zu einer Lösung führen kann. Entsprechend kann im *Backtracking* direkt mit einem alternativen Wert für Hamburg (hier also mit *rot*) fortgesetzt werden, ohne dass vorher noch vergebens irgendwelche anderen Farben für andere Länder auf dem Weg zwischen Hamburg und dem Ort, an dem die Inkonsistenz auftrat, ausprobiert werden.

Weiter mit Backtracking

## Ein Constraint-Solver in Java

Nachdem Sie jetzt das Prinzip des *Constraint Solving* am Beispiel des Färbeproblems verstanden haben, ist es an der Zeit zu überlegen, wie diese Herangehensweise auch in Java implementiert werden kann. Dazu lernen Sie im Folgenden schrittweise einen sogenannten Constraint-Solver in Java kennen, mit dem Constraint-Probleme, wie das gerade besprochene Färbeproblem, modelliert und auch gelöst werden können.

Die Implementierung ist dabei nicht auf besondere Effizienz ausgelegt; vielmehr geht es um einen leicht nachvollziehbaren Ent-

Verstehbarkeit vor Effizienz

wurf, den Sie bei Bedarf gerne einem Redesign und Performance-Tuning unterziehen können[6].

*Anwendung dynamischer Datenstrukturen*

Außerdem können Sie den Entwurf des Constraint-Solvers auch als kleine Fallstudie zur praktischen Anwendung dynamischer Datenstrukturen aus dem *Java Collection Framework* (siehe Kapitel »Datenstrukturen«, S. 181) verstehen, welche dabei in vielfältiger Form zum Einsatz kommen.

*Basis: Constraint-Netz*

Basis für den Constraint-Solver und die Algorithmen für *Backtracking* und Propagierung ist das Constraint-Netz aus Variablen und *Constraints*, das auch in Java als vernetzte Struktur entsprechender Objekte realisiert werden kann:

*Variable und Domain*

■ Jedes Objekt vom Typ Variable verfügt neben der Referenz auf seinen initialen Wertebereich (ein Objekt vom Typ Domain) über Referenzen auf die *Constraints*, an denen die Variable beteiligt ist.

*Constraint*

■ Umgekehrt muss auch jedes Constraint-Objekt Referenzen auf die von ihm betroffenen Variablen unterhalten. Dabei können Sie sich zunächst auf binäre *Constraints* beschränken, die also über jeweils nur zwei Variablen definiert sind. Für das Färbeproblem und viele andere Probleme reicht das aus und bedeutet auch keine grundsätzliche Einschränkung, da jedes allgemeine Constraint-Problem in ein lösungsäquivalentes binäres Constraint-Problem (also mit auschließlich binären *Constraints*) überführt werden kann (siehe [Mey95a], S. 29ff).

*Value*

■ Da die möglichen Werte der Variablen von ganz unterschiedlichen Java-Typen sein können, macht es Sinn, diese ebenfalls in einer eigenen Klasse Value zu abstrahieren. Alternativ könnten Sie sich auf reine Zahlenwerte beschränken, mit denen die tatsächlichen Werte codiert werden, beispielsweise die Farben {*gelb, grün, rot*} als {0, 1, 2}.

Damit haben Sie alle wesentlichen Klassen beisammen, um ein Constraint-Problem als Constraint-Netz zu modellieren.

*Klasse Value*

Die Klasse Value abstrahiert von dem konkreten Typ des Wertes und kapselt ihn. Sie verfügt über das gekapselte Attribut value für den eigentlichen Wert, einen Konstruktor zum Erzeugen eines Value-Objekts zu einem beliebigen Wert, eine entsprechende Getter-Methode sowie eine toString()-Implementierung, die auf die entsprechende Implementierung für den konkreten Typ zu-

---

[6]Insbesondere werden in der hier vorgestellten Implementierung zur Laufzeit sehr viele Objektinstanzen erzeugt, was eine sehr zeitaufwändige Operation ist, so dass ein Vorfertigen und Wiederverwenden von Objekten eine erfolgversprechende Maßnahme zur Performanzsteigerung wäre. Weitere wertvolle Hinweise zum Performance-Tuning von Java-Programmen finden Sie in [Shir03].

rückgreift. Value-Objekte sind unveränderlich, nachdem sie einmal erzeugt wurden.

```
/**
 * Ein Value kapselt einen konkreten Wert (String, Integer etc.).
 * Value-Objekte sind unveränderlich (immutable).
 */
public final class Value
{
    protected Object value;

    protected Value(Object value)
    {
        this.value = value;
    }

    protected Object getValue()
    {
        return this.value;
    }

    public String toString()
    {
        return this.value.toString();
    }
}
```

Aufbauend auf der Klasse Value kann die Klasse Domain für die Wertebereiche definiert werden. Ein Domain-Objekt enthält eine geordnete Liste values von Werten, die aktuell zum betreffenden Wertebereich gehören. Hierfür kommt der Typ List<Value> aus dem *Collection Framework* zum Einsatz. Außerdem stellt die Klasse Domain verschiedene Konstruktoren und Operationen zum Kopieren und zum Löschen eines Wertes aus einer Domain zur Verfügung. Da auch Domain-Objekte nach ihrem Erzeugen unveränderlich sein sollen, erfolgt das Löschen durch Erzeugen einer Kopie ohne den zu löschenden Wert. Dazu kommen wieder eine Implementierung für toString(), eine Operation isSingleton() zur Prüfung, ob die Domain genau einen Wert umfasst, sowie ein Selektor selectValue(), der, beispielsweise für den Einsatz im *Backtracking*, einen Wert aus der Domain auswählt. Eine rudimentäre Implementierung wählt immer den ersten Wert aus der Liste values.

*Klasse Domain*

```
/**
 * Eine Domain enthält eine Liste von Value-Objekten, welche
 * die Werte kapseln, die aktuell zur Domain gehören.
 * Domain-Objekte sind unveränderlich (immutable).
 */
public final class Domain
{
    protected List<Value> values;

    public Domain()
```

```java
{
    this.values = new ArrayList<Value>();
}
public Domain(Value value)
{
    this();
    this.values.add(value);
}
public Domain(Object[] values)
{
    this();
    for(Object v : values)
        this.values.add(new Value(v));
}
public List<Value> getValues()
{
    return this.values;
}
protected Domain copy()
{
    Domain result = new Domain();
    for(Value v : this.values)
        result.values.add(v);
    return result;
}
protected Domain removeValue(Value value)
{
    Domain result = new Domain();
    for(Value v : this.values)
        if (!(v.equals(value)))
            result.values.add(v);
    return result;
}
public String toString()
{
    if (this.values.isEmpty())
        return "{}";
    String result = "{";
    for(Value value : this.values)
        result = result + value + ",";
    result = result.substring(0,result.length()-1)+"}";
    return result;
}
protected Value selectValue()
{
    if (this.values.isEmpty())
        return null;
    else
        return this.values.get(0);
```

```
    }

    protected boolean isSingleton()
    {
        return (this.values.size() == 1);
    }
}
```

Jetzt können Sie auch die Klasse `Variable` definieren, mit der die einzelnen Variablen aus der Problemdefinition modelliert werden.

*Klasse Variable*

Jede Variable verfügt über einen Namen (`name`), einen initialen Wertebereich (`domain`) sowie eine Menge von Referenzen auf die Constraints (`constraints`), die auf die Variable einwirken.

*Attribute*

Da im Vorhinein nicht absehbar ist, mit wie vielen *Constraints* eine Variable verbunden sein wird, und die *Constraints* nacheinander eines nach dem anderen mit Variablen verbunden werden, muss für das Attribut `constraints` auf jeden Fall eine dynamische Datenstruktur, also ein `Collection`-Typ gewählt werden – aber welcher? Die häufigste Operation auf dieser Datenstruktur wird das Durchlaufen über einen Iterator sein, ein gezielter Zugriff über Index oder Schlüssel findet ebenso wenig statt wie ein Löschen von Elementen, so dass sich eine einfache Implementierung als Liste anbietet. Gibt es eine vernünftige Annahme für die maximale Anzahl *Constraints*, mit denen eine Variable verbunden ist, zum Beispiel fünf, dann kann eine entsprechend initialisierte `ArrayList` Verwendung finden, ansonsten tut es hier auch eine `LinkedList`.

Neben den üblichen Getter- und Setter-Methoden sowie einer trivialen Implementierung für `toString()` bietet die Klasse `Variable` zunächst nur noch eine Operation `linkTo()` zum Verbinden mit einem weiteren *Constraint* durch Aufnahme in die Liste `constraints` sowie einen Konstruktor. Dieser fügt die neu erzeugte Variable zur statischen Liste aller Variablen (`allVariables`) hinzu, die der Constraint-Solver verwaltet, initialisiert die Liste für die Speicherung der Constraint-Referenzen mit einer neuen Instanz von `ArrayList<Constraint>` mit Anfangsgröße fünf und legt im Attribut `domain` eine Kopie der übergebenen Domain ab.

*Operationen*

Außerdem sollen `Variable`-Objekte paarweise vergleichbar sein, weshalb die Klasse `Variable` noch das Interface `Comparable <Variable>` implementiert. Dadurch wird es später möglich, die mit einem *Constraint* verbundenen Variablen nach einer bestimmten, noch zu definierenden Ordnung abzuarbeiten. Die dafür notwendige Operation `compareTo()` kann zunächst ganz trivial durch Rückführung auf den Vergleich der Namen implementiert und später nach Bedarf ausgestaltet werden.

```java
/**
 * Eine Variable hat einen internen Namen, einen
 * Verweis auf ihre initiale Domain und eine Liste von
 * Verweisen auf die Constraints, in denen sie vorkommt.
 */
public class Variable implements Comparable<Variable>
{
    protected String name;
    protected Domain domain;
    protected List<Constraint> constraints;

    // Automatisch generierte Getter- und Setter-Methoden
    // ...

    /**
     * Haupt-Konstruktor für Variablen aus der Problemdefinition
     */
    public Variable(String name, Domain domain)
    {
        ConstraintSolver.allVariables.add(this);
        constraints = new ArrayList<Constraint>(5);
        this.domain = domain.copy();
        this.name = name;
    }

    public int compareTo(Variable var)
    {
        return this.name.compareTo(var.name);
    }

    public String toString()
    {
        return this.name;
    }

    /**
     * Verbinden der Variable mit einem Constraint
     */
    protected void linkTo(Constraint c)
    {
        constraints.add(c);
    }
}
```

**Abstrakte Klasse Constraint**

Jetzt fehlt Ihnen zunächst nur noch die Klasse Constraint. Da es später je nach Anzahl der betroffenen Variablen und Art der zugrundeliegenden Bedingung auch unterschiedliche Implementierungen für verschiedene Constrainttypen geben wird, soll die Klasse Constraint zunächst nur als abstrakte Klasse definiert werden. Diese enthält zunächst nur die Attribute, einen Konstruktor und die Spezifikation einer allgemeinen Operation check() zum Überprüfen einer Wertekombination auf Erfüllung der dem *Constraint* zugrundeliegenden Bedingung. Analog zum Konstruktor für Variablen wird auch hier jedes neu erzeugte Constraint-Objekt in die vom Constraint-Solver verwaltete Liste `allConstraints` aufgenommen. Die an dieser Stelle noch beliebig vielen Variablen, die als Parameter übergeben werden, landen in einer neu erzeugten Datenstruktur `variables`.

Anders als beim Attribut `constraints` in der Klasse `Variable` ist hier beim Erzeugen des `Constraint`-Objekts schon bekannt, wie viele Variablen mit dem *Constraint* verbunden sind und wie groß demnach die Datenstruktur `variables` sein muss. Während der Laufzeit werden auch keine Variablen entfernt – also wird hierfür gar keine dynamische Datenstruktur benötigt, es reicht ein gewöhnliches Feld. Das ermöglicht schließlich auch im Konstruktor die direkte Übernahme des Parameters `variables`, in dem alle übergebenen Variablen ohnehin schon in einem Feld zusammengefasst werden.

```
/**
 * Ein Constraint hat einen internen Namen (optional) sowie
 * ein Feld von Verweisen auf die Variablen, auf denen das
 * Constraint definiert ist, deren Werte also in der
 * Bedingung des Constraints vorkommen und eventuell
 * durch das Constraint eingeschränkt werden.
 */
public abstract class Constraint
{
    Variable[] variables;
    String name;

    abstract boolean check(Value... values);

    abstract protected Label check(Variable var, Label label);

    protected Constraint(String name, Variable... variables)
    {
        ConstraintSolver.allConstraints.add(this);
        this.variables = variables;
        this.name = name;
        for(Variable v : variables)
            v.linkTo(this);
    }
}
```

Ein in der Praxis häufig auftretendes *Constraint* ist die Forderung nach ungleicher Belegung zweier Variablen. Ein solches »binäres Ungleichheitsconstraint« (*binary inequality constraint*) findet auch beim Färbeproblem Verwendung und kann als Konkretisierung der Klasse `Constraint` definiert werden:

Konkrete Constrainttypen

```
public class BinaryInequalityConstraint extends Constraint
{
    public BinaryInequalityConstraint(String name,
        Variable var1, Variable var2)
    {
        super(name, var1, var2);
```

Klasse BinaryInequalityConstraint

```
}
protected boolean check(Value... values)
{
  if (values.length != 2)
    throw new IllegalArgumentException
      ("Wrong number of values
         for BinaryInequalityConstraint.check()");
  return (values[0].getValue() != values[1].getValue());
}
}
```

Es stellt vor allem als wichtigste Operation die Methode `check()` zur Verfügung, mit der zwei Werte[7] auf Ungleichheit getestet werden.

*Modellierung eines Constraint-Problems*

Mit den bislang besprochenen Klassen haben Sie bereits alles, was Sie zur Modellierung eines Problems als Constraint-Problem benötigen. Dabei sind die Klassen so entworfen, dass Sie bei der Definition eines Constraint-Problems in der folgenden Reihenfolge vorgehen:

1 Definition der Werte bzw. Wertebereiche (Erzeugen von Objekten der Klassen `Value` und `Domain`)
2 Definition der Variablen unter Bezugnahme auf ihren schon definierten Wertebereich (Erzeugen von Objekten der Klasse `Variable`)
3 Definition der Constraints unter Bezugnahme auf die schon definierten Variablen (Erzeugen von Objekten der Klasse `Constraint`)

*Beispiel: Färbeproblem*

Auf diese Weise können Sie das Deutschlandkartenfärbeproblem unmittelbar als Constraint-Problem definieren:

```
// Schritt 1: Definition der Wertebereiche
String[] colorNames = {"gelb","grün","rot"};
Domain colors = new Domain(colorNames);

// Schritt 2: Definition der Variablen
Variable hh = new Variable("HH",colors);
Variable sh = new Variable("SH",colors);
Variable ni = new Variable("NI",colors);
Variable hb = new Variable("HB",colors);
Variable nw = new Variable("NW",colors);
Variable he = new Variable("HE",colors);
Variable rp = new Variable("RP",colors);
Variable sl = new Variable("SL",colors);
Variable bw = new Variable("BW",colors);
Variable by = new Variable("BY",colors);
```

[7]Die etwas umständlich anmutende Formulierung über VarArgs auch für check() ist wegen der so definierten abstrakten Operation check() in der Klasse Constraint notwendig. Tatsächlich darf die Operation check() für ein binäres *Constraint* nur mit zwei Parametern aufgerufen werden, sonst wird ein entsprechendes Ausnahmeobjekt erzeugt und ausgelöst.

```
Variable mv = new Variable("MV",colors);
Variable st = new Variable("ST",colors);
Variable sn = new Variable("SN",colors);
Variable th = new Variable("TH",colors);
Variable bb = new Variable("BB",colors);
Variable be = new Variable("BE",colors);

// Schritt 3: Definition der Constraints
new BinaryInequalityConstraint("SH != HH",sh,hh);
new BinaryInequalityConstraint("SH != NI",sh,ni);
new BinaryInequalityConstraint("HH != NI",hh,ni);
new BinaryInequalityConstraint("NI != HB",ni,hb);
new BinaryInequalityConstraint("NI != NW",ni,nw);
new BinaryInequalityConstraint("NI != HE",ni,he);
new BinaryInequalityConstraint("NW != HE",nw,he);
new BinaryInequalityConstraint("NW != RP",nw,rp);
new BinaryInequalityConstraint("HE != RP",he,rp);
new BinaryInequalityConstraint("HE != BW",he,bw);
new BinaryInequalityConstraint("HE != BY",he,by);
new BinaryInequalityConstraint("RP != SL",rp,sl);
new BinaryInequalityConstraint("RP != BW",rp,bw);
new BinaryInequalityConstraint("BW != BY",bw,by);
new BinaryInequalityConstraint("SH != MV",sh,mv);
new BinaryInequalityConstraint("NI != MV",ni,mv);
new BinaryInequalityConstraint("NI != ST",ni,st);
new BinaryInequalityConstraint("NI != BB",ni,bb);
new BinaryInequalityConstraint("NI != TH",ni,th);
new BinaryInequalityConstraint("HE != TH",he,th);
new BinaryInequalityConstraint("BY != TH",by,th);
new BinaryInequalityConstraint("MV != BB",mv,bb);
new BinaryInequalityConstraint("ST != BB",st,bb);
new BinaryInequalityConstraint("BB != BE",bb,be);
new BinaryInequalityConstraint("ST != SN",st,sn);
new BinaryInequalityConstraint("BB != SN",bb,sn);
new BinaryInequalityConstraint("ST != TH",st,th);
new BinaryInequalityConstraint("TH != SN",th,sn);
new BinaryInequalityConstraint("BY != SN",by,sn);
```

Nach Ausführung dieses Programmstücks haben Sie auf dem *Heap* Ihres Java-Laufzeitsystems exakt das gleiche Constraint-Netz erstellt wie eingangs im Kapitel in Abb. 9.3-2 dargestellt.

Über die beiden statischen Variablen allConstraints und all Variables können Sie bzw. der Constraint-Solver jetzt auf das Constraint-Netz zugreifen und analog zu dem in Abb. 9.3-3 beschriebenen Vorgehen mittels einer Kombination aus Propagierung und *Backtracking* versuchen, alle Variablen so mit jeweils einem Wert zu belegen, dass alle *Constraints* erfüllt sind.

*Lösung des Constraint-Problems*

Dabei können den Variablen bzw. ihren *Domains* aber nicht direkt Werte zugewiesen werden, da diese ja im Falle einer später auftretenden Inkonsistenz wie in Abb. 9.3-4 auch wieder zurückgenommen und die früheren Wertebereiche wieder hergestellt werden müssen. Aus diesem Grund werden die aktuellen

*Keine direkten Wertebelegungen möglich*

Wertebelegungen in einer dynamischen Datenstruktur verwaltet, die als Parameter allen Operationen zur Organisation des *Backtracking* und der Propagierung mitgegeben wird und auch als Ergebnistyp dieser Operationen dient. Die Grundlage dafür liefert das Konzept eines *Labels*, das eine aktuelle Wertebelegung der Variablen des Constraint-Netzes repräsentiert.

*Definition Label*

Ein *Label* ist entweder leer (*empty label*), oder es besteht aus einer Variablen var, einem Wertebereich dom für var und der Referenz auf ein weiteres Label nextLabel. Es repräsentiert damit die um die Zuweisung des Wertebereichs dom an die Variable var ergänzte Wertebelegung aus nextLabel.

Die testweisen Wertebelegungen im Zuge des *Backtracking* werden also ebenso wie die Wertebereichseinschränkungen aufgrund von Constraint-Propagierung als *Kette von sich überlagernden Wertebereichszuweisungen* realisiert.

*Zugriff auf ein Label*

Um den aktuellen Wertebereich einer Variablen aus einem *Label* zu ermitteln, wird dieses also schrittweise durchlaufen, bis entweder eine Zuweisung für die betreffende Variable gefunden oder das leere *Label* erreicht wird – dann gilt für die Variable noch der initiale Wertebereich, der in der Variable abgelegt ist.

*Beispiel: Färbeproblem*

Betrachten Sie nochmals das Constraint-Netz in Abb. 9.3-3. Nach der Festlegung für SH auf *gelb* und den daraus folgenden Einschränkungen für die Wertebereiche von HH, NI und MV in Schritt 1 sieht das aktuelle *Label* so aus:

```
label[MV->{grün,rot},
    label[NI->{grün,rot},
        label[HH->{grün,rot},
            label[SH->{gelb},
                empty_label]]]]
```

Wird in Schritt 2 dann Hamburg (HH) mit grün und in der Folge Niedersachsen (NI) mit rot belegt, dann überdecken diese Belegungen die älteren Belegungen aus Schritt 1 und das resultierende *Label* sieht wie folgt aus:

```
label[NI->{rot},
    label[HH->{grün},
        label[MV->{grün,rot},
            label[NI->{grün,rot},
                label[HH->{grün,rot},
                    label[SH->{gelb},
                        empty_label]]]]]]
```

Bei der Suche nach dem aktuellen Wertebereich für die Variable HH wird die Zuweisung HH->{grün} gefunden. Die frühere Belegung HH->{grün,rot} ist aber auch noch enthalten und wird automatisch bei Rücknahme der Festlegung für HH auf grün als Konsequenz aus der in Abb. 9.3-4 festgestellten Inkonsistenz wieder aktiv.

Wie die rekursive Definition bereits nahelegt, können *Labels* als verkettete Datenstruktur realisiert werden. Die entsprechende Klasse Label hat genau die in der Definition bereits eingeführten Attribute var, dom und nextLabel. Sie enthält neben einem Generator emptyLabel() für das leere *Label* und einem gewöhnlichen Konstruktor noch eine toString()-Implementierung, die zu einem *Label* eine String-Darstellung erzeugt, die genau der aus dem letzten Beispiel entspricht. Außerdem gibt es eine Operation getValues(), die zu einem *Label* die aktuelle Wertebelegung für eine beliebige Variable ermittelt. Dazu wird die Kette der *Labels* rekursiv durchlaufen, bis ein passendes *Label* gefunden oder das leere *Label* erreicht wurde und auf die initiale *Domain* der Variablen zurückgegriffen wird.

Implementierung für Labels

```java
/**
 * Ein Label enthält ein Variable-Domain-Paar sowie einen
 * Verweis auf das nächste Label. Dadurch werden temporäre
 * Wertezuweisungen im Rahmen des Labeling realisiert.
 */
public class Label
{
    Variable var;
    Domain dom;
    Label nextLabel;

    /**
     * Statische Methode zur Erzeugung eines leeren Labels
     * Dieses wird zur Initialisierung von Label-Objekten
     * benötigt.
     *
     * @return leeres Label (für interne technische Zwecke)
     */
    protected static Label emptyLabel()
    {
        return new Label(null,null,null);
    }

    /**
     * Konstruktor für die Klasse Label
     * @param var Variable, der eine Domain zugewiesen wird
     * @param dom Domain, auf die die Variable eingeschränkt
     * wird.
     * @param nextLabel Verweis auf das nächste Label, das durch
     * das aktuelle nur für die Variable var überdeckt wird.
     */
    protected Label(Variable var, Domain dom, Label nextLabel)
    {
        this.var = var;
        this.dom = dom;
        this.nextLabel = nextLabel;
```

Klasse Label

```
    }
    /**
     * Ermittlung des aktuell gültigen Wertebereichs (Domain)
     * für eine Variable
     * @param var Variable, deren aktueller Wertebereich
     * gesucht wird.
     * @return Domain-Objekt mit den aktuellen Werten
     */
    protected Domain getDomain(Variable var)
    {
        if (var == this.var)
            return this.dom;
        else if (this.nextLabel != null)
            return nextLabel.getDomain(var);
        else
            return var.getDomain();
    }

    public String toString()
    {
        if (this.var == null)
            return "empty_label";
        String result = "label[";
        result = result + this.var + "->" + this.dom;
        if ((this.nextLabel != null) &&
                            (this.nextLabel.var != null))
            result = result + "," + this.nextLabel;
        result = result +"]";
        return result;
    }
}
```

Ein *Label* repräsentiert in der internen Verarbeitung des Constraint-Solvers die aktuellen Wertebereiche aller Variablen. Zugleich dient ein Parameter bzw. Rückgabewert vom Typ Label auch dazu anzuzeigen, ob bereits eine Inkonsistenz aufgedeckt wurde; in diesem Fall wird an entsprechender Stelle als *Label* der Wert null zurückgeliefert.

Den Wert null sollten Sie nicht mit dem leeren *Label* (empty_label) verwechseln: Während null eine inkonsistente Wertebelegung signalisiert, drückt das leere *Label* aus, dass es (noch) keine Einschränkungen gegenüber den initialen Wertebereichen der Variablen gibt.

**Propagierung von Einschränkungen**

Den Kern des Constraint-Solvers bildet der Mechanismus zur Propagierung von Wertebereichseinschränkungen, wie er in Abb. 9.3-3 veranschaulicht ist. Auslöser für die Propagierung ist das versuchsweise Festlegen einer Variable auf einen bestimmten Wert. Um festzustellen, ob sich daraus weitere Einschränkungen ergeben, müssen alle mit der Variable verbundenen *Constraints* überprüft werden.

## 9.3 Constraint Solving **

Dazu erhält die Klasse Constraint eine weitere abstrakte Operation:

```
abstract protected Label check(Variable var, Label label);
```

Abstrakte Operation check()

Der Parameter var gibt an, von welcher der am *Constraint* beteiligten Variablen diese Überprüfung ausgelöst wurde, und label repräsentiert, wie beschrieben, die aktuellen Wertebereiche. Ergebnis der Überprüfung ist wiederum ein *Label*, das entweder den Parameter label um mögliche Einschränkungen erweitert oder null, falls dabei eine Inkonsistenz festgestellt wurde.

Aus Vereinfachungsgründen betrachten Sie hier nur die Implementierung für binäre *Constraints*, die in einer neuen Klasse BinaryConstraint (als Unterklasse von Constraint und Oberklasse von BinaryInequalityConstraint) bereitgestellt wird:

Implementierung für die Klasse BinaryConstraint

```
public abstract class BinaryConstraint extends Constraint
{
    public BinaryConstraint(String name, Variable var1,
      Variable var2)
    {
        super(name, var1, var2);
    }

    /**
     * Einstiegspunkt aus dem Labeling: Das aktuelle Constraint
     * (this) muss ausgehend von einer Einschränkung der Variable
     * var auf weitere mögliche Einschränkungen überprüft werden.
     */
    protected Label check(Variable var, Label label)
    {
        if (label != null)
            if (var == this.variables[0])
                return check(this.variables[1],var,label);
            else if (var == this.variables[1])
                return check(this.variables[0],var,label);
            else
                throw new IllegalArgumentException("...");
        else
            return label;
    }
}
```

Diese Operation enthält im wesentlichen nur einen Aufruf einer weiteren Operation check(), die neben den ursprünglichen Parametern zusätzlich als ersten Parameter noch die Variable erhält, deren Wertebereich überprüft werden muss.

Dazu muss jeder der noch verbliebenen Werte dieser Variablen (Parameter var1) überprüft werden, ob er noch eine »Rechtfertigung« hat, es also in den Wertebereichen der anderen Variablen (bei binären *Constraints* ist dies genau eine weitere Variable, hier der Parameter var2) noch Werte gibt, mit denen zusammen die Bedingung des *Constraints* erfüllt wird.

Kern-Operation zur Propagierung

## 9 Kombinatorische Algorithmen *

```
/**
 * Kern-Operation zur Überprüfung aller aktuellen Werte für var1
 * auf Rechtfertigung durch mind. einen aktuellen Wert von var2
 */
private Label check(Variable var1, Variable var2, Label label)
{
  boolean updated = false;
  Label newLabel = label;
  for (Value value1 : label.getDomain(var1).getValues())
  {
    boolean justified = false;
    for (Value value2 : label.getDomain(var2).getValues())
    {
      if (check(value1,value2))
      // Rechtfertigung für value1 gefunden
      {
        justified = true;
        break;
      }
    }
    if (!justified)
    {
      // keine Rechtfertigung für value1 vorhanden
      if (newLabel.getDomain(var1).isSingleton())
      {
        // Der letzte verbliebene Wert hat keine Rechtfertigung
        return null;
      }
      newLabel = new Label(var1,
        newLabel.getDomain(var1).removeValue(value1),
          newLabel);
      updated = true;
    }
  }
  if (updated)
  {
    newLabel = var1.check(this,newLabel);
  }
  return newLabel;
}
```

Diese Operation verwendet zwei Boolesche Variablen:

- Die Variable `justified` zeigt an, ob es für einen bestimmten Wert `value1` für die Variable `var1` noch eine Rechtfertigung gibt. Falls nicht, kann der Wert `value1` entfernt werden, da er in keiner Lösung enthalten sein kann: War `value1` der letzte noch mögliche Wert für die Variable `var1` (Test mit `newLabel.getDomain(var1).isSingleton()`), dann ist eine Inkonsistenz aufgetreten und wird durch Rückgabe von `null` entsprechend angezeigt. Andernfalls wird der Wert `value1` aus dem aktuellen Wertebereich »entfernt«, was durch Konstruktion eines neuen *Labels* mit der Zuweisung des um `value1` verkleinerten Wertebereichs an die Variable `var1` erfolgt.

## 9.3 Constraint Solving **

▪ Die Variable updated zeigt an, ob der Wertebereich der Variablen var1 durch diese Überprüfungen eingeschränkt wurde. Falls das der Fall ist, muss die Propagierung über alle *Constraints* fortgesetzt werden, an denen die Variable var1 beteiligt ist. Das erfolgt durch den Aufruf einer analogen Operation check() in der Klasse Variable, die auch wieder neben dem aktuellen *Label* die Referenz auf das die weitere Überprüfung auslösende *Constraint* (this) erhält.

Die Operation check() in der Klasse Variable sorgt dabei lediglich als »Verteiler« im Constraint-Netz, indem sie für alle mit ihr verbundenen *Constraints* (außer dem *Constraint* natürlich, das die Propagierung ausgelöst hat) die Operation check() aufruft, die Sie bereits eingangs der Diskussion zur Propagierung kennengelernt haben.

Operation check() für die Klasse Variable

```
/**
 * Die Variable muss nochmal überprüft werden, da
 * der Wertebereich durch das Constraint constraint
 * eingeschränkt wurde.
 *
 * @param constraint auslösendes Constraint
 * @param label alte Wertebelegungen
 * @return neue Wertebelegungen
 */
Label check(Constraint constraint, Label label)
{
  Label newLabel = label;
  for (Constraint c : constraints)
    if (constraint != c)
    {
      newLabel = c.check(this,newLabel);
    }
  return newLabel;
}
```

Somit schließt sich hier der Kreis, und Sie haben einen lauffähigen Mechanismus zur Propagierung von Einschränkungen durch das Constraint-Netz vorliegen. Dieser liefert als Ergebnis entweder ein *Label* mit möglicherweise weiteren Wertebereichseinschränkungen oder aber den Wert null, falls bei der Propagierung eine Inkonsistenz festgestellt wurde.

Was fehlt noch?

Was Ihnen nun noch zu einem vollständigen Constraint-Solver fehlt, ist der äußere *Backtracking*-Mechanismus, der systematisch Wertebelegungen für die Variablen ausprobiert und damit jeweils die Propagierung durch das Constraint-Netz auslöst. Dieser Mechanismus wird auch als *Labeling* bezeichnet, weil er schließlich allen Variablen einen eindeutigen Wert zuweist, und kann analog zu den schon behandelten *Backtracking*-Anwendungen implementiert werden.

*Labeling*

Kern-Operation für das *Labeling* ist die rekursive Operation `tryLabelingVariable()`, die aus den noch zu bearbeitenden Variablen (`futureVariables`) die nächste aussucht und dafür systematisch mögliche Werte durchprobiert.

Durch die Wahl einer prioritätsgesteuerten Warteschlange (`PriorityQueue`) haben Sie die Möglichkeit, über eine entsprechende Ordnung auf den Variablen eine Heuristik für die Reihenfolge zu implementieren, in der die Variablen bearbeitet werden. Mit der trivialen Implementierung von `compareTo()` in der Klasse `Variable` werden die Variablen alphabetisch nach Namen abgearbeitet.

*Most-Restricted-Heuristik*

Eine häufig verwendete Heuristik zur Variablenauswahl orientiert sich an der Anzahl der mit einer Variablen verbundenen *Constraints*: je stärker eine Variable im Constraint-Netz verflochten ist, desto früher soll die Variable zur Bearbeitung ausgewählt werden, weshalb diese Heuristik auch als **Most-Restricted**-**Heuristik** bezeichnet wird. Zur Implementierung ändern Sie entweder die `compareTo()`-Operation in der Klasse `Variable` (falls Sie sich allgemein auf diese Heuristik festlegen wollen) oder geben in der Operation `initializeSolver()` beim Erzeugen der `PriorityQueue` mit

```
futureVariables = new PriorityQueue<Variable>
    (20,new MostRestrictedVariableComparator());
```

neben einer Anfangskapazität, hier 20, ein Objekt einer entsprechenden neuen `Comparator`-Klasse (siehe Kapitel »Stapel und Schlangen«, S. 243) `MostRestrictedVariableComparator` an, die eine passende `compare()`-Operation für diese Heuristik implementiert:

```
public class MostRestrictedVariableComparator
    implements Comparator<Variable>
{
    public int compare(Variable var1, Variable var2)
    {
      return (var2.constraints.size() - var1.constraints.size());
    }
}
```

*First-Fail-Heuristik*

Eine andere Heuristik basiert auf der Anzahl der noch verfügbaren Werte im Wertebereich der Variablen, so dass Variablen mit kleinem Wertebereich bevorzugt ausgewählt werden. Auf diese Weise sollen Sackgassen frühzeitig erkannt werden, weshalb diese Heuristik auch als **First-Fail-Heuristik** bezeichnet wird. Diese Heuristik erfordert aber eine andere Implementierung, da sich die Kriterien für die Reihenfolge der Variablen während der Bearbeitung ändern, also jeweils erst bei der Entnahme der nächsten Variable (bei der `PriorityQueue` hier mit `poll()`) ermittelt werden können. Dafür ist eine `PriorityQueue` ungeeignet, weil hier die Reihenfolge bereits beim Füllen der Warteschlange, also beim Initialisieren des Constraint-Solvers, festgelegt wird.

Die Implementierung einer *First-Fail*-Heuristik erfordert Änderungen an mehreren Stellen im Constraint-Solver, stellt aber dennoch eine überschaubare und lehrreiche Übungsaufgabe dar.

Wie Sie sicher schon vermuten, liefert auch die Operation `tryLabelingVariable()` im Erfolgsfall ein *Label* mit den resultierenden Werteeinschränkungen, die hier aber jede Variable auf genau einen Wert festlegen, oder aber den Wert `null`, falls das Problem mit den in `label` bereits übergebenen Belegungen nicht mehr lösbar ist. In diesem Fall muss die aufrufende Operation dann eine Alternative für die letzte Belegung probieren und einen erneuten Aufruf mit verändertem `label` starten, klassisches *Backtracking* also!

Operation tryLabeling-Variable()

```
private static Label tryLabelingVariable(PriorityQueue<Variable>
    futureVariables, Label label)
{
  if (label == null)
    return label;
  if (futureVariables.isEmpty())
    // Alle Variablen haben Werte -> fertig!
    return label;
  Variable nextVar = futureVariables.poll();
  Domain dom = label.getDomain(nextVar);
  Label newLabel = tryLabelingValue
    (nextVar,futureVariables,dom.copy(),label);
  if (newLabel != null)
  {
    // Soweit konsistent, weiter mit nächster Variable!
    newLabel = tryLabelingVariable(futureVariables,newLabel);
  }
  return newLabel;
}
```

Für das Durchprobieren der Werte bedient sich `tryLabelingVariable()` einer weiteren rekursiven Operation `tryLabelingValue()`, die jeweils einen Wert aus dem verbliebenen Wertebereich der aktuellen Variable zuweist und mittels Aufruf von `tryLabelingVariable()` versucht, auch noch die restlichen Variablen konsistent zu belegen. Geht das nicht, muss ein anderer Wert probiert werden. Wenn alle Werte erfolglos probiert worden sind, war der ganze Aufruf von `tryLabelingValue()` erfolglos und es wird `null` zurückgegeben.

Operation tryLabeling-Value()

```
private static Label tryLabelingValue(Variable nextVar,
    PriorityQueue<Variable> futureVariables,
    Domain futureValues, Label label)
{
  Value nextValue = futureValues.selectValue();
  if (nextValue == null)
  {
```

```
      // Alle Werte erfolglos ausprobiert -> Inkonsistenz
      futureVariables.add(nextVar);
      return null;
   }
   Label newLabel = nextVar.check(null,new Label
      (nextVar,new Domain(nextValue),label));
   if (newLabel != null)
   {
      // Labeling noch konsistent:
      // weitermachen mit nächster Variable!
      newLabel = tryLabelingVariable(futureVariables,newLabel);
   }
   if (newLabel == null)
   {
      // Inkonsistenz aufgetreten,
      // also nächsten Wert probieren
      newLabel = tryLabelingValue(nextVar,
         futureVariables, futureValues.removeValue
           (nextValue), label);
   }
   return newLabel;
}
```

*Weitere Heuristik* — Auch in der Operation `tryLabelingValue()` kann wieder eine Heuristik zum Einsatz kommen, mit der die Effizienz des Verfahrens in vielen Fällen (aber nicht immer, deshalb Heuristik) verbessert werden kann. In diesem Fall ist es die Reihenfolge, in der die möglichen Werte für eine Variable durchprobiert werden, und die durch die Operation `selectValue()` aus der Klasse `Domain` bestimmt wird. Hier sind verschiedene Strategien denkbar: vom Durchlaufen von links nach rechts (wie bisher in `selectValue()` implementiert) über die umgekehrte Richtung, eine zufällige Auswahl oder das Durchlaufen von außen nach innen, die alle leicht implementiert werden können.

*Korekursion* — Die beiden Operationen `tryLabelingVariable()` und `tryLabelingValue()` geben, obwohl jede für sich bereits rekursiv, zusammen auch ein schönes Beispiel für einen korekursiven Algorithmus als Herzstück des Constraint-Solvers, der jetzt vervollständigt werden kann:

*Klasse Constraint-Solver*

```
public class ConstraintSolver
{
   static List<Variable> allVariables;
   static List<Constraint> allConstraints;
   static PriorityQueue<Variable> futureVariables;

   public static void initializeSolver()
   {
      allVariables = new ArrayList<Variable>();
      allConstraints = new ArrayList<Constraint>();
      futureVariables = new PriorityQueue<Variable>();
   }
```

```
public static Label labeling(Label label)
{
    futureVariables.clear();
    futureVariables.addAll(allVariables);
    return tryLabelingVariable(futureVariables,label);
}

public static Label labeling()
{
    return labeling(Label.emptyLabel());
}

public static void printLabeling(Label label)
{
    for(Variable var : allVariables)
    {
        System.out.print(var.getName()+" = ");
        for(Value v : label.getDomain(var).getValues())
            System.out.print(v.getValue()+" ");
        System.out.println();
    }
}
```

Um nun endlich das Deutschlandkartenfärbeproblem auch wirklich lösen zu können, brauchen Sie in der Problem-Definition zu Beginn nur noch die Initialisierung des Constraint-Solvers mit

*Aufruf des Constraint-Solvers*

`ConstraintSolver.initializeSolver();`

und am Ende den Aufruf des Constraint-Solvers und die Auswertung des Ergebnisses aufzunehmen:

```
Label resultLabel = ConstraintSolver.labeling();
if (resultLabel != null)
{
  System.out.println("Lösung gefunden:");
  ConstraintSolver.printLabeling(resultLabel);
}
else
  System.out.println("Problem ist unlösbar!");
```

Schon kann es los gehen und der Constraint-Solver für das Färbeproblem gestartet werden. Der berechnet auch sofort das Ergebnis, auch wenn es sicherlich nicht das ist, was Sie erwartet haben: »Problem ist unlösbar!«

Auch wenn das Ergebnis Sie vielleicht erstmal überrascht, so ist es doch korrekt und war auch bei näherer Betrachtung des Problems bzw. der Karte in Abb. 9.3-1 zu erwarten: Da Thüringen (TH) von einem geschlossenen Ring mit einer ungeraden Anzahl an Ländern (NI, ST, SN, BY und HE) umgeben ist, werden allein für den Ring schon drei Farben benötigt, so dass für TH selbst keine mehr übrig bleibt. Das Problem ist tatsächlich unlösbar, und der Constraint-Solver hat es erkannt.

*Was ist passiert?*

## 9 Kombinatorische Algorithmen *

**Deutschlandkarte nicht 3-färbbar**

Um aber trotzdem eine »vernünftige« Färbung der Länder zu bekommen, können Sie in der Problembeschreibung einfach eine weitere Farbe hinzufügen, indem Sie das Feld `colorNames` mit {"gelb","grün","rot", "blau"} belegen statt {"gelb","grün","rot"}.

**... aber 4-färbbar!**

Und, siehe da, schon liefert Ihnen der Constraint-Solver eine Lösung, die der Färbung in Abb. 9.3-5 entspricht.

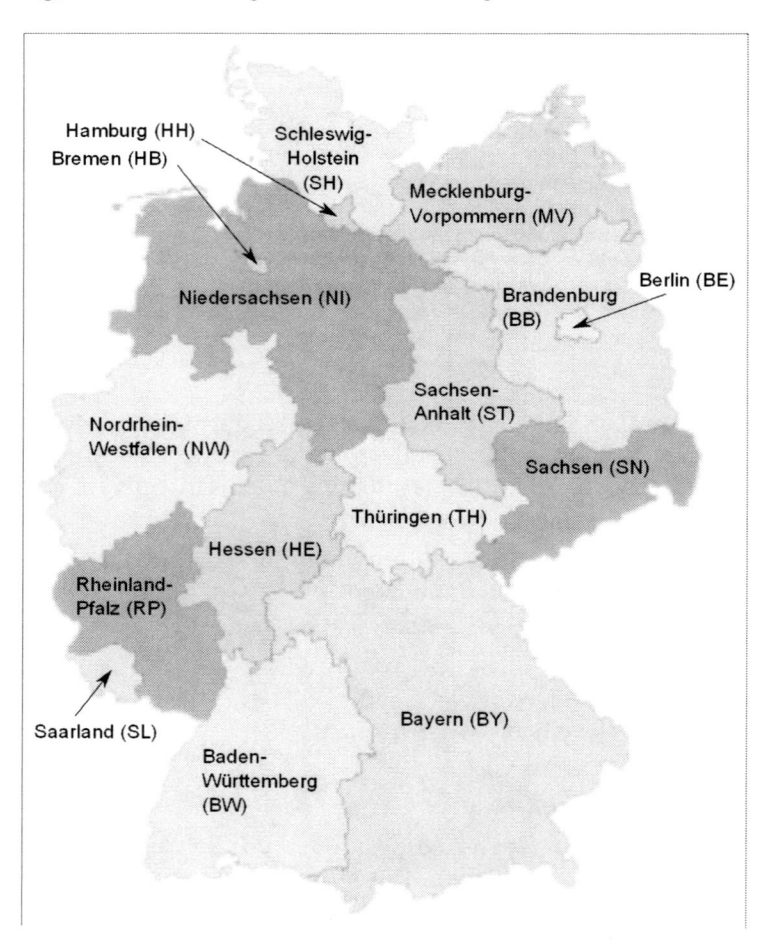

Abb. 9.3-5: Deutschlandkarte mit vier Farben eingefärbt.

**Erweiterung für alle Lösungen**

Werden statt der ersten alle Lösungen gesucht, dann ist dies mit einer Erweiterung des Constraint-Solvers auch möglich. Statt sich mit der ersten Lösung zufrieden zu geben, wird diese einer globalen Datenstruktur `solutions` hinzugefügt und über Rückgabe von null weiteres *Backtracking* ausgelöst, so dass schließlich in `solutions` alle Lösungen aufgesammelt werden.

Der Ansatz dazu folgt den Überlegungen für die Operation try-NextAll() in Kapitel »Backtracking«, S. 342, und sei Ihnen als Übungsaufgabe empfohlen.

Aber Vorsicht: Das können auch sehr schnell sehr viele Lösungen werden! So erhalten Sie allein für das Deutschlandfärbeproblem mit vier Farben bereits 191.808 Lösungen, die in irgendeiner Weise auszugeben sicher keinen Sinn macht.

## Anwendung auf das Acht-Damen-Problem

Wenn auch das Färbeproblem vom Berechnungsaufwand keine Herausforderung für den Constraint-Solver darstellt, so kann es für das in den Kapiteln »Backtracking«, S. 342, und »Einführung und Überblick«, S. 334, bereits ausführlich behandelte **Acht-Damen-Problem** schon anders aussehen, insbesondere in der verallgemeinerten Form als *n*-Damen-Problem für etwas größere Werte für *n*.

Auch dieses Problem lässt sich sehr kompakt als Constraint-Problem modellieren, wobei die *n* Variablen als Wert jeweils die Position der Dame in der betreffenden Zeile bekommen, ihr Wertebereich also jeweils die Zahlen von 1 bis n sind. Die Definition der *Constraints* kann sich dann an der Operation queensConflict() aus Kapitel »Backtracking«, S. 342, orientieren.

*n-Damen-Problem als Constraint-Problem*

Allerdings benötigen Sie dafür unterschiedliche Constraintdefinitionen, je nach »Abstand« der beiden Variablen, deren Konsistenz durch das *Constraint* ausgedrückt werden soll. Alternativ können Sie den Abstand der durch die Variablen repräsentierten Zeilen auch als dritte Variable mit in das Constraint nehmen, was Sie dann zu ternären *Constraints* führt, also Constraints mit Stelligkeit 3. Solche *Constraints* definieren Bedingungen auf drei Variablen, und eine entsprechende Klasse TernaryConstraints kann analog zur Klasse BinaryConstraint definiert werden.

*Ternäre Constraints*

Das eigentliche *Constraint* für die Konsistenzprüfung zweier Variablen mit »Abstand« d ist dann eine Spezialform eines ternären *Constraints*:

*Klasse SafeQueens-Constraint*

```
public class SafeQueensConstraint extends TernaryConstraint
{
    public SafeQueensConstraint(String name,
                Variable... variables)
    {
        super(name, variables);
    }

    protected boolean check(Value... values)
    {
        if (values.length != 3)
            throw new IllegalArgumentException("...");
```

```
        int x1 = (Integer) values[0].getValue();
        int x2 = (Integer) values[1].getValue();
        int d  = (Integer) values[2].getValue();
        if (x1 == x2)
        {
            // gleiche Zeile bzw. Spalte
            return false;
        }
        if (Math.abs(x1-x2) == d)
        {
            //-- gleiche Diagonale
            return false;
        }
        return true;
    }
}
```

Der Wert der Variablen, die den »Abstand« darstellt, wird zwar für die einzelnen Objekte der Klasse SafeQueensConstraint verschieden sein, für ein konkretes Objekt wird er aber während der Abarbeitung nicht mehr verändert werden, also konstant bleiben.

*Konstanten*

Es bietet es sich deshalb an, solche Variablen, deren Wertebereich über die gesamte Laufzeit genau einen konstanten Wert hat, auch gesondert als **Konstanten** (*constant*) zu modellieren. Intern bleiben es zwar Objekte vom Typ Variable, eine entsprechende Unterklasse Constant erlaubt aber zur Laufzeit eine Unterscheidung – entweder über den im Konstruktor automatisch generierten Namen oder ein weiteres Boolesches Attribut fixed in der Klasse Variable. So können zum Beispiel bei der Ausgabe der Lösung in printLabeling() die Werte der »konstanten Variablen« übergangen werden; diese dürften den Nutzer kaum interessieren.

*Klasse Constant*

```
public class Constant extends Variable
{
  public Constant(Object constantValue)
  {
    super("Constant["+constantValue+"]",
      new Domain(new Value(constantValue)));
    this.fixed = true;
  }
}
```

*Beispiel: n-Damen-Problem*

Mit diesen kleineren Erweiterungen können Sie jetzt auch das n-Damen-Problem als Constraint-Problem modellieren und lösen:

```
// Schritt 0: Initialisierung
int n = 8;
ConstraintSolver.initializeSolver();

// Schritt 1: Definition der Wertebereiche
```

```
Integer[] q = new Integer[n];
for(int i=0; i<n; i++)
    q[i] = i+1;
Domain queens = new Domain(q);

// Schritt 2a: Definition der Variablen
Variable[] variables = new Variable[n];
for(int i=0; i<n; i++)
    variables[i] = new Variable("Q"+(i+1),queens);

// Schritt 2b: Definition der Konstanten
Constant[] fixed = new Constant[n+1];
for(int i=0; i<n+1; i++)
    fixed[i] = new Constant(i);

// Schritt 3: Definition der Constraints
for(int i=0; i<n; i++)
    for(int j=i+1; j<n; j++)
        new SafeQueensConstraint("Q-"+(i+1)+"-"+(j+1),
            variables[i],variables[j],fixed[j-i]);

// Schritt 4: Verarbeitung
Label resultLabel = ConstraintSolver.labeling();
if (resultLabel != null)
{
    System.out.println("Lösung gefunden:");
    ConstraintSolver.printLabeling(resultLabel);
}
else
    System.out.println("Problem ist unlösbar!");
```

Da Sie das Acht- bzw. n-Damen-Problem nun durchgehend zuerst mittels *Generate & Test*, danach mit *Backtracking* für eine naive und dann verbesserte Modellierung und jetzt auch noch mittels *Constraint Solving* gelöst haben, bleibt noch die Frage nach der Effizienz der Verfahren.

*Laufzeit-Vergleich*

*Generate & Test* und *Backtracking* für die naive Modellierung haben sich bereits als ungeeignet für größere Problemstellungen erwiesen, so dass noch der Vergleich zwischen *Backtracking* und *Constraint Solving* bleibt, wobei in beiden Fällen schon bei der Modellierung berücksichtigt wird, dass in jeder Zeile und Spalte genau eine Dame platziert werden muss. Tab. 9.3-1 stellt die gemessenen Laufzeiten und die Anzahl der jeweils benötigten Tests für die beiden beschriebenen Ansätze *Backtracking* (BT) und *Constraint Solving* (CS) gegenüber.

*Nur noch Backtracking und Constraint Solving im Rennen*

| n | Tests BT | Zeit BT | Tests CS | Zeit CS |
|---|---|---|---|---|
| 1 | 0 | 0 | 0 | 0 |
| 2 | 4 | 0 | 4 | 0 |
| 3 | 17 | 0 | 19 | 0 |
| 4 | 36 | 0 | 198 | 1 |

## 9 Kombinatorische Algorithmen *

| n | Tests BT | Zeit BT | Tests CS | Zeit CS |
|---|---|---|---|---|
| 5 | 26 | 0 | 319 | 0 |
| 6 | 355 | 0 | 1.055 | 0 |
| 7 | 96 | 0 | 987 | 0 |
| 8 | 2.438 | 15 | 3.763 | 16 |
| 9 | 962 | 0 | 3.003 | 0 |
| 10 | 3.172 | 0 | 9.025 | 16 |
| 11 | 1.754 | 0 | 26.854 | 31 |
| 12 | 11.755 | 0 | 10.584 | 0 |
| 13 | 5.467 | 0 | 13.832 | 15 |
| 14 | 119.080 | 16 | 13.091 | 16 |
| 15 | 95.992 | 0 | 36.010 | 46 |
| 16 | 827.932 | 32 | 69.634 | 156 |
| 17 | 485.597 | 15 | 22.879 | 31 |
| 18 | 4.257.666 | 203 | 29.270 | 31 |
| 19 | 282.546 | 16 | 34.716 | 46 |
| 20 | 25.428.842 | 968 | 45.539 | 94 |
| 21 | 1.156.015 | 31 | 51.788 | 219 |
| 22 | 266.510.290 | 9.141 | 67.829 | 157 |
| 23 | 4.116.446 | 172 | 70.564 | 172 |
| 24 | 73.722.003 | 2.901 | 84.983 | 229 |
| 25 | 9.138.630 | 327 | 100.607 | 328 |
| 26 | 82.571.573 | 2.979 | 112.778 | 313 |
| 27 | 99.427.589 | 3.573 | 182.295 | 765 |
| 28 | 715.911.519 | 24.805 | 259.710 | 1.391 |
| 29 | 386.039.446 | 12.433 | 457.388 | 2.732 |
| 30 | 15.553.538.120 | 512.929 | 1.321.059 | 9.502 |
| 31 | 3.788.624.907 | 122.179 | 4.688.463 | 36.491 |
| 32 | 27.024.054.297 | 885.662 | 694.554 | 4.640 |
| 33 | 46.008.187.861 | 1.407.114 | 2.399.367 | 19.554 |
| 34 | 804.394.940.277 | 25.379.139 | 378.603 | 2.043 |
| 35 | | | 1.318.662 | 11.530 |
| 36 | | | 1.779.895 | 18.246 |
| 37 | | | 17.011.974 | 215.324 |
| 38 | | | 28.332.988 | 379.063 |
| 39 | | | 208.515.109 | 2.910.373 |
| 40 | | | 263.361.292 | 3.706.126 |

Tab. 9.3-1: Laufzeit-Vergleich für n-Damen-Problem (Zeitangaben in ms).

Die gemessenen Laufzeiten in Abb. 9.3-5 liefern zusammen mit den Zählungen der benötigten Tests ein interessantes Bild:

- Als erstes ist wieder deutlich zu sehen, dass Laufzeit und Anzahl der Tests nicht monoton mit der Problemgröße wachsen. Das ist, wie schon diskutiert, darauf zurückzuführen, dass die erste Lösung in dem einen Fall weiter links im Suchbaum liegt als in dem anderen Fall. Dieser Effekt ist bei *Backtracking* deutlich stärker ausgeprägt als bei *Constraint Solving*, was wiederum dadurch zu erklären ist, dass aufgrund der Propagierung im *Constraint Solving* einiger Aufwand quer über das Netz verteilt entsteht, so dass die Lage der Lösung im Suchbaum an Einfluss verliert.
- Für kleine Problemgrößen bis etwa n = 17 ist *Constraint Solving* langsamer als *Backtracking*, das ist sicher auch bedingt durch den Overhead, der für den Aufbau des Constraint-Netzes entsteht und der bei kleinen Problemgrößen und dadurch nur kurzen Laufzeiten natürlich im Verhältnis stärker ins Gewicht fällt. Danach dreht sich das Verhältnis aber um, und *Constraint Solving* wird schließlich um Größenordnungen schneller als *Backtracking*, für das die Messungen bei n = 35 bereits eingestellt werden mussten.
- Betrachten Sie abschließend noch den Quotienten aus Zeit und Anzahl Tests, also wieviel Aufwand pro durchgeführtem Test insgesamt anfällt, dann zeigt sich hier zwischen *Backtracking* und *Constraint Solving* ein Unterschied um den Faktor 100, der zu einem großen Teil auf die noch nicht optimierte Implementierung des Constraint-Solvers zurückzuführen ist.

## Ein weiteres Constraint-Problem: Sudoku

Zum Abschluss der Themas *Constraint Solving* wird noch ein weiteres kombinatorisches Problem betrachtet, das sich ebenfalls sehr naheliegend als Constraint-Problem beschreiben läßt und das in unterschiedlichen Ausprägungen tagtäglich zigtausendfach manuell gelöst wird. Die Rede ist vom sogenannten **Sudoku**, einem von dem Amerikaner Howard Garns bereits 1979 veröffentlichten, aber erst ab Mitte der 1980er Jahre vor allem in Japan populär gewordenen Zahlenrätsel[8].

Beim Sudoku-Problem geht es darum, eine $9 \times 9$-Matrix mit den Ziffern von 1 bis 9 so zu füllen, dass jede Ziffer in jeder Zeile, in jeder Spalte und in jedem der neun 3x3-Teilblöcke genau einmal vorkommt. Üblicherweise sind dabei einige Felder bereits mit Ziffern belegt, wodurch die Lösung eindeutig sein kann, aber nicht muss.

Sudoku-Problem

---

[8]Tatsächlich gibt es auch Sudoku-Varianten, bei denen die Felder mit Buchstaben statt Ziffern gefüllt werden.

**Beispiel: Sudoku**

Abb. 9.3-6 zeigt ein typisches Sudoku-Problem, bei dem schon eine Vielzahl von Ziffern gesetzt sind. Es werden also nur noch Ziffern für die freien Felder gesucht, so dass aber alle *Constraints* aus der Problembeschreibung erfüllt sind.

|   |   |   |   |   |   |   |   |   |
|---|---|---|---|---|---|---|---|---|
| 5 | 3 |   |   | 7 |   |   |   |   |
| 6 |   |   | 1 | 9 | 5 |   |   |   |
|   | 9 | 8 |   |   |   |   | 6 |   |
| 8 |   |   |   | 6 |   |   |   | 3 |
| 4 |   |   | 8 |   | 3 |   |   | 1 |
| 7 |   |   |   | 2 |   |   |   | 6 |
|   | 6 |   |   |   |   | 2 | 8 |   |
|   |   |   | 4 | 1 | 9 |   |   | 5 |
|   |   |   |   | 8 |   |   | 7 | 9 |

Abb. 9.3-6: Beispiel für ein klassisches Sudoku-Problem.

Die Modellierung als Constraint-Problem ist naheliegend und sollte Sie vor keine großen Herausforderungen stellen.

Wie kann das gegebene Sudoku-Problem als Constraint-Problem modelliert werden?

**Konstanten nützlich**

In diesem Fall erweist es sich als sehr nützlich, neben den gewöhnlichen Variablen, für die letztlich eine passende Belegung gesucht wird, auch die Konstanten (Vorbelegungen) aus der Problembeschreibung abbilden zu können. Für ein klassisches Sudoku-Problem benötigen Sie also insgesamt neun Konstanten, die im Constraint-Netz die Plätze der bereits entsprechend vorbelegten Felder einnehmen.

**Höheres Constraint allDifferent()**

Da in der Problembeschreibung die paarweise Disjunktheit von jeweils neun Feldern (Variablen oder Konstanten) gefordert ist, könnten Sie diese durch ein neun-stelliges *Constraint* modellieren. Dieses *Constraint* kann seinerseits aber wieder aus 8! einzelnen paarweisen Ungleichheits-Constraints (BinaryInequalityConstraint) zusammengesetzt werden, wofür die Operation allDifferent() hilfreich ist:

```
static void allDifferent(Variable... variables)
{
```

```
    for(int i=0; i<variables.length; i++)
      for(int j=i+1; j<variables.length; j++)
        new BinaryInequalityConstraint(variables[i]+"\\="
          +variables[j], variables[i], variables[j]);
}
```

Die weitere Modellierung des Sudoku-Problems in Java folgt dem schon bekannten Schema: Initialisierung, Festlegung von *Domains*, Variablen (und Konstanten!) und *Constraints*, dann schließlich das *Labeling*, wobei für die Darstellung des Sudokus ein zweidimensionales Feld problem verwendet wird, so dass hier leicht jedes andere Sudoku-Problem modelliert werden kann.

Modellierung in Java

```
// Schritt 0: Initialisierung
ConstraintSolver.initializeSolver();
int[][] problem = {
              { 5 , 3 , 0 , 0 , 7 , 0 , 0 , 0 , 0 },
              { 6 , 0 , 0 , 1 , 9 , 5 , 0 , 0 , 0 },
              { 0 , 9 , 8 , 0 , 0 , 0 , 0 , 6 , 0 },
              { 8 , 0 , 0 , 0 , 6 , 0 , 0 , 0 , 3 },
              { 4 , 0 , 0 , 8 , 0 , 3 , 0 , 0 , 1 },
              { 7 , 0 , 0 , 0 , 2 , 0 , 0 , 0 , 6 },
              { 0 , 6 , 0 , 0 , 0 , 0 , 2 , 8 , 0 },
              { 0 , 0 , 0 , 4 , 1 , 9 , 0 , 0 , 5 },
              { 0 , 0 , 0 , 0 , 8 , 0 , 0 , 7 , 9 }};

// Schritt 1: Definition der Wertebereiche
Integer[] digits = {1,2,3,4,5,6,7,8,9};
Domain digit = new Domain(digits);

// Schritt 2a: Definition der Konstanten
Constant[] fixed = new Constant[10];
for(int i=0; i<10; i++)
  fixed[i] = new Constant(i);

// Schritt 2b: Definition der Variablen
Variable[][] grid = new Variable[9][9];
for(int x=0; x<9; x++)
  for(int y=0; y<9; y++)
    if (problem[x][y] == 0)
      grid[x][y] = new Variable("cell["+x+","+y+"]",digit);
    else
      grid[x][y] = fixed[problem[x][y]];

// Schritt 3: Definition der Constraints
for(int x=0;x<9;x++)
  allDifferent(grid[x][0],grid[x][1],grid[x][2],
    grid[x][3],grid[x][4],grid[x][5],
    grid[x][6],grid[x][7],grid[x][8]);
for(int x=0;x<9;x++)
  allDifferent(grid[0][x],grid[1][x],grid[2][x],
    grid[3][x],grid[4][x],grid[5][x],
    grid[6][x],grid[7][x],grid[8][x]);
for(int x=0;x<9;x+=3)
  for(int y=0;y<9;y+=3)
```

Beispiel: Sudoku

```
    allDifferent(grid[x][y],grid[x+1][y],grid[x+2][y],
       grid[x][y+1],grid[x+1][y+1],grid[x+2][y+1],
       grid[x][y+2],grid[x+1][y+2],grid[x+2][y+2]);

// Schritt 4: Verarbeitung
Label resultLabel = ConstraintSolver.labeling();
if (resultLabel != null)
{
  System.out.println("Lösung gefunden:");
  for(int x=0; x<9; x++)
  {
    for(int y=0; y<9; y++)
      System.out.print(resultLabel.
          getDomain(grid[x][y]).getValues().
              get(0).getValue());
    System.out.println();
  }
}
else
  System.out.println("Problem ist unlösbar!");
```

Mit dieser Implementierung, soweit Sie sie bis jetzt kennengelernt haben, lassen sich Constraint-Probleme gut modellieren und auch einigermaßen effizient lösen. Für das Sudoku-Problem erhalten Sie quasi sofort die einzig mögliche Lösung (Abb. 9.3-7).

| 5 | 3 | 4 | 6 | 7 | 8 | 9 | 1 | 2 |
|---|---|---|---|---|---|---|---|---|
| 6 | 7 | 2 | 1 | 9 | 5 | 3 | 4 | 8 |
| 1 | 9 | 8 | 3 | 4 | 2 | 5 | 6 | 7 |
| 8 | 5 | 9 | 7 | 6 | 1 | 4 | 2 | 3 |
| 4 | 2 | 6 | 8 | 5 | 3 | 7 | 9 | 1 |
| 7 | 1 | 3 | 9 | 2 | 4 | 8 | 5 | 6 |
| 9 | 6 | 1 | 5 | 3 | 7 | 2 | 8 | 4 |
| 2 | 8 | 7 | 4 | 1 | 9 | 6 | 3 | 5 |
| 3 | 4 | 5 | 2 | 8 | 6 | 1 | 7 | 9 |

Abb. 9.3-7: Lösung für das klassische Sudoku-Problem.

*Vorverarbeitung* Gerade aber das Sudoku-Problem hat eine Eigenschaft, die in der bisherigen Implementierung noch nicht berücksichtigt wird: Aufgrund der Vielzahl der Vorbelegungen können nämlich schon eine ganze Reihe von Einschränkungen durch das Constraint-Netz propagiert werden, bevor überhaupt die erste Variable belegt wird, also noch vor dem eigentlichen *Labeling*. Eine solche Vorverarbeitung sorgt dafür, dass jeder Wert einer jeden Variablen im Constraint-Netz eine Rechtfertigung hat, er also noch in einer Lösung vorkommen kann. Gibt es keine solche Rechtfertigung, dann kann der Wert ohne Bedenken entfernt werden, was wiederum weiteren Werten an anderer Stelle die Rechtfertigung nimmt und so weiter.

Etwas formaler betrachtet, kann durch eine solche Vorverarbeitung die **Kantenkonsistenz** (*arc-consistency*) im Constraint-Netz hergestellt werden. Das ist genau die Eigenschaft, die im Zuge der Propagierung durch Einschränkungen von Wertebereichen kontinuierlich aufrechterhalten wird.

Kantenkonsistenz

> Ein Constraint-Netz ist *kantenkonsistent* (*arc-consistent*), wenn jedes seiner *Constraints* (jede Kante) konsistent ist. Ein *Constraint* ist *konsistent*, wenn es zu jedem Wert im Wertebereich einer jeden beteiligten Variable weitere Werte in den Wertebereichen der anderen am *Constraint* beteiligten Variablen gibt, so dass die Bedingung des *Constraint* erfüllt ist.

Definition: Kantenkonsistenz

Kantenkonsistenz ist eine notwendige, aber noch keine hinreichende Bedingung für die Lösbarkeit eines Constraint-Problems.

Geben Sie ein Beispiel für ein kantenkonsistentes Constraint-Netz an, dessen zugehöriges Constraint-Problem aber unlösbar ist.

Wie kann jetzt die Kantenkonsistenz vor Beginn des *Labeling* hergestellt werden? Auf jeden Fall müssen alle *Constraints* für jede ihrer Variablen überprüft werden. Sollte im Zuge dieser Überprüfung der Wertebereich einer Variablen eingeschränkt werden, dann müssen auch alle mit dieser Variablen verbundenen *Constraints* für alle anderen Variablen überprüft werden – diese Propagierung kennen Sie bereits. Anders als in der bisherigen Implementierung kann es aber sinnvoll sein, einer Wertebereichseinschränkung nicht sofort nachzugehen, sondern dies als eine noch zu erledigende Aufgabe (*task*) vorzumerken und zunächst die anderen Aufgaben abzuarbeiten, so dass Aufgaben nach Möglichkeit nicht mehrfach bearbeitet werden.

Einen solchen Mechanismus können Sie als eine Agenda implementieren: Diese wird zu Beginn mit allen Überprüfungsaufgaben (jedes *Constraint* für jede beteiligte Variable) befüllt, die dann der Reihe nach abgearbeitet werden, wobei im Zuge der Überprüfung durch Propagierung auch wieder neue Aufgaben hinzukommen können. Allerdings soll eine Aufgabe nur

Agenda

dann zur Agenda hinzugefügt werden, wenn diese nicht ohnehin schon auf der Agenda steht.

*Implementierung in Java*

Eine Agenda kann in Java sinnvollerweise als Menge (`Set<Task>`) oder auch als `PriorityQueue<Task>` implementiert werden, wobei die Klasse `Task` lediglich Variable-Constraint-Paare abbildet und bereits für die Definition einer Ordnung auf ihnen vorbereitet ist:

*Klasse Task*

```java
public class Task implements Comparable<Task>
{
    Constraint c;
    Variable v;

    Task(Constraint c, Variable v)
    {
        this.c = c;
        this.v = v;
    }

    public int compareTo(Task task)
    {
        String task1 = this.c.getName()+this.v.getName();
        String task2 = task.c.getName()+task.v.getName();
        return task1.compareTo(task2);
    }
}
```

Was spricht jetzt für welche der Agenda-Implementierungen? Der entscheidende Unterschied liegt darin, ob für die Entnahme der Aufgaben von der Agenda wiederum eine bestimmte Heuristik zum Einsatz kommen soll, die sich an Parametern orientiert, die schon bei der Aufnahme in die Agenda feststehen. Das würde für die Verwendung einer `PriorityQueue` sprechen, weil dann die als nächstes zu bearbeitende Aufgabe über `poll()` jeweils in O(1) zugreifbar ist und die Aufnahme einer neuen Aufgabe in O(log n) erfolgen kann. Andererseits ist aber die Feststellung, ob eine Aufgabe schon auf der Agenda steht, bei einer `PriorityQueue` nur mit linearem Aufwand, also O(n), machbar. Da ist dann wiederum eine `Set`-Implementierung von Vorteil, die dies mit logarithmischem (für `TreeSet`) oder sogar nur konstantem (für `HashSet`) Aufwand ermöglicht, allerdings um den Preis, dass jetzt die Entnahme der nächsten Aufgabe mindestens logarithmischen statt konstanten Aufwand erfordert.

*Realisierung als `TreeSet<Task>`*

In der Summe bleibt also ein Vorteil für eine Realisierung als `Set`, wobei noch die Frage der konkreten Implementierung zu klären ist. Diese fällt nach kurzem Abwägen zugunsten der `TreeSet` aus, die als Implementierung von `SortedSet` nicht nur eine Operation `pollFirst()` zur Entnahme des ersten (kleinsten) Elements bietet, sondern über die dafür notwendige Ordnung der Aufgaben doch noch eine einfache Heuristik für deren Reihenfolge ermöglicht.

## 9.3 Constraint Solving **

Für die Realisierung der Vorverarbeitung erhält die Klasse ConstraintSolver eine neue Operation initialize(), die zur Initialisierung der Verarbeitung erstmal Kantenkonsistenz im Constraint-Netz herstellt – jedenfalls soweit das möglich ist. Bei einem unlösbaren Problem kann bereits in dieser Phase eine Inkonsistenz auftreten, muss aber nicht.

*Neue Operation initialize()*

```
public static Label initialize(Label label)
{
  // Initialisierung der Agenda mit allen Constraints
  // für alle Variablen
  agenda.clear();
  for (Constraint constraint : allConstraints)
    for(Variable var : constraint.variables)
      if (!var.fixed)
        agenda.add(new Task(constraint,var));

  // Abarbeiten der Agenda: Herstellen von Kantenkonsistenz
  while (!agenda.isEmpty())
  {
    // Nächsten Task (c,v) von der Agenda holen
    Task nextTask = agenda.pollFirst();
    Constraint c = nextTask.c;
    Variable v = nextTask.v;
    // Task bearbeiten:
    //Constraint c für Variable v überprüfen
    label = c.propagate(v,label);
  }
  return label;
}
```

Die von initialize() verwendete Agenda muss noch in initializeSolver() als TreeSet<Task> angelegt werden. Bei ihrer Füllung im ersten Schritt können solche Variablen übergangen werden, deren Wert konstant ist und deshalb nicht überprüft werden muss. Im zweiten Schritt wird dann die Agenda abgearbeitet und für jedes Constraint-Variable-Paar erfolgt ein Aufruf einer neuen Operation propagate().

*propagate() statt check()*

```
/**
 * Einstiegspunkt aus der Initialisierung (Herstellung der
 * Kantenkonsistenz): Das aktuelle Constraint (this) muss
 * ausgehend von einer Einschränkung der Variable var auf
 * weitere mögliche Einschränkungen überprüft werden.
 */
protected Label propagate(Variable var, Label label)
{
    if (label != null)
        if (var == this.variables[0])
            return propagate(this.variables[1],var,label);
        else if (var == this.variables[1])
            return propagate(this.variables[0],var,label);
        else
            throw new IllegalArgumentException("...");
    else
```

```
            return label;
    }
```

Dies ist lediglich eine Variante der bekannten Operation check().
Die darin enthaltenen Aufrufe der weiteren Operation propagate()
für zwei Variablen entspricht ebenfalls der Operation check() für
zwei Variablen – mit nur einem Unterschied, dass nämlich am Ende, falls ein Wertebereich eingeschränkt wurde (updated == true),
die weiteren Überprüfungen als Aufgaben auf die Agenda gesetzt
werden, statt ihnen direkt nachzugehen:

```
/**
 * Kern-Operation zur Überprüfung aller aktuellen Werte für var1
 * auf Rechtfertigung durch mind. einen aktuellen Wert von var2
 */
private Label propagate(Variable var1, Variable var2,
    Label label)
{
        boolean updated = false;
        Label newLabel = label;
        for(Value value1 : label.getDomain(var1).getValues())
        {
            // Überprüfen aller Werte für var1 auf Rechtfertigung
            // ... siehe Operation check(var1,var2,label)
        }
        if (updated)
        {
            // neuer Eintrag für Agenda
            ConstraintSolver.agenda.add(new Task(this,var1));
        }
        return newLabel;
}
```

*Verarbeitung in zwei Phasen*

Um diese Vorverarbeitung bei der Lösung eines Constraint-Problems einzusetzen, brauchen Sie im Aufruf der Operation
labeling() zuvor lediglich die Operation initialize() aufzurufen,
deren Ergebnis dann direkt als Ausgangsbelegung für das *Labeling* verwendet wird:

```
resultLabel = ConstraintSolver.labeling
    (ConstraintSolver.initialize(Label.emptyLabel()));
```

Selbstverständlich kann der Agenda-Mechanismus auch für die
Constraint-Propagierung im Labeling verwendet werden. Die dazu vorzunehmenden Ergänzungen und Veränderungen seinen
wiederum als Übungsaufgabe empfohlen.

## Abschluss und Rückkehr zum Färbeproblem

Das Kapitel zum Constraint Solving haben Sie mit der Modellierung des Kartenfärbeproblems für die Deutschlandkarte begonnen, die zu dem Constraint-Netz in Abb. 9.3-2 geführt hat.
Das Verfahren zur Propagierung von Wertebereichseinschränkungen durch das Constraint-Netz hat Sie dann in einer Im-

plementierungsstudie zur schrittweisen Entwicklung eines einfachen Constraint-Solvers geführt, der schließlich noch um die Behandlung von Konstanten und mehrstelligen *Constraints*, um verschiedene Heuristiken und einen Algorithmus zur initialen Herstellung von Kantenkonsistenz erweitert wurde. Für drei verschiedene Constraint-Probleme haben Sie diesen Constraint-Solver angewendet: für das Kartenfärbeproblem, das n-Damen-Problem und zuletzt zur Lösung von Sudokus. Allerdings hat sich dabei das Färbeproblem für die Deutschlandkarte mit drei Farben als unlösbar erwiesen. Die Einführung einer vierten Farbe führt zwar formal zu einer Lösung – was aber, wenn strikt nur drei Farben zur Verfügung stehen und auf jeden Fall eine brauchbare Färbung der Bundesländer benötigt wird?

Tatsächlich sind solche Problemstellungen in der Praxis sehr häufig, wenn nicht sogar in der Überzahl. Viele Probleme lassen sich nicht so exakt lösen, dass alle Anforderungen erfüllt werden. Und doch müssen sie in irgendeiner pragmatischen Weise »gelöst« werden. Auch wenn nicht alle Wünsche und Vorgaben zu realisieren sind, braucht eine Schule ihren Stundenplan – oder vielleicht auch ein Grafiker eine Lösung für das Färbeproblem mit drei Farben, so dass man die Konturen der Bundesländer immer noch ziemlich gut erkennen kann.

Pragmatische »Lösung« gefragt

In diesen Fällen, wo das Constraint-Problem eigentlich unlösbar ist, kommen Verfahren der Constraint-Relaxierung zum Einsatz, bei denen die Problemstellung durch Hinzunahme weiterer Werte oder Entfernung einzelner *Constraints* schrittweise so entschärft (relaxiert) wird, bis das relaxierte Problem doch noch lösbar wird.

Constraint-Relaxierung

Aus einem Erfüllbarkeits- oder Aufzählungsproblem wird so ein Optimierungsproblem, bei dem nach der Lösung gesucht wird, die noch möglichst viele Aspekte der ursprünglichen Problemstellung bewahrt. Für das Kartenfärbeproblem könnte dies eine Lösung sein, die möglichst wenige *Constraints* verletzt, also die maximale Anzahl an *Constraints* erfüllt, oder bei der die Summe der Längen der Grenzen benachbarter Bundesländer minimal ist, die trotzdem die gleiche Farbe erhalten haben. Hier wäre diese Summe eine Zielfunktion für ein Optimierungsproblem.

Vom Erfüllbarkeits- zum Optimierungsproblem

Tatsächlich sind in der Praxis viele kombinatorische Probleme derart formuliert, dass nicht irgendeine Lösung, sondern die beste, kürzeste, schnellste oder in sonst einer Weise *optimale* Lösung gesucht ist. Ein allgemeines Verfahren zur Lösung solcher kombinatorischer Optimierungsprobleme lernen Sie im Kapitel »Branch-and-Bound-Verfahren«, S. 402, kennen.

Kombinatorische Optimierung

Der hier behandelte Ansatz zur Modellierung von Constraint-Problemen basiert darauf, dass alle Variablen jeweils nur Wer-

Weitere Ansätze zur Constraint-Programmierung

te aus endlichen, diskreten Wertebereichen annehmen können, weshalb dieser Problemtyp auch als *finite domain constraint satisfaction problem* bezeichnet wird. Auch wenn damit in der Praxis sehr viele Problemstellungen modelliert werden können, werden in manchen Fällen aber auch kontinuierliche Wertebereiche benötigt, wie reelle Zahlen[9], oder besonders strukturierte Wertemengen, wie Intervalle oder Hierarchien. Eine Vielzahl solcher und weiterer Modellierungsansätze und Algorithmen zur Lösung von Constraint-Problemen auch unter Verwendung anderer, zum Beispiel algebraischer, Constraintbeschreibungen finden Sie in [RBW06], [HoWo07] und [Mey95b].

## 9.4 Branch-and-Bound-Verfahren **

Kombinatorische Probleme, bei denen nicht irgendeine oder alle Lösungen, sondern die beste Lösung gesucht wird, erfordern Lösungsverfahren, die nach Möglichkeit nicht alle Lösungen durchprobieren, aber dennoch sicherstellen, dass die beste Lösung gefunden wird. Ein solches Vorgehensmuster liefert das *Branch-and-Bound*-Verfahren. Damit lassen sich kombinatorische Optimierungsprobleme wie Rucksack- oder Rundreiseproblem modellieren und ihre optimale Lösung bestimmen.

Für viele kombinatorische Probleme geht es nicht darum festzustellen, ob es eine Lösung gibt, und auch nicht darum, eine oder alle Lösungen zu berechnen. Vielmehr ist eine solche Lösung gesucht, die hinsichtlich einer bestimmten Zielfunktion optimal ist. Statt mit einem Erfüllbarkeits- oder Aufzählungsproblem haben Sie es hier mit einem **Optimierungsproblem** (*optimization problem*) zu tun.

*Optimierungsproblem*

In der Praxis gibt es eine Vielzahl unterschiedlicher Arten von Optimierungsproblemen, denen gemeinsam ist, dass eine optimale Belegung der Variablen oder der Parameter eines in der Regel komplexen Systems gesucht wird. »Optimal« bedeutet dabei, dass eine bestimmte Zielfunktion minimiert (zum Beispiel Kosten) oder maximiert wird (Nutzen). Dabei sind immer bestimmte Nebenbedingungen *(Constraints)* einzuhalten.

*Unterschiedliche Arten & Verfahren*

Je nach Art der Problemstellung gibt es zur Lösung von Optimierungsproblemen auch spezielle Verfahren:

- Können die Variablen eines Problems beliebige Werte aus einem kontinuierlichen Wertebereich annehmen, beispielsweise beliebige reelle Zahlen, ist die Zielfunktion linear und sind die Nebenbedingungen durch lineare Gleichungen oder Ungleichungen beschrieben, dann spricht man von linea-

---

[9] Auch wenn die interne Zahlendarstellung tatsächlich nur diskrete Werte umfasst, eignen sich solche Wertebereiche schon allein aufgrund der enormen Zahl möglicher Werte nicht mehr für eine Modellierung als diskrete Menge.

rer Optimierung. Die Lösung solcher Optimierungsprobleme kann beispielsweise durch den sogenannten Simplex-Algorithmus mittels Transformationen einer aus den Nebenbedingungen abgeleiteten Problemmatrix ermittelt werden.

- Werden für alle oder einen Teil der Variablen jedoch nur ganzzahlige Werte zugelassen, dann haben Sie es mit einem Fall der (gemischt) ganzzahligen Optimierung zu tun, einem deutlich schwierigeren Problem, das aber zugleich weitere Anwendungsmöglichkeiten eröffnet, wenn es um die Modellierung und Lösung kombinatorischer Probleme geht, wie sie in diesem Kapitel behandelt werden.
- Noch schwieriger als bei der linearen Optimierung liegt der Fall, wenn Zielfunktion, Nebenbedingungen oder sogar beides nichtlinear sind. Für solche nichtlinearen Optimierungsprobleme existieren eine Vielzahl von Lösungsverfahren, deren Einsatzmöglichkeiten von der genauen Problemstellung abhängen, zum Beispiel das sogenannte Gauß-Newton-Verfahren, das eine Erweiterung des bekannten Newton-Verfahrens zur Nullstellensuche darstellt, aber wie viele andere Verfahren nur ein lokales Optimum liefert.
Wird dagegen eine globale Optimierung angestrebt, dann kommen häufig evolutionäre Algorithmen zur Anwendung oder es werden Verfahren eingesetzt, die Verhaltensmuster aus der Natur nachbilden wie Bergsteiger- (*hill climbing*), Sintflut- (*great deluge algorithm*) oder Ameisenalgorithmus (*ant colony optimization*).

Kombinatorische Probleme zeichnen sich dadurch aus, dass als Lösungen Kombinationen diskreter Werte für die einzelnen Problemvariablen gesucht werden, welche die vorgegebenen Bedingungen (*constraints*) erfüllen. Insofern stellen sie eine Instanz der ganzzahligen Optimierung dar. Diese hat sich noch stärker als die lineare Optimierung seit den 1950er Jahren zu einem bedeutenden Modellierungs- und Optimierungsansatz für viele praktische Problemstellungen entwickelt, für deren Lösung keine speziellen Algorithmen bekannt sind. Ihre Anwendungsfelder umfassen vor allem Planungsprobleme von der Stundenplanerstellung über die Planung von Telekommunikations- und Verkehrsnetzen bis zur Produktions- und Tourenplanung.

Kombinatorische Optimierung

Ein kombinatorisches Optimierungsproblem besteht wie ein gewöhnliches kombinatorisches Problem aus Variablen, den ihnen zugeordneten Wertebereichen (*domains*) sowie den Problembedingungen (*constraints*), die von einer Lösung erfüllt sein müssen, also einer Belegung jeder Variablen mit einem Wert aus dem zugehörigen Wertebereich. Zusätzlich gibt es eine Zielfunktion f, die jeder Lösung L einen numerischen

Kombinatorisches Optimierungsproblem

Wert f(L)zuordnet. Gesucht ist dann diejenige **optimale Lösung** $L_{opt}$, so dass die Zielfunktion für keine andere Lösung L' einen besseren (je nach Aufgabenstellung kleineren oder größeren) Wert f(L')<f($L_{opt}$) bzw. f(L')>f($L_{opt}$) liefert.

*Beispiel: Zielfunktion*

Eine Zielfunktion könnte etwa auf die Minimierung der Leerstunden bei der Stundenplanung, die Maximierung der Maschinenauslastung in der Produktionsplanung, auf die Minimierung der Fahrstrecke (Kosten) in der Tourenplanung oder die Maximierung der Anzahl oder des Nutzens der in einen Lkw – oder einen Rucksack – zu ladenden Güter abzielen.

## Beispiel Rucksackproblem

Das letzte Beispiel einer Zielfunktion führt Sie direkt zu einem typischen kombinatorischen Optimierungsproblem, das auch als Rucksackproblem bekannt ist. Sie kennen das: Die schönsten Wochen des Jahres stehen an – jetzt geht es ans Kofferpacken. Der Tisch ist übervoll mit allem, was Sie gerne mitnehmen wollen. Aber der Platz im Koffer ist begrenzt, und mehr als 20 kg dürfen es auch nicht sein, sonst wird es teuer. Was also mitnehmen? Und was bleibt zuhause?

*Stellvertreter für Problemklasse*

Das **Rucksackproblem** (*knapsack problem*) steht hier stellvertretend für eine ganze Klasse kombinatorischer Probleme, bei denen aus einer Menge von Objekten eine solche Auswahl zu treffen ist, dass einerseits bestimmte Rahmenbedingungen eingehalten werden und andererseits der Wert einer gegebenen Zielfunktion für die ausgewählten Objekte maximiert wird.

*Rucksackproblem*

Beim klassischen **Rucksackproblem** geht es also darum, aus einer Menge von Gegenständen, von denen jeweils beispielsweise Gewicht und Größe (Volumen) bekannt sind, diejenigen auszuwählen, die den größten Nutzen bringen, zum Beispiel für einen Reisenden am wichtigsten sind, und die zusammen von Gewicht und Größe noch in den »Rucksack« passen.

*Beispiel: Rucksackproblem*

Stellen Sie sich zur Veranschaulichung die folgende Situation vor: Sie wollen einen Tagesausflug machen und haben nur einen kleinen Rucksack zur Verfügung, der ein Fassungsvermögen von sechs Litern hat und maximal fünf Kilogramm Gewicht tragen kann. Und natürlich gibt es ganz viele mehr oder weniger nützliche und/oder wichtige Gegenstände, die Sie gerne mitnehmen möchten (Abb. 9.4-1).

## 9.4 Branch-and-Bound-Verfahren **

Abb. 9.4-1: Ein klassisches Rucksackproblem: Welche Gegenstände kommen mit?

Welche der in Tab. 9.4-1 nochmal detailliert mit Gewicht, Volumen und ihrem Nutzen aufgeführten Gegenstände passen in den Rucksack? Welche können Sie einpacken, und welche müssen zuhause bleiben?

Zur Lösung dieses Problems können Sie jetzt daran gehen, der Reihe nach Gegenstände in den Rucksack zu packen – so lange, bis ein Gegenstand nicht mehr passt, weil mit dem Gegenstand entweder Gewichts- oder Volumenlimit überschritten wird. Dann können Sie alternativ noch andere (leichtere oder kleinere) Gegenstände versuchen, noch im Rucksack unterzubringen – aber finden Sie so die optimale Lösung? Eher nicht.

*Ansätze zur Lösung*

Auch ein Vorsortieren der Gegenstände nach Größe, Gewicht oder Wichtigkeit hilft nicht weiter: Auch wenn Sie die Gegenstände nach abnehmender Wichtigkeit in den Rucksack packen, also das Wichtigste zuerst, kann es passieren, dass Sie durch das Einpacken eines relativ großen und schweren Gegenstands verhindern, dass eine Menge anderer Gegenstände noch mitgenommen werden kann, die zwar jeder für sich nicht ganz so wichtig, in der Summe aber möglicherweise viel wichtiger mitzunehmen sind als der eine große und schwere Gegenstand. Was also tun?

Offensichtlich müssen Sie die verschiedenen Kombinationen von Gegenständen durchprobieren (oder zumindest durchrechnen) und dabei immer ein Auge darauf haben, ob Sie die bis dahin beste Lösung, also Kombination von Gegenständen, die noch in den Rucksack passen, noch weiter verbessern können. Nur wenn das nicht mehr möglich ist, können Sie sich das Probieren sparen. Genau das ist die Grundidee des Vorgehensmusters *Branch-and-Bound*.

*Probieren unvermeidlich*

9 Kombinatorische Algorithmen *

| Objekt | Nutzen | Gewicht (g) | Volumen (ml) |
|---|---|---|---|
| Äpfel | 5 | 380 | 450 |
| Bananen | 5 | 680 | 550 |
| Colaflasche | 4 | 1050 | 1020 |
| Digitalkamera | 7 | 300 | 250 |
| Fernglas | 6 | 500 | 1000 |
| Handy | 9 | 120 | 100 |
| Handy-Ladekabel | 6 | 30 | 25 |
| Java-Buch | 1 | 380 | 600 |
| Kartenspiel | 2 | 80 | 50 |
| Kopfschmerztabletten | 8 | 20 | 40 |
| Kreditkarte | 9 | 10 | 5 |
| Netbook | 6 | 900 | 1000 |
| Pass | 10 | 30 | 50 |
| Pullover | 7 | 550 | 1000 |
| Regenjacke | 5 | 150 | 300 |
| Regenschirm | 5 | 280 | 400 |
| Roman | 3 | 400 | 700 |
| Sandwich 1 | 7 | 400 | 550 |
| Sandwich 2 | 3 | 400 | 550 |
| Schal | 4 | 100 | 100 |
| Schokoriegel | 7 | 50 | 70 |
| Sonnenbrille | 7 | 80 | 250 |
| Sonnencreme | 7 | 80 | 120 |
| Streichhölzer | 7 | 10 | 10 |
| Taschenlampe | 6 | 500 | 500 |
| Taschenmesser | 8 | 150 | 70 |
| Videokamera | 4 | 700 | 550 |
| Wanderschuhe | 6 | 600 | 2000 |
| Wasserflasche | 9 | 1050 | 1020 |
| Wolldecke | 5 | 400 | 3000 |

Tab. 9.4-1: Gegenstände mit Gewicht, Volumen und Nutzen.

## Lösungsmuster *Branch-and-Bound*

Grundidee   *Branch-and-Bound*, was auch mit »Verzweigung und Schranke« übersetzt werden kann, ist ein aus dem Bereich des *Operations Research* stammendes Verfahren zur Ermittlung der besten Lösung für ein gegebenes ganzzahliges Optimierungsproblem. Ähnlich wie schon im Zusammenhang mit *Backtracking* diskutiert, führt auch *Branch-and-Bound* auf einen Suchbaum. Dieser wird aber im Gegensatz zu *Backtracking* nicht so weit abgearbeitet, solange keine *Constraints* verletzt werden, sondern solange

## 9.4 Branch-and-Bound-Verfahren **

es noch möglich ist, eine Lösung zu finden, die besser als die bislang beste gefundene Lösung ist. Abb. 9.4-2 veranschaulicht dieses Durchlaufen des Suchbaums für das konkrete Beispiel aus Abb. 9.4-1.

Objekte  Entscheidungsbaum

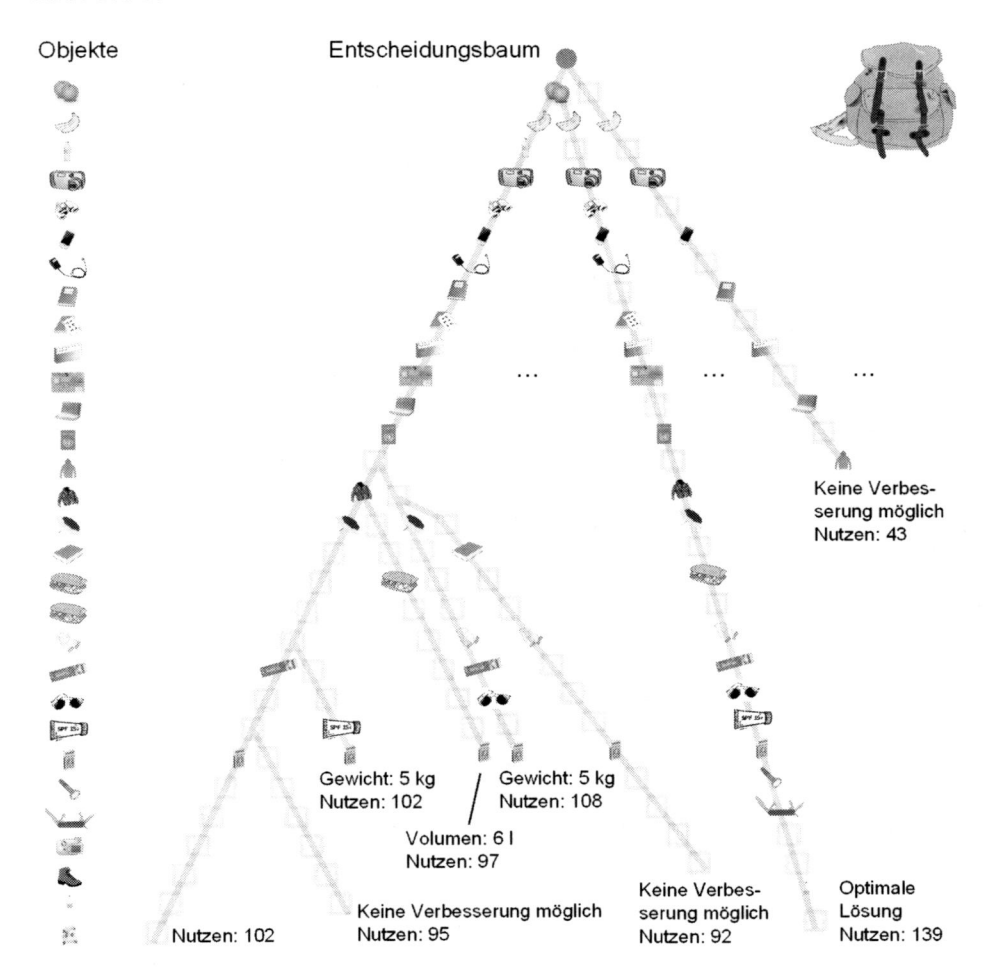

Keine Verbesserung möglich
Nutzen: 43

Gewicht: 5 kg / Gewicht: 5 kg
Nutzen: 102    Nutzen: 108

Volumen: 6 l
Nutzen: 97

Nutzen: 102    Keine Verbesserung möglich    Keine Verbesserung möglich    Optimale Lösung
               Nutzen: 95                     Nutzen: 92                     Nutzen: 139

Abb. 9.4-2: Lösung des Rucksackproblems mit Branch & Bound.

An jedem Knoten steht die Entscheidung über die Mitnahme eines Gegenstandes aus Tab. 9.4-1. Deshalb wird ein solcher Baum auch **Entscheidungsbaum** (*decision tree*) genannt. Und da die Entscheidung jeweils nur »ja« oder »nein« heißen kann, also binär ist, entsteht hier ein binärer Entscheidungsbaum. In Abb. 9.4-2 wird an jedem Knoten dargestellt, welche Entscheidung getroffen wurde: Wird der jeweilige Gegenstand ausgewählt (»eingepackt«), dann erscheint er als Symbol, andernfalls nur ein leeres Kästchen.

- Der äußerste linke Pfad stellt die erste Lösung dar. Es werden der Reihe nach alle Gegenstände eingepackt, die noch in den Rucksack passen. Gegen Ende passen nur noch der Schokoriegel und die Streichhölzer dazu, und die erste »Lösung« liefert immerhin einen Nutzen von 102 Punkten.
- Jetzt setzt *Backtracking* ein: Die Streichhölzer fliegen raus, aber das schafft keinen Platz für einen anderen Gegenstand. Schon beim vorletzten Gegenstand, der Wasserflasche, kann dieser Pfad beendet werden, da die bisherige Auswahl nur einen Nutzen von 95 Punkten hat und sich bei der Entscheidung über die Mitnahme des letzten Gegenstands, der Wolldecke mit fünf Punkten, kein neues Optimum finden läßt.
- Als nächstes wird auch der Schokoriegel wieder aus der Auswahl entfernt, dafür können Sonnencreme und Steichhölzer mit. Das war es aber auch, denn jetzt ist das Gewichtslimit von fünf Kilogramm erreicht. Der Nutzen der ausgewählten Gegenstände ist mit 102 Punkten zwar genauso groß wie bei der ersten Lösung – aber eben nicht besser.
- Also muss auch der Regenschirm weichen, was Platz für das erste Sandwich und auch noch für die Streichhölzer schafft. Aber auch dann ist schon wieder Schluß: Jetzt ist das Volumen von sechs Litern erschöpft und der erreichte Nutzen liegt mit 97 Punkten klar hinter der bisher besten Auswahl zurück.
- Danach fliegt auch die Jacke wieder raus; dafür darf der Regenschirm wieder mit, und nach dem Einpacken von Schal, Schokoriegel, Sonnenbrille und Streichhölzern ist zwar schon wieder das Gewichtslimit erreicht – aber auch ein neues Optimum mit 108 statt bisher 102 Punkten.
- So geht das Verfahren immer weiter: An den einzelnen Knoten werden Alternativen probiert, also neue Verzweigungen (*branches*) betreten – aber nur solange Gewichts- und Volumengrenzen noch eingehalten und die bisher beste Lösung noch verbessert werden kann (*bound*).
- Irgendwann ist dann auch die optimale Lösung mit dem maximalen Nutzen von 139 Punkten dabei, und alle weiteren Alternativen können früher oder später abgebrochen werden, da sich diese Lösung nicht mehr verbessern läßt.

*Optimum garantiert*

Aus dem beschriebenen Vorgehen wird leicht klar, dass dieses Verfahren auf jeden Fall eine optimale Lösung liefert. Denn gäbe es eine andere Lösung mit größerem Nutzen, dann wäre diese entweder schon früher (weiter links im Suchbaum) gefunden worden – oder aber sie würde später (also weiter rechts) noch gefunden werden, da nur dann ein Pfad abgebrochen wird, wenn er definitiv zu keiner Verbesserung des bisherigen Optimums führen kann.

Diese Garantie der optimalen Lösung hat allerdings auch ihren Preis. Wie Sie schon an dem Entscheidungsbaum in Abb. 9.4-2 sehen können, steht auf jeder Ebene, also für jeden Gegenstand, eine Ja-Nein-Entscheidung an. Bei n Gegenständen ergeben sich somit insgesamt $2^n$ mögliche Kombinationen, die zwar aufgrund der Beschränkungen *(bound)* in der Regel nicht alle durchprobiert werden müssen, was aber nichts an der grundsätzlichen Laufzeitkomplexität in $O(2^n)$ ändert.

... aber exponentielle Komplexität

## Implementierung in Java

Wenn Sie nun ein solches Branch-and-Bound-Verfahren in Java implementieren wollen, können Sie grundsätzlich auf das Implementierungsmuster für *Backtracking* zurückgreifen und dieses zunächst sogar noch vereinfachen, um anschließend die Suchbeschränkung *(bound)* zu integrieren. Zunächst benötigen Sie eine Modellierung der Objekte, aus denen die passenden ausgewählt werden sollen. Für das Rucksackproblem aus Tab. 9.4-1 müssen die Objekte der entsprechenden Klasse Item über Attribute für den Namen, ihren Nutzen, Gewicht und Volumen verfügen:

Klasse Item

```
class Item
{
    private String name;     // Name des Gegenstands
    private int value;       // Nutzen der Mitnahme (0 bis 10)
    private double weight;   // Gewicht in Gramm
    private double size;     // Volumen in Kubikzentimetern

    public Item(String name, int value, double weight,
                double size)
    {
        this.name = name;
        this.value = value;
        this.weight = weight;
        this.size = size;
    }

    // ... die üblichen getter- und setter-Methoden

    public String toString()
    {
        return name + "[" + this.value + "] w = "
               + this.weight + ", s = " + this.size;
    }
}
```

Außerdem sollen während der Suche die bis dahin jeweils beste Lösung und ihr Wert (Nutzen) gespeichert werden. Dazu dienen die beiden statischen Attribute bestSelection und bestValue:

Statische Attribute

```
static int bestValue;
static List<Item> bestSelection;
```

# 9 Kombinatorische Algorithmen *

Und schon können Sie die Kernfunktion `packBackpack()` implementieren, die auf dem Backtracking-Ansatz aufbaut, diesen aber zunächst dahingehend vereinfacht, dass hier das Rücksetzen *(backtracking)* nicht nur im Fehlerfall, also einer Inkonsistenz, erfolgt – sondern immer! Es wird ja die beste Lösung gesucht, also müssen grundsätzlich alle möglichen Lösungen berücksichtigt werden – jedenfalls solange noch ein neues Optimum möglich ist.

*Beschränkung des Suchraums*

Und genau dies ist die notwendige Erweiterung, die an zwei Stellen eingreift und damit letztlich die Beschränkung des Suchraums sicherstellt:

- Jedes Mal, wenn über alle Gegenstände entschieden ist, also eine neue Lösung vorliegt, muss überprüft werden, ob ein neues Optimum vorliegt. Wenn ja, müssen die Werte von `bestSelection` und `bestValue` aktualisiert werden.
- Wann immer dann im Laufe der Verarbeitung die Frage beantwortet werden muss, ob ein weiterer Gegenstand (der nächste aus einer Liste `availableItems`) in die aktuelle Auswahl (Liste `selectedItems`) aufgenommen werden soll, ist zunächst zu prüfen, ob einerseits Gewichts- und Volumenbeschränkungen noch eingehalten werden und andererseits das bisherige Optimum dadurch überhaupt noch verbessert werden kann. Sind Gewicht und/oder Volumen bereits ausgeschöpft oder ist eine weitere Verbesserung auf diesem Pfad nicht mehr möglich, dann erfolgt *Backtracking* zur letzten Auswahlentscheidung. Passt lediglich der gerade zur Auswahl stehende Gegenstand nicht mehr in den Rucksack, dann wird mit dem nächsten Gegenstand von `availableItems` fortgesetzt.

*Operation packBackpack()*

```
public static void packBackpack(List<Item> selectedItems,
                    int selectedValue,
                    List<Item> availableItems,
                    int availableValue,
                    double currentWeight,
                    double currentSize,
                    double weightLimit,
                    double sizeLimit)
{
    if (availableItems.isEmpty())
    {
        // alle Items sind verarbeitet -> Ergebnis als
                        // "Messlatte" (bound) merken!
        if (selectedValue > bestValue)
        {
            bestValue = selectedValue;
            bestSelection.clear();
            bestSelection.addAll(selectedItems);
        }
    }
    else
```

```
{
    Item item = availableItems.remove(0);
    double weight = item.getWeight();
    double size = item.getSize();
    int value = item.getValue();
    if ((currentWeight < weightLimit) &&
        (currentSize < sizeLimit) &&
        (selectedValue + availableValue > bestValue))
    {
        // neues Optimum noch möglich -> einpacken und weiter!
        if ((currentWeight + weight <= weightLimit) &&
            (currentSize + size <= sizeLimit))
        {
            // item passt noch in den Rucksack -> weiter!
            selectedItems.add(item);
            packBackpack(selectedItems, selectedValue+value,
                         availableItems, availableValue-value,
                         currentWeight+weight,currentSize+size,
                         weightLimit,sizeLimit);
            selectedItems.remove(item);
        }
        packBackpack(selectedItems,selectedValue,
                     availableItems,availableValue,
                     currentWeight,currentSize,
                     weightLimit,sizeLimit);
    }
    availableItems.add(item);
  }
}
```

Zur Lösung des Rucksackproblems aus Tab. 9.4-1 müssen für jede Zeile nur noch die entsprechenden `Item`-Objekte erzeugt und in einer Liste `items` abgelegt werden:

*Aufruf und Lösung des Rucksackproblems*

```
List<Item> items = new ArrayList<Item>();
items.add(new Item("Äpfel",5,380,450));
items.add(new Item("Bananen",5,680,550));
items.add(new Item("Colaflasche",4,1050,1020));

// ... (s. Tabelle)

items.add(new Item("Wanderschuhe",6,600,2000));
items.add(new Item("Wasserflasche",9,1050,1020));
items.add(new Item("Wolldecke",5,400,3000));
```

Anschließend können der Aufruf von `packBackpack()` mit den entsprechenden Gewichts- und Volumenbeschränkungen sowie die Ausgabe der optimalen Packliste für den Rucksack erfolgen:

```
bestValue = 0;
bestSelection = new ArrayList<Item>();
availableValue = 0;
for(Item item : items)
  availableValue += item.getValue();

// Bestimmen der optimalen Lösung für 5 kg und 6 Liter Volumen
```

```
double sizeLimit = 5000;
double weightLimit = 6000;
packBackpack(new ArrayList<Item>(),0,items,availableValue,
             0,0,sizeLimit,weightLimit);

// Ausgabe der optimalen Lösung (Packliste für den Rucksack)
System.out.println("Die optimale Packliste:");
int value = 0;
int weight = 0;
int size = 0;
for (Item item : bestSelection)
{
  System.out.println(item);
  value += item.getValue();
  weight += item.getWeight();
  size += item.getSize();
}
System.out.println("Wert: "+value+" Gewicht: "+weight+
  " Volumen: "+size);
```

Als optimale Lösung wird dieser Algorithmus in weniger als einer Minute[10] genau die Packliste aus Abb. 9.4-2 liefern.

Aber Achtung: Sollten Sie mit diesem Algorithmus die optimale Packliste für Ihren nächsten Sommerurlaub ermitteln wollen und dafür nicht nur 30, sondern ein paar Objekte mehr zur Auswahl stehen, dann tun Sie gut daran, mit der Planung nicht zu spät zu beginnen.

Mit welcher Laufzeit müssen Sie für die Berechnung der optimalen Packliste bei 50 zur Auswahl stehenden Gegenständen rechnen?

## Beispiel Rundreiseproblem

Zum Abschluss dieses Kapitels lernen Sie noch ein weiteres prominentes kombinatorisches Optimierungsproblem kennen, das ebenfalls mit dem *Branch-and-Bound*-Schema gelöst werden kann. Dabei handelt es sich um das sogenannte **Rundreiseproblem**, das oft auch als »Problem des Handlungsreisenden« (*travelling salesman problem*) bezeichnet wird.

Rundreiseproblem

Beim **Rundreiseproblem** geht es also darum, eine optimale Rundreise durch n Orte so zu planen, dass jeder Ort genau einmal besucht und dann zum Ausgangsort zurückgekehrt wird. Das Optimierungskriterium ist in der Regel die dabei zurückzulegende Wegstrecke, die so kurz wie möglich sein soll. Es könnte aber beispielsweise auch die für die Tour benötigte Zeit sein, falls diese nicht direkt proportional zur Entfernung ist.

[10]Gemessene Laufzeit auf Lenovo ThinkPad W500 2xT9600@2.8GHz 2048MB Heap: 47.230 ms.

## 9.4 Branch-and-Bound-Verfahren ** 413

Kehren Sie nochmal zurück zur Spedition *Schnell & Sicher* aus Kapitel »Suchalgorithmen«, S. 65. Diese unterhält Büros in den 15 größten deutschen Städten, zwischen denen immer wieder eine Vielzahl von Sendungen hin und her zu transportieren sind. Deshalb suchen Sie nach einer Route, die regelmäßig abgefahren werden soll und alle 15 Büros besucht – und natürlich soll diese Route so kurz wie möglich sein, um die Treibstoffkosten zu minimieren.

Beispiel: Rundreiseproblem

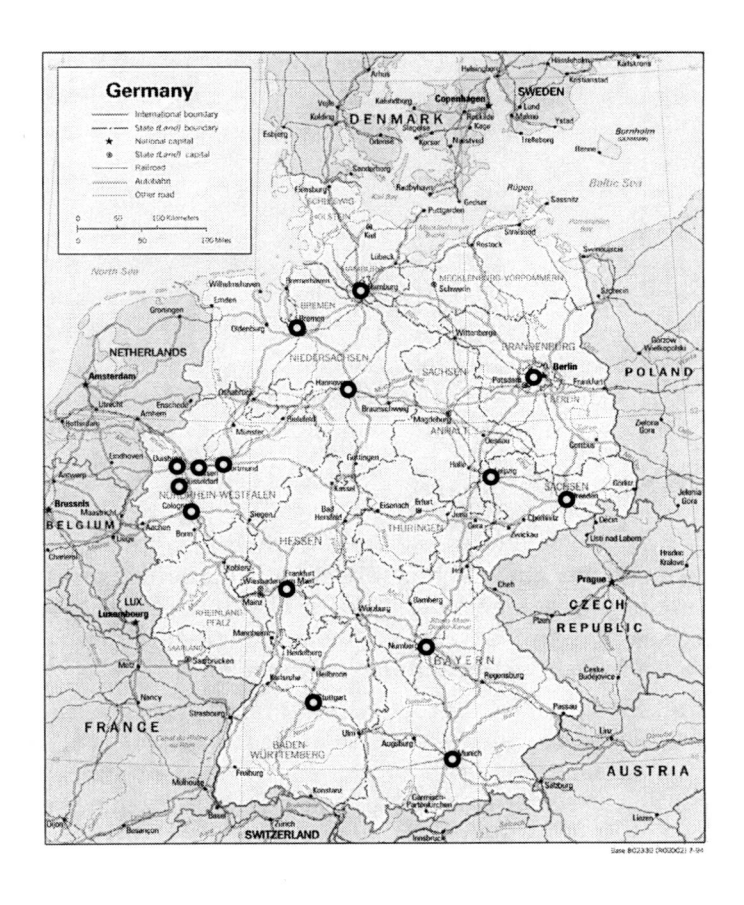

Abb. 9.4-3: Deutschlandkarte mit den zu besuchenden Städten für das Rundreiseproblem.

> Abb. 9.4-3 zeigt die Lage der Büros in den 15 größten Städten Deutschlands auf einer Straßenkarte, und aus Tab. 9.4-2 können Sie die jeweiligen Entfernungen zwischen zwei Büros bzw. zwei Städten entnehmen.

| von/nach | B | HB | DO | DD | DU | D | E | F | HH | H | K | L | M | N | S |
|---|---|---|---|---|---|---|---|---|---|---|---|---|---|---|---|
| B  | -   | 400 | 495 | 200 | 600 | 560 | 480 | 550 | 300 | 290 | 580 | 190 | 590 | 440 | 630 |
| HB | 400 | -   | 235 | 490 | 300 | 285 | 249 | 445 | 130 | 130 | 315 | 390 | 750 | 585 | 630 |
| DO | 495 | 235 | -   | 515 | 70  | 70  | 50  | 225 | 350 | 215 | 100 | 440 | 605 | 440 | 420 |
| DD | 200 | 490 | 515 | -   | 620 | 580 | 581 | 460 | 500 | 385 | 570 | 115 | 460 | 315 | 510 |
| DU | 600 | 300 | 70  | 620 | -   | 50  | 40  | 260 | 410 | 300 | 80  | 500 | 640 | 480 | 450 |
| D  | 560 | 285 | 70  | 580 | 50  | -   | 50  | 225 | 400 | 280 | 40  | 505 | 610 | 445 | 410 |
| E  | 480 | 249 | 50  | 581 | 40  | 50  | -   | 256 | 350 | 258 | 75  | 475 | 646 | 465 | 472 |
| F  | 550 | 445 | 225 | 460 | 260 | 225 | 256 | -   | 500 | 350 | 200 | 385 | 400 | 230 | 210 |
| HH | 300 | 130 | 350 | 500 | 410 | 400 | 350 | 500 | -   | 155 | 430 | 440 | 780 | 610 | 660 |
| H  | 290 | 130 | 215 | 385 | 300 | 280 | 258 | 350 | 155 | -   | 300 | 290 | 630 | 470 | 520 |
| K  | 580 | 315 | 100 | 570 | 80  | 40  | 75  | 200 | 430 | 300 | -   | 500 | 580 | 410 | 370 |
| L  | 190 | 390 | 440 | 115 | 500 | 505 | 475 | 385 | 440 | 290 | 500 | -   | 430 | 280 | 470 |
| M  | 590 | 750 | 605 | 460 | 640 | 610 | 646 | 400 | 780 | 630 | 580 | 430 | -   | 170 | 230 |
| N  | 440 | 585 | 440 | 315 | 480 | 445 | 465 | 230 | 610 | 470 | 410 | 280 | 170 | -   | 210 |
| S  | 630 | 620 | 420 | 510 | 450 | 410 | 472 | 210 | 660 | 520 | 370 | 470 | 230 | 210 | -   |

Tab. 9.4-2: Entfernungstabelle in km.

*Jede Permutation ist eine mögliche Tour*

Offensichtlich handelt es sich bei diesem Rundreiseproblem auch wieder um ein kombinatorisches Optimierungsproblem. Es ist weder irgendeine, noch werden alle Rundreisen gesucht. Rundreisen gibt es viele, genau genommen (n-1)!/2 bei n Städten[11], aus denen die kürzeste auszuwählen ist.

*Anwendung von Branch & Bound*

Auch für das Rundreiseproblem lässt sich das *Branch-and-Bound*-Schema anwenden: Hier steht an den Knoten des Entscheidungsbaums nicht die Frage an, ob ein Gegenstand mitgenommen werden soll oder nicht – stattdessen geht es darum, welche der noch nicht besuchten Städte als nächstes angefahren werden soll. Wird dabei die aktuelle Tour plus Rückfahrt zum Ausgangspunkt der Rundreise bereits länger als die bislang kürzeste bekannte Rundreise, dann braucht diese Tour nicht weiter probiert werden – sie kann zu keiner Verbesserung mehr führen.

---

[11] Allgemein gibt es für n Städte n! verschiedene Anordnungen, die sogenannten Permutationen. Da der Anfangs- und zugleich Endpunkt der Rundreise egal ist, bleiben noch (n-1)! verschiedene Rundreisen durch alle Städte. Diese Zahl halbiert sich nochmal, da die Richtung, in der die Städte bereist werden, für das hier vorliegende Problem gleichgültig ist, so dass insgesamt (n-1)!/2 mögliche Rundreisen durch alle n Städte verbleiben.

## 9.4 Branch-and-Bound-Verfahren **

Dieser Ansatz führt zwar, wie Sie später noch sehen werden, zu einer nochmals deutlich größeren Laufzeitkomplexität als beim Rucksackproblem, lässt sich aber auf Basis des bekannten *Branch-and-Bound*-Schemas unmittelbar in Java implementieren. Statt einer Klasse Item wie beim Rucksackproblem benötigen Sie hier eine Klasse Location für die einzelnen Städte, die auf der Rundreise besucht werden müssen:

Implementierung in Java

```
class Location
{
    private String name;

    Location(String name)
    {
        this.name = name;
    }

    // ... die üblichen getter- und setter-Methoden

    public String toString()
    {
        return this.name;
    }
}
```

Klasse Location

Neben den beiden statischen Attributen bestTour und bestDistance für die bisher beste Rundreise und ihre Länge wird für das Rundreiseproblem auch noch ein Ausgangspunkt (startLocation) benötigt:

Statische Attribute

```
static float bestDistance;
static Stack<Location> bestTour;
static Location startLocation;
```

Außerdem muss für je zwei Städte (Objekte vom Typ Location) die Entfernung ermittelt werden können. Dies übernimmt eine Operation distance(), die ihrerseits auf die Entfernungstabelle aus Tab. 9.4-2 zurückgreift, die als zweidimensionales Feld abgebildet wird:

Entfernungstabelle in Java

```
static String[] distanceTableIndex =
{ "Berlin", "Bremen", "Dortmund", "Dresden", "Duisburg",
  "Düsseldorf", "Essen", "Frankfurt",
  "Hamburg", "Hannover", "Köln", "Leipzig",
  "München", "Nürnberg", "Stuttgart" };

static int[][] distanceTable = {
{ 000, 400, 495, 200, 600, 560, 480, 550, 300, 290, 580, 190, 590, 440, 630 },//B
{ 400, 000, 235, 490, 300, 285, 249, 445, 130, 130, 315, 390, 750, 585, 630 },//HB
{ 495, 235, 000, 515,  70,  70,  50, 225, 350, 215, 100, 440, 605, 440, 420 },//DO
{ 200, 490, 515, 000, 620, 580, 581, 460, 500, 385, 570, 115, 460, 315, 510 },//DD
{ 600, 300,  70, 620, 000,  50,  40, 260, 410, 300,  80, 500, 640, 480, 450 },//DU
{ 560, 285,  70, 580,  50, 000,  50, 225, 400, 280,  40, 505, 610, 445, 410 },//D
{ 480, 249,  50, 581,  40,  50, 000, 256, 350, 258,  75, 475, 646, 465, 472 },//E
{ 550, 445, 225, 460, 260, 225, 256, 000, 500, 350, 200, 385, 400, 230, 210 },//F
{ 300, 130, 350, 500, 410, 400, 350, 500, 000, 155, 430, 440, 780, 610, 660 },//HH
```

```
  { 290, 130, 215, 385, 300, 280, 258, 350, 155, 000, 300, 290, 630, 470, 520 }
  { 580, 315, 100, 570,  80,  40,  75, 200, 430, 300, 000, 500, 580, 410, 370 }
  { 190, 390, 440, 115, 500, 505, 475, 385, 440, 290, 500, 000, 430, 280, 470 }
  { 590, 750, 605, 460, 640, 610, 646, 400, 780, 630, 580, 430, 000, 170, 230 }
  { 440, 585, 440, 315, 480, 445, 465, 230, 610, 470, 410, 280, 170, 000, 210 }
  { 630, 620, 420, 510, 450, 410, 472, 210, 660, 520, 370, 470, 230, 210, 000 }
};

public static int distance(Location from, Location to)
{
  int fromIndex = Arrays.binarySearch
    (distanceTableIndex,from.getName());
  int toIndex = Arrays.binarySearch
    (distanceTableIndex,to.getName());
  return distanceTable[fromIndex][toIndex];
}
```

Die eigentliche Suche nach der kürzesten Tour erfolgt wieder ganz analog zum Rucksackproblem mittels einer rekursiven Operation extendTour(), die eine bestehende Tour (tour) um weitere Städte aus availableLocations erweitert – allerdings nur solange noch die Chance besteht, die Länge bestDistance der bisher besten Rundreise bestTour zu unterbieten:

```
public static void extendTour(Stack<Location> tour,
  float tourLength,  Location currentLocation,
  List<Location> availableLocations)
{
  if (availableLocations.isEmpty())
  {
    // alle Locations sind besucht
    // -> Ergebnis als "Messlatte" (bound) merken!
    tourLength = tourLength +
      distance(currentLocation,startLocation);
    if (tourLength < bestDistance)
    {
      bestDistance = tourLength;
      bestTour.clear();
      bestTour.addAll(tour);
    }
  }
  else
  {
    for(Location nextLocation : availableLocations)
    {
      if (tourLength + distance(currentLocation,nextLocation)
        + distance(nextLocation,startLocation) > bestDistance)
      {
        // Tour über nextLocation macht keinen Sinn,
        //wird zu lang!
      }
      else
      {
        tour.push(nextLocation);
        List<Location> remainingLocations =
          new ArrayList<Location>(availableLocations);
```

```
                remainingLocations.remove(nextLocation);
                extendTour(tour, tourLength+distance
                  (currentLocation,nextLocation),
                    nextLocation, remainingLocations);
                tour.pop();
            }
        }
    }
}
```

Zur Lösung des Rundreiseproblems müssen jetzt nur noch die entsprechenden Location-Objekte erzeugt und in einer Liste allLocations abgelegt werden:

*Aufruf und Lösung des Rundreiseproblems*

```
List<Location> allLocations = new ArrayList<Location>();
startLocation = new Location("Hamburg");
allLocations.add(new Location("Berlin"));
allLocations.add(new Location("Bremen"));
allLocations.add(new Location("Dortmund"));
allLocations.add(new Location("Dresden"));
allLocations.add(new Location("Duisburg"));
allLocations.add(new Location("Düsseldorf"));
allLocations.add(new Location("Essen"));
allLocations.add(new Location("Frankfurt"));
allLocations.add(new Location("Hannover"));
allLocations.add(new Location("Köln"));
allLocations.add(new Location("Leipzig"));
allLocations.add(new Location("München"));
allLocations.add(new Location("Nürnberg"));
allLocations.add(new Location("Stuttgart"));
```

Anschließend können der Aufruf von extendTour() sowie die Ausgabe der optimalen Rundreise erfolgen:

```
bestDistance = 1/0f;   // infinity
bestTour = new Stack<Location>();
bestTour.push(startLocation);

Stack<Location> tour = new Stack<Location>();
tour.add(startLocation);
extendTour(tour,0,startLocation,allLocations);

System.out.println("Die optimale Tour:");
for(Location location : bestTour)
{
   System.out.print(location+" -> ");
}
System.out.println(startLocation.getName());
System.out.println("Länge der optimalen Tour: "
    +bestDistance+" km");
```

Nach einigen Sekunden[12] haben Sie dann auch schon das Ergebnis:

---

[12] Gemessene Laufzeit auf Lenovo ThinkPad W500 2xT9600@2.8GHz 2048MB Heap: 20.611 ms.

# 9 Kombinatorische Algorithmen *

Die optimale Tour:
Hamburg -> Berlin -> Dresden -> Leipzig -> Nürnberg -> München -> Stuttgart -> Frankfurt -> Köln -> Düsseldorf -> Duisburg -> Essen -> Dortmund -> Hannover -> Bremen -> Hamburg
Länge der optimalen Tour: 2360.0 km

Abb. 9.4-4 zeigt die so berechnete optimale Rundreise auch nochmal auf der Karte.

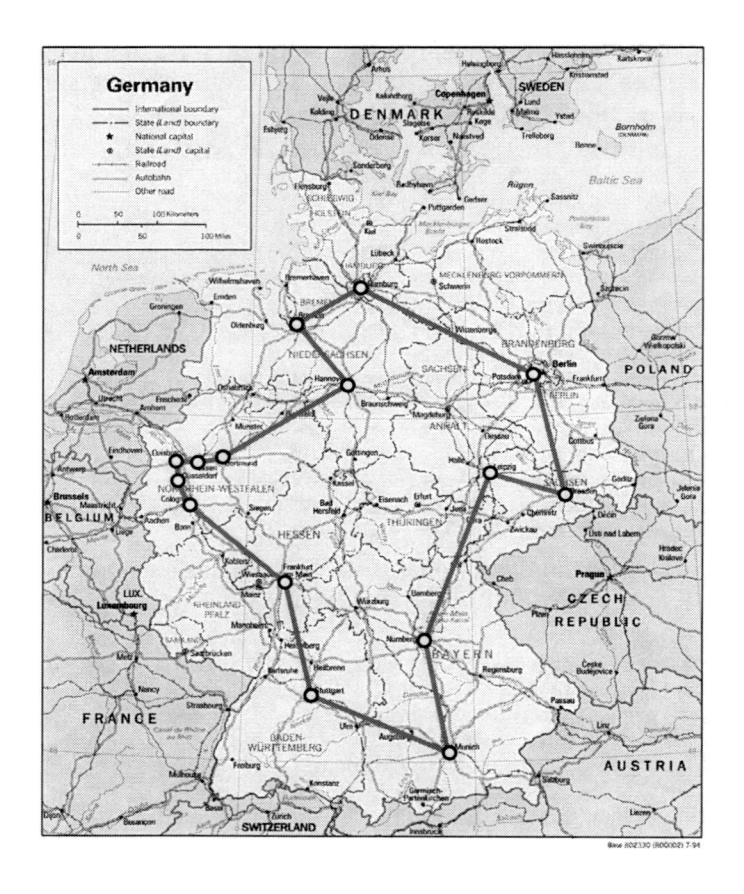

Abb. 9.4-4: Optimale Deutschlandtour als Lösung des Rundreiseproblems.

Optimale (kürzeste) Rundreise

Auch hier garantiert das Verfahren wieder, dass auch tatsächlich die optimale Tour gefunden wurde. Insgesamt sind zwar 14!/2 = 43.589.145.600 verschiedene Rundreisen durch alle 15 Städte möglich, es kann aber keine kürzere Tour geben als die hier berechnete.

... aber um welchen Preis?

Bereits bei der Diskussion des Rucksackproblems haben Sie festgestellt, dass die Garantie der optimalen Lösung mit exponentieller Laufzeitkomplexität erkauft wird. Mit jedem weiteren Gegenstand, der mit auf die Reise gehen soll, verdoppelt sich die Laufzeit. Wie sieht es da beim Rundreiseproblem aus? Um es kurz zu machen: noch schlimmer! Denn für jede weitere Stadt, die Sie in die Tour durch n Städte mit aufnehmen wollen, haben Sie genau n Möglichkeiten, diese einzubauen, so dass die Laufzeit nicht mehr nur um einen konstanten Faktor, also exponentiell, wächst, sondern auch dieser Faktor, also n, selbst immer größer wird. Die Laufzeitkomplexität dieses Verfahrens liegt schließlich in $O(n!)$, womit dieses Verfahren das aufwändigste der in diesem Buch behandelten Verfahren darstellt.

## Verbesserungen und Ausblick

Rundreiseprobleme gehören zu den am intensivsten untersuchten kombinatorischen Problemen, so dass im Laufe der Zeit eine Vielzahl von speziellen Algorithmen entwickelt wurden, um die Komplexität des allgemeinen Branch-and-Bound-Ansatzes durch Ausnutzen spezieller Eigenschaften des Rundreiseproblems weiter zu reduzieren.

Durch Anwendung der Dynamischen Programmierung (*dynamic programming*) liefert der nach seinen Entwicklern Michael Held und Richard M. Karp benannte Held-Karp-Algorithmus [HeKa62] aus dem Jahr 1962 eine Laufzeitkomplexität in $O(n^2 \cdot 2^n)$, hat dafür aber noch exponentiellen Speicherbedarf. In den folgenden zwanzig Jahren wurden weitere Verbesserungen entwickelt bis Richard Karp schließlich 1982 durch Anwendung des sogenannten Inklusions-Exklusions-Prinzips die Laufzeitkomplexität auf $O(2^n)$ bei gleichzeitig nur noch polynomialer Speicherkomplexität reduzieren konnte [Karp82].

*Dynamische Programmierung*

Andere erfolgversprechende Ansätze ergänzen das *Branch-and-Bound*-Verfahren um weitere Beschneidungen (*bounds*) des Entscheidungsbaums, die sich aus der konkreten Problemstellung ergeben und auch als *cut* bezeichnet werden. Mit einem speziellen »Concorde TSP Solver« ist es so im April 2006 mit einem Berechnungsaufwand von über 136 CPU-Jahren gelungen, eine optimale Tour durch 85.900 Städte zu finden [ApBi06].

*Problemspezifische Einschränkungen*

Schauen Sie zurück auf das in diesem Abschnitt diskutierte Beispiel der optimalen Deutschlandtour, dann ist es interessant festzustellen, dass es schon im Jahr 2001 durch eine Erweiterung der linearen Programmierung um sogenannte *cutting planes* [DaFu54] gelungen ist, eine optimale Lösung für eine Deutschlandtour durch insgesamt 15.112 Städte zu berechnen. Für diese Berechnung wurde allerdings ein Netzwerk aus 110 Prozessoren an zwei amerikanischen Hochschulen eingespannt mit einem Rechenaufwand, der auch einen heutigen 2,8 GHz-Prozessor noch über vier Jahre lang beschäftigen würde.

*Deutschlandtour durch 15.112 Städte*

## 9 Kombinatorische Algorithmen *

**Jede Menge Probleme in TSPLIB**

Rundreise- oder *Travelling-Salesman*-Probleme (TSP) fordern also auch zu immer neuen Rekorden heraus. Dazu wird am Institut für Informatik der Ruprecht-Karls-Universität in Heidelberg auch eine Bibliothek **TSPLIB** mit einer Vielzahl unterschiedlicher Instanzen des Rundreiseproblems geführt, die Forschern und Entwicklern als Test- und Vergleichsprobleme (*benchmark*) für ihre Algorithmen dienen.

**... und weitere Varianten!**

Hier finden Sie auch Beispielprobleme zu zahlreichen Varianten des Rundreiseproblems wie etwa dem **Travelling Tourist Problem** (hier müssen nicht alle Sehenswürdigkeiten besucht werden, bei vielen reicht auch ein Besuch benachbarter Orte, wenn diese von dort aus zu »sehen« sind) oder dem **Vehicle Routing Problem** (VRP), bei dem es darum geht, von einem zentralen Ort (Depot) aus alle anderen Orte zu beliefern, wofür aber, insbesondere aufgrund von Kapazitätsbeschränkungen, mehrere Touren für jeweils unterschiedliche Teilmengen der Orte zu planen sind.

**Interesse jenseits der Informatik**

Aber nicht nur Informatiker interessieren sich für diesen Typ eines kombinatorischen Problems. Interessanterweise sind wir Menschen, trotz unserer vergleichsweise sehr beschränkten Verarbeitungsgeschwindigkeit, oftmals doch in der Lage, sehr schnell relativ gute Lösungen für Rundreiseprobleme zu finden, so dass inzwischen auch Kognitionswissenschaftler Interesse an solchen Problemen gefunden haben und unter anderem auch die erste Ausgabe des *Journal of Problem Solving* im Herbst 2006 speziell dem Thema gewidmet war, wie Menschen solche Rundreiseprobleme effizient und effektiv lösen.

**Andere Lösungsansätze**

Auch unabhängig vom Rundreiseproblem gibt es zur Lösung kombinatorischer, also ganzzahliger Optimierungsprobleme neben dem besprochenen Branch-and-Bound-Verfahren als einem exakten Lösungsverfahren eine Vielzahl von Heuristiken, die zwar keine exakte (optimale) Lösung garantieren, dafür aber wesentlich schneller eine »brauchbare« Lösung liefern. Dennoch stellen ganzzahlige Optimierungsprobleme in der Praxis noch immer eine schwierige Aufgabe dar, die je nach Struktur und Größe des Optimierungsproblems neben einer geschickten Modellierung meist auch speziell entwickelte oder entsprechend angepasste Algorithmen erfordert und oft mit einer Kombination mehrerer Lösungsverfahren bearbeitet wird.

**Hinweise für das weitere Studium**

Für das Studium weiterer spezieller Algorithmen für unterschiedliche Aufgabenstellungen finden Sie in [VAD+08] eine Zusammenstellung gut verständlicher Darstellungen, die aus der Initiative »Algorithmus der Woche« des Fakultätentags Informatik zum Informatikjahr 2006 entstanden sind.

Eine sehr detaillierte Darstellung zur Implementierung einer Vielzahl von Algorithmen in Java, die teilweise auch in diesem Buch behandelt wurden, finden Sie in [Sedg03], und eine didaktisch sehr gut aufbereitete Einführung in die systematische Nutzung und Implementierung von Algorithmen und Datenstrukturen in Java bietet [KoWo05].

# 10 Einführung in die funktionale Programmierung mit Clojure **

In diesem Kapitel lernen Sie einige Algorithmen in einer funktionalen Programmiersprache kennen. In der **funktionalen Programmierung** ist die »Funktion« ein zentrales Element. Eine Funktion bildet Werte auf einen Ergebniswert ab. Wie in der Mathematik wird der Wert eines Funktionsaufrufs vollständig durch die Werte der Parameter bestimmt. In der objektorientierten Programmierung ist das dagegen nicht immer der Fall. Hier übernehmen Methoden die Aufgabe von Funktionen. Diese operieren auf den Zustandsvariablen von Objekten und verändern diese Variablen. Dadurch ist nicht garantiert, dass ein Methodenaufruf mit denselben Werten stets das gleiche Ergebnis liefert.

## Warum funktionale Programmierung?

Der Ansatz in der funktionalen Programmierung, alle Daten als unveränderliche Werte zu behandeln, besitzt für einige Anwendungsfälle Vorteile gegenüber der Programmierung mit Zustandsänderungen.

Werden Zustände eines Objekts verändert, so hängt das Resultat eines Methodenaufrufs von den aktuellen Werten der Instanz-Variablen und damit von der Vergangenheit der Programmausführung ab. Dadurch wird die Analyse eines Programms (sowohl durch einen Programmierer als auch durch Werkzeuge) erschwert. Funktionale Programmiersprachen eignen sich aus diesem Grund besser für eine formale Analyse und Verifikation.
 — Verständlichkeit von Programmen

Zustandsänderungen sind im Zusammenhang mit paralleler Programmausführung problematisch. Der Zugriff verschiedener *Threads* auf gemeinsam verwendete Variablen muss durch Sperren zwischen den *Threads* synchronisiert werden. Die korrekte Verwendung der Sperrmechanismen ist nicht trivial. Sich wechselseitig blockierende *Threads (Deadlocks)* und Ergebnisse, die vom zeitlichen Verhalten von Einzeloperationen abhängen *(Race Conditions)*, sind typische Fehler, die oft schwer zu diagnostizieren sind. Ohne Zustandsänderungen können diese Fehler nicht auftreten.
 — Parallele Verarbeitung

Zustandsveränderungen von Objekten führen zu nicht-intuitiven Effekten in Vererbungshierarchien.
 — Wechselwirkung mit Vererbungshierarchien

Am Beispiel einer Klassenhierarchie für zweidimensionale geometrische Objekte kann das verdeutlicht werden. In der Basisklasse sollen Skalierungen entlang der Koordinaten-Achsen als Instanz-Methoden definiert sein, die von abgeleiteten Klassen implementiert werden. Weiter sollen Ellipsen und Kreise als Klassen vorhanden sein. Kreise sind spezielle Ellipsen und daher sollte die Klasse für Kreise von der Ellipsen-Klasse abgeleitet werden. Dann würde aber eine Skalierung eines Kreises entlang einer Achse das Objekt so verändern, dass es nicht länger ein Kreis wäre. Für dieses Dilemma sind verschiedene Lösungsansätze vorgeschlagen worden. Einer davon ist, geometrische Formen als unveränderliche Werte zu behandeln. Die Methoden für die Skalierung liefern eine neue Instanz mit den entsprechend geänderten Instanz-Variablen.

Ein ähnliches Beispiel tritt im Zusammenhang mit generischen *Collections* auf.

*Beispiel*

Gilt für zwei Klassen A, B die Vererbungsbeziehung B is-a A, ist dennoch nicht die Vererbungsbeziehung Collection<B> is-a Collection<A> erfüllt. Hier tritt das Problem bei Einfügeoperationen auf (Abb. 10.0-1):

```
public interface MovingThing { }
public class Car implements MovingThing { }
public class NuclearSub implements MovingThing {}
public class ParkingLot extends ArrayList<Car> {}
public class CollManager
{
  public static void addMoving
      (ArrayList<MovingThing> l, MovingThing e)
  {
    l.add(e);
  }
  public static void main(String[] args)
  {
    ParkingLot p=new ParkingLot();
    Car car=new Car();
    addMoving(cp, car);
  }
}
```

*Warum nicht-funktionale Programmierung?*

Die Unveränderbarkeit von Werten hat allerdings auch einen Preis. In Programmen, die nur mit unveränderlichen Werten arbeiten, müssen Informationen häufiger kopiert werden als in Programmen die mit Zustandsänderungen arbeiten. Sie werden sehen, dass es Methoden gibt, den erforderlichen Kopieraufwand zu verringern. Ganz vermieden werden kann er aber nicht. Daher sind viele funktionale Programmiersprachen keine »reinen« funktionalen Sprachen, die völlig ohne Seiteneffekte auskommen. Auch die hier verwendete Programmiersprache Clojure erlaubt Seiteneffekte, jedoch kann die Nutzung auf wenige Ausnahmefälle beschränkt werden. Ein/Ausgabe-Operationen, z.B. schreibender Zugriff auf Dateien oder Netzwerkverbindungen,

# 10 Einführung in die funktionale Programmierung mit Clojure **

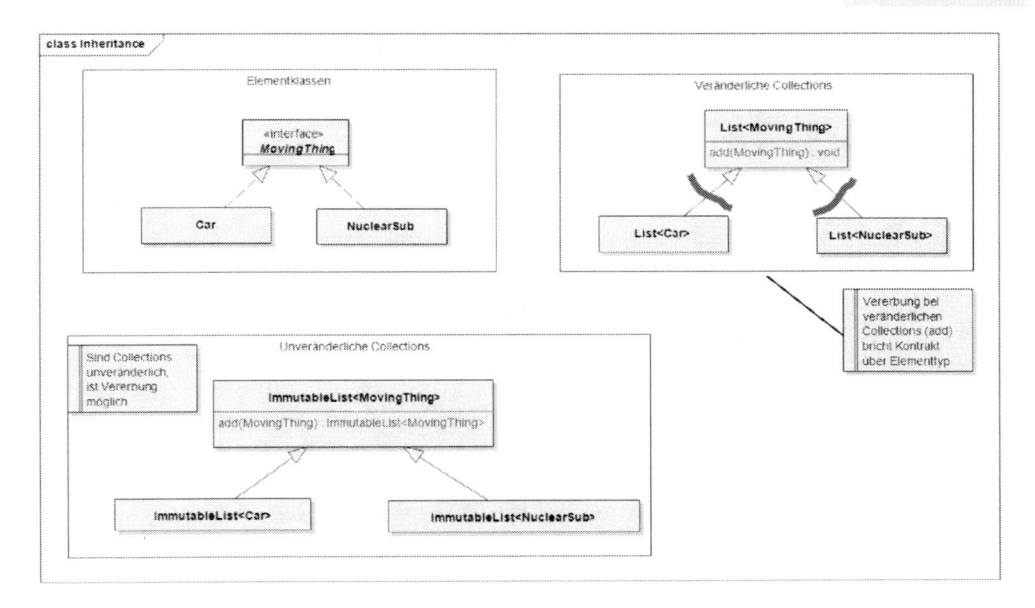

Abb. 10.0-1: Vererbungshierarchien der Elementklasse gelten nicht für veränderliche *Collections*.

sind typische Fälle, in denen Seiteneffekte oft schwer vermieden werden können.

Die funktionale Programmierung wird am Beispiel der Programmiersprache Clojure gezeigt:

- »Kurze Einführung in Clojure«, S. 426

Bevor Algorithmen behandelt werden, werden wesentliche Datenstrukturen in Clojure dargestellt:

- »Datenstrukturen in Clojure«, S. 432
- »Algorithmen auf Listen«, S. 443

Listen können in Clojure als Bäume repräsentiert werden:

- »Listen als Baumrepräsentation«, S. 447

Einige Sortieralgorithmen werden in Clojure demonstriert:

- »Sortieren«, S. 451

Ein Vergleich der funktionalen Programmierung mit anderen Programmierparadigmen verdeutlicht die Einsatzbereiche von Clojure:

- »Einsatzbereiche der funktionalen Programmierung«, S. 453

## 10.1 Kurze Einführung in Clojure **

Die funktionale Programmiersprache Clojure ist in Java implementiert und nutzt die Java-Bibliotheken sowie die Java-Klassen für einfache Typen. Funktionen werden immer in Präfix-Syntax geschrieben und liefern immer ein Ergebnis. Für einfache Datentypen gibt es eingebaute Funktionen, z. B. (+ 1 2 3) ergibt 6. Um berechnete Werte ohne Neuberechnung an anderen Stellen wiederzuverwenden, gibt es Bindungsumgebungen, mit denen Symbole mit Werten verknüpft werden können. Ein Symbol kann mit Werten beliebigen Typs verknüpft werden.

**Clojure** ist eine Sprache aus der **Lisp** -Familie. Ihre Syntax ist im Vergleich zu anderen Sprachen recht kompakt. Clojure in Java implementiert, kann daher auf der Java-VM ausgeführt werden und besitzt eine gute Integration in Java. Dadurch können Clojure-Programme das große Angebot an Java-Bibliotheken nutzen. Clojure ist frei verfügbar und kann von der Website Clojure (http://clojure.org/) heruntergeladen werden.

*Installation* Laden Sie die jeweils aktuelle Clojure-Version auf Ihr Computersystem, z. B. Clojure 1.3. Entpacken Sie die heruntergeladene Datei in das von Ihnen gewünschte Verzeichnis, z. B. C:\Program Files (x86)\clojure-1.3.0. Java 1.5 (JDK 1.5) oder höher muss vorhanden sein.

### Das Programm als Ausdruck und Auswertung

Ein Clojure-Programm besteht aus einem oder mehreren »Ausdrücken«. Ein Ausdruck ist etwas, das von der Clojure-Laufzeitumgebung ausgewertet wird und ein Ergebnis liefert. Ein Sprachkonstrukt vergleichbar mit Java-Anweisungen *(Statements)*, das nur wegen des Seiteneffekts ausgeführt wird, ohne einen Wert zurückzugeben, existiert in Clojure *nicht*.

Die Eingabe der Ausdrücke kann interaktiv in einer sogenannten *Read Eval Print Loop* (REPL) erfolgen. Um sich mit der Sprache vertraut zu machen, sollten Sie diese Möglichkeit nutzen und die folgenden Beispiele nachvollziehen. In kurzen Code-Beispielen wird der Eingabeprompt der REPL durch => notiert, die Ergebnisse als Clojure-Kommentar nach einem Semikolon »;« angegeben.

*Start von Clojure* Starten Sie die Konsole, z. B. cmd.exe im Windows-Startmenü (Windows 7). Gehen Sie das Verzeichnis, in das Sie closure.zip entpackt haben. Geben Sie folgenden Befehl ein:
java -cp clojure-1.3.0.jar clojure.main
Jetzt können Sie Clojure-Anweisungen eingeben (Abb. 10.1-1).

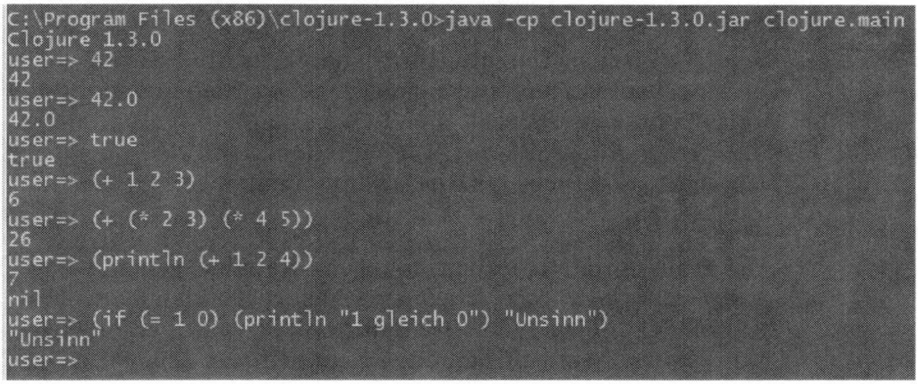

## 10.1 Kurze Einführung in Clojure **

```
C:\Program Files (x86)\clojure-1.3.0>java -cp clojure-1.3.0.jar clojure.main
Clojure 1.3.0
user=> 42
42
user=> 42.0
42.0
user=> true
true
user=> (+ 1 2 3)
6
user=> (+ (* 2 3) (* 4 5))
26
user=> (println (+ 1 2 4))
7
nil
user=> (if (= 1 0) (println "1 gleich 0") "Unsinn")
"Unsinn"
user=>
```

Abb. 10.1-1: *Read Eval Print Loop* von Clojure im Konsolenfenster.

Für die Entwicklungsumgebung Eclipse gibt es ein Clojure-Plugin, das Sie über das Menü `Help/Install New Software...` installieren können:

- Counterclockwise durch Eingabe der URL http://ccw.cgrand.net/updatesite/

Eclipse

Auch für andere Entwicklungsumgebungen stehen Plugins zur Verfügung.

## Konstanten

Die einfachsten Ausdrücke Clojures sind Konstanten. Diese sind selber das Resultat ihrer Auswertung. Clojure ist auf der Java-VM in Java implementiert und nutzt Java-Klassen für die einfachen Typen. Eine Zeichenkette ist z. B. vom Typ `java.lang.String`.

```
=> 42                ;; -> 42, ganze Zahlen
=> 42.0              ;; -> 42.0, Fließkommazahlen
=> "zweiundvierzig"  ;; -> "zweiundvierzig" , Strings
=> true              ;; -> true, booleans
=> nil               ;; -> nil, spezieller Wert für "nichts"
```

Beispiele

Eine Besonderheit von Clojure sind *Keywords*. Das sind Konstanten, die lediglich auf Gleichheit mit anderen Werten getestet werden können. Ihr wesentlicher Anwendungsfall ist als Schlüsselwert in assoziativen Datenstrukturen. *Keywords* werden als *Identifier* mit einem vorangestellten »:« notiert.

```
=> :a-keyword           ;; -> :a-keyword
=> (= :a-keyword 42)    ;; -> false
=> (not= :a-keyword 42) ;; -> true
```

Beispiele

## Funktionsaufrufe

Für die einfachen Datentypen existieren in Clojure eine Reihe von eingebauten Funktionen. Funktionen werden immer mit der **Präfix-Syntax** (`<Funktion> <argument>` ... ) aufgerufen und liefern stets[1] einen Rückgabewert. Die Funktion steht also immer am Beginn des Ausdrucks *innerhalb* der Klammern gefolgt von ihren Argumenten.

Hinweis

Die Präfix-Notation – auch polnische Notation genannt – erlaubt es Formeln bzw. allgemeine Ausdrücke klammerfrei zu schreiben. Der Operator wird immer vor seinen Operanden geschrieben: Operator Operand$_1$ Operand$_2$ usw. Beispiel: 3 + 5 (Infix-Notation) wird geschrieben als + 3 5 (Präfix-Notation).

Die Argumente einer Funktion können beliebige Ausdrücke sein. Wichtig ist, dass in Clojure die Argumentausdrücke zuerst ausgewertet werden, bevor die Funktion ausgeführt wird[2].

Beispiele

```
=> (+ 1 2 3)            ;; -> 6, Summe der Zahlen 1, 2, 3
=> (+ (* 2 3) (* 4 5))  ;; -> 2*3 + 4*5 -> 6 + 20 -> 26
```

Es gibt einige Funktionen, bei denen der Seiteneffekt der Ausführung wesentlich ist, z. B. die Bildschirmausgabe mit `println`. Hier gilt die Konvention, dass der spezielle Wert `nil` als Rückgabewert verwendet wird.

Beispiel

```
=> (println (+ 1 2 4))  ;; Ausgabe von 7, Rückgabewert ist nil
```

Die Definition eigener Funktionen wird in einem nachfolgenden Abschnitt vorgestellt.

Sonderformen

Neben den eingebauten Funktionen gibt es in Clojure noch syntaktische »Sonderformen«. Das sind Ausdrücke mit der gleichen Syntax wie ein Funktionsaufruf, jedoch mit einer anderen Argumentauswertung. Während bei einem Funktionsaufruf stets alle Argumentausdrücke vor der Abarbeitung des Funktionsrumpfs berechnet werden, ist das bei Sonderformen nicht zwingend der Fall.

Ein typisches Beispiel für eine Sonderform ist die bedingte Auswertung mit `if`:

(if <bedingung> <ret-true> <ret-false>?)

Beispiel

```
=> (if (= 1 0) (println "1 gleich 0") "Unsinn")  ;; -> "Unsinn"
```

---

[1] Die Ausnahme sind Auswertungen, in denen eine Ausnahme der Java-VM geworfen wird, z. B. (/ 1 0).
[2] Eine Ausnahme sind sog. *Lazy Sequences*. Das sind Listen, deren Elemente nur bei Bedarf berechnet werden.

Wäre `if` eine Funktion, würde auch der erste Ausdruck mit dem Seiteneffekt einer Bildschirmausgabe ausgewertet.

Eine weitere häufig verwendet Sonderform ist `cond`:
(cond <test1> <expr1> <test2> <expr2> ...)

`cond` wertet nacheinander die <test_i> aus, bis das erste Ergebnis nicht `false` oder `nil` ist. Das Resultat von `cond` ist dann die Auswertung von <expr_i>. Ist keiner der <test_i> ungleich `false` oder `nil` ist das Resultat des Ausdrucks `nil`.

```
=> (cond (= 1 0) ?Eins ist null?    ;; 1 = 0 nicht erfüllt.
         (> 0 1) ?Null größer eins? ;;
         (= 0 (- 1 1)) ?OK? )       ;; Bedingung erfüllt,
         ;;?OK? ist Wert des cond-Ausdrucks.
```

Beispiel

Wie Funktionen können in Clojure auch neue Sonderformen definiert werden. Das dazu zur Verfügung stehende Sprachmittel sind »Macros«, auf deren Verwendung aber hier nicht weiter eingegangen wird.

## Symbole, Bindungen und Typisierung

Mit den bisher vorgestellten Sprachmitteln fehlt eine Möglichkeit, berechnete Werte ohne Neuberechnung an anderen Stellen wiederzuverwenden. Für diesen Zweck existieren sogenannte »Umgebungen«, mit denen Symbole mit Werten verknüpft werden können. Symbole sind *nicht* identisch mit Variablen in Java. Während eine Variable in Java eine konkrete Speicherstelle identifiziert, sind Symbole lediglich Schlüssel, mit denen in einer Bindungsumgebung ein Wert assoziiert ist.

In Clojure existieren verschiedene Arten von Bindungsumgebungen: globale Umgebungen, lokale Umgebungen und Bindungsumgebungen von Funktionen.

Symbole sind Namen, mit denen Werte verknüpft sein können. Um Konflikte bei der Benennung zu vermeiden, werden Symbole in Clojure mit einem Namensraum qualifiziert.

Namensräume, globale Umgebungen & def

Mit (ns <ns-symbol>) werden alle folgenden Definitionen und Auswertungen im Namensraum <ns-symbol> ausgeführt. Wird innerhalb eines Namensraums ein Symbol <s> ohne vorangestellten Namensraum verwendet, wird dadurch implizit das Symbol <ns-symbol>/<s> verwendet.

Jeder Namensraum hat eine eigene globale Bindungsumgebung. Bindungen von Symbolen an Werte in einer globalen Umgebung sind überall sichtbar (sofern sie nicht durch lokale Bindungen verdeckt werden).

Mit der Sonderform (def <symbol> <ausdruck>) wird <namesraum>/<symbol> in der globalen Umgebung des aktuellen Namensraums an den Wert der Auswertung von <ausdruck> gebunden. Nach der Bindung liefert die Auswertung von symbol> den Wert von <ausdruck>. Soll ein Symbol ausgewertet werden, das noch nicht an einen Wert gebunden wurde, erzeugt das einen Laufzeitfehler, der durch eine Java-Exception signalisiert wird.

*Beispiele*

Die folgenden Beispiele verdeutlichen das Zusammenspiel von Namensräumen und Symbolen

```
=> (ns numeric)          ;; Ab jetzt beziehen sich alle Symbole und
                         ;; Definitionen auf den Namensraum numeric
=> answer                ;; Auswertung eines noch nicht gebundenden
                         ;; Symbols erzeugt eine Exception
=> (def answer 42)       ;; numeric/answer ist an den Wert 42 gebunden
=> answer                ;; -> 42  Symbol aus aktuellen Namespace
                         ;; kann ohne Namespace referenziert werden.
=> numeric/answer        ;; -> 42  Symbol mit Namespace-Qualifikation
=> (ns text)             ;; Ab jetzt beziehen sich alle Definitionen
                         ;; auf den Namensraum numeric
=> answer                ;; Auswertung eines noch nicht in text
                         ;; gebundenen Symbols: Exception
=> numeric/answer        ;; -> 42 Wert des Symbols im Namespace
                         ;; numeric
=> (def answer "fortytwo")         ;; -> #'text/answer
=> (list answer numeric/answer) ;; -> ("fortytwo" 42)
```

*Lokale Bindungs- umgebungen mit let*

Mit der let-Sonderform können lokale Bindungsumgebungen definiert werden. Der Ausdruck

```
(let [<symbol1> <bind-expr1> ...]
  <expr> ...
)
```

verknüpft die Symbole <symbol_i> mit dem Wert der Auswertung <bind-expr_i> in einer neuen Bindungsumgebung. Die Auswertung der Bindungen geschieht sequenziell. Innerhalb des Gültigkeitsbereichs des let werden eventuell vorhandene Bindungen überdeckt. Nach Verlassen des let-Ausdrucks gelten die alten Bindungen wieder. Die Ausdrücke <expr> innerhalb des let-Ausdrucks werden nacheinander mit den neuen Bindungen ausgewertet. Das Resultat des letzten Ausdrucks ist der Wert des let-Ausdrucks.

*Beispiel*

Das folgende Beispiel verdeutlicht das:

```
=> (def x 10)            ;; In der globalen Umgebung erhält
                         ;; x den Wert 21
=> (let [x (* 2 x)       ;; Für die Auswertung von (* 2 x)
                         ;; wird das globale x verwendet.
         y (* 2 (+ x 1))] ;; y -> (* 2 (+ 20 1)) -> 42 ,
                         ;; x hier 20 wegen Bindung im ?let?
     y)                  ;; Wert dieses "let" ist 42
=> x                     ;; -> 10 , außerhalb des let gilt der
                         ;; globale Wert aus dem ?def?.
```

Bindungsumgebungen können syntaktisch geschachtelt werden. Dabei gilt, dass die Bindungen im inneren `let` eventuell vorhandene gleichnamige Bindungen in äußeren `let` überdecken:

```
(let [x "aussen"]
  (let [x "innen"]
    (println x))
  (println x)
  x)
;; Ausgabe von "innen"!, dann "aussen". Rückgabewert ist "aussen"
```

Durch die Bindungsumgebung werden Symbole mit Werten verknüpft. Im Gegensatz zu statisch typisierten Sprachen ist es in Clojure jedoch nicht erforderlich, den Typ des verknüpften Wertes zu deklarieren. Ein Symbol kann mit Werten beliebigen Typs verknüpft werden, der Typ des verknüpften Wertes kann zur Laufzeit mit der Funktion (type <ausdruck>) ermittelt werden.

*Typisierung & Typdeklaration*

```
=> (type numeric/answer)    ;; -> java.lang.Integer
=> (type text/answer)       ;; -> java.lang.String
```

*Beispiele*

Weiter existieren Testfunktionen, mit denen getestet werden kann, ob ein Wert von einem bestimmten Typ ist:

```
(symbol? <value>)     ;; true, wenn <value> ein Symbol ist
(char? <value>)       ;; true, wenn <value> ein Zeichen ist
(string? <value>)     ;; true, wenn <value> eine Zeichenkette ist
(number? <value>)     ;; true, wenn <value> eine Zahl ist
(integer? <value>)    ;; true, wenn <value> eine ganze Zahl ist
(rational? <value>)   ;; true, wenn <value> ein rationale Zahl ist
(float? <value>)      ;; true, wenn <value> eine Fließkommazahl ist
(list? <value>)       ;; true, wenn <value> eine Liste ist
```

## Auswertung unterdrücken

Bisher wurde jeder Ausdruck eines Clojure-Programms ausgewertet. Manchmal ist es gewünscht, einen Ausdruck nicht in seiner ausgewerteten Form zu erhalten, sondern selber als Wert zu nutzen. Dazu ist vor den Ausdruck ein einfaches Hochkomma ' zu stellen (der Ausdruck wird »gequoted«).

```
=> undefiniert             ;; -> Versuch, ein undefiniertes Symbol
                           ;; auszuwerten. Exception
=> 'undefiniert            ;; -> undefiniert, ein Symbol
=> (type 'undefiniert)     ;; -> clojure.lang.Symbol
=> (1 2 3)                 ;; -> Exception, erstes Element
                           ;; der Liste ist keine Funktion
=> '(1 2 3)                ;; -> Ergebnis ist Liste (1 2 3)
```

*Beispiele*

## 10.2 Datenstrukturen in Clojure **

Listen sind in Clojure Strukturen, für die im Sprachkern Funktionen bereitgestellt werden. Diese Funktionen können Listen als Argument übernehmen oder als Ergebnis liefern. Die Funktionen verändern die Liste nicht. Vektoren erlauben einen wahlfreien Zugriff auf ein Element über den Index. Maps bilden Schlüssel auf Werte ab. Verwendet eine Funktion andere Funktionen als Argument oder liefert eine Funktion als Wert, spricht man von einer Funktion höherer Ordnung *(Higher Order Function)*. Funktionen können sich rekursiv aufrufen. Clojure unterstützt die Memoisationstechnik.

### Listen

Listen sind in vielen funktionalen Sprachen *die* fundamentale Datenstruktur[3]. In der objektorientierten Programmierung sind Listen Objekte, die Methoden bereitstellen, durch die die Instanzen verändert werden können. Die Listen in Clojure verhalten sich anders. Listen sind Strukturen, für die im Sprachkern Funktionen bereitgestellt werden, die Listen als Argument übernehmen oder als Ergebnis liefern können. Die Liste selber wird durch die Funktionen *nicht* verändert.

Listen können auch als Ausdruck der Form '(<expr> ...) geschrieben werden. Die Auswertung ist eine Liste aller nicht ausgewerteten <expr>. Die leere Liste wird als '() notiert.

Clojures grundlegende Funktionen auf Listen sind:

- (cons <elem> <liste>): cons erzeugt eine Liste mit <elem> als erstem Element gefolgt von den Elementen in Liste.
- (first <elem> <liste>): first liefert das erste Element von <liste>. Ist <liste> leer, wird der spezielle Wert <nil> zurückgegeben.
- (rest <liste>): rest liefert eine Liste mit den Elementen von <liste> ohne das erste Element. Ist <liste> leer, ist das Ergebnis die leere Liste.
- (list <expr> ...): list wertet alle <expr> ... aus und liefert eine Liste mit den Ergebnissen.
- (empty? <liste>) : gibt den booleschen Wert true zurück, wenn <liste> die leere Liste ist und false, wenn <liste> eine nicht leere Liste ist.

Die Funktionen cons, first, rest und empty? arbeiten mit konstanter Laufzeit O(1).

---

[3] Der Name »Lisp« ist ein Akronym für *List Processing*

Beispiele

```
=> '()                  ;; -> () Die leere Liste
=> '(0 1 2 (+ 1 2))     ;; -> (0 1 2 (+ 1 2)),
                        ;; die Ausdrücke werden
                        ;; nicht ausgewertet.
=> (list 0 1 2 (+ 1 2)) ;; -> (0 1 2 3), die Ausdrücke
                        ;; werden ausgewertet.
=> (cons 'a '()))       ;; -> (a)
=> (cons 'a (cons 'b '())) ;; -> (a b)
=> (first '(0 1 2 3 ))  ;; -> 0
=> (rest '(0 1 2 3))    ;; -> (1 2 3)
=> (first '())          ;; -> nil
=> (rest '())           ;; ->()
```

Es ist Ihnen möglicherweise aufgefallen, dass einige Listen-Operationen fehlen, die in der objektorientierten Implementierung von Listen üblicherweise vorhanden sind. So ist z. B. nur der Zugriff auf den Nachfolger eines Elements möglich, nicht jedoch auf dessen Vorgänger. Elemente können nur am Beginn der Liste eingefügt werden, nicht am Ende. Der Grund für diese Beschränkung ist, dass dadurch die Listen zu einer *persistenten* Datenstruktur werden. Mit dem Begriff persistent ist hier die Eigenschaft gemeint, dass bei Operationen auf den Datenstrukturen sämtliche Versionen einer Datenstruktur erhalten bleiben.

Das folgende Beispiel illustriert dieses Verhalten (Abb. 10.2-1):

Beispiel

```
(def v1 '(1 2 3))
(def v2 (cons 0 v1))
(def v3 (rest v1))
```

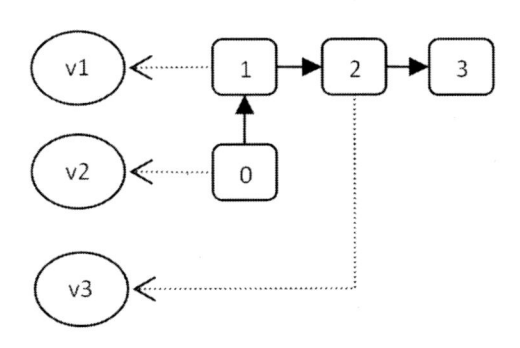

Abb. 10.2-1: Einfach verkettete Listen sind persistent.

Das Symbol v1 wird an die Liste (1 2 3) gebunden. Dieser Liste wird jetzt das Element 0 vorangestellt und das Ergebnis an das Symbol v2 gebunden. Die »Versionen« v1 und v2 der Liste sind weiterhin vorhanden und können Listenknoten gemeinsam verwenden. Im letzten Schritt wird aus v1 eine dritte Version v3 erzeugt. Alle drei Versionen können Teile der ursprünglichen Liste (1 2 3) gemeinsam nutzen.

Die Wiederverwendung von Teilstrukturen einer persistenten Datenstruktur in den Ergebnissen von Operationen auf der Datenstruktur ist ein Schlüssel für die effiziente Implementierung.

Frage  Begründen Sie, warum eine doppelt verkettete Liste in einer direkten Implementierung nicht persistent ist, wenn auch der Zugriff auf den Vorgänger eines Elements möglich ist.

Antwort  Das Voranstellen eines Elements mit cons an eine Liste würde dazu führen, dass der Wert des Vorgängers verändert wird (Abb. 10.2-2). Für das erste Element von v1 ist vor der cons-Operation der Vorgänger nil, nach der Operation das Element 0.

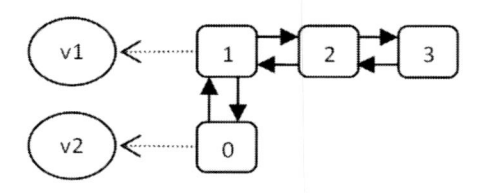

Abb. 10.2-2: Doppelt verkettete Listen sind nicht persistent.

Neben der Liste bietet Clojure noch weitere Datenstrukturen mit Persistenz.

## Vektoren

Vektoren in Clojure sind geordnete Sammlungen von Werten, die einen wahlfreien Zugriff auf ein Element über den Index zulassen. Ein Vektor wird in Clojure mit der Syntax [<elem>...] oder der Funktion (vector <elem>...) erzeugt.

Beispiel
```
=> (def vect-a [0 1 2 3 4])
=> (def vect-b (vector 0 1 2 3 4))
```

Zusätzliche Elemente können durch (conj <vector> <elem>) an das Ende des Vektors angefügt werden.

Beispiel
```
=> (def vect-c (conj vect-a 5))  ;; -> [0 1 2 3 4 5]
=> vect-a  ;; -> [0 1 2 3 4], Vektoren sind persistent
```

Der Zugriff auf Elemente an einer bestimmten Position erfolgt mit der Funktion (get <vector> <index>) bzw. (get <vector> <index> <default-value>). Der Index des ersten Elements ist 0. Der Aufruf mit zwei Argumenten erzeugt eine *Exception* bei einer Bereichsüberschreitung des Indexwerts, der Aufruf mit drei Argumenten liefert in diesem Fall das dritte Argument als Wert.

```
=> (get vect-a 0)        ;; -> 0 Zugriff mit 0-basiertem Index
=> (get vect-a -1)       ;; -> Exception,
                         ;; Zugriff außerhalb des Vektors
=> (get vect-a -1 'DEFAULT)  ;; -> DEFAULT
```
Beispiel

Elemente eines Vektors können mit (assoc <vector> <index> <new-value>) gesetzt werden. Rückgabewert ist ein neuer Vektor, der an der Position <index> den Wert <new-value> enthält. Index-Werte außerhalb des Vektors erzeugen eine *Exception*.

```
=> (assoc vect-a 0 -1)   ;; -> [-1 1 2 3 4]
=> vect-a                ;; -> [ 0 1 2 3 4], vect-a bleibt unverändert.
=> (assoc vect-a 100 0)  ;; -> Exception, Index zu groß
```
Beispiel

## Maps

Maps bilden Schlüssel auf Werte ab. Eine Map kann durch die Syntax {<key> <val>...} oder (hash-map <key> <val>...) erzeugt werden. Der Zugriff auf die Elemente erfolgt durch die Funktion (get <map> <key>) bzw. (get <map> <key> <default-value>). Ist ein Schlüssel nicht in der Map vorhanden, wird in der ersten Aufruf-Form nil zurückgegeben, in der zweiten der übergebene Defaultwert.

```
=> (def map-a {:a 1 :b 2 :c 3})   ;; -> {:a 1 :b 2 :c 3}
=> (get map-a :a)                 ;; -> 1
=> (get map-a :x)                 ;; -> nil
=> (get map-a :x -1)              ;; -> -1
```
Beispiel

Maps können als besondere Funktionen aufgefasst werden, die die Schlüssel auf den mit ihm verbundenen Wert abbilden. Der Zugriff auf Elemente von Maps kann daher auch in einer Syntax erfolgen, in der die Map als Funktion verwendet wird: (<map> <key>) bzw. (<map> <key> <default-value>).

```
=> (map-a :a)       ;; -> 1 , map-a ist auch eine Funktion,
                    ;; die Schlüssel auf Werte abbildet.
=> (map-a :x)       ;; -> nil
=> (map-a :x -1)    ;; -> -1
```
Beispiel

Eine Map kann durch (assoc <map> <key> <value> ...) um neue Schlüssel/Wert-Paare erweitert werden. Vorhandene Schlüssel werden durch die neuen Werte ersetzt. Mit (dissoc <map> <key>) wird der Eintrag für <key> aus der Map entfernt. Das Ergebnis ist eine neue Map, die ursprüngliche Map bleibt unverändert.

*Beispiel*

```
=> (def map-b (assoc map-a :x 100 :a 10))   ;; Neue Bindung
                                            ;; für :x , bestehende für :a ersetzt
=> (map-b :x)                               ;; -> 100
=> (map-b :a)                               ;; -> 10
=> (map-a :a)                               ;; -> 1 , map-a
                                            ;;bleibt unverändert
```

## Funktionen

Neue Funktionen werden in Clojure durch die Sonderform (fn [<arg> ... ] <expr> ...) erzeugt. Der Rückgabewert ist eine Funktion, die die Ausdrücke <expr> ... nacheinander auswertet und das Ergebnis der letzten Auswertung als Funktionsergebnis liefert.

Die Auswertung der Funktionsausdrücke <expr> erfolgt dabei in einer Umgebung, in der die Parameter <arg> an die beim Aufruf übergebenen Argumente gebunden sind.

Die mit fn erzeugte Funktion ist ein normaler Wert, der mit def an ein Symbol gebunden werden kann.

*Beispiel*

```
=> (def plus (fn [x y] (+ x y )))
=> (plus 3 4) ;; -> 7
```

Da dieser Fall sehr häufig genutzt wird, existiert eine vereinfachte Syntax, die def und fn kombiniert: (defn <fname> [<arg> ...] <expr>... ) Funktionen können zudem noch für verschiedene Argumentzahlen definiert werden:

```
(defn <fname>
  ([] <expr> ? )            ;; Definition ohne Argumente
  ([arg] <expr> ?)          ;; Definition mit einem Argument
?
  ([arg1 ? argn] <expr>)    ;; Definition mit n Argumenten
)
```

Diese Form der Funktionsdefinition mit verschiedenen Argumentzahlen wird häufig verwendet, um Parameter mit einem Standardwert zu belegen.

Schließlich kann in einer Funktionsdefinition vor den letzten Parameter ein & gestellt werden. In diesem Fall können für den letzten Parameter beliebig viele Werte beim Aufruf übergeben werden. Der Parameter wird im Funktionsrumpf an die Liste der Werte gebunden.

*Beispiel*

```
=> (defn non-empty-list [x & xs] (cons x  xs))
=> (non-empty-list) ;; Fehler, Parameter x muss vorhanden sein
=> (non-empty-list 0 1 2 3 4)  ;; -> (0 1 2 3 4).
                ;; x wird an 0 gebunden, xs an (1 2 3 4)
```

## 10.2 Datenstrukturen in Clojure **

Funktionsdefinitionen in Clojure enthalten keine Typinformationen über die Argumente oder den Rückgabewert. Das reduziert die Menge des zu schreibenden Codes, entbindet den Programmierer aber dennoch nicht, sich Gedanken über die zulässigen Typen für Argumente zu machen. Für komplexere Funktionen sollten diese Informationen im Kommentar zur Funktion vorhanden sein.

Durch einen Funktionsaufruf wird eine neue Bindungsumgebung erzeugt. Die Bindungsumgebung innerhalb des Funktionsrumpfes enthält die bei der Funktionsdefinition bestehenden Symbol/Wert-Bindungen zusammen mit den Bindungen der Parametersymbole an die Werte der Funktionsargumente. Werden Symbole in der Bindungsumgebung auch als Parameternamen verwendet, gelten die Werte der Funktionsargumente.

*Bindungsumgebung von Funktionen*

```
=> (def a    "def-a")
=> (def x    "def-x")
=> (def some-fn
       (let [a "let-a"
             b "let-b"]
          (fn [b] (list a    ;; Wert für a im let überdeckt a aus
                              ;; globaler Umgebung
                        b    ;; Parameter b überdeckt b aus
                              ;; einschließendem let
                        x    ;; Wert aus globaler Umgebung
            ))))
=> (some-fn "arg")           ;;  -> ("let-a" "arg" "def-x")
=> (def x "new-def-x")       ;; Funktion referenziert globale
                              ;; Bindung, die wird hier geändert.
=> (some-fn "arg")           ;;  -> ("let-a" "arg" "new-def-x")
```

*Beispiel*

Drücken Sie `(let [x 10 y 20] (+ (* x x) (* y y)))` ohne Verwendung von `let` durch eine Funktion aus.

*Frage*

`((fn [x y] (+ (* x x) (* y y))) 10 20)`

*Antwort*

Eine wichtige Eigenschaft der Bindungsumgebungen von Funktionen ist der Funktionsabschluss oder auch Closure. Wird eine Funktion innerhalb einer Bindungsumgebung erzeugt und als Wert weiterverwendet, sind alle Bindungen zum Zeitpunkt der Funktionsdefinition bei Funktionsaufrufen noch im Funktionsrumpf vorhanden.

Das soll folgendes Beispiel illustrieren:

*Beispiel*

```
=> (def val 0)              ;; val an 0 gebunden
=> (def closure-fn          ;; closure-fn wird in einer Umgebung
                             ;; erzeugt,
      (let [val 42]          ;; in der val an 42 gebunden ist.
         (fn [] val)))
=> val                      ;;  -> 0. Nach verlassen der
                             ;; Bindungsumgebung, in der closure-fn
                             ;; definiert wurde, gilt der alte Wert,
```

```
=> (closure-fn)         ;; -> 42, beim Aufruf der Funktion
                        ;; gelten im Funktionsrumpf aber wieder
                        ;; die alten Bindungen zum Zeitpunkt der
                        ;; Definition
```

*Funktionen höherer Ordnung*

Funktionen können in Clojure wie Werte behandelt werden. Eine Funktion kann andere Funktionen als Parameter erhalten und durch fn eine anonyme Funktion als Resultat liefern. Verwendet eine Funktion andere Funktionen als Argument oder liefert eine Funktion als Wert, wird diese auch als Funktion höherer Ordnung bezeichnet (*Higher Order Function*, HOF).

Ein Beispiel für eine HOF aus dem Clojure-Sprachkern ist apply. (apply <f> <lst>) ruft eine Funktion f mit den Elementen der Liste <lst> als Parameter auf.

*Beispiel*

```
=> (apply * '(1 2 3 4))   ;; -> 24, der erzeugte Aufruf
                          ;; ist (* 1 2 3 4)
```

*Beispiel*

Als Beispiel für die Definition eigener HOF sei die Funktion compose, vorgestellt, die aus zwei Funktionen f und g als Argument eine Funktion als Resultat liefert, die f und g nacheinander anwendet:

```
=> (defn compose [f g] (fn [arg] (f (g arg))))
```

*Beispiel*

Ein Beispiel für die Anwendung von compose ist die Zusammensetzung der Funktionen x->$x^2$ und x-> 1/x:

```
=> (defn square [x] (* x x))
=> (defn div-by [x] (/ 1 x))
=> (def div-by-square (compose square div-by))
=> (div-by-square 4)   ;; => 1/16
```

Eine weitere Nutzungsmöglichkeit für Funktionen höherer Ordnung ist, aus Funktionen mit mehreren Parametern eine Funktion zu erzeugen, die einige Parameter vorbelegt:

```
=> (defn bind-first [f val]
     (fn [snd] (f val snd)))
=> (defn bind-second [f val]
     (fn [fst] (f fst val)))
```

Die Funktion bind-first erzeugt aus einer Funktion f und einem Wert val eine anonyme Funktion mit einem Argument snd, die f mit val und snd als Argument aufruft. Analog dazu erzeugt bind-second eine Funktion, die f mit dem Wert val als zweitem Argument aufruft. Dieses Vorgehen, aus einer Funktion mit mehreren Parametern eine neue Funktion mit einem Argument zu erzeugen, ist auch als »Currying«[4] bekannt.

---

[4] Benannt nach dem Mathematiker Haskell B. Curry.

```
=> (def greater-5? (bind-first < 5))
=> (def less-5? (bind-second < 5))
```
Beispiel

Die Eigenschaft, Funktionen wie Werte zu behandeln, wird sich im weiteren Verlauf dieser Einführung als ein zentrales Element bei der Konstruktion von komplexeren Algorithmen aus einfachen Grundverfahren erweisen.

In Java existiert keine direkte Möglichkeit, Funktionen als Wert zu behandeln. An einigen Stellen des JDK wird das kompensiert, indem *Interfaces* definiert werden, die Abstraktionen für Funktionen darstellen. Ein Beispiel ist das *Interface* `java.util.Comparator<T>`, das lediglich eine Funktion `int compare(T lhs, T rhs)` enthält und häufig für die Sortierung von *Collections* verwendet wird.

Ein Funktionsaufruf wird rekursiv genannt, wenn eine Funktion sich selbst aufruft. Als Beispiel wird die Fakultätsfunktion `fak(x)` genutzt. Diese ist für natürliche Zahlen definiert durch

Rekursionen

fak (0) -> 1
fak (n) -> n * fak(n-1) $\forall\, n \in \mathbb{N}$

In der Version 1.3 von Clojure wurde das Verhalten der arithmetischen Operatoren geändert. In der Version 1.2 wurde der Ergebnistyp bei arithmetischen Überläufen automatisch angepasst. Mit 1.3 ist diese automatische Typkonvertierung zugunsten der Effizienz entfernt worden. Soll jetzt mit großen ganzen Zahlen gearbeitet werden, muss entweder die Zahl durch angehängtes N als `BigInt` gekennzeichnet werden, oder die speziellen Operatoren +', -' und *' müssen verwendet werden.

Hinweis

Die obige Definition kann direkt in Clojure-Code umgesetzt werden:
```
(defn fak [n]
  (if (= n 0)
    1
    (* n (fak (- n 1)))))
```
Die direkte Umsetzung durch Rekursion hat allerdings das Problem, dass bei jedem rekursivem Aufruf die aktuelle Bindungsumgebung und die zukünftige Berechnung nach dem Aufruf auf dem Stack gesichert werden müssen. Für den Aufruf (fak 4) ergibt sich z.B folgende Situation:
```
(fak 4)
(* 4 (fak 3))    ;; Beim Aufruf von  (fak 3) muss (* 4 _) als
                 ;;"Zukunft" der Berechnung auf
                 ;; dem Stack gehalten werden. Dabei steht "_" für
                 ;; das Ergebnis von (fak 3). Der Ausdruck
                 ;; (* 4 _) wird auch als
```

```
                         ;; "Continuation" von (fak 3) bezeichnet.
(* 4 [])                 ;; [] <- (fak 3)
(* 3 [])                 ;; [] <- (fak 2)
(* 2 [])                 ;; [] <- (fak 1)
(* 1 [])                 ;; [] <- (fak 0)
```

Für große Werte von n kann das wegen des begrenzten Stacks der verwendeten Java-VM zu Stack-Überläufen kommen:

```
=> (def f3000 (fak 3000)) ;; -> OK
=> (def f4000 (fak 4000)) ;; -> java.lang.StackOverflowError
```

Die Fakultät ist ein Beispiel für eine Funktion, die auch rekursiv so formuliert werden kann, dass kein zusätzlicher Platz auf dem Stack benötigt wird. Dazu muss der rekursive Aufruf so gestaltet werden, dass sein Resultat direkt das Resultat des ursprünglichen Aufrufs wird. Das kann dadurch erreicht werden, dass die Zwischenergebnisse der Auswertung in einem zusätzlichen Parameter der Funktion übergeben werden.

Für das Beispiel der Fakultät ergibt das folgende Funktion mit dem zusätzlichen Parameter <res>:

```
(defn fak_ [n res]
  (if (= n 0)              ;; Rekursion
    res
    (fak_ (- n 1) (* n res))))
```

Bei der Formulierung von fak_ ist das Ergebnis des rekursiven Aufrufs auch das endgültige Resultat. Daher besteht keine Notwendigkeit, die *Continuation* auf dem Stack zu sichern, bei der Umsetzung in Java-VM-Code kann direkt ein Schleifenkonstrukt verwendet werden. Diese spezielle Art der Rekursion wird als »Endrekursion« bezeichnet.

Die endrekursive Formulierung der Funktion fak_ besitzt einen zusätzlichen Parameter für die Übergabe der Zwischenergebnisse. Dieser Parameter muss beim Aufruf der Funktion mit dem Ergebnis für den Rekursionsanfang initialisiert werden. Für die Fakultät ist der Wert 1 zu verwenden:

```
(defn fak [n] (fak_ n 1))
```

Clojure besitzt eine Einschränkung bei der Behandlung endrekursiver Aufrufe: Es wird nur dann ein Aufruf ohne Stack-Verbrauch erzeugt, wenn recur statt des rekursiven Funktionsaufrufs verwendet wurde, selbst wenn der Aufruf in endrekursiver Position erfolgt. Damit sieht die endgültige Version der Fakultät wie folgt aus:

```
(defn fak
  ([n] (fak n 1))
  ([n res]
    (if (= n 0)
      res
      (recur (- n 1) (* n res)))))
```

In diesem Fall wurde die Möglichkeit genutzt, Funktionen mit unterschiedlichen Argumentzahlen zu definieren, um den Wert des Ergebnis-Parameters mit dem Anfangswert 1 zu belegen.

*Memoisation*

Die Eigenschaft, dass Funktionsergebnisse nur von den Werten der Argumente, nicht aber von der Vorgeschichte der Programmausführung abhängen, ermöglicht den Einsatz der Memoisationstechnik *(Memoization)*. Dabei werden die Argumente der Funktion als Schlüssel verwendet, um die Ergebnisse einer Berechnung in einer assoziativen Datenstruktur abzuspeichern. Wurde die Funktion für die Argumentwerte bereits aufgerufen, wird der gespeicherte Wert als Resultat zurückgegeben. Auf diese Weise kann für aufwendige Berechnungen die Laufzeit auf Kosten eines erhöhten Speicherbedarfs reduziert werden.

*Exkurs: Zustandsänderungen in Clojure*

Die Memoisationstechnik benötigt ein »Gedächtnis«, also einen Speicher, dessen Zustand verändert wird. Das verstößt eigentlich gegen das Prinzip funktionaler Programmierung und dient »lediglich« der Effizienz. Es gibt dennoch in Clojure ein Sprachkonstrukt, mit dem threadsichere Zustandsänderungen implementiert werden, sogenannte `atoms`. Ein `atom` ist eine Referenz auf eine Speicherstelle, die den Zugriff aus mehreren *Threads* automatisch synchronisiert.

(atom <exp>) erzeugt eine Referenz, die mit dem Wert von <expr> initialisiert ist. (deref <atom>) oder @<atom> liefern den aktuellen Wert der Referenz und (swap! <atom> <func> <arg>...) ruft die Funktion <func> mit dem aktuellen Wert von <atom> als ersten Parameter und den folgenden Argumenten <arg>... auf und setzt den Wert der Referenz auf den Wert des Funktionsaufrufs. Dabei werden parallele Zugriffe aus verschiedenen *Threads* synchronisiert.

*Beispiel*

```
=> (def mutable (atom 2))
=> @mutable                       ;; -> 2
=> (swap! mutable (fn [x y] (+ x y)) 4) ;; -> 6
=> @mutable                       ;; -> 6
```

Mit der Möglichkeit, Zustandsänderungen auszuführen, kann in Clojure eine Funktion höherer Ordnung `memoize` implementiert werden, die aus einer einfachen Funktion eine Variante mit »Gedächtnis« erzeugt.

*Beispiel*

```
(defn memoize [func]     ;; Leicht modifiziert aus aus
                         ;; R. Hickeys Code in core.clj
  (let [mem (atom {})]   ;; (1) S. erläuternder Text
    (fn [& args]         ;; (2)
      (let [e (@mem args) ;; (3)
        (if e
                         ;; Wert e für args
                         ;; in Hashmap mem vorhanden ?
          e              ;; ja, keine Neuberechnung. Andernfalls:
```

```
(let [ret (apply func args)]  ;; (4)
                    (swap! mem assoc args ret)
                    ;; (5) Threadsichers @mem := (assoc
                    @mem args ret)
                    ret)))))
```

Der Code weist mehrere interessante Punkte auf:

- Zu Beginn von `memoize` wird eine lokale Bindungsumgebung angelegt, in der das Symbol `mem` an eine leere Map `{}` gebunden ist, genauer: an eine `atom`-Referenz, die auf eine leere Map verweist.
- Als Wert des `let` und damit auch von `memoize` wird eine Funktion als Wert zurückgegeben. Die erzeugte Funktion besitzt eine variable Anzahl von Argumenten `& args`.
- Innerhalb der erzeugten Funktion wird auf den im `let` gebundenen Wert `mem` zugegriffen. Die Bindungen aus dem `let` sind in der erzeugten anonymen Funktion auch nach dem Verlassen des `let`-Ausdrucks noch sichtbar. Diese Eigenschaft wird als **Funktionsabschluss** oder **Closure** bezeichnet.
- Die bei Aufruf von `memoize` übergebene Funktion `func` wird auf die Argumente der erzeugten Funktion angewendet und
- das Resultat wird mit der Argumentliste als Schlüssel in der Map eingetragen und der Wert des Symbols `mem` durch `swap!` verändert. Da die Speicherstelle nur innerhalb der erzeugten anonymen Funktion sichtbar ist, besteht die Gefahr konkurrierender Änderungen durch andere Funktionen nicht. Durch die Kapselung des »Gedächtnisses« in einer `atom`-Referenz besteht bei einem parallelen Aufruf der erzeugten Funktion aus verschiedenen *Threads* nicht mehr die Gefahr von inkonsistenten Schreib- oder Lesezugriffen.

Die Nutzung von `memoize` ist hier am Beispiel der Fakultät demonstriert. Der zweite Aufruf mit dem gleichen Argument läuft erheblich schneller ab:

```
=> (def mem-fak (memoize fak))
=> (time (def m1 (mem-fak 10000)))
   ;; -> "Elapsed time: 346.368882 msecs"
=> (time (def m2 (mem-fak 10000)))
   ;; -> "Elapsed time: 0.186057 msecs"
```

### Schleifen

Während Schleifen in imperativen und objektorientierten Sprachen ein wichtiges Sprachelement sind, haben diese in funktionalen Sprachen eine weniger große Bedeutung. Grund hierfür ist, dass in konventionellen Schleifen häufig Seiteneffekte verwendet werden, z. B. bei der Zuweisung von neuen Werten in der Schleifenvariablen. In funktionalen Sprachen ist die (End)Rekursion das Mittel der Wahl, um Wiederholungen ohne modifizierende Wertzuweisungen auszudrücken. Clojure besitzt hierfür ein Schleifenkonstrukt `loop`, das lediglich eine syntaktische Variante für eine endrekursive Funktion ist:

```
(loop [<symboli> <expri> ? ]
    <body-expr> ?)
```

Wie in `let` wird zu Beginn eine neue Bindungsumgebung erzeugt, in der die Symbole <symbol> an die Werte der <expr> gebunden werden. Im Rumpf von `loop` werden dann die <body-expr> ausgewertet, der Eintritt in die nächste Iteration erfolgt durch einen Aufruf von `recur` in endrekursiver Position.

Beispiel

```
// Java:
for(int i=0; i<10; ++i) {
  println(i);
}
// Clojure
(loop [i 0]
  (println i)
  (if (< i 10) (recur (+ i 1))))

// Äquivalente Formulierung mit Funktionen
((fn [i]
  (println i)
  (if (< i 10) (recur (+ i 1)))) 0)
```

Mit Funktionsdefinitionen, Bindungsumgebungen und Listen als elementarer Datenstruktur stehen jetzt alle Sprachmittel bereit, um einfache Algorithmen zu implementieren.

## 10.3 Algorithmen auf Listen **

In Clojure können Funktionen als Werte übergeben werden. Damit ist es möglich, generische Such-, Filter- und Transformationsalgorithmen auf Listen zu programmieren. Mit der Funktion `fold` können `select`, `backwards` und `mapfn` einfach durch eine passende Verknüpfungsfunktion <func> implementiert werden.

Durch die Möglichkeit, Funktionen als Werte zu übergeben, kann ein generischer Algorithmus implementiert werden, der durch die Übergabe eines Parameters für konkrete Fälle spezialisiert werden kann. Das soll für einige Algorithmen auf Listen demonstriert werden.

## Iteration und Suchen

Der erste einfache Algorithmus ist die lineare Suche in einer Liste nach dem ersten Element, das eine bestimmte Eigenschaft erfüllt. Dazu soll eine Funktion find-first definiert werden, die

- als Argumente eine Funktion p für den Elementtest und die zu durchsuchende Liste l erhält.
- Ist die Liste l leer, soll nil als Ergebnis geliefert werden.
- Erfüllt das erste Listenelement den Test p, so wird das erste Element als Resultat zurückgegeben.
- Ist keiner der obigen Fälle gegeben, wird find-first mit den restlichen Elementen von l aufgerufen.

```
(defn find-first [p l]
  (cond (empty? l) nil
        (p (first l)) (first l)
        :else (recur p (rest l))))
```

Die konkrete Bedingung kann als Funktion find-first übergeben werden. Hier zwei Anwendungsbeispiele:

**Beispiele**

```
=> (def numbers '(2 4 6 8 1))
=> (find-first odd? numbers)       ;; -> 1, erste ungerade Zahl
=> (find-first (bind-second > 7) numbers)
                                   ;; -> 8 erste Zahl grösser 7
```

Im ersten Anwendungsfall wird die Clojure-Standardfunktion odd? als Testfunktion an find-first übergeben, das Ergebnis ist die erste ungerade Zahl. Im zweiten Fall ist die Testfunktion eine anonyme Funktion, die von bind-second erzeugt wurde. Diese Funktion testet, ob eine Zahl größer 7 ist.

## Filtern von Listen

Das lineare Suchen des ersten Elements einer Liste kann so erweitert werden, dass alle Elemente einer Liste in einer neuen Liste zurückgegeben werden.

Die Funktion select erhält als Argumente eine Testfunktion <pred> und die Liste der zu untersuchenden Elemente <elems>. Die Funktion iteriert per Rekursion über alle Elemente der Liste. Für eine endrekursive Formulierung wird ein weiterer Parameter <selected> eingeführt, der die bereits gefundenen Elemente aufnimmt. Dieses Vorgehen ist analog zur Definition der Fakultät fak (siehe »Datenstrukturen in Clojure«, S. 432).

```
(defn select
  ([pred elems] (select pred elems '()))
  ([pred elems selected]
    ;; Fallunterscheidung mit cond
    (cond (empty? elems)
;; Fall 1: keine Elemente mehr zu untersuchen
          selected
```

## 10.3 Algorithmen auf Listen **

```
;; => Resultat sind die bisher gefundenen Elemente
            (pred (first elems))
;; Fall 2: erstes Element erfüllt Test
            (recur pred
;; => Resultat ist erstes Element und bisher gefundenen
                  (rest elems)
;; und Ergebnis aus den verbleibenden Elementen
                  (cons (first elems) selected))
            :else
;; Fall 3: Resultat ist Menge der bisher gefundenen
            (recur pred (rest elems) selected)
;; und Ergebnis aus den verbleibenden Elementen
            )))
=> (select odd? '(1 2 3 4 5 6 7)) ;; -> (7 5 3 1)
```

Die Funktion `select` liefert die ausgewählten Elemente in umgekehrter Reihenfolge der Eingabedaten. Das liegt daran, dass die Ergebnisliste <selected> mit der Funktion `cons` erzeugt wurde, die ein Element an den Anfang einer Liste stellt. Ist das nicht gewünscht, kann durch eine Funktion `backwards` die eine Liste in umgekehrter Reihenfolge erzeugt werden.

Listen umdrehen

```
(defn backwards
  ([elems] (backwards elems '()))
  ([elems res]
    (if (empty? elems)
;; Ist die Liste der Elemente leer?
      res
;; ja, das bisherige Ergebnis als Resultat zurückgeben
      (recur (rest elems)
;; nein, Funktion mit den verbleibenden Elementen und
            (cons (first elems) res)))))
;; dem erweiterten Ergebnis aufrufen.
=> (backwards '(t b e l s i v l e)) ;; -> (e l v i s l e b t)
```

Damit kann `select-in-order` als

```
(defn select-in-order [pred elems] (backwards (select pred elems)
)))
```

geschrieben werden:

```
=> (select-in-order odd? '(1 2 3 4 5 6 7));; -> (1 3 5 7)
```

In vielen Fällen ist die Anwendung einer Funktion auf jedes Element einer Liste gewünscht und das Ergebnis aller Funktionsanwendungen soll weiter genutzt werden. Dies kann mit der Funktion `mapfn` implementiert werden. Wie `select` und `backwards` wird per Rekursion über die Liste der Elemente iteriert und eine neue Liste für das Ergebnis aufgebaut:

Listen transformieren

```
(defn mapfn
  ([func elements]
    (backwards (mapfn func elements '())))
  ([func elements result]
    (if (empty? elements)
;; Ist die Liste der zu verarbeitende Element leer?
      result
```

```
       ;; ja, bisher aufgebaute Ergebnisliste zurückgeben.
          (recur func
       ;; nein, neue Iteration
             (rest elements)
       ;; mit den verbleibeden Elementen
             (cons (func (first elements))
       ;; und der erweiterten Ergebnisliste.
             result)))))
=> (mapfn (fn [x] (* x x)) '(1 2 3 4))  ;;  -> (1 4 9 16)
```

Anmerkung: In Clojure existiert eine eingebaute Funktion `map`, die ähnlich wie `mapfn` arbeitet. Die Unterschiede sind, dass `map` auch Funktionen mit mehreren Argumenten mit einer passenden Anzahl von Listen verknüpfen kann und die Ergebnisliste eine `lazy`-Liste ist. Bei einer *lazy list* werden die Elemente erst dann berechnet, wenn das Ergebnis auch benötigt wird.

Beispiel
```
=> (map + ?(1 2 3 4) ?(10 20 30 40) ?(100 200 300 400))
;; -> (111 222 333 444)   Clojures map kann mehrere Listen
;; verknüpfen.
```

**Fold**

Die bisher vorgestellten Funktionen `select`, `backwards` und `mapfn` weisen eine gemeinsame Struktur auf:

- Die Funktionen iterieren per Rekursion über eine Liste von Elementen `<elems>`.
- Bei jedem Iterationsschritt wird das erste Element von `<elems>` mit dem Ergebnis des vorangegangen Rekursionsschritt `<result>` mit einer Funktion verknüpft und als Ergebnis für den folgenden Rekursionsschritt mit den verbleibenden Elementen von `<elems>` verwendet.
- Ist die Liste `<elems>` leer, wird das Resultat `<res>` zurückgegeben.
- Das Resultat `<res>` wird mit der leeren Liste '() initialisiert.

Dieser Ansatz kann mit der Funktion `fold` implementiert werden:
```
(defn fold [func elements result]
  (if (empty? elements)
    result
    (recur func
           (rest elements)
           (func (first elements) result))))
```

Mit `fold` können jetzt `select`, `backwards` und `mapfn` recht einfach durch eine passende Verknüpfungsfunktion `<func>` implementiert werden.

Bei der Funktion `backwards` wird das erste Element der Argumente an den Anfang der Ergebnisliste gestellt. Als Wert für die Verknüpfungsfunktion `func` ist die eingebaute Funktion `cons` zu wählen. Das Ergebnis von `backwards` für die leere Liste ist wieder die leere Liste. Das Ergebnis muss daher mit der leeren Liste '() initialisiert werden:

```
(defn backwards [elems] (fold cons elems '()))
```

Ähnlich kann select durch fold implementiert werden. Die Verknüpfung zwischen dem ersten Element der zu untersuchenden Elemente elems und den ausgewählten Elementen res ist jetzt eine Funktion, die ein Element e mit einem Prädikat pred testet. Erfüllt das Element das Prädikat pred, ist das Ergebnis die um e erweiterte Liste res, ansonsten bleibt das Ergebnis unverändert:

```
(defn select [pred? elems]
  (backwards
    (fold (fn [e res]
            (if (pred? e) (cons e res) res))
          elems '())))
```

Und schließlich folgt noch die Implementierung von mapfn durch fold. Hier wird im Rekursionsschritt das Ergebnis der Anwendung einer Funktion <func> auf das erste Element vor die bereits erzeugten Ergebnisse gestellt:

```
(defn mapfn [func elems]
  (backwards
    (fold (fn [e res] (cons (func e) res))
          elems
          '())))
```

Die Funktion fold kann nicht nur mit Verknüpfungsfunktionen <func> verwendet werden, die ein Element mit einer Liste zu einer neuen Liste kombinieren. Die Anforderung an die Verknüpfungsfunktion ist, dass sie ein Argument vom Typ der Listenelemente E und ein zweites Argument vom Ergebnistyp des fold-Aufrufs R zu einem Wert vom Typ R verknüpft.

## 10.4 Listen als Baumrepräsentation **

Listen können als Bäume dargestellt werden. Mit den Funktionen node und children kann auf die Elemente eines Baumes zugegriffen werden. Um Operationen auf Bäumen – wie Einfügen und Löschen von Knoten – ohne Seiteneffekte effizient zu programmieren, stellt Clojure eine Zipper-Implementierung zur Verfügung.

Listen können beliebige Werte als Elemente enthalten, auch Listen. Dadurch eignen sich Listen, um Bäume zu beschreiben. Das erste Element einer Liste wird als Knoten des Baumes interpretiert, die folgenden Elemente der Liste sind die Unterbäume. Für den Umgang mit Listen als Bäumen sind die vorhandenen Funktionen auf Listen eigentlich ausreichend. Um eine bessere Verständlichkeit zu erreichen, werden aber die Funktionen node und children für den Zugriff auf die Elemente eines Baumes definiert:

```
(defn node [tree] (first tree))        ;; Der Knoten eines Baumes
(defn children [tree] (rest tree))     ;; Die Liste der Unterbäume
```

> **Beispiel**
>
> Der Baum aus der Abb. 10.4-1 hat die Listenform
> '(a (b (e) (f) (g)) (c) (d)).

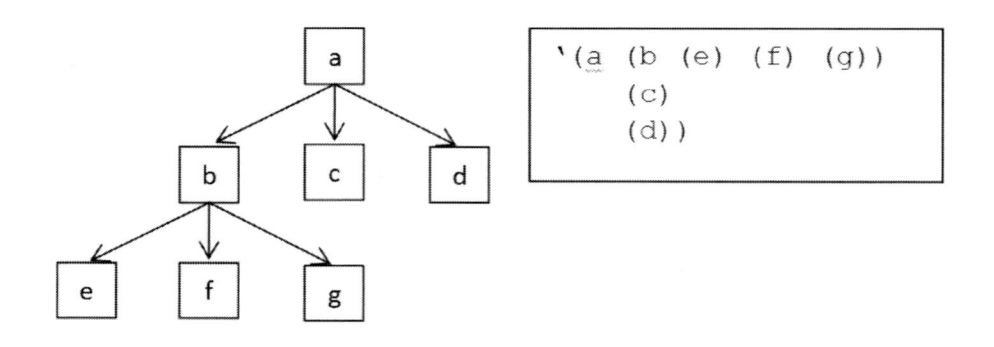

```
'(a (b (e) (f) (g))
    (c)
    (d))
```

Abb. 10.4-1: Ein Baum und seine Darstellung als Liste.

**Verarbeitung von Bäumen**

Für Listen haben Sie mit `fold` bereits eine Funktion kennengelernt, mit der alle Elemente einer Liste zu einem Ergebnis kombiniert werden können. Die Funktion `fold` kann auch so verallgemeinert werden, dass alle Knoten eines Baumes kombiniert werden. Anders als bei Listen gibt es für Bäume jedoch mehr als eine Reihenfolge mit der systematisch alle Elemente kombiniert werden können.

Für die Verarbeitung der Elemente mit einer Funktion `<func>` in depth-first-Reihenfolge wird hier die Funktion `fold-depth-first` implementiert. Das Ergebnis für den leeren Baum ist das Ergebnis des letzten Rekursionsaufrufs, das im Parameter `<res>` übergeben wird, die Rekursion ist beendet. Ist der Baum nicht leer, ist das Ergebnis die `fold`-Anwendung von `fold-depth-first` auf alle direkten Kinder des Baumes mit der Verknüpfung des aktuellen Baumes mit dem Ergebnis der letzten Rekursion als neuem Startwert:

```
(defn fold-depth-first [func tree res]
  (if (empty? tree)
      res
      (fold (fn [t r] (fold-depth-first func t r))
            (children tree)
            (func tree res))))
```

Beim Aufruf von `fold-depth-first` auf der Wurzel des Baumes ist für `<res>` das Ergebnis von `<func>` für den leeren Baum zu übergeben. `Fold-depth-first` wendet die Funktion mit Teilbäumen als erstem Argument an. Gelegentlich ist es nützlich, die Funktion

## 10.4 Listen als Baumrepräsentation **

auf den Knoten des Baumes anzuwenden. Hier kann mit Funktionen höherer Ordnung leicht eine Variante `fold-depth-first*` implementiert werden, die das leistet:

```
(defn fold-depth-first* [func tree res]
  (fold-depth-first (fn [t r] (func (node t) r)) tree res))
```

Die Reihenfolge, in der die Knoten mit `fold-depth-first` besucht werden, kann mit einer Funktion `squash-depth-first` dargestellt werden. Diese Funktion erzeugt aus allen Knoten eines Baumes eine lineare Liste:

```
(defn squash-depth-first [tree]
  (reverse (fold-depth-first*
             cons
             tree
             '())))
=> (squash-depth-first '(a (b (e) (f) (g)) (c) (d)))
;; -> '(a b e f g c d)
```

Mit `fold-depth-first` können jetzt andere Algorithmen auf Bäumen implementiert werden, z. B. das Zählen von Blatt-Knoten:

```
(defn leaf? [tree] (empty? (children tree)))
(defn count-leafs [tree]
  (fold-depth-first (fn [t r] (if (leaf? t) (+ r 1) r)) tree 0))
=> (count-leafs '(a (b (e) (f) (g)) (c) (d))) ;; -> 5
```

Das Auswählen aller Knoten, die ein Prädikat erfüllen:

```
(defn count-leafs [tree pred?]
  (fold-depth-first* (fn [t r] (if (pred? t)
    (cons t r) r)) tree '()))
```

Die bisher verwendeten Operationen auf Bäumen hatten diese nicht verändert. Bäume können aber auch dann noch persistent sein, wenn Einfügen und Löschen von Knoten zugelassen werden. Der einfachste Ansatz ist, vor jeder verändernden Operation auf dem Baum den Baum zu kopieren, die Kopie zu modifizieren und als Ergebnis zurückzugeben. Dieser Ansatz ist jedoch sehr ineffizient.

*Bäume als persistente Datenstrukturen*

Eine bessere Möglichkeit ist, lediglich die Knoten auf dem Pfad von der Wurzel des Baumes bis zum Knoten, unter dem die Veränderung vorgenommen, wird zu kopieren und dann die Änderungen am letzten kopierten Knoten des Pfades durchzuführen. Das wird in der Abb. 10.4-2 am Beispiel des Einfügens eines Knotens X als Kind des Knotens f dargestellt. Im Beispiel wird der Pfad (a, b, f) nach ($a^*$, $b^*$, $f^*$) kopiert. Alle anderen Teilbäume werden mit dem ursprünglichen Baum gemeinsam genutzt. Am letzten Knoten des Pfades kopierten Pfades $f^*$ können jetzt Veränderungen an den Kindern vorgenommen werden, ohne dass der ursprüngliche Baum verändert wurde.

Dieser Ansatz wird in »Zippern« verwendet [Huet97]. Zipper sind Datenstrukturen, die die oben vorgestellte Technik nutzen, um

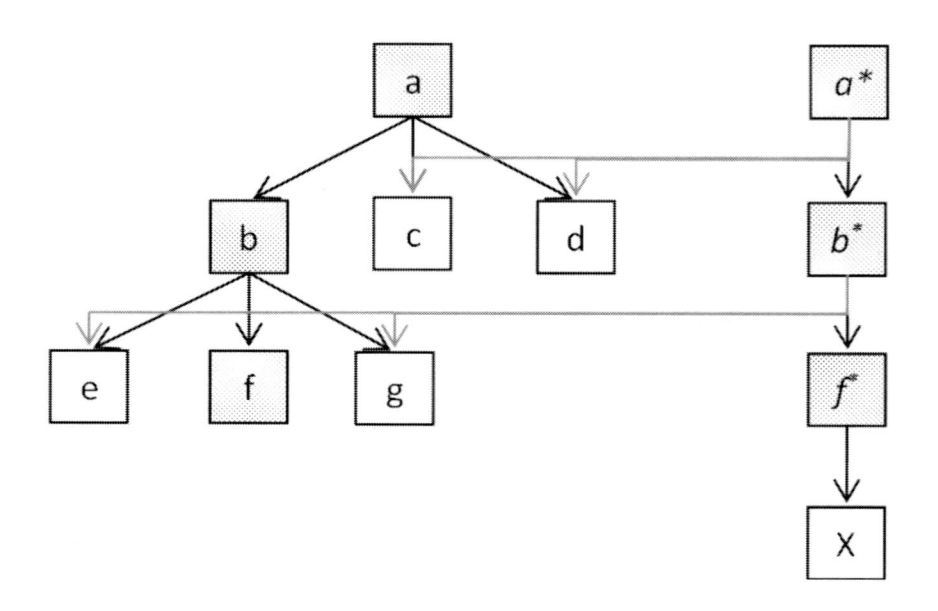

Abb. 10.4-2: Persistentes Einfügen in einen Baum.

Operationen auf Bäumen – wie Einfügen und Löschen von Knoten – ohne Seiteneffekte effizient zu implementieren. In Clojures Standardbibliotheken ist eine Zipper-Implementierung im Namensraum clojure.zip enthalten.

Mit (zip/seq-zip <liste>) wird ein Zipper erzeugt, der die Liste <liste> als Datenstruktur nutzt, auf der navigiert wird. Auf diese Liste kann durch die Funktion root zugegriffen werden. Mit den Funktionen down, up, left, right und next kann durch den Baum navigiert werden, der aktuell besuchte Knoten ist mit der Funktion node zugänglich. Ein wichtiger Punkt ist, dass die Funktionen zur Navigation auf dem Zipper stets einen neuen Zipper als Wert liefern. Wenn Sie in mehreren Schritten durch den Baum navigieren, müssen Sie also stets das Ergebnis des vorangegangenen Aufrufs verwenden. Zipper sind im Gegensatz zu den in der Objektorientierung bekannten Iteratoren unveränderlich.

Beispiel
Die Nutzung eines Zippers soll an folgendem Beispiel demonstriert werden:

```
(require '(clojure [zip :as zip]))
;; Alias zip für Namensraum clojure.zip
;; seq-zip erzeugt einen zipper für Listen
(def a-zipper (zip/seq-zip '(a (b (e) (f) (g)) (c) (d))))
;; Der zipper zeigt auf den gesamten Baum:
```

```
(zip/node a-zipper)      ;; -> '(a (b (e) (f) (g)) (c) (d))
;; Mit down wird in den Baum navigiert,
;; der Zipper zeigt jetzt auf den Wurzelknoten
(zip/node (zip/down a-zipper))                ;; -> a
;; Mit right wird zum ersten Unterbaum navigiert
(zip/node (zip/right (zip/down a-zipper)))
;; -> (b (e) (f) (g))
```

Das Editieren von Bäumen soll mit der Funktion add-depth demonstriert werden. Diese Funktion liefert für einen Baum einen neuen Baum, bei dem jeder Knoten durch den Vektor [<alter knoten> <Pfadlänge zur Wurzel>] ersetzt wird. Die Funktion next implementiert eine depth-first-Traversierung des Baumes. Auf einen Zipper z angewandt ist das Ergebnis ein neuer Zipper z*, dessen aktuelle Position die ist, die in depth-first-Reihenfolge auf z folgt:

```
(defn add-depth [tree]
  (loop [z (zip/seq-zip tree)]
;; Zipper aus Baum erzeugen
    (if (not (zip/end? z))
;; Test, ob zip/next noch ein Ergebnis liefert
      (if (not (zip/branch? z))
;; Kein ?branch?, ein Endknoten erreicht
        (recur (zip/next
;; ersetze den Knoten durch Vektor und erzeuge
                (zip/replace z
;; nachfolgenden Zipper aus dem Ergebnis
                    [ (zip/node z) (count (zip/path z))])))
        (recur (zip/next z)))
      (zip/root z))))
;; zip/root liefert den Baum auf dem der Zipper arbeitet
(def atree ' (a0 (a1 (a11) (a12)) (a2 (a21 (a211) (a212)) (a22))))
(def atree* (add-depth atree)
;; Der neue Baum enthält an den Knote die Tiefe im Baum
=> atree*
;; -> ([a0 1] ([a1 2] ([a11 3]) ([a12 3]))
;;             ([a2 2] ([a21 3] ([a211 4]) ([a212 4])) ([a22 3])))
;; Der alte Baum bleibt unverändert
=> atree
;; -> (a0 (a1 (a11) (a12)) (a2 (a21 (a211) (a212)) (a22))))
```

## 10.5  Sortieren **

Für Sortierverfahren werden in Clojure Funktionen höherer Ordnung verwendet. Anhand der Sortieralgorithmen *Mergesort* und Quicksort wird dies demonstriert.

Die Implementierungen der Sortierverfahren in Clojure sind ähnlich wie in bekannten Algorithmen. Ein praktischer Unterschied entsteht durch die Verwendung von Funktionen höherer Ordnung. Sollen in Java *Collections* nach unterschiedlichen Kriterien sortiert werden, kann das *Interface* java.util.Comparator<T> implementiert werden. Dieses *Interface* beschreibt eine Funktion T->T->boolean als Objekt.

**Mergesort**

Für *Mergesort* wird zunächst eine Funktion split definiert, die eine Liste in der Mitte der Elemente teilt und einen Vektor mit den zwei Teillisten erzeugt:

```
(defn split [elems]
  (split-at (/ (count elems) 2) elems))
```

Das Mischen zweier Elementfolgen übernimmt die Funktion merge. Die Vergleichsoperation ordered? wird als erstes Argument übergeben, das Mischen der beiden Teillisten left und right erfolgt über Rekursion. Der Code ist eine fast direkte Abbildung des Algorithmus.

```
(defn merge
  ([ordered? left right] (merge ordered? left right '()))
  ([ordered? left right res]
    (cond (empty? left)   (concat res right)
;; concat verkettet zwei Listen
          (empty? right)  (concat res left)
          (ordered? (first left) (first right))
;; erste Elemente der Teillisten geordnet?
                          (recur ordered?
;; dann Rekursion mit
                                 (rest left) right
;; erstem Element der linken Liste
                                 (cons-end res (first left))))
;; am Ende des Resultats
          :else (recur ordered?
;; sonst Rekursion mit
                       left (rest right)
;; erstem Element der rechten Liste
                       (cons-end res (first right))))))
;; am Ende des Resultats
```

Für die Erkennung des Sonderfalls einer Liste mit weniger als zwei Elementen wird die Funktion

```
(defn one-or-empty? [elems] (< (count elems) 2))
```

definiert. Damit kann die Mergesort-Funktion nun geschrieben werden:

```
(defn merge-sort [ordered? elems]
  (if (one-or-empty? elems)
    elems
    (let [partns (split elems)]
      (merge ordered?
             (merge-sort ordered? (first partns))
             (merge-sort ordered? (second partns))))))
(merge-sort > '(1 2 6 1 1 2 5 1 2 1 -12 17 239 ))
```

**Quicksort**

Das zweite hier in Clojure vorgestellte Sortierverfahren ist Quicksort. Die Bestimmung des Pivot-Elements geschieht durch die Funktion pivot. Diese Funktion liefert einen Vektor mit dem

## 10.6 Einsatzbereiche der funktionalen Programmierung *

Pivot-Element an erster Stelle und der Liste ohne Pivot-Element an zweiter:

```
(defn pivot [elems] [(first elems) (rest elems)])
```

Die Funktion split teilt eine Liste abhängig von einer Prädikatfunktion in zwei Teillisten. Die erste Liste des Ergebnisses enthält alle Elemente, die das Prädikat erfüllen, die zweite Teilliste alle übrigen:

```
(defn split [pred? elems]
  (fold (fn [el res]
          (if (pred? el)
            (list (cons el (first res)) (second res))
            (list (first res) (cons el (second res)))))
        elems
        '(() ())))
```

Mit pivot und split kann quick-sort recht kurz formuliert werden. Die Implementierung nutzt für die Aufteilung der Elemente nach dem Pivot-Element Vergleichsfunktionen, die mit bind-second? und dem Pivot-Element aus ordered? erzeugt werden:

```
(defn quick-sort [ordered? elems]
  (if (one-or-empty? elems)
    ;; Leere oder Einelement-Liste
    elems
    (let [p (pivot elems)
    ;; Pivot-Element und restliche Elemente bestimmen
          pred? (bind-second ordered? (first p))
    ;; Vergleichsfunktion pred? erzeugen
          partns (split pred?
    ;; und damit Elemente aufteilen.
                        (second p))]
    ;;   Ergebnis ist jetzt die Liste
      (concat (quick-sort ordered? (first partns))
    ;; erster Teilmenge sortiert,
              (list (first p))
    ;; Pivot-Element und
              (quick-sort ordered? (second partns))))))
    ;; zweiter Teilmenge sortiert.
(quick-sort < [102 1 5 17 29 5 1 28 21 3])
```

## 10.6 Einsatzbereiche der funktionalen Programmierung *

Der Einsatz funktionaler Programmierung ist dann eine gute Wahl, wenn algorithmische Probleme gelöst werden müssen, für die kein sofort offensichtlicher Lösungsweg vorhanden ist. Der Grund dafür ist, dass komplexere Algorithmen durch Kombination einfacherer Funktionen erstellt werden können. Dadurch können verschiedene Lösungsansätze schnell getestet und verglichen werden.

Der Ansatz, Algorithmen durch Kombination einfacherer Funktionen zu erzeugen ist im Prinzip auch mit prozeduralen oder objektorientierten Sprachen möglich (siehe z. B. die C++-Standard-Template-Library). Allerdings wird dieser Ansatz in objektorientierten Sprachen durch zwei Faktoren erschwert:

- Die Syntax ist i.d.R. nicht gut geeignet, Funktionen als Parameter an andere Funktionen zu übergeben.
- Wegen der Seiteneffekte ist es schwieriger, das Verhalten der Programme nachzuvollziehen.

Häufig wird funktionale Programmierung daher bei der Erstellung von Prototypen verwendet oder bei der Implementierung von Kernfunktionen eines Produkts, das mit Code in anderen Sprachen erweitert wird.

Ein Beispiel für den Einsatz funktionaler Sprachen sind Computeralgebra-Systeme wie Macsyma oder Maxima; siehe Maxima, a Computer Algebra System (http://maxima.sourceforge.net/).

# Glossar

**Abbildung** *(map)*
Assoziative Datenstruktur, die einen Zugriff auf die in ihr gespeicherten Elemente über einen Schlüssel ermöglicht und im Java Collection Framework als Interface Map<K,V> mit den Implementierungen TreeMap<K,V> (Speicherung als Baumstruktur) und HashMap<K,V> (Speicherung als Hashtabelle) zur Verfügung steht. Die Klasse TreeMap<K,V> implementiert außerdem das Interface SortedMap <K,V> für sortierte Abbildungen.

**Abstrakter Datentyp** *(abstract data type)*
Datenstruktur, die zusammen mit allen zulässigen Operationen definiert wird, die auf sie zugreifen. Da der Zugriff nur über diese festgelegten Operationen erfolgen kann, sind die Daten nach außen hin gekapselt. Ein abstrakter Datentyp beschreibt nur, was die jeweiligen Operationen tun (ihre Semantik), aber noch nicht genau, wie sie es tun (ihre Implementierung), deshalb ist er noch abstrakt. In Java können abstrakte Datentypen als Interfaces oder bereits mit einer teilweisen Implementierung auch als abstrakte Klassen definiert werden. (Abk.: ADT)

**Algorithmus** *(algorithm)*
Eine eindeutige, endliche Beschreibung eines allgemeinen Verfahrens zur schrittweisen Ermittlung gesuchter Größen, den Ausgabewerten, aus gegebenen Größen, den Eingabewerten. Die Beschreibung erfolgt in einer formalen oder semiformalen Notation mit Hilfe von anderen Algorithmen und, letztlich, elementaren Algorithmen. Ein Algorithmus muss ausführbar sein und jeder Schritt muss einen eindeutig definierten Effekt haben. Weitere wichtige Eigenschaften sind Korrektheit und Terminierung.

**Algorithmus von Euklid** *(Euklid algorithm)*
Von dem griechischen Mathematiker Euklid von Alexandria bereits um 325 v. Chr. stammender Algorithmus zur Berechnung des größten gemeinsamen Teilers zweier Zahlen. Er basiert ausschließlich auf Vergleichen und Subtraktionen, kommt also ohne Division aus, und stellt die erste Beschreibung eines Berechnungsverfahrens dar, die aus heutiger Sicht als Algorithmus bezeichnet werden kann. (Syn.: Euklid'scher Algorithmus)

**Assoziatives Feld**
Sonderfall eines Feldes, bei dem nicht über einen numerischen Index, sondern über einen beliebigen Wert, den Schlüssel, auf die im Feld gespeicherten Daten zugegriffen wird. Eine mögliche Implementierung für ein assoziatives Feld ist die Hashtabelle.

**Ausgeglichener binärer Suchbaum** *(balanced search tree)*
Ein binärer Suchbaum heißt ausgeglichen oder balanciert, wenn sich für jeden Knoten die Höhe der Teilbäume höchstens um eins unterscheidet. Diese Differenz wird auch als Balance des betreffenden Knotens bezeichnet. (Syn.: Balancierter binärer Suchbaum)

**AVL-Baum** *(AVL tree)*
Ein AVL-Baum ist ein ausgeglichener binärer Suchbaum, bei dem sich an jedem Knoten die Höhen der beiden Teilbäume höchstens um eins unterscheiden. Beim Einfügen in und beim Löschen aus einem AVL-Baum können Ausgleichsoperationen (Rotationen) notwendig werden. Dadurch ist aber für Einfügen, Löschen und Suche eine Laufzeitkomplexität in O(log n) sichergestellt.

## Glossar

**Balance** *(balance)*
Maß für die Ausgeglichenheit eines binären Suchbaums. Die Balance ist die Differenz der Höhen des linken und rechten Teilbaums. Bei AVL-Bäumen muss dieser Wert an jedem Knoten zwischen -1 und +1 liegen.

**Baum** *(tree)*
Grundlegende Datenstruktur der Informatik. Ein Baum ist entweder leer oder er besteht aus einem Knoten (der Wurzel) und mehreren oder keinen Unterbäumen, die ihrerseits wieder Bäume sind. Die Maximalzahl der Unterbäume pro Knoten bestimmt die Arität des Baums. Bäume und insbesondere Binärbäume (mit Arität zwei) stellen eine wichtige Implementierung zur Speicherung von Daten und Organisation des Zugriffs auf diese dar.

**Berechenbarkeit** *(Computability)*
Formaler Begriff aus der theoretischen Informatik, wonach ein Problem dann als berechenbar gilt, wenn es dazu einen terminierenden Algorithmus gibt, also eine dafür programmierte Turingmaschine (oder ein entsprechendes Java-Programm) irgendwann mit Ausgabe einer Lösung anhalten würde, das Problem also in endlicher Zeit lösen könnte.

**Binäre Suche** *(binary search)*
Suchverfahren, bei dem der zu durchsuchende Bereich schrittweise halbiert und so eine logarithmische Laufzeitkomplexität erreicht wird. Voraussetzung ist, dass die zu durchsuchenden Elemente sortiert sind.

**Binärer Suchbaum** *(binary search tree)*
Ein Binärbaum, dessen Inhalte in den Knoten so angeordnet sind, dass alle Schlüsselwerte im linken Teilbaum jeweils kleiner sind als der Schlüsselwert im Knoten selbst – und alle Schlüsselwerte im rechten Teilbaum größer als der Schlüsselwert im Knoten. Eine solche Anordnung erleichtert die Suche nach einem Knoten zu einem bestimmten Schlüssel erheblich. Binäre Suchbäume sind als Implementierung für Mengen (Klasse TreeSet<E>) und Abbildungen (Klasse TreeMap<K,V>) im Java Collection Framework verfügbar.

**BinaryInsertionSort**
Variante des Sortierens durch direktes Einfügen (InsertionSort) mit binärer Suche nach der passenden Einfügestelle. Die Laufzeitkomplexität liegt immer noch in $O(n^2)$, allerdings ist dieses Verfahren das schnellste der direkten Sortierverfahren. (Syn.: Sortieren mit binärem Einfügen)

**BubbleSort** *(bubble sort)*
Das am einfachsten zu implementierende direkte Sortierverfahren, das auf der Idee beruht, der Reihe nach benachbarte Elemente in dem noch unsortierten Bereich zu vergleichen und bei Bedarf auszutauschen, bis das Feld sortiert ist. Die Laufzeitkomplexität liegt in $O(n^2)$. BubbleSort ist im Allgemeinen das langsamste der direkten Sortierverfahren. Stehen aber nur wenige $m$ Elemente falsch, dann ist die Laufzeitkomplexität nur in $O(n \cdot m)$ und das Verfahren damit unter Umständen schneller als QuickSort mit $O(n \cdot \log n)$. (Syn.: Sortieren durch direktes Austauschen)

**BucketSort** *(bucket sort)*
Spezielles Sortierverfahren, bei dem vorausgesetzt wird, dass die Schlüsselwerte der zu sortierenden Elemente aus einem kleinen numerischen Bereich stammen, so dass für das Sortieren ein Hilfsfeld aus verketteten Listen verwendet werden kann, dessen Länge der Anzahl der verschiedenen Schlüsselwerte entspricht. Unter der genannten Voraussetzung an die Schlüsselwerte liefert das Verfahren eine Laufzeitkomplexität in $O(n)$, ist also linear.

## Clojure
Die funktionale Programmiersprache Clojure von 2007 basiert auf der Sprache Lisp und unterstützt das funktionale Programmierparadigma. Clojure ist auf der Java-Virtual-Machine lauffähig.

## Direktes Sortierverfahren *(quadratic sorting algorithm)*
Direkte Sortierverfahren wenden jeweils ein bestimmtes Grundprinzip systematisch auf alle Elemente bzw. Positionen im Feld an. So wächst mit jedem Verarbeitungsschritt bzw. Durchlauf durch das Feld der schon sortierte Teil, während der noch unsortierte Teil um ein Element kleiner wird – bis schließlich das ganze Feld sortiert ist. Zu den direkten Sortierverfahren gehören SelectionSort, InsertionSort und seine Variante BinaryInsertionSort, sowie BubbleSort und seine Variante ShakerSort. Alle direkten Sortierverfahren haben eine Laufzeitkomplexität in $O(n^2)$ und werden deshalb auch quadratische Sortierverfahren genannt. (Syn.: Quadratisches Sortierverfahren)

## Dynamische Datenstruktur *(dynamic data structure)*
Eine Datenstruktur, deren Größe und damit auch der Speicherbedarf sich dynamisch, also zur Laufzeit der Anwendung, den jeweiligen Erfordernissen anpasst. Werden einer dynamischen Datenstruktur immer neue Elemente zugefügt, dann wächst sie mit. Umgekehrt kann auch nicht mehr benötigter Speicherplatz wieder zur Verfügung gestellt werden, wenn Elemente aus der Datenstruktur gelöscht werden. In Java sind eine Vielzahl dynamischer Datenstrukturen im Java Collection Framework verfügbar.

## Effizienz *(efficiency)*
Die Effizienz eines Algorithmus beschreibt, wie sparsam dieser mit den Ressourcen Laufzeit und Speicherplatz umgeht: Je effizienter ein Algorithmus ist, desto geringer ist seine Komplexität.

## Feldliste *(array list)*
Eine Feldliste bezeichnet eine Datenstruktur vom Typ Liste, bei der die Elemente intern in einem Feld (Array) gespeichert werden.

## Funktionale Programmierung *(functional programming)*
Bei der funktionalen Programmierung handelt es sich um ein Programmierparadigma, bei dem Funktionen im Mittelpunkt stehen und sich wie mathematische Funktionen verhalten. Bei gleichen Funktionsparametern wird immer dasselbe Ergebnis erzielt, d. h. ein Funktionsergebnis hängt nicht von der Vorgeschichte ab und hat keine Seiteneffekte. Die erste funktionale Programmiersprache war die Sprache LISP (1958).

## Halteproblem *(halting problem)*
Das Halteproblem ist ein Problem aus der Theoretischen Informatik. Es besteht darin, für einen bestimmten Berechnungskalkül, z. B. eine abstrakte Maschine, zu zeigen, dass ein bestimmter Algorithmus für gegebene Daten terminiert, also anhält. Alan Turing hat als erster gezeigt, dass das Halteproblem für den von ihm entwickelten Kalkül der Turing-Maschine nicht lösbar ist. In der angewandten Informatik stellt sich das Halteproblem in der Weise, ob es möglich ist, ein Programm zu entwickeln, das als Eingabe den Quelltext eines zweiten Programms mit Eingabedaten erhält und damit entscheiden kann, ob das zweite Programm für die gegebenen Daten terminiert oder endlos weiter läuft. Das ist in dieser Allgemeinheit nicht möglich.

## Hashing *(hashing)*
Verfahren, das einem Element mittels einer Hashfunktion einen Hashwert zuweist. Der Bildbereich der Hashfunktion ist dabei wesentlich kleiner als die Menge der möglichen Elemente. Wenn die Hashfunktion effizient berechenbar ist und bestimmte mathematische Eigenschaften erfüllt, u. a. eine gute Streuung über den gesamten Bildbereich, kann Hashing als Grundlage für sehr ef-

fiziente Speicher- und Suchverfahren (Hashing-basierte Suche) dienen. (Syn.: Streuspeicherung)

**Heap-Struktur**
Eigenschaft eines Feldes, wonach jedes Element an Position i einen Wert größer oder gleich den Werten an Position 2i und 2i+1 haben muss.

**HeapSort** *(heap sort)*
Höheres Sortierverfahren, das dem Verfahren des Sortierens durch direkte Auswahl (SelectionSort) aufbaut und dieses so modifiziert, dass das noch unsortierte Teilfeld, aus dem jeweils das nächste passende Element ausgewählt (selektiert) wird, zunächst in eine Heap-Struktur überführt wird (Aufbauphase). Daran schließt sich der Abbau des Heap an, bei dem jeweils das kleinste bzw. größte Element entnommen und gegen das Element auf der aktuellen Position getauscht wird, das dann in den verkleinerten Heap einsickert. HeapSort garantiert auch im schlechtesten Fall eine Laufzeitkomplexität in $O(n \log n)$.

**Hoare-Kalkül** *(Hoare calculus)*
Auf den britischen Informatiker C.A.R. Hoare zurück gehendes formales System zum Beweis der Korrektheit eines Algorithmus. Mittels fünf logischer Ableitungsregeln, lässt sich für die elementaren Konstrukte einer prozeduralen Programmiersprache aus der logischen Aussage, die vor der Ausführung gilt, eine logische Aussage ableiten, die nach der Ausführung dieses Konstruktes gelten muss. Auf diese Weise kann im Erfolgsfall die Nachbedingung einer Spezifikation als logische Folgerung aus der Vorbedingung gezeigt und somit die Korrektheit des Algorithmus bewiesen werden.

**Höheres Sortierverfahren**
Sortierverfahren, das auf einem der Grundprinzipien der direkten Sortierverfahren aufbaut und dieses in bestimmter Weise erweitert, so dass wesentliche Schwachstellen behoben und eine bessere Laufzeitkomplexität erreicht werden können. Zu den höheren Sortierverfahren gehören QuickSort (Verbesserung von BubbleSort), ShellSort (Verbesserung von InsertionSort), HeapSort (Verbesserung des SelectionSort) und MergeSort.

**InsertionSort** *(insertion sort)*
Einfach zu implementierendes, direktes Sortierverfahren, das auf der Idee beruht, der Reihe nach die Elemente aus dem noch unsortierten Bereich an der richtigen Stelle im wachsenden, schon sortierten Bereich einzufügen. Die Laufzeitkomplexität liegt in $O(n^2)$. (Syn.: Einfügesortieren Sortieren durch direktes Einfügen)

**Iterator** *(iterator)*
Iteratoren stellen eine Verallgemeinerung der bekannten Indexwerte auf Feldern dar. Sie ermöglichen das Durchlaufen (Iterieren) von Collections. Alle Iteratoren implementieren das Interface Iterator<E>. Für die Iteration auf Listen gibt es eine Spezialform: die Listen-Iteratoren, die auch das Durchlaufen in beiden Richtungen unterstützen und das Interface ListIterator<E> implementieren.

**Java Collection Framework** *(Java Collection Framework)*
Eine Sammlung von Schnittstellen und Klassen im Paket java.util, die leicht zu nutzende und trotzdem effiziente Containerklassen für viele Probleme des täglichen Programmierer-Lebens zur Verfügung stellt.

**Knuth-Morris-Pratt-Algorithmus** *(KMP algorithm)*
Nach den Autoren Donald E. Knuth, James H. Morris und Vaughan R. Pratt benannter Algorithmus zur effizienten Suche in Texten, der darauf basiert, vor der eigentlichen Suche Informationen über die Struktur des gesuchten

Musters in einer next-Tabelle aufzubereiten, um später unnötige Vergleiche zu vermeiden, ohne aber die Korrektheit des Verfahrens zu gefährden. Damit ist eine Textsuche in O(m + n) möglich, wenn m die Länge des Musters und n die Länge des Textes ist. (Abk.: KMP-Algorithmus)

**Kollision** *(collision)*
Situation bei der Hashing-basierten Speicherung bzw. Suche, wenn unterschiedliche Schlüsselwerte durch die Hashfunktion auf denselben Hash-Code abgebildet werden. Da in der Regel die Anzahl der möglichen verschiedenen Schlüsselwerte, also die Kardinalität der Schlüsselmenge $K$, jene des Indexbereichs $I$ der Hashtabelle weit übersteigt, wird es zwangsläufig bei der Anwendung einer Hashfunktion zu solchen Situationen kommen, die dann durch eine geeignete Kollisionsstrategie, zum Beispiel offenes Hashing oder offene Adressierung, behandelt werden.

**Komplexität** *(complexity)*
Unter der Komplexität (auch Aufwand oder Kosten) eines Algorithmus versteht man seinen maximalen Ressourcenbedarf. Dieser wird oft in Abhängigkeit von der Größe der Eingabe angegeben und für große Werte asymptotisch abgeschätzt. Die wichtigsten Ressourcen sind dabei Speicher und Laufzeit. Dabei wird vorausgesetzt, dass der Ressourcenbedarf des Algorithmus – wenn überhaupt – von der Größe der Eingabe abhängt. Dies kann beim Sortieren die Anzahl der zu sortierenden Elemente, beim Suchen die Größe des Datenbestandes, in dem gesucht werden soll, oder bei der Berechnung der Fakultätsfunktion n! schlicht der Parameter n sein. (Syn.: Aufwand, Kosten)

**Komplexitätsklasse** *(complexity class)*
Aufwandsfunktionen gleichen Typs werden zu Komplexitätsklassen zusammengefasst, um zum Beispiel das qualitative Laufzeitverhalten verschiedener Algorithmen leichter vergleichen zu können. Wichtige Komplexitätsklassen sind logarithmische, lineare, log-lineare, quadratische, kubische und exponentielle Komplexität.

**Korrektheit** *(correctness)*
Formale Eigenschaft eines Algorithmus, die besagt, dass Spezifikation und Implementierung konsistent sind, also für gleiche Eingabewerte auch gleiche Ergebnisse liefern. Diese partielle Korrektheit kann durch Verifikation gezeigt werden. Ist außerdem bewiesen, dass der Algorithmus stets terminiert, dann ist die totale Korrektheit gezeigt.

**Landau-Notation**
Auf den deutschen Zahlentheoretiker Edmund Landau zurückgehendes qualitatives Maß für die Anzahl der elementaren Schritte eines Algorithmus in Abhängigkeit von der Größe der Eingangswerte. Es drückt aus, im Rahmen welcher Schranken sich der Aufwand (der Bedarf an Speicher bzw. Rechenzeit) hält, wenn die Eingabe immer weiter vergrößert wird. Durch diese asymptotische Betrachtung sind das Laufzeitverhalten und der Speicherplatzbedarf unter Vernachlässigung eines konstanten Faktors auch für große Eingabegrößen darstellbar.

**Laufzeitkomplexität** *(runtime complexity)*
Komplexität eines Algorithmus im Hinblick auf den Verbrauch der Ressource Rechenzeit. Eine beispielsweise quadratische Laufzeitkomplexität bedeutet, dass sich die Laufzeit des Algorithmus bei Verdopplung der Problemgröße in etwa vervierfacht. Der Verbrauch anderer Ressourcen, insbesondere Speicherplatz, wird nicht berücksichtigt. (Syn.: Zeitkomplexität)

**Lineare Liste** *(linear list)*
Grundlegende Datenstruktur für eine lineare Anordnung von Elementen. Es gibt jeweils ein erstes und ein letztes Element, und zu jedem außer dem letz-

ten Element gibt es einen Nachfolger in der Liste. Es gibt verschiedene Implementierungen für Listen mit unterschiedlichen Eigenschaften, Vor- und Nachteilen. Die wichtigsten sind die Feldliste (auf Basis eines Feldes) und die verkettete Liste. Im Java Collection Framework sind Listen als Interface List<E> mit den konkreten Implementierungen ArrayList<E> bzw. LinkedList<E> verfügbar. (Syn.: Liste)

**Lineare Suche** *(linear search)*
Einfaches Suchverfahren, bei dem die Elemente der Reihe nach untersucht werden, bis entweder das gesuchte Element gefunden wurde oder alle Elemente vergeblich untersucht wurden. Die lineare Suche stellt keine besonderen Anforderungen an die zu durchsuchenden Elemente oder ihre Anordnung, z. B. Sortierung. Es muss nur eine Iteration über die Elemente möglich sein, so dass jedes Element genau einmal untersucht wird. Die lineare Suche hat im Allgemeinen eine lineare Laufzeitkomplexität. (Syn.: sequenzielle Suche)

**Lisp**
Die funktionale Programmiersprache Lisp *(List Processing)* von 1958 basiert auf dem Lambda-Kalkül und bildet die Grundlage für eine funktionale Programmiersprachenfamilie.

**Memoisierung**
Programmierprinzip der Zwischenspeicherung einmal berechneter Werte einer Funktion zur Beschleunigung späterer Zugriffe, für die dann der Wert im Speicher nachgeschlagen und ohne erneute Berechnung geliefert werden kann. Memoisierung setzt voraus, dass alle Faktoren, die Einfluß auf den berechneten Wert haben, auch als Parameter der Berechnungsfunktion erscheinen. Memoisierung ist eine Instanz des allgemeinen Musters *Tausche Speicher gegen Zeit*.

**Menge** *(set)*
Grundlegende Datenstruktur und Spezialform einer Collection zur Speicherung von Elementen ohne definierte Ordnung und ohne Duplikate. Eine Spezialform sind sortierte Mengen, bei denen die Elemente in sortierter Reihenfolge bezüglich einer definierten Ordnung abgerufen werden können. Im Java Collection Framework sind als Implementierungen die Klassen HashSet<E> (Speicherung der Elemente in einer Hashtabelle) und TreeSet<E> (Speicherung als Baum, deshalb sortiert) verfügbar. Alle Mengen-Klassen implementieren das Interface Set<E>. Sortierte Mengen implementieren das Interface SortedSet<E>.

**MergeSort** *(merge sort)*
Höheres Sortierverfahren, das auf der Idee basiert, das zu sortierende Feld in zwei gleich große Teile aufzuteilen, diese rekursiv nach dem gleichen Verfahren zu sortieren und anschließend beide sortierten Teilfelder in einer Art »Reißverschlussverfahren« zusammenzumischen. Für die Mischoperationen wird zusätzlicher Speicherplatz für n/2 Elemente benötigt. MergeSort garantiert eine Laufzeitkomplexität in O(n log n), ist in Java als Collections.sort() verfügbar und eignet sich besonders für externes Sortieren. (Syn.: Mischsortieren)

**Mustersuche** *(pattern matching)*
Grundlegende Problemstellung der Suche in Zeichenketten, bei der im einfachen Fall ermittelt werden soll, an welcher Stelle (Index) eine bestimmte Zeichenfolge (das Muster) in einer anderen gegebenen Zeichenkette enthalten ist. Algorithmen zur effizienten Lösung des Problems sind das KMP-Verfahren und der Boyer-Moore-Algorithmus. Im erweiterten Sinn kann das Muster auch ein regulärer Ausdruck sein.

## Glossar

**Offene Adressierung** *(open addressing)*
Strategie zur Kollisionsbehandlung bei der Hashing-basierten Suche. Dazu wird im Kollisionsfall ein Ausweichplatz für das zu speichernde bzw. gesuchte Element berechnet. Je nach Berechnungsfunktion unterscheidet man zwischen linearer oder quadratischer Sondierung. Hashtabellen mit offener Adressierung sind in ihrem Speicherplatzbedarf fix, sie können daher auch nur eine begrenzte Anzahl Elemente aufnehmen, wobei die Laufzeiteffizienz auch schon vor Erreichen der Maximalzahl an Elementen aufgrund der zunehmenden Kollisionen stark eingeschränkt wird.

**Offenes Hashing** *(separate chaining)*
Strategie zur Kollisionsbehandlung bei der Hashing-basierten Suche. Dazu werden in der Hashtabelle nicht die zu speichernden Elemente selbst abgelegt, sondern jeweils eine verkettete Liste. Diese nimmt alle Elemente auf, deren Schlüsselwert von der Hashfunktion auf den entsprechenden Hash-Code abgebildet wird. Somit können, beliebige Erweiterbarkeit der verketteten Listen vorausgesetzt, auch beliebig viele Elemente gespeichert werden, allerdings mit kontinuierlich abnehmender Effizienz durch den zunehmenden Anteil linearer Suche.

**Prioritäts-Warteschlange** *(priority queue)*
Datenstruktur, die das Prinzip einer Warteschlange (first in first out, FIFO) um Prioritäten ergänzt, so dass Elemente mit höherer Priorität zuerst entnommen werden. Im Java Collection Framework als Klasse `PriorityQueue<E>` verfügbar.

**Problemkomplexität** *(problem complexity)*
Komplexität eines optimalen Algorithmus, der ein gegebenes Problem löst. Das Problem kann also nicht mit geringerem Ressourcenverbrauch gelöst werden. Beispiel: Für das Sortieren eines beliebigen Feldes von Elementen ist die Problemkomplexität in $O(n \log n)$, es kann also kein Verfahren mit besserer Laufzeitkomplexität geben.

**Raw Type** *(raw type)*
Bezeichnung für einen eigentlich parametrisierten Typ in Java, bei dem aber der Typparameter fehlt, also mit `Object` gleich gesetzt wird.

**Rekursion** *(recursion)*
Algorithmen, die selbstbezüglich formuliert sind, oder Funktionen, die sich selbst aufrufen. Eine Funktion, die sich unmittelbar selbst aufruft, ist eine direkt rekursive Funktion. Eine Funktion, die sich über den Umweg anderer Funktionen aufruft, ist eine indirekt rekursive Funktion.

**Rekursionsanker**
Derjenige Teil eines rekursiven Algorithmus, der keinen weiteren rekursiven Aufruf mehr enthält. Jede rekursive Formulierung muss mindestens einen Rekursionsanker haben, sonst terminiert sie nicht. Sie kann aber auch mehrere Rekursionsanker haben wie beispielsweise für die rekursive Berechnung der Fibonaccifunktion. (Syn.: Rekursionsbasis)

**Rekursionsschritt**
Derjenige Teil eines rekursiven Algorithmus, der die Lösung des Problems auf die Lösung eines oder mehrerer kleinerer Instanzen des gleichen Problems zurückführt. Jede rekursive Formulierung enthält mindestens einen Rekursionsschritt, kann aber auch mehrere umfassen, wie beispielsweise die rekursive Formulierung des QuickSort, bei der dasselbe Verfahren jeweils einmal für das linke und einmal für das rechte Teilfeld aufgerufen wird.

**Rot-Schwarz-Baum** *(red-black-tree)*
Auf den deutschen Informatiker Rudolf Bayer zurück gehende Definition spezieller binärer Suchbäume, deren Knoten eine Markierung (rot/schwarz) tragen und für die das Kriterium für die Ausgeglichenheit etwas schwächer als

bei AVL-Bäumen definiert ist. Alle Zugriffsoperationen sind aber auch in O(log n) möglich. Rot-Schwarz-Bäume sind die Basis der Implementierung der Klassen `TreeSet<E>` & `TreeMap<K,V>` im Java Collection Framework.

**Schlange** *(queue)*
Spezialform einer Liste, bei der Einfüge- und Löschoperationen nur an entgegengesetzten Enden stattfinden können. Schlangen bilden eine grundlegende Datenstruktur für eine lineare Anordnung von Elementen entsprechend einer bestimmten Ordnung, die im allgemeinen Fall der Zeitpunkt des Einfügens ist, also in chronologischer Ordnung. In diesem Fall erhält man das sogenannte FIFO-Verhalten (first in = first out). Es kann aber auch eine andere Ordnung zum Einsatz kommen, zum Beispiel um Prioritäten zu berücksichtigen. Im Java Collection Framework sind Warteschlangen als Interface `Queue<E>` mit den konkreten Implementierungen `LinkedList<E>` bzw. `PriorityQueue<E>` verfügbar. (Syn.: Schlange)

**SelectionSort** *(selection sort)*
Einfach zu implementierendes, direktes Sortierverfahren, das auf der Idee beruht, der Reihe nach für jede Position das passende Element aus dem noch unsortierten Bereich auszuwählen. Die Laufzeitkomplexität liegt in $O(n^2)$, allerdings werden nur $O(n)$ Bewegungen von Elementen benötigt. (Syn.: Auswahlsortieren Sortieren durch direkte Auswahl )

**ShakerSort** *(shaker sort)*
Variante des Sortierens durch direktes Austauschen (BubbleSort), bei der das Feld abwechselnd von links nach rechts und umgekehrt durchlaufen wird. Es vermeidet damit die Asymmetrie des BubbleSort, die Laufzeitkomplexität liegt aber weiter in $O(n^2)$.

**ShellSort** *(shell sort)*
Höheres Sortierverfahren auf Basis des Sortierens durch direktes Einfügen (InsertionSort), dem weitere Sortierläufe zur Vorsortierung vorgeschaltet werden. Diese bearbeiten das Feld in Partitionen mit abnehmender Schrittweitenfolge. Je nach gewählter Schrittweitenfolge, die immer mit Schrittweite 1 (entspricht dem gewöhnlichen InsertionSort) endet, ergibt sich zum Beispiel eine Laufzeitkomplexität von $O(n^{1,25})$.

**Sortieralgorithmus** *(sorting algorithm)*
Verfahren, mit dem eine Sammlung von Objekten (meist in einem Feld gespeichert) durch Bewegungen bzw. Vertauschungen der Objekte in eine Anordnung bringt, so dass je zwei benachbarte Objekte entsprechend einer beliebigen, aber fest definierten Ordnung in der richtigen Reihenfolge stehen. Ohne weitere, die Allgemeinheit beschränkende Annahmen liegt der Aufwand für die Sortierung eines Feldes mit *n* Elementen miondestens in O(n log n).

**Speicherkomplexität** *(space complexity)*
Komplexität eines Algorithmus im Hinblick auf den Verbrauch der Ressource Speicherplatz. Eine beispielsweise quadratische Speicherkomplexität bedeutet, dass sich der Speicherplatzbedarf des Algorithmus bei Verdopplung der Problemgröße in etwa vervierfacht. Der Verbrauch anderer Ressourcen, insbesondere die Laufzeit des Algorithmus, wird nicht berücksichtigt. (Syn.: Platzkomplexität)

**Spezifikation** *(specification)*
Formale Beschreibung der von einem Algorithmus erwarteten Ergebnisse in Abhängigkeit von den Eingabedaten. Stimmen die tatsächlich berechneten Ergebnisse damit überein, dann ist der Algorithmus korrekt.

**Stabilität** *(stability)*
Eigenschaft eines Sortierverfahrens, das als stabil bezeichnet wird, wenn die

relative Reihenfolge der Elemente mit gleichem Schlüsselwert durch den Sortiervorgang nicht verändert wird. Kann sich die relative Reihenfolge solcher – gleichen – Elemente beim Sortieren eventuell verändern, dann wird der Sortieralgorithmus als instabil bezeichnet.

**Stapel** *(stack)*
Spezialform einer Liste, bei der Einfüge- und Löschoperationen nur am Listenanfang stattfinden können. Dadurch realisieren sie ein LIFO-Verhalten (last in = first out): Das zuletzt hinzugefügte Element wird als erstes wieder entnommen. Im Java Collection Framework sind Stapel als Klasse Stack<E> verfügbar. (Syn.: Kellerspeicher)

**Suchalgorithmus** *(search algorithm)*
Algorithmus, der in einer Sammlung von Objekten (Suchraum) nach solchen mit bestimmten Eigenschaften sucht, die in der Regel über vorgegebene Attributwerte (Schlüssel) definiert werden. (Syn.: Suchverfahren)

**Tausche Speicher gegen Zeit**
Allgemeines Prinzip in der Informatik, wonach in vielen Situation durch Einsatz von mehr Speicherplatz ein verbessertes Laufzeitverhalten erreicht werden kann (Beispiele: Caching, Memoisierung in der Rekursion).

**Terminierung** *(termination)*
Formale Eigenschaft eines Algorithmus, die gegeben ist, wenn dieser für beliebige Eingaben immer nach endlich vielen Schritten anhält und ein Ergebnis liefert. Terminierung ist Voraussetzung für die totale Korrektheit eines Algorithmus.

**Testen** *(testing)*
Beim Testen wird ein Algorithmus für bestimmte vorgegebene Eingabedaten, die Testdaten, ausgeführt, und die tatsächlichen Ergebnisse werden mit den erwarteten Ergebnissen aus der Spezifikation verglichen. Durch Testen können Fehler gefunden, aber keine Fehlerfreiheit nachgewiesen werden.

**Turingmaschine** *(Turing machine)*
Von dem britischen Mathematiker Alan Turing entworfenes theoretisches Modell zur Beschreibung der Klasse der berechenbaren Funktionen. Eine Turingmaschine besteht aus einem unendlich langen Speicherband mit unendlich vielen sequenziell angeordneten Feldern, deren Inhalte über einen programmgesteuerten Schreib-Lese-Kopf verändert werden können, der sich feldweise über das Speicherband bewegt. Die Besonderheit einer Turingmaschine besteht darin, dass sie mit ihren nur drei Grundoperationen (Lesen, Schreiben und Bewegen des Schreib-Lese-Kopf) in der Lage ist, alle Probleme zu lösen, die auch ein Computer lösen kann.

**Verifikation** *(verification)*
Formale Methode, die mit mathematischen Mitteln versucht, die Konsistenz zwischen der Spezifikation eines Algorithmus und seiner Implementierung für alle möglichen und erlaubten Eingaben nachzuweisen. Im Rahmen der Verifikation wird die partielle Korrektheit eines Algorithmus bewiesen.

**Verkettete Liste** *(linked List)*
Verkettete Listen stellen eine mögliche Implementierung des Datentyps Liste dar. In einer verketteten Liste werden die einzelnen Elemente derart gespeichert, dass jedes Element selbst (oder entsprechende Verwaltungsobjekte, die wiederum eine Referenz auf das jeweilige Element enthalten) einen Verweis auf seinen Nachfolger enthält (einfach-verkettete Liste). Wenn jedes Element zusätzlich auch einen Verweis auf seinen Vorgänger besitzt, spricht man von einer doppelt-verketteten Liste. Verkettete Listen sind im Java Collection Framework als Klasse LinkedList<E> verfügbar.

**Vollständig ausgeglichener Suchbaum** *(complete balanced search tree)*
Ein Suchbaum heißt vollständig ausgeglichen, wenn alle bis auf das unterste Niveau vollständig besetzt sind. In einem vollständig ausgeglichenen Suchbaum können Suche, Einfügen, Ändern und Löschen von Elementen offensichtlich immer mit logarithmischem Aufwand erfolgen, da mit jedem Schritt die Anzahl der zu bearbeitenden Elemente geteilt wird.

# Literatur

[AdLa62]
Adelson-Velsky, G. M.; Landis, E. M.; *An algorithm for the organization of information (engl. Übersetzung)*, in: Soviet Math. Doklady, 3, 1962, S. 1259–1263.

[ApBi06]
Applegate, D. L.; Bixby, R. E.; Chvátal, V.; Cook, W. J.; *The Traveling Salesman Problem: A Computational Study*, Princeton University Press, 2006.

[BoMo77]
Boyer, R. S.; Moore, J. S.; *A Fast String Searching Algorithm*, in: Communications of the ACM, 20 (10), 1977.

[ChVo63]
al-Chwarizmi, Mohammed Ibn Musa; Vogel; *Algorismus: Das frühe Lehrbuch zum Rechnen mit indischen Ziffern.*, 1. Auflage, Biblio-Verlag, 1963. Nach der einzigen (lateinischen) Handschrift (Cambridge Un. Libr. Ms. Li. 6,5). Faksimile mit Transkription und Kommentar.

[CoHi94]
Conrad, Axel; Hindrichs, Tanja; Morsy, Hussein; Wegener, Ingo; *Solution of the Knight's Hamiltonian Path Problem on Chessboards*, in: Discrete Applied Mathematics, 50 (2), 1994, S. 125-134.

[DaFu54]
Dantzig, George B.; Fulkerson, Delbert R.; Johnson, S. M.; *Solution of a large-scale traveling salesman problem*, in: Operations Research 2 (4), 2 (4), 1954, S. 393-410.

[Frie56]
Friend, E. H.; *Sorting on electronic computers*, in: Journal of the ACM, Vol. 2, No. 2, 1956.

[HeKa62]
Held, Michael; Karp, Richard M.; *A Dynamic Programming Approach to Sequencing Problems*, in: Journal of the Society for Industrial and Applied Mathematics, 10 (1), 1962, S. 196-210.

[Hibb63]
Hibbard, Thomas N.; *An Empirical Study of Minimal Storage Sorting*, in: Communications of the ACM, Vol. 6, No. 5, 1963.

[Hoar62]
Hoare, C. A. R.; *Quicksort*, in: Computer Journal, 5 (1), 1962, S. 10–15.

[Hoar69]
Hoare, C. A. R.; *An axiomatic basis for computer programming*, in: Communications of the ACM, 12(10), 1969, S. 576–585.

[HoWo07]
Hofstedt, Petra; Wolf, Armin; *Einführung in die Constraint-Programmierung*, Heidelberg, Springer, 2007.

[Huet97]
Huet, Gerard; *Functional Pearl: The Zipper*, in: Journal of Functional Programming, 7(5), September, 1997, S. 549–554.

[KaRa87]
Karp, R. M.; Rabin, M. O.; *Efficient Randomized Pattern-Matching Algorithms*, in: IBM Journal of Research and Development, 31 No. 2, 1987.

[Karp82]
Karp, Richard M.; *Dynamic programming meets the principle of inclusion and exclusion*, in: Operations Research Letters, 1 (2), 1982, S. 49-51.

## Literatur

[Knut97]
Knuth, Donald E.; *The Art of Computer Programming Vol. 1–3*, Addison-Wesley, 1997.

[KoWo05]
Koffman, Elliot B.; Wolfgang, Paul A. T.; *Objects, Abstraction, Data Structures and Design using Java*, John Wiley & Sons, 2005.

[LaBo91]
Lacey, S.; Box, R.; *A Fast, Easy Sort*, in: Byte Magazine, 16, 1991.

[Mey95a]
Meyer, Manfred; *Finite Domain Constraints: Declarativity meets Efficiency, Theory meets Application*, Sankt Augustin, infix, 1995.

[Mey95b]
Meyer, Manfred (Hrsg.); *Constraint Processing*, Heidelberg, Springer, 1995.

[Morr68]
Morris, Robert; *Scatter Storage Techniques*, in: Communications of the ACM, Vol. 11 No. 1, 1968.

[Pirk92]
Pirklbauer, K.; *A Study of Pattern-Matching Algorithms*, in: Structured Programming, 13, 1992, S. 1992.

[RBW06]
Rossi, Francesca (Hrsg.); van Beek, Peter; Walsh, Toby; *Handbook of Constraint Programming (Foundations of Artificial Intelligence)*, Elsevier, 2006.

[Sedg75]
Sedgewick, Robert; *Quicksort*, PhD Thesis, Stanford University, 1975.

[Sedg02]
Sedgewick, Robert; *Algorithmen*, Pearson Studium, 2002.

[Sedg03]
Sedgewick, Robert; *Algorithmen in Java, Teil 1-4*, München, Pearson Studium, 2003.

[Shel59]
Shell, Donald L.; *A high-speed sorting procedure*, in: Communications of the ACM Vol. 2 No. 7, 1959.

[Shir03]
Shirazi, Jack; *Java Performance Testing*, 2. Auflage, Sebastopol, California, USA, O'Reilly, 2003.

[Sing69]
Singleton, Richard C.; *Algorithm 347: Efficient sorting in minimal storage*, in: Communications of the ACM, Vol. 12 No. 3, 1969.

[Sorb91]
Sorber, Gordon; *Optimal List Sorting*, Software Development International, 1991.

[Turi36]
Turing, Alan; *On Computable Numbers, with an Application to the Entscheidungsproblem*, in: Proceedings of the London Mathematical Society, 2–42, 1936, S. 230–265.

[VAD+08]
Vöcking, Berthold (Hrsg.); Alt, Helmut (Hrsg.); Dietzfelbinger, Martin (Hrsg.); Reischuk, Rüdiger (Hrsg.); Scheideler, Christian (Hrsg.); Vollmer, Heribert (Hrsg.); Wagner, Dorothea (Hrsg.); *Taschenbuch der Algorithmen*; Springer, 2008.

[Warn23]
    Warnsdorff, H. C. von; *Des Rösselsprunges einfachste und allgemeinste Lösung*, Schmalkalden, Th. G. Fr. Varnhagenschen Buchhandlung, 1823. 68pp.

[Wege90]
    Wegener, Ingo; *Bekannte Sortierverfahren und eine Heapsort-Variante, die Quicksort schlägt*, in: Informatik-Spektrum, 13, 1990.

# Namens- und Organisationsindex

Ackermann, Wilhelm 52
Adelson-Velsky, Georgi M. 280
Babbage, Charles 14
Bayer, Rudolf 295, 296
Boyer, Robert S. 324
Church, Alonso 14
Euklid von Alexandria 19
Fibonacci, Leonardo 47
Guibas, Leo 295
Held, Michael 420
Hibbard, Thomas N. 164
Hoare, C.A.R, 22, 138, 146
Karp, Richard 420
Knuth, Donald E. 164, 316
Landis, Jewgeni M. 280
Lovelace, Ada 14
Moore, J.S. 324
Morris, James H. 316
Peter, Rozsa 52
Pratt, Vaughan R. 316
Sedgewick, Robert 147, 295
Shell, Donald L. 159, 164
Turing, Alan 14
Wegener, Ingo 159

# Sachindex

## A

Abbildung 258
Abbildung (Map) 253, 298
abhängigkeits-gesteuertes
   Backtracking 363
Abstrakter Datentyp (ADT) **185**
Abstraktion 11
Acht-Damen-Problem **337**, **389**
Ackermann-Funktion 52
Adaptive Datenstruktur 263
Aktivierungsblock 44
Algorithmus 9, **11**, **14**, **15**
   Determiniertheit 16
   Determinismus 16
   Effektivität 16
   Effizienz 25, 27
   Finitheit 16
   Komplexität 24
   Semiformale Beschreibung 12
   Skalierbarkeit 25
   Terminierung 16
Algorithmus von Boyer und Moore 324
Algorithmus von Euklid **19**
Alphabet 304
Ameisenalgorithmus 405
Amortisierte Analyse 26
*Analytical Engine* 14
*ant colony optimization* 405
Arität (eines Baumes) 264
Array 183
ArrayList 199, 219
Assoziation (Map) 253
Assoziative Abbildung (Map) 258
Assoziative Datenstruktur 258
Assoziatives Array 184
Assoziatives Feld **184**
Asymptotisches Verhalten 28
Aufwandsfunktion 9
Aufzählungsproblem **337**, 403
Ausgeglichener binärer Suchbaum 279
Average-Case-Komplexität 9, 26
AVL-Baum **280**, 281
   Ausgleichsoperation 294
   Einfügen 282
   Grundidee 281
   Löschen 288
   Laufzeitkomplexität 294
   Links-Rechts-Rotation 285
   Rechts-Links-Rotation 286
   Rotationen 281

## B

B-Baum 296
Bäume und Listen 265
Backtracking **345**
   abhängigkeits-gesteuertes 363
   chronologisches 362
Balance **279**
Balance (eines Knotens) 279
Balancierter binärer Suchbaum 279
Baum **264**
   Arität 264
   binärer 265
   Blatt 264
   Höhe 264
   induktive Definition 264
   innere Knoten 264
   Knoten 264
   Wurzel 264
Baumrekursion 46, 51, 54
Berechenbarkeit 14, **15**
Berechnungsmodell 14
Bergsteigeralgorithmus 405
Best-Case-Komplexität 9, 26
Binärbaum 149, 265
   Traversierung 74
Binärer Suchbaum **265**
Binäre Suche 37, **76**
   in sortierten Binärbäumen 84
   in sortierten Feldern 80
   Laufzeitkomplexität 81
   Voraussetzungen 76
BinaryInsertionSort **116**, 131
   Stabilität 116
   Zählungen und Messungen 116
Blattknoten (eines Baumes) 264
Boyer-Moore-Algorithmus 324
   bad character-Heuristik 326
   last-Tabelle 326
   Laufzeitanalyse 330
   occurence-Heuristik 326
Branch & Bound **408**
BubbleSort **118**, 131
   alternierender Durchlauf 125
   Asymmetrie 125
   Laufzeitanalyse 120
   Messungen und Zählungen 120
   Name 118
   Stabilität 125
   verbesserte Version 123

# Sachindex

Zählungen und Messungen 123
BucketSort **178**

## C

Caching 30, 263
chronologisches Backtracking 362
Church-Turing-These 14
Clojure **426**
   Algorithmen auf Listen 443
   Bäume als persistente
      Datenstrukturen 449
   Bindungen 429
   Datenstrukturen 432
   Funktionen 428, 436
   Konstanten 427
   Listen 432
   Listen als Baumrepräsentation
      447
   Maps 435
   Memoisation 441
   Mergesort 452
   Quicksort 452
   Rekursion 439
   Schleifen 442
   Sortieren 451
   Symbole 429
   Typisierung 429, 431
   Vektoren 434
   Verarbeitung von Bäumen 448
Collection 297
Collection (Interface) 186
Collection-Framework 185
CombSort 129
Comparator 257, 261, 268, 269, 298
Comparator (Interface) 250
Comparator-Klasse 250
Compilerbau 67
Constraint **364**, 376
Constraint-Netz **365**, 371
Constraint-Problem (CSP) **365**
Constraint-Propagierung **365**
Constraint-Relaxierung 402
*constraint network* 365
*constraint satisfaction problem (CSP)* 365
Containertypen 185, 187
*course-of-values recursion* 54

## D

Datenstruktur 10, 183
   adaptive 263
   assoziative 258
   Vergleich 262
Datentyp
   Abbildung 298

Collection 297
Feldliste 298
Liste 297
Menge 298
Prioritätsgesteuerte
   Warteschlange 298
Schlange 298
Sortierte Abbildung 298
Sortierte Menge 298
Stapel 298
Verkettete Liste 299
*dependency-directed backtracking* 363
Determiniertheit 16
Determinismus 16
Deutschlandkartenfärbeproblem 366, 368, 378
didaktisches Schichtenmodell 3
Direktes Sortierverfahren 105, **130**
   Vergleich 136
Doppelt-verkettete Listen 225
Duplikate in Listen 200
Dynamische Datenstruktur **185**
Dynamische Finitheit 16
Dynamische Programmierung 420

## E

Effektivität 16
Effizienter Algorithmus 27
Effizienz **25**
Endlos-Rekursion 45
Endlosschleife 16
Endrekursion 54, 57
Entarteter Baum 265, 277
Entrekursivierung 54
Entscheidungsbaum **408**
Erfüllbarkeitsproblem **337**, 403
exponentielle Komplexität 29
Externes Sortierverfahren 104, 172

## F

Fächersortieren (BucketSort) 178
Färbeproblem 365
Füllfaktor einer Hashtabelle 94
faktorielle Komplexität 29
Fakultätsfunktion 42
Feld (Array) 183, 184
Feldliste **199**
   Laufzeitanalyse der Operationen 219
   Schrumpfen 208
   Strategie der begrenzten
      Verdoppelung 206, 209
Feldliste (ArrayList) 199, 219, 298
Feldliste vs. Verkettete Liste 238

# Sachindex

Fibonacci-Folge 47
Fibonacci-Funktion 50, 54
*finite domain constraint satisfaction problem* 403
Finitheit 16
  dynamische 16
  statische 16
Firma Schnell & Sicher
  Binäre Suche 76
  Hashing-basierte Suche 86
  Lineare Suche 71
First-Fail-Heuristik 386
First-In-First-Out-Struktur (FIFO) 298
Formale Sprache 304
Funktionale Programmierung **423**

## G

ganzzahlige Optimierung 404
Gauß-Newton-Verfahren 404
Generate & Test **339**
Generische Feldlisten 199
größter gemeinsamer Teiler (ggT) 20
*great deluge algorithm* 405

## H

Höhe (eines Baumes) 264
Höhere Sortierverfahren 174
  Vergleich 175
Halteproblem **15**
Hashfunktion 90, 94, 255, 299
  Anforderungen 90
Hashing **86, 89**
  Füllfaktor 94
  Hashfunktion 94
  Hashtabelle 94
  Kollision 91
  Kollisionsbehandlung 299
  Kollisionsstrategie 91
  Ladefaktor 255
  Lineare Sondierung 95
  modulo-Funktion 89
  offene Adressierung 95
  Offenes Hashing 91, 94
  Quadratische Sondierung 98
  Streuung 255
Hashing-Verfahren 86
HashMap (Klasse) 261
HashSet (Klasse) 255
Hashtabelle 94, 184, 255, 299
Heap-Struktur **110**, **148**, 149, **251**, 262, 298, 299
  als Binärbaum 149
  als Feld 150

Einsickern 154
HeapSort **148**
  Abbauphase 155
  Aufbauphase 155
  Bottom-Up-Variante 159
  Einsickern von Elementen 154
  Grundidee 148
  Laufzeitanalyse 156
  Stabilität 155
  Zählungen und Messungen 157
Held-Karp-Algorithmus 420
*hill climbing* 405
Hoare-Kalkül **22**

## I

*immutable objects* 258
In-Place MergeSort 177
Indirekte Rekursion 53
Indirektes Sortieren 177
Innerer Knoten (eines Baumes) 264
InsertionSort **111**, **131**
  Binäre Suche 116
  Laufzeitanalyse 113
  Stabilität 113
  Zählungen und Messungen 114
Intelligentes Backtracking **363**
Internes Sortierverfahren 104
Iterator **189**
  auf Listen 195
  Eigenschaften 191
  für SimpleArrayList 217
  für SimpleLinkedLIst 236

## J

Java Collection Framework **185**

## K

Kantenkonsistenz 398
Kartenfärbeproblem **365**
KMP-Algorithmus 316
  Grundidee 316
  Laufzeitanalyse 322
  next-Tabelle 319
  Vorverarbeitung 320
Knoten (eines Baumes) 264
Knuth-Morris-Pratt-Algorithmus **316**
Kollision (bei Hashing-basierter Suche) **91**
Kollisionsstrategie (bei Hashing-basierter Suche) 91
Kombinationsraum **350**
Kombinatorische Optimierung 405
Kombinatorisches Problem **337**
Kompletter Binärbaum 149

Komplexität **24**, 44
  Average Case 9, 26
  Best Case 9, 26
  durchschnittlicher Fall 9, 26
  exponentiell 29
  faktoriell 29
  günstigster Fall 9, 26
  Landau-Notation 28
  linear 29
  logarithmisch 29
  loglinear 29
  O-Notation 28
  quadratisch 29
  superlinear 29
  ungünstigster Fall 9, 26
  Worst Case 9, 26
Komplexitätsfunktion 29
Komplexitätsklasse **25**, 29
Konkatenation von Zeichenketten 307
Korekursion 53, 388
Korrektheit 9, 17, **21**, 22, 44
  eines rekursiven Algorithmus 44
  partielle 21
  totale 21

# L

Label 379
Landau-Notation **28**
Last-In-First-Out-Struktur (LIFO) 298
last-Tabelle
  (Boyer-Moore-Algorithmus) 326
Laufzeit-Stapel 56
Laufzeitkomplexität **24**
  bei Datenstrukturen 299
  binären Suche 81
  BubbleSort 123
  BucketSort 179, 460
  Hashing mit offener
    Adressierung 97
  HeapSort 156
  InsertionSort 113
  linearen Suche 75
  MergeSort 172
  naiven Mustersuche 312
  offenen Hashing 95
  QuickSort 143
  SelectionSort 109
  ShellSort 166
lineare Komplexität 29
Lineare Liste **186**, **193**
lineare Optimierung 404
Lineare Rekursion 46, 54
Lineare Sondierung 95
Lineare Suche 36, **70**

*linear recursion* 54
LinkedList (Klasse) 240
Links-Rechts-Rotation (AVL-Baum) 285
Lisp **426**
List (Interface) 186, 193
Liste (List) 297
Listen-Iterator 195, 196
logarithmische Komplexität 29
loglineare Komplexität 29

# M

Map (Interface) 186, 258
*map-colouring problem* 365
Map.Entry (Interface) 259
Matrix 183
Memoisierung **50**
Menge **187**
Menge (Set) 253, 298
MergeSort **167**
  Analogie zu QuickSort 172
  Grundidee 167
  In-Place MergeSort 177
  Laufzeitanalyse 172
  Stabilität 171
  Zählungen und Messungen 172
Mischsortieren (MergeSort) 167
Modifikation von Zeichenketten 308
Most-Restricted-Heuristik 385
Musterabgleich **331**
Mustersuche **309**
Mustersuche in Texten
  Boyer-Moore-Algorithmus 324
  KMP-Verfahren 316
  Laufzeitkomplexität des
    KMP-Algorithmus 322
  Laufzeitkomplexität des naiven
    Verfahrens 312
  Naives Verfahren 309, 313
  next-Tabelle (KMP) 317
  Sichere Verschiebedistanz 316
*mutable objects* 258

# N

n-Damen-Problem **337**, 390
Natürliche Ordnung 250, 257, 269
Navigation über Listen 196
next-Tabelle (KMP-Algorithmus) 317
Nichtbinärbaum 296
nichtlineare Optimierung 404
Null-Elemente in Listen 200

## Sachindex

## O

O-Notation 28
Offene Adressierung **95**
Offenes Hashing **91**, 94
Optimierung
    ganzzahlige 404
    kombinatorische 405
    lineare 404
    nichtlineare 404
Optimierungsproblem **337**, 403, **404**

## P

P-NP-Problem 25
Parallele Verarbeitung 423
partielle Korrektheit 21
*primitive recursion* 54
primitive Rekursion 55
Prioritäts-Warteschlange 249, **262**
Prioritätsgesteuerte Warteschlange
    (PriorityQueue) 249, 298
Problem der falschen Münze 5
Problem des Handlungsreisenden
    414
Problemkomplexität **24**, 178
Programm 11
Propagierung 382

## Q

quadratische Komplexität 29
Quadratische Sondierung 98
Queue (Interface) 187
QuickSort 39, 138
    Clever QuickSort 146
    Dreiermedian 146
    Grundidee 138
    iterativ 60
    kombiniert mit InsertionSort 147
    Laufzeitanalyse 143
    Partitionierung 138
    Pivot 138, 142, 146
    randomisiert 146
    Rekursion 142
    Stabilität 143
    Zählungen und Messungen 144

## R

*Raw Type* **200**
Rechts-Links-Rotation (AVL-Baum)
    286
Referenztyp 183
Regulärer Ausdruck **332**
Rekursion **34**, 54
    Baumrekursion 54
    Endrekursion 54, 57

    lineare 54
    primitive 54
    tiefenbeschränkte 62
    Werteverlaufsrekursion 54, 56
Rekursions-Schema 35
Rekursionsanker **35**
Rekursionsarten 54
Rekursionsschritt **35**
Rekursion vs. Iteration 54
Rekursive Denkweise 35
Rekursivierung 62
Rot-Schwarz-Baum **295**
Rotation (AVL-Baum) 281
Rucksackproblem **406**
Rundreiseproblem **414**

## S

Sammlung (Collection) 297
Schlüssel 67, 103, 186
Schlüssel/Wert-Paar 254
Schlüsselattribut 67
Schlange **186**
Schlange (Queue) 247, 298
Schlange als Collection 247
Schrittweitenfolge 164
Selbstbalancierung (von binären
    Suchbäumen) 280
selbst organisierende
    Datenstruktur 263
SelectionSort 105, **106**, 131
    Laufzeitanalyse 108
    Stabilität 108
    Zählungen und Messungen 108
Semiformale Beschreibung 12
Senior-Programmierer(in) 3
Sequenzielle Suche 70
    in Binärbäumen 74
    in verketteten Listen 73
Set (Interface) 187, 254
ShakerSort **125**, 126, 131
    Eigenschaften 127
    Laufzeitanalyse 129
    Messungen und Zählungen 128
ShellSort 159, **160**
    Grundidee 160
    Laufzeitanalyse 166
    Schrittweitenfolge 164, 166
    Schrittweitenfolge von Hibbard
        164
    Schrittweitenfolge von Knuth
        164
    Schrittweitenfolge von Shell 164
    Stabilität 163
    Zählungen und Messungen 164
SimpleArrayList (Klasse) 203

## Sachindex

SimpleArrayListIterator (Klasse) 217
SimpleArrayStack (Klasse) 247
SimpleCollection (Interface) 198
SimpleIterator (Interface) 198
SimpleLinkedList (Klasse) 226
SimpleLinkedList als Schlange 248
SimpleLinkedListIterator (Klasse) 236
SimpleLinkedStack (Klasse) 245
SimpleList (Interface) 198
SimpleQueue (Interface) 248
SimpleStack (Interface) 246
SimpleStack (Klasse) 244
SimpleTreeMap (Klasse) 266
Simplex-Algorithmus 404
Sintflutalgorithmus 405
Skalierbarkeit 25
SortedMap (Interface) 261
SortedSet (Interface) 187, 256
Sortieralgorithmus **102**
Sortieren durch direkte Auswahl 105
Sortieren durch direktes Austauschen 118
Sortieren durch direktes Einfügen 111
Sortieren durch Mischen (MergeSort) 167
Sortierte Abbildung (SortedMap) 298
Sortierte Menge (SortedSet) 256, 298
Sortierverfahren
  Anwendungsbereiche 102
  Bottom-Up-HeapSort 159
  BubbleSort 118
  BucketSort 178
  CombSort 129
  direkte Verfahren 105, 130
  externe Sortierverfahren 104
  generische Verfahren 103
  höhere 174
  HeapSort 148
  In-Place MergeSort 177
  InsertionSort 111
  interne Sortierverfahren 104
  Kartenspielen 111
  Laufzeitvergleich 175
  MergeSort 167
  Problemkomplexität 178
  QuickSort 138
  SelectionSort 105
  ShakerSort 125
  ShellSort 159
  Stabilität 104, 132

Speicherkomplexität **24**
Spezifikation **19**
Springer-Problem **357**
Stabilität von Sortierverfahren **104**
Stack (Klasse) 245
Stapel (Stack) **244**, 298
Stapel als Listen 244
Statische Finitheit 16
Statische Speicherstruktur 298
String (Klasse) 305
StringBuffer (Klasse) 306
StringBuilder (Klasse) 306
Strukturierte Daten 182
Suchalgorithmus **66**
Suchbaum 265
  Balance 279
  balancierter binärer 279
  symmetrischer Nachfolger 273
  symmetrischer Vorgänger 276
  vollständig ausgeglichener 278
  vollständiger 278
Suche
  lineare 70
  in einem Feld 35
  in einem Stapel 36
  in Zeichenketten 308, 309
Suchverfahren
  Anforderungen 68
  binäre Suche 77
  Hashing-basierte Suche 88
  lineare Suche 70, 73, 74
Sudoku-Problem **395**
superlineare Komplexität 29

## T

Türme von Hanoi 39, 54, 252
*tail recursion* 54
Tausche Speicher gegen Zeit **30**, 50, 99, 206
Teile und Herrsche 38
Terminierung 9, **16**, 43
Terminierung eines rekursiven Algorithmus 43
Terminierungszeichen 304
Testen **21**
Tiefenbeschränkte Rekursion 62
totale Korrektheit 21
*travelling salesman problem* 414
Travelling Tourist Problem 421
Traversierung eines Binärbaums 74
TreeMap (Klasse) 261
*tree recursion* 54
TreeSet (Klasse) 255, 256
Turingmaschine **14**
Typisierte Collections 188

# U

Untypisierte Collections (raw types) 187
unveränderliche Objekte (immutable objects) 258

# V

Vehicle Routing Problem 421
Vektor 183
Veränderbare Objekte (mutable objects) 258
Verbund (Record) 184
Vergleich von Zeichenketten 307
Verifikation 22
Verkettete Liste (LinkedList) **223**, 240, 299
  Aufbau 224
  Doppelte Verkettung 225
  Einfügen 228
  Grundidee 223
  Iterator 235
  Löschen 230
  Laufzeitanalyse der Operationen 237
Verkettete Liste vs. Feldliste 238
Verschachtelte Rekursion 52
Vollständig ausgeglichener Suchbaum **278**
Vollständiger Suchbaum 278

# W

Warteschlange 247
Werteverlaufsrekursion 54, 56
Worst-Case-Komplexität 9, 26
Wort (einer formalen Sprache) 304
Wurzel (eines Baumes) 264

# Z

Zeichenkette 304
  elementare Operationen 306
  explizite Längenangabe 304
  Konkatenation 307
  Modifikation 308
  nullterminierte 304
  Repräsentation in Java 305
  Textsuche 308, 309
  Vergleich 307
  Wiederverwendung 305
  Zeichensuche 309
Zeitkomplexität 24
Zielfunktion 405

# W3L-Online-Studium

**w3l.**

web life long learning

## B.Sc. Web- und Medieninformatik
## B.Sc. Wirtschaftsinformatik

Fachhochschule Dortmund
University of Applied Sciences and Arts

**Online berufsbegleitend studieren heißt:**
Höchste Ansprüche an **Flexibilität**, aktuelle und **praxisorientierte Inhalte, faire Kosten**
Und: Kein Numerus Clausus (NC), keine überfüllten Hörsäle, keine unbequemen Hörsaalstühle.

**Flexibel –**
**Sie bestimmen das Studium, nicht das Studium Sie!**
- Studium jederzeit beginnen, keine Semestereinteilung
- Anzahl der gleichzeitig belegten Module frei wählen
- Lernen 24 Stunden am Tag und an jedem Ort möglich
- Faire Kosten: Sie bezahlen nur das, was Sie buchen

**Aktuell, praxisorientiert & hohe Qualität –**
**Wissen, das gut ankommt!**
- Wissenschaft und Praxiserfahrung kombiniert
- Die Theorie in der Praxis anwenden
- Karriere-Kick - Staatlicher Abschluss »Bachelor of Science« der FH Dortmund

**Kosten –**
**Fair, flexibel und eine Investition in die Zukunft**
- Faire Kosten: Sie bezahlen nur das, was sie buchen
- Berufsbegleitende Weiterbildung mit staatlichem Abschluss »Bachelor of Science«

**W3L-Online-Studium, das ideale Studium für …** Fachinformatiker, IT-Quereinsteiger, Berufstätige und alle, die sich in der Erziehungszeit beruflich qualifizieren wollen.

**B.Sc. Web- und Medieninformatik**
- Web- und Medieninformatik,
- Softwaretechnik,
- IT-Systeme.

**B.Sc. Wirtschaftsinformatik**
- Wirtschaftsinformatik,
- Betriebswirtschaftslehre.

**Infopaket jetzt kostenlos anfordern unter www.W3L.de**